원가·관리회계

이용규

弘文社

머리말

대학에서 원가회계와 관리회계를 강의한 지 30년 가깝게 되었습니다. 그간 강의에 사용할 목적으로 관련 교재를 출간한 적이 있었으나 아쉬움이 없지 않았습니다. 은퇴 시기를 고려할 때 지금이 그동안의 강의와 집필 경험을 한 권의 교재에 모두 담을 수 있는 마지막 기회라고 생각하였습니다. 그리하여 새롭게 집필 작업에 착수하였으며 이렇게 결실을 보게 되었습니다.

본서는 다음 몇 가지에 초점을 두고 집필하였습니다.

첫째, 대학 교재를 염두에 두고 집필하였지만, 기초 개념부터 심화 주제까지 다뤄 학생들의 회계 관련 자격증 시험 준비로도 이어질 수 있게 하였습니다.

둘째, 본문은 이해 위주의 설명과 이해의 깊이를 더 할 수 있는 예제 풀이에 주안점을 두었습니다. 시험 위주의 요약과 기계적 풀이에 익숙한 학생들에게는 생소할 수 있으나, 원가 및 관리회계 주제는 일단 잘 이해하고 나면 이후 수월하게 기억을 되살릴 수 있는 장점이 있습니다. 학생들이 회계 관련 직군의 취업이나 자격증 시험 준비를 생각하고 있는 경우라면 처음 공부할 때 이해 위주의 설명이 더욱 중요합니다.

셋째, 15주 한 학기 강의에서 다룰 수 있는 분량을 감안하여 12개 장으로 구성했습니다. 원가 및 관리회계의 모든 주제를 한 권에 담을 경우, 한 학기 강의에서는 불가피하게 일부 주제만을 선택할 수밖에 없는데 이는 강의의 연속성을 저해하는 요소가 되기도 합니다. 지면에 포함하지 않은 기타 6개 주제는 웹 부록의 형식으로 본서 인터넷 홈페이지https://costmgt.acct.info에서 무료로 내려받을 수 있게 하여 학생들의 경제적 부담을 낮추면서도 교수님의 강의 의도에 따라 유연하게 주제를 선택할 수 있도록 하였습니다.

넷째, 지면의 12개 주제와, 웹 부록의 6개 주제는 교육 목적상 불가피하게 개별 주제로 취급하고 있으나 유기적으로 연결되어 있습니다. 학습자가 주제 간 상호 관련성을 인식할 수 있도록 서술하였습니다. 나무뿐만 아니라 큰 숲을 개관할 수 있는 능력이 실무에서는 더욱 중요하다고 생각합니다.

머리말

다섯째, 각 장이 끝날 때마다, 다뤘던 주제와 관련된 현실 사례나 학술적으로 흥미로운 이야기를 실어 학습에 대한 동기를 부여하고자 하였습니다.

여섯째, 각 장의 말미에는 스물 안팎의 단답형 연습문제와 서술형 연습문제를 실었습니다. 단답형 문제의 경우 공인회계사, 세무사, 감정평가사 등의 최근 기출문제를 위주로 실었으며 서술형 문제는 제가 그동안 출제했던 중간 및 기말시험문제를 위주로 실었습니다. 최근 자격증 시험문제는 자격증의 종류나 출제시기와 무관하게 유사한 유형이 반복적으로 출제되는 경향이 있으므로 기출문제로 연습하는 것이 시험준비에 유익할 것으로 생각합니다.

재삼재사 원고를 꼼꼼히 살펴봤다고는 하지만 출간되고 나서야 발견되는 오류가 종종 있습니다. 독자들의 너그러운 이해를 구하며 수시로 개정하여 보완하겠습니다. 특히 향후 개정판에서는 역량 있는 공저자와의 협업을 통해 시대 변화를 빠르게 반영하고 내용을 지속적으로 개선해 나갈 것을 약속드립니다.

본서를 출간하는 데 많은 분들의 도움이 있었습니다. 홍문사 임권규 사장님과 이경희 주간님, 숭실대 박진하 교수님, 손재성 박사님, 이강은 회계사님께 이 자리를 빌어 감사 말씀 드립니다.

2026년 2월

저자 이용규

Contents

차 례 | 본문

제 5 장 원가배분: 지원부문원가와 결합원가

제 6 장 활동기준원가계산

차 례 | 본문

제 7 장 원가행태와 추정

제 8 장 원가 · 조업도 · 이익 분석

제 9 장 생산능력고정원가의 이익효과와 관리

제10장 의사결정: 관련원가와 효익

차 례 | 본문

차 례 | 그림 · 표 · 예제

[그림]

[표]

부록 안내

부록은 본서 홈페이지https://costmgt.acct.info에서 내려받을 수 있으며 내용은 다음과 같습니다.

부록	내용	교재 관련 장
A	시간동인 활동기준원가계산	제6장
B	가격결정과 원가의 역할	제9장, 제10장
C	자본예산	제10장, 제12장
D	불확실성하에서 정보의 역할과 가치	제10장
E	종합예산의 수립	제11장
F	균형성과표와 비재무성과관리	제1장, 제12장

제1장 원가 · 관리회계의 의의와 역할

원가 · 관리회계의 의의와 역할

조직이 목표를 달성하기 위해서는 적절한 전략과 실행계획에 따라 한정된 자원을 효율적이고 효과적으로 배분할 수 있어야 한다. 원가 및 관리회계는 전략수립에서부터 평가에 이르는 전 과정에 걸쳐 이루어지는 의사결정, 계획 및 통제 등에 유용한 재무 및 비재무정보를 제공한다. 본 장에서는 원가 및 관리회계의 역할과 함께, 전략 수립과 실행에 필요한 몇 가지 기본적인 주제를 설명한다. 지속가능경영과 인공지능의 활용 등 관리회계의 최신 경향도 언급한다

관리회계의 의의

관리회계management accounting는 경영자를 포함한 조직구성원이 내리는 자원의 배분과 활용에 관련된 다양한 의사결정에 필요한 각종 정보를 식별, 측정, 분석, 전달하여 조직의 목표 달성을 지원하는 활동체계이다. 한정된 자원을 어떻게 배분하고 활용하는가는 영리 · 비영리를 불문하고 모든 조직이 직면하는 과제이다. 경쟁환경에서 조직구성원이 내리는 의사결정의 질quality을 높여 조직성과를 개선하고자 할 때 관리회계의 역할은 필수적이다.

관리회계는 최고경영자부터 현장관리자까지 여러 계층의 관리자에게 다양한 정보를 제공한다. 최고경영자의 전략 수립에 필요한 자사제품의 경쟁우위요소, 제품의 특성과 고객의 기대, 제품 생산과 제공에 소요되는 원가, 가전사업부 임원에게 보고하는 제품별 수익성, 시장점유율, 고객만족도, 인터넷 마케팅 관리자가 알아야 하는 고객들의 쇼핑몰 방문경로와 경로별 구입 여부, 신선식품 구매 담당자에게 필요한 요일별 주문품목과 수량 등이 모두 관리회계에서 다뤄질 정보이다.

의사결정, 계획과 통제

경영자의 업무는 의사결정과, 계획－조직－지휘－통제의 관리과정mangement process상 활동이 근간이 된다. 관리과정은 다음 네 가지 단계로 이루어져 있다. 첫째, 목표 달성을 위한 미래 사업 방향과 핵심적인 활동을 결정하고 구체적인 계획planning을 수립한다. 둘째, 각 활동에 인적, 물적자원을 효율성과 효과성을 고려하여 적절히 배분하고 조직화organizing한다. 셋째, 계

그림 1-1 경영자의 업무와 관리회계의 역할

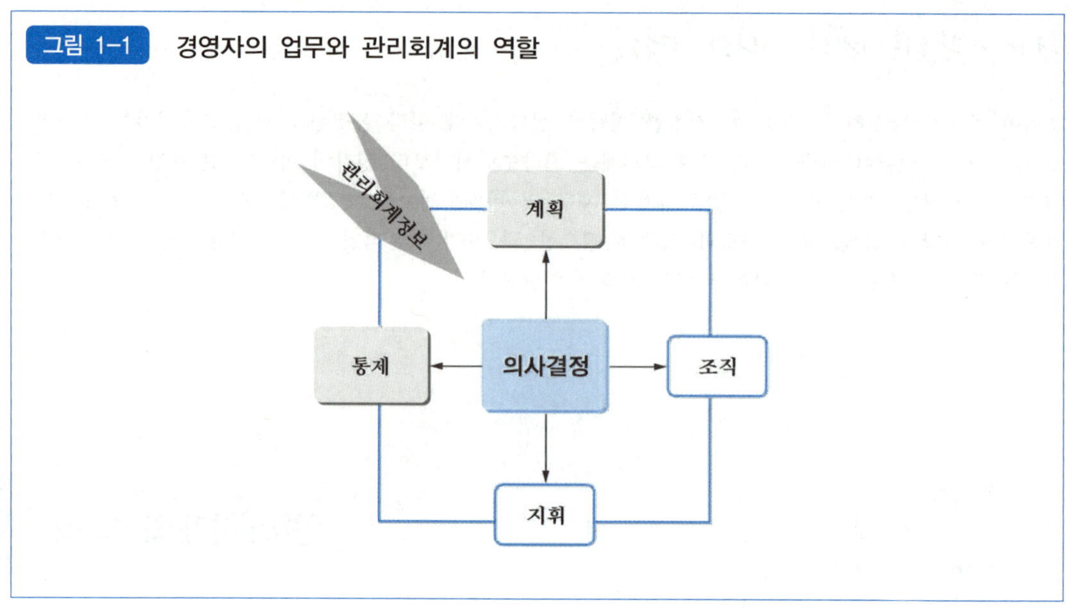

회대로 활동을 수행할 수 있도록 구성원의 사기진작과 동기부여 방법을 모색하고 이를 실행하는 지휘leading활동을 수행한다. 넷째, 성과평가 및 보상방법을 결정하고 이에 따라 실제 성과를 측정하여 구성원에게 보상이나 승진 등의 유인을 제공하며 이후 계획에 반영하는 통제controlling활동을 수행한다.

의사결정은 관리과정의 각 단계에서 필요하지만 기업의 사업방향을 결정짓는 계획단계에서의 의사결정이 가장 중요하며, 조직과 지휘는 각각 계획과 통제의 범주에 포함할 수 있으므로 결국 경영자의 업무는 의사결정과 계획 그리고 통제로 요약할 수 있다. 관리회계는 경영자의 의사결정과 계획 그리고 통제 등 관리업무에 유용한 정보를 제공한다. 사업계획서나 연간예산은 대표적인 계획 도구로 관리회계에서 자주 다뤄지는 예이며 제품별, 사업부별, 지역별 영업이익은 통제단계의 대표적인 성과지표이다.

관리회계는 대안을 비교하고 최적안을 선택하는 의사결정에 유용한 정보를 제공하는 것뿐만 아니라 의사결정의 질을 높이는 데 중요한 역할을 한다. 동기부여motivaiton와 유인incentive 방법을 설계하고 이에 필요한 정보를 제공하여 기업구성원들이 기업에 바람직한 결정을 할 수 있는 환경을 조성한다.[1]

의사결정자의 개인 목표가 기업 목표와 상충되는 경우, 기업에 바람직하지 않은 결정을 내릴 수 있지만 적절한 성과평가를 통해 보상을 제공한다면 잘못된 결정을 내리는 문제를 미

1 의사결정과 관련된 관리회계의 역할을 의사결정을 도와주는(decision-facilitating) 역할과 의사결정에 영향을 주는(decision-influencing) 역할로 구분하기도 한다.

연에 방지할 수 있다.[2] 통제목적으로 어떤 성과평가방법와 성과지표를 사용하느냐에 따라 기업 구성원의 의사결정이 달라지므로 기업에 바람직한 의사결정을 할 수 있는 내부 시스템을 갖추고 이에 유용한 정보를 측정하고 제공하는 것이 관리회계가 담당해야 할 중요한 과제이다.

원가회계의 역할

원가회계cost accounting는 경제적 자원의 취득 및 소비하는 과정에서 발생하는 원가 그리고 이와 관련된 재무 및 비재무 정보를 측정, 분석, 보고하는 과정으로 관리회계 목적에 다양하게 활용되는 원가정보를 제공한다. 기업의 지속가능성과 성장가능성을 위해서는 희소한 경제적 자원을 효과적이고 효율적으로 사용하는 것이 중요하므로 이를 측정하고 분석하는 과정 역시 필수적이다. 몇 가지 예를 들면 다음과 같다.

첫째, 의사결정이나 계획에 필요한 원가정보를 제공한다. 정기적인 예산 수립은 물론, 신규 사업에 진출과 같은 전략적 결정에 필요한 대안 평가나 사업계획 수립과정에도 원가정보는 필수적이다.

둘째, 새로운 제품를 개발하는 과정에서 기능이나 사양, 판매가격 등을 결정해야 하는데 이를 위해서는 제품의 개발과 생산은 물론 마케팅과 유통 등 제품이 최종고객에게 전달되는 전 과정에서 소요되는 원가를 파악하는 것이 중요하다.

셋째, 제품이나 서비스 원가는 수익성 평가에 핵심적인 정보이며 기업 내부에서 이를 담당하는 조직과 구성원의 성과평가에도 활용된다.

넷째, 기업에서 수행하는 다양한 활동과 이를 뒷받침하는 조직에는 경제적 자원의 확보와 소비가 필수적이므로 이들의 효과성과 효율성을 평가하는 과정이 있어야 하는데 이를 위해서는 이들로부터 발생하는 원가를 파악하는 것이 선행되어야 한다.

다섯째, 수익성, 효율성 또는 성과평가를 위해 발생한 원가를 대상별로 계산하거나 미래 원가를 예측할 필요가 있다. 이를 위해서는 원가계산 및 원가예측에 요구되는 다양한 정보를 수집하고 활용할 수 있어야 하는데 이 역시 원가회계의 중요한 역할이 된다.

2 영업실적과는 무관하게 고정급여를 받는 영업직원이 영업을 핑계로 외부에 나가 개인적인 업무를 처리하는 행태가 문제라고 하자. 이 경우 고정급여를 줄이고 실적에 연동한 성과급을 제공하면 이전보다 높은 영업노력을 이끌어 낼 수 있다. 고정급여 하에서는 자신의 이익을 위해 기업에 반하는 행동하지만, 성과급 하에서는 열심히 영업을 하는 것이 자신과 기업 모두에게 유익하다.

원가회계는 기말재고자산 평가나 매출원가 결정 등 재무회계에 필요한 원가정보를 제공하기도 하지만 관리회계에서의 활용이 훨씬 광범위하고 다양하다. 앞서 언급한 관리회계의 핵심 주제인 의사결정, 전략 및 계획수립, 성과평가와 보상결정 등에는 원가회계정보가 필수적이어서 원가회계가 관리회계의 중요한 일부라고 하더라도 과언이 아니다. 최근 들어 이들 간의 경계는 더욱 모호해져 혼용하거나 병치하여 사용하기도 한다.[3]

경영전략과 관리회계

기업의 목표

유능한 경영자라면 조직을 위한 최적의optimal 의사결정을 내릴 수 있어야 하며 결과적으로 그 의사결정은 조직의 목표를 달성하는 데 기여해야 한다. 경영자가 의사결정을 내리기 전에 여러 대안을 비교할 때나, 경영자의 의사결정을 사후적으로 평가할 때 그 기준은 조직의 목표가 되어야 한다.

중요한 것은 조직에서 계획을 수립할 때나 성과평가와 보상 등을 결정하는 통제과정에서 기준으로 삼고 있는 조직의 목표가 무엇인가이다. 기업의 목표가 '이익 극대화'여서 매 기간의 이익으로 평가받는 경영자에게는 올해 손익계산서상 당기순이익을 높이는 대안이 최선의 선택이다. 그러나 장기적인 발전을 꾀하는 현대 기업의 목표는 단순한 '이익 극대화'가 아니라 '지속가능이익sustainable profit 극대화' 또는 '장기이익long-term profit 극대화'가 되어야 한다. 조직의 성과를 측정하는 기간이 단기가 아니라 장기가 되어야 한다는 의미이다.

단기수익성과 장기수익성이 서로 충돌하는 대표적인 예로 연구비가 있다. 연구활동은 기업의 장기적 생존과 성장을 위해 필수적이지만, 재무회계상 비용으로 처리되어 당기순이익을 낮추는 효과가 있다. 만일 최고경영자가 해마다 당기순이익을 기준으로 실적을 평가받고 그 결과에 따라 연임 여부가 결정된다면, 연구비를 줄여서라도 당기순이익을 높히려는 유혹에 빠

3 전통적으로나 실무에서 원가회계는 원가계산과 원가정보의 창출에 초점을, 관리회계는 원가 포함한 재무 및 비재무정보의 관리적인 활용에 초점을 두는 것으로 구별하였으나 최근 대학교육에서는 관리회계와 원가회계를 구별하지 않는 경향이 있다. 영어권 국가에서조차 둘을 합쳐 'cost and management accounting'라는 이름의 교재가 등장하고 있다. 한국공인회계사 2차 시험과목으로 종전의 '원가회계'를 '원가관리회계'라는 이름으로 변경한 것도 이러한 시류의 결과로 보이며 본 교재 역시 같은 이유에서 원가 · 관리회계라는 명칭을 사용하고 있다.

질 수 있다. 경영자에 대한 성과평가가 기업의 장기적 성공을 유도해야 하는데 손익계산서의 당기순이익은 오히려 지속가능이익을 해치는 방향으로 경영자를 이끌 수 있다.

전략과 고객가치

기업의 목표가 지속가능이익의 극대화로 정해졌다면 다음 문제는 그것을 어떻게 달성할 것인가이다. 경영자는 고객, 경쟁기업, 공급기업 등이 존재하는 외부시장환경에서 기업이 내부 역량을 통해 높은 고객가치customer value를 제공할 수 있는 경쟁우위competitive advantage의 사업 기회를 찾고 이를 기업활동으로 구체화해야 하는데 이것이 바로 경영자가 수립해야 하는 전략이다. 전략strategy은 기업의 역량과, 시장에서의 기회를 어떻게 결합하는 것이 기업목표 달성에 도움이 될 것인가를 구체화하는 것이며, 제한된 경제적 자원을 효과적이고 효율적으로 사용하려는 노력이다.

그림 1-2　기업과 전략

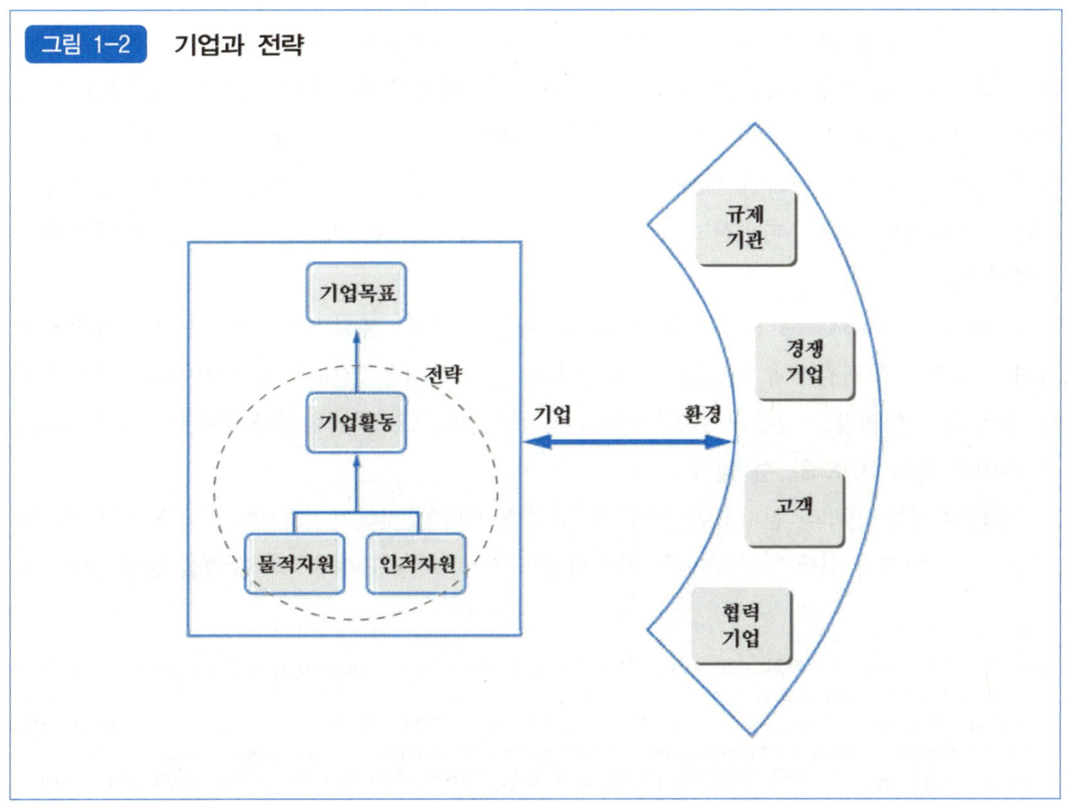

관리회계는 기업의 역량과 그 역량을 발휘할 사업기회 등에 관한 정보를 제공하여 경영자의 전략 수립을 지원한다.[4] 특히 경쟁기업이나 신규진입 가능기업, 신기술 등에 의한 대체품, 고객이나 공급협력기업의 협상력 등 소속 산업에 대한 정보가 중요하다. 경쟁이 치열하거나 대체품이 개발된다면 매출이 감소하거나, 매출을 유지하기 위해 가격을 낮춰야 하는 상황이 발생할 수 있다. 또한, 고객의 협상력은 제품판매가격에, 공급협력기업의 협상력은 원자재 등의 조달가격에 영향을 주므로 결국 기업 이익을 좌우할 수 있다. 전통적 관리회계가 재무수치를 기초로 한 단기적 관리정보 제공에 초점을 둔 것과는 달리, 오늘날 관리회계는 실무를 중심으로 경영자의 전략 수립과 실행에 필요한 정보를 제공하고 지원하는 역할로 확대되고 있다. 이를 전략적 관리회계strategic management accounting라고 한다.[5]

기업이 전략을 선택할 때 고려해야 할 것은 고객가치를 어떻게 구현할 것인가이다. 고객가치는 고객이 제품으로부터 얻을 수 있는 만족이나 효용을 의미하는 고객편익customer benefit에서 제품을 구입할 때까지 고객이 직 · 간접적으로 부담하는 고객원가customer cost를 차감한 것으로 이를 높이기 위해서는 고객편익을 높이거나 고객원가를 낮춰야 한다. 이러한 관점에서 전략은 크게 제품차별화전략과 원가우위전략으로 나눌 수 있다.

제품차별화product differentiation 전략은 경쟁기업과 차별화된 특성이나 품질의 제품을 제공하는, 고객편익에 초점을 둔 전략이라고 할 수 있다. 애플의 아이폰, 다이슨의 진공청소기, 테슬라의 전기자동차 등과 같은 혁신적인 제품이 '제품차별화 전략'이 성공을 거둔 예이다. 고객에게 소구appeal하는 차별화된 제품은 높은 가격과 수익성을 얻을 수 있다. 기업이 시장에서 기대하는 차별성를 제대로 파악하고 이를 제품에 구현할 수 있는 역량을 갖추고 있을 때 가능한 전략이 된다.

원가우위cost leadership 전략은 경쟁기업과 유사한 기능과 품질의 제품을 더 낮은 가격에 제공하는 것으로 고객원가에 초점을 둔 전략이다. 제품의 질을 그대로 유지하면서도 원가를 낮출 수 있는 기업역량을 갖추고 있는 기업에 적합한 전략으로 저가항공사 제주항공이나 잡화상점 다이소 등을 예로 들 수 있다.

제품차별화 전략과 원가우위 전략 중 무엇을 선택할 것인가 아니면 양자를 모두 추구할 것인가는 경영자가 선택할 문제이다. 기업의 궁극적 목표는 고객가치의 창출을 통해 장기이익

4 기업의 강점(strength)과 약점(weakness), 사업환경으로부터의 기회(opportrunity)와 위협(threat) 등의 SWOT 분석은 전략 수립을 위한 대표적인 관리회계 기법이다.

5 전략적 관리회계라는 명칭은 1981년에 발표된 시몬즈(Simmons, K)의 논문에서 처음 사용된 것으로 알려져 있다. CIMA(Chartered Institute of Management Accountants)와 IMA(Institute of Management Accountants)는 관리회계 실무자들을 위한 대표적인 국제협회인데 이들 보고서에는 전략적 관리회계에 대해 다룬 주제가 많다. 특히 IMA는 30여 년간 사용하던 월간저널 명칭 Management Acccounting을 1999년 3월부터 Strategic Finance로 변경한 바 있다. 관리회계 실무 담당자의 업무가 전통적인 관리회계에만 머물러 있지 않고 전략적인 업무와 기업재무 영역까지도 확대되고 있다는 점을 명칭 변경의 이유로 들고 있다.

을 추구하는 것이라는 점에서 본질적 차이는 없다. 경쟁기업과 비교하여 원가, 생산성, 효율성 등에서 우위를 보여주는 정보는 원가우위 전략의 기초가 되며, 가격이 더 비싸더라도 뛰어난 성능 때문에 이러한 제품을 계속 선택하거나 추천하겠다는 고객의견은 제품차별화 전략의 근거가 된다.

가치사슬

제품을 개발하고 최종적으로 고객에게 판매할 때까지의 기업 활동은 크게 연구 및 개발, 설계, 생산, 마케팅, 유통, 고객서비스 등으로 나눌 수 있다. 이러한 일련의 기업 활동을 가치사슬value chain이라고 하는데, 활동마다 고객이 원하는 고유한 가치를 제품에 덧붙인다는 의미에서 붙여진 명칭이다. 관리회계는 가치사슬 상의 각 활동에서 발생하는 원가와 각 활동이 창출하는 고객가치에 관한 정보를 제공하여 가치사슬의 설계에도 도움을 준다.

기업의 원가관리는 단순히 원가를 최소화하기 위한 것이 아니라 고객가치의 창출을 통해 장기이익을 극대화하기 위한 것이다. 고유한 고객가치를 창출하는 핵심적인 부가가치 활동은 자원을 더 배분해 강화하고, 가치에 도움은 되지만 핵심적이지 않은 활동은 외부에서 조달하며, 고객가치를 창출하지 못하는 비부가가치활동은 제거하거나 최소화하는 것이 바람직하다. 이러한 방향의 원가관리를 전략적 원가관리strategic cost management라 부른다. 무조건적인 원가절감이 아니라 장기이익의 극대화에 도움이 되는 원가절감만이 의미있는 원가관리이다.

가치사슬과 유사한 개념으로 공급사슬supply chain이 있다. 공급사슬 또는 공급망은 제품 생산을 위한 자재구매단계에서부터 최종적으로 고객에게 제품이 전달되는 판매단계에 이르는 과정을 의미한다. 가치사슬이 한 기업 내에서의 가치창출활동을 의미하는데 반해, 공급사슬에는 원자재 공급기업, 물류기업, 판매기업 등 여러 기업이 관여될 수 있다. 예를 들어 목재가구가 고객에게 전달되는 공급사슬에는 벌목기업, 원목수입기업, 운송기업, 가구제조기업, 가구도매기업, 가구소매기업 등이 포함된다. 가구제조기업의 입장에서는 원목수입기업 및 운송기업은 공급사슬 상류upstream에, 도소매기업은 공급사슬 하류downstream에 위치하는데 이들 기업과의 협력과 조정이 가구제조기업의 재무성과에 중대한 영향을 미칠 수 있다. 예컨대 자재수급이 원활하지 않은 경우 생산물량이나 납기에 영향을 줄 수 있으며 원자재가격 상승으로 인해 수익성이 악화될 수 있는데 코로나 시기에 많은 기업들이 경험한 바이기도 하다.

균형성과표

현대 관리회계의 대표적인 기법 중 하나로 1990년대 초에 등장한 균형성과표가 있다.[6] 균형성과표BSC: balanced scorecard는 조직의 장기적 성과를 극대화하기 위해 재무지표financial measure와 비재무지표nonfinancial measure를 통합적으로 활용하는 성과평가체계이자 경영전략 실행도구이다. 균형성과표는 다양한 비재무성과지표를 전통적인 재무성과지표와 함께 균형 있게 사용하면 재무지표의 한계를 극복하고 구성원들의 노력을 더 잘 끌어낼 수 있다고 본다.

균형성과표에서는 전략과 일관성있는 다양한 성과지표를 선정하되 이들을 전후관계나 인과관계로 파악하기 쉽게 상단에서부터 네 개의 성과 그룹－재무financial 성과, 고객customer 성과, 내부프로세스internal process 성과, 학습 및 성장learning and growth 성과－으로 구분한다. 기업의 최종적인 성과는 최상단의 재무성과로 표현되지만 이를 위해서는 고객과 관련된 성과가 뒷받침되어야 하며 이들을 이루려면 기업 내부프로세스가 제대로 운영되어야 하지만 보다 근본적으로 기업 구성원과 조직의 역량이 중요하다는 점을 들어 학습 및 성장과 관련된 성과를 최하단에 배치하고 있다. 성과지표를 이렇게 구분하는 것이나 성과지표간 전후 및 인과관계를

그림 1-3 균형성과표와 배달음식체인의 전략지도

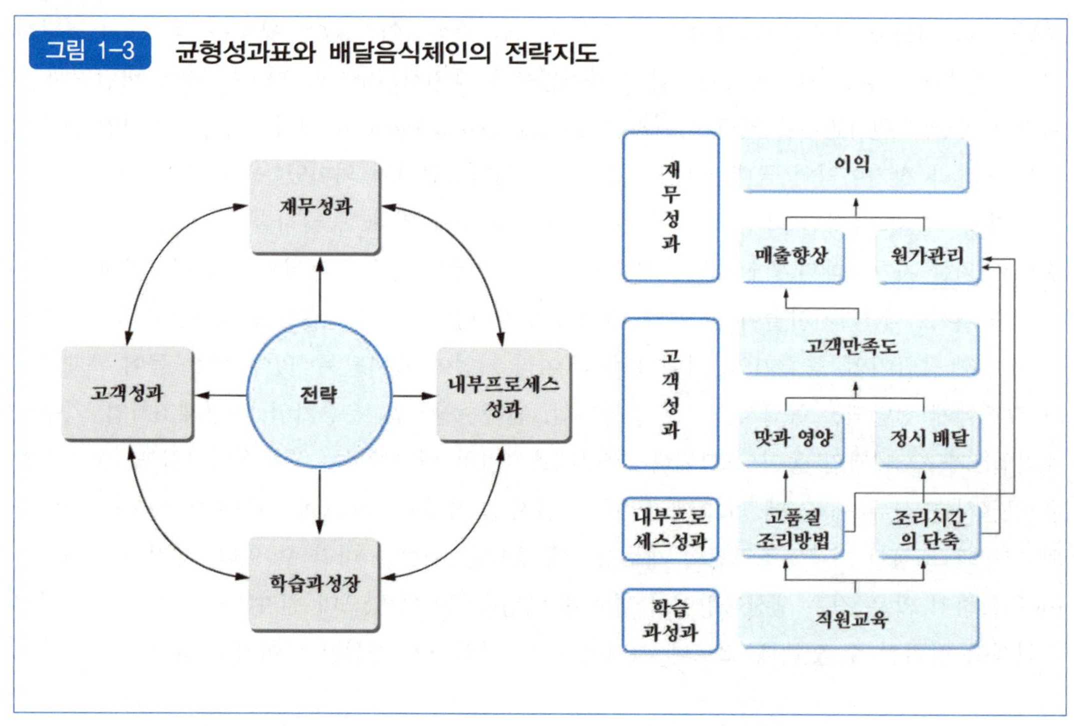

6 Kaplan, R. and Norton, D. 1992. The Balanced Scorecard: Measures That Drive Performance. Harvard Business Review. 균형성과표는 <웹부록 F>에서 좀 더 자세히 설명한다.

시각화한 전략지도strategy map를 만드는 것은 구성원들이 각자의 업무성과가 조직 전체의 목표 달성에 어떤 과정을 통해서 어떻게 영향을 미치는가를 이해하는 것이 중요하기 때문이다. 이런 의미에서 균형성과표는 다소 막연하게 느껴질 수도 있는 경영전략을 구성원에게 요구되는 구체적인 행위로 번역해 주는 관리기법이라고 할 수 있다.

관리회계의 최신경향

지속가능경영

2000년대 초반 유엔UN은 환경과 사회 문제가 기업의 사발적 참여나 규제기관의 규제만으로 해결될 수 없으며 기업과 관련된 모든 기관과 구성원이 공감하고 의사결정에 반영하는 생태계가 만들어져야 해결될 수 있다고 보았다. 이를 위한 시발점으로 글로벌 투자 금융기관들이 참여한 보고서에서 Environment환경, Social사회, Governance거버넌스 등 소위 ESG에 대한 관리능력이 기업 경쟁력에 필수석이며 기업가치 제고에 중요하다는 인식을 같이 하고 관련된 외부 기관과 구성원이 실천해야 할 사항을 제안했다.[7] 사회의 지속가능발전sustainable development을 이루기 위해서는 기업이 환경과 사회 문제를 적극적으로 관리하는 지속가능경영sustainability management이 필요하다는 취지이다.[8] 표 1-1은 ESG 각 영역에서 관리할 항목의 예를 보여주는데, 이 가운데 거버넌스는 환경과 사회 문제를 적극적으로 관리하기 위한 선결요건이라고 할 수 있다. 거버넌스가 잘 갖춰져 있어야 환경과 사회문제를 해결할 수 있는 정책과 방안을 성공적으로 실행할 수 있기 때문이다.[9]

지속가능경영은 이제까지와는 달리 환경 및 사회 요소가 기업의 위험과 기회가 될 수 있는 새로운 시대에 지속가능이익을 극대화하기 위한 대책의 하나라고 할 수 있다. 당장의 재무성과를 위해 기후변화와 관련된 환경 지출을 줄이면 강화된 규제환경에서는 향후 더 큰 비용

7 UN Global Compact. 2004. Who Cares Wins.

8 지속가능발전은 미래 세대의 필요(needs) 해결능력을 훼손하지 않고서도 현 세대의 필요를 충족시킬 수 있는 발전을 의미한다

9 governance는 지배구조로 번역하는 것이 일반적이나 자칫 주주, 이사회, 감사기구 등에 국한된 의미로 오해할 가능성이 있다는 지적이 있다. 지속가능성 문제에 있어 governance는 의사결정, 조직, 프로세스 등 기업의 관리 방식 전반을 의미하는 것으로 보아 '지배구조'와 구분되는 의미로 '거버넌스'를 사용한다는 것이 지속가능성기준위원회(KSSB)의 공식입장이기도 하다.

표 1-1 ESG 영역별 관리항목의 예

영역	환경(Environment)	사회(Social)	거버넌스(Governance)
관리 항목	• 기후변화와 관련 위험 • 탄소배출 • 환경오염, 환경규제 • 생태계 및 생물다양성 • 자원 및 폐기물 관리 • 에너지 효율 • 독성물질과 폐기물 절감 • 환경우발부채 범위 확대 • 환경 관련 신흥시장 • 환경 관련성과, 투명성, 책임에 대한 개선 요구	• 작업장 근로자 안전과 건강 • 지역사회와의 관계 • 고객 만족 • 데이터 보호 프라이버시 • 인권, 성별 및 다양성 • 공급망 관리 • 사내, 협력업체 인권문제 • 영업장이 있는 개발도상국에서 해당국 정부 및 지역사회와의 관계 • 사회 관련성과, 투명성, 책임에 대한 개선 요구	• 이사회의 구조와 책임 • 회계와 공시 관행 • 감사위원회의 역할과 구조 • 경영진 책임과 보상 • 부정과 뇌물 관리 • 기업윤리 • 컴플라이언스 • 로비 및 정치기부 • 공정 경쟁

을 부담해야 한다. 지속가능성 성과가 저조한 기업에 대해서 연기금이나 자산운용사 등이 투자를 철회할 수 있고, 신용평가점수가 낮아지면서 기업의 자본비용이 상승해 기업가치가 감소할 수 있다. 성능이나 가격 못지않게 지속가능성 성과에 민감한 고객이 증가하면 이와 관련된 문제가 발생할 때 브랜드 가치와 수익 감소를 초래할 수도 있다.

지속가능경영을 소극적으로 환경 및 사회와 관련된 새로운 위험의 관리 문제로 이해할 수도 있지만, 보다 적극적으로 새로운 시장과 수익성의 기회로 삼을 수 있다. 환경 및 사회와 관련된 도전과 위험을 잘 관리하고 새로운 사업기회를 포착한다면 장기적으로 기업가치에 긍정적 효과를 줄 수 있다. 지속가능성 성과가 우수한 기업은 자본시장, 노동시장, 제품시장에서 조달비용을 낮추고 수요를 증대시켜 기업가치 상승을 기대할 수 있기 때문이다.

지속가능경영을 위해 관리회계 분야에서도 변화가 필요하다.

첫째, 종전의 재무적 관점 위주의 전략을 수정하여 지속가능성 관련 위험과 기회가 감안한 전략으로 전환할 필요가 있다. 예컨대 원가선도전략 하에서 환경 및 사회 성과를 위한 노력은 단기적인 재무성과와 상충이 불가피한데 이들을 어떻게 조화롭게 유지할 것인가에 대해 전략 및 실행계획 차원에서 고민해야 한다.

둘째, 지속가능성의 위험과 기회가 반영된 전략과 실행계획을 구체적으로 실행하고 관리하기 위한 지속가능성 성과지표를 마련하여야 한다. '측정하지 않으면 관리할 수 없다'는 관리회계의 격언이 이 경우에도 적용된다. 물론 이들 지표를 기초로 기업의 상황과 전략에 부합하는 성과지표를 선택하는 과정이 필요하다.

셋째, 성과지표가 만들어지면 지표상 현재 상태와 개선가능성을 파악한 후 최종목표, 달성방안, 달성스케줄 등을 정하고 정기적으로 목표와 실제결과의 차이를 분석해야 한다. 따라서 각 성과지표 측정에 필요한 기초 데이터를 지속적으로 확보하는 것이 중요하다.

최근 지속가능성 관련 재무정보공시 일반요구사항과, 기후 관련 공시에 대한 국제기준 IFRS S1, S2이 확정된 바 있으며 우리나라에서도 이를 기반으로 한 공개초안KSSB 1, 2을 마련한 상태이다. 특히 일반요구사항에서는 4대 핵심 공시항목으로 거버넌스, 전략, 위험관리, 지표 및 목표 등을 제시하고 있는데 이들은 앞서 언급한 향후 관리회계의 역할과 맞닿아 있기도 하다.

첫째, 거버넌스 공시사항에는 지속가능성 관련 위험과 기회를 감독 · 관리하는 이사회와 위원회의 역할과 구조, 경영진의 책임, 보상과의 연계여부 등이 있다.

둘째, 전략 공시사항은 지속가능성 관련 위험과 기회가 전략, 비즈니스모델, 가치사슬, 미래전망, 재무계획 등에 미치는 영향과 이를 분석하기 위한 방법과 주요 가정 등을 포함한다.

셋째, 위험관리에서는 지속가능성 위험을 식별 및 평가하고 모니터링하는 절차 그리고 전사적인 위험관리와의 연계성 등이 있다.

넷째, 지표 및 목표에서는 지속가능성 관련 위험과 기회를 측정할 수 있는 정량, 정성 지표의 수립, 기간별 목표와 달성정도, 기준에서 제시하고 있는 산업전반 지표와 산업기반 지표 반영 여부 등을 주요 공시 내용으로 한다.

빅데이터, 데이터 애널리틱스, 인공지능

관리회계의 기본 역할은 경영자와 조직구성원의 의사결정에 유용한 정보를 제공하는 것이다. 그러나 과거 경제적 거래 기록에서 얻어진 재무수치에 많은 부분을 의존해 왔던 관리회계의 특성상 미래 예측정보나 운영활동에 필요한 신속한 정보보다는 재무적 통제나 성과평가를 위한 정보 제공에 더 강점이 있었던 것이 사실이다.

최근 모바일기기, 소셜미디어, 사물인터넷IoT: internet of things, 클라우드컴퓨팅 등 정보기술의 눈부신 발전으로 인해 기업이 과거와는 달리 방대하고 다양한 데이터를 확보할 수 있게 되었다. 현재 또는 잠재적 고객이 쇼핑몰이나 SNSsocial network service 등에 접속하여 남긴 데이터, 데이터 전송이 가능한 장치가 부착된 제조설비나 물류차량, 전자기기 등으로부터의 데이터가 대표적인 예이다. 기업이 자체적으로 수집한 데이터는 외부에서 입수한 데이터와 결합하여 더 의미 있는 정보를 창출하기도 하는데, 이러한 방대하고 다양한 데이터를 **빅데이터**big data라고 한다.

빅데이터는 기업이 이제까지 주로 활용해왔던, 경제적 거래를 기반으로 한 정형화된 데이터와 달리, 구조화되지 않은 다양한 형태를 취하는 것이 특징이다. 빅데이터의 특징을 5V로 나타내기도 하는데, 방대한 양volume, 다양한 형식variety 이외에도, 빠른 생성과 이동 속도velocity를 가진 만큼 기업이 적절히 활용한다면 매우 유용한value 정보가 될 수 있지만, 그만큼 데이터의 정확성veracity과 신뢰성을 확보하는 것이 중요하다는 의미이다.

빅데이터가 기업 운영에 도움이 되고 새로운 기회를 제공하기 위해서는 해결되어야 할 문제가 있다. 종전 재무데이터와 사뭇 다른 빅데이터를 어떻게 가공할 것인가? 빅데이터로부터 통찰력을 얻는 데 도움을 주는 도구에는 무엇이 있으며 그 통찰력을 기업 운영에 어떻게 반영할 수 있는가? 다양한 원천으로 얻은 빅데이터는 충실정확성, 완전성, 일관성하며 신뢰할 수 있는가?

일반적으로 데이터의 가공에서 비즈니스 의사결정에 필요한 통찰력을 얻기까지의 전 과정을 **데이터 애널리틱스**data analytics라고 한다.[10] 이와 관련된 기술적인 업무는 경영정보시스템이나 컴퓨터공학 전공자가 가장 잘 수행할 수 있지만, 기업 전략, 운영 및 관리에 대한 이해가 뒷받침되어야 하므로 관리회계 담당자가 관련 전문가와 의사소통 할 수 있는 기본지식을 갖추는 것이 필요하다.

최근에는 인공지능artificial intelligence, 이하 AI에 기반을 둔 분석이 데이터 애널리틱스의 핵심 기법의 하나로 빠르게 부상하고 있다. 전통적인 데이터 애널리틱스가 주로 회귀분석, 단순분류, 규칙 기반 분석에 의존했다면, 이제는 머신러닝machine learning과 딥러닝deep learning을 활용하여 방대한 정형 · 비정형 데이터를 자동으로 학습하고, 보다 높은 정확도의 예측, 분류, 이상 탐지 및 최적화 분석을 수행할 수 있게 되었다. 수요, 매출, 원가 등에 대한 예측, 고객 세분화, 고객이탈churn 예측, 생산공정 이상 탐지를 통한 효율적인 유지보수 등은 AI에 기반한 데이터 애널리틱스가 관리회계에 중요한 역할을 할 수 있음을 보여주는 예이다. 전통적인 데이터 애널리틱스는 물론, AI에 기반한 분석방법을 이해하고 활용할 수 있는 능력이 현대적 관리회계 실무에서 점점 더 중요해지고 있다.[11]

빅데이터가 관리회계에 주는 또 다른 시사점은 **데이터 거버넌스**data governance이다. 데이터는 재무상태표에 표시되지 않지만 효과적으로 활용할 경우 기업에 큰 혜택을 줄 수 있는 자산이므로 잘 관리하는 것이 중요하다. 데이터 거버넌스는 데이터 질, 보안성, 개인정보 보호 등을 위한 데이터 관리의 전체적인 틀을 의미한다. 예를 들면, 데이터 관련 정책, 절차, 과정, 인

10 우리나라에서는 data analytics를 데이터분석으로 번역하는 것이 일반적이지만, 영어권 국가에서는 data analysis보다 더 넓은 의미로 사용한다. 데이터분석이 이미 있었던 일을 설명하고 진단하는 데 초점을 두는 것이라면 데이터 애널리틱스는 여기에서 더 나아가 예측과 처방까지 포함하는 좀 더 넓은, 비즈니스 의사결정 지향 프로세스로 본다. 본 서에는 이러한 취지를 살려, 번역 대신 그대로 데이터 애널리틱스를 사용한다.

11 최근 크게 주목받고 있는 생성형(generative) AI는 계량적인 분석보다는 그 결과를 해석, 설명, 전달하는데 도움을 줄 수 있다. 발표를 위한 초안작성, 반복적인 문서작업, 보고서 작성 등에 유용하다.

프라, 기술, 담당자 그리고 이들을 관리하는 조직 등을 포괄하는 개념이다.

데이터 거버넌스가 중요한 이유로 몇 가지가 있다.[12] 첫째, 데이터에 기반한 의사결정을 신뢰할 수 있으며 그러한 조직 분위기를 조성할 수 있다. 둘째, 데이터 관련 외부 규제 요건을 잘 준수할 수 있다. 셋째, 고객의 개인정보를 잘 관리하고 있다는 신뢰를 주어 고객가치를 높일 수 있다. 금융이나 건강 관련 산업에서는 민감한 개인정보의 보안이 특히 중요하므로 이에 대한 관리능력이 고객을 유치하는 데 중요한 요소가 된다. 넷째, 다양한 버전의 중복된 데이터로부터 오는 부정확성, 업무의 혼란이나 비효율성을 피할 수 있다. 다섯째, 데이터와 관련된 책임소재를 명확하게 할 수 있다. 권한이 없는 자가 데이터에 접근하거나 데이터를 오염시켰을 때 문제의 원인과 소재를 밝힐 수 있어 문제 해결이 수월해진다. 여섯째, 데이터 관리의 투명성이 제고되어 문제를 제기하는 외부 이해관계자에게 설득력 있게 설명할 수 있다. 일곱째, 전반적으로 데이터관리에 따른 비용을 절감할 수 있다.

관리회계시스템이 의사결정자에게 유용한 정보를 제공하여 조직성과에 도움을 줄 수 있으려면 시스템이 잘 설계되어 있는 것 뿐만 아니라 활용하는 데이터가 정확하고 일관되며 적법하고 책임 소재가 분명해야 한다. 데이터에 관한 관리 및 통제시스템이라고 할 수 있는 데이터 거버넌스는 효과적인 관리회계시스템의 필요조건이라고 할 수 있다.

재무회계와 관리회계

재무회계financial accounting는 기업 외부의 현재 또는 잠재적 이해관계자에게 재무제표를 통해 재무상태와 영업성과에 대한 정보를 제공한다. 재무회계정보는 경영자가 효과적으로 경영업무를 수행하고 있는가, 즉 수탁책임의무stewardship를 충실히 이행하고 있는가를 평가하는 데 유용할 뿐만 아니라 현재 또는 미래 투자자의 기업가치평가valuation에도 활용된다. 재무회계정보는 자본시장에 참여하는 불특정 이해관계자와 더 나아가 국가 경제 전체에도 중요한 영향을 끼치므로 회계기준과 회계감사를 통해 정보의 양과 질을 확보한다. 재무상태표, 손익계산서, 현금흐름표, 자본변동표 등이 대표적인 재무회계정보이다.

관리회계는 재무회계와 비교할 때 정보의 이용자, 정보의 특성, 정보의 산출기준 등 몇 가

12 Stobierski, T. 2021. Data Governance: a Primer for Managers. Harvard Business School Online.

지 점에서 차이를 보인다. 재무회계가 기업 외부에 있는 투자자와 채권자들에게 기업과 관련된 전반적인 재무정보를 제공한다면, 관리회계는 앞에서 설명했듯이 경영자 등 구성원들이 조직목표를 달성하기 위한 활동을 수행하는 과정에서 필요한 상세하고 다양한 재무 및 비재무정보를 제공한다.

경영자의 중요한 업무 중 하나는 기업의 미래 활동에 대한 계획 수립이며 이에 필요한 정보는 대부분 미래 상황에 관한 예측 정보이다. 과거에 발생한 역사적 재무 정보도 계획 수립에 필요하지만, 기업의 내 · 외부환경이 지속적으로 변하는 상황에서 과거자료의 역할은 제한적일 수밖에 없다. 재무회계정보가 과거 거래를 기초로 만들어지는 데 반해, 관리회계정보는 과거자료 뿐만 아니라 미래예측정보도 포함한다. 최근에는 클라우드, 사물인터넷 등 정보기술의 발전으로 빅데이터를 이용한 예측 정보도 관리회계에서 비중 있게 다뤄지고 있다. 연구개발, 구매, 생산, 마케팅 등 세부적인 현업 활동에서부터 전후방 협력기업이나 경쟁기업 등 산업 전반에 걸친 다양한 재무, 비재무 정보가 활용된다.

재무회계정보는 불특정 외부 이해관계자에게 공시되어 국가 경제에 미치는 영향이 크므로 상법, 주식회사의 외부감사에 관한 법률 등의 규제를 받는다. 또한 국제회계기준과 같이 일반적으로 인정된 회계원칙을 준수하여야 한다. 그러나 기업 내부 구성원들에게 제공되는 정보의 형식과 내용은 정보이용자의 필요와 선택에 따라서 결정된다. 이때 중요한 것은 정보의 유용성과 산출비용이지, 법률이나 일반적으로 인정된 회계원칙을 준수했는지 여부가 아니다. 예를 들어, 내부관리 목적으로 제조원가에 변동제조원가만을 포함하고 고정제조원가는 기간원가로 처리하는 변동원가계산방식을 사용할 수도 있고, 성과평가 목적을 위해서 연구비를 비용화하지 않고 무형자산으로 처리할 수도 있다.

이와 같이 관리회계가 여러 측면에서 재무회계와 다르지만, 전혀 별개의 것은 아니다. 특히 과거 거래를 기초로 한 재무정보의 경우에는 재무회계를 기반으로 한 전사적 자원관리시스템ERP: enterprise resource planning system에 입력된 회계자료를 추출하여 관리회계 용도에 맞게 가공하여 활용하는 것이 일반적이다. 관리회계의 일부라고 할 수 있는 원가회계가 기말재고자산평가나 매출원가 결정 등 재무회계목적을 위한 제품원가정보를 제공하는 것도 같은 맥락에서 이해할 수 있다. 관리회계가 시스템 간 정합성이나 원가－효익차원에서 재무회계회계 정보시스템에 기반하더라도 이로부터 산출된 재무회계정보를 가공 없이 관리회계목적에 사용하면 잘못된 판단을 내릴 수 있다는 점은 유의해야 한다.

쉬•어•가•는 원가 · 관리회계

Cost & Management Accounting

공장 수기장부에서 AI까지 – 원가관리회계의 진화

20세기 초 미국에서는 철도와 철강, 대량생산 제조업과 유통을 중심으로 한 대규모 기업들이 빠르게 성장하면서 "방대한 설비와 인력에 들어가는 돈을 어떻게 관리할 것인가"가 기업의 큰 고민 중 하나였다. 오늘날과 같은 체계적 '관리회계'는 아직 정립되지 않았지만, 공장별 · 공정별 원가와 단위당 원가를 계산하고 예산을 세우며, 사업부나 공장의 성과를 비교 · 평가하는 등 지금 우리가 '원가관리'와 '관리회계'의 핵심 주제라고 부를 만한 실무와 제도는 이미 상당 부분 자리 잡고 있었다.

1923년 경제학자 Clark는 『Studies in the Economics of Overhead Costs』에서 이런 현실을 경제학자의 시각에서 분석하며 중요한 질문을 던졌다. "설비와 관련된 막대한 간접원가를 단순히 생산량으로 나누어 단위당 원가를 구하고 이 수치를 여러 의사결정에 이용하는 것이 타당한가?" Clark는 고정원가와 변동원가, 설비능력과 수요의 관계를 분석하며, 의사결정 목적에 따라 서로 다른 원가개념이 필요하다고 주장했다. 오늘날 교과서에서 'Different costs for different purposes'로 정리되는 관리회계의 핵심 아이디어가 이미 이 시기에 제기된 셈이다.

그러나 시간이 흐르면서 초기의 원가관리 전통은 점차 재무보고 중심의 '원가회계(cost accounting)'에 자리를 내주기 시작했다. 재무제표와 감사가 중요해지자 기업들은 재고자산과 매출원가를 계산하기 위한 표준화된 절차를 필요로 했고, 그 과정에서 관리 목적의 상세한 원가정보보다는 재무보고 목적의 제품원가계산을 주요 관심사로 삼았다. Johnson과 Kaplan은 나중에 이 시기를, 원가계산이 재무보고에 종속되면서 관리적 의사결정 지원 기능이 약화된 "암흑기"로 비판했다.

1950년대 이후에는 이런 흐름을 되돌리려는 움직임이 나타났다. Vatter의 『Managerial Accounting』과 Horngren의 『Cost Accounting: A Managerial Emphasis』는 당시 교과서의 중심이었던 재고자산평가와 손익측정보다, 원가와 각종 성과정보를 경영자의 계획 · 통제 · 의사결정에 활용하는 데 더 큰 비중을 두었다. 이 무렵부터 '관리회계(management accounting)'라는 이름이 교과서와 학계에서 본격적으로 사용되기 시작하면서, 원가계산 중심이었던 전통적 원가회계의 초점은 점차 재무보고에서 경영관리와 의사결정 지원으로까지 확장되기 시작했다.

그럼에도 불구하고 1960년대 후반에서 1980년대 초반까지 기업의 관리회계시스템은 여전히 표준원가, 차이분석, 예산통제 등 전통적 도구에 크게 의존하고 있었다. 자본예산기법, 선형계획법, 정보경제학, 대리인이론 같은 새로운 아이디어가 학계에서 소개되었지만, 원가계산이나 성과측정은 직접노무시간을 기준으로 한 제조간접원가 배부나 단기 이익 · 능률 중심 통제에서 크게 벗어나지 못했다는 비판을 받았다.

1987년 Johnson과 Kaplan의 『Relevance Lost: The Rise and Fall of Management Accounting』은 이런 상황을 정면으로 비판하면서, 단기적 원가 및 이익관리에 치중한 재무보고 중심의 관리회계를 전략과 장기 경쟁우위를 뒷받침하는 정보시스템으로 다시 설계해야 한다고 주장했다. 이후 Cooper와 Kaplan는 자원을 소비하는 활동과, 활동을 유발하는 활동원가동인에 기초한 활동기준원가계산(ABC)을 통해 제품이나 고객이 실제로 어떤 활동을 얼마나 사용하고 있는지, 그 과정에서 어떤 활동이 가치창출에 기여하고 어떤 활동이 불필요한 원가와 비효율을 낳는지를 파악하고자 했다. 한편 Kaplan과 Norton의 균형성과표(BSC)는 재무, 고객, 내부 프로세스, 학습과 성장이라는 관점을 통해 전략과 성과측정을 연결하고자 하여 관리회계의 관심 범위를 전략의 수립과 실행, 고객가치와 가치사슬 등으로 확장했다.

21세기에 들어 ESG와 지속가능경영이 기업의 핵심 의제가 되면서, 탄소배출, 에너지 효율, 공급망 인권, 거버넌스와 같은 요소들을 측정하고 관리하는 일이 새로운 과제가 되었다. 여러 보고서는 관리회계 담당자가 이러한 ESG 전략을 측정지표와 예산, 성과평가 시스템으로 구체화하는 데 핵심적인 역할을 맡아야 한다고 강조한다. 생산 · 물류 · 고객 접점에서 쏟아지는 빅데이터를 실시간으로 분석하고 예측하는 도구를 제공하는 AI시대에 관리회계 담당자의 역할은 숫자를 정리해 보고하는 수준을 넘어 경영자의 전략 수립과 실행을 함께 설계하고 지원하는 파트너로 확장되고 있다.

이제 이렇게 100여 년의 흐름을 돌아보면, 오늘날 학생들이 혼용하고 있는 '원가관리' '원가회계', '관리회계'는 각각에 나름의 역사적 배경이 있었음을 알 수 있다. 공장 '원가관리' 실무에서 출발한 '원가회계'는 초기에는 재무보고를 위한 원가계산에 주로 초점을 두었지만, 이후 의사결정과 계획 · 통제 기능을 강조하는 '관리회계'가 등장하면서 두 영역은 점차 하나의 흐름으로 수렴했다. 오늘날에는 두 영역을 사실상 구별하지 않거나 원가회계를 관리회계에 포함하여 이해하는 경우가 일반적이다. 이 책의 제목 '원가관리회계'는 바로 이런 흐름을 반영해 전통적인 원가계산과 현대적 관리회계의 주제를 함께 다루겠다는 취지를 담고 있다.

결국 원가관리회계의 역사는 "무엇을 위해, 누구의 어떤 결정을 위해, 어떤 정보를 만들어 낼 것인가?"라는 질문을 되풀이해 온 역사이기도 하다. 20세기 초 공장 관리자들의 고민에서 Clark의 문제 제기, 원가회계와 관리회계라는 이름의 등장, Relevance Lost의 비판, ABC와 BSC, 그리고 오늘날 ESG, 빅데이터, AI 시대의 새로운 도전에 이르기까지, 초점과 언어만 달라졌을 뿐 질문의 본질은 크게 다르지 않다. 이 책으로 공부하면서 여러분이 마주하게 될 여러 개념과 기법이 "어떤 결정을 위해, 누구에게 필요한 정보인가"라는 물음과 어떻게 연결되는지 수시로 떠올려 본다면, 원가관리회계에 대한 이해가 한층 깊어질 것이다.

Clark, J. 1923. Studies in the Economics of Overhead Costs, University of Chicago Press.
Cooper, R. & Kaplan, R. 1988. Measure Costs Right: Make the Right Decisions. Harvard Business Review.
Horngren, C. 1962. Cost Accounting: A Managerial Emphasis. Prentice-Hall.
Vatter, W. 1950. Managerial Accounting. Prentice-Hall.
IMA. 2022. Management Accountant's Role in Sustainable Business Strategy.
Johnson, H. & Kaplan, R. 1987. Relevance Lost: The Rise and Fall of Management Accounting, Harvard Business School Press.
Kaplan, R. & Norton, D. 1992. The Balanced Scorecard: Measures that Drive Performance. Harvard Business Review.

제2장 원가의 이해

- 원가의 의의
- 원가의 여러 가지 개념
  - 회계원가와 기회원가
  - 직접원가와 간접원가
  - 변동원가와 고정원가
  - 재무회계의 원가개념
- 원가의 흐름
  - 서비스기업의 원가흐름
  - 상품매매기업의 원가흐름
  - 제조기업의 원가흐름
  - 제조원가명세서
  - 원가흐름의 회계처리과정

원가의 이해

본 장에서는 원가의 여러 개념과 원가흐름을 살펴본다. 지난 세기 초 미국의 경제학자 클라크는 그의 저서 한 장章을 할애하여 '다른 목적에는 다른 원가'라는 주제를 강조하고 있다. 필요에 맞게 적절한 원가개념을 사용해야 한다는 취지이다. 여기서 소개하는 다양한 원가개념은 이후 여러 장에 걸쳐 설명하는 각 주제의 기초가 된다. 관리회계에서 다루는 대부분의 원가정보는 재무회계목적으로 기록된 자료에 기초하고 있다. 따라서 원가의 발생에서부터 재무제표에 표시되기까지의 원가흐름을 이해하는 것도 중요하다.

원가의 의의

특정 목적을 위해 경제적 자원을 소비희생했을 때, 소비한 자원의 화폐가치를 **원가**cost라고 한다. 가치는 해당 자원을 취득하는데 지불한 금액으로 측정하는 것이 일반적이다. 예컨대 제품서비스을 생산제공하기 위해서 소비한 원자재의 취득원가나 투입한 노동력에 대한 급여는 제품서비스 원가를 구성한다.[1]

원가의 발생은 회계상 거래이므로 각 계정에 기록된 내용이 관리회계 정보 창출에 필요한 원시자료raw data가 된다. 이 자료는 필요에 따라 집계, 재분류, 원가계산 등의 가공과정을 거쳐 의사결정, 계획 및 통제 등 관리회계 목적에 사용하는 정보가 된다. 원가정보는 구체적으로 다음과 같이 활용된다.

첫째, 가격결정, 제품배합결정, 외주나 특별주문 수락 여부 등의 다양한 의사결정에 필요하다. 판매가격을 결정할 때 경쟁제품의 가격이나 고객의 지불의향가격요소도 중요하지만 가장 기본적으로 고려할 것이 제품원가이다. 제품별 수익성에 따라 기업의 한정된 자원을 배분하는 제품배합결정에서도 수익성을 좌우하는 제품원가가 중요한 역할을 한다.

둘째, 대표적인 계획도구인 예산을 수립하거나, 기간말 성과와 예산을 비교할 때 원가정보는 필수적이다. 원가관리와 통제는 물론 제품별, 부문별, 지역별, 고객별 성과평가와 보상 결정에서도 중요한 역할을 한다.

셋째, 대외적인 원가경쟁력 분석, 신제품 개발, 기업프로세스 개선 등 전략적 경영 차원에서도 원가정보는 필수요소이다.

1 이하에서는 제품과 서비스를 반드시 구분해야 경우가 아니라면 둘을 포괄하는 의미로 '제품'을 사용한다.

넷째, 외부보고용 재무제표 작성이나 법인세 결정을 위한 세무신고에도 원가정보가 필요하다.

이러한 원가정보를 창출하기 위해서는 원시자료를 가공하는 원가계산과정이 필수적인데 원가계산을 위해서는 앞서 설명과 같이 원가정보의 활용 목적이 구체적으로 무엇인지 확인한 후 그에 따라 원가대상과 원가범위를 결정해야 한다.

첫째, 원가정보를 어떤 목적에 사용할 것인가?

둘째, 원가대상원가대상, cost object은 무엇이며 원가범위는 어떻게 되는가?

원가대상은 판매를 위해 생산하는 제품이 대표적이지만 기업 내 하위조직이나 이들이 수행한 활동이 될 수도 있다. 원가정보의 활용목적에 따라 무엇이든 원가대상으로 삼을 수 있다. 제품이나 서비스의 수익성 파악이나 원가관리가 목적이라면 제품이나 서비스가 원가대상이 된다. 그러나 기업내 조직의 성과평가를 위해서라면 조직이 원가대상이 될 수 있으며 기업의 가치사슬 전체를 대상으로 원가관리를 하고자 한다면 가치사슬 단계별 각 활동이 원가대상이 된다.

원가대상 뿐만 아니라 원가범위도 원가정보의 용도에 따라 결정된다. 예를 들어, 제품의 수익성을 판단하기 위한 기초자료로 원가정보를 사용한다면 제품개발에서부터 고객서비스에 이르기까지 발생하는 모든 원가를 고려하는 것이 적절하다. 그러나 재고자산 평가나 매출원가 결정 등의 재무회계 목적을 위해서라면 제조과정에서 발생한 원가만을 고려해야 한다.[2] 제품을 단종하는 의사결정이나 제조하던 부품을 외주로 변경하는 의사결정에서 고려해야 원가, 제품의 판매가격을 결정할 때 고려할 원가, 내부 조직의 성과평가에 사용할 원가 등 각각의 용도마다 원가에 포함할 항목의 범위나 특성이 달라질 수 있다. **"목적이 다르면 원가도 다르다"**different costs for different purposes라는 관리회계 영역에서 널리 회자되는 격언은 이와 같은 점을 강조한 것이다.[3]

2 재무회계에서는 제조과정에서 발생한 원가에 대해서만 자산성을 인정하여 제품원가(재고가능원가)에 포함하도록 하고 제조 이전단계와 이후단계에서 발생한 원가는 비용(기간원가)으로 처리하게 하고 있다. 장 후반부에서 별도로 설명한다.

3 Clark, J. 1923. Studies in the Economics of Overhead Costs. The University of Chicago Press.

원가의 여러 가지 개념

회계원가와 기회원가

원가는 회계뿐만 아니라 경제학에서도 널리 사용되는 개념인데 이들 간에는 차이가 있다.[4] 회계에서 원가는 특정 목적을 위해 경제적 자원을 소비희생할 때, 소비한 자원의 화폐가치를 말한다. 따라서 기업에서 경제적 자원을 소비하면 원가가 발생하며 회계 기록의 대상이 된다. 정보의 신뢰성과 검증가능성이 중요한 회계의 특성상 실제로 발생한 과거원가 즉, 역사적 원가historical cost를 기초로 한다.

경제학은 희소한 경제적 자원의 효율적 배분을 전제로 기업을 포함한 경제주체의 여러 가지 경제행위를 설명하고자 하므로 의사결정에 필요한 원가개념이 중요하다. 경제학에서 원가는 특정 의사결정으로 인해 희생해야 할 경제적 가치를 말하며 기회원가라고 부른다. 기회원가는 회계원가와 비교하여 다음과 같이 설명할 수도 있다. "기회원가를 이용하여 경제적 의사결정을 내리며 그 의사결정이 실행되어 실제로 경제적 자원을 소비되게 되면 이는 회계원가로 기록된다."

관리회계의 역할은 기업 내 구성원의 의사결정과 계획 및 통제 등의 관리목적에 유용한 정보를 제공하는 것이며 용도에 맞게 회계원가를 적절히 취사 선택하고 가공할 필요가 있다. 그러나 대안 간 선택을 해야 하는 의사결정에 필요한 원가정보를 제공해야 한다면 이 때는 경제학적인 원가개념인 기회원가가 적절하다.

기회원가opportunity cost는 특정 의사결정으로 인해 잃게 되는 경제적 가치를 의미하는 것으로 여기에는 이 의사결정으로 인해 실제로 지출해야 하는 **명시적**explicit **기회원가**와 차선의 다른 대안에서 얻을 수 있지만 선택하지 않아 포기한 순혜택, 즉 **암묵적**implicit **기회원가**를 모두 포함한다. 기회원가 개념을 이해하기 위해 다음의 몇 가지 예를 살펴보자.

4 우리나라 경제학에서는 cost를 비용이라고 부르지만 회계학에서 cost는 원가로, expense는 비용으로 구분하여 사용한다. 경제학에서는 expense라는 개념은 사용하지 않는다.

EXAMPLE 2-1

1. 일당 ₩40,000의 편의점 아르바이트를 하루 쉬고 입장료가 ₩20,000인 놀이공원에 갈 계획이다. 놀이공원을 가기로 한 선택에 따른 기회원가는 얼마일까?

   ▶ 놀이공원 입장료는 실제 지출해야 하는 명시적 기회원가이며, 놀이공원을 가게 되면 포기할 수밖에 없는 대안으로부터의 혜택, 즉 편의점 아르바이트 일당 ₩40,000은 암묵적 기회원가이므로 기회원가 총액은 ₩60,000이 된다.

2. 입장료 가격이 ₩100,000인 아이유의 공연 무료입장 초대권을 받았다. 이 초대권을 다른 곳에 되팔 수는 없다. 마침 임영웅도 같은 날 공연을 하는데 이 공연의 입장권은 ₩120,000이다. 임영웅 공연에 갈 때 얻을 수 있는 즐거움을 화폐가치로 환산하면 ₩150,000에 해당한다. 아이유의 공연을 보러가기로 한다면 이때의 기회원가는 얼마인가?

   ▶ 아이유 공연을 간다면 명시적으로 발생하는 기회원가는 없다. 왜냐하면 입장료 가격이 ₩100,000이지만 초대권으로 무료입장이 가능하기 때문이다. 그러나 아이유의 공연에 간다면 임영웅의 공연을 볼 수 없고 이 공연 관람에서 얻을 수 있는 순혜택 ₩30,000은 포기해야 하므로 이는 암묵적 기회원가가 된다. 즉, 기회원가 총액은 ₩30,000이라고 할 수 있다.

3. 4년 전에 ₩80,000에 구입한 컴퓨터 부품을 가지고 있다. 이 부품을 이용하여 컴퓨터를 만들려면 조립을 의뢰해야 하는데 ₩50,000을 지불해야 한다. 만약 컴퓨터를 만들지 않을 경우 보유부품의 다른 용도나 재판매가치는 없다. 컴퓨터를 조립하기로 했을 때 기회원가는 얼마인가?

   ▶ 비록 4년 전에 ₩80,000을 지불했지만 조립하는 의사결정과는 무관하게 과거에 발생한 것이므로 명시적 기회원가가 아니다. 다만 조립 의뢰에 따른 지출 ₩50,000은 명시적 기회원가가 된다. 또 컴퓨터를 조립한다 하더라도 부품의 다른 용도가 없으므로 포기하는 혜택, 즉 암묵적 기회원가는 없다. 따라서 기회원가 총액은 ₩50,000이 된다.

위의 예를 이용하여 기회원가 개념에서 주의해야 사항을 설명하면 다음과 같다.

첫째, 명시적 기회원가는 의사결정으로 인해 실제 지출이 있어야 하므로 세 번째 예의 과거에 지출한 금액₩80,000이나, 두 번째 예에서 비록 입장권 가격₩100,000이 존재하지만 선물로 받아 지출이 없었던 무료입장 초대권은 명시적 기회원가가 없다. 이에 반해 첫 번째 예의 놀이공원 입장권 금액이나 세 번째 예의 컴퓨터 조립 금액은 의사결정으로 지출해야 할 명시적 기회원가이다. 특히 세 번째 예의 부품구입 금액과 같이 현재의 의사결정과는 무관하게 과거에 발생한 원가를 기발생원가 또는 매몰원가라고 하는데 의사결정에서 고려하지 말아야 하는 대표적인 원가로 널리 알려져 있다. 기회원가는 과거에 발생한 원가가 아니라 특정 의사결정으로 미래에 발생할 원가라는 점을 유의해야 한다.

둘째, 특정안의 암묵적 기회원가를 구하기 위해서는 다른 대안의 영향을 알아야 하므로 후보가 될 수 있는 대안 집합이 먼저 확정되어야 한다. 첫 번째 예에서는 놀이공원을 가는 대신 편의점 아르바이트를 하는 대안이 있으며 두 번째의 예에서는 아이유 대신 임영웅의 공연이라는 대안이 있다. 이러한 경우에는 다른 대안들로 인해 포기하는 혜택, 즉 암묵적 기회원가가 존재하지만 세 번째 예에는 다른 대안이 없으므로 암묵적 기회원가가 없다.

원가 차원에서 여러 대안을 평기할 때 이론적으로 바람직한 방법은 각 대안의 기회원가를 비교하는 것이다. 이를 위해서는 앞서 언급한 것처럼 선택할 수 있는 모든 대안의 집합을 확정하고 각 대안의 명시적 기회원가와 선택할 경우 포기하게 되는 다른 대안의 순혜택, 즉 암묵적 기회원가를 측정할 수 있어야 하지만 현실적으로 쉽지 않은 일이다.

구하기 어려운 기회원가를 대신할 수 있는 방법은 회계시스템에서 얻을 수 있는 회계원가를 이용하는 것이다. **회계원가**accounting cost는 기업에서 소비한 경제적 자원을 금액으로 표시한 것으로 재무회계시스템에 기록된 자료에서 구할 수 있다. 이론적인 기회원가 개념과는 달리 회계원가는 미래에 발생하는 원가가 아니라 이미 발생한 원가를 사후적으로 기록한 역사적 원가라는 점에 유의해야 한다.

의사결정에 회계원가를 이용하더라도 기회원가의 기본 개념은 여전히 유효하다. 명시적 기회원가는 회계시스템에 기록되어 있는 역사적 원가가 미래에도 동일하게 발생할 것인지를 확인해야 하며, 회계시스템에서 확인할 수 없는 암묵적 기회원가의 경우에는 별도로 파악하는 과정이 필요하다.

의사결정과 관련된 여러 가지 원가 개념과 이를 이용한 전형적인 의사결정의 예는 제10장에서 다룬다.

직접원가와 간접원가

원가를 구하기 위해 원가대상과 원가범위를 확정하면 그 다음 단계는 원가와 원가대상을 연결짓는 작업이 된다. 다음의 예를 보자.

EXAMPLE 2-2

S사는 지난 10월에 생산된 제품 A와 제품 B의 원가를 구하고자 한다. 이 기간 중 발생한 원가 세부항목에는 제조과정에서 직접 투입된 원자재원가, 조립노무원가, 제조공간 사용에 따른 임차료가 있다.

일반적으로 제품제조에 투입되는 원자재나 제조과정에 직접 참여하는 노동력의 원가는 쉽게 각 제품별로 구분하여 연결지을 수 있다. 그러나 여러 원가대상에 공동으로 소비된 자원의 원가는 각 원가대상과 관련된 금액이 얼마만큼인지 명확히 구분하는 것이 어렵다. 예에서 임차료는 두 제품 생산에 공동으로 사용된 공간으로부터 발생한 원가로 두 제품 간에 적절히 나뉘어져야 한다.

원가항목 중 원가대상에 쉽게 추적하고 연결할 수 있는 원가를 **직접원가**direct cost라고 하고, 그렇지 않은 원가를 **간접원가**indirect cost라고 한다. 원가대상에 추적 가능한 직접원가를 원가대상과 연결 짓는 과정을 **원가추적**cost tracing이라고 하고, 직접 추적이 어려운 간접원가를 원가대상과 인위적으로 연결짓는 과정을 **원가배분**cost allocation이라고 한다. 원가추적과 원가배분은 원가를 원가대상에 할당cost assignment하는 두 가지 방식이라고 할 수 있다.

직접원가로 분류된 원가를 원가대상에 추적하는 과정은 논란의 여지없이 비교적 명확하다. 따라서 원가계산의 정확성은 직접원가와 간접원가를 어떻게 구분하는가, 그리고 간접원가를 어떻게 배분하는가에 달려있다. 여기서 직접원가와 간접원가의 구분과 관련하여 몇 가지 유의할 점이 있다.

첫째, 직접 및 간접의 구분은 절대적인 것이 아니라 원가대상을 어떻게 정의하는가에 따라 달라진다. 삼성전자의 TV 생산라인 전체를 관리하는 공장장의 급여를 생각해보자. 만약 TV

그림 2-1 직접원가와 간접원가

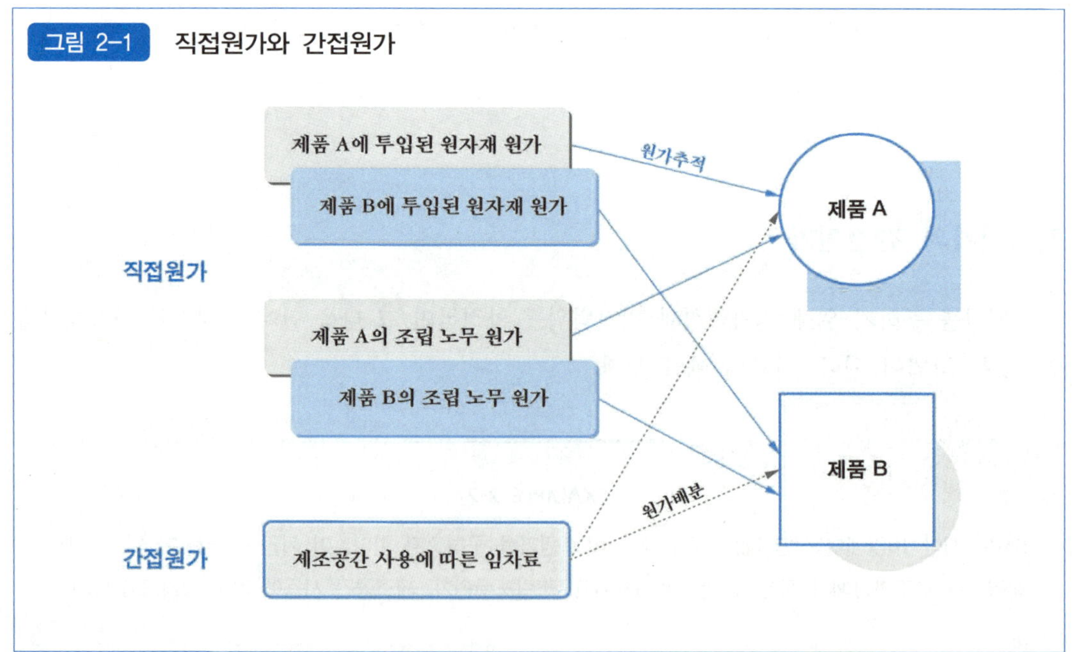

의 종류크기 및 사양별로 구분하여 원가를 구하고자 한다면 각 종류별 TV는 서로 구별되는 원가대상이 되므로 공장장의 급여는 간접원가라고 할 수 있다. 그러나 만약 원가대상을 TV 사업부, 냉장고 사업부 등 가전제품 종류별로 구분한다면 TV 공장장의 급여는 TV 사업부에 추적가능한 직접원가가 된다. 이처럼 공장장의 급여는 원가대상에 따라 간접원가가 될 수도 있고 직접원가가 될 수도 있다. 일반적으로 원가대상의 범위가 넓을수록 직접원가의 비중이 커진다.

둘째, 추가적인 시간과 노력을 들이면 종전에 간접원가로 분류하던 원가를 원가대상에 직접 추적할 수도 있다. 직접원가로 추적되는 원가가 증가할수록 배분대상이 되는 간접원가가 줄어들기 때문에 원가배분으로 인한 부작용을 줄일 수 있지만 그 효과benefit는 원가추적에 투입하는 노력cost과 비교할 필요가 있다. 기업마다 이러한 원가-효익 분석 결과가 다를 수 있으므로 유사한 원가라 하더라도 어느 기업에서는 직접원가로, 다른 기업에서는 간접원가로 분류하기도 한다.

간접원가에 대해서는 원가계산과 원가배분을 다루는 모든 주제에서 다시 다루게 되는데 특히 제3장, 제5장, 제6장에서 강조할 예정이다.

변동원가와 고정원가

원가행태cost behavior는 주어진 기간에 특정 원가대상의 활동수준level of activity이 증감할 때 그 원가대상 관련 원가들이 변화하는 양상을 말한다.[5] 예를 들어 향후 1년간 제품 생산량이 변할 때 그 제품원가를 구성하는 재료원가나 공장임차료가 어떻게 달라지는지, 품질검사량이 변할 때 품질검사부문의 소모품원가나 검사설비의 수선유지비가 어떻게 달라지는지이다. 원가행태에 따른 대표적인 원가분류로 변동원가와 고정원가가 있다.

변동원가variable cost는 원가대상의 활동수준이 증감할 때 총원가도 같은 방향으로 증감하는 원가를 말한다. 제품의 재료원가는 제품 생산량에 따라 같이 증감하므로 변동원가라고 할 수 있다. **고정원가**fixed cost는 원가대상의 활동수준이 증감하더라도 총원가는 일정하게 유지되는 원가이다. 공장 임차료나 정액상각하는 기계 감가상각비는 제품 생산량의 변화와 무관하게 일정한 원가행태를 보이는 고정원가이다. 한편 변동원가와 고정원가 요소를 모두 지닌 원가도 있는데 이러한 원가를 **혼합원가**mixed cost 또는 **준변동원가**semi-variable cost라고 한다.

원가행태는 수학적 표현인 원가함수cost function로도 나타낼 수 있는데 일반적으로 많이 사용하는 원가함수형태는 **일차선형함수**$y=ax+b$이다. 원가함수의 구체적인 형태는 원가대상과 원가

5 원가대상은 제품, 부문, 활동 등 원가계산이 필요한 대상이며 활동수준은 원가대상의 조업수량이나, 활동수행정도의 계량적 측정치이다.

마다 다를 수 있지만 정확한 원가함수를 도출하는 것이 어렵고, 설령 찾아낸다 하더라도 복잡한 원가함수를 관리회계 목적에 활용하는 것은 원가－효익 차원에서 바람직하지 않으므로 실무에서는 일차선형함수를 가정하여 분석하는 것이 일반적이다.

원가함수가 선형이라 가정할 때 원가대상 A의 활동수준이 원가에 미치는 영향에 초점을 두면, 변동원가, 고정원가, 혼합원가는 다음과 같은 일차함수로 표시할 수 있다.

formula

변동원가 $C_V = VC \times Q_A$

고정원가 $C_F = FC$

혼합원가 $C_M = C_V + C_F = VC \times Q_A + FC$

변동원가 C_V는 원가대상 A의 활동수준 Q_A가 한 단위 증감할 때마다 기울기 VC만큼 비례적으로 증감하며, 고정원가 C_F는 Q_A 과는 무관하게 일정한 값 FC를 가진다. 혼합원가 C_M은 기울기가 있는 변동원가와 절편에 해당하는 고정원가로 구성되어 있다.

원가대상의 활동수준이 변동원가를 결정하므로 이들간 인과관계cause and effect relationship에 주목하여 원가대상의 활동수준을 원가동인이라 부른다. **원가동인**cost driver은 원가의 크기에 영향을 주는, 원가대상의 활동수준 측정지표를 의미한다. 이에 의하면 고정원가는 금액이 고정되어 있으므로 원가동인이 없다고 할 수 있는가?

예를 들어, 어떤 회사에서 제품 생산량의 1%를 무작위로 추출하여 품질검사를 실시한다고 하자. 이를 위해 월 최대 100개 제품을 검사할 수 있는 품질검사부문이 있으며 직원 급여와 장비 리스료로 매월 ₩1,000,000의 원가가 발생한다. 이와 같은 품질검사부문원가는 부문의 규모와 품질검사능력이 변하지 않는 한, 검사량에 영향을 받지 않으므로 고정원가이며 원가동인도 없다고 할 수 있다. 그러나 제품생산량이 크게 증가하여 검사량도 함께 늘어나고, 기존의 품질검사능력으로는 이를 감당할 수 없게 되면, 부문의 인력과 장비를 추가로 확충해야 한다. 단기적으로는 고정원가이며 원가동인이 없었던 품질검사부문원가가 증가하는 상황이 발생한다. 중장기적으로 검사량이 크게 증가감소하고 이 상태가 지속된다면 부문을 확충축소하는 경영자의 결정이 불가피하므로 품질검사부문 원가 역시 증가감소할 것이다. 결과적으로 중장기적 차원에서 품질검사부문 원가의 원가동인은 제품검사량이라고 할 수 있다.

이 예에서 월 제품검사량 0~100개까지는 고정원가 ₩1,000,000가 그대로 유지되지만 검사필요량이 이 범위를 초과하는 경우 검사 능력을 확대한다면 고정원가는 증가한다. 여기서 제품검사량 0~100개는 고정원가 ₩1,000,000이 적용되는 관련범위가 된다. **관련범위**relevant range는 원가와 원가대상의 활동수준 간에 일정한 관계가 유지되는 활동수준범위를 의미한다.

변동원가의 경우에는 일정한 기울기가 유지되는 관련범위가 존재할 수 있다. 따라서 관련범위를 벗어나면 변동원가의 기울기나 고정원가의 변화가 예상되므로 활동수준이 관련범위 내에 존재하는지, 범위의 밖이라면 어떻게 달라지는지 확인해야 한다. 이러한 문제는 원가행태 정보를 적용하는 기간이 달라지는 경우에도 마찬가지로 발생할 수 있다.

총원가를 원가대상의 활동수준으로 나누어 **단위당 원가**unit cost를 계산하기도 하는데, 원가 총액보다 단위당으로 환산한 원가가 직관적으로 이해하기 편하기 때문이다. 변동원가 C_V의 단위당 원가는 VC이며, 고정원가 C_F의 단위당 원가는 $FC \div Q_A$이다. 여기서 유의할 것은 변동원가 C_V의 단위당 원가는 원가대상의 활동수준과 무관하게 일정한 값 VC를 갖지만, 고정원가 C_F의 단위당 원가는 원가대상의 활동수준에 따라 달라진다는 점이다. 따라서 원가자료가 주어졌을 때 변동원가는 단위당 원가로, 고정원가는 총원가로 파악하는 것이 바람직하다.[6]

원가행태에 따른 원가분류를 다음의 예에서 살펴보자.

EXAMPLE 2-3

개인용 컴퓨터를 조립 판매하는 K사는 자사 쇼핑몰에서 주문을 받으며 부품을 조립하여 판매한다. 컴퓨터의 조립은 월세로 입주한 오피스텔에서 이루어지며 모든 부품은 외부에서 구입한다. 조립 담당 직원을 한 명 고용하고 있는데 직원 급여는 기본급과 조립한 컴퓨터 대당 일정 금액의 수당으로 이루어져 있다.

컴퓨터 조립수량을 원가대상의 활동수준으로 보고 원가행태를 살펴보자. 컴퓨터 원가는 부품원가, 조립직원 급여, 오피스텔과 쇼핑몰 임차료로 이루어져 있다. 부품원가는 조립수량에 비례하는 변동원가, 임차료는 조립수량과 무관하게 매월 고정적으로 발생하는 고정원가라고 할 수 있다. 또 직원의 급여는 고정원가인 기본급과 변동원가인 수당으로 이루어진 혼합원가라고 할 수 있다.

만약 컴퓨터 한 대당 부품원가가 ₩300,000, 급여는 기본급 ₩500,000에 컴퓨터 한 대당 수당이 ₩30,000, 월임차료가 ₩1,000,000이라고 할 때 각 원가의 내용을 요약하면 다음과 같다.

6 일반적인 형태의 원가함수를 가정하여 분석하는 경제학에서도 원가를 변동원가와 고정원가로 구분하고 있으며 단위당 원가에 해당하는 평균원가개념도 다룬다. 특히 한계수익과 한계원가(비용)의 일치라는 이익최대화 조건에서 알 수 있듯이 한계원가 개념을 중요시 한다. 원가함수가 일차선형인 경우에는 한계원가와 평균변동원가가 일치하며 전 범위에서 일정한 값을 가지므로 단위당 변동원가를 한계원가의 근사치로 활용할 수 있는 특징이 있다.

종류	성격별 분류[7]	행태별 분류	원가함수
부품	재료원가	변동원가	₩300,000×조립수량
급여	노무원가	혼합원가	₩500,000+30,000×조립수량
임차료	제조경비	고정원가	₩1,000,000

컴퓨터를 한 달에 100대 조립하는 경우와 200대 조립하는 경우의 총원가와 단위당 원가는 다음과 같다.

종류	성격별 분류	100대		200대	
		총원가	단위당 원가	총원가	단위당 원가
부품	재료원가	₩30,000,000	₩300,000	₩60,000,000	₩300,000
급여	노무원가	3,500,000	35,000	6,500,000	32,500
임차료	제조경비	1,000,000	10,000	1,000,000	5,000
		₩34,500,000	₩345,000	₩67,500,000	₩337,500

그림 2-2 고정원가, 변동원가, 혼합원가

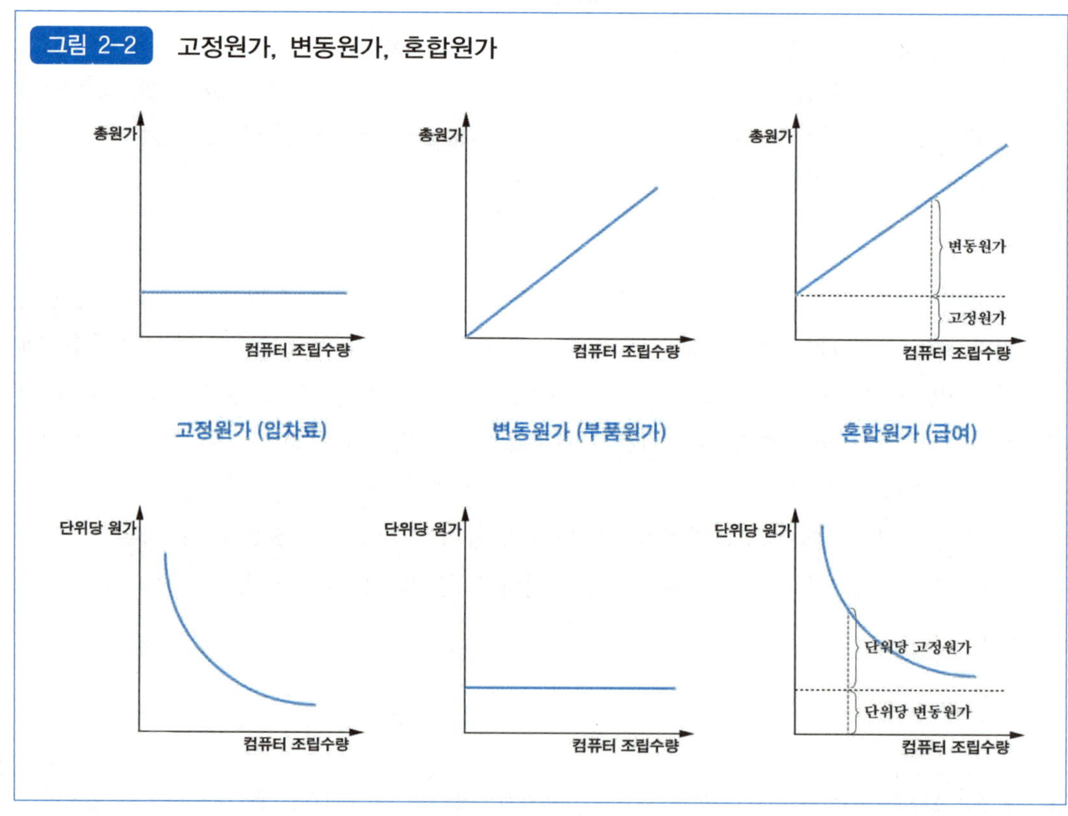

7 이에 대해서는 본 장 후반부 재무회계의 원가개념에서 설명한다.

각 원가를 그래프로 표시한 그림 2-2에서 알 수 있듯이 고정원가는 조립수량과 무관하게 총원가가 일정하며, 단위당 원가는 조립수량이 증가할수록 감소한다. 변동원가는 조립수량이 증가할수록 총원가는 비례적으로 증가하지만 단위당 원가는 일정하다. 혼합원가는 변동원가와 고정원가가 함께 있으므로 조립수량이 증가함에 따라 총원가는 증가하지만 단위당 원가는 감소하는 모습을 보인다.

원가행태에 따른 원가개념은 제7장, 제8장, 제9장의 각 주제에서 다시 다룰 예정이다.

재무회계의 원가개념 재고가능원가와 기간원가, 제조원가와 비제조원가, 원가와 비용

원가와 관련하여 관리회계의 주 관심사가 원가정보를 의사결정이나 계획 및 통제 등 관리목적에 잘 활용하는 것이라고 한다면, 재무회계의 주 관심사는 원가를 재무제표에 어떻게 보고할 것인가이다.

EXAMPLE 2-4

A전자회사는 매월 10일 전 직원에게 급여를 지급한다. 직원은 크게 생산직 근로자와 영업 및 관리직 근로자로 구성되어 있다. 직원에게 지급한 급여는 재무제표에 어떻게 표시될 것인가?

위의 예에서 직원 급여는 기업활동을 수행한 대가이므로 분명 A사 입장에서는 원가라고 할 수 있는데, 이를 모두 손익계산서의 비용항목으로 기록하면 되는가?

재무회계에서 원가는 소비 또는 희생된 자원의 취득원가나 지불가액 등 역사적 원가를 기초로 정하며 이렇게 측정된 원가는 미래에 경제적 효익을 제공할 수 있는가 여부 및 그 확실성 정도에 따라 자산 또는 비용으로 기록한다. 자원을 소비하거나 희생한 대가로 미래에 경제적 효익을 얻을 가능성이 확실하며 그 금액을 예상할 수 있을 때, 그 원가는 재무상태표의 자산으로 기록하고 그렇지 않은 경우에는 발생한 기간에 손익계산서의 비용으로 기록한다.

일반적으로 원재료나 상품의 구입원가, 제품을 생산하는 과정에서 발생한 원가 등은 미래에 경제적 효익을 가져다 줄 것으로 간주하여 재고자산으로 기록하는 **재고가능원가**inventoriable cost가 된다. 판매나 광고 또는 관리 활동에서 발생한 원가는 미래 경제적 효익의 가능성이나 규모가 불확실한 점을 들어 발생한 기간에 비용으로 처리하는 **기간원가**period cost가 된다. 따라서 생산직 직원에게 지급한 급여는 제품을 생산하는 과정에서 발생한 원가로 재고가능원가이며 영업 및 관리직 근로자에게 지급한 급여는 기간원가라고 할 수 있다.

제품을 생산하기 위해 직 · 간접으로 소비한 자원의 원가를 **제조원가**manufacturing cost라고 한다. 제조원가는 소비된 자원의 특성에 따라 재료원가, 노무원가, 제조경비 등으로 분류하기도 하고, 여기에 원가대상인 제품에의 추적가능 여부를 추가하여 직접재료원가, 직접노무원가, 제조간접원가로 분류하기도 한다.[8]

재료원가는 제조과정에서 투입된 원재료나 부품, 소모품 등의 원가이며, **노무원가**는 생산과정에 직 · 간접으로 참여한 근로자의 급여 등을 포함한다. **제조경비**는 재료원가와 노무원가를 제외한 제조과정에서 발생한 나머지 모든 원가를 말한다. 한편, 제품에 직접 추적할 수 있는 재료원가, 노무원가, 제조경비를 각각 직접재료원가, 직접노무원가, 직접제조경비라 하고, 이를 제외한 모든 간접원가를 합하여 **제조간접원가**라고 한다. 제조경비의 경우에는 특성상 간접원가가 대부분인 점을 감안하여 전액 제조간접원가에 포함하여 직접재료원가, 직접노무원가, 제조간접원가로 분류하는 것이 일반적이다. 직접재료원가와 직접노무원가를 **기초원가**기본원가, prime cost, 직접노무원가와 제조간접원가를 **가공원가**전환원가, conversion cost라고 부르기도 한다. 재무회계에서는 이들 원가만을 제품 제조에 따른 필수적 원가요소로 인정하여 재고가능원가의 범주에 포함한다.

한편 제조활동이외의 판매나 관리 활동으로 인해 발생한 원가는 **비제조원가**non-manufacturing cost로 발생한 기간에 비용화되는 기간원가이다. 위의 A사의 예에서 생산직 근로자에게 지급한 급여는 제품제조활동에 따른 제조원가 및 재고가능원가로 볼 수 있으므로 재무상태표에 자산으로 기록되며, 영업 및 관리직 근로자에게 지급한 급여는 비제조원가 및 기간원가로서 손익계산서에 비용으로 기록된다.

여기서 한 가지 유의할 것은 원가가 발생한 시점에 자산으로 기록되는 제조원가도 그로 인한 경제적 효익이 실현제품이 판매되는 시점에는 결국 비용이 된다는 점이다. 따라서 재고가능원가나 기간원가 모두 종착역은 손익계산서의 비용항목이다. 차이가 있다면 자산으로 기록된 재고가능원가가 비용화되는 시점은 기간원가와는 달리, 발생 그 즉시가 아니라 경제적 효익, 즉 수익이 창출되는 미래판매시점이다.

정리하면 **원가**cost는 기업이 특정 목적을 위해 자원을 소비하거나 희생할 때 이를 측정한 금액을 의미하며, **비용**expense은 발생주의의 틀에서 수익revenue이나 기간에 대응되어 소멸되는 원가를 의미한다. 일상에서는 원가와 비용을 구별 없이 사용하는 경우가 많지만, 회계에서만큼은 엄밀하게 구별할 필요가 있다.

8 우리나라의 기업들은 오래된 관행상 재료원가, 노무원가 그리고 제조경비의 구분을 많이 사용한다. 그러나 원가계산을 위해서는 직접원가와 간접원가의 구분도 중요하므로 직접재료원가, 직접노무원가, 제조간접원가의 분류를 사용하기도 한다.

원가의 흐름

원가가 발생시점부터 최종적으로 손익계산서와 재무상태표에 표시될 때까지의 과정을 **원가흐름**cost flow이라고 한다. 기업에서의 원가흐름은 기업의 주 영업대상이 무엇인가에 따라 차이가 있다.

서비스기업의 서비스는 생산과 동시에 고객에게 제공되기 때문에 재고자산이 존재하지 않는다. 따라서 서비스의 제공원가는 바로 손익계산서상에 영업비용으로 기록한다. 그러나 상품매매기업은 상품을 구매한 후 보관과정을 거쳐 고객에게 판매하므로 상품을 구매하면서 발생한 취득원가는 '상품'이라는 재고자산에 기록하고 판매되었을 때 매출수익에 대응하는 비용인 매출원가로 기록한다.

제조기업의 경우는 상품매매기업의 구매 및 판매활동에 제조과정이 추가된다. 단계를 구분하여 설명하면 다음과 같다. 편의상 제조원가는 직접재료원가, 직접노무원가, 제조간접원가 분류를 사용한다.

첫째, 원재료를 구입하면 이는 일단 '원재료'라는 재고자산에 기록하고 이 중 일부가 제조과정에 투입되면 해당 금액은 직접재료원가로 '재공품'이라는 재고자산에 기록한다.

둘째, 제조과정에서 생산근로자의 노동력이 투입되면 해당 급여는 직접노무원가로 재공품에 기록한다.

셋째, 직접재료원가와 직접노무원가를 제외한 기타 제조관련원가는 제조간접원가로 재공품에 기록한다.

넷째, 재공품이 완성되면 해당 금액만큼 '제품'이라는 재고자산으로 옮겨 기록한다.

다섯째, 완성된 제품 중에서 고객에게 판매되는 제품원가는 '매출원가'로 기록한다.

위 단계에 의하면 제조기업의 재고자산은 생산과정에 투입하기 위해 구입한 **'원재료'**raw material, 제조과정에 있는 **'재공품'**work-in-process, 완성된 **'제품'**finished goods으로 구분할 수 있다.

그림 2-3는 업종별 원가흐름을 보여주고 있는데 각각의 경우를 구체적인 예로 다시 살펴보면 다음과 같다.

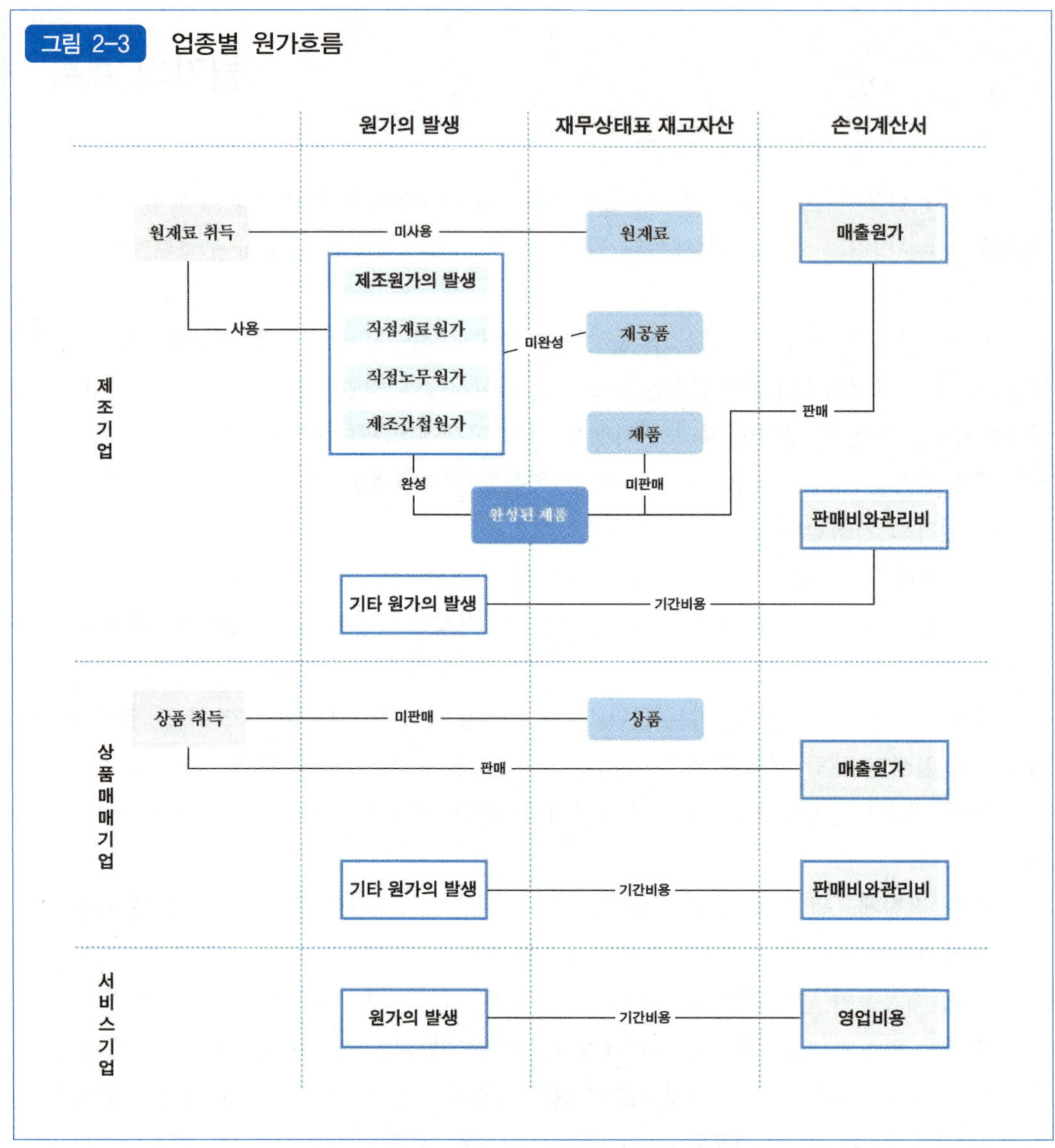

서비스기업의 원가흐름

20×1년 1월 한 달 동안 경영자문회사에서는 경영자문을 하고 영업수익 ₩10,000,000을 달성했다. 이 서비스를 제공하기 위해 투입된 원가는 다음과 같다.

항　목	금　액
급여	₩2,000,000
소모품비	500,000
임차료	2,000,000
해외출장비	1,000,000
수도광열비	300,000

경영자문회사는 상품매매기업이나 제조기업과는 달리 원가를 투입하여 무형의 서비스를 제공하기 때문에 별도의 재고자산이 존재하지 않으며 투입된 원가는 바로 발생한 기간에 영업비용으로 기록된다. 결국 발생한 원가는 재무상태표에 전혀 나타나지 않으며, 손익계산서상에 해당 영업수익과 함께 영업비용으로 표시된다.

손익계산서　　20×1년 1월

영업수익			₩10,000,000
영업비용	급여	₩2,000,000	
	소모품비	500,000	
	임차료	2,000,000	
	해외출장비	1,000,000	
	수도광열비	300,000	5,800,000
영업이익			₩4,200,000

상품매매기업의 원가흐름

20×1년 1월에 개업한 할인마트는 1월 한 달 동안 다음과 같은 거래내용이 있었다.

항　목	금　액
매출	₩20,000,000
상품 매입액	20,000,000
매출원가	11,000,000
점포 임차료	2,000,000
점포 관리자급여	1,000,000

수도광열비	500,000
광고비	300,000

할인마트와 같은 상품매매기업은 상품이라는 재고자산이 있으며 판매된 상품의 원가는 매출원가로 기록한다. 위의 예에서는 구입한 상품 ₩20,000,000 중 판매된 상품의 원가, 즉 매출원가 ₩11,000,000을 제외한 나머지 ₩9,000,000는 재무상태표에 상품이라는 재고자산에 기록된다. 매출원가를 제외한 기타 원가는 판매비와관리비가 된다. 손익계산서는 다음과 같다.

손익계산서 20×1년 1월

매출액			₩20,000,000
매출원가			11,000,000
매출총이익			9,000,000
판매비와관리비	임차료	2,000,000	
	급여	1,000,000	
	수도광열비	500,000	
	광고비	300,000	3,800,000
영업이익			₩5,200,000

제조기업의 원가흐름

20×1년 1월에 개업한 주문용 책상 제조업체에서 1월 한 달 동안 발생한 원가 및 매출정보를 나타내는 거래내역은 다음과 같다. 모든 제조과정에서 발생한 재료원가와 노무원가는 모두 제품에 직접 추적가능한 원가로 가정하고, 나머지 제조원가는 제조간접원가로 가정한다.

항 목	금 액
매출	₩25,000,000
원재료 매입액	12,000,000
원재료 사용액	10,000,000
공장근로자 급여	12,000,000
설비 취득액	20,000,000
설비의 감가상각비	1,000,000

공장 수도광열비	3,000,000
공장 임차료	2,000,000
공장소모품비	5,000,000
완성된 제품의 원가	20,000,000
판매된 제품의 원가	15,000,000
영업직원 급여	1,000,000
본사 사무실 임차료	500,000

위 자료를 기초로 당월 중 제조과정에서 발생한 원가를 다시 요약하면 다음과 같다.

첫째, 원재료의 취득금액 ₩12,000,000 중 제조과정에 사용된 금액이 ₩10,000,000이므로 직접재료원가는 ₩10,000,000이다. 미사용된 원재료 ₩2,000,000는 1월 말 재무상태표상의 재고자산인 원재료에 기록된다.

둘째, 제조과정에 투입된 공장근로자의 노동력에 대한 급여 ₩12,000,000는 직접노무원가가 된다.

셋째, 직접재료원가와 직접노무원가를 제외한 나머지 제조과정에 투입된 원가, 즉 설비의 감가상각비, 공장수도광열비, 공장임차료, 공장소모품비는 모두 제조간접원가로 분류되며 총금액은 ₩11,000,000이 된다.

직접재료원가	₩10,000,000
직접노무원가	12,000,000
제조간접원가	11,000,000
당월 총제조원가	₩33,000,000

당월에 발생한 총제조원가 ₩33,000,000는 모두 재공품에 기록되며 이 중에서 완성된 제품의 원가가 ₩20,000,000이므로 1월 말 미완성된 제품 즉, 재공품에 남아 있는 금액은 ₩13,000,000이 된다. 이 금액은 재무상태표의 재고자산인 재공품에 표시된다.

완성된 제품 중에 외부 판매된 제품의 원가 즉, 매출원가는 주어진 자료에 제시된 것처럼 ₩15,000,000이므로 1월 중에 판매되지 않고 남아 있는 제품은 ₩5,000,000으로 이는 재무상태표의 재고자산인 제품에 표시된다. 따라서 1월 말 재무상태표에 표시되는 재고자산을 요약하면 다음과 같다.

원재료	₩2,000,000
재공품	13,000,000
제품	5,000,000
재고자산 총액	₩20,000,000

나머지 1월 중에 발생한 원가 즉, 영업사원의 급여나 본사 사무실의 임차료는 발생한 기간에 비용화하는 기간비용으로 손익계산서에 판매비와관리비로 기록된다.

위의 내용을 기초로 손익계산서와 재무상태표를 작성하면 다음과 같다.

손익계산서 20×1년 1월

매출액			₩25,000,000
매출원가			15,000,000
매출총이익			10,000,000
판매비와관리비	임차료	500,000	
	급여	1,000,000	1,500,000
영업이익			₩8,500,000

재무상태표 20×1년 1월 31일

⋮	⋮	⋮	⋮
재고자산	원재료	₩2,000,000	
	재공품	13,000,000	
	제품	5,000,000	₩20,000,000
⋮	⋮	⋮	⋮
유형자산	설비	20,000,000	
	감가상각누계액	(1,000,000)	19,000,000

그림 2-4은 위 제조기업에 대한 원가의 흐름을 일목요연하게 보여주고 있다.

그림 2-4 제조기업의 원가흐름 예

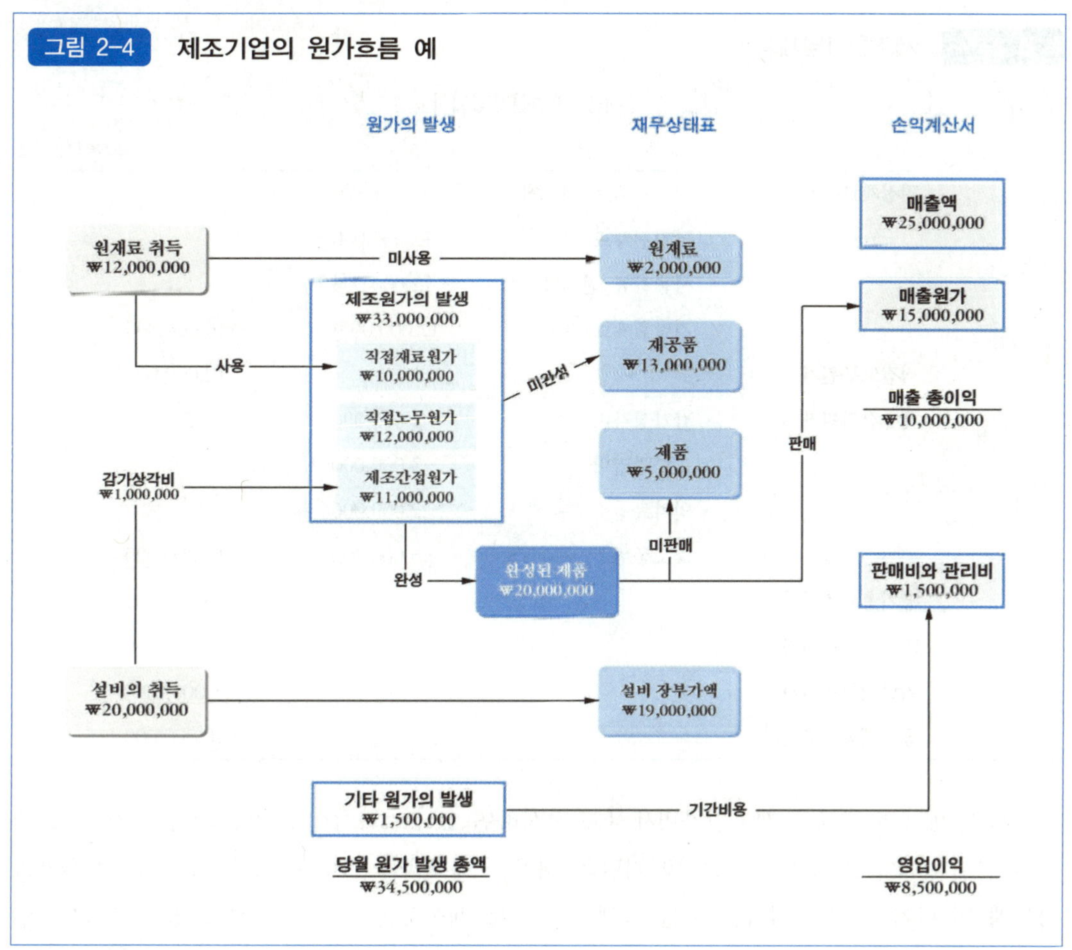

제조원가명세서

제조기업은 재무제표의 부속명세서로 회계기간 중에 완성된 제품의 제조원가 내역을 보여주는 표를 제공하기도 하는데 이를 제조원가명세서라고 한다.[9] **제조원가명세서**는 해당 회계기간에 발생한 직접재료원가, 직접노무원가, 제조간접원가 등 제조원가 총액당기총제조원가과 완성된 제품의 제조원가당기제품제조원가를 보여준다.

9 기업의 중요한 전략적 정보인 원가정보가 경쟁업체 등에게 알려지는 것을 꺼려하는 기업들의 요청으로 2004년부터는 제조원가명세서를 의무가 아닌 선택적 공시사항으로 하고 있다.

표 2-1 제조원가명세서

제품 제조원가명세서			
			20×1년 1월
직접재료원가	기초원재료 재고액	₩0	
	당기원재료 구입액	12,000,000	
	사용가능 원재료	12,000,000	
	기말원재료 재고액	(2,000,000)	₩10,000,000
직접노무원가			12,000,000
제조간접원가	감가상각비	1,000,000	
	수도광열비	3,000,000	
	임차료	2,000,000	
	소모품비	5,000,000	11,000,000
당기총제조원가			33,000,000
기초재공품원가			0
기말재공품원가			(13,000,000)
당기제품제조원가			₩20,000,000

앞선 예제의 자료로 제조원가명세서를 작성하면 표 2-1과 같다. 이에 의하면 기초 및 기말의 원재료 재고액 그리고 기초 및 기말의 재공품 재고액을 별도로 표시하고 있으며 원재료 사용액 및 당기제품제조원가는 이들 금액을 기초로 계산하는 방식을 취하고 있다. 그러나 이는 단순히 표시하는 방식일 뿐 원재료사용액이나 당기제품제조원가를 직접 구하지 못한다거나 독립적으로 산출할 수 없음을 뜻하는 것은 아니다. 구체적으로 다음과 같은 식을 이용한다.

formula

원재료사용액 = 기초원재료재고액 + 당기원재료구입액 − 기말원재료재고액

당기제품제조원가 = 기초재공품재고액 + 당기총제조원가 − 기말재공품재고액

원가흐름의 회계처리과정

제조기업의 원가흐름을 회계처리과정에서는 어떻게 기록하는지 분개와 T계정 내용을 살펴보자. 편의상 기업 외부와의 거래는 모두 현금거래로 가정한다. 각 내용을 분개하면 다음과 같다.

원재료의 구입

(차)	원재료	12,000,000	(대)	현금	12,000,000

설비의 취득

(차)	설비	20,000,000	(대)	현금	20,000,000

원재료의 사용[10]

(차)	재공품	10,000,000	(대)	원재료	10,000,000

공장근로자의 작업 및 급여 지급

(차)	재공품	12,000,000	(대)	현금	12,000,000

설비의 감가상각비 계상

(차)	재공품	1,000,000	(대)	감가상각누계액	1,000,000

공장수도광열비, 임차료, 소모품비의 발생 및 지급

(차)	재공품	10,000,000	(대)	현금	10,000,000

영업사원의 급여 지급

(차)	급여	1,000,000	(대)	현금	1,000,000

본사 사무실 임차료 지급

(차)	임차료	500,000	(대)	현금	500,000

제품의 완성

(차)	제품	20,000,000	(대)	재공품	20,000,000

제품의 판매

(차)	현금	25,000,000	(대)	매출	25,000,000
	매출원가	15,000,000		제품	15,000,000

10 원재료의 사용을 재공품에 직접 기록했지만 다음과 같이 직접재료원가라는 계정을 한번 거쳐서 기록해도 무방하다. 직접노무원가나 제조간접원가의 경우에도 마찬가지로 이들 계정을 거쳐 재공품에 기록할 수도 있으나 편의상 재공품계정에 직접 기록한다.

(차)	직접재료원가	10,000,000	(대)	원재료	10,000,000
	재공품	10,000,000		직접재료원가	10,000,000

그림 2-5 계정 간 원가의 흐름

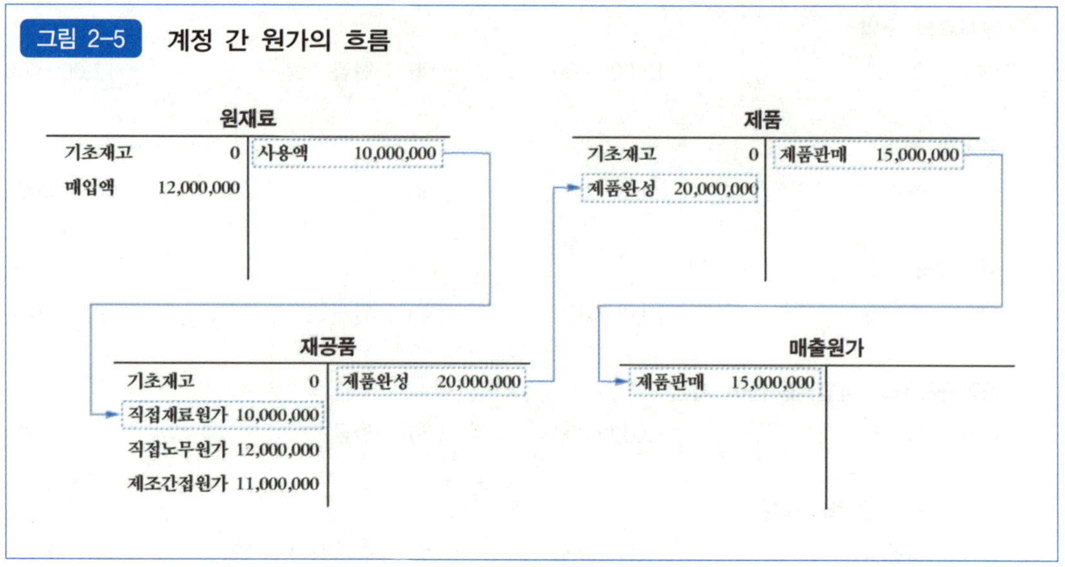

그림 2-5는 분개의 내용을 기초로 원가의 흐름상 중요한 원재료, 재공품, 제품, 매출원가를 T계정으로 표시하고 계정 간 흐름을 화살표로 표시하고 있다.

쉬•어•가•는 원가 · 관리회계

Cost & Management Accounting

Different Costs for Different Purposes – Clark가 열어 준 현대 원가관리회계의 길

지금으로부터 백여 년 전인 1923년, 경제학자 **John Clark**는 현대 원가관리회계의 주춧돌이라고 할 수 있는 저서 『**Studies in the Economics of Overhead Costs**』를 발표했다. 겉으로 보기에는 경제학 저술처럼 보이지만, 실제로는 오늘날 원가관리회계의 핵심 질문과 깊이 연결되어 있다. "간접원가, 특히 설비와 관련된 고정원가를 어떻게 이해하고 의사결정에 반영해야 하는가?"라는 물음이 그 중심에 있기 때문이다.

당시 많은 기업에서 원가계산의 주된 목표는 재무상태표의 재고자산 가액을 정하거나 가격결정의 대략적인 기준을 만드는 데 있었으므로, 간접원가는 직접노무시간이나 기계시간으로 적당히 제품에 배분하는 원가 정도로 취급하고 있었다. 그러나 **Clark**에게는 단순히 "배분해야 할 공통원가"가 아니었다. 간접원가는 대규모 설비투자와 불확실한 수요, 장기와 단기 의사결정이 뒤엉켜 만들어 내는 복합적인 경제현상이었다. 따라서 간접원가를 제대로 이해하려면 설비능력, 가동률, 수요 변동, 경기순환과 같은 요소를 함께 봐야 한다는 것이 그의 생각이었다.

Clark의 가장 큰 기여 중 하나는, 이 장에서 다루었던 것처럼 "원가는 하나가 아니며, 목적에 따라 서로 다른 원가가 필요하다"는 점을 분명하게 지적한 데 있다. 그는 다양한 경영 의사결정 상황을 나열하면서, 각각의 상황에서 어떤 원가를 포함해야 합리적인 판단이 가능한지를 구체적으로 설명한다. 기존 설비를 더 돌릴 것인지 증설할 것인지, 일시적인 수요 하락기에는 설비와 숙련 노동을 어떻게 운용할 것인지, 이미 지출했거나 어차피 지출해야 하는 원가를 어느 수준까지 "매몰된 것"으로 보고 의사결정에서 제외해야 하는지와 같은 문제들이었다.

이 밖에도 간접원가의 원가행태와 배분방법에 대해서도 중요한 통찰을 제시한다. 대부분의 원가는 순수고정원가나 변동원가라기보다는, 일정 범위에서는 고정처럼 보이다가 어느 수준을 넘으면 계단식으로 증가하는 등 보다 복합적인 행태를 보인다는 점, 그리고 간접원가 배분은 결코 중립적인 기계적 절차가 아니라 "무엇을 위해 그 정보를 사용할 것인가"에 따라 달라져야 하는 선택이라는 점을 강조한다. 흥미로운 사실은 그가 회계학자가 아니라 경제학자였기 때문에 그의 저술이 한동안 회계학계에서 충분히 조명받지 못했다는 점이다. 그러나 **1930~40**년대 시카고 대학의 **Vatter** 그리고 **1960**년대 그의 제자인 **Horngren** 등으로 이어지는 계보를 통해, **Clark**의 사상은 오늘날 원가관리회계 교과서의 "**Different costs for different purposes**"라는 핵심 개념으로 자리 잡게 되었다는 평가가 일반적이다.

한 세기 전 **Clark**는 당시 공장과 기업의 원가계산 관행을 경제학자의 시선으로 바라보며 이렇게 물었다. "우리는 무엇을 위해, 누구의 어떤 결정을 위해 원가를 계산하고 있는가?" 앞으로 여러분에게 필요한 일은 이 책에서 만나게 될 여러 원가개념과 기법을 공부할 때마다 이러한 질문을 한 번씩 떠올려 보는 것이다.

Clark, J. 1923. Studies in the Economics of Overhead Costs. Chicago, IL: The University of Chicago Press.
Frank, W. 1990. Back to the Future: A Retrospective View of J. Maurice Clark's Studies in the Economics of Overhead Costs. Journal of Management Accounting Research.
Collier, D. 2019. "Reintroducing John Maurice Clark to the Accounting Academy." Accounting Historians Journal
Miller, P. 1990. Making Accountancy Practical. Accounting, Organizations and Society.

연습문제 | 원가의 이해

chapter 2

선택형

01. 회계원가와 기회원가에 대한 설명이다. 다음 중 적절하지 않은 것은 무엇인가?
   ① 회계원가는 과거에 발생한 거래나 사건으로 인해 소비되거나 희생된 기업의 경제적 자원 금액을 말한다.
   ② 기회원가는 경제학적 원가개념으로 특정 대안을 선택할 때 발생하는 지출액과 그 대안 선택으로 잃게 되는 차선 대안의 이익을 합한 금액을 말한다.
   ③ 회계원가는 역사적 원가이고 기회원가는 미래원가이다.
   ④ 암묵적 기회원가는 회계원가에는 나타날 수 없다.
   ⑤ 회계원가가 과거원가이므로 미래의사결정에 사용할 수 없다.

02. 원가계산 목적상 직접원가와 간접원가에 대한 설명이다. 다음 중 적절하지 않은 것은 무엇인가?
   ① 직접원가와 간접원가는 원가대상을 전제로 한 개념이므로 원가대상이 정해지지 않으면 직접 또는 간접원가여부를 판단할 수 없다.
   ② 제품 제조과정에서 발생하는 재료원가와 노무원가라 하더라도 간접원가가 될 수 있다.
   ③ 제조경비는 제품의 직접원가가 될 수 있다.
   ④ 판매비와 관리비는 제품의 관점에서 간접원가이다.
   ⑤ 직접원가는 원가대상에 추적하고 간접원가는 배분한다.

03. 원가행태에 대한 설명이다. 다음 중 적절하지 않은 것은 무엇인가?
   ① 원가행태는 주어진 기간에 특정 원가대상의 활동수준이 증감할 때 그 원가대상 관련원가들이 변화하는 양상을 말한다.
   ② 고정원가는 원가대상의 활동수준 및 활동의 관련범위와 무관하게 일정하게 발생하는 원가를 말한다.

정답은 본 서 말미에서 확인할 수 있다.

③ 변동원가는 원가대상의 활동수준에 따라 변하는 원가를 말한다.

④ 변동원가는 원가대상의 활동수준에 따라 변하는 원가를 말하는 것으로 선형적으로 변화하는 원가에 국한된 것은 아니다.

⑤ 변동원가와 고정원가 여부는 원가대상이 되는 활동과 그 수준이 무엇인가에 따라 달라진다.

04. 재무회계상 원가개념에 대한 설명이다. 다음 중 적절하지 않은 것은 무엇인가?

① 제품제조원가는 재고가능원가이며 발생시 자산으로 기록한다.

② 판매비는 기간원가이며 발생시 비용으로 기록한다.

③ 제품제조원가가 발생시 자산으로 기록되지만 해당 제품이 판매되면 비용으로 기록한다.

④ 감가상각비는 기간원가이므로 비용으로 기록한다.

⑤ 수도광열비는 발생원인에 따라 제조경비, 판매비, 관리비 등으로 기록될 수 있다.

05. 재무회계 목적상 일반적인 제조기업의 제품제조원가에 대한 설명이다. 다음 중 적절하지 않은 것은 무엇인가?

① 제품제조원가는 재료원가, 노무원가, 제조경비 등으로 분류한다.

② 제품제조원가는 직접재료원가, 직접노무원가, 제조간접원가 등으로 분류한다.

③ 재료원가와 노무원가는 기본원가, 노무원가와 제조간접원가는 전환원가이다.

④ 재무회계 목적에 적합한 제품원가와 관리회계 목적에 적합한 제품원가는 다를 수 있다.

⑤ 제조기업의 직원에 지급한 급여는 업무에 따라 직접노무원가, 제조간접원가, 판매비, 관리비 등으로 달리 분류될 수 있다.

06. 원가흐름에 대한 설명이다. 다음 중 적절하지 않은 것은 무엇인가?

① 제조기업의 원가흐름은 제품제조원가와 비제조원가가 서로 다르다.

② 제조기업의 제조원가흐름에서 나타나는 재고자산은 원재료, 재공품, 제품, 매출원가가 있다.

③ 제조기업이나 상품매매기업과는 달리 서비스기업은 원칙적으로 재고가능원가가 없다.

④ 당기총제조원가와 당기제품제조원가의 차이는 기초재공품과 기말재공품의 크기에 좌우된다.

⑤ 주문 수량에 맞춰 원재료를 주문하고 제품을 생산하는 기업의 경우에는 당기총제조원가와 매출원가가 일치한다.

감평사 2018 …

07. 다음 자료를 이용하여 계산한 매출원가는?

기초재공품	₩60,000	기초제품	₩45,000	기말재공품	₩30,000
기말제품	₩60,000	직접재료원가	₩45,000	직접노무원가	₩35,000
제조간접원가	₩26,000				

① ₩121,000 ② ₩126,000 ③ ₩131,000
④ ₩136,000 ⑤ ₩141,000

08. C사의 다음 자료를 이용할 때 당기 매출액은 얼마인가?

매출총이익	₩9,600	기말제품	₩5,200
당기제품제조원가	34,000	기말재공품	3,800
기초재공품	2,800	기초제품	4,500

① ₩41,900 ② ₩42,900 ③ ₩43,400 ④ ₩43,600

회계사 2024 …

09. 20×1년 초에 설립된 (주)대한은 자동차를 생산, 판매하는 기업으로 20×1년 동안 다음과 같은 원가가 발생하였다.

• 직접재료원가	₩550
• 간접재료원가	₩150
• 판매직급여	₩150
• 공장근로자급여	₩600
• 공장감독자급여	₩300
• 관리직급여	₩350
• 공장감가상각비	₩1,000
• 광고선전비	₩100

이 자료를 바탕으로 원가계산을 했을 경우, 다음 설명 중 옳은 것은? 단, 기말재공품재고액은 ₩50이다.

① 기본원가prime costs는 ₩1,050이다.
② 제조간접원가는 ₩1,500이다.
③ 재고불능원가는 ₩500이다.

④ 당기총제조원가는 ₩2,700이다.
⑤ 당기제품제조원가는 ₩2,550이다.

10. (주)대한은 의료장비를 생산하고 있으며, 20×1년 2월 원가 관련 자료는 다음과 같다. … 회계사 2022

- 재료 구입액은 ₩4,000, 재료 기말재고액은 ₩1,400이다.
- 노무원가는 공장에서 발생한 것이며, 노무원가의 80%는 생산직 종업원의 임금이다.
- 지급한 노무원가는 ₩3,700, 기초 미지급노무원가는 ₩200, 기말 미지급노무원가는 ₩500이다.
- 기본원가기초원가, prime costs는 ₩5,700이다.
- 제조경비는 ₩2,100이며, 전액 제조간접원가이다.

20×1년 2월 (주)대한의 제조간접원가는 얼마인가? 단, 기초재고자산은 없다.
① ₩2,100 ② ₩2,200 ③ ₩2,800
④ ₩3,000 ⑤ ₩3,100

11. (주)감평의 20×1년 매출액은 ₩4,000,000이며, 매출총이익률은 20%이다. 당기 중 직접재료 매입액은 ₩1,500,000이며, 직접노무원가는 제조간접원가의 60%이다. (주)감평의 20×1년 재고자산 자료는 다음과 같다. … 감평사 2025

	직접재료	재공품	제품
20×1. 1. 1.	₩40,000	₩120,000	₩90,000
20×1. 12. 31.	60,000	150,000	60,000

(주)감평의 20×1년 기초(기본)원가는?
① ₩2,125,000 ② ₩2,168,000 ③ ₩2,245,000
④ ₩2,456,500 ⑤ ₩2,512,000

12. (주)세무의 20×1년 5월 중 자료는 다음과 같다. … 세무사 2016

	5월 1일	5월 31일
재공품	₩30,000	₩25,000
제품	20,000	10,000

5월 중 기본원가prime cost는 ₩325,000이고, 가공원가conversion cost가 직접재료원가의 40%이며, 제조간접원가는 ₩25,000이다. (주)세무의 5월 매출원가는?

① ₩320,000 ② ₩345,000 ③ ₩350,000
④ ₩360,000 ⑤ ₩365,000

세무사 2024 ···

13. (주)세무의 20×1년 재고자산 및 원가자료는 다음과 같다.

(1) 재고자산

	원재료	재공품	제품
20×1. 1. 1.	₩40,000	₩90,000	₩80,000
20×1. 12. 31.	60,000	100,000	120,000

(2) 원가자료

- 생산직근로자 급여 ₩110,000
- 생산직관리자 급여 30,000
- 공장건물 감가상각비 70,000
- 생산설비 보험료 ₩50,000
- 영업사원 급여 20,000
- 본사건물 재산세 10,000

20×1년 매출원가가 ₩480,000일 때, 원재료 매입액은?

① ₩280,000 ② ₩290,000 ③ ₩330,000
④ ₩340,000 ⑤ ₩530,000

세무사 2022 ···

14. (주)세무의 20×1년 1월의 재고자산 자료는 다음과 같다.

	직접재료	재공품	제품
20×1. 1. 1.	₩80,000	₩100,000	₩125,000
20×1. 1. 31.	60,000	75,000	80,000

20×1년 1월 중 직접재료의 매입액은 ₩960,000이고, 직접노무원가는 제조간접원가의 40%이다. 1월의 매출액은 ₩2,500,000이며, 매출총이익률은 16%이다. 20×1년 1월의 기본원가prime costs는?

① ₩1,050,000 ② ₩1,160,000 ③ ₩1,280,000
④ ₩1,380,000 ⑤ ₩1,430,000

15. (주)대한의 20×1년 재고자산과 관련된 자료는 다음과 같다. … 회계사 2021

구 분	원재료	재공품	제품
기초금액	₩23,000	₩30,000	₩13,000
기말금액	12,000	45,000	28,000

20×1년 원재료 매입액은 ₩55,000이며, 가공원가는 ₩64,000이다. 이 경우 ㈜대한이 20×1년 당기제품제조원가에서 매출원가를 차감한 금액은 얼마인가?

① ₩12,000 ② ₩15,000 ③ ₩23,000
④ ₩28,000 ⑤ ₩30,000

16. (주)세무의 기초 및 기말 재고자산은 다음과 같다. … 세무사 2019

구분	기초잔액	기말잔액
원재료	₩27,000	₩9,000
재공품	₩30,000	₩15,000
제 품	₩35,000	₩28,000

원재료의 제조공정 투입금액은 모두 직접재료원가이며 당기 중 매입한 원재료는 ₩83,000이다. 기초원가prime cost는 ₩306,000이고, 전환원가conversion cost의 50%가 제조간접원가이다. (주)세무의 당기제품제조원가와 당기 매출원가는?

	당기제품제조원가	매출원가
①	₩408,500	₩511,000
②	₩511,000	₩511,000
③	₩511,000	₩526,000
④	₩526,000	₩526,000
⑤	₩526,000	₩533,000

17. 단일제품을 생산하는 (주)감평은 매출원가의 20%를 이익으로 가산하여 제품을 판매하고 있다. 당기의 생산 및 판매 자료가 다음과 같다면, (주)감평의 당기 직접재료매입액과 영업이익은? … 감평사 2019

• 재고자산

구분	기초재고	기말재고
직접재료	₩17,000	₩13,000

재공품	20,000	15,000
제 품	18,000	23,000

- 기본기초원가 ₩85,000
- 가공전환원가 ₩98,000
- 매출액 ₩180,000
- 판매관리비 ₩10,000

	직접재료매입액	영업이익
①	₩46,000	₩15,000
②	₩48,000	₩15,000
③	₩48,000	₩20,000
④	₩52,000	₩20,000
⑤	₩52,000	₩26,000

감평사 2004 ···

18. (주)감평의 20×1년 기초 재고자산은 다음과 같다.

직접재료	재공품	제품
₩39,000	₩52,000	₩40,000

20×1년 중 직접재료 매입액은 ₩150,000, 직접노무비 발생액은 실제가공원가의 60%이며 제조간접비 실제발생액은 ₩50,000이다. 기중 매출액은 ₩500,000이며 실제매출총이익률은 25%이다. 20×1년 기말재고자산직접재료 + 재공품 + 제품의 총합계는 얼마인가?

① ₩31,000 ② ₩39,000 ③ ₩50,000
④ ₩75,000 ⑤ ₩92,000

세무사 2011 ···

19. (주)국세의 4월 매출액은 ₩20,000이며, 매출총이익률은 30%이다. (주)국세의 공장에서 4월에 발생한 원가관련 자료는 다음과 같다.

- 재고자산 현황

일자	직접재료	재공품	제품
4월 1일	₩1,000	?	₩3,000
4월 30일	₩2,000	₩3,000	₩4,000

- 4월에 매입한 직접재료금액은 ₩4,500이다.

- 4월 1일 미지급임금은 ₩2,000이며, 4월 30일 미지급임금은 ₩4,000이다.
- 4월에 지급한 임금은 ₩6,000이다.
- (주)국세의 공장에서 발생한 임금의 50%는 생산직 종업원의 임금이다.
- 4월에 발생한 제조간접원가 중 임금을 제외한 나머지 부분은 ₩1,500이다.

(주)국세의 4월 1일 재공품 금액은 얼마인가?

① ₩2,500 ② ₩3,000 ③ ₩3,500
④ ₩4,000 ⑤ ₩5,000

20. 다음에 주어진 (주)한국제조의 손익계산서는 회계지식이 부족한 인턴직원이 작성한 것으로 오류가 있을 것으로 예상된다. … 회계사 2015

손익계산서

(주)한국제조 20×1. 1. 1~20×1.12.31 (단위: ₩)

• 매출액			900,000
• 영업비용:	간접노무원가	24,000	
	수도광열비	30,000	
	직접노무원가	140,000	
	감가상각비(공장설비)	42,000	
	감가상각비(본사건물)	36,000	
	당기 원재료 매입액	330,000	
	보험료	8,000	
	임차료	100,000	
	판매 및 관리부서의 직원급여	64,000	
	광고선전비	150,000	924,000
			(24,000)

(주)한국제조의 20×1년도 손익계산서를 정확하게 작성하고자 하는 경우 필요한 추가자료는 다음과 같다.

(1) 위 손익계산서에 제시된 각 항목의 금액은 정확하다.
(2) 수도광열비의 60%, 보험료의 75%와 임차료의 80%는 공장설비와 관련된 것이며, 나머지는 판매 및 일반관리활동과 관련하여 발생한 것이다.

(3) 20×1년도 재고자산의 기초 및 기말잔액은 다음과 같다.

구분	기초	기말
원재료	₩16,000	₩26,000
재공품	32,000	42,000
제품	80,000	120,000

20×1년도 (주)한국제조의 정확한 당기제품제조원가와 영업이익은 각각 얼마인가?

	당기제품제조원가	영업이익
①	₩620,000	₩12,000
②	₩620,000	₩24,000
③	₩620,000	₩36,000
④	₩630,000	₩12,000
⑤	₩630,000	₩24,000

서술형

01. 다음 각 서술에서 등장하는 원가가 보기 분류 중에 어디에 속하는가? 단, 중복 선택 가능하다.

> ①재료원가 ②노무원가 ③제조경비 ④변동원가 ⑤고정원가 ⑥혼합원가 ⑦기회원가 ⑧재고가능원가 ⑨기간원가 ⑩직접원가 ⑪간접원가

물음 (1) 제품 A 생산을 위해 창고에서 원재료를 출고하여 사용하였다.

(2) 제품 B 판매를 촉진하기 위해 영업사원에게 판매량에 비례하는 보너스를 지급했다.

(3) 제품 C 조립라인의 생산직 근로자에 기본급과 작업시간에 따른 수당을 지급하였다.

(4) 제조공장 원자재창고에 대한 임차료를 지급하였다.

(5) 제품의 생산에 사용하고 있는 원재료 A(취득원가 ₩10,000, 현행가격 ₩15,000), 사용가치가 없어 폐기 예정인 원재료 B(취득원가 ₩5,000, 처분가격 ₩0) 그리고 새로 구입해야 하는 원재료 C(취득원가 ₩20,000)를 신제품 K 연구에 투입하는 안을 고려하고 있다.

(6) 영업점에서 사용하고 있는 복사기 임차료를 지급하였는데 임차료는 기본료에 복사매수에 따른 사용료로 구성된다.

(7) 공장감독자에게 체력단련비와 복리후생비를 지급하였다.

(8) 제품 D 생산에 필요한 특허권사용료를 지급하였는데 특허권사용료는 생산량에 비례한다.

02. 주어진 자료를 이용하여 20×1년 B사의 원가흐름상 계정의 빈칸을 채워라.

> - 원재료 사용액은 전액 직접재료원가이다.
> - 20×1년 손익계산서상 매출액은 ₩9,000,000이며 매출총이익율은 65%이다.
> - 20×1년 말 재무상태표상 재고자산원재료, 재공품, 제품 총액은 ₩660,000이다.

원재료

전기이월	180,000	재공품	(A)
원재료매입액	920,000	차기이월	(B)

재공품

전기이월	350,000	제품	(D)
직접재료원가	980,000	차기이월	(E)
직접노무원가	(C)		
제조간접원가	830,000		

제품

전기이월	600,000	매출원가	(G)
재공품	(F)	차기이월	310,000

03. 다음은 K사의 20×1년 기초 및 기말 자료이다.

	20×1년 초		20×1년 말
직접재료재고	₩110,000		₩130,000
재공품재고	105,000		100,000
제품재고	90,000		115,000
직접재료매입		375,000	
직접노무원가		125,000	
간접노무원가		75,000	
공장보험료		45,000	
공장 설비 및 건물의 감가상각비		55,000	
공장 보수 및 유지비용		20,000	
마케팅, 유통, 고객서비스원가		465,000	
일반관리비		145,000	

물음 (1) 20×1년 제조원가명세서를 작성하라.

(2) 제품의 완성에 대한 분개를 행하라.

(3) 20×1년 매출액이 ₩1,500,000이다. 영업이익은 얼마인가?

제3장 개별원가계산

개별원가계산

원가계산방법은 기업에서 생산하는 제품 특성이나 제공하는 서비스 특성에 따라 다양한 형태가 존재한다. 생산하는 제품의 특성에 따라 나눠지는 대표적인 원가계산방법에는 개별원가계산과 종합원가계산이 있다. 본 장에서는 원가계산의 기초와 함께 개별원가계산의 기본적인 절차를 설명하고 정상원가계산의 필요성과 구체적인 방법도 다룬다.

원가계산의 기초

원가계산의 의의

원가정보는 경영과정의 핵심활동이라고 할 수 있는 의사결정과 계획, 통제와 성과평가단계에서 필수적이고 기초적인 정보이다. 여러 대안 중에 선택을 해야 하는 의사결정이나 선택한 대안의 계획수립단계에는 대안의 예상원가가 중요한 정보이며, 대안이 실행된 후 그 대안을 평가하는 단계에서는 실제 발생원가가 중요한 정보가 된다.

원가정보는 재무회계시스템에 기록되는 원시자료raw data 그 자체가 될 수도 있지만, 대개의 경우 그 원시자료를 원가정보의 사용목적에 따라 적절한 방식으로 분류, 집계, 계산하는 추가가공과정이 필수적이다. 원가계산은 이러한 추가가공과정이라고 할 수 있다. 원가정보를 창출하는 원가계산은 기업의 계획과 통제목적 이외에도 재무회계목적, 세무회계목적, 원가보상목적, 공공요금의 결정 및 관리를 위한 규제회계목적 등을 위해서도 필수적이다.

제조기업의 대표적인 비용항목인 손익계산서상의 매출원가를 계산하기 위해서는 제품의 원가계산이 반드시 필요하며, 이 원가계산의 결과는 그대로 재무상태표상 재공품이나 제품과 같은 재고자산금액을 평가하는 데 사용한다. 세무회계상 과세소득을 확정하기 위해서도 매출원가를 계산해야 하므로 여전히 원가계산이 필요하다. 정부가 방위산업체로부터 주문하는 방산물자의 구입가액을 원가보상계약에 따라 결정할 때나 자연독점산업의 공공서비스 요금을 결정할 때에도 제품 또는 서비스의 원가계산결과가 활용된다. 의료서비스에 대한 진료수가를 결정할 때에도 마찬가지이다.

그림 3-1 급여의 원가분류

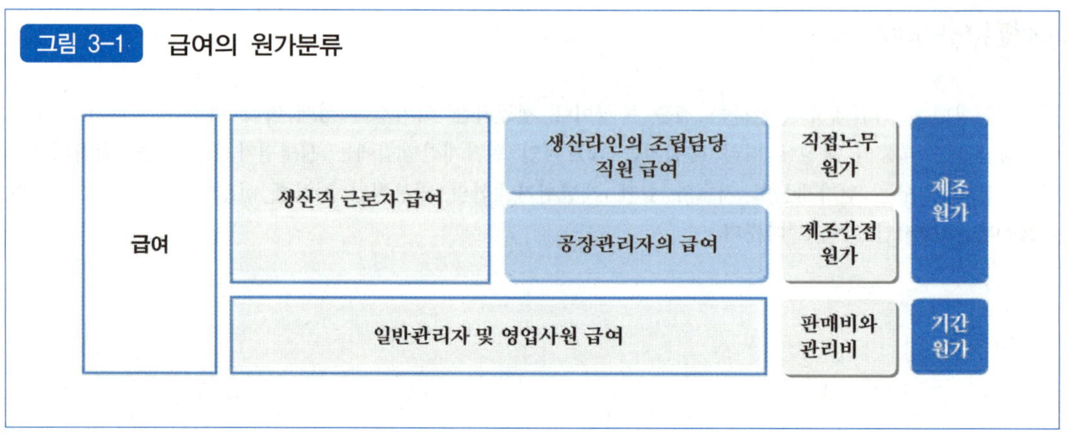

원가계산의 기본요소

첫째, 원가를 측정하고자 하는 **원가대상**cost object이다. 원가대상에는 고객에게 인도하는 제품이나 서비스가 대표적이지만 기업 내부 조직이나 이들의 활동이 될 수도 있다. 경제적 자원의 소비 정도를 파악할 필요가 있다면 재화, 서비스, 활동, 조직 등 무엇이든 원가대상이 된다.

둘째, 원가를 계산하고자 하는 **목적**이다. 원가계산목적에 따라 원가계산에서 다룰 원가의 범위가 달라진다. 예컨대 외부 재무보고를 위한 제품원가계산이라면 재무회계에서 인정하는 제조원가만을 대상으로 하지만 제품의 전반적인 수익성 파악이 목적이라면 제조원가는 물론 판매비와 관리비 등도 원가범위에 포함하는 것이 적절하다. 만약 원가-조업도-이익분석을 위한 경우라면 변동원가만을 대상으로 원가계산을 할 수도 있다.

셋째, 원가의 **집계**와 **분류**이다. 기업에서 원가를 기록하는 최초 단계는 회계거래가 발생하여 분개와 계정을 통해 재무회계시스템에 입력할 때이다. 발생 형태별로 각 계정에 기록된 원가는 원가계산의 필요에 따라 다시 추가로 구분하거나 통합한다. 예컨대 재무회계목적을 위한 원가계산에서는 모든 원가를 제조원가와 기간원가로 구분한다. 제조원가는 형태별로 재료원가, 노무원가, 제조경비로 나뉘며 필요에 따라 직접원가와 간접원가의 분류를 추가하여 직접재료원가, 직접노무원가, 그 밖의 간접원가를 모두 합한 제조간접원가로 분류하기도 한다.

그림 3-2　원가계산의 기본요소

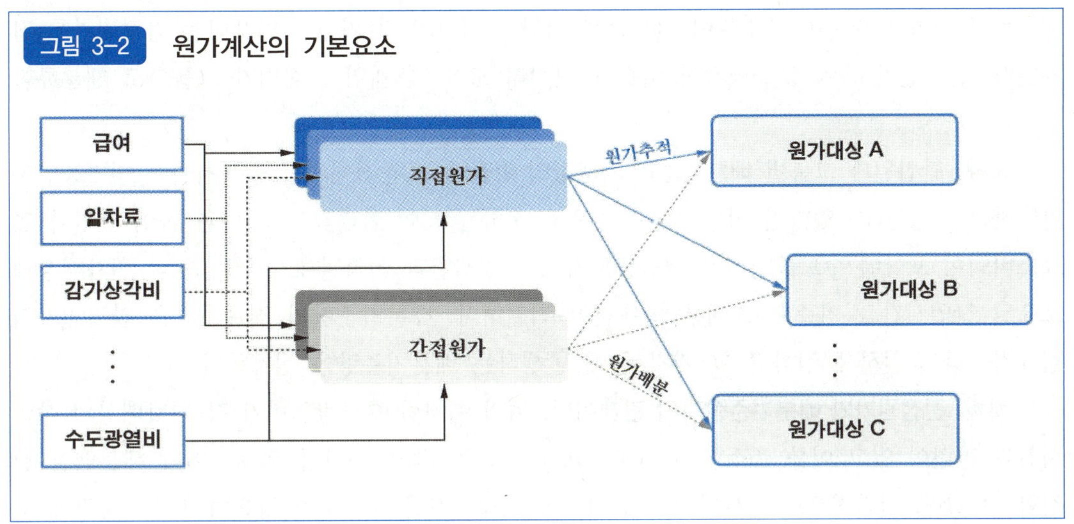

그림 3-1은 직원들에게 지급하는 급여를 필요에 따라 분류한 예이다. 급여 중 일반관리직에 종사하는 근로자에 대한 급여와 생산현장 근로자의 급여를 구분하기도 하며, 생산현장 근로자에 대한 급여 중에서도 제품 생산에 직접 참여하는 근로자와 그렇지 않은 감독자의 급여를 구분하기도 한다. 일반관리직의 급여는 기간원가로, 공장근로자의 급여는 제조원가로 분류한다. 제품 생산에 참여하여 제품에 추적 가능한 근로자의 급여는 제조원가 중 직접노무원가로, 직접 생산에 참여하지 않아 특정 제품에 추적하기 어려운 근로자의 급여는 제조원가 중 제조간접원가로 분류한다.

넷째, 원가와 원가대상과의 연결이다. 일반적으로 직접원가는 원가대상에 직접 추적하고 직접 추적하기 어려운 간접원가는 **원가배분**cost allocation이라는 과정을 통해 원가대상에 귀속시킨다.[1] 원가계산의 기본요소를 그림으로 표시하면 그림 3-2와 같다.

원가배분의 절차와 가정

간접원가를 각 원가대상에 배분하려면 다음의 세 가지가 확정되어야 한다.

첫째, 배분대상이 되는 **간접원가의 확정**이다. 이를 위해서는 간접원가로 분류되는 원가종류와 이들 원가를 집계하는 기간을 정해야 한다. 직접원가와 달리 간접원가의 많은 부분이 작

1 원가배분과 유사한 표현으로 원가배부(配賦, cost application)가 있다. 기본적으로 이들이 의미하는 바는 동일하며 그 사용 역시 혼재되어 있다. 굳이 이들 둘을 구분한다면, 배분은 원가를 나눈다는 점에 초점을, 배부는 원가를 나누되 원가대상과 연결시켜 부과한다는 점에 초점을 둔 것으로 이해할 수 있다. 보통 제품이나 서비스 등의 원가대상에 대해 원가배분이 이뤄질 때 원가배부라고 부르는 경향이 있다.

업과는 무관하게 발생하는 경향이 있으므로 기간을 정하고 그 기간에 발생하는 간접원가를 집계한다. 간접원가 중에서도 성격이 비슷한 것끼리 모아 몇 개의 간접원가 그룹으로 재분류할 수 있다.

둘째, 간접원가 그룹별 **배분기준과 기준량의 확정**이다. 간접원가를 발생시키는 원가동인을 파악하고 측정할 수 있다면 이를 배분기준으로 정하는 것이 합리적이다. 예를 들어 전기나 연료소비액이 포함된 수도광열비가 생산근로자의 작업시간과 인과관계가 있다면 각 원가대상에 소요된 작업시간을 기준으로 배분하는 것이 적절하다. 배분기준량의 집계기간은 간접원가의 집계기간과 동일하게 정하고 그 기간 중에 발생하는 배분기준량을 집계한다.

셋째, 간접원가와 배분기준량과의 관계이다. 위의 예처럼 수도광열비가 각 원가대상의 작업시간과 관련이 있고 이를 측정할 수 있다 하더라도 구체적인 관계를 확정하여야 배분액을 결정할 수 있다. 일반적으로 배분기준량이 없으면 간접원가를 배분하지 않으며 배분기준량에 정비례하는 금액을 배분하는 방식을 취하므로 결국 절편이 없는 일차함수를 가정하는 셈이다.[2] 특정 기간에 발생하는 간접원가 총액을 해당 기간의 배분기준량으로 나눈 값이 일차함수의 기울기가 되며 배분기준 한 단위당 배분액이 되는데 이를 배분율 또는 배부율이라 부른다. 이 배분율에 특정 원가대상의 배분기준량을 곱하여 얻은 금액이 그 원가대상에 배분할 간접원가가 된다. 일반적으로 이와 같은 배분방식을 취하는 것은 배분액 계산이나 사후 검증이 수월하기 때문이다.[3]

원가계산의 예

원가대상이나 원가의 범위, 원가배분기준은 원가계산의 목적에 따라 달라질 수 있으므로 용도에 맞게 적절히 정할 필요가 있다. 예 3-1에서도 계산에 필요한 사항을 구체적으로 제시하고 있다. 이 예를 통해 앞서 설명한 원가계산의 기본요소와 가정을 확인하고 원가대상별 원가를 구해보자.

주어진 자료에 의하면 원가대상은 프로젝트 A와 B, 영업활동, 관리활동으로 구분하며 원

2 원가행태를 나타내는 원가함수와는 다른 의미라는 점에 유의해야 한다. 변동간접원가의 원가동인을 배분기준으로 사용한다면 원가함수를 이용한 배분이라고 할 수도 있으나 고정간접원가는 그렇지 않기 때문이다.

3 간접원가의 배분뿐만 아니라, 직접원가의 추적에도 이러한 가정이 널리 활용된다. 예를 들어, 제품 생산량이 100개이고 직접재료원가 총액이 ₩10,000이라면 제품 20개에 포함되어 있는 직접재료원가는 얼마일까를 생각해보자. 원가회계에서 일반적인 답은 ₩10,000의 20%, 즉 ₩2,000이다. 사실 이러한 답은 직접재료원가와 제품생산량 간의 관계는 일차함수라는 가정을 전제로 제품 단위당 직접재료원가는 ₩100이라는 판단에 의한 결과라고 할 수 있다. 이러한 가정이 경제학 등 이론적인 관점에서는 타당하지 않을 수도 있으나, 현실적인 해결책을 제시해야 하는 원가회계에서는 받아들여지는 가정이다. 기업의 회계시스템에서 산출되는 원가정보가 이와 같은 가정 하에서 얻어진 결과라는 점은 염두에 두어야 한다.

가의 범위는 해당기간에 발생한 총원가를 대상으로 별도의 분류나 집계 없이 계정금액을 그대로 적용하고 있다. 개별원가와 원가대상을 연결 짓는 추적 및 배분에 대해서도 구체적으로 설명하고 있다. 각 회계사의 급여는 담당 프로젝트에 직접 추적가능한 원가가 되며 광고비 역시 영업활동에 추적할 수 있는 원가이다. 나머지 원가는 간접원가로 보고 원가마다 배부기준을 제시하고 있다.

EXAMPLE 3-1

다음은 S사 20×1년 1분기 원가계산에 필요한 기본 자료와 원가계산 가정이다.

1. S사의 영업활동

S사는 경영컨설팅 회사로 고객사가 개별적으로 의뢰하거나 경쟁입찰에 참여하여 수주한 컨설팅 프로젝트를 수행하고 있다. 20×1년 1분기 중에 두 건의 프로젝트 A와 B가 발주되었으며 고객에게 최종 결과물을 제공하였다.

2. 원가 발생내역

항목	금액
급여	₩91,400
출장비	24,000
소모품비	13,000
수도광열비	15,000
임차료	20,000
광고비	10,000
	₩173,400

3. 직원들의 급여와 업무별 투입시간

개인	급여	업무별 투입시간				
		A	B	영업	관리	합계
강 대표	₩30,000	100	100	120	160	480
이 회계사	20,000	480				480
김 회계사	18,000		480			480
최 박사	14,400	200	280			480
박 비서	9,000	180	100	60	140	480
	₩91,400	960	960	180	300	2,400

출장비는 강 대표가 출장 시에 지출한 비용이며, 광고비는 추가수주를 위한 영업의 일환으로 지출한 비용이다.

4. 원가계산을 위한 기본가정

· 원가대상은 크게 프로젝트 A와 B, 영업, 관리로 구분한다.

- 각 개인의 급여는 원가대상에 직접 추적하되 각 개인이 여러 업무를 수행한 경우 투입시간을 기준으로 배부한다.
- 출장비는 프로젝트 A, B 그리고 영업업무에 배부하되 강대표의 각 업무별 투입시간을 기준으로 배부한다.
- 소모품비, 수도광열비, 임차료는 업무 수행 중에 발생하는 비용이므로 각 업무별 직원들의 투입총시간을 기준으로 배부한다.
- 광고비는 전액 영업과 관련된 것이므로 영업활동에 추적한다.

최 박사나 강 대표는 여러 업무를 동시에 수행하였으므로 이들의 급여는 노력이 투입된 각 업무에 배부해야 하는데 예에서 투입시간을 배부기준으로 하고 있다. 최 박사의 경우 1분기 급여총액이 ₩14,400이며 총 업무투입시간이 480시간이므로 투입시간당 급여액은 ₩30이다. 여기서 주의할 것은 최박사의 급여가 한 시간을 투입할 때마다 실제로 ₩30씩 발생하는 것은 아니며 원가를 여러 업무 간에 배부할 때 사용하는 배부율이라는 점이다. 최 박사의 급여 중에 프로젝트 A에 배부된 금액은 투입시간당 급여 ₩30에 투입시간 200시간을 곱한 ₩6,000이 된다.

출장비는 관리를 제외한 업무에 대해 강 대표가 투입한 시간을 기준으로 배부하므로 시간당 출장비는 ₩75이다. 프로젝트 A에 배부될 출장비는 투입시간 100시간을 곱한 ₩7,500이다.

그 밖에 소모품비, 수도광열비, 임차료 등의 ₩48,000은 전 직원이 투입한 업무시간 2,400시간을 기준으로 각 업무에 배부하므로 시간당 ₩20을 기준으로 한다. 즉, 프로젝트 A에 배부

항목		금액	원가대상			
			A	B	영업	관리
급여	강 대표	₩30,000	₩6,250	₩6,250	₩7,500	₩10,000
	이 회계사	20,000	20,000	0	0	0
	김 회계사	18,000	0	18,000	0	0
	최 박사	14,400	6,000	8,400	0	0
	박 비서	9,000	3,375	1,875	1,125	2,625
출장비		24,000	7,500	7,500	9,000	0
소모품비		13,000	5,200	5,200	975	1,625
수도광열비		15,000	6,000	6,000	1,125	1,875
임차료		20,000	8,000	8,000	1,500	2,500
광고비		10,000	0	0	10,000	0
합계		₩173,400	₩62,325	₩61,225	₩31,225	₩18,625

될 금액은 ₩20에 960시간을 곱한 ₩19,200이다.

이러한 계산과정을 모두 수행한 결과는 위 요약표에서 확인할 수 있다.

원가계산방법의 선택

원가계산방법을 설계할 때 염두에 두어야 할 것은 어떤 대상에 대해서 원가계산을 할 것인가, 어느 정도의 상세수준을 유지할 것인가, 어떤 목적으로 원가정보를 활용할 것인가 등이다. 일반적으로 원가계산시스템의 설계와 사용에서 고려할 사항은 다음과 같다.

첫째, 원가계산시스템의 결정은 **원가-효익**cost-benenfit의 관점에서 이루어져야 한다. 원가계산시스템을 설계하고 유지하는 데 드는 원가보다 그 원가계산시스템에서 얻을 수 있는 효익이 커야 한다. 세계 최고 수준의 기업에서 선택한 원가계산시스템이 모든 기업에 바람직한 것은 아니다. 기업마다 규모, 제품의 특성과 종류, 외부시장의 경쟁정도, 원가정보의 활용능력 등 맥락context과 상황이 모두 다르며 그에 따라 원가정보의 효익도 달라지기 때문이다.

둘째, 기업의 생산과정과 작업흐름에 맞게 원가계산시스템이 설계되어야 한다. 일반적으로 교과서에서 다루는 원가계산시스템은 가장 전형적인 형태이다. 그러나 실제로 기업실무를 살펴보면 이를 그대로 사용하는 것이 아니라 기업의 상황에 맞게 변형하여 사용한다. 최적의 원가계산시스템을 설계하기 위해서는 기업의 활동과정에 대한 검토와 연구가 선행되어야 한다.

셋째, 다목적용으로 설계된 원가계산시스템에서 산출되는 원가정보는 원하는 용도에 바로 사용할 수 없는 경우가 많다. 일반적으로 기업의 원가계산시스템은 여러 가지 필요를 동시에 충족할 수 있도록 설계되어 있다. 이를테면 재무회계목적에 필요한 재고자산과 매출원가 정보도 제공하는 동시에 원가관리, 가격결정 또는 전략적인 의사결정 등 관리회계목적에 활용할 수 있는 원가정보도 제공한다. 목적에 따라 서로 다른 여러 개의 원가계산시스템을 갖추는 것이 원가-효익의 기준에 부합하지 않기 때문이다. 다목적용 원가계산시스템으로부터 산출된 정보를 특정 목적에 맞게 사용하려면 추가적인 가공과정이 필요하다.

넷째, 원가정보는 기타 비재무적인 정보로 보완할 필요가 있다. 원가계산시스템에서 산출되는 원가정보는 재무적인 원시자료형태이다. 따라서 목적에 맞게 가공하는 것뿐만 아니라 관련 비재무적 정보로 보완하여 종합적으로 판단하는 것이 바람직하다.

원가계산방법의 종류 개별원가계산과 종합원가계산

기본적인 원리는 동일하지만 원가대상에 따라 약간씩 변형된 형태의 원가계산방법이 존재한다. 가장 대표적인 제품원가계산방법으로는 개별원가계산과 종합원가계산이 있다.

기업에서 생산하는 제품은 선박, 비행기, 기계, 건물 등과 같이 주문에 따라 특화된 제품을 소량 생산하는 경우와 화학제품이나 전자제품 등과 같이 표준화된 제품을 대량 생산하는 경우로 구분할 수 있다. 주문에 의해 소량 생산되는 경우에는 주문 작업별로 그 사양과 기능이 다르기 때문에 소요되는 원재료, 투입되는 노동력 그리고 설비 등의 사용 정도도 서로 다르다. 당연히 원가계산에 있어서도 주문 작업별로 구분하여야 정확한 원가계산을 할 수 있다. 이와 같이 작업별로 구별하여 원가계산하는 것을 **개별원가계산**job costing이라고 부른다.

한편 표준화된 작업에 따라 동일한 제품을 연속적으로 대량 생산하는 경우에는 제품별 또는 작업별로 구별하여 원가계산하는 것이 비효율적이다. 생산되는 제품이나 수행되는 작업이 차이가 없는데 이를 구별하여 원가계산하는 것은 시간이나 비용차원에서 적절하지 않기 때문이다. 이러한 경우에는 원가계산기간주단위 또는 월단위을 정하고 이 기간 중에 발생한 원가를 같은 기간에 생산한 제품수량으로 나누어 제품원가를 계산하는 방법을 사용할 수 있는데 이를 **종합원가계산**process costing이라고 한다. 이 방법에서는 특정기간에 생산되는 모든 제품은 품질이나 사양이 동일하므로 투입되는 원재료나 노동력, 설비의 사용 정도와 제조원가가 모두 같을 것이라고 가정하여 특정 기간에 발생한 원가를 생산수량으로 나누는 평균원가의 개념을 적용한다.

서비스기업이 제공하는 서비스에 대해서도 그 특성에 따라 개별원가계산 또는 종합원가계산방법을 사용할 수 있다. 예를 들어 컨설팅회사에서 특정기업의 프로젝트를 수행한다면 개별원가계산방식이 적절하며, 금융기관에서 반복적이고 표준화된 업무내용을 지닌 소액대출서비스를 한다면 종합원가계산방식이 적절하다.

개별원가계산

개별원가계산은 원가대상마다 투입되는 자원이나 노력이 달라서 개별적으로 원가를 계산해야 할 때 사용하는 방법이다. 소량 다품종을 생산하거나, 고객의 요구에 따라 사양이 달라지는 제품이나 서비스를 제공하는 기업, 예컨대 건설, 조선, 항공, 기계, 가구 등을 제조하는 기업이나 회계나 컨설팅 서비스 등을 제공하는 회사에 필요한 원가계산방법이다. 외부에 판매되는 제품이나 서비스 이외에도 기업 내부목적으로 시제품을 제작하거나 연구개발이나 경영 프로젝트를 수행하는 경우에도 사용할 수 있다.

개별원가계산의 절차

개별원가계산의 절차는 다음과 같다. 특별히 주목할 사항은 두 번째 원가의 범위 선정과 네 번째 간접원가의 배부이다.

1. 원가대상을 선택한다.
2. 원가계산목적에 따라 원가의 범위를 정한다.
3. 원가 중에 원가대상에 직접 추적가능한 직접원가를 확인하고 추적한다.
4. 원가대상에 배부할 간접원가를 다음 절차에 따라 계산한다.
   - 해당 작업이 이루어진 기간(월, 분기 또는 년)에 발생한 간접원가를 확인하고 총액을 구한다.
   - 간접원가를 배부할 때 사용할 배부기준을 선택하고 해당 기간에 발생한 배부기준량을 확인한다.
   - 집계된 간접원가를 배부기준량으로 나누어 배부율을 계산한다.
   - 위 배부율에 원가대상이 되는 작업의 배부기준량을 곱하여 배부액을 계산한다.
5. 해당 작업에 직접 추적한 직접원가와 간접원가 배부액을 더하여 총원가를 구한다.

원가계산에 포함할 원가의 범위는 원가계산의 목적에 따라 달라질 수 있다. 만약 재무회계정보를 산출할 목적으로 제품원가계산을 한다면 재무회계에서 인정하는 제조원가의 범위인 직접재료원가, 직접노무원가, 제조간접원가만 포함한다. 그러나 제품의 전반적인 수익성을 판단하는 관리적 목적이라면 재무회계에서는 기간비용으로 처리하는 판매비나 관리비 등도 원가의 범위에 포함할 수 있다.[4]

간접원가 배부액을 계산하기 위해서는 배부기준을 선정하고 배부율을 구해야 한다. 간접원가는 특성상 원가대상과 직접적인 관련성을 찾기 어려우므로 간접원가와 원가대상을 연결시켜 줄 수 있는 고리가 필요한데 배부기준이 그 역할을 한다.

4 이하 본 서에서는 특별한 언급이 없는 한 재무회계목적을 위한 원가범위 즉, 직접재료원가, 직접노무원가, 제조간접원가에 한정하여 원가계산방법을 설명한다.

배부기준이 정해지면 해당 작업이 이루어진 기간에 발생한 간접원가와 배부기준의 총발생량을 집계하고 간접원가를 배부기준량으로 나누어 배부율을 구한다. 이 배부율은 간접원가 및 배부기준량의 집계대상 기간 중에 이루어진 작업에 대해서 공통적으로 적용한다. 배부율 계산에는 적용할 기간월, 분기, 연도과, 해당 기간 간접원가의 집계시점실제원가, 예정원가을 달리하는 몇 가지 변형된 방법이 있다. 아래 예에서는 월간기준과 실제발생원가를 사용하고 있지만 일반적으로 연간기준 및 예정원가를 많이 사용한다. 이에 대해서는 후술하는 정상원가계산에서 자세히 설명한다.

formula

$$\text{간접원가 배부율} = \frac{\text{특정기간의 간접원가 발생액}}{\text{특정기간의 배부기준 발생량}}$$

다음의 예에서는 제조간접원가 배부율과 배부액의 계산과정을 살펴볼 수 있다.

EXAMPLE 3-2

20×1년 9월 한 달 동안 발생한 원가는 다음과 같다. 이 기간 중에 작업 #1과 작업 #2가 착수되어 작업 #1은 9월 중에 완성되고 작업 #2는 9월 말 현재 미완성상태이다. 제조간접원가 배부율은 월별로 계산하며 제조간접원가 배부기준은 직접노무시간이다. 9월 중 완성품원가(작업 #1)와 9월 말 재공품원가(작업 #2)는 얼마인가?

	작업 #1	작업 #2
직접재료원가	₩300,000	₩200,000
직접노무원가	100,000	80,000
직접노무시간	20시간	16시간
제조간접원가	₩270,000	

제조간접원가 발생내역

임차료	₩100,000
감가상각비	100,000
간접재료원가	50,000
간접노무원가	20,000
9월 제조간접원가	₩270,000

9월 한 달 동안 적용할 배부율은 같은 기간에 발생한 제조간접원가와 직접노무시간을 이

용하여 구한다.

- **9월 제조간접원가 배부율 = $\frac{\text{9월 제조간접원가 총액}}{\text{9월 직접노무시간 총시간}}$**

  = ₩270,000/36직접노무시간

  = ₩7,500/직접노무시간

이에 의하면 9월에 완성된 작업 #1의 제품제조원가는 다음과 같다.

작업 #1	
직접재료원가	₩300,000
직접노무원가	100,000
제조간접원가	150,000
작업 #1의 제조원가	₩550,000

작업 #1의 제조간접원가 배부액 ₩150,000은 배부율 ₩7,500에 작업 #1에 소요된 직접노무시간 20시간을 곱하여 구한다. 한편 미완성중이어서 9월 말 현재 재공품이라고 할 수 있는 작업 #2의 제조원가는 다음과 같다.

작업 #2	
직접재료원가	₩200,000
직접노무원가	80,000
제조간접원가	120,000•
작업 #2의 제조원가	₩400,000

• ₩120,000 = ₩7,500 × 16시간

PROBLEM 3-1

다음은 개별원가계산을 사용하고 있는 S사의 20×1년 10월의 원가자료이다.

▸ 작업별 직접재료원가와 직접노무원가 발생액

작업번호	No.1	No.2	No.3
직접재료원가	₩550,000	₩450,000	₩650,000
직접노무원가	220,000	350,000	270,000
기계작업시간	20시간	50시간	30시간

▸ 제조간접원가: 간접재료원가 ₩140,000, 간접노무원가 ₩80,000, 간접경비 ₩180,000

▸ 모든 작업은 10월 중에 착수하였으며 No.1, No.2는 10월 중에 완성되었으며 No.3은 미완성 상태이다.

▸ 제조간접원가 배부율은 월별로 실제 발생금액 및 발생 배부기준량을 기준으로 계산한다. S사의 제조간접원가 배부기준은 기계작업시간이다.

물음 1 각 작업별 제조원가를 계산하라.

물음 2 10월 중 제품제조원가와 10월 말 현재 재공품을 계산하라.

풀이

1. 작업별 제조원가

	No.1	No.2	No.3	합계
직접재료원가	₩550,000	₩450,000	₩650,000	₩1,650,000
직접노무원가	220,000	350,000	270,000	840,000
제조간접원가•	80,000	200,000	120,000	400,000
합계	₩850,000	₩1,000,000	₩1,040,000	₩2,890,000
월말재공품	–	–	₩1,040,000	₩1,040,000
제품제조원가	₩850,000	₩1,000,000	–	1,850,000

• 제조간접원가 배부율: ₩400,000÷100기계시간 =₩4,000/기계시간

2. 당월제품제조원가: ₩850,000(No.1)+₩1,000,000(No.2)=₩1,850,000
 월말재공품원가 : ₩1,040,000(No.3)

개별원가계산의 원천자료

개별원가계산을 사용하는 경우 실제 회계처리와는 별도로 현장을 중심으로 작성되는 기초 문서가 있다. 이 문서에는 **재료청구서**material requisition record, **작업시간표**labor-time record 그리고 이들을 기초로 작성되는 **작업원가표**job-cost sheet가 있다.

그림 3-3　개별원가계산의 기초문서

작업원가표

작업번호 : JC001-09-20×1
주문고객 : ○○시
작업착수일 : 20×1. 9. 2
작업완료일 : 20×1. 9. 15

직접재료원가

재료수령일	재료청구서번호	재료번호	재료수량	재료단가	금 액
20×1. 9. 2	MR-03-09-20×1	P032	30	₩8,000	₩240,000
20×1. 9. 15	MR-08-09-20×1	P053	5	12,000	60,000

직접노무원가

작업일	작업시간표번호	작업자번호	작업시간	시간당임률	금 액
20×1. 9. 2	LT-02-09-20×1	A123	12	₩5,000	₩60,000
20×1. 9. 15	LT-04-09-20×1	A215	8	5,000	40,000

제조간접원가

기록일	제조간접원가항목	배부기준	배부기준량	배부율	금 액
20×1. 9. 30	제조간접원가	직접노무시간	20	₩7,500	₩150,000

합 계 ₩550,000

재료청구서

재료청구서번호 : MR-03-09-20×1
작업번호 : JC001-09-20×1
작성일 : 20×1. 9. 2

재료번호	재료명칭	수량	단가	금액
P032	합판 10*10	30	₩8,000	₩240,000

발행일	발행자	수령일	수령인
20×1. 9. 2	홍길동	20×1. 9. 2	허균

작업시간표

작업시간표번호 : LT-02-09-20×1
작업자성명 : 구운몽
작업자번호 : A123
작업시간당임률 : ₩5,000

작업번호	작업일	작업시간
JC001-09-20×1	20×1. 9.2	12
JC002-09-20×1	20×1. 9.5	5

재료청구서에는 특정 작업과 관련하여 실제로 사용된 재료의 종류, 수량, 단가, 금액 등을 기록하며 공장근로자 개인별로 작성되는 작업시간표에는 작업번호, 작업일, 투입한 작업시간, 시간당 임률 등을 표시한다. 작업원가표는 재료청구서와 작업시간표 자료를 기초로 특정작업의 직접재료원가, 직접노무원가 그리고 배부된 제조간접원가를 보여준다. 그림 3-3은 이들 문서의 예이다.

개별원가계산의 회계처리

앞선 예제에서 살펴본 것 같이 원가계산은 회계처리 없이도 쉽게 계산할 수 있으며 개별원가계산의 원천자료인 작업원가표에서 작업별로 계산된 원가를 확인할 수 있다. 그러나 기업의 모든 재무 기록은 분개와 계정 전기 등의 회계절차에 따라 장부에 반영되므로 그 과정을 확인할 필요가 있다. 제 2 장의 원가흐름의 회계처리과정에서 살펴본 것과 크게 다르지 않다. 예 3-2를 이용하여 중요한 회계처리를 제시하고 설명하면 다음과 같다.

재료의 제조과정 투입: 직접재료원가의 발생

(차)	재공품	500,000	(대) 원재료	500,000

원재료의 사용을 재공품에 직접 기록했지만 다음과 같이 직접재료원가라는 계정을 한번 거쳐서 기록해도 무방하다. 이렇게 기록할 경우 직접재료원가라는 계정을 통해 그 발생액을 직접 확인할 수 있다는 장점이 있다. 본 교재에서는 편의상 직접재료원가는 바로 재공품 계정에 기록하는 것으로 한다.

(차)	직접재료원가	500,000	(대) 원재료	500,000
	재공품	500,000	직접재료원가	500,000

개별작업에 대한 공장근로자의 노동력투입: 직접노무원가의 발생

(차)	재공품	180,000	(대) 미지급임금	180,000

직접재료원가의 경우와 마찬가지로 직접노무원가의 발생을 바로 재공품 계정에 기록한다. 대변에 기록한 미지급임금 계정은 상황에 따라 다른 계정이 사용될 수 있다. 그러나 일반적으로 급여에 대한 지급은 작업이 이루어지는 시점에 바로 이루어지는 것이 아니라 급여일에 일괄 지급된다는 점을 감안하면 미지급임금으로 기록하는 것이 적절하다.

제조간접원가의 발생

(차)	제조간접원가	270,000	(대) 미지급임차료	100,000
			감가상각누계액	100,000
			원재료	50,000
			미지급임금	20,000

제조간접원가는 발생과 개별 작업에 대한 배부를 구분하여 기록한다. 왜냐하면 직접재료원가나 직접노무원가는 개별 작업에 직접 추적이 가능하므로 발생 즉시 재공품 계정에 기록할 수 있지만 제조간접원가는 발생과는 무관하게 별도의 절차에 걸쳐 배부액이 결정되기 때문이다. 위의 분개는 제조간접원가를 구성하는 여러 항목들의 발생 내용을 일일이 기록한 것으로 제조간접원가의 계정 차변에 기록한다. 한편, 위와 같이 발생된 각 항목들을 바로 제조간접원가 계정에 기록할 수 있지만 다음과 같은 과정을 거쳐 기록할 수도 있다. 결과적으로는 동일하다. 다음은 임차료의 예이다.

(차)	임차료	100,000	(대) 미지급임차료	100,000
	제조간접원가	100,000	임차료	100,000

제조간접원가의 배부

(차)	재공품	270,000	(대) 제조간접원가	270,000

제조간접원가의 배부액은 재공품 계정의 차변과 제조간접원가 계정 대변에 기록한다. 여기서 가질 수 있는 의문은 위의 예에서 보듯이 실제 발생액과 배부액이 동일한데 굳이 발생과 배부를 따로 나누어 기록할 필요가 있느냐이다. 제조간접원가의 실제발생액을 기초로 배부하면 항상 발생액과 배부액이 일치하지만 후술하는 정상원가계산에 의하면 실제 발생액과 배부액이 달라질 수 있기 때문이다. 또한 제조간접원가의 발생과 배부는 기록 시점이 다른, 구분된 단계임을 감안한 것이기도 하다.

제품의 완성

(차)	제품	550,000	(대) 재공품	550,000

재공품에 누적된 제조원가 중에서 완성된 제품의 원가는 제품 계정 차변으로 옮겨 기록하고 재공품 계정 대변에 기록하여 제거한다.

그림 3-4 개별원가계산하에서 계정 간 연결관계

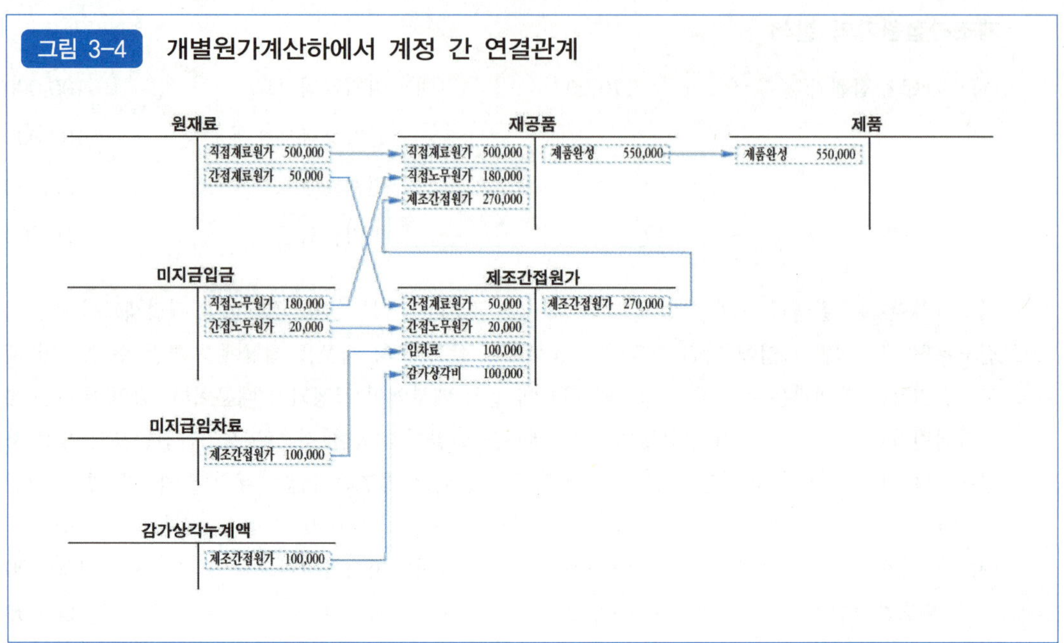

정상원가계산

개별원가계산에서 직접재료원가와 직접노무원가는 제품별 또는 작업별로 파악할 수 있다. 그러나 원가대상에 직접 추적이 어려운 제조간접원가는 일정한 배부기준에 의하여 배부할 수 밖에 없다.

제조간접원가 배부는 실제 발생한 제조간접원가와 실제 배부기준량을 기초로 하는 실제 배부율법과, 회계기간 초에 예상한 제조간접원가 연간 예산액과 연간 배부기준 추정량을 기초로 하는 예정배부율법으로 나눌 수 있다. 특히 예정배부율법을 이용하여 제조간접원가 배부액을 정하는 원가계산 방법을 **정상원가계산** 또는 **평준화원가계산**normal costing이라고 부른다.

정상원가계산의 의의

앞서 살펴본 예 3-2와 같이 월별 실제 제조간접원가와 실제 배부기준량을 이용하면 월마다 배부율이 달라져 동일한 제품이라 하더라도 생산되는 달에 따라 제조간접원가 배부액과 제품원가가 달라지는 문제가 있다.

첫째, 제조간접원가의 구성항목에는 임차료, 보험료, 감가상각비 등과 같이 제품의 생산과 무관하게 발생하는 고정원가가 있을 수 있으므로 월별 조업도배부기준량의 증감에 따라서 제품 단위당 배부액이 달라진다. 조업도가 높은 달에는 제품 단위당 제조간접원가 배부액이 낮아지고 조업도가 낮은 달에는 높아진다.

둘째, 제조간접원가 중에서는 전기세, 특정 달에 발생하는 수선유지비, 공장건물에 대한 재산세 등 계절적인 특성을 보이는 원가항목이 있을 수 있으므로 월별 조업도와 배부기준량이 동일하더라도 제품 단위당 배부액이 달라진다. 결과적으로 제조간접원가가 많이 발생하는 달에 생산한 제품의 제조간접원가 배부액은 그렇지 않은 달에 비해 높아진다.

월별로 배부율이 달라지는 문제점을 해결하기 위한 한 방법은 월별로 제조간접원가를 집계하고 배부하는 것이 아니라 연간 제조간접원가와 배부기준량을 기초로 배부율을 정하고 해당연도에 공통적으로 적용하는 것이다. 이에 의하면 월별 조업도나 계절별 제조간접원가의 변화가 더 이상 제품의 원가에 영향을 미치지 않는다.

그러나 이 방법에도 문제점이 없는 것은 아니다. 배부율이 정해지려면 회계기간 말까지 기다려야 하므로 제품이 완성되더라도 그 즉시 제조원가를 파악할 수 없다. 이 문제를 해결하기 위해 일찍이 고안된 방법은 회계기간 초에 그 기간에 적용할 제조간접원가 배부율을 미리 결정하는 것이다. 연간 제조간접원가 발생액과 배부기준 총량을 회계기간 초에 추정한 후 이를 기초로 배부율을 정하는데 이를 **예정배부율**이라 하며 예정배부율에 따른 배부액을 **예정배부액**이라 한다.

예정배부율을 이용하면 제품의 완성과 동시에 제조간접원가 배부액을 계산할 수 있으므로 원가계산이 지연되는 문제를 해결할 수 있다. 게다가 회계기간 초에 추정한 제조간접원가 예산액과 조업수준을 사후적인 결과와 비교 분석할 수 있으므로 통제목적으로 활용할 수 있는 부수적인 장점도 있다.

제조간접원가 예정배부

제조간접원가를 예정배부하기 위해서는 회계기간 초에 경제 여건, 시장 상황, 기업의 조업수준 등을 고려하여 미리 발생할 것으로 예상되는 제조간접원가를 항목별로 추정하여 예산금액을 결정하고 아울러 같은 기간의 배부기준 발생예정량도 구해야 한다. 이렇게 얻은 수치를 기초로 다음과 같이 제조간접원가 **예정배부율**을 계산한다.

formula

$$\text{제조간접원가 예정배부율} = \frac{\text{특정기간의 제조간접원가 예산액}}{\text{특정기간의 배부기준 발생예정량}}$$

PROBLEM 3-2

S사는 제조간접원가를 예정배부하고 있다. 다음 자료를 이용하여 물음에 답하라.

- S사 당해 회계기간의 제조간접원가의 연간 예산액을 ₩800,000이며, 연간 직접노무시간 추정시간은 10,000시간이다. S사는 제조간접원가 배부기준으로 직접노무시간을 사용한다.
- 10월 직접 노무시간은 1,100시간이다.
- 10월의 실제 제조간접원가는 간접재료원가 ₩13,000, 간접노무원가 ₩9,000, 간접경비 ₩60,000이다.

물음 1 제조간접원가의 예정배부율을 계산하라.

물음 2 10월의 제조간접원가 예정배부액을 계산하라.

물음 3 10월의 제조간접원가 실제발생액과 예정배부액의 차이금액을 계산하라.

풀이

1. 직접노무시간당 제조간접원가 예정배부율

   연간 제조간접원가 예산 총액÷연간의 예정배부기준총량

   ₩800,000÷10,000직접노무시간=₩80/직접노무시간

2. 10월 제조간접원가 예정배부액

   직접노무시간당 제조간접원가 예정배부율×10월의 직접노무시간

   ₩80×1,100시간=₩88,000

3. 제조간접원가 실제발생액과 예정배부액의 차이금액

   실제 제조간접원가 발생액－제조간접원가 예정배부액

   ₩82,000－₩88,000=₩6,000(과대배부)

제조간접원가 배부차이액의 처리

제조간접원가를 예정배부하는 경우 제조간접원가 배부총액과 제조간접원가 실제발생액 간의 차이는 불가피하다. 회계기간 초의 제조간접원가 예산액이 회계기간 말에 집계된 제조간접원가 실제발생액과 다르거나, 배부기준 추정량이 실제 배부기준량과 다르면 배부액과 실제발생액의 차이가 발생한다. 예정배부액이 실제발생액보다 큰 경우 이 차이를 제조간접원가 **과대배부액**이라고 부르고 그 반대의 경우에는 제조간접원가 **과소배부액**이라 한다.

재무제표를 작성할 때에는 과소배부액이나 과대배부액을 관련 계정에 반영하여 예정배부액을 실제 금액으로 수정해야 한다. 예정배부액에 기초한 원가정보가 적시성이나 통제 등 관리회계 목적에는 유용하지만 재무회계 목적을 위해서는 실제 발생한 금액을 기초로 작성되어야 한다.

배부차이를 반영하기 위한 가장 정확한 방법은 기말에 실제배부율에 따라 원가를 다시 계산하는 것이다. 과거에는 계산의 번거로움 때문에 후술하는 간편법을 많이 사용했으나 전산화 수준이 높은 요즘에는 이 방법이 크게 문제되지 않는다. 간편법에는 재공품 및 제품 기말재고액과 매출원가에 비례하여 가감하는 방법, 매출원가에 가감하거나 영업외 손익으로 처리하는 방법 등이 있다.

제조간접원가 배부액은 재공품, 제품, 매출원가에 포함되므로 배부차이도 각 계정에 공히 반영되는 것이 합리적이라고 할 수 있지만 재공품과 제품의 기말재고액이 매출원가에 비해 미미하거나 배분의 번거로움을 피하기 위해 배부차이 전액을 매출원가에 반영하기도 한다. 이 경우 과소배부액은 매출원가에 가산하며 과대배부액은 차감한다.

배부차이를 재공품 및 제품 기말재고액과 매출원가에 비례하여 반영하는 경우에는 총액을 기준으로 배분총원가기준비례법하거나, 각 금액에 포함되어 있는 제조간접원가 예정배부액에 비례하여 배분원가요소기준비례법한다.[5] 만약 과소배부인 경우에는 배분액을 해당 계정 금액에 가산하며 과대배부인 경우에는 차감한다.

한편 제조간접원가의 배부차이의 원인이 비정상적인 외부상황 등에 기인한 경우 그 배부차이는 원가성이 없는 것으로 간주하여 영업외손익으로 처리한다. 이 경우 과소배부액은 영업외비용, 과대배부액은 영업외수익으로 처리한다.

5 간접원가 그룹이 한 개인 경우, 원가요소기준비례법에 따라 배부차이를 조정하면 실제배부율을 적용한 것과 동일한 결과를 얻을 수 있다.

재공품, 제품, 매출원가에서 조정하는 방법

과소배부의 회계처리

(차) 재공품	×××	(대) 제조간접원가	×××
제품	×××		
매출원가	×××		

과대배부의 회계처리

(차) 제조간접원가	×××	(대) 재공품	×××
		제품	×××
		매출원가	×××

매출원가에서 조정하는 방법

과소배부의 회계처리

(차) 매출원가	×××	(대) 제조간접원가	×××

과대배부의 회계처리

(차) 제조간접원가	×××	(대) 매출원가	×××

영업외손익으로 처리하는 방법

과소배부의 회계처리

(차) 영업외비용	×××	(대) 제조간접원가	×××

과대배부의 회계처리

(차) 제조간접원가	×××	(대) 영업외수익	×××

위의 분개에 따라 회계처리하면 배부차이가 해소되고 제조간접원가의 차변금액과 대변금액은 일치하여 계정을 바로 마감할 수 있다.

PROBLEM 3-3

S사는 제조간접원가를 예정배부하고 있다. 기말시점 제조간접원가의 예정배부액은 ₩400,000이며 실제발생액은 ₩450,000이다. 제조간접원가 배부차이 수정 전 재공품 및 제품 기말재고액과 매출원가는 각각 ₩1,000,000, ₩400,000, ₩600,000이다.

물음 1 제조간접원가 배부차이를 계산하라.

물음 2 배부차이를 재공품 및 제품 기말재고액과 매출원가에 비례하여 배분하고 수정 후 금액을 계산하라.

물음 3 필요한 분개를 행하라.

풀이

1. 제조간접원가 배부차이: 실제제조간접원가－제조간접원가 예정배부액
₩450,000－₩400,000＝₩50,000(과소배부)

2. 배부차이 배분액과 수정 후 금액

	재공품	제품	매출원가
수정 전 금액	₩400,000	₩600,000	₩1,000,000
배분비율	20%	30%	50%
과소배부차이 배분액	10,000	15,000	25,000
수정 후 금액	₩410,000	₩615,000	₩1,025,000

3. 배부차이 분개

(차) 재공품	10,000	(대) 제조간접원가	50,000
제품	15,000		
매출원가	25,000		

제조간접원가 배부방법의 개선

제조간접원가는 직접재료원가와 직접노무원가를 제외한 다양한 간접원가로 구성되어 있으며 원가대상에 직접 추적할 수 없는 원가이므로 배부기준을 선택하고 이 기준량에 비례하여 원가대상에 배부한다. 일반적으로 제조간접원가 배부의 정확성을 위해서는 **인과성**이 높은 배부기준을 선택하는 것이 바람직하다. 그러나 여러 종류의 원가가 포함되어 있는 제조간접원가의 특성상 모든 원가의 인과성이 반영된 배부기준을 선택하는 것은 현실적으로 어려운 일이다.

제조간접원가의 비중이 크지 않고 발생원인이 유사한 원가로 구성되었던 과거에는 정확성을 다소 희생하더라도 계산의 편의상 대표적인 단일기준으로 배부하는 것이 타당했다. 그러나 제조간접원가 금액이 커지고 구성요소와 발생원인이 다양해진 데다 기업 간의 경쟁으로 보다 정확한 원가계산이 필요하게 되면서 제조간접원가의 배부방법을 개선하려는 시도가 있었

다. 본 절에서는 그 대표적인 예로 부문별 배부와 활동별 배부에 대해서 설명한다. 이에 대해서는 각각 제5장과 제6장에서 자세히 다룰 예정이므로 여기서는 기본적인 취지를 이해할 수 있는 내용만 설명한다.

배부기준의 다양화와 원가계산의 정확성

제조간접원가의 배부방법을 개선하는 방법은 제조간접원가를 구성하는 여러 원가를 발생원인에 따라 몇 개의 그룹으로 나누고 그 그룹별로 서로 다른 배부기준을 사용하는 것이다. 예를 들어 그림 3-5에서 보듯이 제조간접원가를 두 개의 그룹으로 나누고 각 그룹에 적절한 배부기준을 적용하는 것이다. 그룹 1과 그룹 2에 적절한 배부기준이 각각 α와 β일 때 각 그룹원

그림 3-5 간접원가의 세분화와 복수 배부기준

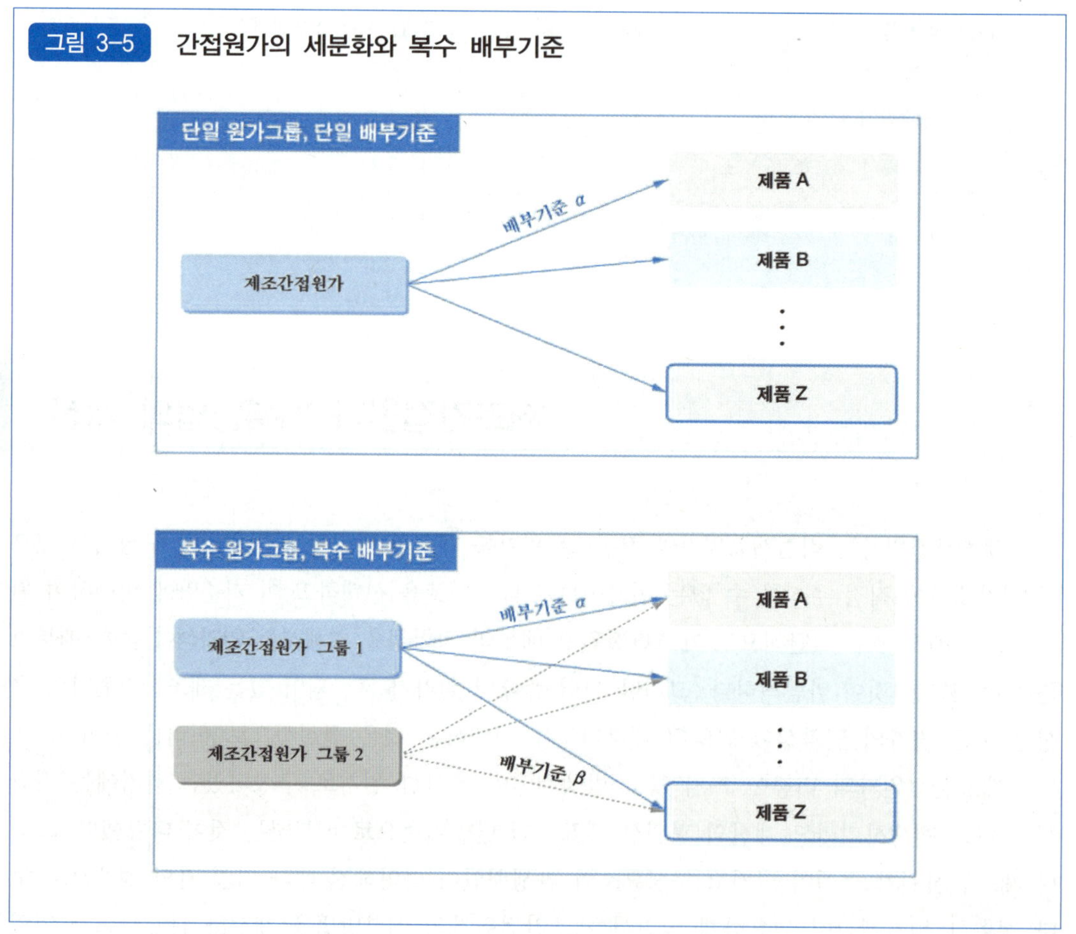

가에 이들을 기준으로 배부하면 제조간접원가 총액에 단일의 배부기준 α를 사용하는 경우보다 원가발생의 인과성을 더 잘 반영할 수 있다.

부문별 배부

제조간접원가의 배부를 개선하기 위한 한 가지 간편한 방법은 공식적인 제조부문별로 구분하여 제조간접원가를 배부하는 것이다. 조직이나 부문별로 발생하는 제조간접원가를 파악하는 것이 가능하고, 담당하는 업무에 따라 인과성이 높은 배부기준을 선택하기가 용이하기 때문이다.

이와 같이 부문별로 제조간접원가를 파악하고 배부기준을 달리하는 방법을 **부문별배부율법**departmental overhead rate이라고 하고, 종전의 단일기준에 의한 방법을 **공장전체단일배부율법**plantwide overhead rate이라고 부른다. 부문별배부율법은 제조간접원가를 부문별로 추적 또는 배분하여 부문원가를 집계한 후 이를 다시 제품에 배부하기 때문에 공장전체단일배부율법과는 달리 두 번의 배분과정을 거쳐야 한다.

부문별배부율법은 공장전체단일배부율법보다 인과성 측면에서 개선된 방법이므로 보다 정확한 제조간접원가 배부 및 제품 원가계산이 가능하다. 아울러 제조간접원가를 부문별로 집계하는 과정이 선행되어야 하므로 부문별 원가를 관리하고 통제하는 데 활용할 수도 있다. 부문별원가계산에 대해서는 제5장에서 자세히 다룬다.

PROBLEM 3-4

S사는 개별원가계산을 사용하고 있으며 제조간접원가는 직접노무시간을 배부기준으로 월별 실제배부하고 있으나 원가계산의 정확성을 위해 부문별배부율법으로 전환할 것을 계획하고 있다. 부문별배부율법을 사용할 경우 선반부문과 조립부문의 배부기준은 각각 기계작업시간과 직접노무시간으로 할 예정이다. 1월 각 부문에서 발생한 제조간접원가과 각 배부기준량은 다음과 같다.

구분	선반부문		조립부문	
	직접노무시간	기계작업시간	직접노무시간	기계작업시간
No. 101	20	30	150	10
No. 102	30	20	100	10
제조간접원가	₩1,200,000		₩1,500,000	

물음 1 공장전체단일배부율법을 이용하여 No. 101과 No. 102의 제조간접원가 배부액을 계산하라.

물음 2 부문별배부율법을 이용하여 No. 101과 No. 102의 제조간접원가 배부액을 계산하라.
물음 3 계산결과를 비교하여 설명하시오.

풀이

1. 공장전체단일배부율

구분	선반부문	조립부문	합계	배부율	배부액
	직접노무시간	직접노무시간			
No. 101	20	150	170	₩9,000	₩1,530,000
No. 102	30	100	130	9,000	1,170,000
제조간접원가	₩1,200,000	₩1,500,000	₩2,700,000		

공장전체단일배부율=공장전체 제조간접원가/직접노무시간=₩2,700,000/300직접노무시간=₩9,000/직접노무시간

2. 부문별배부율

구분	선반부문		조립부문		배부액
	기계작업시간	배부율	직접노무시간	배부율	
No. 101	30	₩24,000	150	₩6,000	₩1,620,000
No. 102	20	24,000	100	6,000	1,080,000
제조간접원가	₩1,200,000		₩1,500,000		

선반부문 배부율=선반부문 제조간접원가/작업기계시간=₩1,200,000/50기계시간=₩24,000/기계시간
조립부문 배부율=조립부문 제조간접원가/직접노무시간=₩1,500,000/250직접노무시간=₩6,000/직접노무시간

3. 단일배부율법과 부문별배부율법의 비교

단일배부율에 의한 경우 No. 101에 배부되는 제조간접원가는 ₩1,530,000이나, 부문배부율에 의하는 경우 ₩1,620,000으로 ₩90,000의 차이가 발생한다. 이러한 차이가 나는 이유는 No. 101은 선반부문에서의 기계작업시간이 No. 102에 비해 높아 선반부문의 제조간접원가가 단일배부율에 비해 많이 배부되었기 때문이다.

활동별 배부

부문별로 배부기준과 배부율을 정하는 수준에서 더 나아가 각 부문이 수행하는 활동에 초점을 두는 방법이 있다. 각 제조부문이 수행하는 활동이 다양하면 각 활동별로 제조간접원가를 집계하고 활동량을 측정할 수 있는 기준을 찾아 이를 배부기준으로 삼는 것이 원가배부의 인과성과 원가계산의 정확성을 제고할 수 있다는 점에 착안한 것이다. 활동별 배부를 하기 위

해서는 선행작업으로 활동과 활동별 배부기준을 찾아내야 하며 활동별 원가계산도 필요하다. 이러한 과정을 본격적으로 다루는 것이 활동기준원가계산이다. 활동기준원가계산에서는 전통적으로 많이 사용해왔던 '배부기준'이라는 표현 대신 발생원가와의 인과성을 강조하는 '원가동인'cost driver이라는 표현을 사용한다.

부문별 배부에서 두 번의 배분과정을 거치는 것처럼, 활동별 배부도 제조간접원가를 활동별로 추적 또는 배분하여 활동원가를 집계하는 첫 단계와, 활동별 원가동인당 배부율을 적용하여 제품에 배부하는 두 번째 단계를 거친다.[6] 활동기준원가계산에 대해서는 제6장에서 자세히 다룬다.

PROBLEM 3-5

S사는 개별원가계산을 사용하고 있으며 제조간접원가는 부문별 배부기준을 적용하여 월별 실제배부하고 있으나 원가계산의 정확성을 위해 활동별 배부방법을 도입하고자 한다. 이를 위해 제조부문인 선반부문과 조립부문에서 수행하는 활동을 분석한 결과, 선반부문은 선반준비활동과 선반작업활동으로, 조립부문은 재료준비활동과 조립활동으로 이루어져 있음을 확인하였다. 1월 각 부문의 활동별/주문별 원가동인량과 활동원가는 다음과 같다.

구분	선반부문		조립부문	
	선반준비활동	선반작업활동	재료준비활동	조립활동
원가동인	선반준비횟수	선반작업시간	재료종류수	조립노무시간
No. 101	5	30	70	150
No. 102	3	20	50	100
제조간접원가	₩500,000	₩700,000	₩600,000	₩900,000

물음 활동기준원가계산에 의할 때 No. 101과 No. 102의 제조간접원가 배부액을 계산하라.

풀이

구분	선반부문		조립부문		배부액
	선반준비활동	선반작업활동	재료준비활동	조립활동	(Σ 활동별 원가동인량 × ③)
원가동인	선반준비횟수	선반작업시간	재료종류수	조립노무시간	
No. 101	5	30	70	150	₩1,622,500•
No. 102	3	20	50	100	1,077,500
원가동인량 합계 ①	8	50	120	250	

6 부문원가 또는 활동원가를 구할 때 첫 번째 배분이 이루어지고, 부문원가 또는 활동원가를 제품에 연결하는 과정에서 두 번째 배분이 이루어진다는 의미로 두 방법 모두 2단계 배분법(two-stage allocation)이라고 한다.

제조간접원가 ②	₩500,000	₩700,000	₩600,000	₩900,000
배부율 ③=②÷①	₩62,500	₩14,000	₩5,000	₩3,600

- ₩62,500×5+₩14,000×30+₩5,000×70+₩3,600×150

쉬•어•가•는 **원가 · 관리회계**

Cost & Management Accounting

Hollywood Accounting과 영화 한 편의 원가

할리우드에서는 대박난 영화가 장부상으로는 "적자 영화"가 되는 일이 자주 벌어진다. 이 기묘한 현실을 가리켜 사람들은 Hollywood Accounting이라고 부른다.

영화사 입장에서 한 편의 영화는 전형적인 개별원가계산의 원가대상이다. 영화에는 별도의 프로젝트 코드가 부여되고, 기획 단계에서부터 촬영, 후반 작업, 마케팅에 이르기까지의 원가가 모두 그 코드 아래에 집계된다. 주연 배우와 감독, 촬영 · 조명 · 음향 스태프의 보수는 이 영화에 직접 귀속되는 직접노무원가가 되고, 세트, 소품, 의상, 촬영장비 등의 임차료는 직접경비의 성격을 띤다. 스튜디오 건물 임차료, 본사 관리부서 급여, 공용 장비 감가상각비 등은 제조간접원가로 일정 기준에 따라 해당 기간에 제작이 이루어진 여러 영화에 배분된다.

문제는 이 '배분기준'과 '원가의 범위'를 어디까지로 볼 것인가에 따라, 한 영화의 이익이 크게 달라진다는 점이다. 예를 들어 흥행에 대성공한 영화 '보헤미안 랩소디'의 각본가는, 전 세계 박스오피스에서 약 9억 달러를 벌어들였음에도 불구하고 스튜디오로부터 5,100만 달러 손실(이므로 이익배당은 없다는) 통보를 받고 소송을 제기했다. 배급사 측 계산에서는 제작원가뿐 아니라 배급수수료, 마케팅, 본사경비 등 다양한 비용을 '보헤미안 랩소디' 프로젝트에 배분하여 장부상으로 이익이 전혀 없었던 것이다.

최근에는 '데드풀', '아바타: 물의 길' 등 여러 영화에 투자해 온 금융사 TSG가 디즈니를 상대로 거액 소송을 제기하기도 했다. TSG는 자신들이 영화 제작 및 마케팅 원가를 공동 부담하는 대신, 미리 약속한 방법에 따라 계산한 총수익의 일정 비율을 받기로 했는데, 디즈니가 계열사 간 라이선스 거래를 낮은 가격에 체결하거나 과도한 수수료를 비용으로 처리함으로써 자신들에게 돌아갈 몫을 줄였다고 주장한다. 이 역시 '영화 원가계산에서 어떤 원가를 어떻게 배분할 것인가'에 대한 해석이 직접적인 분쟁의 씨앗이 된 사례다.

우리가 본 장에서 살펴본 개별원가계산의 기본 구조는 단순하다. 각 개별 원가대상마다 직접재료원가, 직접노무원가를 추적하고 제조간접원가는 합리적인 배부기준에 따라 관련된 원가대상에 배분하여, 최종적으로 개별원가와 이익을 계산한다. 공장에서 특정 주문작업을 개별원가대상으로 보는 것처럼, 영화사에서는 한 편의 영화를 하나의 원가대상으로 보고 원가와 수익을 계산한다.

겉으로 보기에는 같은 방법이지만, 할리우드에서는 때로 창작자나 투자자에게 돌아갈 이익을 축소하는 수단으로 쓰여 'Hollywood accounting'이라는 조롱의 대상이 되었다. 이 사례에서 우리가 눈여겨볼 점은 두 가지다. 첫째, 개별원가계산은 교과서에서나 배우는 기법이 아니라 영화 · 콘텐츠 산업처럼 프로젝트 단위가 뚜렷한 분야에서 실제로 살아 움직이는 도구이다. 둘째, 원가계산은 결국 '기준 설정의 윤리'와 분리될 수 없다는 점이다. 무슨 원가를 어떤 기준으로 무슨 프로젝트에 할당할 것인지는, 단순한 계산 문제가 아니라 이해관계자 간 신뢰와 공정성을 좌우하는 선택이다.

독자들이 언젠가 현장에서 개별원가계산시스템을 설계하거나 검토하게 될 때, 할리우드의 사례를 떠올리며 원가 범위와 원가배분기준이 이해관계자에게 어떤 영향을 미치는지까지 함께 생각해 볼 수 있기를 바란다.

CNN Business. 2023. Hollywood's absolutely bizarre accounting tactics are under scrutiny.
Variety. 2021. 'Bohemian Rhapsody' Screenwriter Sues Over Claim That Film Lost Money.
Forbes. 2023. Movie Financier Sues Disney For Allegedly Using Accounting Tricks To Deprive It Of Millions.
The Hollywood Reporter. 2023. Disney Sued by Film Financier TSG Over 'Chilling' Accounting Practices.

연습문제 | 개별원가계산

chapter 3

선택형

01. 원가계산에 대한 설명이다. 다음 중 적절하지 않은 것은 무엇인가?
   ① 원가대상은 제품이나 서비스 뿐만 아니라 부문이나 활동이 될 수 있다.
   ② 원가계산을 하는 목적에 따라 원가의 범위가 달라질 수 있다.
   ③ 원가계산은 원가와 원가대상을 연결시키는 과정으로 직접원가와 간접원가의 분류가 중요하다.
   ④ 원가대상에 추적이 어려운 원가는 배분이라는 과정이 필요하다.
   ⑤ 개별원가계산은 표준화된 제품을 연속적으로 생산하는 경우 적절한 원가계산방법이다.

02. 원가배분에 대한 설명이다. 다음 중 적절하지 않은 것은 무엇인가?
   ① 원가배분은 간접원가와 원가대상을 연결시키는 과정으로 배분기준이 필요하다.
   ② 간접원가와 배분기준량은 정비례 관계를 가정하므로 고정원가는 해당되지 않는다.
   ③ 간접원가의 구성요소가 다양한 경우 배분기준을 달리하는 간접원가 그룹으로 나눌 수 있다.
   ④ 간접원가는 직접원가와는 달리 활동에 따라 즉각적으로 발생하지 않는 경우가 많으므로 기간을 정하고 그 기간의 간접원가와 배분기준량을 집계한다.
   ⑤ 배분율 또는 배부율은 간접원가를 배분기준량을 나눈 값이다.

03. 제조간접원가 예정배부에 대한 설명이다. 다음 중 적절하지 않은 것은 무엇인가?
   ① 실제배부에 의할 경우 집계기간이 짧으면 기간별로 배부율이 달라지는 문제가 있다.
   ② 실제배부에 의할 경우 집계기간이 길면 원가계산이 지연되는 문제가 있다.
   ③ 예정배부에 의할 경우 기간말 배부차이가 발생하는 문제가 있다.
   ④ 배부차이를 매출원가에서 조정할 때 과대배부차이는 매출원가에 가산해야 한다.
   ⑤ 실제배부결과와 비교할 때 배부차이의 효과가 나타나는 계정은 재공품, 제품, 매출원가이다.

04. 공장전체단일배부율과 부문별배부율에 대한 설명이다. 다음 중 적절하지 않은 것은 무엇인가?

① 부문별배부율을 사용하는 경우에도 예정배부가 가능하며 배부차이도 발생한다.

② 부문별 원가계산이 이루어진 후 다시 부문원가를 제품에 배부하는 2단계 원가계산방법이다.

③ 부문별로 원가의 발생원인을 반영한 배부기준을 사용하므로 원가계산의 정확성을 제고할 수 있다.

④ 공장전체단일배부율을 사용하는 경우 원가요소기준비례법에 따라 배부차이를 조정하면 실제배부율을 적용한 것과 동일한 결과를 얻을 수 있으나 부문별배부율은 그렇지 않다.

⑤ 부문별로 배부기준이 동일한 경우, 공장전체단일배부율을 적용한 것과 동일한 원가계산결과를 얻을 수 있다.

05. (주)세무는 개별원가계산방법을 적용한다. 제조지시서#1은 전기부터 작업이 시작되었고, 제조지시서#2와 #3은 당기 초에 착수되었다. 당기 중 제조지시서#1과 #2는 완성되었으나, 당기 말 현재 제조지시서#3은 미완성이다. 당기 제조간접원가는 직접노무원가에 근거하여 배부한다. 당기에 제조지시서#1 제품은 전량 판매되었고, 제조지시서#2 제품은 전량 재고로 남아있다. 다음 자료와 관련된 설명으로 옳지 않은 것은? ··· 세무사 2016

구 분	#1	#2	#3	합 계
기초금액	₩450	–	–	
당기투입액:				
직접재료원가	₩6,000	₩2,500	₩( )	₩10,000
직접노무원가	500	( )	( )	1,000
제조간접원가	( )	1,000	( )	4,000

① 당기제품제조원가는 ₩12,250이다.

② 당기총제조원가는 ₩15,000이다.

③ 기초재공품은 ₩450이다.

④ 기말재공품은 ₩2,750이다.

⑤ 당기매출원가는 ₩8,950이다.

06. (주)세무는 단일 제품을 생산하며, 정상원가계산제도를 채택하고 있다. 제조간접원가는 기계시간을 기준으로 배부한다. 20×1년 제조간접원가의 예산은 ₩40,000이고, 예정 기계시간은 2,000시간이다. 20×1년 실제 기계시간은 2,100시간, 제조간접원가 과대배부액은 ₩3,000이다. 20×1년 (주)세무의 제조간접원가 실제발생액은? ··· 세무사 2020

① ₩39,000 ② ₩40,000 ③ ₩41,000

④ ₩42,000 ⑤ ₩45,000

07. B사는 정상평준화원가계산을 사용하고 있으며 제조간접원가 배부차이는 전액 매출원가에서 조정한다. 배부차이를 고려하기 전 매출총이익률은 35%이었으나 배부차이를 고려한 후 매출총이익률은 37%였다. 제조간접원가 실제발생액은 ₩131,000라면, 제조간접원가배부액은 얼마였겠는가? (20×1년 매출액은 ₩1,200,000였다. 단, 매출총이익률=(매출액－매출원가)/매출액)

① ₩107,000 ② ₩112,000 ③ ₩150,000 ④ ₩155,000

세무사 2023 …

08. (주)세무는 제조간접원가를 직접노무시간당 ₩160씩 예정배부하고 있다. 20×1년 실제발생한 제조간접원가는 ₩180,000이다. 제조간접원가 배부차이는 기말재고자산재공품과 제품과 매출원가에 비례하여 안분한다. 20×1년의 제조간접원가 배부차이 가운데 30%에 해당하는 ₩6,000를 기말재고자산에 차감하도록 배분하였다. 20×1년 실제 발생한 직접노무시간은?

① 1,000시간 ② 1,100시간 ③ 1,125시간
④ 1,200시간 ⑤ 1,250시간

회계사 2024 …

09. (주)20×1년 초에 설립된 (주)대한은 정상원가계산제도를 채택하고 있으며, 제조간접원가 배부기준은 직접노무시간이다. (주)대한은 당기 초에 제조간접원가를 ₩32,000, 직접노무시간을 4,000시간으로 예상하였다. (주)대한의 20×1년 생산 및 판매 관련 자료는 다음과 같다.

- 당기 중 세 가지 작업 #101, #102, #103을 착수하여, #101과 #102를 완성하였고, #103은 기말 현재 작업 중에 있다.
- 당기 중 발생한 제조경비는 총 ₩12,500이며, 이는 감가상각비 ₩9,000, 임차료 ₩3,500으로 구성되어 있다.
- 당기 중 작업별 실제발생 원가자료와 실제 사용된 직접노무시간은 다음과 같다.

	#101	#102	#103	합계
직접재료원가	₩4,000	₩4,000	₩2,000	₩10,000
직접노무원가	₩3,000	₩2,000	₩4,000	₩9,000
직접노무시간	1,000시간	500시간	500시간	2,000시간

- 작업 #101은 당기 중에 ₩16,000에 판매되었으나, 작업 #102는 기말 현재 판매되지 않았다.

(주)대한이 기말에 제조간접원가 배부차이를 총원가기준 비례배부법으로 조정할 경우, (주)대한의 20×1년도 매출총이익은 얼마인가?

① ₩1,500 ② ₩2,000 ③ ₩2,500
④ ₩3,000 ⑤ ₩3,500

10. (주)대한은 정상원가계산제도를 채택하고 있다. 제조간접원가예정배부율은 직접노무원가의 50%이며, 제조간접원가 배부차이는 전액 매출원가에서 조정한다. (주)대한의 20×1년 2월 원가 관련 자료는 다음과 같다. … 회계사 2022

- 직접재료 구입액은 ₩40,000이다.
- 직접노무원가는 기본원가기초원가, prime costs의 40%이다.
- 직접재료 기말재고액은 ₩10,000, 제품 기말재고액은 ₩4,000이다.
- 당기제품제조원가에는 직접재료원가 ₩25,500이 포함되어 있다.
- 기말재공품에는 제조간접원가 배부액 ₩1,500이 포함되어 있다.
- 실제 발생한 제조간접원가는 ₩8,000이다.

제조간접원가 배부차이를 조정한 후 (주)대한의 2월 매출원가는 얼마인가? 단, 기초재고자산은 없다.

① ₩44,000 ② ₩45,000 ③ ₩46,000
④ ₩47,000 ⑤ ₩49,000

11. (주)세무는 20×1년에 영업을 시작하였으며, 정상원가계산을 적용하고 있다. (주)세무의 20×1년 배부차이를 조정하기 전의 제조간접원가 계정과 기말재공품, 기말제품 및 매출원가에 관한 자료이다. … 세무사 2022

제조간접원가	
₩630,000	?

	기말재공품	기말제품	매출원가
직접재료원가	₩225,000	₩250,000	₩440,000
직접노무원가	125,000	150,000	210,000
제조간접원가	150,000	200,000	250,000
합계	₩500,000	₩600,000	₩900,000

제조간접원가의 배부차이를 매출원가조정법으로 회계처리하는 경우, 총원가비례배분법에 비해 당기순이익이 얼마나 증가혹은 감소하는가?

① ₩16,500 감소 ② ₩13,500 감소 ③ ₩13,500 증가
④ ₩16,500 증가 ⑤ ₩30,000 증가

세무사 2024 ···

12. (주)세무는 정상원가계산을 사용하고 있으며, 제조간접원가는 직접노무원가의 50%를 예정배부한다. (주)세무의 20×1년 매출액은 ₩100,000이며, 공장에서 20×1년에 발생한 원가관련 자료는 다음과 같다.

• 재고자산 현황

	기초	기말
원재료	₩5,000	₩10,000
재공품	10,000	25,000
제품	15,000	20,000

• 당기 중 원재료 구입액은 ₩40,000이다.
• 미지급임금의 기초잔액은 ₩10,000이며, 기말잔액은 ₩20,000이다.
• 20×1년에 지급한 임금은 ₩40,000이다.
• 공장에서 발생한 임금의 80%는 직접노무원가이다.
• 20×1년 발생한 제조경비는 ₩15,000이며, 전액 제조간접원가이다.
• 20×1년의 배부차이 조정전 매출원가는 ₩70,000이다.

(주)세무가 20×1년 말에 제조간접원가의 배부차이를 전액 매출원가에서 조정할 경우, 배부차이 조정후 매출원가 총액은?

① ₩15,000 ② ₩20,000 ③ ₩25,000
④ ₩30,000 ⑤ ₩35,000

13. 평준화 개별원가계산제도를 사용하고 있는 K사는 제조간접원가 배부기준으로 기계시간을 사용하고 있다. 20×1년 제조간접원가 예산액은 ₩6,000,000이며, 예정기계시간은 24,000시간이다. K사는 항상 제품 완성 즉시 주문자에게 판매·인도한다. 20×1년 1월 초 재공품은 ₩160,000이었으며 1월 말 현재 미완성품은 다음과 같다.

작업번호	직접재료원가	직접노무원가	기계사용시간
#101	₩60,000	₩37,500	240시간
#102	52,500	24,000	190시간

당월 중 직접재료원가는 ₩800,000이며, 직접노무원가는 ₩1,250,000이다. 또한 당월 중 매출원가는 ₩2,925,000이다. 당월 중 제조간접원가 배부차이는 과소배부 ₩25,000일 때 당월 중 제조간접원가 실제발생액은 얼마인가? 단, 제조간접원가 배부차이는 영업외손익으로 처리한다.

① ₩996,500 ② ₩1,021,500 ③ ₩1,278,000
④ ₩1,430,000 ⑤ ₩1,470,000

14. (주)대한은 20×3년 초에 설립되었으며, 정상원가계산제도를 채택하고 있다. (주)대한은 제조간접원가를 예정배부하며, 예정배부율은 직접노무원가의 80%이다. 제조간접원가 배부차이는 전액 매출원가에서 조정한다. 당기에 실제로 발생한 직접재료원가는 ₩50,000, 직접노무원가와 제조간접원가는 각각 ₩50,000과 ₩30,000이다. 기말재공품에는 직접재료원가 ₩10,000과 제조간접원가 배부액 ₩8,000이 포함되어 있다. 제조간접원가 배부차이를 조정한 후 매출원가가 ₩100,000이라면, 20×3년 기말제품원가는 얼마인가? … 회계사 2023

① ₩0 ② ₩2,000 ③ ₩8,000
④ ₩10,000 ⑤ ₩12,000

15. 한일세무법인은 계약건별로 추적이 가능한 원가는 직접비로 파악하고, 간접비에 대해서는 복수의 간접비집합으로 분류한 다음 각각의 간접비 배부율을 적용하여 원가계산을 한다. 다음 자료를 토대로 한일해운의 세무조정계약건에 대한 원가를 산출하시오. … 세무사 2002

(1) 직접노무비: 한일해운의 계약건과 관련하여 책임세무사 200시간, 담당세무사 400시간이 투입되었으며, 관련 자료는 다음과 같다.

구분	인원수	연간총투입시간(조업도)	연간급여
책임세무사	10명	1,600시간×10명=16,000시간	₩800,000,000
담당세무사	40명	1,600시간×40명=64,000시간	₩1,600,000,000
계		80,000시간	₩2,400,000,000

(2) 한일해운의 세무조정계약건에서 발생된 직접노무비 이외의 직접비: ₩2,600,000
(3) 간접비는 연간 총 ₩496,000,000이며, 관련 자료는 다음과 같다.

가. 일반관리비세무사 총투입시간에 비례하여 배분:	₩240,000,000
나. 보험료세무사 직접노무비에 비례하여 배분:	96,000,000
다. 비서실운영비책임세무사 투입시간에 비례하여 배분:	160,000,000
계	₩496,000,000

① ₩22,600,000 ② ₩27,750,000 ③ ₩26,300,000
④ ₩35,300,000 ⑤ ₩27,200,000

세무사 2023 …

16. (주)세무는 제품 A와 B를 생산하고 있으며, 제품 A와 B는 모두 절단공정과 조립공정을 거쳐 완성된다. 20×1년 각 공정에서의 직접노무원가와 관련된 자료는 다음과 같다.

		절단공정	조립공정
직접노무원가 실제발생액		₩30,000	₩40,000
실제직접노무시간	제품A	1,200시간	600시간
	제품B	800시간	200시간

제품 A와 B의 직접재료원가는 각각 ₩20,000과 ₩15,000이며, 제조간접원가는 직접노무원가의 120%를 예정배부한다. 제품 A의 당기제품제조원가는? (단, 재공품은 없다.)

① ₩125,600 ② ₩126,000 ③ ₩132,000
④ ₩138,000 ⑤ ₩142,400

서술형

01. A사는 고객의 주문에 의하여 기계부품을 생산 및 판매하는 회사로서 개별정상원가계산을 사용하고 있다. 제조간접원가는 기계작업시간을 기준으로 예정배부하고 있는데 20×1년 한 해 동안 제조간접원가 예산은 ₩2,244,000이며 예상조업도는 22,000기계시간이다. 5월 생산 관련 자료는 다음과 같다.

> (1) 원재료 ₩162,000 외상매입
> (2) 원재료 제조활동 투입액 ₩120,000직접재료 90%, 간접재료 10%
> (3) 공장에서 발생한 노무원가 ₩252,000직접노무 80%, 간접노무 20%
> (4) 공장설비 감가상각비 ₩36,000
> (5) 기타 제조간접원가 발생액 ₩102,000
> (6) 5월 중 제조간접원가는 1,800기계시간을 기준으로 배부
> (7) 5월 30일에 완성품을 고객에게 인도하기 위하여 창고로 옮겼다.
> • 5월 초 재고자산은 없으며 5월 말 재고자산은 원재료와 제품만 존재한다.

물음 (1) (1)~(7)**의 거래를** 분개하고 관련 T계정에 전기하라.
(2) 5월 제조간접원가 배부차이는 얼마인가?

02. B사는 20×1년 1월에 설립된 회사로서 주문생산을 하고 있으며 정상개별원가계산을 사용하고 있다. 이 회사는 제조원가를 두 종류의 직접원가직접재료와 직접노무와 한 개의 간접원가범주제조간접원가로서 직접노무원가에 기초하여 배부로 분류하고 있다.

> • 예정배부율을 위해 20×1년 초 예산자료는 다음과 같았다.
>   직접노무원가예산액 ₩840,000
>   제조간접원가예산액 336,000
> • 20×1년 말 완성되지 않은 작업은 세 개가 있는데 관련 자료는 다음과 같다.

	#231	#432	#125
직접재료원가	₩40,000	₩135,000	₩54,000
제조간접원가배부액	8,800	31,200	12,000

> • 20×1년에 완성되었지만 아직 창고에 보관하고 있는 제품은 모두 2개로서 이들의 총원가 및 직접노무원가는 다음과 같다.

총원가 ₩310,000

총직접노무원가 80,000

- 20×1년 말에 집계된 지난 1년 동안 실제직접재료원가 총발생액 및 실제제조간접원가는 다음과 같다.

직접재료원가 ₩1,547,000

실제제조간접원가 380,000

- 20×1년 매출액, 매출원가 및 판매비는 다음과 같다.

매출액 ₩2,910,000

매출원가조정전 1,834,000

판매비 651,000

물음 (1) 20×1년 말 기말재공품과 기말제품 그리고 매출원가에 포함되어 있는 직접재료원가, 직접노무원가, 제조간접원가를 모두 구하라.

(2) 제조간접원가 과소 또는 과대배부액을 계산하라.

(3) 제조간접원가 배부차이를 매출원가에서 조정할 때 필요한 분개를 행하라.

03. 정상개별원가계산을 사용하고 있는 C사 공장은 기계부문과 완성부문으로 구성되어 있다. 제조원가에는 두 개의 직접원가범주직접재료원가와 직접노무원가와 두 개의 제조간접원가집합실제 기계시간을 기준으로 배분되는 기계부문, 실제 직접노무원가를 기준으로 배부되는 완성부문이 있다. 20×1년 예산은 다음과 같다.

	기계부문	완성부문
제조간접원가	₩5,000,000	₩4,000,000
직접노무원가	450,000	2,000,000
직접노무시간	15,000시간	80,000시간
기계시간	100,000시간	16,500시간

물음 (1) 기계부문과 완성부문에서 사용될 제조간접원가 예정배부율은 각각 얼마인가?

(2) 1월 중 작업 #101에 대한 관련자료가 다음과 같을 때 작업 #101에 배부될 총제조간접원가는 얼마인가?

	기계부문	완성부문
사용된 직접재료	₩7,000	₩1,500
직접노무원가	300	625
직접노무시간	15시간	25시간
기계시간	65시간	5시간

(3) 작업 #101에서 50단위를 생산했다면 단위당 원가는 얼마인가?

(4) 20×1년 말 자료가 다음과 같을 때 C사 공장의 제조간접원가 과소 또는 과대배부액을 구하라.

	기계부문	완성부문
제조간접원가 발생액	₩5,200,000	₩3,900,000
직접노무원가	420,000	2,100,000
기계시간	120,000시간	15,000시간

제4장 종합원가계산

- 종합원가계산의 기초
  - 종합원가계산의 기본원리
  - 종합원가계산에서의 원가 분류
- 종합원가계산의 절차
  - 선입선출법
  - 가중평균법
  - 회계처리
- 다공정하에서의 종합원가계산
- 공손하에서의 종합원가계산
  - 정상공손과 비정상공손
  - 공손수량과 환산량
  - 공손원가의 처리
- 작업원가계산

종합원가계산

개별원가계산과 함께 대표적인 원가계산방법으로는 종합원가계산이 있다. 개별원가계산이 사양이 다른 제품을 주문 생산할 때 사용하는 원가계산방법인 데 반해 종합원가계산은 표준화된 동질적인 제품을 연속적으로 대량 생산할 때 효과적인 원가계산방법이다. 본 장에서는 종합원가계산의 기본적인 원리 및 계산방법을 설명한다. 그리고 종합원가계산 환경하에서 나타날 수 있는 몇 가지 특수한 상황에 대해서도 살펴본다.

종합원가계산의 기초

개별원가계산은 사양이 서로 다른 제품을 주문 생산하는 기업에서 사용하는 원가계산방법인 데 반해 **종합원가계산**은 표준화된 동질적인 제품을 연속적으로 대량 생산하는 기업에 적합한 원가계산방법이다. 공정별로 원가를 집계한 후 제품원가를 계산한다는 의미로 **공정별원가계산**process costing이라고도 한다.[1]

개별원가계산에서는 작업별 또는 제품별로 직접원가를 추적하고 간접원가를 배부하여 원가를 계산한다. 그러나 동일한 공정에서 표준화된 과정을 통해 제품을 연속적으로 생산하는 경우 제품별로 원가를 추적 및 배부하는 것이 쉽지 않을 뿐만 아니라, 설사 제품별 원가를 구할 수 있다 하더라도 그 금액의 차이는 매우 작을 것이므로 개별원가계산방식이 원가－효익 차원에서 적절하지 않다. 이러한 상황에서는 제품마다 제조원가가 동일할 것으로 가정하고 특정 기간에 발생한 총제조원가를 그 기간에 생산한 수량으로 나누어 제품원가를 계산하는 것이 대안이다. 결과적으로 개별제품의 원가를 해당 기간의 평균원가로 파악하는 셈인데 이것이 바로 종합원가계산의 기본원리이다. 종합원가계산은 관리목적보다는 재무회계목적의 재고자산 평가와 매출원가 결정를 위한 제품원가계산 방법으로 많이 사용하고 있다.

1 우리나라에서는 process costing을 종합원가계산이라고 부르고 있는데 일본에서 사용하고 있는 総合原価計算을 그대로 들여온 것으로 보인다. 공정별원가계산이 원 용어에 적합한 번역이라고 할 수 있다. 우리나라에서 공정별원가계산은 후반부에서 다루는 다공정하에서의 종합원가계산을 지칭하는 용어로 사용한다.

종합원가계산의 기본원리

다음의 예를 통해 종합원가계산의 기본적인 계산방법과 필요한 개념을 살펴보자.

EXAMPLE 4-1

다음은 단일공정에서 제품A를 연속 대량 생산하는 S사의 월별 생산물량과 제조원가이다. 이를 이용하여 월별 완성품원가와 월말재공품을 구하고자 한다. 제조원가는 공정 전체에 걸쳐 균등하게 발생한다.

	1월	2월	3월
당월에 투입한 제조원가	₩100,000	₩110,400	₩86,000
전월에 미완성된 수량(월초재공품 수량)	–	–	200
월초재공품의 완성도			80%
당월 중 생산에 착수한 수량	1,000	1,000	1,000
당월에 완성된 수량	1,000	800	1,100
당월에 미완성된 수량(월말재공품 수량)	–	200	100
월말재공품의 완성도	–	80%	60%

원가계산에 앞서 예 4-1에 대해 몇 가지 부연 설명하면 다음과 같다.

첫째, 표준화된 단일제품을 대량 생산하므로 종합원가계산이 적합한 원가계산방법이다.

둘째, 완성품원가와 재공품에 대한 원가계산은 월 단위로 이루어진다.

셋째, 생산공정은 여러 단계로 나눠져 있는 것이 일반적이나, 본 예는 단일공정으로 이루어져 있다.

넷째, 제조원가는 직접재료원가, 직접노무원가, 제조간접원가 등으로 나눌 수 있으나 본 예에서는 발생 특성이 동일하므로 구분하지 않는다.

다섯째, 생산에 필요한 모든 경제적 자원은 생산공정 전체에 걸쳐 균등하게 투입되므로 제조원가도 균등하게 발생한다. 결과적으로 총원가는 생산 진행정도에 비례한다. 예컨대 월말재공품이 생산공정 진도상 50% 위치에 있다면 재공품과 관련하여 그 때까지 발생한 제조원가는 완성에 필요한 원가의 50%에 해당한다는 의미이다. 화학제품을 생산하는 공정에서 화학원료가 생산공정 초기부터 끝까지 균등하게 투입되는 경우나 전자제품을 조립하는 공정에서 조립 및 기계작업이 공정 전체에 걸쳐 일정하게 이루어지는 경우가 이에 해당한다.

1월의 원가계산

월초 및 월말재공품이 없으므로 당월에 완성한 제품의 제조원가는 1월에 발생한 원가와 일치한다. 완성품의 단위당 원가는 1월 원가를 완성수량으로 나누면 쉽게 얻을 수 있다.

$$1\text{월 완성품 단위당 원가} = \frac{1\text{월에 발생한 원가}}{1\text{월에 생산한 완성품 수량}} = \frac{₩100{,}000}{1{,}000} = ₩100$$

- **1월 완성품 원가 = 생산 수량 × 단위당 원가**
  = 1,000 × ₩100
  = ₩100,000

1월의 경우에는 재공품이 없으므로 완성품의 제조원가를 굳이 단위당 원가를 통해 구할 필요가 없지만 월말 재공품이 있는 2월이나 3월의 경우에는 단위당 원가 개념을 활용해야 한다는 점에 주목할 필요가 있다.

2월의 원가계산: 완성도와 완성품 환산량의 개념

1월과 달리 2월의 경우는 생산에 착수한 수량 1,000개 중에서 800개만 완성되고 200개는 미완성 상태이므로 당월에 발생한 제조원가를 완성품과 월말재공품에 어떻게 할당assign할 것인가가 문제이다.[2] 이 계산을 위한 완성품의 단위당 원가는 어떻게 구할 수 있을까? 1월의 경우처럼 발생한 원가를 단순히 완성품 800개와 재공품 200개를 합친 1,000개로 나누어서 구할 수는 없다. 완성품과 미완성 재공품은 원가의 발생정도가 다를 것이며 특히 완성품의 단위당 원가가 재공품의 단위당 원가보다 클 것이기 때문이다.

이러한 문제를 해결할 수 있는 새로운 개념으로 완성도와 완성품 환산량이 있다. **완성도** degree of completion는 생산공정이 완료되었을 경우를 100%이라고 했을 때 생산공정상의 진도를 나타낸다. 만약 원가가 공정 전체에서 균등하게 발생하여 총원가가 완성도에 비례한다면, 완성도 50% 재공품 2개의 원가는 완성품 1개의 원가와 같다고 할 수 있다. 같은 논리로 완성도 80%의 재공품 200개를 완성품 수량으로 환산하면 160개가 된다. 이와 같이 재공품을 완성품

2 개별원가계산에서는 직접원가는 원가대상에 추적하고 간접원가는 배부한다고 하였으나 종합원가계산에서는 추적과 배부가 불분명하다. 직접재료원가라 하더라도 원가대상에 직접 추적하는 것은 아니며 단위당 직접재료원가에 원가대상의 수량을 곱한 값을 그 원가대상의 원가로 보기 때문이다. 이러한 점을 감안하여 본 장에서는 추적과 배부라는 표현 대신 이 둘을 아우르는 원가할당(cost assignment)이라는 표현을 사용한다.

으로 환산한 수량을 **완성품 환산량**equivalent unit이라고 부른다.

이러한 개념을 활용하면 원가계산을 위한 완성품 단위당 원가는 2월 원가를 완성품 800개에 월말재공품의 완성품 환산량 160개를 합한 960개로 나누어 구할 수 있다. 정확히 말하자면 완성품 단위당 원가보다 완성품 환산량 단위당 원가가 적절한 표현이다.

- **2월 완성품 환산량 단위당 원가** $= \dfrac{\text{2월 원가}}{\text{2월 완성품 환산량}}$
$= \dfrac{₩110{,}400}{800 + 200 \times 80\%}$
$= ₩115$

또 이 금액을 이용하여 당월완성품과 월말재공품의 원가를 구하면 다음과 같다.

- **2월 완성품 원가** = 완성수량 × 완성품 환산량 단위당 원가
= 800 × ₩115
= ₩92,000

- **2월말 재공품 원가** = 월말재공품의 완성품 환산량 × 완성품 환산량 단위당 원가
= 160 × ₩115
= ₩18,400

3월의 원가계산: 원가흐름의 가정 선입선출법과 평균법

3월은 2월의 경우와 달리 월초재공품이 존재한다. 월초재공품이 있는 경우에는 원가계산에 앞서 물량 간에 작업이 이루어지는 순서에 대한 가정이 필요하다. 즉, 전월에 착수되었지만 당월 현재 미완성인 월초재공품을 먼저 완성한 후에 당월에 착수한 물량에 대해 작업하는 것선입선출법으로 가정하거나 아니면 당월에 착수한 물량에 대해 먼저 작업을 하여 완성한 후, 월초재공품에 대한 작업을 수행하는 것후입선출법으로도 가정할 수 있다. 또 다른 방법으로는 월초재공품 물량과 당기에 착수한 물량을 구별하지 않는 방법가중평균법도 있다. 일반적으로 후입선출의 가정은 물리적인 생산과정과는 맞지 않으므로 선입선출법이나 가중평균법을 주로 사용한다.

선입선출법FIFO: first-in, first-out하에서는 월초재공품을 완성하기 위한 추가작업, 당기착수물량에 대한 작업의 순으로 이루어진다고 가정하므로 원가계산에서도 이들을 별도로 다뤄야 한다. 이를 위해 월초재공품의 원가와 당월에 발생한 원가를 구분하며, 원가대상은 월초재공품으

그림 4-1　선입선출법하에서의 종합원가계산

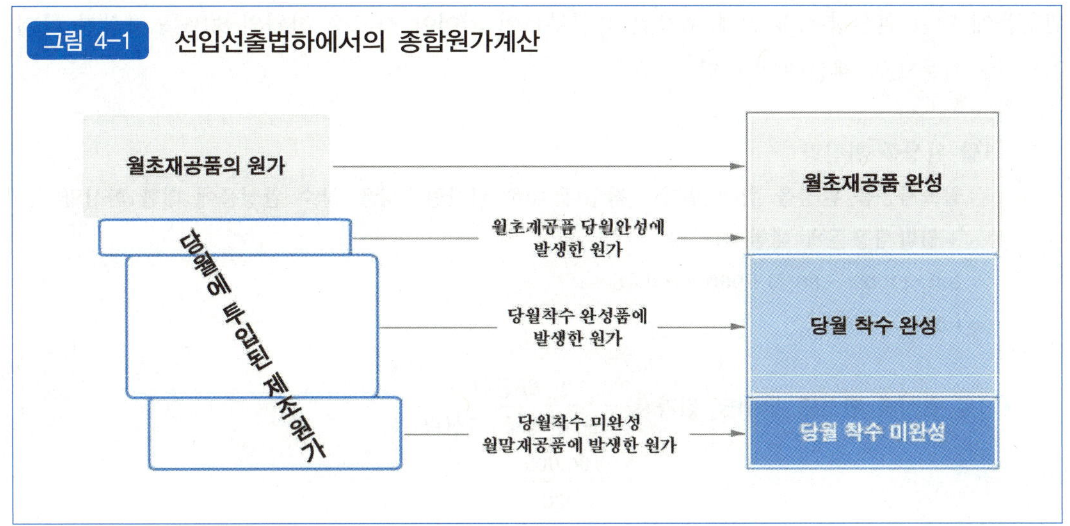

로부터의 완성품, 당월착수 완성품, 월말재공품으로 나눈다.

이에 의하면 당월 제조원가는 월초재공품을 추가가공하여 완성하는 작업, 당월에 착수되고 완성된 제품에 대한 작업, 그리고 당월에 착수되었지만 미완성된 재공품의 작업에서 발생하므로 원가를 이 세 개의 그룹에 어떻게 할당할 것인가가 중요하다. 물론 월초재공품의 원가는 월초재공품의 완성원가에 속하므로 할당의 문제는 없다. 그림 4-1은 선입선출법 하에서 제조원가월초재공품의 원가, 당월 발생원가와 각 원가대상간의 관련성을 보여준다.

가중평균법weighted-average method하에서는 선입선출법과는 달리 월초재공품의 원가와 당월발생원가를 구별하지 않을 뿐만 아니라 완성품도 월초재공품의 완성과 당월착수분의 완성을 구별하지 않는다. 원가계산상 월초재공품은 없으며 모든 원가는 당기에 발생한 것으로 가정하는 것과 같다.

선입선출법　선입선출법은 월초재공품의 원가와 당월 발생원가를 구분하고, 당월 발생원가만 당월 작업분인 월초재공품으로부터의 완성품, 당월착수 완성품, 월말재공품에 할당한다. 월초재공품의 원가는 바로 월초재공품으로부터의 완성품 원가에 포함한다.

선입선출법하에서의 원가계산은 당월에 발생한 제조원가를 세 개의 원가 대상월초재공품으로부터의 완성품, 당월착수완성품, 월말재공품에 어떻게 할당하는가가 핵심이다. 여기서 이들 원가대상의 물량은 완성도가 다르기 때문에 물량 그대로 할당하는 것은 적절하지 않으며 앞서 2월의 경우처럼 통일된 기준 즉, 환산량을 기준으로 할당하여야 한다. 여기서 월초재공품으로부터의 완성품에 대한 환산량은 당월에 추가된 작업부분이 되어야 하므로 전월의 80%를 차감한 나머지20%를 기준으로 계산해야 한다.

- **3월 완성품 환산량**

  = 월초재공품 완성을 위해 추가된 작업에 대한 환산량 + 당월 착수 완성품에 대한 환산량 + 월말재공품에 대한 환산량

  = 200 × (100% − 80%) + 900 + 100 × 60%

  = 1,000

- **3월 완성품 환산량 단위당 원가** $= \dfrac{\text{3월 발생원가}}{\text{3월 완성품 환산량}} = \dfrac{₩86,000}{1,000} = ₩86$

- **3월 완성품 원가**

  = 월초재공품 완성품 원가 + 당기착수 완성품 원가

  = (월초재공품 원가 + 당월 추가원가) + 당기착수 완성품 원가

  = (월초재공품 원가 + 월초재공품 추가작업에 대한 환산량 × 당월 완성품 환산량 단위당 원가) + 당월 착수 완성품의 환산량 × 당월 완성품 환산량 단위당 원가

  = (₩18,400 + 40 × ₩86) + 900 × ₩86

  = ₩99,240

- **3월말 재공품 원가**

  = 월말재공품 완성품 환산량 × 완성품 환산량 단위당 원가

  = 60 × ₩86

  = ₩5,160

가중평균법 가중평균법하에서는 전월로부터 이월된 원가월초재공품 원가와 당월 발생원가를 구별하지 않으며 완성품도 월초재공품으로부터의 완성품과 당월착수 완성품을 구별하지 않는다.[3] 결과적으로 월초재공품은 없으며 모든 완성품은 당월에 착수된 것으로 보는 셈이다. 따라서 가중평균법하에서의 원가계산방법은 월초재공품이 없는 2월의 경우와 동일하다.

---

3 가중평균법의 환산량 단위당 원가는 기초재공품의 환산량 단위당 원가와, 당기 발생원가와 당기 작업 환산량으로부터 구한 환산량 단위당 원가(선입선출법의 환산량 단위당 원가)를 각 환산량으로 가중평균한 값과 같다. 즉, 전기의 환산량 단위당 원가와 당기의 환산량 단위당 원가를 환산량으로 가중평균한 것이다. 가중평균법이라는 명칭은 이로부터 유래된 것으로 짐작된다.

• **3월의 완성품 환산량 단위당 원가** $= \dfrac{\text{3월초 재공품원가} + \text{3월 발생원가}}{\text{3월 완성품 환산량}}$

$$= \frac{₩18{,}400 + ₩86{,}000}{1{,}100 + 100 \times 60\%}$$

$$= ₩90$$

당월에 완성된 제품의 제조원가와 월말재공품의 제조원가는 다음과 같다.

• **3월 완성품 원가=완성수량×완성품 환산량 단위당 제조원가**

$= 1{,}100 \times ₩90$

$= ₩99{,}000$

• **3월말 재공품 원가=월말재공품 완성품 환산량×완성품 환산량 단위당 제조원가**

$= 60 \times ₩90$

$= ₩5{,}400$

PROBLEM 4-1

다음은 종합원가계산을 채택하고 있는 S사의 A공정에서 2월 중 발생한 원가 및 생산 자료이다.

- 월초재공품은 없다.
- 당월 중 A공정에서 생산에 착수한 수량은 2,000개이며, A공정 작업을 완료한 물량은 1,500개이다.
- 월말 현재 A공정 작업이 완료되지 않은 재공품의 완성도는 60%이다.
- 당월 발생원가는 ₩540,000이다.
- 제조원가는 공정전체에 걸쳐 균등하게 발생한다.

물음 주어진 자료에 의할 때 A공정에서의 작업이 완료된 물량의 원가는 얼마인가?

풀이 2월 중 A공정의 완성품 환산량은 작업이 완료된 1,500개와 미완성된 작업물량 500개에 대한 완성품 환산량 300개(500개×60%)를 합한 1,800개이다. 그리고 이 기간 중에 발생한 원가는 ₩540,000이므로 완성품 환산량 단위당 원가는 ₩300이 된다.

₩540,000÷(1,500개+300개)=₩300

따라서 작업이 완료된 1,500개의 원가는 ₩450,000이 된다.

1,500×₩300=₩450,000

PROBLEM 4-2

다음은 종합원가계산을 채택하고 있는 K사의 B공정에서 3월 중 발생한 원가 및 생산 자료이다.

- 월초재공품의 수량은 200개(완성도 50%)이며 원가는 ₩100,000이다.
- 당월 중 B공정에서 새롭게 생산에 착수한 수량은 1,000개이며, 3월 말 현재 B공정 작업을 완료한 물량은 800개이다.
- 월말 현재 B공정 작업이 완료되지 않은 재공품의 수량은 400개이며 완성도는 50%이다.
- 당월 발생원가는 ₩1,800,000이다.
- 원가는 공정전체에 걸쳐 균등하게 발생한다.

물음 주어진 자료에 의할 때 B공정에서의 작업이 완료된 제품의 원가는 얼마인가? 단, 선입선출법과 평균법에 대해 각각 구하라.

풀이

1. 선입선출법

선입선출법에서는 완성품 환산량 단위당 원가는 당월 발생원가 및 당월 작업량을 기준으로 계산한다. 완성품 환산량으로 계산한 당월 작업량은 월초재공품을 완성하는 데 소요된 작업량, 당월 착수한 물량 중 완성에 소요된 작업량, 월말 재공품에 투입된 작업량을 모두 합한 것이다.

월초재공품 완성에 소요된 작업량	100개(200개×(100%−50%))
당월 착수한 물량 중 완성에 소요된 작업량	600
월말 재공품에 투입된 작업량	200 (400개×50%)
완성품 환산량으로 계산한 당월 작업량	900개

당월 발생원가 ₩1,800,000를 900개로 나누면 당월의 완성품 환산량 단위당 원가가 계산된다.

₩1,800,000÷900=₩2,000

당월 중에 B공정의 작업이 완료된 물량에 대한 원가는 월초재공품으로부터 완성된 물량에 대한 원가와 당월 중 착수하여 완성된 물량의 원가로 구성된다.

월초재공품으로부터 완성물량의 원가+당월 착수 및 완성물량의 원가
=(월초재공품 원가+당월 추가원가)+당월 착수 및 완성물량의 원가
=(₩100,000+100×₩2,000)+600×₩2,000
=₩1,500,000

2. 평균법

평균법에서는 완성품 환산량 단위당 원가를 구할 때 전월 원가(작업량)과 당월 원가(작업량)

을 구별하지 않으며 모든 원가와 작업이 당월 중에 발생한 것으로 본다. 따라서 완성품 환산량은 다음과 같다.

당월 중 완성된 제품의 작업량	800개
월말 재공품에 투입된 작업량	200 (400개×50%)
완성품 환산량으로 계산한 당월 작업량	1,000개

월초재공품의 원가와 당월에 발생한 원가를 합한 ₩1,900,000를 1,000개로 나누면 당월의 완성품 환산량 단위당 원가가 계산된다.

₩1,900,000÷1,000=₩1,900

따라서 당월 중에 B공정의 작업이 완료된 물량 800개에 대한 원가는 다음과 같다.

800×₩1,900=₩1,520,000

종합원가계산에서의 원가 분류

종합원가계산에서는 원가가 공정상 언제, 어떻게 발생하는지를 파악하고 이에 따라 원가를 분류하여야 한다. 앞선 예에서는 기본원리의 이해를 위해 편의상 특정 원가를 지칭하지 않고 생산 진행정도를 나타내는 완성도에 따라 비례적으로 발생한다고 가정하였다. 그러나 현실적으로 모든 원가가 완성도에 따라 비례적으로 발생하는 것은 아니다.

직접재료원가는 생산진도상 특정 시점에 발생할 수 있다. 공정 초기에 모든 직접재료를 투입하고 그 이후 재료의 투입이 전혀 없다면 직접재료원가는 생산에 착수하기만 하면 100% 발생한다고 할 수 있다. 또 포장재와 같은 재료원가는 생산의 마지막 단계에 발생하는데 이 경우라면 생산완성도가 100%에 이르기 전에는 전혀 발생하지 않는다. 어떤 재료원가는 생산 중간의 특정 시점에 발생하기도 한다. 예를 들어 화학제품을 생산하는 공정에서 50% 시점에 특정 화학첨가물이 투입된다면 그 시점을 기준으로 발생 여부가 결정될 것이다.

생산진도에 따라 비례적으로 발생하는 원가도 있다. 컨베이어벨트 옆으로 여러 근로자가 정렬하고 컨베이어벨트를 통과하는 재료를 순차적으로 조립한다고 하자. 이러한 경우 직접노무원가는 컨베이어벨트의 진행에 따라 비례적으로 발생하는 것으로 볼 수 있다. 또 자동화된 제철설비로부터 일정 규격의 철근이 지속적으로 생산되는 경우에는 설비에 대한 감가상각비나 기타 제조간접원가 역시 완성도에 따라 비례적으로 발생하는 것으로 이해할 수 있다.

생산공정에서 원가가 언제, 어떻게 발생하는지 파악한 후 이에 따라 제조원가를 분류해야 하는 이유는 제품의 생산완성도와 원가의 발생 시기 및 방법에 따라 원가할당의 기준이 되는 완성품 환산량이 달라지기 때문이다. 예를 들어 직접재료원가는 공정초기에 발생하고 가공원가는 공정전체를 통해 균등하게 발생하는 회사에서 어떤 달의 월말재공품의 수량이 100개이고 완성도가 50%라고 하자. 이 월말재공품의 완성품 환산량은 직접재료원가와 가공원가가 서로 다르다. 비록 완성도가 50%라 하더라도 직접재료는 이미 공정초기에 전량 투입되었기 때문에 직접재료원가의 관점에서 완성품 환산량은 100개이다. 그러나 가공원가는 전공정을 통해 균등하게 발생하므로 완성도 50%를 고려하면 완성품 환산량은 50개가 된다. 이렇게 원가할당의 기준인 완성품 환산량이 다른 원가는 반드시 구분해야 정확한 종합원가계산이 가능하다.

직접재료원가와 **가공원가**는 종합원가계산에서 원가를 분류하는 전형적인 예인데 이는 일반적으로 직접재료원가는 특정 생산시점에 발생하고 가공원가는 전全공정을 통해 균등하게 발생하는 경우가 많기 때문이다. 그러나 이는 전형적인 상황을 반영한 것일 뿐 실제 기업에서 원가발생의 양상은 이와 다를 수 있음을 감안하여 원가를 분류하여야 한다.

종합원가계산의 절차

지금까지 기본적인 계산원리를 설명하면서 종합원가계산의 중요한 개념인 완성도, 완성품 환산량, 그리고 물량 흐름의 가정으로 선입선출법과 평균법을 소개하였다. 본 절에서는 이러한 내용을 기초로 보다 수월하게 원가계산을 할 수 있는 절차를 제시한다. 종합원가계산은 크게 다음 다섯 단계로 구분되는데 각 단계를 예를 통해 확인해보자. 편의상 단일공정을 가정한다.[4]

1단계: 물량의 흐름을 파악한다.

2단계: 원가요소별로 기초재공품 원가와 당기 발생 원가를 파악한다.

3단계: 원가요소별로 완성품 환산량을 계산한다.

4단계: 원가요소별로 완성품 환산량 단위당 원가를 계산한다.

5단계: 완성품 원가와 기말재공품 원가를 구한다.

4 다공정하에서의 종합원가계산은 후술하는 별도의 절에서 다룬다.

EXAMPLE 4-2

다음은 단일공정에서 제품A를 연속 대량 생산하는 S사의 10월 생산물량과 원가자료이다. 이를 이용하여 10월 완성품원가와 월말재공품을 구하고자 한다. 직접재료는 공정초기에 투입되고 가공원가는 전공정을 통하여 균등하게 발생한다.

	수량	완성도	직접재료원가	가공원가
월초재공품	2,000개	50%	₩120,000	₩25,000
단월착수	10,000		624,000	224,600
당월완성품	8,000	100%		
월말재공품	4,000	40%		

선입선출법

1단계: 물량흐름의 파악

첫 번째 단계에서는 물리적인 **물량흐름**을 투입과 산출의 관점에서 파악한다. 투입의 관점에서는 당기의 생산과정에서 작업대상이 되는 물량기초재공품 수량과 당기 생산 착수량을 파악하고, 산출의 관점에서는 당기 작업대상 중에 완성된 제품 수량기초재공품의 완성량과 당기 착수 완성량과 미완성된 재공품 수량을 구분하여 파악한다. 투입과 산출의 물리적 물량은 서로 일치해야 한다.

기초재공품이 존재하는 경우에는 물량흐름을 가정해야 하는데 선입선출법은 먼저 생산에 착수한 제품이 먼저 완성된다는 전제하에서 계산한다. 따라서 물량흐름을 파악할 때는 기초재공품으로부터의 완성수량과 당기 착수 완성된 수량을 반드시 구별해야 한다. 위 예에서 월초재공품이 당월 착수량보다 먼저 완성되었다고 가정하면 당월 완성품 8,000개는 월초재공품 2,000개와 당월 착수량 중 6,000개로 구성된다.

다음은 선입선출법하에서 투입량과 산출량을 등식으로 표현한 것이다.

formula

기초재공품 수량+당기 착수량=기초재공품 완성량+당기착수 완성량+기말재공품 수량

9월 미완성품인 월초재공품 2,000개와 10월 생산착수량 10,000개의 합계는 10월에 완성된 제품 8,000개와 10월 말 미완성 상태인 월말재공품 4,000개의 합계와 같다.

선입선출법

	물량흐름(1단계)
월초재공품	2,000
당월착수	10,000
합계	12,000
월초재공품완성품	2,000
당월착수완성품	6,000
월말재공품	4,000
합계	12,000

2단계: 기초재공품 원가와 당기 발생원가의 요약

두 번째 단계에서는 완성품과 월말재공품에 할당하게 될 원가를 요약한다. 원가는 월초재공품의 원가와 당월에 발생한 원가를 각 원가요소별로 구분하여 요약한다.

선입선출법

		원가의 요약(2단계)		
	물량흐름(1단계)	직접재료원가	가공원가	합계
월초재공품	2,000	₩120,000	₩25,000	₩145,000
당월착수	10,000	624,000	224,600	848,600
합계	12,000	₩744,000	₩249,600	₩993,600
월초재공품완성품	2,000			
당월착수완성품	6,000			
월말재공품	4,000			
합계	12,000			

3단계: 원가요소별 완성품 환산량 계산

당기에 발생한 원가를 완성품과 기말재공품에 할당하기 위한 기준은 각 원가요소의 **완성품 환산량**이다. 환산량을 기초재공품 완성품, 당기착수 완성품, 기말재공품으로 구분하고 원가의 발생시기와 발생방법을 고려하여 원가요소별로 계산한다. 선입선출법하에서는 당월작업에 대한 환산량을 계산하는데 월초재공품 완성하기 위한 당월작업 환산량, 당월착수 및 완성된 제품에 대한 환산량, 월말재공품에 대한 환산량으로 구분한다.

예에서 월초재공품에 대한 직접재료는 이미 전기에 투입되었으므로 환산량은 0이다. 가공원가에 대한 환산량은 완성도 100%에서 전월에 수행된 생산작업에 따른 완성도 50%를 차감한 나머지 50%를 단순 물량 2,000개에 곱하여 구한다. 월말재공품에 대한 직접재료는 당월 중 착수와 동시에 전량 투입되었으므로 완성도 100%에 따른 환산량은 단순 물량 그대로 4,000이지만 가공원가에 대한 환산량은 당월에 이루어진 완성도 40%를 곱한 수량이 된다.

formula

선입선출법하에서 완성품 환산량
= 기초재공품 완성에 따른 환산량+당기착수 완성품 환산량+기말재공품 환산량
= 기초재공품 수량×(100%−전기완성도)+당기착수 완성량×100%+기말재공품 수량×당기완성도

선입선출법

		원가의 요약(2단계)		
	물량흐름(1단계)	직접재료원가	가공원가	합계
월초재공품	2,000	₩120,000	₩25,000	₩145,000
당월착수	10,000	624,000	224,600	848,600
합계	12,000	₩744,000	₩249,600	₩993,600
		완성품 환산량(3단계)		
월초재공품완성품	2,000	0	1,000	
당월착수완성품	6,000	6,000	6,000	
월말재공품	4,000	4,000	1,600	
합계	12,000	10,000	8,600	

4단계: 원가요소별 완성품 환산량 단위당 원가

2단계에서 집계된 제조원가 중 당월에 투입한 원가를 3단계의 완성품 환산량으로 나누어 **완성품 환산량 단위당 원가**를 계산한다. 여기서 주의할 것은 당월 작업을 기준으로 계산한 완성품 환산량에 대응하는 원가는 당월에 발생한 원가가 된다는 점이다.

선입선출법

	물량흐름(1단계)	원가의 요약(2단계) 직접재료원가	가공원가	합계
월초재공품	2,000	₩120,000	₩25,000	₩145,000
당월착수	10,000	624,000	224,600	848,600
합계	12,000	₩744,000	₩249,600	₩993,600
		완성품 환산량(3단계)		
월초재공품완성품	2,000	0	1,000	
당월착수완성품	6,000	6,000	6,000	
월말재공품	4,000	4,000	1,600	
합계	12,000	10,000	8,600	
		완성품 환산량 단위당 원가(4단계)		
		₩624,000/10,000 =₩62.40	₩224,600/8,600 =₩26.11	

5단계: 완성품원가와 기말재공품원가 계산

완성품은 **기초재공품으로부터의 완성품**과 **당기착수완성품**을 구별하여 계산한다. 주의할 것은 선입선출법하에서 계산한 환산량 단위당 원가는 당기발생원가와 당기작업에 대한 환산량을 기초로 얻어진 것이고 전기로부터 이월된 기초재공품원가는 이 계산에서 배제되어 있다는 점이다. 그러나 최종적으로 완성품원가를 계산할 때는 기초재공품원가를 가산하여야 한다. 기말재공품의 원가는 기말제공품 환산량에 환산량 단위당 원가를 곱하여 구한다.

선입선출법

	물량흐름(1단계)	원가의 요약(2단계) 직접재료원가	가공원가	합계
월초재공품	2,000	₩120,000	₩25,000	₩145,000
당월착수	10,000	624,000	224,600	848,600
합계	12,000	₩744,000	₩249,600	₩993,600
		완성품 환산량(3단계)		
월초재공품완성품	2,000	0	1,000	
당월착수완성품	6,000	6,000	6,000	
월말재공품	4,000	4,000	1,600	
합계	12,000	10,000	8,600	
		완성품 환산량 단위당 원가(4단계)		
		₩624,000/10,000	₩224,600/8,600	
		=₩62.40	=₩26.11	
		원가의 최종집계(5단계)		
월초재공품완성품원가	월초재공품원가	₩120,000	₩25,000	₩145,000
	당월발생원가	0	26,110 (=1,000×26.11)	26,110
당월착수완성품원가		374,400 (=6,000×₩62.4)	156,720• (=6,000×₩26.11)	531,120
완성품원가				702,370
월말재공품원가		249,600 (=4,000×₩62.4)	41,770 (=1,600×₩26.11)	291,370
				₩993,600

• **단수의 조정**

가중평균법

1단계: 물량흐름의 파악

가중평균법은 전기에서 이월된 기초재공품원가와 당기투입원가를 구분하지 않고 합산한 원가를 완성품과 기말재공품에 할당하는 방법이다. 물리적인 물량흐름을 투입과 산출의 관점에서 파악할 때에도 선입선출법과는 달리 당기완성량을 기초재공품 완성량과 당기착수 및 완성량으로 구별하지 않는다.

다음은 가중평균법하에서 투입량과 산출량 등식이다.

formula

기초재공품 수량+당기 착수량=당기 완성량+기말재공품 수량

9월 미완성품인 월초재공품 2,000개와 10월 생산착수량 10,000개의 합계는 10월에 완성된 제품 8,000개와 10월 말 미완성 상태인 월말재공품 4,000개의 합계와 같다.

	가중평균법
	물량흐름(1단계)
월초재공품	2,000
당월착수	10,000
합계	12,000
당월완성품	8,000
월말재공품	4,000
합계	12,000

2단계: 기초재공품원가와 당기 발생원가의 요약

완성품과 월말재공품에 할당할 원가를 요약한다. 원가는 월초재공품 원가와 당월에 발생한 원가를 각 원가요소별로 구분하여 기록한다.

가중평균법

	물량흐름(1단계)	원가의 요약(2단계) 직접재료원가	가공원가	합계
월초재공품	2,000	₩120,000	₩25,000	₩145,000
당월착수	10,000	624,000	224,600	848,600
합계	12,000	₩744,000	₩249,600	₩993,600
당월완성품	8,000			
월말재공품	4,000			
합계	12,000			

3단계: 원가요소별 완성품 환산량 계산

가중평균법에서는 기초재공품원가와 당기 발생원가를 구별하지 않으며 작업 역시 전기와 당기작업을 구별하지 않는다. 모든 원가와 작업이 당기에 발생하고 착수된 것처럼 가정한다. 따라서 완성품 전체에 대해 완성도 100%를 적용하여 환산량을 계산한다. 기말재공품에 대한 환산량은 선입선출법의 경우와 동일하게 기말재공품 수량에 당기 완성도를 곱하여 구한다.

formula

가중평균법하에서 완성품 환산량
= 당기완성품 환산량+기말재공품 환산량
= 당기완성량×100%+기말재공품 수량×당기완성도

가중평균법

	물량흐름(1단계)	원가의 요약(2단계) 직접재료원가	가공원가	합계
월초재공품	2,000	₩120,000	₩25,000	₩145,000
당월착수	10,000	624,000	224,600	848,600
합계	12,000	₩744,000	₩249,600	₩993,600

		완성품 환산량(3단계)	
당월완성품	8,000	8,000	8,000
월말재공품	4,000	4,000	1,600
합계	12,000	12,000	9,600

4단계: 원가요소별 완성품 환산량 단위원가

2단계에서 집계된 제조원가를 3단계의 완성품 환산량으로 나누어 환산량 단위당 원가를 계산한다. 여기서 유의할 점은 선입선출법과는 달리 가중평균법에서는 기초재공품원가와 당기발생원가를 합한 원가를 완성품 환산량으로 나눈다는 것이다.

가중평균법

		원가의 요약(2단계)		
	물량흐름(1단계)	직접재료원가	가공원가	합계
월초재공품	2,000	₩120,000	₩25,000	₩145,000
당월착수	10,000	624,000	224,600	848,600
합계	12,000	₩744,000	₩249,600	₩993,600
		완성품 환산량(3단계)		
당월완성품	8,000	8,000	8,000	
월말재공품	4,000	4,000	1,600	
합계	12,000	12,000	9,600	
		완성품 환산량 단위당 원가(4단계)		
		₩744,000/12,000	₩249,600/9,600	
		=₩62	=₩26	

5단계: 완성품원가와 기말재공품원가 계산

평균법하에서 완성품원가는 완성품 환산량에 환산량 단위당 원가를 곱하여 구하며 기말재공품원가 역시 기말재공품 환산량에 환산량 단위당 원가를 곱하여 구한다.

가중평균법

	물량흐름(1단계)	원가의 요약(2단계)		
		직접재료원가	가공원가	합계
월초재공품	2,000	₩120,000	₩25,000	₩145,000
당월착수	10,000	624,000	224,600	848,600
합계	12,000	₩744,000	₩249,600	₩993,600
		완성품 환산량(3단계)		
당월완성품	8,000	8,000	8,000	
월말재공품	4,000	4,000	1,600	
합계	12,000	12,000	9,600	
		완성품 환산량 단위당 원가(4단계)		
		₩744,000/12,000 =₩62	₩249,600/9,600 =₩26	
		원가의 최종집계(5단계)		
완성품원가		₩496,000 (=8,000×₩62)	₩208,000 (=8,000×₩26)	₩704,000
월말재공품원가		248,000 (=4,000×₩62)	41,600 (=1,600×₩26)	289,600
				₩993,600

PROBLEM 4-3

다음은 종합원가계산을 사용하고 있는 S사, A공정의 3월 원가 및 생산 자료이다. 물음에 답하라.

	수량	완성도	직접재료원가	가공원가
월초재공품	500	60%	392,000	190,000
생산 착수량 및 투입원가	700		448,000	960,000
완성품	800	100%	?	?
월말재공품	400	50%	?	?

단, 직접재료원가는 공정초기에 투입되며 가공원가는 전공정을 통해 균등하게 발생한다.

물음 1 선입선출법에 의할 때 3월 완성품 및 월말재공품의 원가를 구하라.

물음 2 가중평균법에 의할 때 3월 완성품 및 월말재공품의 원가를 구하라.

풀이

1. 선입선출법

	물량흐름(1단계)	원가의 요약(2단계) 직접재료원가	가공원가	합계
월초재공품	500	₩392,000	₩190,000	₩582,000
당월착수	700	448,000	960,000	1,408,000
합계	1,200	₩840,000	₩1,150,000	₩1,990,000
		완성품 환산량(3단계)		
월초재공품완성품	500	0	200	
당월착수완성품	300	300	300	
월말재공품	400	400	200	
합계	1,200	700	700	
		완성품 환산량 단위당 원가(4단계)		
		₩448,000/700 =₩640	₩960,000/700 =₩1,371	

		원가의 최종집계(5단계)		
월초재공품완성품원가	월초재공품원가	392,000	190,000	
	당월발생원가	0	274,200 (=200×₩1,371)	856,200
당월착수완성품원가		192,000 (=300×₩640)	411,300 (=300×₩1,371)	603,300
완성품원가				1,459,500
월말재공품원가		256,000 (=400×₩640)	274,500• (=200×₩1,371)	530,500
				₩1,990,000

• 단수의 조정

2. 가중평균법

	물량흐름(1단계)	원가의 요약(2단계) 직접재료원가	가공원가	합계
월초재공품	500	₩392,000	₩190,000	₩582,000
당월착수	700	448,000	960,000	1,408,000
합계	1,200	₩840,000	₩1,150,000	₩1,990,000
		완성품 환산량(3단계)		
당월완성품	800	800	800	
월말재공품	400	400	200	

합계	1,200	1,200	1,000	
		완성품 환산량 단위당 원가(4단계)		
		₩840,000/1,200 =₩700	₩1,150,000/1,000 =₩1,150	
		원가의 최종집계(5단계)		
완성품원가		560,000 (=800×₩700)	920,000 (=800×₩1,150)	1,480,000
월말재공품원가		280,000 (=400×₩700)	230,000 (=200×₩1,150)	510,000
				₩1,990,000

회계처리

종합원가계산의 회계처리는 개별원가계산과 동일하다. 직접재료원가와 가공원가 등 제조원가의 발생을 재공품에 기록하고 완성되면 제품으로 대체한다. 예제 4-3의 선입선출법하에서 3월 중 거래를 기록하면 다음과 같다.

직접재료원가의 발생: 원재료의 제조과정 투입

(차) 재공품−A공정	448,000	(대) 원재료	448,000

가공원가의 발생: 직접노무원가, 소모품비, 감가상각비 등

(차) 재공품−A공정	960,000	(대) 제좌	960,000

제품의 완성

(차) 제품	1,459,500	(대) 재공품−A공정	1,459,500

다공정하에서의 종합원가계산

앞서 다룬 종합원가계산은 설명의 편의상 단일공정을 가정하였지만 여러 공정을 순차적으로 거쳐 제품을 생산하는 것이 보다 일반적이다. 예를 들어 비타민음료를 대량 생산하는 제약회사의 경우 원료칭량공정, 배합조제공정, 충전공정, 포장 및 적재공정, 품질검사 및 관리공정 등의 단계를 거친다.[5] 제약회사뿐만 아니라 정유, 식료품 또는 섬유회사도 마찬가지로 여러 공정을 거쳐서 표준화된 제품을 연속 생산하는데 이러한 경우 적용할 수 있는 종합원가계산을 **공정별 종합원가계산**이라고 한다. 이는 단일공정하에서의 종합원가계산을 다공정으로 확장한 경우이다.

공정별종합원가계산은 단일공정의 원가계산방법과 유사하지만 특별히 다른 점은 제조원가를 자自공정원가와 전前공정원가로 구분한다는 점이다. 자공정원가는 현재 공정에서 발생한 제조원가이고 **전공정원가**tranferred-in cost는 전공정의 작업이 완료된 재공품의 제조원가이다. 전공정작업이 완료된 재공품에 대해 현재 공정에서 추가작업이 이루어지기 때문에 전공정원가는 현 공정초기에 투입되는 직접재료원가의 성격을 띤다. 따라서 별도 원가항목으로 전공정원가를 추가하고 원가와 환산량을 파악하여 원가계산에 포함하기만 하면 된다.

PROBLEM 4-4

S사는 주형공정과 마무리공정을 거쳐 제품을 생산하고 있다. 주형공정에서는 공정초기에 A재료를 투입하고 마무리공정에서는 B재료를 공정 말에 투입한다. 가공원가는 각 공정전체에서 균등하게 발생한다. 주형공정 작업이 완료된 재공품은 지체 없이 전부 마무리공정에 대체되어 작업이 이루어진다. 마무리공정의 5월 생산 및 원가자료는 다음과 같다. 회사는 가중평균법에 의한 종합원가계산을 사용하고 있다.

	수량	완성도	전공정원가	직접재료원가	가공원가
월초재공품	10,000단위	60%	₩200,000	₩0	₩30,000
당월착수	200,000		4,210,000	360,000	1,122,000
당월완성품	180,000	100			
월말재공품	30,000	40			

5 광동제약 비타500의 생산공정이다(https://www.ekdp.com/company/factory.asp). 칭량(秤量)은 '무게를 달다'는 의미로 업계에서 많이 사용하는 용어이다.

물음 마무리공정의 완성품과 월말재공품의 원가를 구하라.

풀이

	물량흐름(1단계)	전공정원가	직접재료원가	가공원가	합계
		원가의 요약(2단계)			
월초재공품	10,000	₩200,000	₩0	₩30,000	₩230,000
당월착수	200,000	4,210,000	360,000	1,122,000	5,692,000
합계	210,000	₩4,410,000	₩360,000	₩1,152,000	₩5,922,000
		완성품 환산량(3단계)			
완성품	180,000	180,000	180,000	180,000	
월말재공품	30,000	30,000	0	12,000	
합계	210,000	210,000	180,000	192,000	
		완성품 환산량 단위당 원가(4단계)			
		₩4,410,000 / 210,000 = ₩21	₩360,000 / 180,000 = ₩2	₩1,152,000 / 192,000 = ₩6	
		원가의 최종집계(5단계)			
완성품원가		₩3,780,000 (=180,000×₩21)	₩360,000 (=180,000×₩2)	₩1,080,000 (=180,000×₩6)	₩5,220,000
월말재공품원가		₩630,000 (=30,000×₩21)		72,000 (=12,000×₩6)	₩702,000
					₩5,922,000

본 예제에서 특별히 주의할 사항은 다음과 같다.

첫째, 전공정이 존재하면 원가요소로 전공정원가를 추가해야 한다. 전공정원가는 공정초기에 투입되는 재료원가와 성격이 같다.

둘째, 월초재공품에는 직접재료원가가 없다. 마무리공정의 경우 재료는 공정 마지막에 투입되는데 월초재공품은 아직 미완성 상태이므로 재료가 전혀 투입되지 않았기 때문이다.

셋째, 전공정 대체수량이 마무리공정의 착수량이 된다. 전공정인 주형공정이 끝나면 바로 마무리 공정에 투입되기 때문에 전공정에서 넘어온 물량이 바로 당해 공정의 착수량이 된다.

공손하에서의 종합원가계산

기업에서는 품질관리를 통해 제조과정에서 발생하는 불량을 최소화하려고 노력하지만 여러 가지 이유로 불량품은 생기기 마련이다. 이와 같이 제조과정 중에 발생한 불량품을 **공손품**spoilage이라 하고 공손품과 관련하여 발생한 제조원가를 **공손원가**spoilage cost라고 한다. 표준화된 제품을 연속적으로 생산하는 제조환경에서 발생한 공손품은 재작업을 하기 쉽지 않아 불량품으로 대부분 폐기 처리된다.

종합원가계산에서 공손품과 관련된 문제는 공손품의 원가를 어떻게 계산하느냐와 계산된 공손원가를 재무회계상 어떻게 처리하느냐이다. 일반적으로 공손원가는 정상공손원가과 비정상공손원가로 구별하고 정상공손원가는 정상적인 제품의 제조원가에 가산하고 비정상공손원가는 영업외비용으로 처리한다.

정상공손과 비정상공손

정상적인 작업조건하에서 작업자가 충분한 주의를 기울인다 하더라도 불가피하게 공손이 발생할 때 이를 **정상공손**normal spoilage이라 한다. 정상공손은 능률적인 작업조건하에서도 발생하기 때문에 단기적으로는 통제가 불가능하다. 따라서 정상공손에 대한 제조원가, 즉 **정상공손원가**는 정상적인 제품양품을 생산하려면 불가피하게 발생하는 원가로 간주하고 정상적인 제품의 제조원가에 가산하는 것이 일반적이다.

정상공손수량은 해당기간 품질검사를 통과하여 합격한 제품수량에 정상공손율을 곱하여 구한다. 여기서 **정상공손율**은 검사를 통과한 제품수량을 100으로 했을 때 불가피하게 발생할 수밖에 없는 공손수량을 나타내는 것으로 기술수준이나 작업환경을 고려하여 사전에 정해진다.

formula

정상공손수량=품질검사를 통과한 제품수량×정상공손율

비정상공손abnormal spoilage은 정상적인 작업조건하에서 작업자가 충분한 주의를 기울일 경우 발생하지 않을 것으로 기대하는 공손이다. 따라서 비정상 공손은 통제 가능한 공손으로 간주한다. 비정상공손은 작업자의 부주의, 기계고장, 작업공정 중 파업, 불량재료 사용 등의 원인으로 발생한다. **비정상공손원가**는 제품제조원가에 포함하지 않고 해당기간의 손익계산서에 영업외비용으로 처리한다. 비정상공손원가는 작업자의 주의를 환기시키고 경영자에게는 품질관리에 유용한 정보를 제공한다. 비정상공손수량은 전체 공손수량에서 정상공손수량을 차감하여 구한다.

공손수량과 환산량

공손수량은 생산에 착수한 투입 물량기초재공품수량+당기착수량에서 당기의 완성품수량과 기말재공품수량을 차감하여 구한다. 이 공손수량은 다시 정상공손과 비정상공손으로 구분할 수 있다.

formula

공손수량=투입량−산출량
=(기초재공품수량+당기착수량)−(완성품수량+기말재공품수량)
=정상공손수량+비정상공손수량

공손원가를 계산하기 위해서는 공손품의 완성도 및 환산량을 파악해야 하는데 일반적으로 제품검사시점이 바로 공손품의 완성도가 된다. 검사를 통과한 물량에 대해서는 작업이 계속 이루어지지만 그렇지 못한 공손품은 작업을 중단하기 때문이다.

공손원가의 처리

정상공손원가는 능률적인 작업조건하에서 발생한 공손품의 원가이므로 해당 기간 중에 품질검사를 통과한 정상적인 재고자산의 제조원가에 포함되어야 한다. 검사에서 합격으로 판정되었다면 완성품은 물론 기말재공품에도 배부해야 한다. 완성되기 전에 검사를 실시하는 경우 기말재공품도 정상품이 될 수 있기 때문이다. 정상공손원가를 완성품과 기말재공품에 배분할 때에는 일반적으로 단순물량기준을 많이 사용한다.

정상공손원가를 기말재공품에 배부하는가의 여부는 기말재공품이 검사시점을 통과했는가에 달려 있다. 품질검사를 통과한 기말재공품에는 정상공손원가를 배부하며 검사시점에 이르지 않아 정상 여부를 판단할 수 없는 기말재공품에는 정상공손원가를 배부하지 말아야 한다. 정상공손원가를 완성품과 기말재공품에 배부해야 하는 경우 선입선출법과 평균법 간에 차이가 있다.

선입선출법

정상공손원가가 발생하여 이를 완성품과 기말재공품에 배분할 때 기초재공품으로부터 완성된 제품이 전기에 검사시점을 통과하였는지 여부가 중요하다. 만약 전기에 검사시점을 통과했다면 전기에 이미 정상공손원가를 배부받았을 것이므로 당기에는 배부되지 않도록 하여야 한다. 이 경우에는 당기착수완성품과 기말재공품에만 배분하여야 한다. 전기에 검사시점을 통과하지 않았다면 당기에 발생한 정상공손원가를 배부받아야 하므로 기초재공품으로부터의 완성품과 당기착수완성품을 구별하지 않고 당기 중에 완성된 모든 제품과 기말재공품 간에 배분해야 한다.

그림 4-2 정상공손원가의 배분

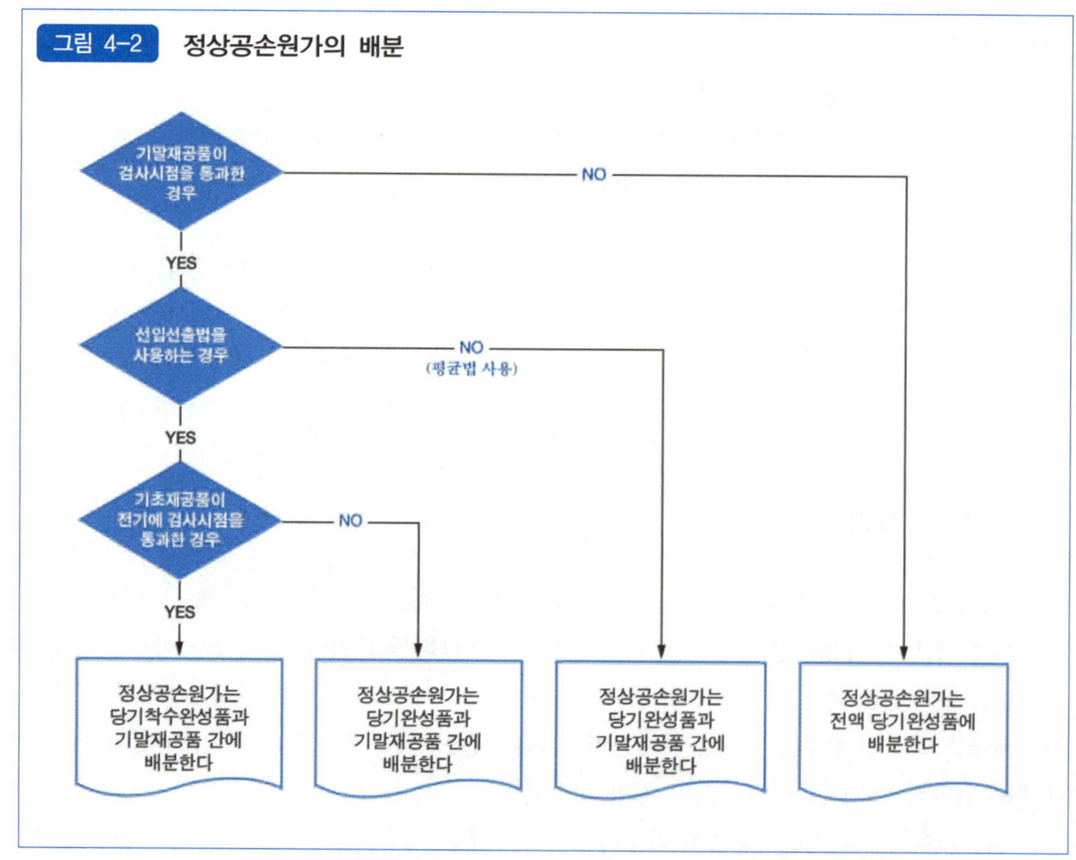

- **기말재공품이 검사시점을 통과하지 않은 경우:**
  정상공손원가는 전액 완성품에 배부한다.
- **기말재공품이 검사시점을 통과하고 기초재공품이 전기에 검사시점을 통과한 경우:**
  정상공손원가를 당기착수 완성품과 기말재공품에 배부한다.
- **기말재공품이 검사시점을 통과하고 기초재공품이 전기에 검사시점을 통과하지 않은 경우:**
  정상공손원가를 당기 완성품과 기말재공품에 배부한다.

평 균 법

평균법하에서는 기초재공품으로부터의 완성품과 당기착수완성품을 구별하지 않으므로 기초재공품이 검사시점을 통과했는지 여부는 고려하지 않는다. 기말재공품이 검사시점을 통과한 경우 정상공손원가는 당기 완성품과 기말재공품에 배부하고 통과하지 않았을 경우에는 전액 완성품에 배부한다.

- **기말재공품이 검사시점을 통과하지 않은 경우:**
  정상공손원가는 전액 완성품에 배부한다.
- **기말재공품이 검사시점을 통과한 경우:**
  정상공손원가를 당기 완성품과 기말재공품에 배부한다.

PROBLEM 4-5

S사는 TV용 컴퓨터칩을 제조하고 있다. 모든 재료는 공정초에 투입하며 가공원가는 전공정을 통하여 균등하게 발생한다. 제품검사는 제품의 완성 시점에 이루어진다. 따라서 제품을 완성하기 전에는 공손 여부를 확인할 수 없다. 정상적인 공손품으로 간주되는 수량은 해당 기간 제품검사에 합격한 정상품의 10%이다. S사는 평균법에 의한 종합원가계산을 사용하고 있다. 물음에 답하라.

	수량	완성도	직접재료원가	가공원가
기초재공품	1,000단위	50%	₩50,000	₩30,000
당기생산착수	9,000		460,000	531,200
당기완성품	7,000	100		
기말재공품	2,000	60		

물음 1 정상공손수량과 비정상공손수량을 계산하라.

물음 2 완성품과 기말재공품의 제조원가, 정상공손 및 비정상공손원가를 계산하라.

물음 3 정상공손원가를 관련 재고자산에 배분하라.

풀이

1. 공손수량 계산

공손수량=(기초재공품수량+당기착수량)−(완성품생산량+기말재공품수량)
=(1,000+9,000)−(7,000+2,000)=1,000단위

정상공손수량은 제품검사에 합격한 제품의 10%이다. 제품검사가 공정 말에 이루어지므로 제품검사를 마친 제품은 당기완성제품 7,000단위이며 정상공손수량은 700단위(=7,000×10%)가 된다. 비정상공손수량은 공손수량에서 정상공손수량을 차감한 300단위이다.

2. 완성품과 기말재공품의 제조원가, 정상공손 및 비정상공손원가

	물량흐름(1단계)	원가의 요약(2단계) 직접재료원가	가공원가	합계
기초재공품	1,000	₩50,000	₩30,000	₩80,000
당기 착수	9,000	460,000	531,200	991,200
합계	10,000	₩510,000	₩561,200	₩1,071,200
		완성품 환산량(3단계)		
완성품	7,000	7,000	7,000	
정상공손	700	700	700	
비정상공손	300	300	300	
월말재공품	2,000	2,000	1,200	
합계	10,000	10,000	9,200	
		완성품 환산량 단위당 원가(4단계)		
		₩510,000/10,000 =₩51	₩561,200/9,200 =₩61	
		원가의 최종집계(5단계)		
완성품원가		₩357,000 (=7,000×₩51)	₩427,000 (=7,000×₩61)	₩784,000
정상공손원가		35,700 (=700×₩51)	42,700 (=700×₩61)	78,400
비정상공손원가		15,300 (=300×₩51)	18,300 (=300×₩61)	33,600
기말재공품원가		102,000 (=2,000×₩51)	73,200 (=1,200×₩61)	175,200
				₩1,071,200

3. 정상공손원가의 배분

기말재공품이 검사시점을 통과하지 않았으므로 정상공손원가 ₩78,400은 전액 완성품에 배분한다. 최종적인 원가계산 결과는 다음과 같다.

완성품원가	₩862,400
기말재공품원가	₩175,200
비정상공손	₩33,600

PROBLEM 4-6

S사는 TV용 컴퓨터칩을 제조하고 있다. 모든 재료는 공정 초에 투입하며 가공원가는 전공정을 통하여 균등하게 발생한다. 제품검사는 공정 40% 시점에 이루어지며 정상적인 공손품으로 간주되는 수량은 해당 기간 제품검사에 합격한 정상품의 10%이다. S사는 선입선출법에 의한 종합원가계산을 사용하고 있다. 9월 생산 및 원가자료는 다음과 같다. 물음에 답하라.

	수량	완성도	직접재료원가	가공원가
기초재공품	1,000단위	50%	₩50,000	₩30,000
당기생산착수	9,000		450,000	526,500
당기완성품	7,000	100		
기말재공품	2,000	60		

물음 1 정상공손품과 비정상공손품의 수량을 계산하라.

물음 2 완성품과 기말재공품의 제조원가, 정상공손 및 비정상공손원가를 계산하라.

물음 3 정상공손원가를 관련 재고자산에 배분하라.

물음 4 9월 생산내용을 회계처리하라.

풀이

1. 공손품수량 계산

공손품수량=(기초재공품수량+당기착수량)−(완성품생산량+기말재공품수량)
=(1,000+9,000)−(7,000+2,000)=1,000단위

제품검사가 공정 40% 시점에 이루어지므로 제품검사를 마친 제품은 당기착수완성품과 기말재공품을 합한 8,000단위가 된다. 여기에 정상공손율 10%를 적용하면 정상공손수량은 800단위이며 비정상공손수량은 200개가 된다.

2. 완성품과 기말재공품의 제조원가, 정상공손 및 비정상공손원가

	물량흐름(1단계)	원가의 요약(2단계) 직접재료원가	가공원가	합계
기초재공품	1,000	₩50,000	₩30,000	₩80,000
당기착수	9,000	450,000	526,500	976,500
합계	10,000	₩500,000	₩556,500	₩1,056,500
		완성품 환산량(3단계)		
기초재공품완성품	1,000	0	500	
당기착수완성품	6,000	6,000	6,000	
정상공손	800	800	320	
비정상공손	200	200	80	
월말재공품	2,000	2,000	1,200	
합계	10,000	9,000	8,100	
		완성품 환산량 단위당 원가(4단계)		
		₩450,000/9,000	₩526,500/8,100	
		=₩50	=₩65	
		원가의 최종집계(5단계)		
기초재공품완성품원가	기초재공품원가	₩50,000	₩30,000	₩80,000
	당기투입원가	0	32,500 (=500×₩65)	32,500
당기착수완성품원가		300,000 (=6,000×₩50)	390,000 (=6,000×₩65)	690,000
완성품원가				802,500
정상공손원가		40,000 (=800×₩50)	20,800 (=320×₩65)	60,800
비정상공손원가		10,000 (=200×₩50)	5,200 (=80×₩65)	15,200
기말재공품원가		100,000 (=2,000×₩50)	78,000 (=1,200×₩65)	178,000
				₩1,056,500

3. 정상공손원가의 배분

기초재공품과 기말재공품이 검사시점을 통과하였으므로 정상공손원가 ₩60,800는 당기착수완성품과 기말재공품 수량 비율로 배분한다. 완성품과 기말재공품에 배분될 금액은 각각 ₩45,600, ₩15,200가 된다. 최종적인 원가계산 결과는 다음과 같다.

완성품원가	₩848,100
기말재공품원가	₩193,200
비정상공손	₩15,200

4. 회계처리

직접재료원가의 발생

(차)	재공품	450,000	(대)	원재료	450,000

가공원가의 발생

(차)	재공품	526,500	(대)	제좌	526,500

제품의 완성과 비정상공손의 기록

(차)	제품	848,100	(대)	재공품	863,300
	비정상공손	15,200			

비정상공손은 별도로 기록하지만 정상공손은 제품과 재공품에 배분되므로 별도의 회계처리가 필요없다. 다만 제품으로 대체되는 금액 ₩848,100은 정상공손원가 배분전 완성품원가 ₩802,500에 정상공손원가 배분액 ₩45,600을 합한 금액이다. 재공품에 배분되는 정상공손원가는 별도의 기록없이 그대로 재공품 계정에 남아 있으므로 기말재공품 잔액은 정상공손원가 배분전 원가 ₩178,000에 정상공손원가 배분액 ₩15,200을 합한 금액이다.

작업원가계산

앞서 다룬 종합원가계산은 이해를 도모하기 위해 가장 단순하고 전형적인 생산방식을 채택한 상황을 전제로 설명하였다. 그러나 실제 기업에 적용하기 위해서는 기업의 특성에 맞게 전형적인 원가계산방식을 변형할 필요가 있다.

예를 들어 화면 크기나 화질에 따라 다양한 사양의 텔레비전을 생산하는 기업을 생각하여 보자. 액정 패널이나 케이스의 크기, 부품의 용량 등 투입되는 부품에는 차이가 있을 수 있지만 기본적인 조립과정은 동일하다. 이러한 경우 직접재료원가는 제품 사양별로 따로 추적하는 개별원가계산이 적절하며 가공원가는 이들을 구별하지 않는 종합원가계산이 적절하다.

생산방식의 특성상 개별원가계산과 종합원가계산이 결합된 혼합원가계산hybrid costing 형태가 바람직한 경우가 있는데 이를 **작업원가계산**operation costing이라고 부른다. 작업원가계산은 유사한 제품을 대량 생산하는 기업에서 제품군별로 투입되는 재료가 다르거나 제품군별로 선택적인 작업과정이 이루어질 때 적용할 수 있는 원가계산방법이다. 다음 예제 4-7을 통해 그 과정을 살펴보자.

PROBLEM 4-7

K사는 손목시계를 생산하는 회사로 기본적인 생산 특성은 다음과 같다.

- 내부 무브먼트는 품질에 따라 일라보레급(elabore), 탑급(top), 크로노급(chronometer)으로 나뉘며, 시계 케이스는 플래티넘, 골드, 스틸의 세 가지를 사용한다.
- 세 종류의 시계를 생산하는 데 고급형 시계는 크로노급 무브와 플래티넘 케이스를, 중급형 시계는 탑급 무브와 골드 케이스를, 보급형 시계는 일라보레급 무브에 스틸 케이스를 사용한다.
- 기본조립작업에 소요되는 시간이나 난이도는 시계종류와 무관하게 동일하다.
- 고급형 시계와 중급형 시계의 경우에는 조립작업 후 이어서 마무리작업을 실시한다.
- 부품은 조립공정 초기에 투입되며 조립공정 및 마무리공정에서 발생하는 가공원가는 공정진행에 따라 균등하게 발생한다.

위의 내용을 요약한 시계별 특성은 다음과 같다.

구분	고급형	중급형	보급형
부품 (무브먼트/케이스)	크로노급/ 플래티넘	탑급/ 골드	일라보레급/ 스틸
조립작업공정	○	○	○
마무리작업공정	○	○	×

원가계산 담당자는 각 시계 모델별로 사용하는 부품이 다르므로 직접재료원가는 시계마다 구분하는 개별원가계산이 적절하지만, 조립 및 마무리 공정에서 발생하는 가공원가는 종합원가계산방식이 적절하다고 판단하고 있다.

다음은 1월 한 달간 시계별 물량흐름을 나타내며 월초재공품은 없다.

(1) 고급형 시계

구 분		물 량	완성도
착수량		50	
완싱량		30	100%
월말재공품	조립공정	5	80%
	마무리공정	15	60%

(2) 중급형 시계

구 분		물 량	완성도
착수량		100	
완성량		60	100%
월말재공품	조립공정	30	40%
	마무리공정	10	30%

(3) 보급형 시계

구 분		물 량	완성도
착수량		200	
완성량		150	100%
월말재공품	조립공정	50	20%

조립공정과 마무리공정에서 발생한 원가내역은 다음과 같다.

구분		조립공정	마무리공정
재료원가:	고급형	₩25,000,000	
	중급형	30,000,000	
	보급형	20,000,000	
가공원가		72,750,000	₩15,300,000

직접재료원가는 개별원가계산방식을, 가공원가는 종합원가계산방식을 적용하는 작업원가계산에 의할 때 다음 물음에 답하라.

물음 1 1월 중 완성된 시계의 단위당 제조원가는 각각 얼마인가?

물음 2 1월 말 재공품은 얼마인가?

풀이 조립공정 초기에 투입되는 직접재료원가를 시계모델별로 계산하면 다음과 같다.

구분	직접재료원가	수량	단위당 원가
고급형	₩25,000,000	50	500,000
중급형	30,000,000	100	300,000
보급형	20,000,000	200	100,000

조립공정과 마무리공정에서 발생하는 가공원가는 종합원가계산방식에 따라 물량흐름과 완성도를 고려하여 환산량과 환산량 단위당 원가를 구한다. 여기서 주의할 사항은 제시되어 있는 물량흐름이 시계별로 제시되어 있어 가공원가에 종합원가계산방식을 적용하기 위해서는 공정별로 물량흐름을 파악해야 한다는 점이다. 조립공정에서 물량흐름을 파악할 때 마무리공정에 머물러 있는 물량도 조립공정작업은 완료된 것으로 봐야 하며, 마무리공정에서 물량흐름을 파악할 때 마무리공정이 필요 없는 보급형 시계는 제외해야 한다. 특히 마무리공정에서는 조립공정의 원가는 전공정원가로 파악해야 한다는 점도 유의해야 한다.

조립공정

		원가의 요약(2단계)
	물량흐름(1단계)	가공원가
기초재공품	–	–
당기착수	350	₩72,750,000
합계	350	₩72,750,000
		완성품 환산량(3단계)
차공정대체(완성)품•	265	265
월말재공품		
고급형(80%)	5	4
중급형(40%)	30	12
보급형(20%)	50	10
합계	350	291
		완성품 환산량 단위당 원가(4단계)
		₩72,750,000/291
		=₩250,000
		원가의 최종집계(5단계)
차공정대체 또는 완성품원가		₩66,250,000
		(=265×₩250,000)
기말재공품원가		₩6,500,000
		(=26×₩250,000)

• 조립공정의 작업이 완료된 수량 265개는 보급형 완성품 150개, 마무리 공정으로 넘어간 고급형 45개, 중급형 70개로 구성된다. 고급형 45개는 마무리 공정이 완료된 완성품 30개와 마무리 공정상 월말재공품 15개를 합한 수량이다.

마무리공정

	물량흐름(1단계)	전공정원가	가공원가
		원가의 요약(2단계)	
월초재공품	–	–	–
당월착수•	115	₩28,750,000	₩15,300,000
합계	115	₩28,750,000	₩15,300,000
		완성품 환산량(3단계)	
완성품	90	90	90
월말재공품			
고급(60%)	15	15	9
중급(30%)	10	10	3
합계	115	115	102
		완성품 환산량 단위당 원가(4단계)	
		₩28,750,000/115	₩15,300,000/102
		=₩250,000	=₩150,000
		원가의 최종집계(5단계)	
완성품원가		₩22,500,000	₩13,500,000
		(=90×₩250,000)	(=90×₩150,000)
기밀재공품원가		6,250,000	1,800,000
		(=25×₩250,000)	(=12×₩150,000)

• 당월착수량 115개는 고급형 45개와 중급형 70개이다.

(1) 계산결과에 의하면 시계별 단위당 제조원가 및 완성품 원가는 다음과 같이 요약할 수 있다.

구분	단위당 직접재료원가	단위당 가공원가 조립공정	단위당 가공원가 마무리공정	단위당 제조원가	수량	완성품원가
고급형	₩500,000	₩250,000	₩150,000	₩900,000	30	₩27,000,000
중급형	300,000	250,000	150,000	700,000	60	42,000,000
보급형	100,000	250,000		350,000	150	52,500,000
		합계				121,500,000

(2) 월말재공품의 원가는 다음과 같다.

구분		수량	완성도	재료원가	조립 가공원가	마무리 가공원가	월말 재공품원가
고급형	조립공정	5	80%	₩2,500,000	₩1,000,000	–	₩16,100,000
	마무리공정	15	60	7,500,000	3,750,000	₩1,350,000	
중급형	조립공정	30	40	9,000,000	3,000,000	–	17,950,000
	마무리공정	10	30	3,000,000	2,500,000	450,000	
보급형	조립공정	50	20	5,000,000	2,500,000	–	7,500,000
			합계				₩41,550,000

Cost & Management Accounting

쉬•어•가•는 **원가 · 관리회계**

웡카의 공장, 현실의 공장

가나초콜릿, 빼빼로, 수입 브랜드 초콜릿까지, 예전에 비해 가격이 눈에 띄게 오른 느낌이다. 원자재가격 인상이겠거니 지나치기 쉽지만, 그 뒤에는 우리가 공부한 종합원가계산의 숫자들이 숨어 있다. 어릴 때 읽었던 로알드 달의 소설이나 팀 버튼의 영화 『찰리와 초콜릿 공장』을 떠올려 보자. 찰리의 눈에는 초콜릿 강이 흐르고 사탕으로 된 풀과 나무가 자라며 작은 일꾼 움파룸파들이 노래를 부르며 일하는 웡카의 공장이 꿈같은 풍경이지만, 현실의 초콜릿 공장에서는 공정별로 집계하고 누적된 원가가 초콜릿 한 조각의 가격을 결정한다. 웡카의 공장이 실제로 존재했다면, 그의 책상 서랍에는 '초콜릿 바 1개당 공정별 원가'를 계산한 보고서가 잔뜩 들어 있었을지 모를 일이다.

2024년 6월 롯데웰푸드는 가나초콜릿과 빼빼로 등 17개 초콜릿 제품 가격을 평균 12% 인상하며, 이유로 '코코아(카카오빈)* 가격 급등'을 들었다. 같은 해 말 다른 제과사들도 초콜릿 · 초코 스낵 가격을 잇달아 올렸다. 실제로 코코아 선물가격은 2023년 이후 급등해 2024년 톤당 1만 달러를 넘는 사상 최고 수준을 기록했고, 2024년 말 기준 1년 새 50% 이상, 전년 대비 117% 상승했다는 보도도 나왔다. 일부 업체는 가격 인상 대신 중량을 줄이기도 한다. 예를 들어 고디바 케이크는 중량을 540g에서 370g으로 낮추면서도 43,000원을 유지해, 대표적인 슈링크플레이션(shrinkflation) 사례로 거론됐다. 이는 소비자에게는 실질 인상이지만, 기업 입장에서는 급등한 원가를 전부 가격에 전가하지 않으려는 절충이기도 하다.

이제 시선을 초콜릿 공장 내부로 돌려보자. 코코아는 공장으로 들어온 뒤, 로스팅, 분쇄, 혼합, 컨칭, 템퍼링, 몰딩, 포장에 이르는 여러 단계의 제조공정을 거친다. 각 공정에서 코코아, 설탕, 우유, 포장재 등의 재료원가와, 설비를 돌리는 전기 · 가스비, 작업자의 인건비, 감가상각비 등 가공원가가 더해지며 공정별로 원가가 누적된다. 마지막 제조공정의 최종 원가를 그 기간에 생산한 초콜릿 양으로 나누면 kg당 또는 개당 원가, 즉 종합원가계산에서 말하는 단위당 원가가 계산된다.

코코아 가격이 두 배 가까이 뛰면, 직접적인 영향은 직접재료원가에 나타난다. 코코아가 전체 원재료에서 차지하는 비중이 크기 때문에, 코코아 단가 상승은 해당 기간 제조원가를 눈에 띄게 끌어올린다. '초콜릿 1kg당 원가 보고서'는 마케팅과 영업 부서의 회의자료로 올라와 "소비자 가격을 얼마나, 어떤 방식으로 조정할 것인가"라는 고민으로 이어진다. 어떤 회사는 가격을 직접 올리고, 어떤 회사는 용량을 줄이거나 레시피에서 코코아 비중을 줄여 다른 원료로 대체하는 방식을 택한다.

독자 입장에서는 이런 이야기가 본 장에서 꽤 장황하게 설명한 종합원가계산과는 무관하게 보일지도 모르겠다. 우리가 문제에서 풀던 "공정별 원가를 완성품환산량으로 나누어 단위당 원가를 계산하는 절차"가, 현실에서는 코코아 선물가격, 환율, 에너지 비용, 물류비 같은 거시 변수와 연결되어 초콜릿 하나의 가격을 밀고 당긴다. 기업이 원가를 어떻게 해석하고, 가격, 용량, 품질 중 무엇을 조정할지 선택하는 순간, 수치는 곧 경영전략이 된다.

찰리가 부러워하던 웡카 공장의 초콜릿 강도, 실제로는 이런 숫자와 계산 위에서만 흐를 수 있다고 말한다면 동심파괴일까?

* 카카오빈이 정확한 표현이다. 산지에서 수확한 후 발효와 건조과정을 마친 카카오빈이 시장에서 거래된다.

이데일리 2024.4.18. 롯데웰푸드 초콜릿 제품 17종 가격 인상 … "원가 압박, 감내 수준 넘어서"
KBS뉴스 2024.12.1. 제과업계 초콜릿 제품 인상 … "원재료 가격 급등"
아시아경제 2025.2.3. 고디바의 꼼수 … 케이크 두 조각이 사라졌다
Rea, G. 1922. Chocolate and Cocoa Costs. Publications of Accounting Associations, Societies, and Institutes.

연습문제 | 종합원가계산

chapter 4

선택형

01. 다음은 종합원가계산에 관한 내용이다.

> a. 기초재공품이 없을 때 선입선출법에 의한 제품제조원가나 평균법에 의한 제품제조원가는 동일하다.
> b. 기초재공품과 기말재공품의 완성도진척도가 다 같이 50%일 때 선입선출법에 의한 제품제조원가나 평균법에 의한 제품제조원가는 동일하다.
> c. 기말재공품원가가 기초재공품원가에 비해 증가하였다면 당기발생제조원가가 당기제품제조원가보다 더 크다.
> d. 직접재료가 공정초기에 투입되는 경우와 공정완료 시 투입되는 경우를 비교할 때, 기말재공품의 직접재료 완성품환산량은 원가흐름의 가정과 상관없이 공정초기에 투입되는 경우가 더 크다.

타당한 내용만을 모은 것은?

① a, b ② a, c ③ a, b, c ④ a, c, d ⑤ b, d

02. 가중평균법weighted average method을 적용한 공정별 원가계산에 대한 설명으로 가장 부적절한 것은? … 회계사 2001

① 가중평균법은 마치 기초재공품 모두를 당기에 착수, 완성한 듯이 가정한다.
② 적시재고관리Just-In-Time; JIT를 적용하고 원가요소의 기간 별 가격차이가 크지 않다면 선입선출법과 거의 차이가 없다.
③ 가중평균법은 착수 및 원가발생 시점에 관계없이, 당기완성량의 평균적 원가를 계산한다.
④ 선입선출법에 비해 가중평균법은 당기의 성과를 이전의 기간과 독립적으로 평가할 수 있는 보다 적절한 기회를 제공한다.
⑤ 흐름생산의 경우, 선입선출법이 가중평균법에 비해 실제 물량흐름physical flow에 보다 충실한 원가흐름가정이라 볼 수 있다.

03. 평균법에 의한 종합원가계산을 사용할 때 기말재공품 완성도를 실제보다 과대평가할 경우, 이 오류가 완성품환산량, 완성품환산량 단위당 원가, 당기완성품원가 그리고 기말재공품원가에 각각 어떠한 영향을 미치겠는가?

	완성품환산량	완성품환산량 단위당원가	당기완성품원가	기말재공품원가
①	과대평가	과소평가	과소평가	과대평가
②	과소평가	과대평가	과소평가	과소평가
③	과대평가	과소평가	과대평가	과대평가
④	과소평가	과대평가	과대평가	과소평가

04. 다음 설명 중 올바른 것은?

a. 종합원가계산의 경우 기초재공품이 없을 때, 선입선출법에 의한 제품제조원가나 평균법에 의한 제품제조원가는 동일하다.
b. 선입선출법은 평균법에 비해 실제물량 흐름에 충실한 원가흐름의 가정이며 당기의 성과를 이전의 기간과 독립적으로 평가할 수 있어 통제목적에 유용한 방법이다.
c. 가중평균법은 마치 기초재공품 모두를 당기에 착수하고 완성한 것처럼 가정하는 방법이다.
d. 선입선출법을 이용하여 종합원가계산을 수행하는 회사가 기말재공품의 완성도를 실제보다 과소평가할 경우 당기의 완성품환산량과 완성품원가는 과대평가된다.

① a, b, d ② b, c, d ③ a, b, c ④ a, b, c, d

회계사 2005 …

05. 다음 중 기말재공품 평가 시 사용되는 평균법과 선입선출법에 대한 설명으로 옳지 않은 것은?

① 선입선출법을 이용하여 종합원가계산을 수행하는 회사가 기말재공품의 완성도를 실제보다 과대평가할 경우 완성품환산량과 완성품원가는 과대평가된다.
② 기초재공품이 존재하지 않을 경우에는 평균법과 선입선출법에 의한 완성품환산량이 같지만, 기초재공품이 존재할 경우에는 평균법에 의한 완성품환산량이 선입선출법에 의한 완성품환산량보다 크다.
③ 선입선출법은 평균법에 비해 실제 물량흐름에 충실한 원가흐름의 가정이며, 당기의 성과를 이전의 기간과 독립적으로 평가할 수 있어 계획과 통제목적에 유용한 방법이다.
④ 정상적인 공손수량은 평균법을 적용하나 선입선출법을 적용하나 동일하며, 정상적인 공손원가는 완성품과 기말재공품원가에 가산되나 비정상적인 공손원가는 영업외비용으로 처리한다.
⑤ 공손품에 대한 가공원가의 완성도를 검사시점으로 하며, 선입선출법을 사용할 경우 공손품은 모두 당기에 착수된 물량에서 발생한 것으로 가정한다.

06. (주)감평은 단일공정을 통해 단일제품을 생산하고 있으며, 선입선출법에 의한 종합원가계산을 적용하고 있다. 직접재료는 공정 초에 전량 투입되고, 가공원가는 공정 전반에 걸쳐 균등하게 발생한다. (주)감평의 20×1년 기초재공품은 10,000단위가공원가 완성도 40%, 당기착수량은 30,000단위, 기말재공품은 8,000단위가공원가 완성도 50%이다. 기초재공품의 직접재료원가는 ₩170,000이며, 가공원가는 ₩72,000이다. 당기 투입된 직접재료원가와 가공원가는 각각 ₩450,000과 ₩576,000이다. 다음 설명 중 옳은 것은? (단, 공손 및 감손은 발생하지 않는다.) … 감평사 2020

① 기말재공품원가는 ₩192,000이다.
② 가공원가의 완성품환산량은 28,000단위이다.
③ 완성품원가는 ₩834,000이다.
④ 직접재료원가의 완성품환산량은 22,000단위이다.
⑤ 직접재료원가와 가공원가에 대한 완성품환산량 단위당 원가는 각각 ₩20.7과 ₩20.3이다.

07. (주)세무는 단일 제품A를 대량생산하고 있으며, 종합원가계산방법선입선출법 적용을 사용한다. 직접재료는 공정 초에 전량 투입되고, 가공원가는 공정전반에 걸쳐 균등하게 발생된다. 제품A의 관련 자료가 다음과 같을 때, (주)세무의 제품A 완성품 단위당 원가는? (단, 생산과정 중 감손이나 공손 등 물량 손실은 없다) … 세무사 2016

구 분	물 량(완성도)		구 분	직접재료원가	가공원가
기초재공품	100개	(30%)	기초재공품	₩28,000	₩25,000
당기착수품	2,100개		당기발생원가	630,000	205,000
당기완성품	( )개		계	₩658,000	₩230,000
기말재공품	200개	(40%)			

① ₩384　② ₩390　③ ₩404　④ ₩410　⑤ ₩4208

08. (주)한국은 단일공정에서 단일의 제품 X를 생산·판매하고 있다. 회사는 실제원가에 의한 종합원가계산을 적용하고 있으며, 재공품 평가방법은 선입선출법이다. 제품 생산을 위해 직접재료는 공정 초에 전량 투입되며, 전환원가가공원가: conversion cost는 공정 전반에 걸쳐 균등하게 발생한다. 20×1년 2월 중 (주)한국의 완성품 수량은 7,000단위이며, 생산 및 원가 자료는 다음과 같다. 단, 괄호 안의 숫자는 전환원가의 완성도를 의미하고, 공손품은 발생하지 않는다. … 회계사 2016

구 분	물량단위	직접재료원가	전환원가
월초재공품	2,000단위(30%)	₩42,500	₩22,900
당월 착수 및 투입	?	₩216,000	₩276,000
월말재공품	4,000단위(70%)	?	?

(주)한국이 20×1년 2월 중 완성한 제품을 제품계정으로 대체하는 월말 분개로 옳은 것은?

①	(차) 재공품	377,800	(대) 제품	377,800
②	(차) 재공품	378,000	(대) 제품	378,000
③	(차) 제품	377,400	(대) 재공품	377,400
④	(차) 제품	377,800	(대) 재공품	377,800
⑤	(차) 제품	378,000	(대) 재공품	378,000

회계사 2024 …

09. ㈜대한은 단일제품을 제조하는 기업으로 종합원가계산제도를 채택하고 있으며, 재고자산평가방법은 선입선출법을 사용한다. 제품제조 시 직접재료는 공정 초에 전량 투입되며, 전환원가(conversion cost)는 공정 전반에 걸쳐 균등하게 발생한다. ㈜대한의 당기 생산활동과 관련된 자료는 다음과 같다. 단, 괄호 안의 숫자는 전환원가의 완성도를 의미한다.

항목	물량단위	직접재료원가	전환원가
기초재공품	1,000(?)	₩100,000	₩100,000
당기투입	10,000	₩500,000	₩720,000
기말재공품	2,000(40%)		

- 당기매출원가는 ₩1,400,000, 기초제품재고액은 ₩300,000, 기말제품재고액은 ₩156,000이다.

당기 완성품환산량 단위당 전환원가는 얼마인가?

① ₩75 ② ₩80 ③ ₩85 ④ ₩90 ⑤ ₩100

세무사 2022 …

10. (주)세무는 종합원가계산제도를 채택하고 있다. 직접재료는 공정의 초기에 전량 투입되며, 전환원가conversion costs는 공정 전반에 걸쳐 균등하게 발생한다. 당기 제조활동과 관련하여 가중평균법과 선입선출법에 의해 각각 계산한 직접재료원가와 전환원가의 완성품환산량은 다음과 같다.

	직접재료원가 완성품환산량	전환원가 완성품환산량
가중평균법	3,000단위	2,400단위
선입선출법	2,000단위	1,800단위

기초재공품의 전환원가 완성도는?

① 20% ② 30% ③ 40% ④ 50% ⑤ 60%

11. (주)감평은 선입선출법에 의한 종합원가계산을 채택하고 있다. 전환원가가공원가는 공정 전반에 걸쳐 균등하게 발생한다. 다음 자료를 활용할 때, 기말재공품원가에 포함된 전환원가가공원가는? (단, 공손 및 감손은 발생하지 않는다.) … 감평사 2017

기초재공품	1,000 (완성도 40%)
당기착수량	4,000
당기완성량	4,000
기말재공품	1,000 (완성도 40%)
당기발생 전환원가(가공원가)	₩1,053,000

① ₩98,000 ② ₩100,300 ③ ₩102,700
④ ₩105,300 ⑤ ₩115,500

12. (주)내한은 단일상품을 제조하는 기업으로 종합원가계산제도를 채택하고 있으며, 제고자산 평가방법은 선입선출법FIFO을 사용한다. 제품제조 시 직접재료는 공정 초에 전량 투입되며 전환원가가공원가는 공정에 걸쳐 균등하게 발생한다. 다음은 (주)대한의 당기 생산 및 제조에 관한 자료이다. … 회계사 2020

항목	물량
기초재공품(가공완성도%)	1,800개(90%)
당기착수물량	15,000개
기말재공품(가공완성도%)	3,000개(30%)

당기에 발생한 직접재료원가는 ₩420,000이며, 전환원가는 ₩588,600이다. 당기 매출원가는 ₩1,070,000, 기초제품재고는 ₩84,600, 기말제품재고는 ₩38,700이다. 당기 기초재공품은 얼마인가?

① ₩140,000 ② ₩142,000 ③ ₩144,000
④ ₩145,000 ⑤ ₩146,600

13. (주)대한은 실제원가에 의한 종합원가계산을 적용하고 있으며, 재공품 평가방법은 선입선출법이다. 다음은 5월의 생산활동과 가공원가에 관한 자료이다. … 감평사 2014

	물량(단위)	가공원가
월초재공품	2,500	₩52,500
5월 중 생산투입 및 발생원가	7,500	244,000
5월 중 완성품	6,000	?

월초재공품과 월말재공품의 가공원가 완성도는 각각 60%와 40%이고, 공손품이나 감손은 발생하지 않았다. 월말재공품에 포함된 가공원가는?

① ₩56,000 ② ₩60,000 ③ ₩64,000
④ ₩68,000 ⑤ ₩72,000

감평사 2023 ···

14. (주)감평은 가중평균법에 의한 종합원가계산제도를 채택하고 있으며, 단일공정을 통해 제품을 생산한다. 모든 원가는 공정 전반에 걸쳐 균등하게 발생한다. (주)감평의 당기 생산 관련 자료는 다음과 같다.

구분	물량(완성도)	직접재료원가	전환원가
기초재공품	100단위(?)	₩4,300	₩8,200
당기착수	900	20,000	39,500
기말재공품	200(?)	?	?

(주)감평의 당기 완성품환산량 단위당 원가가 ₩80이고 당기 완성품환산량이 선입선출법에 의한 완성품환산량보다 50단위가 더 많을 경우, 선입선출법에 의한 기말재공품 원가는? (단, 공손 및 감손은 발생하지 않는다.)

① ₩3,500 ② ₩4,500 ③ ₩5,500
④ ₩6,500 ⑤ ₩7,000

감평사 2010 ···

15. (주)한국은 종합원가계산제도를 도입하고 있다. 20×0년 1분기 동안 생산 관련 자료는 다음과 같다.

당기투입량	8,000톤
완성품	7,500톤
기말재공품	2,000톤
기초재공품	1,500톤

가공원가는 공정전반에 걸쳐 균등하게 발생한다. 기말재공품은 세 개의 완성도로 구성되어 있는데, 기말재공품의 1/4은 완성도가 80%이며, 1/2은 50%, 나머지 1/4은 20%이다. 선입선출법FIFO을 적용할 경우 가공원가의 완성품 환산량이 7,960톤이라면 20×0년 1분기 기초재공품의 완성도는 얼마인가? (단, 1분기 기초재공품은 한 개의 완성도로만 구성됨)

① 32% ② 36% ③ 40% ④ 44% ⑤ 48%

16. 서울회사는 단일제품을 생산하고 있으며, 선입선출법에 의한 종합원가계산을 채택하고 있다. 제품의 제조과정에서 두 가지 재료가 투입되는데 재료 A는 공정의 25%시점에서, 재료 B는 75%시점에서 각각 투입되며 가공비는 전공정을 통해 평균적으로 균일하게 발생한다. 2003년 4월의 생산활동과 관련된 자료는 다음과 같다. … 세무사 2003

(1) 월초재공품 수량은 2,500단위, 완성도 40%, 원가는 ₩700,000이다.
(2) 월말재공품 수량은 2,000단위이며, 이 중 1,000단위는 완성도가 10%, 나머지 1,000단위는 80%이다.
(3) 당월 착수량은 3,500단위이고, 완성량은 4,000단위이다.
(4) 2003년 4월 중에 발생한 원가는 다음과 같다.

재료 A의 원가:	₩500,000
재료 B의 원가:	600,000
가공비:	1,170,000

위 자료를 이용하여 당월 완성품원가를 구하시오.

① ₩2,270,000 ② ₩2,380,000 ③ ₩2,970,000
④ ₩1,870,000 ⑤ ₩1,680,000

17. K사는 선입선출법에 의한 종합원가계산을 사용하고 있다. 이 제품의 생산을 위해 두 종류의 직접재료 A와 B를 투입하는데 직접재료 A는 공정초기에 전부 투입되고 직접재료 B는 공정의 70%시점에 투입된다. 가공원가는 전공정을 통해 균등하게 발생한다. 기초재공품은 2,000개, 당기착수량은 18,000개이고 기말재공품은 3,000개이다. 기초재공품의 완성도는 60%이고 직접재료원가는 ₩120,000, 가공원가는 ₩46,000이다. 기말재공품의 완성도는 50%이고 당기에 발생한 원가는 직접재료 A원가 ₩360,000, 직접재료 B원가 ₩255,000, 가공원가 ₩519,000이다. 기말재공품의 원가는 얼마인가?

① ₩105,000 ② ₩110,000 ③ ₩115,000 ④ ₩120,000

18. (주)국세는 두 개의 연속된 제조공정을 통하여 제품을 생산하며, 제1공정의 완성품은 전량 제2공정으로 대체된다. 재고자산의 단위원가 결정방법으로 가중평균법을 사용하며, 공손은 없다. 제2공정의 완성품원가는? … 세무사 2015

제1공정	
기초재공품 수량	없음
당기착수량	25,000단위
기말재공품 수량	7,000단위
완성품 단위당 제조원가	₩200

제2공정		
기초재공품	수량	12,000단위
	전공정원가	₩3,000,000
	직접재료원가	₩1,440,000
	전환원가(가공원가)	₩2,160,000
당기완성품	수량	20,000단위
완성품 단위당 제조원가	전공정원가	?
	직접재료원가	₩120
	전환원가(가공원가)	₩180

① ₩8,268,000 ② ₩10,400,000 ③ ₩10,812,000
④ ₩12,720,000 ⑤ ₩14,628,000

감평사 2025 …

19. (주)감평은 단일제품을 대량생산하고 있으며, 선입선출법에 의한 종합원가계산을 적용하고 있다. 직접재료원가는 공정 초에 전량 투입되며, 전환원가conversion costs, 가공원가는 공정 전반에 걸쳐 균등하게 발생한다. 품질검사는 생산공정의 50% 시점에서 이루어지며, 당기 품질검사를 통과한 합격품의 3%를 정상공손으로 간주한다. (주)감평의 20×1년 생산 및 원가와 관련한 자료는 다음과 같다.

	수량	완성도	직접재료원가	전환원가
기초재공품	500단위	40%	₩32,000	₩18,380
당기착수량	8,500단위		850,000	409,000
당기완성량	8,000단위			
기말재공품	600단위	30%		

(주)감평의 20×1년 정상공손원가는?

① ₩28,125 ② ₩30,000 ③ ₩30,375
④ ₩32,250 ⑤ ₩35,000

20. (주)감평은 종합원가계산제도를 채택하고 있으며, 제품 X의 생산관련 자료는 다음과 같다. … 감평사 2024

구분	물량
기초제품공품(전환원가 완성도)	60단위(70%)
당기착수량	300단위
기말제품공품(전환원가 완성도)	80단위(50%)

직접재료는 공정 초에 전량 투입되고, 전환원가conversion cost, 또는 가공원가는 공정 전반에 걸쳐 균등하게 발생한다. 품질검사는 전환원가또는 가공원가 완성도 80% 시점에 이루어지며, 당기에 품질검사를 통과한 합격품의 5%를 정상공손으로 간주한다. 당기에 착수하여 완성된 제품이 200단위일 때 비정상공손 수량은? (단, 재고자산의 평가방법은 선입선출법을 적용한다.)

① 7단위 ② 10단위 ③ 13단위 ④ 17단위 ⑤ 20단위

21. (주)대한은 선입선출법에 의한 종합원가계산을 적용하여 제품원가를 계산하고 있다. … 회계사 2022

- 원재료는 공정 초에 전량 투입되고, 전환원가는 공정 전반에 걸쳐 균등하게 발생한다.
- 공정의 80% 시점에서 품질검사를 실시하며, 정상공손 허용수준은 합격품의 10%이다. 정상공손원가는 합격품원가에 가산되고, 비정상공손원가는 기간비용으로 처리된다.
- 공손품은 모두 폐기되며, 공손품의 처분가치는 없다.
- 다음은 20x1년 2월 공정의 생산 및 원가자료이다. 단, 괄호 안의 숫자는 전환원가의 완성도를 의미한다.

구분	물량단위	직접재료원가	전환원가
기초재공품	2,000(70%)	₩70,000	₩86,000
당기투입	10,000	₩2,000,000	₩860,000
완성품	8,000		
기말재공품	3,000(40%)		

(주)대한의 20×1년 2월 완성품 단위당 원가는 얼마인가?

① ₩242 ② ₩250 ③ ₩252 ④ ₩280 ⑤ ₩282

22. (주)감평은 단일 제품을 대량생산하고 있으며, 가중평균법을 적용하여 종합원가계산을 하고 있다. 직접재료는 공정초에 전량 투입되고, 전환원가는 공정 전체에서 균등하게 발생한다. 당기 원가계산 자료는 다음과 같다. … 감평사 2021

구분	수량(완성도)
기초재공품	3,000개 (완성도 80%)
당기착수수량	14,000개
당기완성품	13,000개
기말재공품	2,500개 (완성도 60%)

품질검사는 완성도 70%에서 이루어지며, 당기 중 검사를 통과한 합격품의 10%를 정상공손으로 간주한다. 직접재료원가와 전환원가의 완성품환산량 단위당 원가는 각각 ₩30와 ₩20이다. 완성품에 배부되는 정상공손원가는?

① ₩35,000 ② ₩44,000 ③ ₩55,400
④ ₩57,200 ⑤ ₩66,000

회계사 2023 ···

23. ㈜대한은 반도체를 생산하고 있으며, 선입선출법에 의한 종합원가계산을 적용하여 반도체 원가를 계산하고 있다. 직접재료는 생산공정의 초기에 전량 투입되며, 전환원가conversion costs는 공정 전반에 걸쳐 균등하게 발생한다. 2월의 생산자료를 보면, 기초재공품 15,000개전환원가 완성도 40%, 원가 ₩10,000, 당월 생산착수수량 70,000개, 당월 생산착수완성품 55,000개, 기말재공품 5,000개전환원가 완성도 80%, 공손품 10,000개이다. 2월 중 직접재료원가 ₩140,000과 전환원가 ₩210,000이 발생하였다. 공정의 20% 시점에서 품질검사를 실시하며, 정상공손 허용수준은 합격품의 10%이다. 정상공손원가는 합격품에 가산되고, 비정상공손원가는 기간비용으로 처리된다. 공손품은 모두 폐기되며, 공손품의 처분가치는 없다. ㈜대한의 2월의 정상공손원가는 얼마인가?

① ₩15,000 ② ₩15,600 ③ ₩16,200
④ ₩16,800 ⑤ ₩17,400

회계사 2014 ···

※ 다음의 자료를 이용하여 문제 24번과 문제 25번에 답하시오.

(주)한국은 세 개의 공정을 통하여 제품을 생산하고 있으며, 가중평균법에 의한 종합원가계산을 적용하여 제품원가를 계산하고 있다. 직접재료는 각 공정의 초기에 전량 투입되고 가공원가는 전 공정에 걸쳐 균등하게 발생한다. 20×1년 2월 최종공정인 제3공정의 생산 및 원가자료는 다음과 같다.

구 분	물량단위	가공원가완성도	전공정원가	직접재료원가	가공원가
기초재공품	3,000단위	40%	₩14,750	₩2,000	₩10,250
당기투입	12,000단위	?	₩56,500	₩58,000	₩92,950

완성품	10,000단위	?
기말재공품	4,000단위	60%

제3공정에서는 공손품 검사를 공정의 50%시점에서 실시하며, 당월에 검사를 통과한 합격품의 5%를 정상공손으로 간주한다. 정상공손원가는 당월완성품과 월말재공품에 배부하는 회계처리를 한다. 20×1년 2월 중 제3공정에서 발견된 공손품은 추가가공 없이 즉시 모두 폐기하며, 공손품의 처분가치는 ₩0이다.

24. 20×1년 2월 제3공정의 원가요소별 완성품환산량을 계산하면 얼마인가?

	전공정원가	직접재료원가	가공원가
①	15,000단위	14,500단위	12,900단위
②	15,000단위	15,000단위	13,400단위
③	15,000단위	15,000단위	12,900단위
④	14,500단위	14,500단위	13,400단위
⑤	14,500단위	14,500단위	12,900단위

25. 20×1년 2월 제3공정의 비정상공손원가와 완성품원가와 관련된 월말 분개로서 옳은 것은?

①	(차) 제품	177,425	(대) 재공품-제3공정	171,050
			비정상공손	6,375
②	(차) 제품	173,875	(대) 재공품-제3공정	170,050
			비정상공손	3,825
③	(차) 제품	173,875	(대) 재공품-제3공정	180,250
	비정상공손	6,375		
④	(차) 제품	174,375	(대) 재공품-제3공정	180,750
	비정상공손	6,375		
⑤	(차) 제품	173,875	(대) 재공품-제3공정	177,700
	비정상공손	3,825		

26. 대한자동차는 배치batch 제조공정에 의하여 옵션품목이 장착되지 않은 기본형, 기본형에 옵션품목이 장착된 고급형, 고객의 특별주문에 의해 고급형에 특수컬러를 도색한 주문형의 3가지 유형의 … 세무사 2006

승용차를 생산하고 있으며, 작업별 원가계산을 하고 있다. 다음 원가계산자료를 활용하여 주문형의 1대당 제조원가를 계산하면 얼마인가?

(1) 재료비

유형	생산량	재료비 총액		
		기본형	옵션품목장착	특수컬러도장
기본형	100대	₩408,000,000	–	–
고급형	80		₩96,000,000	–
주문형	20			₩8,000,000

(2) 가공비

유형	생산량	가공비 총액		
		기본형	옵션품목장착	특수컬러도장
기본형	100대	₩840,000,000	–	–
고급형	80		₩72,000,000	–
주문형	20			₩4,000,000

① ₩8,640,000 ② ₩8,940,000 ③ ₩8,620,000
④ ₩8,540,000 ⑤ ₩8,520,000

회계사 2011 …

27. (주)카이는 고객의 주문에 따라 고급 카메라를 생산하고 있다. 고객은 외부표면재료 및 도료 등을 선택할 수 있지만, 카메라의 기본적인 조립 및 가공작업은 주문별로 차이가 없다. 이러한 점을 감안하여 (주)카이는 재료원가에 대해서는 주문별로 집계하는 개별원가계산방식을 적용하고, 가공원가에 대해서는 종합원가계산방식을 적용하는 소위 혼합원가계산hybrid costing을 사용하고 있다. 가공원가는 공정 전체를 통해 균등하게 발생하며, 동 원가에 종합원가계산방식을 적용할 때 사용하는 원가흐름가정은 선입선출법이다.

(주)카이의 4월 생산 및 원가 관련 자료는 다음과 같다.

(1) 월초 재공품

주문번호	#101
수량	200개
직접재료원가	₩1,500,000
가공원가	₩960,000
가공원가 완성도	80%

(2) 당월 주문 및 생산착수

주문번호	#105	#206	#207
수량	200개	100개	150개

(3) 당월 발생원가

주문번호	#101	#105	#206	#207	합계
직접재료원가	₩500,000	₩1,800,000	₩3,200,000	₩2,400,000	₩7,900,000
가공원가	?	?	?	?	₩4,092,000

(4) 월말 재공품

주문번호	#105	#207
수량	200개	150개
가공원가 완성도	50%	60%

4월 완성품의 원가는 얼마인가?

① ₩5,436,000 ② ₩6,556,000 ③ ₩7,396,000
④ ₩7,896,000 ⑤ ₩7,956,000

서술형

01. S사는 두 개의 제조공정A공정, B공정을 통해 주력제품을 생산하고 있으며 종합원가계산을 사용하고 있다. 재료 a는 A공정 초기에 투입되고, 재료 b는 B공정 50% 시점에 투입된다. 또한 가공원가는 전공정을 통해 균등하게 발생한다. S사는 20×1년 12월에 A공정에서 22,000개분의 재료를 투입하였는데, 이중 B공정으로 대체된 수량은 13,500개이다.

12월에 발생한 A공정의 총원가는 ₩44,000이며, 이 중 B공정으로 대체된 원가는 ₩40,000이며 A공정 기말재공품은 ₩4,000이다.
12월 B공정에 대한 자료는 다음과 같다.

기초재공품	5,000개완성도 40%
기말재공품	2,500개완성도 40%
기초재공품원가:	
가공원가	₩30,000
전공정원가	₩13,000
12월 중에 발생한 원가:	
직접재료원가	₩55,000
가공원가	₩42,000

물음 평균법에 의할 때 B공정의 완성품원가와 기말재공품원가를 계산하라.

02. S사의 10월 단일제조공정과 관련된 생산 및 원가자료는 다음과 같다.

A재료는 공정초기시점에 투입되며 A형 가공원가는 공정의 전과정을 통해 일정하게 발생한다. 한편 B재료는 공정 50% 완성시점에서 투입되며 B형 가공원가는 공정 50% 완성시점에서부터 공정 100% 완성시점까지 일정하게 발생한다. 기초재공품의 수량은 2,000개이며 공정 20% 완성시점에 있다. 그리고 기말재공품의 수량은 4,000개이며 공정 80% 완성시점에 있다. 당기 착수량은 10,000개이다.

	A재료원가	B재료원가	A형 가공원가	B형 가공원가
기초재공품원가	₩4,000	–	₩1,600	–
당기투입원가	25,000	₩36,000	43,200	₩20,800

물음 종합원가계산 선입선출법에 의할 때 기말재공품과 완성품의 원가를 구하라.

03. K사는 스마트폰용 부품을 제조하고 있으며 종합원가계산을 사용하고 있다. 부품생산을 위한 직접재료는 공정초에 투입하며 직접노무원가와 제조간접원가는 공정 전체를 통하여 평균적으로 발생한다. 부품의 검사는 공정 말에 이루지고 있으므로 제품검사 전에는 공손품 여부를 확인할 수 없다. 공손품은 정상적인 공손과 비정상적인 공손으로 구분하고 있는데 정상적인 공손은 양품의 15%이다. 공손품의 처분가치는 없다. 20×1년 10월 원가자료는 다음과 같다.

기초재공품수량완성도 30%:	800개
당기착수량:	3,400개
양품완성량:	₩2,800개
기말재공품수량완성도 40%:	600개
기초재공품원가:	₩148,400
직접재료원가 ₩128,000, 가공원가 ₩20,400	
당기투입직접재료원가:	₩754,000
당기투입가공원가:	₩306,000

물음 가중평균법을 이용하여 완성품, 기말재공품, 정상공손, 비정상공손 원가를 구하라.

04. A사는 2단계에 걸쳐서 플라스틱제품을 완성한다. 공정 두 번째 단계인 마무리 부문에서의 9월 원가자료는 다음과 같다.

기초재공품완성도 25%:	20,000개
직접재료원가: ₩0, 가공원가: ₩84,000, 전공정대체원가: ₩165,800	
전공정대체량:	140,000개
완성품수량:	100,000개
기말재공품완성도 95%:	40,000개
공손품: 20,000개	
당월직접재료원가:	₩1,310,400
당월가공원가:	₩2,503,200
당월전공정대체원가:	₩1,295,000

직접재료는 공정 1단계에서는 공정초에, 공정 2단계에서는 공정 90%에서 투입하며 가공원

가는 공정 전체에서 균등하게 발생한다. 제품의 검사는 공정 80%에 실시한다. 정상적 공손은 검사를 통과한 모든 양품의 10% 수준이다.

물음 선입선출법을 이용하여 완성품과 기말재공품의 원가를 구하라. 단, 정상적인 공손과 비정상적인 공손을 구분표시 하시오.

05. B공업사는 2개의 공정조립공정과 도색공정을 거쳐 제품을 생산한다. 다음은 도색공정의 20×1년 7월의 생산 및 원가자료이다.

생산자료

기초재공품	12,000개(완성도 90%)
조립공정 대체수량	36,000개
완성수량	34,000개
공손수량	4,000개
기말재공품	10,000개(완성도 75%)

원가자료

	전공정대체원가	직접재료원가	가공원가
기초재공품	₩915,000		₩834,560
당기투입원가	2,273,400	₩864,960	2,293,410

기타

- 재료는 공정의 마지막에서 투입하고 가공비는 공정진행에 따라 균등하게 투입한다.
- 품질검사는 공정의 70% 시점에 실시하며, 정상공손은 검사합격수량의 5%로 한다. 정상공손원가는 완성품에만 배분한다.
- 재공품 평가는 선입선출법에 의한다.

물음 (1) 위의 자료를 토대로 도색공정을 구하라.

① 정상공손 및 비정상공손수량
② 원가요소별 완성품환산량
③ 원가요소별 완성품 환산량 단위원가 및 단위당 제조원가
④ 기말제공품 원가
⑤ 완성품원가
⑥ 비정상공손원가

(2) 도색공정의 제공품계정과 관련된 모든 분개를 해라.

06. C사는 미국 MLB를 포함하여 전 세계의 프로야구리그에서 사용되는 야구공을 생산하고 있다. 리그마다 요구하는 야구공의 소재 및 무게가 달라 재료원가에 대해서는 주문 작업마다 별도로 집계해야 할 필요가 있었다. 그러나 주문처나 재료와 무관하게 야구공에 대한 가공작업은 모두 동일하다. 이러한 생산과정을 감안하면 재료원가에 대해서는 개별원가계산을 사용하는 것이 적절할 것으로 판단되고 가공원가에 대해서는 종합원가계산이 적절할 것으로 판단되었다. 이에 C사에서는 이 두 가지 원가계산방법이 합쳐진 혼합원가계산hybrid costing을 사용해 왔다.

20×1년 3월 월초재공품은 작업번호 #101이다. 관련 작업원가표에서 얻은 자료는 다음과 같다.

작업번호: #101

주문처:	미국 MLB소속 A팀
수량:	1,000개
재료원가:	₩25,000
가공원가:	₩40,000

작업번호 #101의 완성도는 60%이다. 한편, 3월에 착수한 작업은 우리나라 KBO리그소속 B팀에서 주문한 야구공 3,000개작업번호 #202가 전부이다. 3월 중에 #101은 모두 완성되었으며, 3월말 현재 작업번호 #202의 완성도는 60%이다. 3월에 발생한 재료원가는 ₩120,000작업 #101 관련 재료원가: ₩10,000, 작업 #202 관련 재료원가 ₩110,000이며 가공원가는 모두 ₩176,000이다. 가공원가는 가공공정의 전공정을 통해 균등하게 발생하며, 가공원가에 대해서는 선입선출법을 적용한다.

물음 (1) 작업번호 #101의 야구공 한 개당 제조원가는 얼마인가?

(2) 3월 말 월말재공품은 얼마인가?

제5장 원가배분: 지원부문원가와 결합원가

원가배분: 지원부문원가와 결합원가

개별원가계산과 종합원가계산에서 알 수 있었듯이 제품원가계산의 핵심은 원가를 원가대상인 제품에 어떻게 연결하는가였다. 특정 제품과 관련하여 직접 발생한 것이 확실한 직접원가에 대해서는 원가추적을, 직접 추적이 어려운 간접원가에 대해서는 원가배분이라는 방법을 사용했다. 지금까지는 원가배분이 주로 제품원가를 계산하기 위한 한 과정이었지만 제품에 국한된 것은 아니며 원가를 계산할 필요성이 있는 어떤 대상에 대해서도 중요한 문제가 될 수 있다. 본 장에서는 원가배분의 일반론과 원가배분의 전형적인 예가 되는 지원부문원가와 결합원가의 배분에 대해서 살펴본다.

원가배분의 의의

공통원가common cost는 여러 사용자제품, 부문, 활동가 공동으로 경제적 자원을 소비할 때 발생하는 원가이다. 여러 제품 생산에 사용하는 설비원가나 기업내 지원부문의 원가는 공통원가의 예가 된다.

공통원가와 관련된 근본적인 문제는 관련 제품이나 하위조직 등이 공통원가를 분담해야 하는가, 한다면 그 분담액은 얼마인가이다.[1] 공통원가는 특성상 서비스 이용자인 제품, 부문, 활동 등에 직접 추적이 어려운 간접성 원가이므로 분담하기로 한다면 배분의 대상이 된다. **원가배분**cost allocation은 공통원가를 관련된 원가대상에 배분하는 과정으로서 일반적으로 다음과 같은 세 가지 사항이 확정되면 기계적으로 원가배분액을 계산할 수 있다.

첫째, 원가대상cost object이다. 원가대상은 원가를 배분하여 귀속할 대상을 의미하는 것으로 부문, 제품, 활동 등 원가계산을 하고자하는 어떤 대상도 가능하다.

둘째, 배분하고자 하는 **공통원가**의 **집계**accumulation이다. 예를 들어 인사팀 원가를 공통원가로서 배분하려면 인사팀 소속 직원의 급여, 사용하는 비품이나 소프트웨어의 원가 등 인사팀에서 발생하는 다양한 원가를 측정하고 집계해야 한다.

셋째, 각 원가대상에 배분할 공통원가를 계산하기 위한 **원가배분기준**allocation base 및 **배분방법**allocation method이다.

1 여기서 분담한다는 것은 특정 조직이나 제품이 해당 원가에 대해 실제로 돈을 지출한다는 것은 아니다. 발생한 원가에 대해서 돈을 지출하는 주체는 기업이며 특정 조직별이나 제품별로 원가를 계산할 때 공통원가의 일부를 포함한다는 뜻이다.

그림 5-1 원가배분의 기본요소

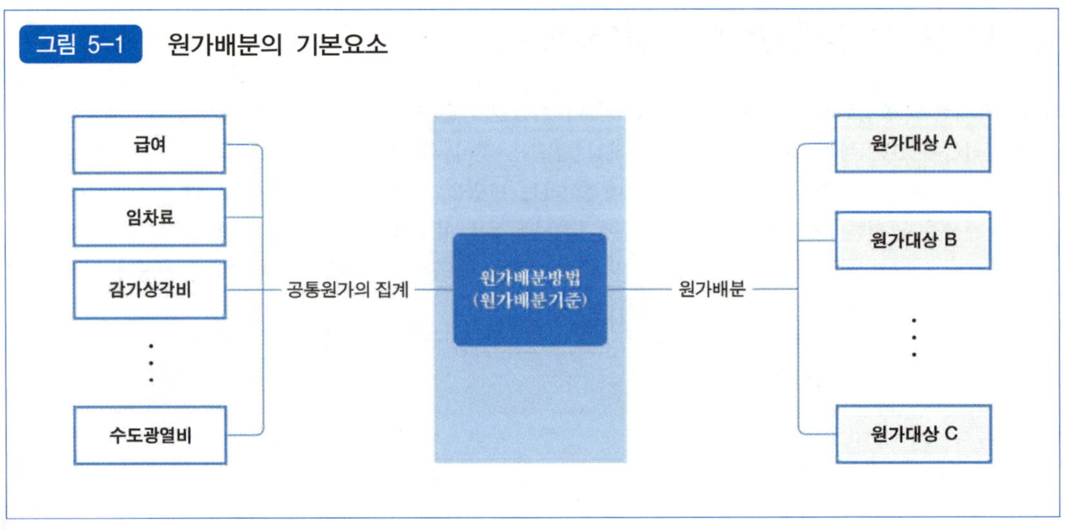

원가배분의 목적

원가배분에는 배분기준의 선택에 주관적 판단이 필요하기 때문에 배분된 원가의 정확성에 논란이 있을 수 있으며, 원가를 배분받는 당사자의 입장에서는 불만이 있을 수도 있다. 경우에 따라서는 원가배분을 하지 않는 것이 적절하다는 주장이 있다.[2] 그럼에도 불구하고 원가배분 관행은 오랜 기간 동안 존속되어 왔다. 장기간 존속하면서 없어지지 않은 회계제도라면 분명히 그 존재 이유가 있을 것이다.[3] 지금까지 알려진 대표적인 원가배분의 목적 내지 이유는 다음의 네 가지로 요약할 수 있다.

첫째, 재무보고 및 **세무보고 목적**이다. 재고자산과 매출원가의 결정은 기업의 이익과 과세소득을 결정하는 데 중요하다. 일반적으로 인정된 회계기준과 세법에 의하면 재고자산이나 매출원가에는 직접제조원가뿐만 아니라 제조간접원가의 배분액도 포함하고 있으므로 원가를 배분할 필요가 있다. 그러나 외부보고 목적이 원가배분의 유일한 목적이고 기업 내부의 관리목적으로는 원가배분을 할 필요가 없다면 외부보고를 위해 원가배분이 반영된 장부와 그렇지 않은 장부로 이원화하는 것도 한 가지 방법이지만 실제는 그렇지 않다. 이원화된 시스템을 유지하는 데 많은 비용이 소요되기 때문일 수 있지만 내부적인 필요성이 있을 수도 있다.

2 책임회계하에서는 통제불가능한 원가는 성과평가에 포함되지 말아야 하므로 이들 원가는 배분하지 않는 것이 적절하다고 주장하기도 한다. 책임회계와 통제가능성에 대해서는 제12장에서 설명한다.

3 경제학에서는 일견 불합리하게 보이는 특정의 제도가 없어지지 않고 장기간 지속적으로 존재하고 있다면 이를 경제적 다위니즘(economic darwinism)의 결과로 해석한다. 원가배분도 경제적 다위니즘(economic darwinism)의 결과로 보고 원가배분의 존재 이유를 설명하기 위해 많은 연구가 있었다.

둘째, 원가보상계약cost reimbursement contract 목적이다. 시장가격이 존재하지 않는 방위산업체의 군수 물자나 통신사업자간 상호접속 등은 소요된 원가에 기초하여 가격을 결정하는데 이들 원가에는 간접원가에 대한 원가배분액도 포함하는 것이 일반적이다.[4] 이러한 논리에 의하면 원가배분은 이와 같은 가격결정방식이 적용되는 기업에 국한되어야 하지만 실제는 그렇지 않다.

셋째, 경제적 의사결정을 위한 정보 제공 목적이다. 외부시장가격에 맞춰 새롭게 출시하려는 제품의 수익성을 판단할 때 제품과 관련된 모든 가치사슬에서 발생한 원가를 고려해야 하는데 여기에는 공통원가에 대한 배분액도 포함해야 한다. 만약 시장가격이 존재하지 않기 때문에 판매가격을 직접 결정해야 한다면 이를 위한 기초자료로서 원가를 집계해야 하는데 이에는 직접원가뿐만 아니라 간접원가 배분액도 포함하는 것이 적절하다. 판매가격이 직접원가만을 회수하는 수준이면 장기적으로 그 기업은 지속하기 어렵기 때문이다.

넷째, 유인의 제공 및 **통제 목적**이다. 원가배분은 기업구성원에게 유인을 제공하여 행위를 변화시킬 수 있다. 대학 동창 5명이 저녁식사를 같이 하되 식사비용은 각각 전체 금액의 1/5씩 부담하기로 했다면, 어떤 음식을 주문할 것인가? 비싼 고급음식을 주문하더라도 지불할 금액은 1/5이므로 자신이 먹은 음식값을 다른 사람에게 전가할 수 있다. 이러한 사실을 안다면 비싸고 좋은 음식을 많이 주문할 가능성이 있는데 이를 해결하는 방법은 각자 주문한 음식대로 부담하게 하는 것이다. 배분방식을 통해 원하는 음식을 원하는 양만큼만 주문하는 행태로 바뀌게 할 수 있다.

기업에서 새로운 설비투자를 위해 각 부문의 수요를 조사한다고 하자. 이 설비원가를 사용한 부문에 배분을 하는 경우와 배분하지 않는 경우 어떠한 결과를 예상할 수 있는가? 만약 원가배분이 이루어지지 않는다면 각 부문는 미래수요를 부풀려 과다한 투자를 초래할 수 있으며 투자 이후에는 설비를 지나치게 많이 사용할 유인이 있다. 그러나 원가배분이 이루어지면 수요를 좀 더 정확하게 보고함과 동시에 적정한 수준만큼만 사용하게 할 수 있다. 실제 사용할 용량을 초과하는 설비를 구입하면 각 부문에 돌아갈 원가배분액이 그만큼 커질 수 있기 때문이다.

사용부문에게 원가를 배분하면 공급부문에서 원가가 발생한다는 사실을 인식할 수 있고 더 나아가 원가발생액이 적절한지에 대해서도 관심을 가질 수 있다. 특정 설비나 서비스를 과도하게 사용하는 경우에는 사용을 줄여주며 지나치게 적게 사용하는 경우에는 사용을 유도할 수도 있다.[5]

4 방산원가대상물자의 원가계산에 관한 규칙(국방부령 제1149호), 전기통신설비의 상호접속기준(과학기술정보통신부고시 제2022－25호)

5 대학교에서 교수연구실에 전기계량기를 설치하여 사용량에 따라 전기요금을 부과하는 방식은 전력사용의 낭비를 막을 수 있으며 학교 도서관 서비스에 대해 사용과 무관하게 고정 금액을 부과하면 도서관 서비스를 좀 더 많이

원가배분기준의 선택

간접원가의 배분기준을 선택할 때 가장 많이 언급되는 것은 **인과관계**cause and effect이다. 원가발생의 원인을 제공하였다면 그 원인에 기초하여 원가배분을 하는 것이 적절하다는 것이다. 예를 들어 공급부문이 특정 서비스를 제공하면서 원가가 발생하였고 이 원가를 사용부문에 배분할 때는 사용량이나 이를 대리할 수 있는 측정치를 사용하는 것이다. 생산부문이 구매부문을 통해 생산에 필요한 자재를 구매하는 경우 구매부문에서 발생한 원가를 생산부문에 배분한다면 어떤 배분기준이 적절한가? 구매부문의 업무량이 자재의 구매량, 자재종류의 다양성, 자재의 주문횟수 등과 관련이 있다면 구매부문원가도 이들을 기준으로 배분하는 것이 바로 인과관계에 기초한 배분이라고 할 수 있다. 일반적으로 경제적 의사결정에 가장 적절한 배분기준은 인과관계를 반영한 것이라고 한다.[6]

배분기준을 선택할 때 고려하는 또 다른 요소에는 **수혜 정도**benefit received가 있다. 본사에서 특정 제품이 아닌 기업의 홍보 광고를 했으며 이 광고원가를 각 사업부에 배분한다면 어떤 기준이 적절한가? 이 경우에는 앞서서 언급한 인과관계에 따라 배분기준을 선택하는 것은 쉽지 않다. 이 광고원가의 발생에 대해서는 어떤 사업부도 원인을 제공하지 않았기 때문이다. 오히려 이러한 원가는 원인보다는 이 광고로 인해 혜택을 보게 되는 정도에 따라 배분하는 것이 한 방법이 될 수 있다. 사업부의 매출액을 기준으로 배분하는 것이 한 예이다. 매출액이 높은 사업부일수록 광고로부터 많은 혜택을 받을 것이라는 논리에 기초한 것이다.

인과관계나 수혜정도에 기초해서 원가배분기준을 선택하기 어려운 상황에서는 **부담능력**ability to bear에 기초한 기준을 사용하기도 한다. 앞선 광고원가의 예에서 사업부의 영업이익에 따라 원가를 배분하는 방법이 이 경우에 해당한다.

이용할 유인을 줄 수도 있다.

6 제6장에서 다루는 활동기준원가계산(ABC)은 인과관계에 기초한 원가배분방법의 대표적인 예이다.

부문별원가계산

부문별원가계산의 의의

고객에게 제품을 판매하거나 서비스를 제공하기 위해서는 다양한 기업의 활동이 필요하다. 특히 기업의 규모가 커지면 활동을 효과적이고 효율적으로 수행하기 위해 업무별로 공식적인 하위 조직단위를 다양하게 구성하기도 하는데 **부문**department은 이와 같은 하위 조직의 대표적인 예이다. 부문 중에는 기업 내부적으로 필요한 서비스를 제공하는 것이 주된 업무여서 직접적으로 수익을 창출하지 않는 부문도 있고 판매나 영업활동까지 수행하여 수익을 창출하는 부문도 있다. 그러나 정도의 차이가 있을 뿐 기업 내의 모든 부문조직이 기업의 수익창출에 직간접으로 기여하는 것은 분명하다.

이렇게 기업이 여러 개의 부문으로 이루어져 있는 경우 부문별원가계산이 필요하다.

첫째, 각 부문을 효과적으로 통제 관리하기 위해서 부문별로 발생하는 원가를 집계할 필요가 있다. 특정부문의 성과나 효율성을 평가하기 위한 첫 단계가 부문별원가계산이기 때문이다.

둘째, 부문별원가계산은 제품의 원가를 정확히 계산하기 위한 선행절차로서도 필요하다. 예컨대 제품별로 각 부문의 서비스를 달리 사용한 경우 부문별로 집계된 원가를 구별하여 각각 제품에 배부하는 것이 정확한 제품원가계산에 도움을 줄 수 있기 때문이다.[7]

부문별로 원가를 계산하는 과정에서 특별히 염두에 두어야 하는 것은 각 부문이 기업의 자원을 독립적으로 소비하는 것이 아니라 공동으로 소비할 수도 있다는 점과, 각 부문의 활동이 서로 독립적인 것이 아니며 기업의 이익창출을 위해서 상호협력을 할 수 있다는 점이다. 기업의 여러 부문이 자원을 공동으로 소비하는 경우 이 자원을 소비한 모든 부문에 해당 원가를 배분할 필요가 있으며, 부문 간의 상호작용이 있으면 부문 상호 간에도 원가를 배분할 필요가 있다. 예컨대 동일한 공장 건물 내에 조립부문, 도색부문, 수선유지부문이 있다면 공장건물에 대한 감가상각비나 수도광열비 등의 원가는 이들 세 부문에 공히 배분되어야 하는 원가가 된다. 또 수선유지부문이 조립부문이나 도색부문에 서비스를 제공한다면 수선유지부문의 원가를 조립부문이나 도색부문에 배분해야 한다.

7 이에 대해서는 제3장에서 공장전체단일배부율법과 부문별배부율법을 설명하면서 언급한 바 있다.

보조부문과 제조부문

부문별원가계산뿐만 아니라 더 나아가 최종적인 제품원가계산에서도 부문의 역할과 부문 간의 상호관련성을 파악하는 것은 중요하다. 예를 들어 제품 생산에 필요한 부문으로 조립부문, 도색부문, 수선유지부문이 있는데 조립부문에서는 제품의 조립, 도색부문에서는 제품의 도색, 수선유지부문에서는 조립부문과 도색부문의 기계설비에 대한 유지보수 활동을 한다고 하자. 이들 세 부문의 원가는 모두 제품의 원가를 구성하지만 조립부문이나 도색부문과는 달리 수선유지부문의 서비스는 제품의 생산에 간접적으로 도움을 주는 것으로 제품과 직접적인 관련성은 없다. 따라서 수선유지부문의 원가는 제품에 직접 배부하기 어렵고 일단 조립 및 도색부문에 배분하여 조립 및 도색부문원가와 함께 제품에 배부되게 하는 방식이 적절할 것이다.

이러한 상황을 감안하면 공장 내의 각 부문은 제품 생산에 직접 참여하는 제조부문과, 제품생산이 원활하게 이루어질 수 있도록 제조부문에 서비스를 제공하는 보조부문으로 구별할 필요가 있다. **제조부문** 또는 **생산부문**production department은 제품의 제조활동을 직접 담당하여 생산하는 부문이며 **보조부문** 또는 **지원부문**supporting department은 제품제조활동을 직접 담당하지 않으나 제조부문의 활동을 지원하기 위하여 여러 종류의 서비스를 제공하는 부문이다.

부문별원가계산 절차

지금까지 설명한 내용을 기초로 공장 내에서의 부문별원가계산에서부터 제품원가계산에 이르는 과정을 그림으로 나타내면 그림 5-2와 같다.

그림 5-2 부문별원가계산

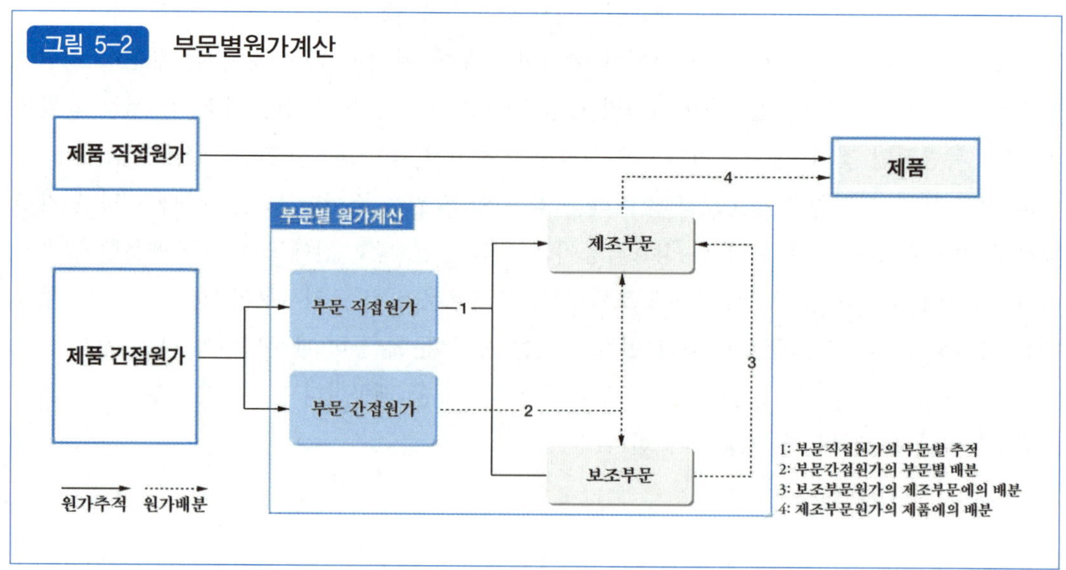

각 부문에서 발생한 원가는 제품의 관점에서 볼 때는 제조간접원가라고 할 수 있다. 제조간접원가는 각 부문에 직접 추적할 수 있는 부문직접원가와 직접 추적이 어려운 부문간접원가로 구분할 수 있으며 부문간접원가는 부문별로 추적이 불가능하므로 배분기준에 따라 각 부문에 배분한다. 부문별로 원가가 집계되면 보조부문의 원가는 다시 제조부문으로 배분하며 최종적으로 각 제조부문별 배부율을 통해 제품에 배부한다.

부문 간의 원가배분 단일배분율법과 이중배분율법

그림 5-3은 원목의자를 생산하는 기업의 예로 의자생산에 직접 참여하는 제조부문으로 목재절단부문, 조립부문, 도색부문과 이들의 생산을 지원하는 보조부문으로 전산부문, 수선유지부문, 전력공급부문으로 구성되어 있음을 보여주고 있다. 여기서 부문 간의 화살표는 서비스의 공급이 이루어지는 방향을 나타내는 것으로 예컨대 전력부문의 서비스는 보조부문인 전산이나 수선유지부문과, 제조부문인 목재절단, 조립, 도색부문 등 모든 부문에 제공되고 있다. 여기서 앞서 언급한 원가배분의 일반론에 비추어 전력부문원가를 각 사용부문에 배분하는 문제를 다시 한 번 생각해보자.

첫째, 전력부문의 원가를 사용부문에 배분할 것인가 여부의 문제이다. 전력부문원가도 재무 및 세무보고목적 뿐만 아니라 내부의 관리적인 목적을 위해 배분할 필요가 있다. 전력부문의 원가는 제조간접원가이므로 재무 및 세무보고를 위한 재고자산과 매출원가의 결정을 위해 어떤 방식으로든 배분되는 것이 합당하다. 또 제품의 가격결정을 위해서 제품별 원가를 정확

그림 5-3 보조부문과 제조부문

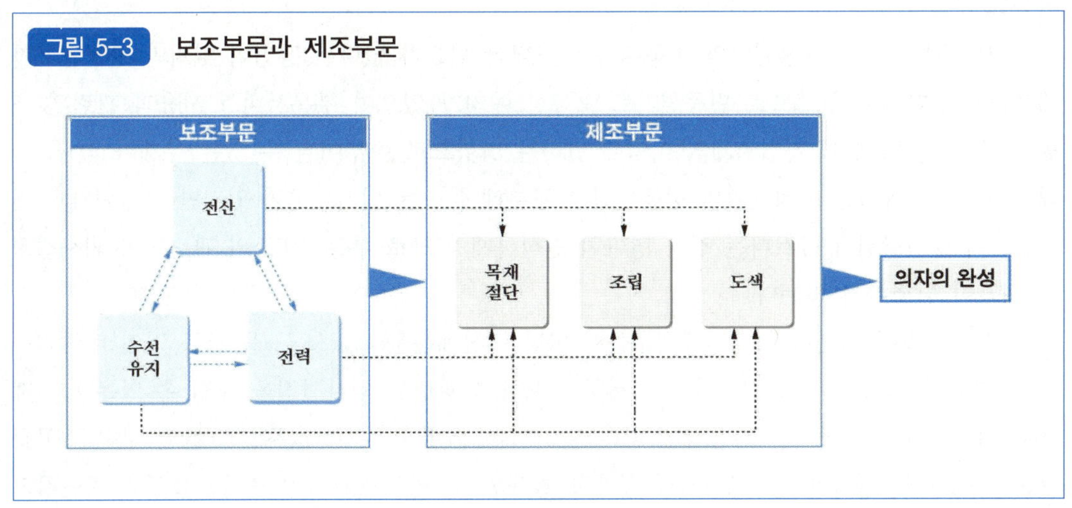

히 파악하는 것이 중요하다면 원가배분은 불가피하다. 다른 한편으로는 전력부문의 서비스를 낭비하지 않고 보다 효율적으로 사용하게 하려면 사용부문에 원가를 배분하여 전력서비스 원가의 존재를 명확히 할 필요도 있으며 전력부문 역시 원가를 부담하는 사용부문의 견제를 통해 효율성을 제고할 수 있다.

둘째, 배분하기로 했다면 어떤 배분 기준이 적절할 것인가의 문제이다. 이를 위해서는 전력부문에서 발생하는 원가의 성격을 파악할 필요가 있다. 만약 전력부문에서 발생하는 원가가 발전설비에 대한 감가상각비와 이를 관리하기 위한 인력에 대한 급여, 발전기를 작동시키기 위한 수도광열비로 구성되어 있다고 하자. 발전설비의 감가상각비나 이를 관리하는 인력에 대한 급여는 최초 발전설비용량에 대한 의사결정과 밀접한 관련성이 있다. 이들은 향후 기업 내에서 필요로 하는 전력수요를 감안하여 사전에 결정된 것으로 기업 내의 각 부문이 실제로 소비하는 전력량과는 직접적인 관련성은 없다. 그러나 발전설비를 가동하기 위한 수도광열비는 실제 소비량에 따라 발생한다. 인과관계에 충실하게 원가배분을 한다면 앞서 언급한 두 종류의 원가에 대해 서로 다른 기준을 선택하는 것이 바람직하다. 발전설비에 대한 감가상각비와 관리 인력에 대한 급여는 실제 소비와는 무관한 전력생산능력과 관련된 고정원가이므로 최초 투자시 투자규모의 판단근거가 된 각 부문의 장기예측 전력소비량 또는 기계설비의 최대 전력소비량 등이 적절한 배분기준이며, 수도광열비는 실제 전력소비량이 합리적이다. 이에 의하면 고정원가는 미리 정해진 금액lump sum으로 배분되며 변동원가는 실제사용량에 따라 배분액이 결정된다.

이와 같이 실제 소비량과 무관한 고정원가와, 실제 소비량에 따라 발생하는 변동원가에 대해서는 서로 다른 배분기준을 사용할 수 있는데 이를 **이중배분율법**dual rate라고 한다. 이에 반해 고정원가와 변동원가 구분 없이 동일한 배분기준을 사용하는 방법은 **단일배분율법**single rate이라고 부른다.

단일배분율법은 고정원가와 변동원가로 구별할 필요가 없다는 장점이 있지만 고정원가가 배분율에 포함되어 있으므로 변동원가로 오해할 여지가 있으며 부문서비스 사용과 관련된 개별 부문의 의사결정이 기업전체의 이익에 반하는 방향으로 이루어질 수 있는 문제가 있다. 반대로 이중배분율법은 고정원가와 변동원가를 구분해야 하는 번거로움이 있지만 고정원가와 변동원가의 발생경위가 다르다는 점을 명확히 인식하게 하므로 부문서비스와 관련하여 의사결정의 왜곡이 발생하지 않는다.

어떤 방법에 의하더라도 실제배분율이 아닌 예산배분율budgeted rate을 쓰는 것이 바람직하다. 배분율이 미리 정해져 있어야 부문서비스 사용과 관련된 의사결정을 내릴 수 있는데 실제배분율은 기간말에 집계한 사용량에 따라 달라지는 문제가 있기 때문이다. 한편 서비스 공급부문은 예산배분율에 따른 배분액과 실제로 발생한 원가를 비교하여 원가효율성을 판단하고 필요한 경우 원가통제를 위한 조치를 취할 수 있다.

PROBLEM 5-1

다음은 S사의 20×1년초 전력부문원가 예산액과 전력생산 및 소비 관련자료이다. 전력부문원가를 사용부문(절단부문, 조립부문)에 배분하고자 한다.

전력부문원가 예산액

고정원가		
감가상각비	₩6,000,000	
급여	3,000,000	₩9,000,000
변동원가		
수도광열비	4,000,000	4,000,000
합계		₩13,000,000

부문별 전력소비량(kWh)

	장기예측 연간 최대소비량	20×1년초 예산 소비량	20×1년말 실제 소비량
절단부문	2,000	1,600	1,500
조립부문	1,000	900	850
합계	3,000	2,500	2,350

S사 전력부문은 20×0년초 시설투자 및 인력충원을 완료하고 현재 가동 중인데 당시 투자규모는 향후 10년을 대상으로 각 사용부문이 장기 예측한 연간 최대소비량 3,000kWh을 기초로 결정한 바 있다.

물음 1 (단일배분율법) 20×1년 전력부문 예산배분율을 구하고 전력부문원가를 각 사용부문에 배분하라.

물음 2 (이중배분율법) 20×1년 전력부문 예산배분율을 구하고 전력부문원가를 각 사용부문에 배분하라.

풀이

1. 전력부문원가 예산배분율

$$\frac{₩13,000,000}{2,500\text{kWh}} = ₩5,200/\text{kWh}$$

각 부문 배분액

	절단부문	조립부문
	1,500kWh×₩5,200/kWh =₩7,800,000	900kWh×₩5,200/kWh =₩4,680,000

2. 전력부문원가 예산배분율

고정원가: $\frac{₩9,000,000}{3,000kWh}$=₩3,000/kWh

변동원가: $\frac{₩4,000,000}{2,500kWh}$=₩1,600/kWh

각 부문 배분액

	절단부문	조립부문
고정원가	2,000kWh×₩3,000/kWh =₩6,000,000	1,000kWh×₩3,000/kWh =₩3,000,000
변동원가	1,500kWh×₩1,600/kWh =₩2,400,000	850kWh×₩1,600/kWh =₩1,360,000
합계	₩8,400,000	₩4,360,000

죽음에 이르는 소용돌이

공급부문원가를 사용부문에 배분할 때 고정원가와 변동원가를 구분하지 않고 단일배분율을 쓸 경우 심각한 문제를 낳을 수 있다.

여러 상점이 입주하고 있는 상가에 주차난이 심각하여 각 상점이 예측한 주차 수요를 기초로 고객용 주차장을 신설하려 한다고 하자. 주차장을 신설할 경우 원가는 크게 감가상각비 등의 고정원가와 주차요원 급여나 전기세와 같은 변동원가로 구성되며 고정원가에 비하면 변동원가는 미미한 수준이 될 것으로 예상된다.

입주 상점은 주차장을 이용하는 고객에게 주차권을 지급할 수 있으며 주차요금에 대해서는 사후에 정기적으로 정산한다. 상가 건물주는 주차장의 운영이 영리목적이 아니므로 원가만을 보상받는 수준으로 주차요금을 산정하고자 한다. 이 경우 주차요금은 어떻게 결정해야 할 것인가?

첫째, 실제발생원가를 실제주차시간으로 나누어 시간당 주차요금을 산정하는 방법이다. 만약 주차장을 개장한 후 이 방식으로 산정한 첫 달의 주차요금이 시간당 3,000원이었고 상가

인근 주차요금 2,000원보다 오히려 높은 수준이었다면 다음 달에는 어떤 현상이 예상되는가?

이 건물에 입주한 상점들은 주차요금이 저렴할 것으로 기대하고 있었는데 정산한 주차요금이 인근에 비해 시간당 1,000원이나 높았으므로 앞으로는 고객들에게 상가 내 주차장을 이용하지 않도록 권유할 것이다. 결국 다음 달의 실제 주차시간은 더 줄어들 것으로 예상되며 주차장의 발생원가의 상당부분이 고정원가인 점을 감안하면 실제발생원가 및 실제주차시간을 기준으로 한 주차요금은 더 커질 것이다. 이러한 현상은 지속되어 결국 아무도 주차장을 이용하지 않게 되므로 건물주는 주차장의 원가를 전혀 보상받지 못할 뿐만 아니라 주차장이 있음에도 불구하고 주차문제는 여전할 것으로 예상할 수 있다. 일반적으로 이러한 현상을 고정원가의 배분으로 인한 '**죽음에 이르는 소용돌이**'death spiral 또는 '**수요감소의 악순환**'downward demand spiral이라고 부른다. 고정원가를 변동원가와 구분하지 않고 사용량을 기준으로 배분할 때 사용자들이 사용량 단위당원가배분율가 크다고 판단되면 실제사용량을 더욱 줄이게 되고 이는 또다시 사용량 단위당원가를 더 커지게 하는 악순환이 발생하는 경우를 말한다.

둘째, 고정원가의 배분으로 수요가 지속적으로 감소하는 문제가 발생할 수 있으므로 고정원가를 아예 주차요금산정에서 제외시키는 방법이 있을 수 있다. 그러나 고정원가를 주차요금에서 제외하면 건물주는 고정원가에 대한 보상을 받지 못하는 문제가 있으므로 아예 주차장을 신설하지 않으려 할 것이다. 게다가 고정원가가 주차요금에 포함되지 않는다는 점을 미리 알 경우 상점 주인들은 주차장의 수요를 과장하여 보고할 가능성도 있다.

셋째, 고정원가를 주차요금 산정에 포함시키되 부작용을 없애려면 주차장의 고정원가와 변동원가를 구분하고 서로 다른 방식으로 주차요금을 산정하는 것이 한 방법이 될 수 있다. 예를 들어 고정원가는 입주된 상점의 점유면적으로 배분한 고정금액기본료을 부과하고 변동원가는 실제주차시간을 기준으로 배분하는 방식이다. 주차장 신설계획을 수립할 때 이러한 주차요금방식을 제시하면 각 상점들이 부담하는 주차요금이 인근 주차장을 이용할 때에 비해 저렴할지 여부를 쉽게 판단할 수 있으므로 주차장 건설 이후에 주차장의 이용이 줄어드는 현상을 막을 수 있을 뿐만 아니라 상점들이 가능한 한 정확하게 주차장의 수요를 예측하게 하는 유인을 제공할 수도 있다는 장점이 있다. 또 건물주 역시 주차장의 원가를 전액 보상받을 수 있게 된다.

이러한 가상적인 예는 기업 내의 부문 간 고정원가의 배분방법에 따라 사용자부문의 의사결정이 달라질 수 있으며 기업에 불리하게 작용할 수도 있고 반대로 바람직하게 작용할 수도 있다는 점을 보여주고 있다.

보조부문 상호 간의 원가배분 방법

지금까지는 하나의 보조부문원가를 다른 제조부문에 배분하는 문제를 다뤘으나 이제는 보조부문이 여럿 존재할 뿐만 아니라 보조부문 상호간에도 서비스를 주고받는 상황을 생각해 보자. 각 부문에서는 자체적으로 원가가 발생하기도 하지만 타부문으로부터 원가를 배분 받기도 하는데 부문 상호간에 서비스를 주고받는 경우의 원가배분문제는 그리 간단하지 않다. 앞서의 그림 5-3을 다시 살펴보자.

세 개의 보조부문 간에 표시되어 있는 화살표는 상호 간에 서비스가 수수되고 있음을 의미한다. 예컨대 전산부문의 서비스가 수선유지부문으로 제공되기도 하고 수선유지부문의 서비스가 다시 전산부문에 제공되고 있음을 알 수 있다. 이 경우 부문 상호 간에 서비스 수수를 완벽하게 반영하기 위해서는 원가배분을 반복적으로 실행해야 한다. 예컨대 전산부문의 원가를 수선유지부문에 배분하고 다시 수선유지부문의 원가를 전산부문에 배분하는 과정이 반복되어야 한다. 다행히 이 과정을 반복하면 그 원가배분액이 점차 줄어들어 0에 수렴하기는 하지만 현실적인 방법이 아니다. 이러한 상황에서 사용할 수 있는 원가배분 방법은 크게 직접배분법, 단계배분법, 상호배분법 등 세 가지로 나눌 수 있다.

직접배분법

직접배분법direct allocation method은 보조부문원가 배분방법 중 가장 간단한 방법으로 보조부문 상호 간에 주고받은 서비스를 전혀 고려하지 않고 보조부문원가를 다른 보조부문에는 배분하지 않고 제조부문에만 배분하는 방법이다. 이 방법은 보조부문 상호 간에 주고받는 서비스가 많은 경우 각 보조부문원가를 정확히 계산할 수 없으며 더 나아가 제조부문에 배분하는 보조부문원가 역시 왜곡될 수 있다.

PROBLEM 5-2

다음 자료는 제조부문과 보조부문의 원가와 보조부문 서비스의 사용비율이다.

	사용				
	제조부문		보조부문		
제공	선반부문	조립부문	동력부문	수선부문	합계
동력부문	60%	20%	–	20%	100%
수선부문	45%	45%	10%	–	100%
자체부문원가	₩100,000	₩60,000	₩250,000	₩160,000	₩570,000

물음 보조부문원가를 직접배분법에 의하여 제조부문에 배분하라.

풀이 직접배분법에 의해서 보조부문원가를 배분할 때는 보조부문 상호 간에 주고받은 서비스는 고려하지 않으므로, 동력부문원가와 수선부문원가는 다음과 같이 제조부문에만 배부한다.

동력부문원가 배분:

선반부문: ₩250,000×60/(60+20)=₩187,500

조립부문: ₩250,000×20/(60+20)=₩62,500

수선부문원가 배부:

선반부문: ₩160,000×45/(45+45)=₩80,000

조립부문: ₩160,000×45/(45+45)=₩80,000

이에 따라 보조부문 배분 결과를 요약하면 다음과 같다.

직접배분법에 의한 배분결과

	제조부문		보조부문	
	선반부문	조립부문	동력부문	수선부문
자체부문원가	₩100,000	₩60,000	₩250,000	₩160,000
동력부문원가 배분	187,500	62,500	(250,000)	–
수선부문원가 배분	80,000	80,000	–	(160,000)
계	₩367,500	₩202,500	₩0	₩0

단계배분법

단계배분법step-down allocation method은 직접배분법과 후술하는 상호배분법의 절충적인 방법으로 보조부문간의 서비스 수수를 일부만 고려하는 방법이다. 이 방법에서는 보조부문원가의 배분순서를 정하고 그에 따라 순방향으로만 보조부문원가를 배분한다. 예컨대 보조부문원가가 큰 순서대로 배분하되 후순위 보조부문원가는 선순위 보조부문에 배분하지 않는 방법이다.

직접배분법이 보조부문 간 주고받는 서비스의 관계를 전혀 고려하지 않는 방법인데 반해 단계배분법은 보조부문간의 서비스 수수를 부분적으로 고려하기 때문에 직접배분법보다는 정확한 배분방법이라 할 수 있다. 그러나 배부순서를 정하는 것이 중요하며 배분순서가 합리적이지 않을 경우 계산만 복잡하고 직접 배분법보다 더 나은 결과를 얻지 못할 수도 있다.

PROBLEM 5-3

예제 5-2의 자료를 이용하라.

물음 보조부문원가를 단계배분법에 의하여 배분하되 보조부문원가 배부순서는 동력부문부터 배분하라.

풀이 동력부문원가 배분: 제조부문과 수선부문에 배분

선반부문: ₩250,000×60/(60+20+20)=₩150,000

조립부문: ₩250,000×20/(60+20+20)=₩50,000

수선부문: ₩250,000×20/(60+20+20)=₩50,000

수선부문원가 배분: 제조부문에만 배부

선반부문: ₩210,000×45/(45+45)=₩105,000

조립부문: ₩210,000×45/(45+45)=₩105,000

단계배분법에 의한 배분결과

	제조부문		보조부문	
	선반부문	조립부문	동력부문	수선부문
자체부문원가	₩100,000	₩60,000	₩160,000	₩250,000
동력부문원가 배분	150,000	50,000	50,000	(250,000)
수선부문원가 배분	105,000	105,000	(210,000)	–
계	₩355,000	₩215,000	₩0	₩0

상호배분법

상호배분법reciprocal allocation method은 직접배분법이나 단계배분법과는 달리 보조부문 간 서비스의 수수관계를 완전히 고려하는 배분 방법이다. 따라서 원가계산에 정확성을 기할 수 있으며, 보조부문과 관련된 의사결정에 도움을 줄 수도 있다.

상호배분법에 의한 원가배분은 두 가지 방법이 있는데 보조부문원가가 0이 될 때까지 반복적으로 원가를 배분하는 방법연속배분법과 연립방정식을 이용하여 보조부문의 최종원가를 확정한 후 이 금액을 배분하는 방법이 있다. 연속배분법의 결과는 연립방정식을 이용한 결과와 동일하므로 편의상 연립방정식을 이용한 방법을 설명하면 다음과 같이 2단계로 구성된다.

1. 각 보조부문별로 방정식을 만들고 연립방정식의 해를 구한다.

2. 연립방정식의 해로 얻어진 각 보조부문의 최종원가를 배분기준량을 기초로 관련 부문에 배분한다.

각 보조부문별 방정식은 다음의 식을 기초로 수립할 수 있다.

formula

보조부문 간의 상호성을 반영한 보조부문 최종원가
=보소부문 사체발생원가+타 보조부문으로부터 배분빋은 원가

여기서 보조부문 간 상호성을 완전히 반영하는 각 보조부문의 최종원가는 보조부문 자체 발생원가에 타 보조부문으로부터 배분받은 원가를 합한 금액이 되는데 타 보조부문으로부터 배분받는 원가 역시 타 보조부문의 최종원가가 확정되어야 얻어질 수 있는 금액이므로 미지수가 된다. 이에 의하면 보조부문의 수만큼의 미지수와 방정식이 만들어지며 연립방정식의 해는 각 보조부문에서 타 사용부문에 배분할 최종원가가 된다. 이 금액과 배분기준량을 기초로 각 부문에 배분하면 보조부문원가가 제조부문으로 완전히 배분된다.

PROBLEM 5-4

예제 5-2의 자료를 이용하라.

물음 보조부문원가를 상호배분법을 이용하여 제조부문에 배분하라.

풀이

1. 연립방정식을 구성하고 해를 구한다.

   동력부문의 최종원가(P)=₩250,000+0.1×수선부문의 최종원가(M)
   수선부문의 최종원가(M)=₩160,000+0.2×동력부문의 최종원가(P)

   M=₩214,286　　P=₩271,429

2. 최종 확정된 보조부문원가를 배분기준량을 기초로 각 부문에 배분하면 보조부문원가는 전액 제조부문에 배분된다.

   동력부문원가: 선반부문 0.60×₩271,429=₩162,857
   　　　　　　　조립부문 0.20×₩271,429=₩54,286
   수선부문원가: 선반부문 0.45×₩214,286=₩96,429
   　　　　　　　조립부문 0.45×₩214,286=₩96,429

	제조부문		보조부문	
	선반부문	조립부문	동력부문	수선부문
자체부문원가	₩100,000	₩60,000	₩250,000	₩160,000
동력부문원가 배분	162,857	54,285	(271,429)	54,286
수선부문원가 배분	96,429	96,429	21,429	(214,286)
계	₩359,286	₩210,714	₩0	₩0

보조부문 배분방법 간의 결과 비교

원가배분결과를 비교한 표를 보면 배분방법에 따라서 원가배분액에 차이가 있음을 확인할 수 있다. 직접배분법은 단계배분법보다 선반부문에 ₩12,500을 더 배분하고, 조립부문에 ₩12,500 덜 배분하는 결과를 보여주고 있다. 이에 의하면 선반부문의 관리자는 단계배분법을 선호할 것이고, 조립부문의 관리자는 직접배분법을 선호할 수 있다. 각 제조부문의 원가책임을 강조하고 각 제조부문에 배분되는 원가가 해당 부문의 성과평가에 영향을 줄 수 있는 경우에는 배분방법의 차이를 정확히 인식하고 이 결과가 각 제조부문에게 어떤 유인을 줄 수 있는지 확인할 필요가 있다.

보조부문 배분방법에 의한 원가배분액의 비교

	직접배분법		단계배분법		상호배분법	
	선반부문	조립부문	선반부문	조립부문	선반부문	조립부문
자체발생원가	₩100,000	₩60,000	₩100,000	₩60,000	₩100,000	₩60,000
동력부문	187,500	62,500	150,000	50,000	162,857	54,285
수선부문	80,000	80,000	105,000	105,000	96,429	96,429
계	₩367,500	₩202,500	₩355,000	₩215,000	₩359,286	₩210,714

직접배분법이나 단계배분법에 비해 원가배분의 정확성을 기하고 있는 상호배분법은 부문간의 원가책임을 강조하는 경우 배분방법에 대한 논란을 줄일 수 있다는 장점이 있으며 부문이 많을 경우 원가배분의 계산과정이 다소 복잡하지만 컴퓨터를 이용하여 어렵지 않게 해를 구할 수도 있다. 그럼에도 불구하고 기업실무에서는 상호배분법보다는 직접배분법이나 단계배분법을 주로 사용하는 편이다. 보조부문간의 서비스 수수관계가 그다지 중요하지 않아 배분결과에 큰 차이가 없다면 원가-효익의 관점에서 이해하기 쉽고 계산이 간편한 직접배분법이나 단계배분법을 선호할 수 있다.

보조부문 서비스의 외부구입 의사결정

상호배분법에 의한 계산결과는 특정 보조부문을 폐쇄하고 그 서비스를 외부업체에게 위탁하는 결정을 하거나 기업 내부의 보조부문이 외주가격과 비교하여 효율적으로 운영되고 있는지를 판단하는 데에 유용한 지침을 줄 수 있다. 다음의 예제를 통해 살펴보자.

PROBLEM 5-5

S사에는 제조부문으로 절단부문과 조립부문이 있으며 보조부문으로 수선유지부문과 발전부문이 있다. 최근 한전으로부터 저렴하게 전기를 공급하겠다는 제안을 받고 발전부문을 폐쇄하는 문제를 검토하고 있다. 올 한 해 동안 보조부문의 예상발생원가 및 서비스공급 및 수요량은 다음과 같다. 단, 보조부문에서 발생하는 원가는 모두 변동원가로서 폐쇄할 경우 발생하지 않는다.

	사용				
	보조부문		제조부문		
공급	수선유지부문	발전부문	절단부문	조립부문	총공급량
수선유지부문		400시간	500시간	100시간	1,000노무시간
발전부문	1,250kWh		3,000kWh	750kWh	5,000kWh
자체발생원가	₩1,187,500	2,000,000	?	?	

물음 외부에서 구입할 때 최대로 지불할 수 있는 금액은 kWh당 얼마인가?

풀이 이 문제에 대한 해법은 두 가지가 있다.

첫 번째 방법

일반적인 의사결정문제로 접근할 수 있다.[8] 발전부문을 폐쇄에 따른 원가절감 효익과 전력 외부구입원가를 비교하면 외부에 최대로 지불할 수 있는 가격을 구할 수 있다. 이를 위해서는 발전부문 폐쇄에 따른 원가절감액과 외부에서 구입해야 하는 전기수요량을 구해야 한다.

첫째, 발전부문을 폐쇄할 때 절감액은 발전부문에서 발생하는 원가와, 수선유지부문에서 발생하는 원가 중 발전부문으로 인해 발생하는 원가를 합한 금액이 된다.

발전부문을 폐쇄 시 절감액:

발전부문에서 발생하는 원가+수선유지부문원가 중 발전부문으로 인해 발생하는 원가

　=₩2,000,000+₩1,187,500×0.4

　=₩2,475,000

둘째, 발전부문을 폐쇄하면 회사 내 전기수요량은 폐쇄전 5,000kWh보다 작아진다. 발전부문이 폐쇄되면 수선유지부문에서 필요로 하는 전기량이 줄어들기 때문이다. 수선유지부문에서 원래 사용

할 전기량은 1,250kWh이나 발전부문이 없어지면 소비전기량의 40%인 500kWh만큼은 필요 없게 되므로 회사 내의 전기수요량은 4,500kWh가 된다.

따라서 발전부문 폐쇄가 이익이 되는 kWh당 지불요금 부등식은 다음과 같다.

발전부문 폐쇄 시 절감액 ≥ kWh당 지불요금×발전부문 폐쇄 시 외부구입 전기량

2,475,000≥kWh당 지불요금×4,500kWh

kWh당 지불요금≤₩550/kWh

두 번째 방법

발전부문에서 발생하는 최종원가를 확정하고 생산하는 전기량으로 나누면 kWh당 전기공급원가가 계산된다. 여기서 발전부문에서 발생하는 최종원가는 자체적으로 발생하는 원가 ₩2,000,000에 수선유지부문으로부터 배분받는 원가를 합한 것이다. 수선유지부문으로부터 배분받는 원가는 앞서 다룬 상호배분법으로 구할 수 있다.

발전부문과 수선부문의 최종원가를 각각 P와 M이라고 할 때 이들을 구하기 위한 연립방정식과 계산결과는 다음과 같다.

P=₩2,000,000+0.4×M, M=₩1,187,500+0.25×P

P=₩2,750,000, M=₩1,875,000

발전부문의 최종원가 ₩2,750,000을 전기공급량 5,000kWh로 나누면 회사 내에서 생산하는 전기의 kWh당 원가가 ₩550임을 알 수 있다. 따라서 전기를 외부에서 구입할 때 지불할 수 있는 최대 요금은 ₩550/kWh이다.

두 번째 해법은 상호배분법에 의한 결과가 외부가격과 비교하여 보조부문이 효율적으로 운영되고 있는지 또는 더 나아가 보조부문을 폐쇄하는 것이 바람직한 것인지에 대한 의사결정에 직접 활용될 수 있음을 보여주고 있다. 그러나 변동원가로만 구성된 본 예제와 달리 고정원가가 있으며 외부에서 구입할 경우 회피가능한 경우에는 상호배분법에 의한 결과를 그대로 이용할 수 없음에 유의해야 한다.

8 의사결정에 대해서는 제10장에서 다룬다.

결합원가계산

하나의 원재료로부터 여러 제품이 생산되는 경우가 있다. 예컨대 원유로부터 다양한 석유 제품을 생산하거나, 소를 도축하여 부위별 소고기를 얻을 수 있다. 동일한 원재료로부터 여러 가지 제품이 생산될 때 개별제품으로 분리되기 전까지 발생한 원가는 원가배분의 대상이 된다. 이러한 원가를 **결합원가**joint cost라고 하고, 이러한 과정을 통해 생산되는 각 제품을 **결합제품**joint product 또는 **연산품**이라고 한다.

결합원가는 공통원가와 마찬가지로 원가배분의 대상이라는 점에서 혼용하기도 하지만 공통원가는 주로 여러 서비스나 제품을 만드는 과정에서 공동으로 소비하는 설비, 활동, 서비스 등에 대한 원가를 의미하며, 결합원가는 공통 원재료를 가공하여 특정 시점에 이르면 식별 가능한 여러 제품으로 분리되는 경우에 발생하는 원가를 말한다.

결합원가 여부를 판단하는 기준으로 분리점이 있다. **분리점**spilt-off point은 공통 원재료 가공에서부터 제품으로 완성되기까지의 전체 생산과정에서 개별제품으로 식별할 수 있는 생산단계를 말한다. 원재료를 투입하여 분리점까지 발생한 원가가 결합원가이며 분리점 이후 개별제품을 추가 가공하는 과정에서 발생한 원가는 **추가가공원가**additional processing cost 또는 **분리가능원가**separable cost라 한다.

결합원가의 배분방법

원가배분기준을 선택할 때 최우선 고려 사항이 인과관계이지만 인과관계가 명확하지 않은 경우가 많다. 결합원가의 경우에도 예외가 아니어서 배분 방법에 몇 가지 대안이 있다. 일반적으로 관찰이 쉬운 무게나 부피 등을 기준으로 배분하는 물량기준법, 결합제품의 판매가격을 기준으로 배분하는 판매가치법, 최종 판매가치에서 분리점 이후에 제품별로 발생하는 추가가공원가를 차감한 금액을 기준으로 배분하는 순실현가치법, 모든 결합제품의 매출총이익률을 동일하게 만드는 균등이익률법 등이 있다. 그러나 어떤 배분방법을 사용하든 결합원가 배분액은 제품의 수익성을 판단하거나 경제적 의사결정을 할 때 아무런 도움을 주지 않는다는 점에 유의해야 한다. 재무회계목적을 위한 원가계산에 유용할 뿐이다.

물량기준법

물량기준법physical measure method은 분리점에서 개별제품의 생산 수량, 중량, 부피, 면적 등의 상대적 비율로 결합원가를 각 결합제품에 배분하는 방법이다.

PROBLEM 5-6

S사는 닭을 사육할 뿐만 아니라 도축 가공하여 가슴, 다리, 날개 등의 부위 별로 판매하고 있는 육계가공전문업체이다. 닭을 사육하고 도축 가공할 때까지 소요되는 원가는 모두 결합원가이며 가공이 종료되는 시점이 부위별로 식별이 가능한 분리점이 된다. 닭을 도축하고 가공하는 과정에서 발생한 결합원가는 재료원가와 가공원가로 구성되는데 이번 달의 발생액은 ₩1,712,000이다. 기타 자료는 다음과 같다.

	가슴	다리	날개
생산량(kg)	80	160	160
분리점에서의 판매가치(₩/kg)	11,000	8,500	6,000
추가가공원가(₩/kg)	800	1,200	1,000
추가가공 후 판매가치(₩/kg)	12,000	10,000	8,000

물음 추가가공하지 않고 분리점에서 각 제품을 판매한다. 물량기준법에 의해 결합원가를 배분하고 부위별 매출총이익을 계산하라.

풀이 물량기준법에 의하면 결합원가 배분액은 다음과 같다.

	가슴	다리	날개	합
생산량(kg)	80	160	160	400
배분비율	20%	40%	40%	100%
결합원가 배분액	₩342,400	₩684,800	₩684,800	₩1,712,000

	가슴	다리	날개
매출액	₩880,000	₩1,360,000	₩960,000
결합원가 배분액	342,400	684,800	684,800
매출총이익	₩537,600	₩675,200	₩275,200
매출총이익율	61%	50%	29%

물량기준법은 이해하기 쉽고 계산이 간편하다는 장점이 있다. 그러나 물리적 수량이 판매가치와 무관한 경우에는 제품별로 수익률이 큰 차이를 보일 수 있는데 일반적으로 한 기업에서 생산하는 제품 간 매출총이익률이 비슷한 수준인 것을 감안하면 어색한 결과라고 할 수 있

다. 위의 예에서 보듯이 가슴살의 경우에는 판매 가치는 높은데 비해 물량이 적기 때문에 결합원가가 다른 제품에 비해 적게 배분되어 매출총이익률이 다른 제품에 비해 상당히 높게 나타나고 있다.

판매가치법

판매가치법sales value at split-off method은 분리점에서 개별제품의 상대적 판매가치를 기준으로 결합원가를 배분하는 방법이다. 판매가치법은 개별제품의 원가 부담능력, 즉 수익창출능력에 따라 결합원가를 배분하는 방법으로 판매가치가 높은 제품에는 결합원가를 많이 배분하고, 판매가치가 낮은 제품에는 결합원가를 적게 배분함으로써, 수익과 비용이 적절히 대응될 수 있도록 한다는 취지이다.

PROBLEM 5-7

예제 5-6의 자료를 이용하라.

물음 추가가공하지 않고 분리점에서 각 제품을 판매한다. 상대적 판매가치법에 의해 결합원가를 배분하고 각 제품별 매출총이익과 매출총이익률을 계산하라.

풀이

	가슴	다리	날개	합
분리점에서의 판매가치	₩880,000	₩1,360,000	₩960,000	₩3,200,000
배분비율	27.5%	42.5%	30%	100%
결합원가 배분액	₩470,800	₩727,600	₩513,600	₩1,712,000

	가슴	다리	날개
매출액	₩880,000	₩1,360,000	₩960,000
결합원가 배분액	470,800	727,600	513,600
매출총이익	₩409,200	₩632,400	₩446,400
매출총이익률	47%	47%	47%

판매가치법은 판매가격을 기준으로 결합원가를 각 제품에 배부하기 때문에 분리점 이후 추가가공하지 않고 판매할 경우 분리점에서 각 제품의 매출총이익률은 동일하다. 위의 예에서도 각 제품의 매출총이익률은 47%로 동일한 것을 확인할 수 있다.

이 방법은 분리점에서의 판매가치를 기준으로 배분하는 것이므로 만약 분리점에서 판매가치를 알 수 없다면 적용이 불가능하다. 또한 물량기준법과는 달리 판매가치가 변동할 경우 동일한 제품임에도 불구하고 기간별로 결합원가 배분액이 달라질 수 있다.

순실현가치법

판매가치법을 적용하기 위해서는 분리점에서 개별제품의 판매가치를 알고 있어야 한다. 만일 분리점에서의 가공상태로는 판매할 수 없어 판매가치가 존재하지 않는다면 판매가치법을 적용할 수 없다. 일반적으로 분리점에서는 바로 판매할 수 없는 제품이라 하더라도 추가가공을 거치면 판매가능한 상태에 이르게 되는데 이러한 결합제품에 대해서는 분리점에서의 판매가치 대신 순실현가치를 이용할 수 있는데 이 방법을 순실현가치법이라고 한다. **순실현가치법** net realizable value method은 추가가공이 완료된 상태에서의 판매가치로부터 추가가공원가를 차감한, 분리점에서의 순실현가치를 기준으로 결합원가를 배분하는 방법이다.

PROBLEM 5-8

예제 5-6의 자료를 이용하라.

물음 분리점에서는 판매할 수 없으며 추가가공한 후 각 제품을 판매한다. 순실현가치법에 의해 결합원가를 배분하고 각 제품별 매출총이익과 매출총이익률을 계산하라.

풀이

	가슴	다리	날개	합
매출액	₩960,000	₩1,600,000	₩1,280,000	₩3,840,000
추가가공원가	64,000	192,000	160,000	416,000
순실현가치	₩896,000	₩1,408,000	₩1,120,000	₩3,424,000
배분비율	26.2%	41.1%	32.7%	100%
결합원가 배분액	₩448,000	₩704,000	₩560,000	₩1,712,000

	가슴	다리	날개
매출액	₩960,000	₩1,600,000	₩1,280,000
결합원가 배분액	448,000	704,000	560,000
추가가공원가	64,000	192,000	160,000
매출총이익	₩448,000	₩704,000	₩560,000
매출총이익률	47%	44%	44%

순실현가치법을 적용하면 판매가치법과는 달리 매출총이익률이 동일하지 않다.[9] 판매가

9 판매가치법의 경우에도 분리점 이후 추가가공을 하면 매출총이익률은 달라진다.

치법은 각 결합제품이 결합원가 ₩1당 동일한 금액의 매출액을 창출한다고 가정하지만, 순실현가치법은 결합원가 ₩1당 동일한 금액의 순실현가치를 창출할 뿐, 추가가공원가는 매출액이나 이익창출에 전혀 기여하지 못하는 것으로 가정하기 때문이다.

순실현가치법은 분리점 이후 각 결합제품의 수익성을 왜곡하지 않기 때문에 분리점 이후 제품의 상대적 수익성이나 성과평가에는 앞선 두 방법보다 나은 방법이라고 할 수 있다. 예를 들어 분리점 이후 각 결합제품의 추가가공을 담당하는 부문에 대해 상대평가를 한다고 하자. 특히 부문의 추가가공 노력에 따라 판매가격과 추가가공원가가 달라질 수 있는 경우, 각 결합제품을 담당하는 부문별 성과평가에 사용할 수 있는 적절한 재무지표는 무엇인가?

결합원가는 추가가공을 담당하는 부문의 성과와는 무관하며 판매가격과 추가가공원가만이 성과와 관련이 있으므로 제품의 매출액에서 추가가공원가를 차감한 순실현가치가 부서별 성과평가에 적절하다고 할 수 있다. 이 경우 재무회계 목적상 결합원가 배분액을 차감한 제품별 이익으로 성과를 평가한다면 어떤 결합원가 배분방법이 순실현가치를 이용한 성과평가와 동일한 결과를 낳을 수 있는가? 순실현가치의 크기 비율로 배분하는 순실현가치법 뿐이다.

균등이익률법

일반 제품의 경우 제조원가에 미리 정한 이익률markup을 가산하여 판매가격을 설정하기도 하는데 결과적으로 제품마다 비슷한 수준의 매출총이익률을 보이는 이유이다. 앞서 살펴본 것처럼 결합제품의 경우에도 분리점 이후 추가 가공을 하지 않고 판매하는 경우, 판매가치법을 적용하여 결합원가를 배분하면 결합제품 간에 매출총이익률이 같게 된다. 그러나 분리점 이후 추가가공을 하는 경우에는 분리점에서의 판매가치법이나 순실현가치법을 사용하면 매출총이익률이 달라질 수밖에 없다.

균등이익률법constant gross margin percentage method은 분리점 이후에 추가 가공이 있는 경우에도 결합제품의 매출총이익률을 동일하게 하는 결합원가 배분방법이다. 계산은 다음 2단계에 의한다. 첫째, 모든 결합제품의 판매가치 합과 총제조원가를 이용하여 결합제품 전체를 대상으로 매출총이익률을 구한다. 둘째, 개별 결합제품의 판매가치에서 앞서 구한 매출총이익률을 적용한 매출총이익과 추가가공원가를 차감하면 해당 결합제품에 배분할 결합원가가 구해진다.

PROBLEM 5-9

예제 5-6의 자료를 이용하라.

물음 분리점에서는 판매할 수 없으며 추가가공한 후 각 제품을 판매한다. 균등이익률법에 의해 결합원가를 배분하고 각 제품별 매출총이익과 매출총이익률을 계산하라.

풀이

결합제품 전체의 판매가치, 총제조원가, 매출총이익은 각각 ₩3,840,000, ₩2,128,000, ₩1,712,000이므로 매출총이익률은 44.58%이다.

	가슴	다리	날개	합
매출액	₩960,000	₩1,600,000	₩1,280,000	₩3,840,000
매출총이익(44.58%)	428,000	713,333	570,667	1,712,000
추가가공원가	64,000	192,000	160,000	416,000
결합원가 배분액	₩468,000	₩694,667	₩560,333	₩1,712,000

	가슴	다리	날개
매출액	₩960,000	₩1,600,000	₩1,280,000
결합원가 배분액	468,000	694,667	560,333
추가가공원가	64,000	192,000	160,000
매출총이익	₩448,000	₩713,333	₩570,667
매출총이익률	44.58%	44.58%	44.58%

의사결정과 결합원가의 배분

결합제품의 생산과 관련된 의사결정은 다음 두 가지 문제로 나눌 수 있다.

첫째, 결합원가를 투입하여 결합제품을 생산할 것인가? 이에 대한 판단은 결합제품의 각각에 대해서 하는 것이 아니라 결합제품 전체를 놓고 생각해야 한다. 결합원가를 투입하고 난 후에는 선택적으로 제품을 생산할 수 없기 때문이다. 이 경우 회사의 이익에 보탬이 되는가는 결합제품의 총수익에서 투입되는 총원가를 비교하여 결정한다. 따라서 결합원가 배분은 의사결정에 영향을 주지 않는다.

둘째, 분리점에서 판매또는 폐기할 것인가 아니면 추가가공을 한 후 판매할 것인가? 추가가공의 의사결정시점은 분리점에서 개별제품으로 식별이 가능한 때이므로 결합원가는 이미 발생한 원가로서 추가가공이라는 미래의사결정에 관련이 없는 원가이다. 이 경우 의사결정은 추가가공으로 인한 증분수익과 증분원가를 비교하여 결정한다.[10] 이 의사결정 역시 결합원가 배분과는 무관하다.

기업은 위 두 가지 행위생산과 추가가공를 순차적으로 실행하지만 결합제품과 관련된 의사

10 의사결정에 대해서는 제10장에서 다룬다.

결정은 역순으로 해야 한다. 즉, 두 번째의 추가 가공 여부를 결정한 후 이를 전제로 첫 번째의 결합제품 생산 여부를 결정해야 한다. 다음 예제는 이러한 의사결정상황을 보여준다.

PROBLEM 5-10

S사가 신규사업으로 육계가공업에 진출하면 닭을 도축 가공하여 가슴, 다리, 날개 등을 부위별로 판매하게 된다. 닭을 사육하고 도축 가공할 때 소요되는 원가는 모두 결합원가이며 기본가공을 마치면 부위별로 식별 가능한 분리점이 된다. 이들 제품은 분리점에서 도매로 판매가 가능하며 추가가공 후 소매 판매도 가능하다. 닭을 도축하고 가공하는 과정에서 발생하는 결합원가는 재료원가와 가공원가로 이루어져 있는데 아래에 제시한 연간 생산판매량을 얻기 위해 투입해야 하는 결합원가 총액은 ₩3,283,200이다. 기타 자료는 다음과 같다.

	가슴	다리	날개
생산량(kg)	50	160	240
분리점에서의 판매가치(₩/kg)	11,000	8,500	7,500
추가가공원가(₩/kg)	800	1,200	1,000
추가가공 후 판매가치(₩/kg)	12,000	10,000	8,000

물음 제시한 자료에 의할 때 S사는 이 사업에 진출하는 것이 바람직한가?

풀이 S사가 내려야 하는 의사결정은 육계가공업에 진출할 것인가 그리고 진출한 후 분리점에서 도매 판매를 할 것인가 아니면 추가 가공하여 소매 판매를 할 것인가이다. 의사결정은 실제 이루어지는 행위의 역순으로 이루어져야 하므로 추가 가공의 의사결정을 먼저 해야 한다. 추가 가공 여부는 추가 가공에 따른 증분수익과 증분원가인 추가가공원가를 비교하여 결정한다.

	가슴	다리	날개
추가가공 판매 시 수익	₩600,000	₩1,600,000	₩1,920,000
분리점 판매 시 수익	550,000	1,360,000	1,800,000
추가가공에 따른 증분수익	50,000	240,000	120,000
추가가공에 따른 증분원가	40,000	192,000	240,000
추가가공에 따른 이익	₩10,000	₩48,000	₩(120,000)
추가가공 여부(○, ×)	○	○	×

분석 결과에 의하면 가슴과 다리 부위는 추가가공을 하여 소매 판매를 하고 날개 부위는 분리점에서 도매 판매를 한다. 두 번째 육계가공업 진출 여부는 첫 번째 의사결정을 기초로 총수익(총판매가치)과 총원가(결합원가와 추가가공원가)를 비교하여 결정한다.

	가슴	다리	날개	합계
부위별 판매가치	₩600,000	₩1,600,000	₩1,800,000	₩4,000,000
결합원가				3,283,200
추가가공원가	40,000	192,000	0	232,000
이익				₩484,800

제시된 표에서 알 수 있듯이 판매가치 총액 ₩4,000,000이 결합원가와 추가가공원가를 합한 총원가 ₩3,515,200를 초과하므로 육계가공업에 진출하는 것이 바람직하다. 위 분석에서 알 수 있듯이 결합원가 배분은 어떤 의사결정과도 무관하다.

부산품의 회계처리

결합제품 중에서 원래 의도하지 않은 제품이 생산되는 경우가 있다. 이러한 제품은 주요 제품에 비해 상대적으로 판매가치가 낮은 것이 일반적이다. 육계가공업체의 닭 특수부위, 원유 정제과정에서 나오는 아스팔트나 파라핀, 제분업의 밀기울, 비누를 만드는 과정의 글리세린 등을 예로 들 수 있다. 결합제품에서 주요 제품인 **주산품**main product을 생산하는 과정에서 부수적으로 얻게 되는 제품을 **부산품**by-product이라고 한다.

부산품 역시 결합제품의 하나이며 판매의 대상이 되는 재고자산이므로 다른 주산품과 동일하게 원가계산을 할 수 있으나 상대적으로 중요성이 떨어지므로 좀 더 간편한 회계처리 방법을 적용할 수 있다. 부산품에 대한 간편 회계처리로 다음 두 가지 방법이 있다.

첫째, 생산시점에서 주산품과 동일하게 재고자산으로 기록하되 부산품에 배분되는 결합원가를 분리점에서 부산품의 순실현가치로 하는 **생산기준법**이 있다.[11] 이에 의하면 결합원가 중에서 부산품의 순실현가치를 제외한 금액만 주산품에 배분한다.

둘째, 부산품이 생산되었을 때는 재고자산으로 기록하지 않고 판매시점에만 회계처리하는 **판매기준법**이 있다. 이 방법에 의하면 부산품에는 결합원가가 배분하지 않는다. 부산품의 매출수익에서 부산품의 추가가공원가와 판매비용을 차감한 순이익을 전체 매출액에 가산하거나 잡이익으로 처리한다. 다음 예제를 통해 두 가지 회계처리를 살펴보자.

11 부산품에 배분하는 결합원가를 부산품의 순실현가치로 하면 부산품이 판매되었을 때 부산품과 관련된 매출이익은 없다. 그러나 주산품의 제조원가가 그만큼 낮아지므로 주산품 판매시 이익에 부산품의 매출이익이 포함되는 셈이다. 주산품에 초점을 두고 있는 사업에서 수익-비용 대응원칙에 부합하는 방법이라고 할 수 있다.

PROBLEM 5-11

S사는 닭을 도축 가공하여 가슴살과 다리살을 부위별로 판매하고 있다. 닭을 사육하고 도축 가공할 때 소요되는 원가는 모두 결합원가이며 기본가공을 마치면 부위별로 식별이 가능한 분리점이 된다. 이들 제품은 분리점에서 직접 판매는 어렵고 추가가공을 하면 외부에 판매가 가능하다. 닭을 가공하는 과정에 얻게 되는 닭발도 추가가공을 하면 외부에 판매가능하나 주제품에 비하면 판매가치가 상당히 낮다. S사는 주산품인 가슴살과 다리살에 대해서는 순실현가치법을 적용하고, 부산품인 닭발에는 간편 회계처리방법을 사용하려 한다.

올해의 결합원가 총액은 ₩984,000이며 기타 관련 자료는 다음과 같다.

	가슴	다리	닭발
생산량	50	160	40
판매량	40	120	30
추가가공원가(₩/kg)	800	1,200	100
판매가격(₩/kg)	12,000	10,000	1,330

물음 1 부산품이 생산되었을 때 순실현가치로 평가하는 생산기준법에 의할 때 올해의 제품별 매출총이익은 얼마인가? 또 제품별 기말 재고자산 평가액은 얼마인가?

물음 2 부산품이 판매되었을 때 잡이익으로 처리하는 판매기준법에 의할 때 올해의 제품별 매출총이익은 얼마인가? 또 제품별 기말 재고자산 평가액은 얼마인가?

풀이

1. 생산기준법에 의할 때는 부산품인 닭발을 순실현가치 ₩49,200으로 평가하고 결합원가에서 이 금액을 차감한 금액, 즉 ₩934,800(=₩984,000−₩49,200)을 대상으로 주산품인 가슴과 다리에 배분한다.

	가슴	다리	닭발
생산량(kg)	50	160	40
총판매가치	₩600,000	₩1,600,000	₩53,200
추가가공원가	(40,000)	(192,000)	(4,000)
순실현가치	₩560,000	₩1,408,000	₩49,200
결합원가 배분액	₩266,000	₩668,800	₩49,200

가슴살에 배분되는 결합원가: $₩934,800 \times \frac{₩560,000}{(₩560,000 + ₩1,408,000)} = ₩266,000$

다리살에 배분되는 결합원가: $₩934,800 \times \frac{₩1,408,000}{(₩560,000 + ₩1,408,000)} = ₩668,800$

따라서 각 제품의 총제조원가와 단위당 제조원가는 다음과 같다.

	가슴	다리	닭발
생산량(kg)	50	160	40
결합원가 배분액	₩266,000	₩668,800	₩49,200
추가가공원가	40,000	192,000	4,000
총제조원가	₩306,000	₩860,800	₩53,200
kg당 원가	₩6,120	₩5,380	₩1,330

따라서 제품별 매출총이익 및 재고자산 평가액은 다음과 같다.

	가슴	다리	닭발
판매량(kg)	40	120	30
매출액	₩480,000	₩1,200,000	₩39,900
매출원가	244,800	645,600	39,900
매출총이익	₩235,200	₩554,400	₩0
재고량(kg)	10	40	10
재고자산 평가액	₩61,200	₩215,200	₩13,300

2. 판매기준법에 의할 때는 부산품인 닭발을 재고자산으로 기록하지 않으므로 결합원가는 전액 주산품인 가슴과 다리에 배분한다.

	가슴	다리
생산량(kg)	50	160
총판매가치	₩600,000	₩1,600,000
추가가공원가	(40,000)	(192,000)
순실현가치	₩560,000	₩1,408,000
결합원가 배분액	₩280,000	₩704,000

가슴살에 배분되는 결합원가: $₩984,000 \times \frac{₩560,000}{(₩560,000 + ₩1,408,000)} = ₩280,000$

다리살에 배분되는 결합원가: $₩984,000 \times \frac{₩1,408,000}{(₩560,000 + ₩1,408,000)} = ₩704,000$

따라서 각 제품의 총제조원가와 단위당 제조원가는 다음과 같다.

	가슴	다리	닭발
생산량(kg)	50	160	40
결합원가 배분액	₩280,000	₩704,000	–
추가가공원가	40,000	192,000	4,000
총제조원가	₩320,000	₩896,000	
kg당 원가	₩6,400	₩5,600	

닭발의 경우에 투입된 추가가공원가는 재고자산화하지 않으며 발생시 잡손실로 처리하거나, 닭발 매출액에서 차감한다. 따라서 제품별 매출총이익 및 재고자산 평가액은 다음과 같다.

	가슴	다리	닭발
판매량(kg)	40	120	30
매출액	₩480,000	₩1,200,000	
매출원가	256,000	672,000	
매출총이익	₩224,000	₩528,000	
잡이익			₩35,900
재고량(kg)	10	40	10
재고자산 평가액	₩64,000	₩224,000	–

여기서 닭발의 잡이익 ₩35,900은 매출액 ₩39,900에서 추가가공원가 ₩4,000을 차감한 금액이다. 부산품인 닭발은 실제로 창고에 존재하고 판매되기도 하지만 판매기준법에 의하면 회계상으로는 존재하지 않는 재고자산이다.

Cost & Management Accounting

쉬•어•가•는 **원가 · 관리회계**

한우의 원가계산

대학에서 여러 가지 전형적인 원가계산방법을 공부하지만 기업들이 구체적으로 어떤 원가계산방법을 어떻게 적용하는지 실제 사례를 목격하기란 쉽지 않다. 결합원가계산도 마찬가지이다. 원유의 정제를 통해 분리 생산되는 각종 석유제품 원가계산에 결합원가계산방법을 어떻게 적용하고 있을까? 또 기업화된 육계가공회사는 과연 부위별로 구별하여 원가계산을 하고 있을까 그리고 결합원가계산을 사용하고 있을까? 소 한 마리를 도축하면 부위별 원가와 마진은 어떻게 구할까?

다음은 한우를 도축하여 얻게 되는 부위별 원가계산의 실제 예(2013년)로 결합원가계산의 판매가치법을 그대로 적용하고 있다.

국내산 한우 해체일보

지육					기타원가	
성별	두수	중량(kg)	단가	매입액	1. 수수료	70,000
거세	1	400	12,500	5,000,000	2. 운송비	10,000
					3. 상하차비	15,000
					4. 수수료	200,000
					6. 수수료	120,000
			소계:	5,000,000	원가소계:	415,000
총매입금액(결합원가)						5,415,000

부위명	중량	수율(%)	판매단가	판매가치	판매가치 비율	결합원가 배분액
안심	5.30	1.33	47,900	253,870	4.41	238,801
등심	39.80	9.95	45,900	1,826,820	31.73	1,718,180
채끝	8.30	2.08	40,800	338,640	5.88	318,402
목심	15.60	3.90	15,500	241,800	4.20	227,430
앞다리	27.60	6.90	18,300	505,080	8.77	474,896
우둔	24.20	6.05	16,000	387,200	6.72	363,888
설도	37.10	9.28	16,000	593,600	10.31	558,286
양지	39.30	9.83	22,400	880,320	15.29	827,953
사태	16.80	4.20	14,200	238,560	4.14	224,181
안창, 토시, 제비	4.00	1.00	61,200	244,800	4.25	230,138
갈비	58.30	14.58	1,230	71,709	1.25	67,687
우족	9.00	2.25	5,100	45,900	0.80	43,320
사골	18.50	4.63	2,100	38,850	0.67	36,281
꼬리반골	17.90	4.48	4,000	71,600	1.24	67,146
잡뼈	18.60	4.65	1,050	19,530	0.34	18,411
정육 합계	218.00	54.50	25,278	5,510,690	95.70	5,182,155
부산물 합계	122.30	30.58	2,024	247,589	4.30	232,845
전체 합계	340.30	85.08	16,921	5,758,279	100.00	5,415,000
					매출총이익:	343,279
					매출총이익율:	5.96%

※ 이 예는 해당 업체의 사정을 고려하여 실제 수치의 특성을 훼손하지 않는 범위에서 일부 수정하고 익숙하지 않은 전문용어 역시 본문에서 사용하는 용어로 교체했다. 해체는 도축한 소를 부위별로 분리하는 과정을 의미한다.

한우 매입가격에 중개수수료나 해체원가 등 기타원가를 합산하여 배분대상의 결합원가(₩5,415,000)를 확정한다. 각 부위별 결합제품의 중량에 판매단가를 곱해 판매가치를 구하고 결합원가에 판매가치비율을 적용하면 각 부위별 결합원가 배분액을 얻을 수 있다. 갈비, 우족, 사골, 꼬리반골, 잡뼈 등 단가나 판매가치비율이 상대적으로 낮은 부위를 부산물이라 부르고 있지만 주산품인 정육과 구별하지 않고 모두 판매가치로 결합원가를 배분하고 있다.

등심, 양지, 설도(우둔을 제외한 뒷다리 부위), 앞다리의 순으로 판매가치가 높으며 갈비는 뼈 무게로 중량은 높지만 단가가 낮아 판매가치 순위에서 많이 밀려 있음이 흥미롭다.

연습문제 | 원가배분: 지원부문원가와 결합원가

chapter 5

선택형

01. 다음 중 간접원가의 배분기준을 결정하고자 할 때 최우선적으로 고려하여야 하는 사항은?

① 회피가능성 ② 인과관계성 ③ 통제가능성
④ 공정성 ⑤ 간편성

02. 부문별 원가계산에 관한 설명으로 옳지 않은 것은? ··· 세무사 2016

① 단계배부법은 보조부문의 배부순서가 달라져도 배부금액은 차이가 나지 않는다.
② 단계배부법은 보조부문 간의 서비스 제공을 한 방향만 고려하여 그 방향에 따라 보조부문의 원가를 단계적으로 배부한다.
③ 상호배부법은 보조부문 간의 상호배부를 모든 방향으로 반영한다.
④ 단계배부법은 한 번 배부된 보조부문의 원가는 원래 배부한 보조부문에는 다시 배부하지 않고 다른 보조부문과 제조부문에 배부한다.
⑤ 직접배부법은 보조부문 간에 주고받는 서비스 수수관계를 전부 무시한다.

03. 결합원가 배분방법의 하나인 순실현가치법에 대한 설명으로서 다음 중 가장 적절한 것은?

① 모든 결합제품들 간에 궁극적인 매출총이익률이 동일하게 된다.
② 분리점 이후의 추가가공원가는 이익창출에 아무런 공헌도 못한 채 단지 발생액만 회수하는 것으로 간주한다.
③ 분리점에서 즉시 판매할 수 없는 제품에 대해서는 결합원가를 전혀 배분하지 못한다.
④ 재고자산이 순실현가치로 기록된다.
⑤ 분리점이 여러 개인 경우에는 적용할 수 없다.

04. 결합원가계산에 관한 설명으로 옳지 않은 것은? ··· 세무사 2016

① 물량기준법은 모든 연산품의 물량 단위당 결합원가 배부액이 같아진다.
② 분리점판매가치법상대적 판매가치법은 분리점에서 모든 연산품의 매출총이익률을 같게 만든다.

③ 균등이익률법은 추가가공 후 모든 연산품의 매출총이익률을 같게 만든다.
④ 순실현가치법은 추가가공 후 모든 연산품의 매출총이익률을 같게 만든다.
⑤ 균등이익률법과 순실현가치법은 추가가공을 고려한 방법이다.

세무사 2022 ···

05. (주)세무는 제조부문인 절단부문과 조립부문을 통해 제품을 생산하고 있으며, 동력부문은 보조부문으로 두고 있다. 각 부문에서 발생한 제조간접원가 및 각 제조부문의 전력 실제사용량과 최대사용가능량에 관한 자료는 다음과 같다.

	동력부문	절단부문	조립부문	합계
변동제조간접원가	₩240,000	₩400,000	₩650,000	₩1,290,000
고정제조간접원가	300,000	700,000	750,000	1,750,000
실제 사용량	–	500kW	300kW	800kW
최대 사용 가능량	–	600kW	600kW	1,200kW

절단부문에 배부되는 동력부문의 원가는 이중배분율법을 적용하는 경우, 단일배분율법과 비교하여 얼마만큼 차이가 발생하는가?

① ₩30,000 ② ₩32,500 ③ ₩35,000
④ ₩37,500 ⑤ ₩40,000

세무사 2020 ···

06. (주)세무는 제조부문금형, 조립과 보조부문유지, 동력을 이용하여 제품을 생산하고 있다. 유지부문원가는 기계시간, 동력부문원가는 전력량을 기준으로 단계배부법을 사용하여 보조부문원가를 제조부문에 배부한다. 보조부문원가를 배부하기 위한 20×1년 원가자료와 배부기준은 다음과 같다.

	보조부문		제조부문	
	유지	동력	금형	조립
부문개별원가	₩120,000	₩80,000	₩200,000	₩300,000
부문공통원가	₩200,000			
기계시간(시간)	–	200	400	400
전력량(kWh)	100	–	300	200
점유면적(m^2)	10	20	30	40

(주)세무의 부문공통원가 ₩200,000은 임차료이며, 이는 점유면적을 기준으로 각 부문에 배부한다. 20×1년 (주)세무의 배부 후, 금형부문의 총원가는? (단, 보조부문원가는 유지부문, 동력부문 순으로 배부한다.)

① ₩144,800 ② ₩148,800 ③ ₩204,800
④ ₩344,800 ⑤ ₩404,800

07. (주)동산의 원가계산을 담당하고 있는 김 과장은 다른 보조부문에 대한 용역제공비율 순서로 보조부문의 원가를 배분하고 있다. 그런데 김 과장이 단계배부법에 의해 보조부문의 원가를 배부하는 중 실수로 다른 보조부문으로부터 배부받은 원가를 누락하고 다음과 같이 보조부문의 원가를 배부하였다. … 회계사 2013

제공부서	제조부문		보조부문		
	M1	M2	A1	A2	A3
배부 전 원가	₩17,500	₩25,000	₩7,500	₩10,000	₩5,000
A3	1,500	1,000	1,500	1,000	
A2	3,750	3,750	2,500		
A1	3,750	3,750			
배부 후 원가	26,500	33,500			

다음 중 아래의 질문 (가)와 (나)의 답안이 바르게 짝지어진 것은?

(가) 김 과장의 실수로 인해 제조부문에 배부되지 못한 보조부문의 원가는 얼마인가?
(나) 김 과장의 실수를 바로잡았을 때 제조부문 M1과 M2의 배부 후 원가는 얼마인가?

	(가)	(나)	
		M1	M2
①	₩5,000	₩26,500	₩33,500
②	₩5,000	₩29,000	₩36,000
③	₩5,000	₩29,500	₩35,500
④	₩5,250	₩28,000	₩37,000
⑤	₩5,250	₩30,000	₩35,000

08. (주)세무는 두 개의 제조부문P1, P2과 두 개의 보조부문S1, S2을 운영하고 있으며, 보조부문원가를 상호배분법에 의해 제조부문에 배분하고 있다. 각 부문의 용역수수관계는 다음과 같다. … 세무사 2025

	제조부문		보조부문	
	P1	P2	S1	S2
S1	40%	30%	–	30%
S2	40%	40%	20%	–

두 개의 보조부문S1, S2으로부터 제조부문 P1, P2에 배분된 금액이 각각 ₩140,000과 ₩130,000인 경우, 보조부문원가를 배분하기 이전의 보조부문 S1에 집계된 원가는?

① ₩50,000 ② ₩100,000 ③ ₩220,000
④ ₩250,000 ⑤ ₩270,000

세무사 2017 …

09. (주)세무는 가공부문도색 및 조립과 보조부문수선 및 동력으로 구성된다. 다음의 서비스 공급량 자료를 이용하여 상호배부법으로 보조부문의 원가를 가공부문에 배부한다.

	보조부문		생산부문	
	수선	동력	도색	조립
수선	–	75시간	45시간	30시간
동력	200kw	–	100kw	200kw

수선부문과 동력부문에 각각 집계된 원가는 ₩300,000과 ₩200,000이다. 가공부문에 배부된 원가는 도색 횟수와 조립시간에 비례하여 각각 제품 A와 제품 B에 전액 배부된다. 제품 A와 제품 B에 사용된 도색 횟수와 조립시간이 다음과 같을 때, 제품 B에 배부되는 보조부문의 총 원가는?

	제품 A	제품 B
도색횟수	10회	13회
조립시간	200시간	100시간

① ₩210,000 ② ₩220,000 ③ ₩240,000
④ ₩250,000 ⑤ ₩280,000

회계사 2023 …

10. (주)대한은 두 개의 보조부문 A와 B, 그리고 두 개의 생산부문 C와 D를 이용하여 제품을 생산하고 있다. 20×3년 2월의 각 부문에 대한 자료는 다음과 같다.

제공부문	보조부문		생산부문		제공부문
	A	B	C	D	
A	200시간	800시간	800시간	400시간	2,200시간
B	4,000kW	1,000kW	2,000kW	2,000kW	9,000kW

- 제조간접원가는 A부문에서 시간당 ₩100, B부문에서 kW당 ₩20의 변동원가가 발생하며, C부문과 D부문에서 각각 ₩161,250과 ₩40,000이 발생하였다.
- 보조부문의 원가는 상호배분법을 사용하여 생산부문에 배분한다.
- C부문에서 생산하는 갑제품에 대한 단위당 기초원가prime costs는 ₩10,000이며, 생산단위는 50단위이다.
- 갑제품에 대한 월초 및 월말재공품은 없다.

갑제품의 단위당 원가는 얼마인가?

① ₩4,775 ② ₩14,775 ③ ₩18,000

④ ₩22,775 ⑤ ₩24,000

※ **다음 자료에 의하여 문제 11번과 12번에 답하시오.** … 회계사 2011

(주)동운은 두 개의 제조부문P1, P2과 세 개의 보조부문S1, S2, S3을 가지고 있으며, 부문 간의 용역수수관계와 보조부문의 원가자료는 다음과 같다.

공급부문	사용부문					합계
	제조부문		보조부문			
	P1	P2	S1	S2	S3	
S1	4,000단위	3,000단위	0단위	1,500단위	1,500단위	10,000단위
S2	5,000단위	4,000단위	1,000단위	0단위	0단위	10,000단위
S3	4,000단위	5,000단위	1,000단위	0단위	0단위	10,000단위
변동원가	?	?	₩300,000	₩200,000	₩100,000	?
고정원가	?	?	₩500,000	₩100,000	₩200,000	?

(주)동운은 동일한 생산수준을 유지하면서 보조부문 S1의 용역을 모두 외부로부터 구입하고자 하며, 이 경우에 보조부문 S1의 고정원가 10%, 보조부문 S2의 고정원가 5%, 보조부문 S3의 고정원가 5%가 각각 감소할 것으로 예상된다.

11. 보조부문 S1의 용역을 모두 외부로부터 구입하는 경우, (주)동운이 필요로 하는 보조부문 S1의 용역은 몇 단위인가?

① 9,600단위　② 9,700단위　③ 9,800단위
④ 9,900단위　⑤ 10,000단위

12. 보조부문 S1의 용역을 모두 외부로부터 구입하는 경우, (주)동운이 외부구입으로 인한 손실을 발생시키지 않고 지불할 수 있는 보조용역 S1의 최대 구입금액은 얼마인가?

① ₩365,000　② ₩375,000　③ ₩385,000
④ ₩395,000　⑤ ₩405,000

감평사 2025 …

13. (주)감평은 원재료 리튬을 이용하여 결합제품 A, B, C를 생산하고 있다. 각 결합제품의 생산량, 결합원가 및 분리점에서의 판매가치에 관한 자료는 다음과 같다.

	제품 A	제품 B	제품 C	합계
생산량	800개	1,200개	1,000개	3,000개
결합원가	?	₩86,000	?	₩200,000
분리점의 판매가치	?	?	₩80,000	320,000

(주)감평은 결합원가를 분리점에서의 상대적 판매가치를 기준으로 배분하고 있다. 제품 A에 배분되는 결합원가는?

① ₩56,000　② ₩60,000　③ ₩64,000
④ ₩70,000　⑤ ₩75,000

회계사 2025 …

14. (주)대한은 원재료 A를 사용하여 결합제조공정에서 제품 X와 제품 Y를 생산 및 판매하고 있다. 제품 X는 분리점에서 즉시 판매되며, 추가가공하지 않는다. (주)대한은 제품 X 2,000개와 제품 Y 3,600개를 생산하였으며, 제품 X의 분리점에서 단위당 판매가격은 ₩60이다. 순실현가치법에 따라 제품 X에 배부된 결합원가는 ₩150,000이다. 제품 Y의 단위당 추가가공원가는 ₩10이며, 추가가공원가는 각 제품별로 추적가능하고 모두 변동원가이다. 두 제품으로 배부되기 이전의 총결합원가는 ₩600,000이다. 제품 Y의 단위당 최종판매가격은 얼마인가? 단, 기초 및 기말재공품은 없다.

① ₩85　② ₩95　③ ₩110　④ ₩115　⑤ ₩120

15. (주)세무는 결합공정을 통하여 연산품 A, B를 생산한다. 제품 B는 분리점에서 즉시 판매되고 있으나, 제품 A는 추가가공을 거친 후 판매되고 있으며, 결합원가는 순실현가치에 의해 배분되고 있다. 결합공정의 직접재료는 공정 초에 전량 투입되며, 전환원가는 공정 전반에 걸쳐 균등하게 발생한다. 당기 결합공정에 기초재공품은 없었으며, 직접재료 5,000kg을 투입하여 4,000kg을 제품으로 완성하고 1,000kg은 기말재공품(전환원가 완성도 30%)으로 남아 있다. 당기 결합공정에 투입된 직접재료원가와 전환원가는 각각 ₩250,000과 ₩129,000이다. (주)세무의 당기 생산 및 판매 자료는 다음과 같다. ··· 세무사 2021

구분	생산량	판매량	추가가공원가 총액	단위당 판매가격
제품 A	4,000단위	2,500단위	₩200,000	₩200
제품 B	1,000	800	–	₩200

제품 A의 단위당 제조원가는? (단, 공손 및 감손은 없다.)

① ₩98 ② ₩110 ③ ₩120 ④ ₩130 ⑤ ₩150

16. (주)한국은 단일의 원재료를 결합공정에 투입하여 세 가지 제품 A, B, C를 생산하고 있다. 제품 A와 B는 분리점에서 즉시 판매되나, 제품 C는 추가가공을 거쳐서 판매된다. 분리점에서 제품 C의 시장가격은 존재하지 않는다. (주)한국의 20×1년 2월 제품별 생산량, 월말제품재고량 및 판매가격은 다음과 같다. ··· 회계사 2014

제품	생산량	월말제품재고량	톤당 판매가격
A	60톤	36톤	₩300
B	80톤	12톤	₩200
C	100톤	5톤	₩140

20×1년 2월중 발생한 결합원가는 ₩16,000이고, 제품 C의 추가가공원가는 ₩8,000이며, 각 결합제품의 월초재고와 월말재공품은 없었다. (주)한국은 순실현가치를 기준으로 결합원가를 배부하고 있다. (주)한국의 20×1년 2월 매출원가와 월말제품은 각각 얼마인가?

	매출원가	월말제품
①	₩18,500	₩5,500
②	₩18,200	₩5,800
③	₩17,900	₩6,100
④	₩17,600	₩6,400
⑤	₩17,300	₩6,700

회계사 2016 ···

17. (주)한국화학은 20×1년 2월초 영업을 개시하여 당월에 제1공정에서 원재료 R을 가공하여 결합제품 A와 B를 생산한다. 제품 A는 제2공정에서 추가가공을 거쳐 판매되고, 제품 B는 제3공정에서 결합제품 C와 D로 분리된 후 각각 제4공정과 제5공정에서 추가가공을 거쳐 판매된다. 20×1년 2월의 각 공정에서 발생한 원가자료는 다음과 같다.

• 제1공정: 제품 A, B의 결합원가	₩100,000
• 제2공정: 제품 A의 개별원가분리원가	₩15,000
• 제3공정: 제품 C, D의 결합원가	₩70,000
• 제4공정: 제품 C의 개별원가분리원가	₩50,000
• 제5공정: 제품 D의 개별원가분리원가	₩20,000

20×1년 2월 (주)한국화학의 제품별 생산량과 kg당 판매가격은 다음과 같다.

제품	생산량	kg당 판매가격
A	500kg	₩120
C	1,000kg	₩200
D	800kg	₩150

(주)한국화학이 순실현가능가치를 기준으로 결합원가를 배부하는 경우, 20×1년 2월 제품 D의 총제조원가는 얼마인가?

① ₩60,000　② ₩70,000　③ ₩80,000
④ ₩90,000　⑤ ₩100,000

세무사 2022 ···

18. (주)세무는 원유를 투입하여 결합제품 A를 1,000단위, B를 1,500단위 생산하였다. 분리점 이전에 발생한 직접재료원가는 ₩1,690,000, 직접노무원가는 ₩390,000, 제조간접원가는 ₩520,000이다. 제품 A와 B는 분리점에 시장이 형성되어 있지 않아서 추가가공 한 후에 판매하였는데, 제품 A는 추가가공원가 ₩850,000과 판매비 ₩125,000이 발생하며, 제품 B는 추가가공원가 ₩1,100,000과 판매비 ₩200,000이 발생하였다. 추가가공 후 최종 판매가치는 제품 A가 단위당 ₩2,000이며, 제품 B는 단위당 ₩3,000이다. 균등매출총이익률법에 따라 결합원가를 각 제품에 배부할 때, 제품 A에 배부되는 결합원가는?

① ₩525,000　② ₩550,000　③ ₩554,000
④ ₩600,000　⑤ ₩604,000

감평사 2020 ···

19. (주)감평은 동일한 원재료를 결합공정에 투입하여 세 종류의 결합제품 A, B, C를 생산 · 판매하고 있다. 결합제품 A, B, C는 분리점에서 판매될 수 있으며, 추가가공을 거친 후 판매될

수도 있다. (주)감평의 20×1년 결합제품에 관한 자료는 다음과 같다.

제품	생산량	분리점에서의 단위당 판매가격	추가가공원가	추가가공 후 단위당 판매가격
A	400단위	₩120	₩150,000	₩450
B	450단위	150	80,000	380
C	250단위	380	70,000	640

결합제품 A, B, C의 추가가공 여부에 관한 설명으로 옳은 것을 모두 고른 것은?
(단, 기초 및 기말 재고자산은 없으며, 생산된 제품은 모두 판매된다.)

ㄱ. 결합제품 A, B, C를 추가가공하는 경우, 단위당 판매가격이 높아지기 때문에 모든 제품을 추가가공 해야 한다.
ㄴ. 제품 A는 추가가공을 하는 경우, 증분수익은 ₩132,000이고 증분비용은 ₩150,000이므로 분리점에서 즉시 판매하는 것이 유리하다.
ㄷ. 제품 B는 추가가공을 하는 경우, 증분수익이 ₩23,500이므로 추가가공을 거친 후에 판매해야 한다.
ㄹ. 제품 C는 추가가공을 하는 경우, 증분수익 ₩65,000이 발생하므로 추가가공을 해야 한다.
ㅁ. 결합제품에 대한 추가가공 여부를 판단하는 경우, 분리점까지 발생한 결합원가를 빈드시 고려해야 한다.

① ㄱ, ㄴ　　② ㄴ, ㄷ　　③ ㄱ, ㄴ, ㄷ
④ ㄴ, ㄷ, ㄹ　　⑤ ㄷ, ㄹ, ㅁ

20. (주)감평은 동일한 원재료를 투입하여 제품X, 제품Y, 제품Z를 생산한다. (주)감평은 결합원가를 분리점에서의 상대적 판매가치를 기준으로 결합제품에 배부한다. 결합제품 및 추가가공과 관련된 자료는 다음과 같다. … 감평사 2019

구분	제품 X	제품 Y	제품 Z	합계
생산량	150단위	200단위	100단위	450단위
결합원가	₩15,000	?	?	?
분리점에서의 단위당 판매가치	₩200	₩100	₩500	
추가원가	₩3,500	₩5,000	₩7,500	₩16,000
추가가공후 단위당 판매가치	₩220	₩150	₩600	

(주)감평은 각 제품을 분리점에서 판매할 수도 있고, 분리점 이후에 추가가공을 하여 판매할

수도 있다. (주)감평이 위 결합제품을 전부 판매할 경우, 예상되는 최대 매출총이익은? (단, 결합공정 및 추가가공과정에서 재공품 및 공손은 없다)

① ₩25,000 ② ₩57,000 ③ ₩57,500
④ ₩82,000 ⑤ ₩120,000

세무사 2025 ···

21. (주)세무는 결합공정을 거쳐 분리점에서 주산물 A, B와 부산물 C를 생산하고 있다. 결합공정에서 기초제품공품은 없고, 당기투입원가는 ₩60,500이며, 기말재공품원가는 ₩4,500이다. 부산물 C는 추가가공이 필요하지 않지만, 제품 A와 B는 추가가공하여 최종 완성된다. 부산물 C의 생산기준법생산지점의 순실현가치로 인식을 적용하며, 부산물 C의 단위당 판매비는 ₩5이다. 당기의 생산 · 판매 관련 자료는 다음과 같다.

	생산량	판매량	분리점 이후 추가가공원가(총액)	단위당 최종 판매가격
제품 A	2,000단위	1,800단위	₩40,000	₩70
제품 B	2,500	2,100	25,000	30
부산물 C	200	200	−	15

(주)세무가 순실현가치로 결합원가를 배분할 경우, 제품 A의 매출원가는? (단, 공손 및 감손은 없다.)

① ₩6,880 ② ₩7,600 ③ ₩36,120
④ ₩68,400 ⑤ ₩71,100

회계사 2019 ···

22. ㈜대한은 결합공정과 추가공정을 통해 제품을 생산하며, 분리점에서 순실현가능가치를 기준으로 결합원가를 배부한다. 20×1년의 생산 및 원가자료는 다음과 같다.

> (1) 제1공정
> 제1공정에서는 원재료를 투입하여 제품 A 100단위와 제품 B 300단위를 생산하였으며, 결합원가는 총 ₩40,000이었다. 제품 A는 단위당 ₩200에 판매되고, 제품 B는 제2공정에서 추가가공을 거쳐 제품C로 판매된다.
>
> (2) 제2공정
> 당기에 제1공정으로부터 대체된 제품 B는 제품 C 280단위로 생산되었으며, 추가가공원가는 총 ₩12,400이었다. 제품 C의 단위당 판매가격은 ₩150이다. 제품 B를 제품 C로 추가가공하는 과정에서 부산물 20단위가 생산되었다. 부산물은 단위당 ₩20에 즉시 판매할 수 있다. 부산물은 생산시점에 순실현가능가치로 인식한다.

제품 C의 총제조원가는 얼마인가? 단, 각 공정의 기초 및 기말 재공품은 없다.

① ₩35,600 ② ₩36,000 ③ ₩36,400
④ ₩36,700 ⑤ ₩37,000

23. (주)국세는 결합공정을 통하여 주산물 X, Y와 부산물 C를 생산하였으며, 결합원가는 ₩50,000이었다. 주산물 X는 추가가공 없이 판매하지만, 주산물 Y와 부산물 C는 추가가공을 거쳐 판매한다. 20×1년의 생산 및 판매 자료는 다음과 같다. … 세무사 2015

구분	주산물 X	주산물 Y	부산물 C
추가가공원가	없음	₩13,400	₩600
생산량	900단위	900단위	200단위
단위당 판매가격	₩30	₩70	₩5

부산물은 생산시점에서 순실현가능가치로 인식한다. 균등매출총이익률법에 의해 각 주산물에 배분되는 결합원가는?

	주산물 X	주산물 Y
①	₩17,300	₩32,300
②	₩17,600	₩32,000
③	₩18,100	₩31,500
④	₩18,900	₩30,700
⑤	₩19,600	₩30,000

24. 당기에 설립된 (주)감평은 결합공정을 통하여 제품 X와 Y를 생산판매한다. 제품 X는 분리점에서 즉시 판매하고 있으나, 제품 Y는 추가가공을 거쳐 판매한다. 결합원가는 균등이익률법에 의해 각 제품에 배분되며, 직접재료는 결합공정 초에 전량 투입되고 전환원가는 결합공정 전반에 걸쳐 균등하게 발생한다. 당기에 (주)감평은 직접재료 3,000단위를 투입하여 2,400단위를 제품으로 완성하였고, 600단위는 기말재공품(전환원가 완성도 50%)으로 남아 있다. 당기에 발생한 직접재료원가와 전환원가는 각각 ₩180,000과 ₩108,000이다. (주)감평의 당기 생산 및 판매 관련 자료는 다음과 같다. … 감평사 2023

구분	생산량	판매량	단위당 추가가공원가	단위당 판매가격
제품 X	800단위	800단위	–	₩150
제품 Y	1,600	900	₩15	200

제품 Y의 단위당 제조원가는? (단, 공손 및 감손은 발생하지 않는다.)

① ₩100 ② ₩105 ③ ₩110
④ ₩115 ⑤ ₩120

서술형

01. K사는 서류가방을 제조하는 회사로서 세 개의 제조부문주형부문, 부품부문, 조립부문과 두 개의 보조부문동력부문과 유지부문으로 이루어져 있으며 동력부문과 유지부문은 세 제조부문에 서비스를 제공하고 있다.

지금까지 K사는 직접노무시간을 배부기준으로 한 공장 전체의 제조간접원가배부율을 사용하고 있었으나 이 회사의 회계담당자는 부문별 제조간접원가 배부율을 사용하는 것을 고려하고 있다. 내년에 발생할 것으로 예상하는 제조원가와 기대조업도는 다음과 같다.

	제조부문		
	주형부문	부품부문	조립부문
조업도:			
직접노무시간	500	2,000	1,500
기계시간	875	125	0
부문원가:			
직접재료원가	₩12,400	₩30,000	₩1,250
직접노무원가	3,500	20,000	12,000
변동제조간접원가	3,500	10,000	16,500
고정제조간접원가	17,500	6,200	6,100
총부문원가	₩36,900	₩66,200	₩35,850
보조부문서비스 이용량:			
유지부문			
내년도 추정사용량(노무시간)	90	25	10
동력부문			
내년도 추정사용량(kWh)	360	320	120
최대조업도시 사용량(kWh)	500	350	150

	보조부문	
	동력부문	유지부문
조업도:		
최대조업도	1,000kWh	제한없음
내년도 조업도	800kWh	125 노무시간
부문원가:		
원재료 및 소모품	₩5,000	₩1,500
변동노무원가	1,400	2,250
기타고정원가	12,000	250
총부문원가	₩18,400	₩4,000

물음 (1) 과거와 동일하게 공장전체의 단일 제조간접배부율법을 사용한다면 배부율은 얼마인가?

(2) 부문별 배부율법을 사용한다면 각 제조부문의 배부율은 얼마인가? 단, 동력부분원가를 제조부문에 배부할 때는 이중배부율법을 이용한다. 주형부문은 기계시간을, 부품 및 조립부문은 직접노무시간을 배부기준으로 한다.

02. 개업 이후 지금까지 A사는 두 종류의 제품알파와 베타를 주문 생산하고 있다. 생산공정은 크게 X부문과 Y부문으로 나눠져 있으며 이들 생산부문을 지원하는 보조부문으로는 A부문과 B부문이 있다.

20×1년 1월 1일 원가계산을 위한 다음과 같은 자료를 수집하였다.

① 20×1년 1년간 발생할 것으로 예상되는 총제조간접원가

	보조부문		생산부문	
	A부문	B부문	X부문	Y부문
총원가	₩850,000	₩450,000	₩950,000	₩720,000
예상기계시간	–	–	6,000시간	1,000시간
예상노무시간	–	–	1,000시간	7,000시간

② 지원부문제공 서비스 사용비율

제공	사용			
	A부문	B부문	X부문	Y부문
A부문	–	0.3	0.3	0.4
B부문	0.1	–	0.5	0.4

물음 (1) 부문별 예정배부율법 사용한다고 할 때 X부문과 Y부문별 제조간접원가배부율을 각각 구하라. 단, 보조부문에서 생산부문으로 원가를 배분하는 경우 상호배부법을 사용하라. 그리고 X부문의 배부기준은 기계시간이며 Y부문의 배부기준은 노무시간이다.

(2) 공장전체의 단일배부율을 사용한다고 할 때 제조간접원가배부율은 얼마인가? 단, 배부기준은 노무시간이다.

(3) 작업원가표에 의하면 당월에 착수하여 완성된 제품의 자료는 다음과 같을 때 알파와 베타의 제조원가는 각각 얼마인가? 단, (1)에서 구한 부문별 배부율을 이용하라.

구분	직접 재료원가	직접 노무원가	기계시간 –X부문	기계시간 –Y부문	노무시간 –X부문	노무시간 –Y부문
알파	₩102,000	₩44,000	20시간	8시간	6시간	40시간
베타	160,000	60,800	40시간	8시간	6시간	20시간

(4) (3)에서 제시된 자료와 (2)에서 구한 공장전체의 단일배부율을 이용할 때 알파와 베타의 제조원가는 각각 얼마인가?

03. B사는 인도네시아의 산림지역에 위치한 제지회사이다. 제지공장 건설 당시에는 용수, 전력, 연료를 제공할 기업이 없었기 때문에 이와 관련된 시설을 다음과 같이 직접 건설하였다.

(1) 용수제공시설W: 주위에 있는 호수로부터 물을 끌어들이고 정수과정을 거친 후 용수로 사용할 수 있도록하는 시설
(2) 증기제공시설S: 석탄을 연료로 하여 물을 가열하여 증기를 만들고 이를 제지공장과 발전시설에 제공하는 시설
(3) 발전 시설E: 전기를 만드는 시설

이들 활동을 분석한 결과 다음과 같은 사실을 알게 되었다.
(1) 용수제공시설에서 만들어지는 물은 60%는 증기제공시설에, 40%는 제지공장에 제공한다.
(2) 증기제공시설에서 만들어지는 증기는 50%는 발전시설에, 50%는 제지공장에 제공한다.
(3) 발전시설로부터 만들어지는 전기는 20%는 용수제공시설에, 80%는 제지공장에 제공한다.
20×1년 각 시설에서 발생한 원가는 다음과 같다.

시설	변동원가	고정원가	합계
W	₩2,000,000	₩8,000,000	₩10,000,000
S	18,000,000	12,000,000	30,000,000
E	6,000,000	9,000,000	15,000,000

20×1년 총전기생산량은 600,000kWh였다.

물음 최근 제지공장 옆에 새로운 발전회사가 설립되었다. 이 회사는 B사에 kWh당 ₩20에 전기를 판매할 수 있다는 제안을 하였다. 전기설비의 김 부장은 우리 발전시설에서 kWh당 변동비가 ₩10이므로 이 회사의 제안가격이 너무 비싸다는 주장하였다. 김 부장의 말대로 이 제안을 거부하여야 하는가 아니면 받아들여야 하는가? 주어진 자료를 이용하여 구체적인 계산근거를 제시하라.

04. K사는 결합제품을 생산하고 있다는데 그 내용은 다음과 같다.

- 부문 I에서는 결합원가 ₩28,000을 투입하면 제품 A, B, C로 분리된다.
- 제품 A, B, C는 분리 후 판매가능한데 판매가치는 각각 ₩16,000, ₩24,000, ₩12,000이다. 한편, 제품 B, C는 추가가공이 가능하다.
- 제품 B는 부문 II에서 ₩4,000의 추가가공원가분리원가를 들이면 제품 D, E가 생산된다. 제품 D, E는 바로 판매할 수 없으며 원가를 각각 ₩6,000, ₩8,000을 들여 추가가공하면

₩21,000, ₩16,000에 판매할 수 있다.

- 부문 Ⅲ에서 제품 C를 추가가공하는 데에는 ₩20,000이 소요되며 분리점 이후 제품 F, G가 생산되는데 각각 추가가공원가 ₩6,000, ₩10,000을 들이면 판매가능하다. 제품 F, G의 판매가치는 각각 ₩30,000, ₩22,000이다. SS사는 추가가공 하는데 필요한 자원은 충분히 보유하고 있다.

물음 (1) 전체생산과정을 일목요연하게 그림으로 나타내라. 필요한 원가자료 및 판매가격도 표시하라.

(2) 이익을 극대화하는 차원에서 추가가공 여부의 의사결정을 한다고 할 때, 위의 생산 전과정에 걸쳐 추가가공 여부에 대한 의사결정을 하라. 그 의사결정에 따른다고 할 때, 무조건 추가가공을 하는 경우에 비해 얼마만큼의 이익 상승을 기대할 수 있는가?

(3) (2)에서 얻은 추가가공 의사결정에 따른다고 할 때, 생산되는 모든 제품의 제조원가를 계산하라. 단, 결합원가를 배분할 때는 순실현가치법을 적용하라.

05. S사는 3가지 제품 A, B, M을 생산하며, 어느 한 달 간 결합공정의 원가는 ₩90,000이었다. 주산품인 A, B의 최종판매가격은 각각 ₩5, ₩10이며 단위당 추가가공원가는 모두 ₩2이다. M은 부산물이며 분리점에서 단위당 ₩3에 판매된다. 제품 A, B, M의 생산량은 각각 10,000단위, 5,000단위, 1,000단위이다. 결합원가배분은 순실현가치법에 의한다.

물음 (1) M을 생산시점에 인식하는 경우 A에 배분되는 결합원가를 구하라. **(생산기준법)**

(2) M을 판매시점에 인식하는 경우 B에 배분되는 결합원가를 구하라. **(판매기준법)**

제6장 활동기준원가계산

- **전통적 원가계산**
  - | 전통적 원가계산의 특징과 그 배경
  - | 환경변화와 기업의 대응
  - | 제품원가의 왜곡현상
- **활동기준원가계산**
  - | 활동과 활동별 원가집계
  - | 원가동인과 원가계층
  - | ABC의 절차
- **활동기준원가계산의 활용**
  - | 제품의 수익성 분석과 관리방안
  - | 판매비와 관리비에 대한 분석
  - | 미사용 활동능력원가
- **활동기준원가계산 도입 시 고려할 사항**

활동기준원가계산

생산하는 제품이 다양해짐에 따라 이전과는 다른 종류와 규모의 제조간접원가가 발생하지만 종전의 조업도에 기초한 배부기준을 그대로 사용하면 제품원가가 왜곡되고 더 나아가 제품의 수익성에 대해 잘못된 판단을 할 수 있다. 간접원가배분방법을 개선한 활동기준원가계산은 제품수익성에 대한 이해를 높이고 제품라인의 도입, 축소, 폐지와 같은 의사결정에도 도움을 줄 뿐만 아니라 고객별 수익성에 중요한 요소인 마케팅이나 유통 관련 원가 등에 대한 분석에도 활용할 수 있다. 본 장에서는 간접원가배분에 있어 전통적인 원가계산의 문제점을 이해하고 이 문제점을 활동기준원가계산이 어떻게 개선할 수 있는지 살펴본다. 활동기준원가계산의 기본개념 및 절차 그리고 다양한 활용방법에 대해서 차례로 설명한다.

전통적 원가계산

전통적 원가계산의 특징과 그 배경

전통적인 원가계산과 이를 개선하고자 하는 최근 원가계산방법의 차이는 주로 간접원가의 배분에 있다. 직접원가의 경우에는 원가계산 대상에 직접 추적하기 때문에 예나 지금이나 큰 차이가 없다.

과거에는 직접원가에 비해 간접원가의 비중이 상대적으로 적고 간접원가의 발생 원인이 주로 생산량이나 판매량 등 조업도와 관련된 것이었다. 따라서 간접원가를 배분할 때 주로 조업도와 비례관계에 있는 직접노무시간이나 기계시간 등을 많이 활용하였다. 물론 간접원가 중에서도 발생 원인이 다를 수 있다는 점을 감안하여 발생 원인별로 원가를 구분하여 서로 다른 배분기준을 사용하는 방식으로 원가계산의 정확성을 제고하는 노력이 없었던 것은 아니다. 제조간접원가의 배분에 있어 공장전체의 단일배부율에서 부문별배부율 방식으로 원가계산방법을 개선하고자 했던 것이 그 전형적인 예이다. 그림 6-1에서 상단 그림은 단일배부율에 의한 제조간접원가의 배부를, 하단 그림은 부문별배부율에 의한 제조간접원가 배부를 보여준다.

1900년대 초반부터 1980년대에 이르기까지 상당한 기간 이와 같은 원가계산방식이 큰 변화 없이 지속된 이유에 대해서는 몇 가지 추측이 가능하다.

그림 6-1 전통적 원가계산

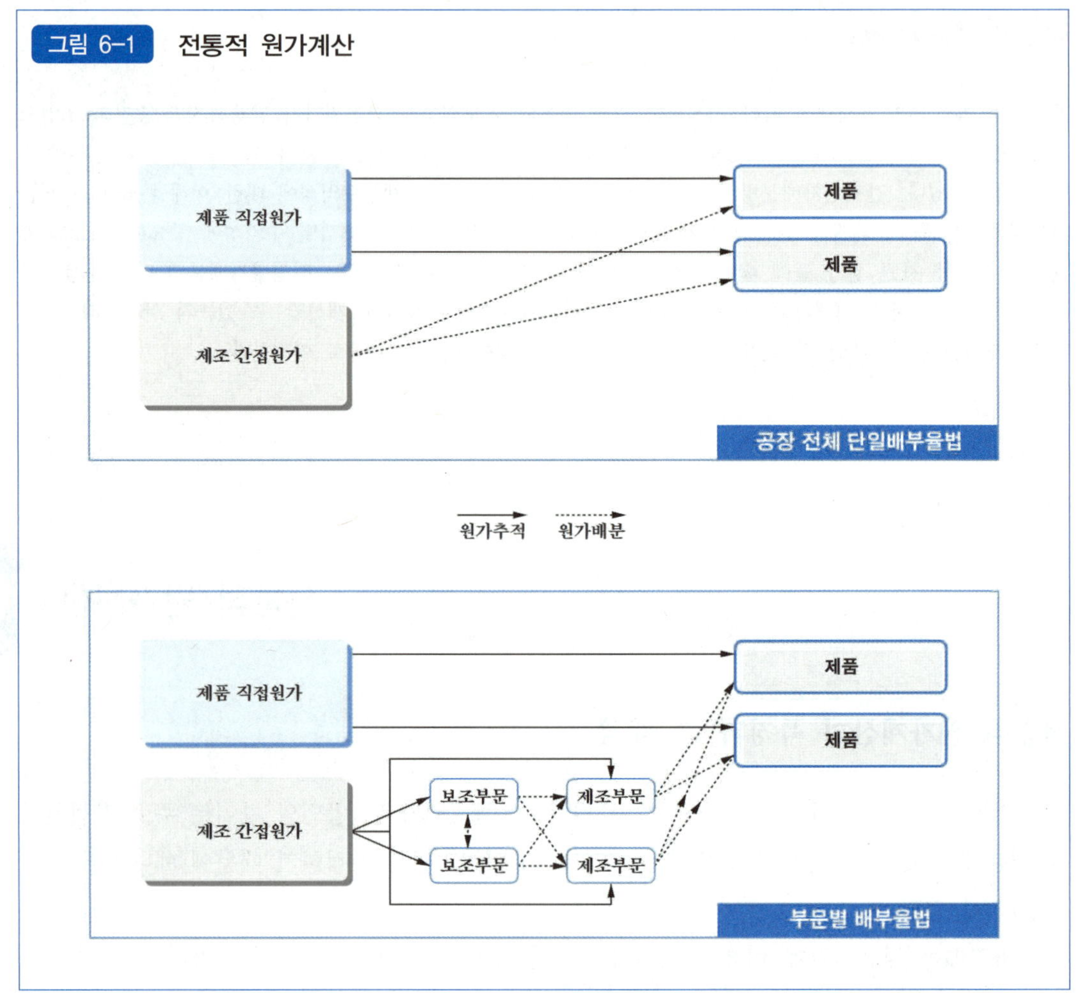

첫째, 이 시기의 시장 환경에서는 제품의 다양성보다는 가격이 강조되었기 때문에 기업들은 다양한 제품을 생산하기보다도 표준화된 주력 제품을 대량 생산하여 원가효율성을 달성하고자 했다. 제품의 종류가 적고 제품 간 유사성이 높은 경우에는 상대적으로 원가배분 자체가 중요하지 않으며 간접원가 배분방법을 정교화하더라도 원가계산결과에는 큰 차이가 없었을 것이다.

둘째, 이 시기에는 직접원가에 비해 간접원가의 비중이 상당히 낮은 수준이었고 간접원가를 구성하고 있는 항목이 동질적이고 주로 조업수준과 관련성이 있었다. 이러한 경우에는 간접원가에 대한 배분방법을 개선할 여지가 적으며 개선하더라도 원가계산 결과에 큰 차이가 없었을 것이므로 간단한 원가배분방법을 선호했을 것이다.

셋째, 현재보다 전산화의 수준이 낮았던 당시에는 원가계산방법을 개선하여 얻게 되는 효익에 비해 원가정보의 산출비용이 컸었던 것도 또 다른 이유가 될 수 있다.

넷째, 이 시기에는 원가계산의 목적이 관리보다는 재고자산의 평가와 매출원가의 산정과 같은 재무보고에 있었다. 제조원가를 재고자산과 매출원가 간에 배분하는 것이 중요한 문제였으므로 상대적으로 제품 간 원가배분의 중요성은 낮았을 것이다.

환경변화와 기업의 대응

1980년대 중반에 이르러 소비자의 제품에 대한 욕구가 다양해지고 기업 간의 경쟁이 치열해지면서 여러 가지 변화가 생겼다. 종전에는 제품 가격이 중요했지만 이제는 저렴한 가격은 물론 고품질의 다양한 제품을 제공하는 것이 기업경쟁력의 초점이 되었다. 많은 기업들은 이러한 소비자의 욕구를 충족시키기 위해 다양한 제품을 개발 및 생산하고 제조활동을 보다 효율적으로 운영할 수 있는 방법을 찾게 되었다. 소비자들이 원하는 고품질의 다양한 제품을 생산하기 위해서는 원자재의 관리, 생산라인의 변경, 생산일정관리, 품질검사활동 등 생산지원활동을 강화할 필요가 있었으므로 이들 활동으로 인한 원가도 많이 발생하였다.

원가계산에 있어서는 이러한 생산지원활동을 수행하는 부문의 원가를 일단 제조부문에 배분한 후 제조부문원가와 함께 제품에 배부하는 방식을 취했다. 또 이들 활동의 원가는 특성상 제조부문과 명확한 인과관계를 찾기 힘들기 때문에 기존에 많이 사용했던 직접노무시간이나 기계시간 등 조업도 관련 배분기준을 사용했다. 그러나 기업들은 시간이 지남에 따라 이와 같은 원가계산방법이 제품원가를 왜곡할 수 있음을 알게 되었다. 이들 활동으로 인해 발생하는 제조간접원가의 규모가 커진 데다 이들 원가의 발생 원인이 조업도 수준과 무관한 것이 많아졌음에도 종전과 동일한 배분기준을 사용하면 실제와는 동떨어진 제품원가가 계산될 수 있기 때문이다.

제품생산과정에서 이들 부문이 수행하는 활동의 원가는 얼마이며 각 제품에 배부할 금액이 얼마인지를 제대로 파악할 수 있어야 제품의 수익성과 경쟁력을 가늠할 수 있고 더 나아가 원가를 절감할 수 있는 구체적인 방법을 찾는 것이 가능하다. 이러한 기업의 필요는 간접원가 배분에 대한 새로운 방법론이 등장하는 계기가 되었다.

제품원가의 왜곡현상

금액이 크고 다양한 제조간접원가를 일률적으로 **조업도에 기초한 배부기준**으로 배분할 경우 제품원가가 왜곡될 수 있다. 원가배분이 잘못되면 특정 제품의 원가가 실제보다 크게 나타날 수도 있고 작을 수도 있다. 만약 제품원가가 과대하게 계산된 상태에서 이를 판매가격에 반영하면 시장에서 가격경쟁력이 떨어질 수 있으며, 과소하게 계산된 상태에서 판매가격을 설정하면 기업이 누릴 수 있는 이익을 포기하는 결과를 낳을 수 있다.

다음의 예제 6-1과 6-2는 제조간접원가의 배부기준에 따라 제품원가가 왜곡될 수 있음을 보여준다.

PROBLEM 6-1

S사는 제품 A와 B를 생산하고 있다. 두 제품 모두 동일한 생산라인에서 생산하지만 제품 A는 고급형이고 제품 B는 기본형이다. 제품 B에 비해 제품 A는 고급부품을 사용하며 수요가 많지 않으므로 소량을 생산하고 있다. 20×1년 1월 각 제품의 생산 관련 자료는 다음과 같으며 제조간접원가 총액은 ₩990,000이다. S사는 지난 수년간 제조간접원가의 배부기준으로 직접노무원가를 사용하고 있다.

	A	B
단위당 판매가격	₩5,000	₩2,000
생산수량	200	1,000
단위당 직접재료원가	₩2,000	₩500
단위당 직접노무시간	1.6시간	1시간
시간당 임률	₩500	₩500
단위당 기계시간	1시간	1시간

물음 제조간접원가를 직접노무원가를 기준으로 각 제품에 배부할 때 제품별 단위당 제조원가, 단위당 매출총이익, 매출총이익률은 얼마인가?

풀이

	A	B
직접재료원가	₩400,000	₩500,000
직접노무원가	160,000	500,000
제조간접원가	240,000	750,000
총제조원가	₩800,000	₩1,750,000
생산량	200개	1,000개
단위당 판매가격	₩5,000	₩2,000
단위당 제조원가	4,000	1,750
단위당 매출총이익	₩1,000	₩250
매출총이익률	0.20	0.125

$$제조간접원가\ 배부율 = \frac{990,000}{(160,000+500,000)} = ₩1.5/직접노무원가$$

제품 A 배부액=₩160,000×₩1.5=₩240,000

제품 B 배부액=₩500,000×₩1.5=₩750,000

PROBLEM 6-2

예제 6-1의 자료와 아래 추가 자료를 이용하라.

발생한 제조간접원가 ₩990,000을 분석한 결과 제조간접원가 구성요소별 발생 원인이 다음과 같이 조금씩 다르다는 사실을 확인하였다.

- 원재료 관리업무량은 부품 수에 비례한다. 따라서 원재료 관리원가는 부품 수가 적절한 배부기준이다.
- 설비의 점검 및 셋업(setup)은 한 묶음(batch)의 생산이 종료될 때 마다 이루어진다. 제품 A의 묶음당 생산량은 10개이며 제품 B의 묶음당 생산량은 100개이다. 제품 A의 묶음당 생산량이 제품 B보다 작은 것은 고급부품을 사용하는 제품 A가 제조과정에서 불량이 생길 경우 공손에 따른 손실이 크므로 생산설비에 대한 점검 및 셋업을 자주 해야 할 필요가 있기 때문이다. 따라서 설비의 점검 및 셋업원가는 제품의 생산묶음 수가 적절한 배부기준이다.
- 한 묶음의 생산이 종료하면 그 묶음에 속한 제품 중 한 개 제품을 무작위 선택하여 품질 검사를 실시한다. 따라서 제품 A에서는 생산량 10개마다 1개를 선택하고 제품 B에서는 생산량 100개마다 1개를 선택하여 품질 검사를 실시한다. 품질검사는 묶음마다 한 번씩 실시하는 것이므로 관련 원가는 제품의 묶음 수가 적절한 배부기준이다.
- 설비에 대한 감가상각비는 기계사용시간이 적절한 배부기준이다.

이러한 내용을 기초로 제조간접원가를 발생 원인별로 구분한 금액, 배부기준, 제품별 배부기준량은 다음과 같다.

구성요소	금액	적절한 배부기준	배부기준량		합계
			A	B	
설비 감가상각비	₩240,000	기계사용시간	200	1000	1,200
원재료 관리원가	180,000	부품 수	4,000	5,000	9,000
셋업 및 점검원가	390,000	묶음 수	20	10	30
품질검사원가	180,000	묶음 수	20	10	30
합계	₩990,000				

물음 제조간접원가 구성요소별 발생원인을 충분히 고려하여 제품별 제조간접원가 배부액을 계산

하라. 또 제품별 단위당 제조원가, 단위당 매출총이익, 매출총이익률을 구하라.

풀이 각 원가요소별 원가에서 해당 배부기준총량으로 나누어서 배부율을 구하면 다음과 같다.

구성요소	금액 ①	배부기준	배부기준총량 ②	배부율 ①÷②
설비 감가상각비	₩240,000	기계사용시간	1,200	₩200
원재료 관리원가	180,000	부품 수	9,000	20
셋업 및 점검원가	390,000	묶음 수	30	13,000
품질검사원가	180,000	묶음 수	30	6,000
합계	₩990,000			

배부율에 제품별 배부기준량을 곱하면 원가요소별 배부액을 구할 수 있다.

구성요소	배부율 ③	배부기준량 ④ A	 B	배부액 ③×④ A	 B
설비 감가상각비	₩200	200	1000	₩40,000	₩200,000
원재료 관리원가	20	4,000	5,000	80,000	100,000
셋업 및 점검원가	13,000	20	10	260,000	130,000
품질검사원가	6,000	20	10	120,000	60,000
합계				₩500,000	₩490,000

제품별 제조원가, 단위당 매출총이익 그리고 매출총이익율은 다음과 같다.

	A	B
직접재료원가	₩400,000	₩500,000
직접노무원가	160,000	500,000
제조간접원가	500,000	490,000
총제조원가	₩1,060,000	₩1,490,000
생산량	200개	1,000개
단위당 판매가격	₩5,000	₩2,000
단위당 제조원가	5,300	1,490
단위당 매출총이익	₩(300)	₩510
매출총이익률	(0.06)	0.255

위의 예제 6-1과 6-2의 결과 비교에서 알 수 있듯이 제조간접원가의 배부방법에 따라 제품의 제조원가와 수익성이 크게 달라진다. 배부기준이 달라지면 그 계산결과가 달라지는 것은 당연하므로 그 자체만으로 문제가 되지 않는다. 중요한 것은 어느 배부방법이 인과관계를 충실히 반영했는가와 계산결과가 의사결정에 어떤 영향을 줄 수 있는가이다.

복잡한 인과관계를 충실히 반영한 결과가 인과관계를 다소 희생한 간편한 배부방법의 계산결과와 큰 차이가 없다면 원가와 효익의 관점에서 간편법을 선택할 수 있다. 그러나 대안 간에 계산 결과가 크게 다르고 이 차이의 원인이 인과관계에 충실한 배부기준 때문이라면 배부기준을 바꿔야 할 중요한 근거가 된다.

위의 예제에서 직접노무원가를 배부기준으로 사용했을 때 제품 A와 제품 B 모두 수익성이 있는 것으로 보이지만 제조간접원가를 특성별로 구분하고 인과관계에 충실한 배부기준을 사용했을 때 제품 A는 손실, 제품 B는 오히려 더 큰 이익을 보인다. 이러한 결과는 종전의 제품원가계산 및 판매가격에 문제가 있을 수 있음을 시사한다.

기존의 직접노무원가에 기초한 배부방법을 고수하면 실제로는 적자인 제품 A를 수익성이 있다고 판단하여 계속 판매하므로 기업의 장기적인 존속에 악영향을 줄 수 있다. 한편 수익성이 높은 제품 B의 경우에는 상대적으로 판매가격이 높게 책정되었을 수도 있어 향후 가격경쟁력이 문제될 수 있다.

활동기준원가계산

간접원가 배분방법을 개선하는 기본방향은 발생원인이 다른 원가는 구분하고 그에 적합한 배분기준을 사용하는 것이다. 앞서 살펴본 것처럼 공장전체의 단일배부율법보다는 부문별 배부율법이 이러한 기본방향에 부합한다. 활동과 원가동인이라는 개념을 도입하여 이러한 취지를 보다 충분히 반영하고자 하는 시도가 **활동기준원가계산**ABC: activity based costing, 이하에서는 ABC이다.

활동과 활동별 원가집계

ABC에서는 전통적인 원가계산의 부문별로 원가를 집계하고 제품에 배부하는 2단계 원가계산방식을 그대로 활용하고 있다. 그러나 종전과는 달리 기업의 공식적인 조직이나 부문보다는 기업의 자원을 직접 소비하면서 수행하는 구체적인 **활동**activity에 초점을 둔다.

공식적인 부문과 활동이 일치하는 경우도 있다. 예를 들어 원재료를 직접 가공하는 절단

그림 6-2 전통적 원가계산과 활동기준원가계산

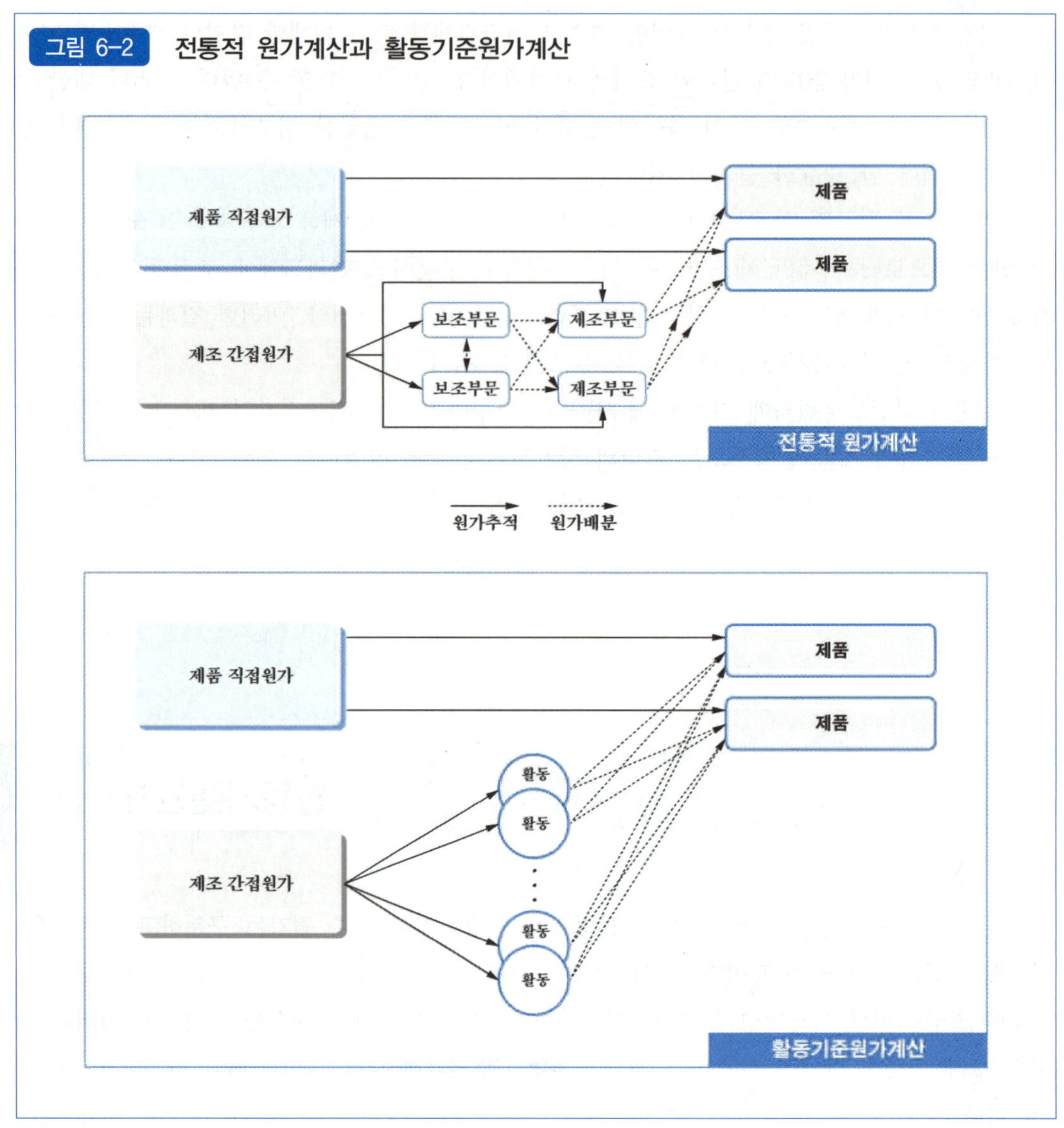

부문이나 부품을 조립하는 조립부문처럼 물리적으로 생산에 직접 참여하는 제조부문은 그 자체가 활동이 될 수 있다. 그러나 전통적인 원가계산과 달리 ABC는 종전에는 개별적으로 인식하지 않았던 활동, 예컨대 설비에 대한 셋업, 생산일정관리, 품질검사, 원재료의 운반 등과 같이 생산과정에 직접 참여하지 않는 생산지원활동에 주목한다.

전통적인 원가계산에서 이들 활동은 생산지원활동을 수행하는 보조부문의 한 업무정도로만 인식될 뿐이며 원가는 해당 보조부문에서 발생한 다른 원가와 구별되지 않은 채 합산되어 제조부문에 배분되고 다시 제품에 배부된다. 그러나 ABC에서는 구체적인 개별 활동을 식별하고 활동별로 원가를 집계한 후 제품에 배부하는 과정을 거친다. 이러한 절차에 따르면 활동의 유발 원인을 보다 명확히 알 수 있으며 이를 기초로 원가를 배부할 경우 **인과관계**에 충실한 원가계산이 가능해진다는 장점이 있다.

활동별로 원가를 집계하기 위해서는 기업의 노동력이나 설비 등 경제적 자원을 소비하는 구체적인 주요 활동리스트를 확정해야 한다. 이는 각 부문이나 조직의 역할과 목적을 기초로 부서장이나 소속된 직원과의 면담을 통해 확인할 수 있다. 이 면담과정에서 각 부문의 주요 활동을 확인할 수 있을 뿐만 아니라 해당 활동이 기업의 자원을 얼마만큼 소비하고 있는지도 파악할 수 있다. 예를 들어 직원의 면담을 통해 그가 수행하는 활동과 그 활동에 투입하는 근무시간을 파악하면 해당 직원의 급여 중 얼마만큼을 특정 활동의 원가에 포함할 것인지 결정할 수 있다. 이러한 과정을 통해 제조간접원가를 구성하는 모든 원가는 각 활동별 원가로 재집계할 수 있다.

원가동인과 원가계층

활동별 원가를 다시 제품원가에 반영하려면 활동과 제품의 연결고리가 필요하다. 만약 각 제품을 생산하는 데 투입한 활동량을 측정할 수 있다면 이를 통해 활동원가를 각 제품에 배부할 수 있다. 여기서 제품별 활동투입량이 활동과 제품을 연결하는 고리역할을 하며 활동원가를 배부하는 기준이 되는데 이를 ABC에서는 **활동원가동인**activity cost driver 또는 **원가동인**이라고 한다.

원가동인은 전통적인 원가계산의 배부기준과 그 역할은 유사하지만 형태나 경제적인 의미에는 차이가 있다. 전통적인 배부기준이 주로 생산량, 기계시간, 노무시간 등과 같이 주로 조업수준과 밀접하게 관련되어 있는 수치를 사용한다면, 원가동인은 활동에 대한 수요량을 측정할 수 있는 다양한 형태, 예를 들어 주문횟수, 셋업횟수, 부품수 등을 사용하여 인과관계를 보다 충실히 반영한다. 전통적인 원가계산에서는 공식조직인 부문을 간접원가 집계단위로 삼는 경우가 많지만, ABC는 공식적 조직에 구애받지 않고 발생 원인이나 성격을 감안한 활동을 간접원가의 집계단위로 삼는다. 따라서 ABC가 전통적인 방법에 비해 인과성을 잘 반영할 수 있는 구조라고 할 수 있다.

ABC의 활동별 원가를 원가동인의 차원에서 단위수준활동원가, 묶음수준활동원가, 제품수준활동원가, 공장수준활동원가 등의 네 가지로 분류할 수 있는데 그림 6-3과 같이 계층화할 수 있다는 점에서 **원가계층**cost hierarchy이라고 부른다.

단위수준활동원가unit-level activity cost는 개별제품이나 서비스마다 수행되는 활동에서 발생

그림 6-3 원가계층구조

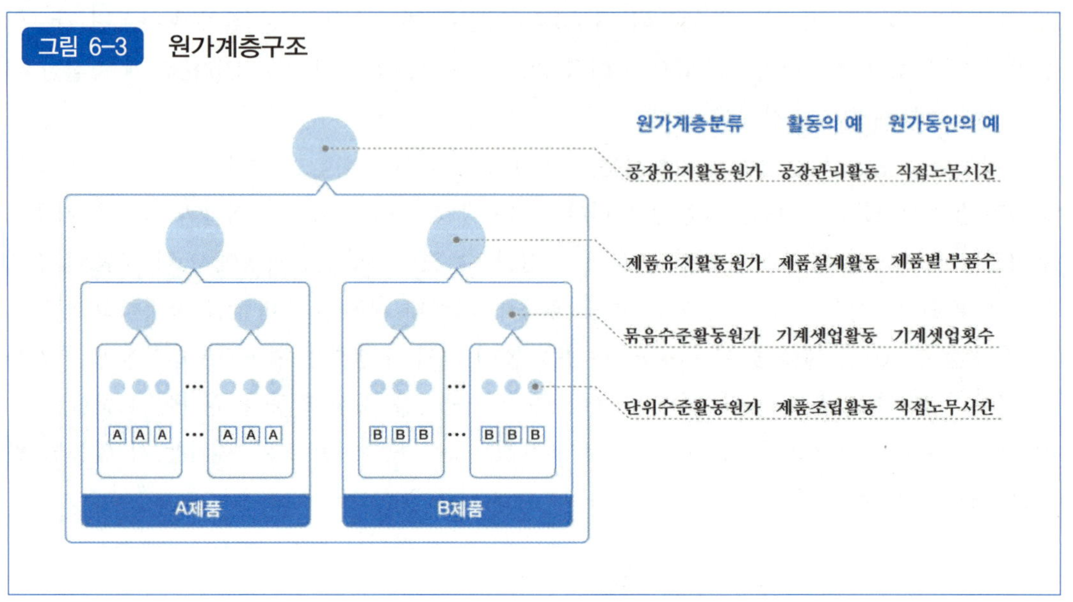

하는 원가를 말한다. 단위수준활동에 소비되는 자원량은 조업수준에 비례하므로 적합한 원가동인은 직접노무시간이나 기계시간 또는 재료처리량 등이 될 수 있다.

묶음수준활동원가batch-level activity cost는 생산이나 주문 묶음별로 수행되는 활동에서 발생하는 원가이다. 묶음 단위로 발생하는 활동은 그 묶음 단위 내에 있는 개별 제품의 생산량과는 무관하다. 예를 들어 한 묶음가 생산될 때마다 기계를 점검하고 새롭게 셋업을 해야 하는 상황을 생각해보자. 어떤 기업에서 제품 A와 B를 각각 1,000개, 100개씩 생산하였고 각 제품의 한 묶음당 생산량이 각각 100개, 10개라고 하면 비록 제품 A와 B의 생산량은 다르지만 묶음 수는 동일하게 10묶음이다. 즉, 제품 A와 제품 B에 대해서 이루어지는 기계의 점검 및 셋업 활동량은 동일하다. 묶음수준활동의 대표적인 예로는 기계의 셋업활동, 재료의 구매활동, 고객주문의 처리활동 등이다.

제품유지활동원가product sustaining activity cost는 특정 제품을 유지하는 데 필요한 활동에서 발생하는 원가이다. 제품의 설계를 개선한다거나 사양을 변경하는 활동, 품질검사방법이나 도구를 새롭게 개발하는 활동을 들 수 있다. 제품유지활동은 생산량이나 생산묶음수와는 무관하며 생산하고 있는 제품 종류 수나 제품설계 변경횟수, 신제품 도입건수 등이 원가동인의 예가 될 수 있다.

공장수준활동원가facility sustaining activity cost는 공장근로자에 대한 인사관리활동이나 공장감독자의 일반적인 관리활동 등 공장 전체를 유지하기 위한 활동에서 발생하는 원가를 말한다. 공장수준활동에 대한 원가동인은 앞서 언급한 다른 활동에 비해 명확하지 않기 때문에 전통적인 원가계산의 조업도에 기초한 배부기준을 많이 사용한다.

결과적으로 ABC와 전통적인 원가계산의 결정적인 차이는 묶음수준활동원가와 제품유지활동원가에 있다고 할 수 있다. 단위수준활동원가나 공장수준활동원가에 대해서는 전통적인 원가계산방식의 배부기준과 유사한 원가동인을 사용하지만 묶음수준활동원가나 제품유지활동원가의 원가동인은 전혀 다르기 때문이다. ABC가 전통적인 원가계산방식보다 우월한 이유는 이들 원가를 인식하고 그 성격에 맞는 적절한 원가동인을 사용하기 때문이다.

ABC의 절차

ABC를 구현하기 위해서는 활동, 활동별 원가, 활동별 원가동인, 제품별 원가동인량이 확정되어야 한다. 각 절차는 다음과 같다.

첫째, 제조간접원가를 발생시키는 부문의 관리자, 담당자 등에 대한 직무분석이나 면담을 통해 이들이 수행하는 활동을 분석하여 활동리스트를 확정한다.

그림 6-4 ABC의 계산절차

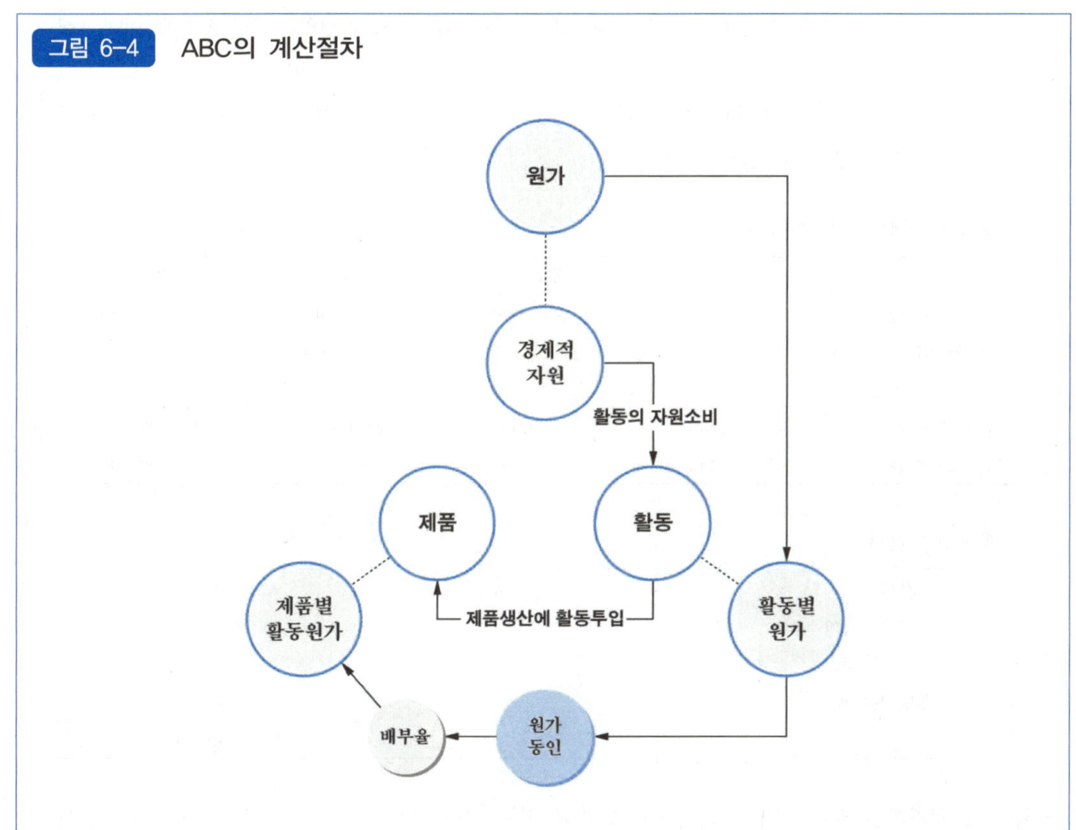

둘째, 제조간접원가를 구성하는 각 원가를 활동별로 추적하거나 배분하여 활동별 원가를 집계한다.

셋째, 활동의 특성과 제품의 생산 과정을 파악하여 활동의 투입량 또는 투입량을 대신할 수 있는 측정 가능한 원가동인을 정하고 제품별 원가동인량을 측정한다.

넷째, 활동별 원가를 해당 활동에 대한 원가동인총량으로 나누어 원가동인 단위당 배부율을 구한다.

다섯째, 제품별 각 활동에 대한 원가동인량에 해당 배부율을 곱하면 제품별 활동원가를 계산할 수 있다. 그림 6-4는 ABC의 계산절차를 시각화한 것으로 경제적 실질과 원가 간의 관계를 보여주고 있다.

다음은 ABC의 절차를 개관할 수 있는 예제이다.

PROBLEM 6-3

C사는 커피업계의 선도기업으로 경쟁력이 있는 두 종류의 인스턴트 커피, 맥시과 초이를 생산하고 있다. 최근 소비자들의 원두커피의 선호도가 상승함에 따라 코나와 자바 두 종류의 원두커피를 추가로 생산하려고 한다. 원두커피는 고급 재료를 구입한 후 다시 엄선하여 가공할 예정인데 1회당 생산량을 소량으로 하여 고품질을 유지할 예정이며 인스턴트 커피에 비해 상당히 높은 가격에 판매하고자 한다. 이에 반해 인스턴트 커피는 종전과 마찬가지 방법으로 생산할 예정이다. 다음은 지난 분기 제품별 생산 및 원가자료이다.

1. 제품별 생산량 및 직접원가

	맥시	초이	코나	자바
판매가격(kg당)	₩11,000	₩13,000	₩27,000	₩25,000
총생산량(kg)	1,500	1,000	200	300
일회 생산량(kg)	50	50	10	10
직접재료원가	₩1,500,000	₩1,500,000	₩600,000	₩1,500,000
직접노무원가	3,000,000	2,200,000	800,000	900,000

2. 제조간접원가

간접노무원가	₩7,000,000
기계감가상각비	5,000,000
수도광열비	1,030,000
셋업원가	5,750,000
	₩18,780,000

물음 1 원가계산 결과 신제품을 출시한 이후에 기존제품의 마진율이 하락하고 신제품의 마진율

이 예상외로 높은 것을 확인하였다. 이에 C사 경영진은 장기적으로 볼 때 인스턴트 커피의 생산량을 줄이거나 포기하고 원두커피의 생산량을 늘려야 하는 것은 아닌지 고민하고 있다. 제조간접원가를 각 제품의 직접노무원가를 기준으로 배부할 때 각 제품의 매출총이익과 매출총이익률을 계산하라.

풀이

	맥시	초이	코나	자바
직접재료원가	₩1,500,000	₩1,500,000	₩600,000	₩1,500,000
직접노무원가	3,000,000	2,200,000	800,000	900,000
제조간접원가	8,165,218	5,987,826	2,177,391	2,449,565
매출원가	₩12,665,218	₩9,687,826	₩3,577,391	₩4,849,565

	맥시	초이	코나	자바
매출액	₩16,500,000	₩13,000,000	₩5,400,000	₩7,500,000
매출원가	12,665,218	9,687,826	3,577,391	4,849,565
매출총이익	₩3,834,782	₩3,312,174	₩1,822,609	₩2,650,435
매출총이익률	0.23	0.25	0.34	0.35

물음 2 C사의 기획실 김 대리는 위 계산결과를 기초로 인스턴트커피의 생산을 줄이려는 의사결정에 문제가 있다고 생각하고 있나. 기획실장은 김 대리에게 구체적으로 무엇이 잘못되었는가를 보고서로 작성토록 지시하였다. 김 대리는 직접노무원가를 기초로 제조간접원가를 제품에 배부하는 것에 문제가 있다고 보고 제조간접원가를 검토한 결과 다음과 같은 기초자료를 수집하였다. 김 대리는 ABC의 내용을 잘 알고 있으므로 이 관점에서 이 문제를 해결해야 한다고 생각하고 있다. 김 대리가 분석을 위해 수집한 다음 자료를 이용하여 활동별 원가동인 단위당 배부율을 구하고 제품별로 활동원가를 계산하라.

1. 생산 전과정에 대한 주요사항

첫째, 재료구입과정이다. 커피 원재료는 구매부서에서 구입하는데 회당 구입량은 5회의 생산분량이다.

둘째, 원두의 선별과정이다. 재료를 구입한 후 가공에 앞서 불량원두를 제거하는 과정이다. 선별시간은 원재료량에 비례하여 소요되는데 원두커피용 원두가 인스턴트커피용 원두에 비해 3배 더 많이 소요된다.

셋째, 로스팅과정이다.• 로스팅 기계에서 원두에 열을 가해 볶는 과정이다. 제품마다 볶는 시간이 다르기 때문에 원두를 한꺼번에 가공할 수 없으며 생산일정에 따라 번갈아 가면서 작업한다.

넷째, 분쇄과정이다. 로스팅 작업을 마친 원두를 잘게 분쇄하는 과정을 거친다. 로스팅 작업 후에 이루어지는 이 과정 역시 로스팅작업과 마찬가지로 원두가 서로 섞이는 것을 방지하기 위해 각 생산물량에 대해서 개별적으로 이루어진다.

• 로스팅이 이루어지기 전에 커피 고유의 향을 만들기 위한 블렌딩(혼합)과정이 있는데, 이 과정은 각종 원두를 사전에 정해진 비율에 따라 자동으로 투입하는 과정이다. 본 사례에서는 블렌딩 원가는 로스팅 원가에 합산되어 있으며 원가계산에 영향을 주지 않으므로 구분할 필요가 없다고 가정한다.

다섯째, 인스턴트 커피는 분쇄된 원두를 커피원액으로 만들고 분말형태로 만드는 농축과정이 필요하다. 농축과정 역시 제품별 생산 물량별로 이루어진다.

여섯째, 1회의 물량에 대한 생산이 완료되면 모든 기계에 대해 셋업작업이 이루어진다. 이 과정에서는 세척 및 점검 그리고 다음 생산을 위한 모든 준비를 행한다. 셋업은 외주전문업체에서 직접 실시한다.

2. 제품별 생산 횟수 및 1회 생산 당 기계작업시간

	맥시	초이	코나	자바
생산량(kg)	1500	1000	200	300
일회 생산량(kg)	50	50	10	10
생산횟수(생산묶음수)	30	20	20	30
생산 회당 기계시간				
로스팅	2	3	3	2
분쇄	3	3	1	1
농축	5	5	0	0

3. 활동의 구분과 원가동인

활동	원가동인
구매활동	구매횟수
선별활동	생산량(원두커피용은 3배 소요)
셋업활동	생산횟수
로스팅활동	생산횟수×회당 기계시간
분쇄활동	생산횟수×회당 기계시간
농축활동	생산횟수×회당 기계시간

선별활동의 원가동인은 원두재료량이지만 이에 대해서는 별도로 집계되어 있지 않으며 면담결과 재료량은 커피 생산량에 비례하는 것으로 알려져 있다. 단, 원두커피용 원두의 선별시간은 인스턴트커피용 원두에 비해 3배 더 소요되는 것으로 알려져 있다.

4. 제조간접원가의 활동별 추적 및 할당

(단위: ₩)

원가	활동								합계
	구매 활동	선별 활동	기계작업활동			셋업활동			
			로스팅	분쇄	농축	로스팅	분쇄	농축	
간접노무원가	3,000,000	1,000,000	1,000,000	1,000,000	1,000,000				7,000,000
설비감가상각비			2,000,000	1,000,000	2,000,000				5,000,000
수도광열비			480,000	300,000	250,000				1,030,000
셋업외주원가						1,500,000	2,250,000	2,000,000	5,750,000
합계	3,000,000	1,000,000	3,480,000	2,300,000	3,250,000	1,500,000	2,250,000	2,000,000	18,780,000

- 간접노무원가는 담당직원과의 면담을 통해 활동별로 할당하였다.
- 수도광열비는 전액 전기요금이므로 각 설비의 시간당 소비전력에 기계시간을 곱한 수치를 기준으로 기계작업 활동별로 할당하였다. 설비별 소비전력은 로스팅, 분쇄, 농축설비가 각각 20kWh, 15kWh, 10kWh이다.
- 기계에 대한 감가상각비와 셋업원가는 직접 추적 가능하였다.

풀이

1. 활동별 배부율

	구매 활동	선별 활동	기계작업활동			셋업활동		
			로스팅	분쇄	농축	로스팅	분쇄	농축
활동별 원가	₩3,000,000	₩1,000,000	₩3,480,000	₩2,300,000	₩3,250,000	₩1,500,000	₩2,250,000	₩2,000,000
활동별 원가동인	구매횟수 =생산횟수/5	생산량 × 가중치	생산횟수 ×1회당 기계시간	생산횟수 ×1회당 기계시간	생산횟수 ×1회당 기계시간	생산횟수	생산횟수	생산횟수
제품별 원가동인								
맥시	30/5	1,500×1	30×2	30×3	30×5	30	30	30
초이	20/5	1,000×1	20×3	20×3	20×5	20	20	20
코나	20/5	200×3	20×3	20×1	0	20	20	0
자바	30/5	300×3	30×2	30×1	0	30	30	0
원가동인합	20	4,000	240	200	250	100	100	50
배부율	₩150,000	₩250	₩14,500	₩11,500	₩13,000	₩15,000	₩22,500	₩40,000

2. 제품별 활동원가

(단위: ₩)

제품	활동								합계
	구매 활동	선별 활동	기계작업활동			셋업활동			
			로스팅	분쇄	농축	로스팅	분쇄	농축	
맥시	₩900,000	₩375,000	₩870,000	₩1,035,000	₩1,950,000	₩450,000	₩675,000	₩1,200,000	₩7,455,000
초이	600,000	250,000	870,000	690,000	1,300,000	300,000	450,000	800,000	5,260,000
코나	600,000	150,000	870,000	230,000	0	300,000	450,000	0	2,600,000
자바	900,000	225,000	870,000	345,000	0	450,000	675,000	0	3,465,000
합계	₩3,000,000	₩1,000,000	₩3,480,000	₩2,300,000	₩3,250,000	₩1,500,000	₩2,250,000	₩2,000,000	₩18,780,000

물음 3 물음 2의 결과를 이용하여 제품별 매출총이익과 매출총이익률을 구하고 경영진이 제안한 계획에 대해 논의하라.

풀이

	맥시	초이	코나	자바
직접재료원가	₩1,500,000	₩1,500,000	₩600,000	₩1,500,000
직접노무원가	3,000,000	2,200,000	800,000	900,000
제조간접원가	7,455,000	5,260,000	2,600,000	3,465,000
매출원가	₩11,955,000	₩8,960,000	₩4,000,000	₩5,865,000

	맥시	초이	코나	자바
매출액	₩16,500,000	₩13,000,000	₩5,400,000	₩7,500,000
매출원가	11,955,000	8,960,000	4,000,000	5,865,000
매출총이익	₩4,545,000	₩4,040,000	₩1,400,000	₩1,635,000
매출총이익률	0.28	0.31	0.26	0.22

ABC를 적용한 결과에 의하면 종전의 계산결과와 달리 인스턴트커피의 마진율이 새롭게 출시한 원두커피보다 높다는 사실을 확인할 수 있다. 생산노하우가 많이 쌓인 인스턴트커피 제품라인이 C사에는 여전히 중요한 수익원이라는 것을 보여주는 것이며 이제 막 생산을 시작한 원두커피 제품라인은 생산 효율성을 향상시킬 여지가 있음을 시사한다. 따라서 인스턴트커피의 수익성하락을 이유로 제품라인을 포기하거나 생산량을 줄이는 것은 잘못된 판단이며 오히려 새롭게 출시한 원두커피의 수익성을 향상시키기 위한 노력이 필요하다.

활동기준원가계산의 활용

앞선 예제에서 살펴봤듯이 ABC는 제품의 수익성을 판단할 수 있는 중요한 원가 정보를 제공한다. 제품의 제조원가를 정확히 구할 수 있어야 제품의 수익성을 제대로 판단할 수 있으며 제품의 폐기, 제품가격의 재설정, 제품생산량의 확대, 제품의 재설계, 생산공정의 개선, 신기술의 도입 등의 추가적인 경영계획을 마련할 수 있다.

ABC는 제조원가뿐만 아니라 판매비와 관리비에도 적용할 수 있다. 판매비와 관리비는 특성상 개별제품보다는 판매고객이나 유통경로별로 파악하는 것이 필요한데 추적이 어려워 배분이 필요한 경우라면 ABC가 그 역할을 수행할 수 있다. 고객이나 유통경로별로 판매비와 관리비를 고려하여 수익성을 파악하면 차별적인 관리에 활용할 수 있다. 수익성이 좋은 고객에 대해서는 구매선을 변경하지 않고 지속적인 고객관계를 유지할 수 있도록 할인혜택을 제공할 수 있으며 수익성이 좋지 않은 고객에 대해서는 수익성이 개선될 수 있도록 보다 적극적인 구매를 유도하거나 가격을 인상할 수도 있다.

서비스기업은 기업활동의 대부분이 지원활동에 해당하므로 ABC를 적용할 경우 제조기업보다 더 큰 혜택을 볼 수 있다. 이동통신사나 신용카드사, 은행, 보험사와 같은 금융기관이 대부분 이러한 범주에 들어가는 서비스기업으로 ABC의 적용가능성이 높은 예이다.

ABC는 정부나 지방자치단체와 같은 비영리조직에도 유용하다. 정부나 공공기관은 개별 서비스별로 수익이나 효익을 계량적으로 파악하기 어렵지만 ABC를 적용할 경우 개별 서비스별로 소비하는 자원이나 원가를 계산할 수 있으므로 효율성을 측정할 수 있다.

제품의 수익성 분석과 관리방안

전통적인 원가계산방법을 사용한 기업은 대량으로 생산 · 판매하고 있는 기존 제품라인에 덧붙여 고객의 요구에 맞는 다양한 제품을 소량 생산하고 그 제조원가를 충분히 보상할 수 있는 마진을 붙이면 전체적으로 더 큰 이익을 볼 수 있다고 생각하였다. 여기서 문제는 다양한 제품을 생산하게 되면 생산지원활동의 수요가 매우 커지게 되는데 전통적인 원가계산방법에 의한 제조원가는 이러한 점이 전혀 반영되지 않은 잘못된 계산결과라는 점이다. 과소하게 계산된 제조원가를 기초로 판매가격을 정하면 이익을 보는 것이 아니라 판매할수록 손실이 발생하는 제품을 유지하는 결과를 낳을 수 있다.

ABC를 적용하여 제품별 수익성을 파악한 결과 기업 내에서 가장 수익성이 높은 제품 20%가 기업이익의 300%를 낳고 나머지 80%의 제품이 기업이익의 200%를 잠식하는 현상을 발견할 수 있었다. **고래곡선**whale curve으로 알려진 그림 6-5는 이러한 현상을 잘 보여준다. 그림에서 가로축에는 수익성이 높은 순서대로 제품을 나열하고 세로축에는 회사 전체이익 대비 해당 제품까지의 누적이익 비율을 표시한 것이다.

그림과 같이 전체이익 대비 누적이익의 비율의 모습이 고래등과 같은 기업은 일반적으로 간접원가의 규모가 크고 다양한 제품을 생산 · 판매하거나 다양한 층의 고객에 서비스를 제공하는 특징을 가지고 있다. 특히 이러한 기업이 전통적인 원가계산방법을 사용하는 경우 제품라인의 확대나 제품 사양의 다양화가 초래한 간접원가의 상승효과를 파악할 수 없다. ABC 분석을 통해 이러한 현상을 파악하면 제품의 수익성을 향상시킬 수 있는 여러 가지 관리방안을 강구할 수 있다.

그림 6-5 고래곡선

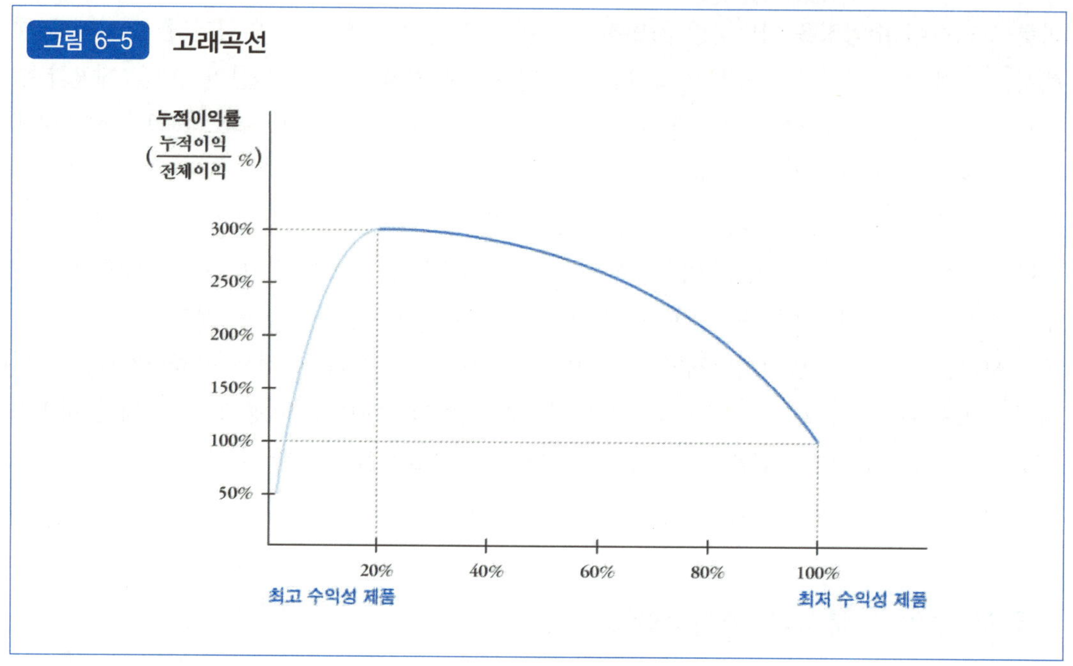

첫째, 제품의 가격조정이다. 일반적으로 경쟁시장에서 판매하는 제품의 가격은 기업이 조정할 수 있는 여지가 거의 없다. 그러나 신기술 등이 적용된 독점적인 성격의 제품이거나 소비자의 주문에 따라 생산되는 제품인 경우에는 시장가격자체가 존재하지 않거나 의미가 없기 때문에 해당 제품의 제조원가를 충분히 반영한 판매가격으로 재설정할 수 있다.[1]

둘째, 제품의 변경이다. 고원가 구조를 갖는 소량주문 생산제품을 과감히 포기하고 저원가 구조를 갖는 제품으로 대체할 수 있다. 고사양의 주문 제품이 원가는 높지만 소비자가 인식하는 가치는 낮은 경우가 있다. 소비자가 가치를 두지 않는 기능이나 사양은 과감히 포기하는 것이 원가를 절감하고 수익성을 향상시키는 방법이 될 수 있다.

셋째, 제품의 재설계이다. 특정제품에서 생산원가가 많이 발생하는 이유 중 하나는 제품의 설계가 잘못되어 생산과정에서 기업의 자원을 불필요하게 많이 소비하기 때문이다. 이러한 경우에는 생산과정에서 불필요한 자원의 소비를 줄일 수 있도록 제품을 재설계하는 방법을 택할 수 있다.

넷째, 생산과정의 개선이다. 생산과정에서 수행되는 활동 중에는 원가를 많이 발생시키거나 중복되어 불필요한 것이 있을 수 있다. 활동원가를 많이 발생시키는 원인을 찾고 그러한 활동을 줄이거나 불필요한 활동을 제거하는 생산과정의 개선조치가 수행될 수 있다.

다섯째, 위에서 언급한 방안들을 현실적으로 적용하기 어려운 경우에는 극단적으로 제품

1 '가격결정과 원가의 역할'에 대한 자세한 내용은 <웹부록 B>에서 다룬다.

자체를 폐기하는 방법도 있다.

ABC는 단순히 원가계산방법을 개선하는 것에 국한되지 않고 구체적인 관리방안에 필요한 기초정보를 제공할 수 있다는 점에서 중요한 의미를 가진다. ABC분석결과를 관리목적에 활용하는 것을 활동기준관리ABM: activity-based management라고 한다.

판매비와 관리비에 대한 분석

최근 기업들은 좋은 제품을 생산하는 것 못지않게 생산 이후 제품이 고객까지 전달되고 사용되는 과정에도 많은 관심을 가진다. 기업이 지속적인 매출향상을 이루기 위해서는 고객만족이 중요한데 고객의 만족도는 제품의 질이나 성능뿐만 아니라 그 제품의 전달과정이나 사후관리에 많이 영향을 받기 때문이다. 기업들이 마케팅이나 판매 그리고 유통에 많은 비용을 지출하는 것도 고객만족을 위한 다양한 고객 지향적 전략에서 비롯된 것이다.

마케팅 관련 비용은 개별제품이나 제품라인보다는 주로 개별 고객, 세분화된 시장, 유통경로와 관련이 있다. 신용카드사가 고객별로 차별화된 판촉활동을 하는 것이 그 예이다. 직업별, 거주지별, 나이별, 성별로 분류된 고객층마다 구매성향이나 카드 사용목적이 서로 다르기 때문에 각 고객층에 소구할 수 있는 차별적인 판촉활동을 수행하는 것이 매출향상에 도움이 된다. 고객마다 회사에 요구하는 서비스의 수준도 다를 수 있다. 어떤 고객은 인터넷을 이용하여 사용대금을 확인하거나 개인정보를 변경할 수도 있지만 다른 고객은 전화를 이용할 수도 있다. 또 상담서비스를 이용하는 정도도 고객마다 다를 수 있다.

마케팅이나 판촉 그리고 관리활동의 종류나 강도가 고객별로 차이가 있다면 이는 곧 고객별로 발생하는 원가 역시 다를 수 있으며 더 나아가 수익성에도 차이가 있다는 의미이다. 여기서 중요한 것은 고객별로 제공하는 기업의 실제 활동이 다르더라도 관련 원가를 고객별로 추적 및 배분하는 과정이 없다면 고객별 수익성을 제대로 파악할 수 없다는 점이다. 예컨대 매출액을 기준으로 판매비와 관리비를 기계적으로 배분하는 방식으로 계산한 고객별 영업이익은 판매비와 관리비를 고려하지 않은 고객별 매출총이익매출과 매출원가에서 얻을 수 있는 수익성 정보와 별반 다를 것이 없다.

제조기업의 간접원가 배분에 효과적인 ABC개념은 이와 같은 마케팅활동이나 판촉활동의 원가를 고객이나 유통망별로 배분할 때 그대로 적용할 수 있다.

PROBLEM 6-4

S사는 의약품 유통업체로서 3개의 세분화된 시장(병원, 체인점 약국, 개인 약국)을 상대로 영업을 하고 있다. 다음은 20×1년 3월 각 시장별 손익계산서이다.

	병원	체인점약국	개인약국	합
매출액	₩10,000,000	₩8,000,000	₩12,000,000	₩30,000,000
매출원가	7,700,000	4,800,000	6,600,000	19,100,000
매출총이익	₩2,300,000	₩3,200,000	₩5,400,000	10,900,000
판매비와관리비				6,648,000
영업이익				₩4,252,000

이제까지 S사는 세분화된 시장의 수익성은 매출총이익률로 평가하고 있다. 그러나 최근 판매비와 관리비의 비중에 커짐에 따라 이 비용을 수익성 평가에 반영하고자 한다. 이를 위해서는 판매비와 관리비를 좀 더 자세히 분석하고 각 시장별로 이 비용을 추적 및 배분할 필요가 있다고 판단하였다. 분석결과 판매비와 관리비를 발생시키는 활동은 크게 다음의 여섯 가지로 구분할 수 있었다.

활동영역	원가동인
주문처리활동	주문횟수
출고관리활동	주문품목수량
운송활동	주문횟수
선반진열활동	주문품목수량×가중치•
재고관리활동(개인약국에 한함)	주문품목수량
대금회수관리활동	연체횟수

• 병원, 체인약국, 개인약국에 품목당 소요되는 진열시간 비율은 1:1.5:2 로서 이를 가중치로 반영한다.

고객이 주문을 하면 재고상황을 파악하여 배송일을 결정하고 주문고객과 약품보관창고에 이를 통보한다. 보관창고에서는 출고명령서에 따라 출고를 관리하며 배송담당직원은 직접 고객에 운송한다. 운송과 아울러 약품을 선반에 직접 진열하며 약국 재고를 파악하는 서비스를 제공하기도 한다. 병원이나 체인점약국은 약품이 체계적으로 관리되어 있는 편이어서 선반진열시간이 개인약국에 비해 적게 소요되며 재고관리서비스는 개인약국에만 제공한다.

20×1년 3월 세 개의 세분화된 시장에서의 각 활동수준 및 활동원가는 다음과 같다.

활동	원가동인량 병원	체인점약국	개인 약국	합계	총활동원가
주문처리활동	100	400	600	1,100	₩990,000
출고관리활동	10,000	12,000	30,000	52,000	312,000
운송활동	100	400	600	1,100	2,310,000
선반진열활동	10,000	18,000	60,000	88,000	1,056,000
재고관리활동	0	0	30,000	30,000	270,000
대금회수관리활동	10	60	120	190	1,710,000
합계					₩6,648,000

물음 1 20×1년 3월 세 개의 세분화된 시장에 대한 수익성을 평가하라. 단, 매출총이익률에 의한다.

물음 2 여섯 가지 활동영역에서의 원가동인 단위당 배부율을 계산하라.

물음 3 판매비와 관리비에 ABC를 적용하고 시장별 영업이익율로 수익성을 평가하라.

풀이

1. 매출총이익률은 병원, 체인점약국, 개인약국이 각각 23%, 40%, 45%로 개인약국의 매출총이익률이 가장 높다.

2. 활동영역별 원가동인 단위당 배부율

	활동원가	원가동인량	배부율
주문처리활동	₩990,000	1,100	₩900
출고관리활동	312,000	52,000	6
운송활동	2,310,000	1,100	2,100
선반진열활동	1,056,000	88,000	12
재고관리활동	270,000	30,000	9
대금회수관리활동	1,710,000	190	9,000

3. ABC의 적용

① 세분시장별 활동원가

	병원	체인점약국	개인약국
주문처리활동	₩90,000	₩360,000	₩540,000
출고관리활동	60,000	72,000	180,000
운송활동	210,000	840,000	1,260,000
선반진열활동	120,000	216,000	720,000
재고관리활동	0	0	270,000
대금회수관리활동	90,000	540,000	1,080,000
합계	₩570,000	₩2,028,000	₩4,050,000

② 시장별 영업이익과 영업이익률

	병원	체인점약국	개인약국	전체
매출액	₩10,000,000	₩8,000,000	₩12,000,000	₩30,000,000
매출원가	7,700,000	4,800,000	6,600,000	19,100,000
매출총이익	2,300,000	3,200,000	5,400,000	10,900,000
판매비와관리비	570,000	2,028,000	4,050,000	6,648,000
영업이익	₩1,730,000	₩1,172,000	₩1,350,000	₩4,252,000
매출총이익률	23.00%	40.00%	45.00%	36.33%
영업이익률	17.30%	14.65%	11.25%	14.17%

매출총이익률과는 정반대로 영업이익률로 평가한 수익성은 병원이 가장 높고, 개인약국이 가장 낮다. 이는 판매비와 관리비에 ABC를 적용한 결과 개인약국으로 인해 발생하는 활동원가가 많기 때문이다.

미사용 활동능력원가

ABC를 통해 제품별 활동원가와 수익성을 파악하여 문제점이 발견되면 관리방안을 모색하고 극단적인 경우에는 제품라인을 폐기할 수 있다. 여기서 문제의 특정 제품을 폐기한다면 이 제품 생산에 투입했던 활동이 더 이상 필요 없게 되므로 활동원가도 줄어들 것인가?

생산지원활동에서 발생하는 원가는 상당부분 고정원가의 성격을 가지고 있다. 따라서 제품생산을 중단하더라도 활동원가는 그대로 발생할 가능성이 크다. 활동원가의 크기는 제품의 생산이나 수행한 활동량보다는 해당 활동과 관련된 설비나 인원 규모에 대해 경영자가 당초에 내린 의사결정에 달려 있다. 이러한 의미에서 고정원가라는 표현보다는 기정원가 또는 **확정원가**committed cost라는 표현이 적절하다고 할 수 있다.

특정 제품을 폐기해도 활동원가는 그대로 발생한다면 폐기한 제품에 할당되었던 활동원가는 어떻게 되는가? 활동원가를 실제로 발생한 원가동인량을 기준으로 각 제품에 할당하면 결국 폐기된 제품에 할당되던 활동원가는 다른 제품에 그대로 전가된다.[2]

특정 활동에서 서비스를 제공할 수 있는 능력에 비해 실제 제공한 활동량이 적다면 그 차이는 **미사용 활동능력**unused capacity이라고 할 수 있는데 활동원가를 실제원가동인량을 기준으로 각 제품에 할당하면 미사용 활동능력 및 원가는 별도로 파악할 수 없으며 그대로 생산되는 다

2 이는 제 5 장에서 언급한 '죽음에 이르는 소용돌이'와 동일한 현상이라고 할 수 있다.

른 제품의 원가에 포함된다.

관리적 차원에서는 미사용 활동능력과 원가를 별도로 파악하고 이것이 다른 제품의 원가에 포함되지 않도록 하는 것이 적절하다. 이들을 파악하고 있어야 새로운 제품의 생산에 투입할 때 추가적인 투자 없이 투입 가능한 활동수준은 어느 정도이며 그 원가는 얼마인지 알 수 있기 때문이다. 또 미사용 활동능력이 더 이상 필요 없다면 장기적으로 해당 활동에 필요한 설비나 인원을 축소하여 해당 활동의 서비스 제공 능력과 원가를 줄일 수 있기 때문이다.

미사용 활동능력과 원가를 별도로 파악하기 위해서는 원가동인당 배부율을 구할 때 실제로 발생한 원가동인량이 아닌, 실질적인 활동제공능력practical capacity을 반영한 투입 가능한 원가동인량을 사용해야 한다. 미사용 활동원가는 다음과 같이 구할 수 있다.

formula

미사용 활동능력원가:
(투입 가능 원가동인량－실제 발생 원가동인량)×활동제공능력에 기초한 원가동인량 배부율
=(투입 가능 원가동인량－실제 발생 원가동인량)×(활동원가/투입 가능 원가동인량)

PROBLEM 6-5

S사는 A, B, C 세 가지 제품을 생산하고 있으며 다음은 20×1년 주문처리활동과 관련된 자료이다.

제품별 주문처리횟수			주문처리 실제 총횟수	주문처리 가능 총횟수	주문처리 활동원가
A	B	C			
150	200	50	400	500	₩2,000,000

물음 제품별 주문처리활동 원가와 미사용 활동능력원가를 구하라.

풀이 주문처리 가능횟수를 기준으로 한 원가동인당 배부율은 ₩4,000(=2,000,000/500)이다. 제품별 활동원가와 미사용 활동능력원가는 다음과 같다.

	A	B	C	미사용 활동능력
주문처리횟수	150	200	50	100
배부율	₩4,000	₩4,000	₩4,000	₩4,000
주문처리활동원가	₩600,000	₩800,000	₩200,000	₩400,000

활동기준원가계산 도입 시 고려할 사항

ABC가 원가계산의 정확성을 기하고 이로부터 산출되는 정보가 관리목적에 매우 유용하지만 ABC의 구축이나 실행상의 문제점이 없는 것은 아니다. ABC를 실제로 도입하기에 앞서 다음의 몇 가지 사항을 반드시 염두에 두어야 한다.

첫째, ABC의 구축에 많은 시간과 비용이 소요될 뿐만 아니라 투입자료의 정확성을 담보하기가 쉽지 않다. 시스템을 구축하기 위해서는 활동분석, 활동별 원가, 원가동인, 원가대상별 원가동인량을 결정해야 하는데 이를 위해서는 직원들을 면담하여 그들의 수행하는 활동과 활동별 투입시간을 파악하는 작업이 중요하다. 그러나 현업이 있는 직원과의 면담시간을 일일이 확보하는 것도 쉽지 않을 뿐만 아니라 직원의 수가 많은 경우 이들에 대한 면담이 충분히 이루어지는 것도 어렵다. 게다가 면담이나 서면을 통해서 활동별 투입시간을 구한다 하더라도 대부분 주관적인 판단에 의한 것이므로 확보된 자료가 정확하다는 보장도 없다.

시스템을 구축하는 데 사용한 기초자료에 문제가 있으면 이를 통해 얻은 결과에도 한계가 있을 수밖에 없다. 일단 ABC가 구축되었다 하더라도 기업의 활동이나 직원들이 수행하는 업무가 달라지므로 시스템을 수시로 업데이트해야 하는 문제도 있다. **시간동인활동기준원가계산** TDABC: time-driven activity-based costing은 이러한 문제를 해결하기 위한 대안으로 언급되고 있다.[3]

둘째, 활동의 상세수준과 관련된 문제이다. 활동이 세분화되어 있을수록 정확한 원가계산이 가능하지만 이를 위한 원시자료의 수집이나 저장이 쉽지 않고 정보처리에도 많은 시간이 소요된다. 또 이러한 문제를 피하기 위해 활동을 너무 간략하게 구성하면 의미 있는 원가동인을 찾기 어려울 뿐만 아니라 이런 이유로 전통적인 원가계산의 일반적인 배분기준을 사용하면 ABC의 도입취지를 달성하지 못할 수 있다. ABC의 원가와 효익은 기업마다 다르므로 기업의 규모나 성격, 그리고 ABC를 도입하는 목적에 따라 시스템은 달라져야 한다. 경우에 따라서는 여전히 전통적인 원가계산방법이 더 적합한 기업이 있을 수 있다.

셋째, ABC를 도입하고자 하는 목적이 무엇이며 ABC로부터 도움을 받을 수 있는 부서나 관리자가 누구인지 명확해야 한다. ABC를 도입하는 목적이 "원가계산의 정확성을 제고하기 위함이다"라는 것처럼 막연해서도 안 되고 "기업 내의 관리적인 문제를 해결하기 위함이다"라는 것처럼 허무맹랑해서도 안 된다. ABC를 도입하여 원가계산의 정확성이 제고되었다 하더라도 그 수치를 아무도 이용하지 않는다면 아무런 의미가 없다. 또 ABC의 유용성을 너무 과장하

3 '시간동인활동기준원가계산'에 대한 자세한 내용은 <웹부록 A>에서 다루고 있다.

는 것도 적절하지 않다. 도입을 고려할 때부터 ABC로부터 얻고자 하는 정보는 무엇이며 이 정보를 의사결정에 활용할 수 있는 관리자나 부서를 명확히 할 필요가 있다.

넷째, ABC는 정보시스템일 뿐 통제시스템은 아니다. ABC는 각종 원가정보를 제공해주는 정보시스템이지만 이 정보를 부서나 관리자의 성과평가나 유인체계에 활용하는 것은 또 다른 통제시스템에서 담당할 몫이다. 즉, ABC가 구축되었다고 해서 기업구성원의 행동이 달라지고 기업의 성과가 달라지는 것은 아니다.

다섯째, ABC를 성공적으로 도입하고 기업 내의 시스템으로 자리 잡으려면 재무나 회계부서 등 일개 부서가 이를 주도하는 것보다 최고경영자가 ABC에 대해 강력한 도입 및 활용 의지를 보이는 것이 중요하다. 최고경영자의 지원이 없을 경우, 실제 운영부서와 관리자는 ABC로부터 산출된 정보를 의사결정에 사용하지 않을 것이고 시스템에 필요한 기초 자료도 제공하지 않으려 할 것이기 때문이다. 기업의 전 구성원의 참여를 독려하기 위해서 여러 부서가 같이 참여하는 범기능적 프로젝트팀을 구성하여 ABC를 추진하는 것도 한 방법이 될 수 있다. 외부 컨실팅회사에 ABC 구축을 의뢰하는 경우에 이러한 문제는 더욱 심각하기 때문에 최고경영자의 지원이나 각 부서의 도움이 반드시 필요하다.

여섯째, 시스템이 너무 복잡하여 이해하기 어렵거나 너무 단순하여 현실을 제대로 반영하지 않는 경우 ABC에 대한 신뢰성이 떨어져 기업구성원들의 활용도가 낮아질 수 있다. 더 나아가 운영부서가 ABC로부터 얻는 효익이 없다면 ABC에 필요한 기초자료조차도 제공하지 않는 악순환이 이어질 수 있다. 따라서 정보의 최종 이용자 입장을 충분히 고려하고 지속적으로 각 부서의 의견을 수렴하여 시스템을 구축하는 것이 필요하다.

일곱째, 기업의 구성원은 ABC의 도입과 같은 새로운 변화에 저항할 수 있다. 특히 ABC로 인해 자신의 성과평가가 불리하게 되거나 자신이 담당하고 있는 제품 또는 업무가 없어질 수 있는 경우에는 더욱 큰 저항이 있을 수 있다. ABC가 구성원에게 미치는 행동적인 문제도 도입 시에 충분히 고려해야 한다.

Cost & Management Accounting

쉬•어•가•는 원가 · 관리회계

ABC의 숨겨진 뿌리

ABC는 어느 한순간의 발명이 아니라, 간접원가를 둘러싼 오래된 고민과 시도가 20세기 후반에 이르러 당시 기업환경과 맞물려 결실을 보게 된 경우라고 할 수 있다.

ABC와 관련하여 흔히 언급되는 시기와 인물은 1980년대 후반, Kaplan과 Cooper이다. 이들은 여러 기업 사례와 연구를 통해 자원-활동-원가대상으로 이어지는 이단계 배분 구조와 활동원가동인, 활동계층 등을 정리하고 'Activity-Based Costing'이라는 이름으로 개념을 체계화했다. 오늘날 교과서에서 접하는 ABC의 전형적인 모습은 상당 부분 이들의 작업에 기반하고 있다. 그러나 ABC의 아이디어 자체가 1980년대에 갑자기 등장한 것은 아니었다. 이미 그보다 오래전부터 전통적인 조업도에 기반한 배분방법의 한계를 지적하고, 거래(transaction)나 활동(activity)을 간접원가의 원인으로 보는 다양한 선행 논의들이 축적되어 있었다.

1923년 경제학자 Clark는 설비와 관련된 간접원가를 단순히 생산량에 따라 배분하는 관행이 경제적 의사결정을 왜곡할 수 있다고 비판했다. 그는 생산량과 무관하게 발생하는 고정설비원가를 단위당 원가로 나타내면 가격결정이나 생산 여부에 관한 판단이 잘못된 방향으로 흐를 수 있다고 경고했다. 오늘날 표현으로 옮기면 "조업도에 기반한 배분방법은 목적에 따라 서로 다른 원가가 필요하다는 점, 즉 Different costs for different purposes라는 관점을 무시하고 있다"는 문제 제기였다. 1960년대 Drucker는 이 문제를 좀 더 생생하게 파고들며, 기업의 간접부문에서 소비하는 자원이 실제로 어떤 활동을 위해 사용되는지 회계정보가 제대로 보여주지 못한다고 지적했다. 그는 많은 기업에서 전체 원가의 60~70%가 마치 직접원가인 것처럼 생산량과 같은 단순한 기준으로 제품에 배분되고, 주문의 크기나 횟수, 생산준비와 같은 거래 특성이 전혀 고려되지 않는 현실을 비판했다. 그 결과, "어떤 고객이 한 번에 100만 달러를 주문하든, 100만 명의 고객이 소량씩 나누어 100만 달러를 주문하든, 혹은 1회 생산으로 충당되는 주문이든 50회 생산을 나누어 해야 하는 주문이든, 배분되는 간접원가는 똑같다"는 역설적인 상황이 벌어진다고 꼬집었다.

1985년 Miller와 Vollmann은 "숨은 공장(The Hidden Factory)"이라는 글에서 현대 제조기업의 간접원가는 더 이상 산출량 그 자체가 아니라 물류, 생산조정, 품질, 일정변경과 관련된 다양한 '거래'의 수와 복잡성에 의해 좌우된다고 분석했다. 이들은 지원부문의 활동을 네 가지 거래 범주로 나누어 설명하면서, 간접원가의 원인을 물량이 아니라 거래의 구조에서 찾으려 했다. 이는 이후 ABC에서 말하는 활동원가동인의 사고와 매우 닮아 있으며, "간접원가는 고객이 암묵적으로 구입하는 적시성, 품질, 다양성, 설계 변경 등의 속성, 다시 말해 증강제품(augmented product)과 관련된 '거래'에서 발생한다"는 관점을 명확히 제시한 작업이었다. 이 시기에 일부 논자들은 이러한 접근을 'transaction costing'이라고 부르기도 했는데, 나중에 '활동'이라는 용어가 자리 잡으면서 ABC로 이어졌다고 평가된다.

한편 1990년대 초 Johnson은 1960년대 초 General Electric이 이미 활동원가분석(activity costing) 모델을 개발해 간접원가 정보를 개선하려 했다는 사실을 소개했다. GE의 모델에서는 '활동'이라는 개념이 오늘날과 거의 같은 의미로 사용되었고, 활동분석과 원가동인 파악을 위해 면접과 현장 관찰 기법을 체계적으로 활용했다고 한다. 이후 Arthur Andersen은 GE의 접근법을 기반으로 컨설팅을 전개하면서 이러한 활동기준 사고는 특정 기업을 넘어 보다 넓은 실무 세계로 확산되었다. 이와 더불어 Staubus는 1971년 저서 『Activity Costing and Input-Output Accounting』에서 활동을 중심으로 한 원가계산과 투입-산출 구조를 결합하는 모형을 제시했다. 활동 단위와 그 상호 의존 관계를 명시적으로 모델링하려는 이런 시도는, 훗날 ABC와 활동기준관리(ABM)의 이론적 배경으로 자주 언급된다.

이처럼 Clark, Drucker, Miller와 Vollmann, GE 그리고 Staubus에 이르기까지의 논의는 "간접원가는 무엇 때문에 발생하는가?", "어떤 기준으로 배분해야 경영의사결정에 도움이 되는가?"라는 질문을 세대에 걸쳐 되풀이하며 조금씩 답을 좁혀 온 과정이었다. 이 축적된 문제의식 위에서 1980년대 이후 Kaplan과 Cooper가 활동을 중심으로 한 원가계산 틀을 다듬고 'Activity-Based Costing'이라는 이름 아래 하나의 체계로 정리해 널리 보급한 것이다. "ABC는 Kaplan과 Cooper가 만든 것인가?"라는 질문에 굳이 답하자면, ABC라는 이름과 오늘날 우리가 배우는 구체적 형태는 이들이 정립했지만, 그 씨앗은 1920~1970년대 여러 학자와 기업 현장에서 이미 싹트고 있었다고 보는 것이 무난할 것이다.

지금 여러분이 이 장에서 공부한 ABC는, 그렇게 오랜 시간 쌓여 온 문제의식과 실험이 1980년대에 와서 비로소 하나의 이름을 얻은 결과물이라고 볼 수 있다. 회계와 경영의 많은 아이디어가 그렇듯, 겉으로는 한순간의 '새로운 기법'처럼 보이지만 그 뒤에는 수십 년에 걸친 축적과 시행착오의 역사가 자리하고 있다.

Clark, J. 1923. Studies in the Economics of Overhead Costs. University of Chicago Press.
Cooper, R. & Kaplan, R. 1988. Measure Costs Right: Make the Right Decisions. Harvard Business Review.
Drucker, P. 1963. Managing for business effectiveness. Harvard Business Review.
Johnson, H. 1992. It's time to stop overselling activity-based concepts. Management Accounting.
Kaplan, R. & Cooper, R. 1998. Cost & Effect: Using Integrated Cost Systems to Drive Profitability and Performance. Harvard Business School Press.
Miller, J. & Vollmann, T. 1985. The hidden factory. Harvard Business Review.
Staubus, G. 1971. Activity Costing and Input-Output Accounting. Richard D. Irwin.

연습문제 | 활동기준원가계산

chapter 6

선택형

회계사 2010 …

01. 다음 중 활동기준원가계산제도가 생겨나게 된 배경으로 타당하지 않은 것은?
① 수익성 높은 제품의 선별을 통한 기업역량 집중의 필요성
② 산업구조의 고도화 및 직접노동 투입량의 증가
③ 제품 및 생산공정의 다양화
④ 원가정보의 수집 및 처리기술의 발달
⑤ 개별제품이나 작업에 직접 추적이 어려운 원가의 증가

세무사 2015 …

02. 활동기준원가계산에 관한 설명으로 옳지 않은 것은?
① 활동기준원가계산은 생산환경의 변화에 따라 증가되는 제조간접원가를 좀 더 정확하게 제품에 배부하고 효과적으로 관리하기 위한 새로운 원가계산방법이라 할 수 있다.
② 활동기준원가계산에서는 일반적으로 활동의 유형을 단위수준활동, 묶음수준활동배치수준활동, 제품유지활동, 설비유지활동의 4가지로 구분한다.
③ 제품유지활동은 주로 제조공정이나 생산설비 등을 유지하고 관리하기 위하여 수행되는 활동으로서 공장시설관리, 환경관리, 안전유지관리, 제품별 생산설비관리 등의 활동이 여기에 속한다.
④ 묶음수준활동은 원재료구매, 작업준비 등과 같이 묶음단위로 수행되는 활동을 의미하는데 품질검사의 경우 표본검사는 묶음수준활동으로 분류될 수 있지만, 전수조사에 의한 품질검사는 단위수준활동으로 분류된다.
⑤ 단위수준활동은 한 단위의 제품을 생산하는 데 수반되어 이루어지는 활동으로서 주로 생산량에 비례적으로 발생하며, 주로 직접노무시간, 기계작업시간 등을 원가동인으로 한다.

세무사 2022 …

03. 활동기준원가계산ABC에 관한 설명으로 옳지 않은 것은?
① 제조기술이 발달되고 공장이 자동화되면서 증가되는 제조간접원가를 정확하게 제품에 배부하고 효과적으로 관리하기 위한 원가계산기법이다.
② 설비유지원가facility sustaining cost는 원가동인을 파악하기 어려워 자의적인 배부기준을 적용

하게 된다.

③ 제품의 생산과 서비스 제공을 위해 수행하는 다양한 활동을 분석하고 파악하여, 비부가가치 활동을 제거하거나 감소시킴으로써 원가를 효율적으로 절감하고 통제할 수 있다.

④ 원가를 소비하는 활동보다는 원가의 발생행태에 초점을 맞추어 원가를 집계하여 배부하기 때문에 전통적인 원가계산보다 정확히 제품원가 정보를 제공한다.

⑤ 고객별·제품별로 공정에서 요구되는 활동의 필요량이 매우 상이한 경우에 적용하면 큰 효익을 얻을 수 있다.

04. (주)세무는 20×1년에 제품 A 1,500단위, 제품 B 2,000단위, 제품 C 800단위를 생산하였다. 제조간접원가는 작업준비 ₩100,000, 절삭작업 ₩600,000, 품질검사 ₩90,000이 발생하였다. 다음 자료를 이용한 활동기준원가계산에 의한 제품 B의 단위당 제조간접원가는? … 세무사 2020

활동	원가동인	제품 A	제품 B	제품 C
작업준비	작업준비횟수	30	50	20
절삭작업	절삭작업시간	1,000	1,200	800
품질검사	검사시간	50	60	40

① ₩43 ② ₩120 ③ ₩163 ④ ₩255 ⑤ ₩395

05. (주)세무는 20×1년 제품 A와 B를 각각 1,800개와 3,000개를 생산·판매하였다. 각 제품은 배치batch로 생산되고 있으며, 제품 A와 B의 배치당 생산량은 각각 150개와 200개이다. 활동원가는 총 ₩1,423,000이 발생하였다. 제품생산과 관련된 활동내역은 다음과 같다. … 세무사 2023

활동	원가동인	활동원가
재료이동	이동횟수	₩189,000
재료가공	기계작업시간	1,000,000
품질검사	검사시간	234,000
합계		₩1,423,000

제품 생산을 위한 활동사용량은 다음과 같다.

- 제품 A와 B 모두 재료이동은 배치당 2회씩 이루어진다.
- 제품 A와 B의 총 기계작업시간은 각각 300시간과 500시간이다.
- 제품 A와 B 모두 품질검사는 배치당 2회씩 이루어지며, 제품 A와 B의 1회 검사시간은 각각 2시간과 1시간이다.

제품 A에 배부되는 활동원가는? (단, 재공품은 없다.)

① ₩405,000 ② ₩477,000 ③ ₩529,000
④ ₩603,000 ⑤ ₩635,000

세무사 2025 …

06. (주)세무는 활동기준원가계산에 의하여 판매관리비를 고객별로 배부한다. 활동기준원가계산을 적용하기 위해 20×1년 초에 수집한 연간 예산 및 관련 자료는 다음과 같다.

- 연간 판매관리비 예산: ₩500,000(급여 ₩300,000, 기타 ₩200,000)
- 자원소비단위활동별 판매관리비 배분비율

	고객주문처리	고객관계관리	계
급여	60%	40%	100%
기타	70%	30%	100%

- 활동별 원가동인과 연간 활동량

활동	원가동인	활동량
고객주문처리	고객주문횟수	80회
고객관계관리	고객수	30명

20×1년 중 고객 A가 12회 주문할 경우, 이 고객에게 배부될 판매관리비는?

① ₩6,000 ② ₩8,000 ③ ₩14,000
④ ₩48,000 ⑤ ₩54,000

세무사 2024 …

07. (주)세무는 제품 A와 B를 생산하고 있으며, 직접노무원가를 기준으로 제조간접원가를 배부하고 있다. 배부해야 할 제조간접원가는 ₩81,600이고, 제품 A와 B에 대한 자료는 다음과 같다.

	제품 A	제품 B
단위당 직접재료원가	₩150	₩250
단위당 직접노무원가	60	90
단위당 직접노무시간	1시간	1시간

(주)세무는 활동기준원가계산의 도입을 고려하고 있으며, 다음은 원가담당자가 분석한 활동원가에 관한 내용이다.

활동	활동원가	원가동인	원가동인 사용량	
			제품 A	제품 B
재료이동	₩21,000	이동횟수	50회	20회
작업준비	21,600	작업준비시간	80시간	100시간
검사	39,000	생산량	200단위	400단위

(주)세무가 활동기준원가계산을 도입할 경우, 기존의 제조간접원가 배부방법에 비해 제품 A의 단위당 제조간접원가는 얼마나 증가하는가?

① ₩24.8　② ₩52　③ ₩86
④ ₩4,960　⑤ ₩17,200

08. 감평회계법인은 컨설팅과 회계감사서비스를 제공하고 있다. 지금까지 감평회계법인은 일반관리비 ₩270,000을 용역제공시간을 기준으로 컨설팅과 회계감사서비스에 각각 45%와 55%씩 배부해 왔다. 앞으로 감평회계법인이 활동기준원가계산을 적용하기 위해, 활동별로 일반관리비와 원가동인을 파악한 결과는 다음과 같다. ··· 감평사 2013

활동	일반관리비	원가동인
스텝지원	₩200,000	스텝수
컴퓨터지원	50,000	컴퓨터사용시간
고객지원	20,000	고객수
합계	₩270,000	

컨설팅은 스텝수 35%, 컴퓨터사용시간 30% 그리고 고객수 20%를 소비하고 있다. 활동기준원가계산을 이용하여 컨설팅에 집계한 일반관리비는 이전 방법을 사용하는 경우보다 얼마만큼 증가 또는 감소하는가?

① ₩32,500 감소　② ₩32,500 증가　③ ₩59,500 감소
④ ₩59,500 증가　⑤ 변화 없음

09. 다음은 활동기준원가계산을 사용하는 제조기업인 (주)감평의 20×1년도 연간 활동원가 예산자료이다. 20×1년에 회사는 제품 A를 1,000단위 생산하였는데 제품 A의 생산을 위한 활동원가는 ₩830,000으로 집계되었다. 제품 A의 생산을 위해서 20×1년에 80회의 재료이동과 300시간의 직접노동시간이 소요되었다. (주)감평이 제품 A를 생산하는 과정에서 발생한 기계작업시간은? ··· 감평사 2018

- 연간 활동원가 예산자료

활동	활동원가	원가동인	원가동인총수량
재료이동	₩4,000,000	이동횟수	1,000회
성형	₩3,000,000	제품생산량	15,000단위
도색	₩1,500,000	직접노동시간	7,500시간
조립	₩1,000,000	기계작업시간	2,000시간

① 400시간 ② 500시간 ③ 600시간 ④700시간 ⑤ 800시간

회계사 2020 …

10. (주)대한은 제품 A와 제품 B를 생산하는 기업으로, 생산량을 기준으로 제품별 제조간접원가를 배부하고 있다. (주)대한은 제품별 원가계산을 지금보다 합리적으로 하기 위해 활동기준원가계산제도를 도입하고자 한다. 다음은 활동기준원가계산에 필요한 (주)대한의 활동 및 제조에 관한 자료이다.

활동	활동원가(₩)	원가동인
재료이동	1,512,000	운반횟수
조립작업	7,000,000	기계작업시간
도색작업	7,200,000	노동시간
품질검사	8,000,000	생산량
총합계(제조간접원가)	23,712,000	

원가동인	제품별 사용량	
	제품 A	제품 B
운반횟수	400회	230회
기계작업시간	600시간	800시간
노동시간	3,000시간	6,000시간
생산량	X개	Y개

(주)대한이 위 자료를 바탕으로 활동기준원가계산에 따라 제조간접원가를 배부하면, 생산량을 기준으로 제조간접원가를 배부하였을 때보다 제품 A의 제조간접원가가 ₩3,460,000 더 작게 나온다. 활동기준원가계산으로 제조간접원가를 배부하였을 때 제품 B의 제조간접원가는 얼마인가?

① ₩8,892,000 ② ₩9,352,000 ③ ₩11,360,000

④ ₩12,352,000 ⑤ 14,820,000

11. (주)세무는 고객별 수익성 분석을 위하여 판매관리비에 대해 활동기준원가계산을 적용한다. 당기 초에 수집한 관련 자료는 다음과 같다. … 세무사 2019

1. 연간 판매관리비 예산 ₩3,000,000(급여 ₩2,000,000, 기타 ₩1,000,000)
2. 자원소비단위활동별 판매관리비 배분비율

구분	고객주문처리	고객관계관리	계
급여	40%	60%	100%
기타	20%	80%	100%

활동	원가동인	활동량
고객주문처리	고객주문횟수	2,000회
고객관계관리	고객수	100명

(주)세무는 당기 중 주요 고객인 홍길동이 30회 주문할 것으로 예상하고 있다. 홍길동의 주문 1회당 예상되는 (주)세무의 평균 매출액은 ₩25,000이며 매출원가는 매출액의 60%이다. 활동기준원가계산을 적용하여 판매관리비를 고객별로 배분하는 경우, (주)세무가 당기에 홍길동으로부터 얻을 것으로 예상되는 영업이익은?

① ₩255,000 ② ₩265,000 ③ ₩275,000 ④ ₩279,500 ⑤ ₩505,000

12. 상품매매기업인 (주)한국유통이 활동기준원가계산을 적용하여 간접원가overheads를 고객별로 배부하기 위해, 20×1년 초에 수집한 연간 예산자료는 다음과 같다. … 회계사 2015

(1) 연간 간접원가

간접원가항목	금 액
급여	₩1,200,000
판매비	800,000
계	₩2,000,000

(2) 활동별 간접원가 배부비율

간접원가항목	활 동		계
	고객주문처리	고객관계관리	
급여	20%	80%	100%
판매비	40%	60%	100%

(3) 활동별 원가동인과 연간 활동량

활 동	원가동인	활동량
고객주문처리	고객주문횟수	500회
고객관계관리	고객수	50명

(주)한국유통은 20×1년 중 주요 고객인 (주)대한이 20회의 주문을 할 것으로 예상하고 있다. (주)대한의 주문 1회당 예상되는 평균매출액은 ₩20,000이며, 매출원가는 매출액의 75%이다. 활동기준원가계산을 적용하여 간접원가를 고객별로 배부하는 경우, (주)한국유통이 20×1년 중 (주)대한으로부터 얻을 것으로 예상할 수 있는 이익은 얼마인가? (단, 매출원가를 제외한 어떠한 직접원가도 발생하지 않는다)

① ₩46,300 ② ₩48,800 ③ ₩50,400
④ ₩52,600 ⑤ ₩54,500

회계사 2016 ···

13. (주)한국은 소매업체들을 대상으로 판매촉진 관련 지원서비스를 제공하고 있다. (주)한국은 적절한 이익을 창출하고자 각 고객별 주문과 관련하여 발생한 재료원가에 100%의 이윤폭markup을 가산하여 각 고객에 대한 지원서비스 청구액=재료원가×200%을 결정하여 왔다. 최근 들어 (주)한국은 새로운 고객관계관리 소프트웨어를 사용하여 활동분석을 수행한 결과, 활동, 활동원가동인 및 활동원가동인당 배부율을 다음과 같이 파악하였다.

활동	활동원가동인	활동원가동인당 배부율
정규주문처리	정규주문 처리건수	정규주문처리 건당 ₩5
긴급주문처리	긴급주문 처리건수	긴급주문처리 건당 ₩15
고객이 요구한 특별서비스 처리	특별서비스 처리건수	특별서비스처리 건당 ₩50
고객관계관리	연간 고객수	고객당 ₩100

고객관계관리 소프트웨어를 이용하여 20×1년 한 해 동안 이 회사의 고객들에 관한 데이터를 수집하였으며, 총 고객 60명 중 2명의 고객 A, B에 대한 자료와 회사 전체의 자료는 다음과 같다.

구 분	고객 A	고객 B	회사전체
매출액(지원서비스 청구액)	₩1,400	₩750	₩60,000
정규주문 처리건수	25건	8건	1,000건
긴급주문 처리건수	10건	8건	500건
특별서비스 처리건수	4건	7건	200건
고객수	1명	1명	60명

위에 주어진 활동분석 자료에 입각하여 20×1년 한 해 동안 고객 A, B 각각으로부터 창출된 이익손실을 계산하면 얼마인가?

	고객 A	고객 B
①	₩175	₩(235)
②	₩175	₩(300)
③	₩175	₩(325)
④	₩125	₩(235)
⑤	₩125	₩(325)

14. 20×1년 1월 1일에 개업한 (주)사문은 두 종류의 제품X, Y을 생산하고 있다. (주)사문은 각 제품의 생산묶음batch마다 생산준비활동을 1회씩 수행하는데, 생산준비활동에 대한 원가동인배부기준은 생산준비횟수이다. 20×1년 한 해 동안 제품 X와 제품 Y의 생산량 및 생산묶음당 제품수량은 각각 나음과 같나. … 회계사 2011

구분	제품 X	제품 Y
생산량	1,250개	800개
생산묶음당 제품수량	25개	10개

한편, (주)사문은 생산준비활동 미사용능력unused capacity에 대한 원가미사용 생산준비활동원가를 계산하여 동 원가는 각 제품에 배부되지 않도록 하는 것이 관리 목적상 유용할 것으로 판단하고 있다.

미사용 생산준비활동원가를 제외할 때, 제품 X와 제품 Y에 배부되는 생산준비활동원가의 합계액은 ₩1,690,000이다. 또한 미사용 생산준비활동원가를 제외할 때, 제품 X에 배부되는 생산준비활동원가는 ₩100,000만큼 줄어든다는 사실도 확인하였다. 현재의 인원과 설비로 수행할 수 있는 연간 최대 생산준비횟수는 얼마인가? (단, 생산준비활동원가는 전액 고정원가이다)

① 130회 ② 140회 ③ 150회 ④ 160회 ⑤ 165회

서술형

01. P사는 회로판을 제조·납품하고 있다. 완전 자동화된 설비를 이용하여 회로판에 부품을 조립하고 납땜한 후 작동 여부를 검사하는 생산과정으로 이루어져 있으며 직접노무원가는 발생하지 않는다. ABC를 적용하기 위한 활동, 원가동인, 배부율은 다음과 같다.

활동	원가동인	비율	
재료취급	직접재료원가	재료원가의	5%
조립작업	사용부품수	부품당	₩50
납땜작업	회로판수	회로판당	₩1,500
품질검사	검사시간(분)	분당	₩35

P사는 A, B, C의 세 가지 회로판을 제작하고 있는데 모델별 회로판 1개에는 다음의 내용이 소요된다.

	모델 A	모델 B	모델 C
직접재료원가	₩4,000	₩6,000	₩8,000
사용부품수	60	40	20
검사시간(분)	50	30	20

물음 A, B, C 회로판 단위당 제조원가를 각각 계산하라.

02. K사는 원두커피를 생산·판매하고 있다. 회사의 주요 원가는 직접재료이지만, 자동화된 굽기와 포장공정에서 상당한 금액의 제조간접원가가 발생하며 직접노무원가는 상대적으로 낮은 수준이다. K사는 제조원가에 30%의 이윤을 가산하여 판매가격을 산정하고 있다.

20×1년의 예산자료에 의하면 직접재료원가, 직접노무원가, 제조간접원가가 각각 ₩6,000,000, ₩600,000, ₩3,000,000이며, 제조간접원가는 직접노무원가를 기준으로 배부하고 있다. 회사의 일부 제품인 하와이와 브라질의 1kg당 직접원가 예산은 다음과 같다.

	하와이	브라질
직접재료원가	₩4.2	₩3.2
직접노무원가	0.3	0.3

K사의 김주임은 기존의 단순한 원가시스템제조간접원가를 직접노무원가를 기준으로 배부하는 방법이 잘못된 원가정보를 제공한다고 생각하고 있다. 그는 20×1년 예산제조간접원가에 관련된 활동 및 원가동인 그리고 원가동인당 배부율을 다음과 같이 구했다.

활동	원가동인	원가동인배부율
구매	구매주문횟수	₩500
재료처리	운반횟수	400
품질관리	배치수	240
굽기	굽기시간	10
세척	혼합시간	10
포장	포장시간	10

하와이 및 브라질 커피의 20×1년도 생산에 관한 자료는 다음과 같다. 두 제품의 기초 및 기말의 재고는 없다.

	하와이	브라질
예상매출	100,000kg	2,000kg
구매주문	4회	4회
배치수(개)	10개	4개
운반	30회	12회
굽기시간	1,000시간	20시간
혼합시간	500시간	10시간
포장시간	100시간	2시간

물음 (1) K사의 단순 원가계산시스템을 사용한다고 할 때 다음 물음에 답하라.

가. 단일배부기준으로 직접노무원가를 배부기준으로 할 때 회사의 20×1년 제조간접원가 예정배부율을 구하여라.

나. 1kg의 하와이 커피 및 1kg의 브라질 커피의 20×1년 예산원가와 판매가격을 구하여라.

(2) 김주임의 활동기준접근법을 이용하여, 20×1년 하와이 커피와 브라질 커피의 1kg당 제조원가를 추정하라.

03. K사는 아이스크림을 생산 판매하는 회사로서 설립부터 최근까지 바닐라와 초코 두 종류의 아이스크림을 생산했으나, 고객의 다양한 수요에 대응하고 악화되는 수익성을 개선하기 위해 작년부터 딸기와 아몬드 아이스크림을 추가하였다. 이러한 조치로 매출액은 증가하였으나, 이익의 증가는 매출 증가에 미치지 못하는 수준이었다. 경영지원팀의 이과장은 이러한 결과가 종전에는 고정성 비용으로 생각했던 제조간접원가의 일부항목이 매출증가속도보다 더 빠르게 증가하는 현상을 보이고 있다는 점에 기인한 것으로 보고 있다. 지금까지 K사는 제조간접원가를 직접노무원가에 비례하여 배부하고 있었다.

아래 10월 제품별 매출총이익 결과에 의하면, 딸기와 아몬드아이스크림은 수익성이 있으나,

바닐라와 초코아이스크림은 겨우 손익분기점을 면하는 수준을 보이고 있으며, 판매비와 관리비를 고려하면 회사는 적자라고 할 수 있는 상태이다. 이 씨는 수익성이 없는 바닐라와 초코아이스크림의 생산 판매를 줄이고, 새로이 출시한 딸기와 아몬드아이스크림의 생산을 확대하는 것이 바람직한 대안이 될 것인지에 대해 고민하고 있다.

	바닐라	쵸코	딸기	아몬드	합계
리터당 판매가격	₩550	₩600	₩700	₩800	
판매량(리터)	6,000	4,000	800	400	11,200
매출액	₩3,300,000	₩2,400,000	₩560,000	₩320,000	₩6,580,000
매출원가:					
직접재료원가	1,020,000	864,000	144,000	104,000	2,132,000
직접노무원가	600,000	400,000	80,000	40,000	1,120,000
제조간접원가 (₩2.75/직접노무원가)	1,650,000	1,100,000	220,000	110,000	3,080,000
	3,270,000	2,364,000	444,000	254,000	6,332,000
매출총이익	₩30,000	₩36,000	₩116,000	₩66,000	₩248,000
매출총이익률	0.91%	1.50%	20.71%	20.63%	3.77%

각 제품별로 원자재 소요량과 직접노무작업시간이 식별 가능하므로, 직접재료원가와 직접노무원가는 쉽게 계산할 수 있다. 그 밖의 월별로 약 ₩3,080,000에 이르는 제조간접원가는 각 제품의 직접노무원가를 기준으로 배부하고 있는데 배부율은 직접노무원가의 275%이다. 새로운 아이스크림을 생산하기 전에는 제조간접원가비중이 직접노무원가의 120%에 못미치는 수준이었으므로 새롭게 출시한 제품이 제조간접원가의 상승을 불러온 것이 아닌가 의심하고 있다. 이에 제조간접원가에 대한 상세한 분석 및 TDABC 적용을 위해 수집한 관련 자료는 다음과 같다.

1. 제조간접원가는 간접노무원가와 기계 감가상각비로 구성되어 있다.

2. 생산직원은 모두 5명인데 이들의 인당 월급여는 ₩560,000이며 개인별 월 근무시간은 140시간이다. 이들의 업무는 제품별로 추적가능한 생산활동과 기타 간접성 생산지원활동기계셋업활동, 생산일정수립활동, 제품유지활동으로 구성되어 있다.

제품별 생산에 투입하는 직접노무시간과 지원활동에 투입하는 간접노무시간 내역은 다음과 같다.

	바닐라	쵸코	딸기	아몬드	합계
생산량(리터)	6,000	4,000	800	400	11,200
리터당 직접노무시간	0.025	0.025	0.025	0.025	0.025
직접노무시간	150	100	20	10	280
생산횟수	8	8	5	4	
생산회당 셋업활동 간접노무시간	2	4	8	8	
생산회당 생산일정계획 간접노무시간	3	3	3	3	

소계	40	56	55	44	195
제품유지활동 간접노무시간	8	8	8	8	32
간접노무시간	48	64	63	52	227

3. 기계는 모두 2대가 있으며 대당 월 감가상각비는 ₩700,000이며 기계당 월 가용시간은 140시간이다. 제품별 생산에 투입되는 생산기계시간과 셋업 중 대기기계시간은 다음과 같다.

	바닐라	쵸코	딸기	아몬드	합계
생산량(리터)	6,000	4,000	800	400	11,200
기계시간(100리터당)	1	1	1	1	1
생산기계시간	60	40	8	4	112
생산횟수	8	8	5	4	
생산회당 셋업시간	2	4	8	8	
대기기계시간	16	32	40	32	120
총기계시간	76	72	48	36	232

물음 (1) 노무시간당 노무원가노동력 관련 작업용량 원가율와 기계시간당 감가상각비기계 관련 작업용량 원가율는 각각 얼마인가?

(2) 제품별 직접노무원가, 간접노무원가, 기계감가상각비는 각각 얼마인가?

(3) 비사용 노무시간 및 원가, 비사용 기계시간 및 원가는 얼마인가?

(4) (1)~(3)의 결과를 이용하여 TDABC에 의한 제품별 매출총이익 및 매출총이익률을 계산하라. 단, 미사용원가는 제품에 배분하지 말고 별도로 표시하시오.

(5) ABC를 적용할 때 활동별 원가동인율과 제품별 활동원가배분액을 구하라. 활동분석에 의하면 직접생산활동, 셋업활동, 생산일정수립활동, 제품유지활동, 기계활동으로 구분할 수 있으며 직원면담을 통해 얻은 각 활동에의 투입시간비율을 기초로 구한 각 활동원가는 다음과 같다.

		노무원가 추적 및 배분액	원가동인
직접생산활동	40%	1,120,000	직접노무시간
생산일정수립활동	26%	728,000	생산횟수
셋업활동	18%	504,000	셋업시간
제품유지활동	16%	448,000	제품수
합계	100%	2,800,000	

기계활동원가는 기계의 감가상각비이며 제품별 투입기계시간이 원가동인이다.

(6) 물음 (5)의 결과를 기초로 ABC에 의한 제품별 매출총이익 및 매출총이익률을 계산하라.

제7장 원가행태와 추정

- 원가행태와 유형
  - 원가함수와 원가동인
  - 관련범위와 선형근사
  - 행태별 원가 분류
- 선형원가함수의 추정
  - 공학적 접근법
  - 계정분석법
  - 산포도법
  - 고저점법
  - 회귀분석법
  - 원가동인의 평가와 선택
- 비선형원가함수
  - 구간별 선형원가함수와 계단형 원가함수
  - 학습곡선
  - 학 습 률

원가행태와 추정

경제적 자원을 소비하는 제품, 부문, 활동 등의 원가에 영향을 주는 변수는 무엇이며 어떻게 영향을 주는가? 이들 원가대상에서 발생하는 원가의 변화 양상을 알고 있다면 미래에 발생할 원가도 예측할 수 있으므로 의사결정, 계획 및 통제 등 관리활동에 유용하게 사용할 수 있다. 본 장에서는 원가행태 및 원가함수에 대한 기본적인 이해를 기초로 원가함수를 추정하는 방법을 알아본다. 아울러 대표적인 비선형 원가함수인 학습곡선도 설명한다.

원가행태와 유형

원가대상의 활동수준level of activity이 달라질 때 관련 원가가 변화하는 양상을 **원가행태**cost behavior라고 한다.[1] 예를 들어 제품 생산량이 변할 때 그 제품원가를 구성하는 재료원가나 공장임차료가 어떻게 달라지는지, 품질검사량이 변할 때 품질검사부문의 소모품원가나 검사설비의 수선유지비가 어떻게 달라지는지이다.

원가행태를 알고 있으면 향후 활동수준에 따른 원가를 파악할 수 있으므로 의사결정, 계획, 통제 등 관리활동에 유용하게 사용할 수 있다. 원가행태를 관리적 목적에 활용하려면 원가에 영향을 미치는 활동, 활동수준을 나타낼 수 있는 측정치, 원가와 활동수준 측정치 간의 구체적인 관계를 찾아내야 한다.

원가함수와 원가동인

원가행태는 다음과 같이 수학적인 **원가함수**cost function로 나타낼 수 있다.

- $C=f(Q_A)$

  C: 원가, Q_A: 활동 A의 활동수준(원가동인량), $f(\cdot)$: 함수의 형태

1 원가대상은 제품, 부문, 활동 등 원가를 파악할 필요가 있는 대상이며 활동수준은 원가대상의 수량이나, 활동수행 정도를 계량적으로 보여주는 측정치이다. 원가대상과 활동수준의 예로 제품과 생산량, 품질검사부문과 품질검사수량, 생산준비활동과 생산묶음수 등을 들 수 있다.

그림 7-1 원가함수의 예

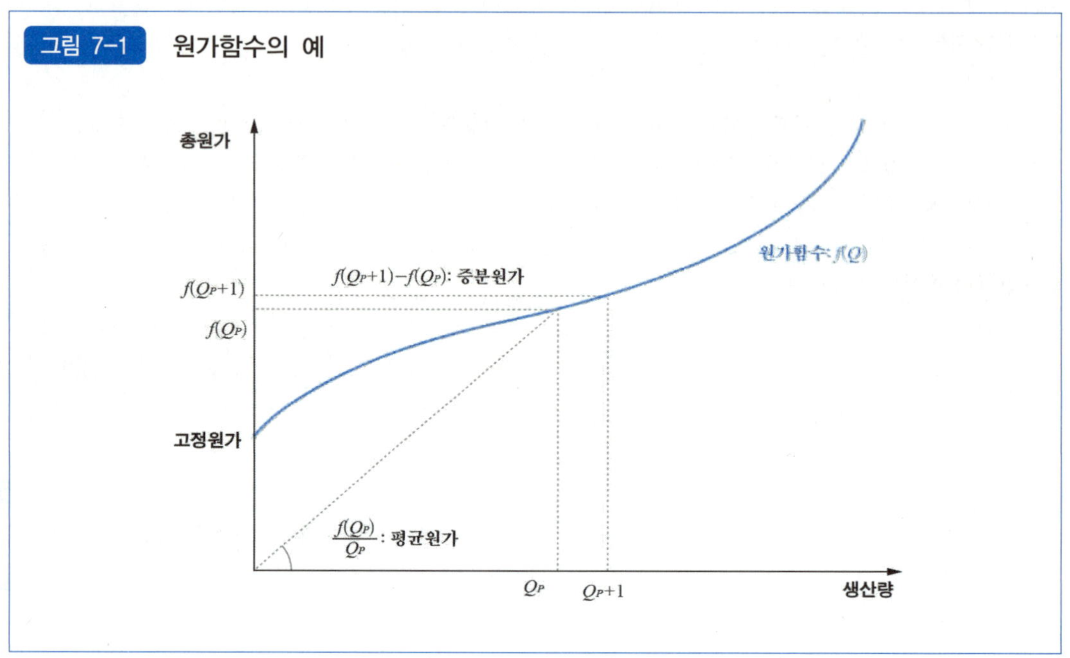

이 함수는 원가 C의 크기가 활동 A의 활동수준에 따라 결정된다는 것을 보여주고 있다. 어떤 활동이 원가의 크기나 변화에 영향을 줄 때 그 활동수준 또는 이를 나타낼 수 있는 측정 지표를 **원가동인**cost driver이라고 한다.

그림 7-1은 원가함수의 한 예이다. X축에는 원가동인으로서 생산량을, Y축에는 원가를 표시하고 있으며 이들 간의 관계, 즉 생산량이 변화할 때 원가함수를 따라 원가가 변화하고 있음을 보여준다. 원가함수를 특징짓는 중요한 원가개념에는 고정원가, 평균원가, 증분원가 등이 있는데 그림 7-1을 통해 이들을 알아보면 다음과 같다.

첫째, 생산량이 전혀 없는 경우에도 원가Y축의 절편가 발생하고 있음을 알 수 있다. 이와 같이 활동수준과는 무관하게 발생하는 원가가 존재할 수 있는데 이를 **고정원가**fixed cost라고 한다. 예컨대 생산기계설비를 취득한 후 발생하는 정액상각의 감가상각비, 공장설비에 대한 재산세나 화재보험료, 공장 경비원의 급여 등은 생산과 무관하게 발생하며 생산량이 변화하더라도 그 금액이 달라지지 않는 특징이 있다. 여기서 주의할 것은 고정원가가 특정기간, 관련범위 내 활동수준에서 일정하다는 것이지 그 금액이 언제나 일정하다는 것은 아니다. 물가가 올라 보험료나 공장경비원의 급여가 인상되면 고정원가는 달라질 수 있으며 관련범위를 벗어나는 경우에도 마찬가지이다. 다른 활동의 영향으로도 변할 수 있다.

둘째, 평균원가average cost는 생산량 단위당 원가를 의미한다. 제품원가를 표현할 때 편의상 총원가 대신, 총원가를 생산량으로 나눈 **단위당 원가**로 표현하는 경우가 많은데 이것이 평균원가인 셈이다. 위의 그림에서 생산량이 Q_P일 때 평균원가, 즉 단위당 원가는 그 때의 총원가 $f(Q_P)$를 생산량 Q_P로 나눈 값, 즉 $f(Q_P)/Q_P$로 나타낼 수 있는데, 이는 원점과 생산량이 Q_P일 때의 총원가 $f(Q_P)$를 잇는 직선의 기울기이기도 하다. 여기서 주의할 것은 평균원가는 어떤 생산량을 기준으로 삼는가에 따라 그 금액이 달라질 수 있다는 점이다. 위의 그림에서는 생산량이 낮을 때에는 평균원가가 높지만 증가할수록 평균원가가 낮아졌다가 다시 어느 수준을 넘어서면 평균원가가 다시 높아지는 것을 알 수 있다.

셋째, 증분원가의 개념이다. 특정 생산량에서 한 단위 또는 일정단위 만큼 활동수준이 높아질 때 추가적으로 발생하는 원가를 **증분원가** incremental cost 라고 한다. 위의 예에서 현재 생산량이 Q_P라고 할 때 한 단위를 더 생산할 때 발생하는 증분원가를 구한다면 $f(Q_P+1)-f(Q_P)$로 나타낼 수 있다.[2] 평균원가와 마찬가지로 어떤 생산량을 기준으로 증분원가를 구하는가에 따라 그 금액이 달라질 수 있다. 일반적으로 투자가 많이 이루어지는 활동수준 초기에는 증분원가가 크지만, 활동수준이 증가하여 안정되는 단계에 이르면 증분원가는 낮아진다. 그러나 활동수준이 완전조업상태에 가까워지면 새로운 투자가 필요하므로 증분원가는 다시 커질 수 있다.

관련범위와 선형근사

앞서 설명에서는 구체적인 함수의 형태를 제시하지 않았지만 개념적으로는 그림 7-1과 같은 비선형 원가함수가 일반적인 경우라고 할 수 있다 그러나 기업에서 이러한 원가함수를 구하는 것은 어려운 일이다. 구체적인 함수 형태도 명확하지 않으며 설사 함수의 형태를 안다 하더라도 계수를 추정하기가 쉽지 않기 때문이다. 실무에서는 손쉽게 원가예측치를 구하고 이를 신속하게 의사결정에 사용할 수 있어야 한다.

다행스러운 것은 앞서 비선형 원가함수에서는 생산 범위를 매우 넓게 잡고 있지만 이에 비하면 기업의 생산은 좁은 일부 구간에서만 이루어진다는 점이다. 예를 들어 전체 시장규모가 100,000개이며 시장점유율을 감안하면 약 1,000개 안팎을 판매할 수 있는 기업에서 생산범위가 0에서부터 100,000개인 원가함수를 추정하는 것은 불필요하며 현실적인 1,000개 안팎의 생산량에 대해서 원가함수를 추정하는 것이 적절하다. 그림 7-2에서 보듯이 생산량 전 범위에 대해서는 원가함수가 비선형이지만 현실적인 생산량 구간에서는 **선형근사** linear approximation

2 증분원가는 경제학에서 많이 언급되는 한계원가(marginal cost)와 유사한 개념이다. 한계원가는 생산량이 미세하게 변했을 때 원가가 변화하는 정도를 나타낸 것으로 미분의 개념이며 증분원가는 생산량이 보다 큰 단위로 변화했을 때 원가가 변화하는 정도를 의미하는 것으로 차분의 개념이다.

그림 7-2 관련범위와 선형근사

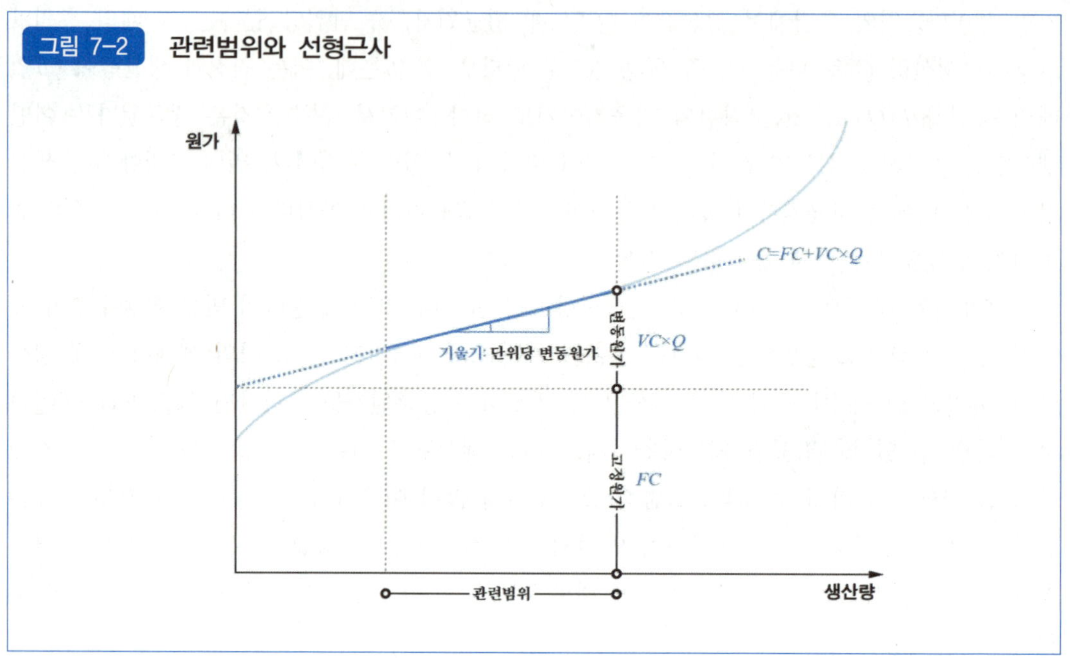

원가함수를 사용할 수 있다.

여기서 현실적인 생산량 또는 활동수준 범위를 **관련범위**relevant range라고 부르는데 그림 7-2에서 표시한 관련범위 내에서는 원래 원가함수와 선형근사 원가함수 간에 큰 차이가 없음을 알 수 있다. 실제 기업에서 원가계산이나 원가예측을 위해 사용하는 함수형태는 이와 같이 선형을 가정하는 것이 일반적이며 여기서도 특별한 언급이 없는 한 선형을 가정한다.

선형근사에 의하면 원가함수는 다음과 같은 일차함수의 형태를 나타낼 수 있다.

- $C = FC + VC \times Q_A$

여기서 FC는 활동수준 Q_A과 무관하게 일정하게 발생하는 원가이며 $VC \times Q_A$는 활동수준 Q_A에 비례하여 발생하는 원가이다. 원가함수의 기울기인 VC는 생산량이 한 단위 늘어날 때마다 증가하는 원가이므로 앞서 언급한 증분원가라고 할 수 있다. 일반적인 원가함수와는 달리 선형원가함수의 경우에는 증분원가가 활동수준과 상관없이 일정하며, FC가 없는 경우에는 평균원가와도 일치한다.

행태별 원가 분류

앞서 제2장에서 살펴본 것과 같이 원가는 원가대상의 수량이나 활동수준에 따라 원가가 어떤 행태를 보이는가에 따라 몇 가지로 구분할 수 있다. 활동수준과 상관없이 일정하게 발생하는 원가를 **고정원가**fixed cost라고 하며 활동수준에 비례적으로 발생하는 원가를 **변동원가**variable cost라고 한다. 만약 고정원가부분과 변동원가부분을 동시에 가지고 있다면 이러한 원가는 **혼합원가**mixed cost 또는 준변동원가semi-variable cost라고 한다. 따라서 앞서 살펴본 선형원가함수$C=FC+VC\times QA$에서 FC는 활동수준과 무관하게 발생하는 고정원가이며 $VC\times Q_A$는 활동수준에 따라 비례적으로 발생하는 변동원가이다. 물론 이들의 합인 C는 혼합원가가 된다.

원가를 고정원가와 변동원가로 분류할 때 주의해야 할 몇 가지 사항이 있다.

첫째, 같은 원가라 하더라도 원가대상에 따라 분류가 달라질 수 있다. 쿠팡의 택배 배송차량에 대한 자동차세는 차량 전체를 원가대상으로 하면 차량 대수에 따라 달라지는 변동원가이지만 배송차량 한 대를 원가대상으로 보면 고정원가이다.

둘째, 관련기간을 어떻게 잡는가에 따라 분류가 달라진다. 단기적으로는 고정원가라 하더라도 기간이 길게 잡으면 변동원가의 특성을 보인다. 일정 규모를 갖춘 지원부문에서 발생하는 원가는 대부분 고정원가이지만 장기적으로는 부문서비스의 사내 수요에 따라 부문 규모를 확대하거나 축소하는 의사결정이 이루어지므로 수요에 따라 증감하는 변동원가의 행태를 보인다.

셋째, 고정원가나 단위당 변동원가는 관련범위 내에서만 적용되므로 범위 밖에서는 달라질 수 있음에 유의해야 한다.

그림 7-3 고정원가, 변동원가, 혼합원가

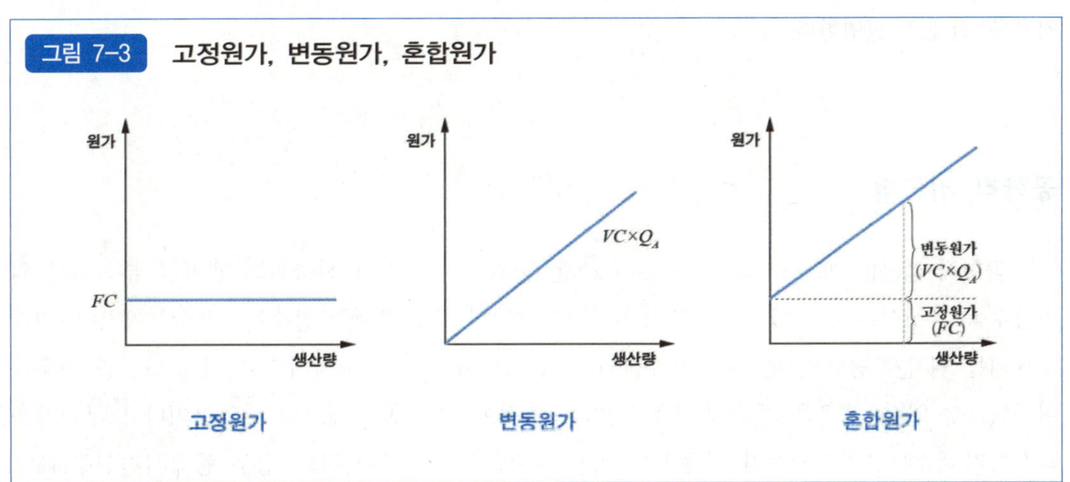

선형원가함수의 추정

정확한 원가추정을 위해서는 해당 원가와 활동수준 측정치 자료가 충분히 확보되어야 하지만 현실은 그렇지 않은 경우가 많다. 신제품의 제조원가나 새로운 설비의 운영원가는 기존 제품이나 설비에서 발생한 원가와는 다른 양상을 보일 수 있으므로 이들 자료를 그대로 사용할 수 없으며, 동일한 제품을 장기간 생산하고 생산방식에 변화가 없었더라도 추정에 필요한 측정치가 없는 경우도 있다.

과거자료가 있지만 이를 통해 원가를 추정하는 것이 무의미하거나 과거자료가 아예 존재하지 않는 경우에는 전문가나 회계담당자의 판단 또는 공학적인 방법을 활용한 추정 방법을 이용해야 한다. 만약 과거자료를 통해 원가를 추정하는 것이 적절하고 과거자료가 충분히 확보된다면 통계적인 방법을 이용하는 것이 바람직하다. 원가추정에서는 과거 자료의 존재 여부, 충분한 자료의 활용 여부, 과거자료의 적합성에 따라 원가추정방법을 적절히 선택해야 한다.

원가추정방법은 과거자료의 활용가능성에 따라 크게 세 가지로 나눌 수 있다.

첫째, 과거 자료를 활용할 수 없는 상황이라면 공학적 방법을 이용할 수 있다.

둘째, 활용할 수 있는 과거 자료가 적을 경우에는 계정분석법이나 고저점법을 이용할 수 있다.

셋째, 통계학적인 분석이 가능한 수준으로 과거자료를 확보할 수 있다면 회귀분석법을 바람직하다.

이하 본 절에서 설명하는 여러 가지 추정방법은 원가함수가 선형이고 원가동인이 하나인 경우를 전제로 설명한다.

공학적 접근법

공학적 접근법industrial engineering approach은 물리적인 투입과 산출과의 관계를 분석하여 원가함수를 추정하는 방법이다. 예를 들어 새로 개발한 제품의 원가함수는 설계상 제품 단위당 소요되는 원자재 종류별 투입량, 기계작업시간, 노무시간 등을 파악하고 여기에 단가를 적용하여 구할 수 있다. 새로운 제품에 대한 원가를 추정할 경우에는 재료의 투입량이나 노무시간을 측정하기 위해 산업공학적인 접근법을 이용하는데 특히 노무시간의 경우 동작시간연구motion time study를 수행하기도 한다. 이 방법은 신제품과 같이 과거의 원가자료가 없는 경우에 이용할 수 있지만 시간과 비용이 많이 소요되어 모든 원가대상에 이 방법을 적용하는 것은 비현실적이다.

계정분석법

계정분석법account analysis method은 회계담당자의 경험과 전문적 판단에 따라 계정과목별로 원가행태를 파악하는 방법으로 계정분류법이라고도 한다. 절차는 다음과 같다.

첫째, 계정별로 담당자의 주관적인 판단에 따라 변동원가, 고정원가, 혼합원가로 나눈다.

둘째, 혼합원가로 분류된 경우, 과거의 경험, 실제 과거자료에 의한 분석과 담당자의 판단에 기초하여 변동원가와 고정원가로 재분류한다.

셋째, 변동원가와 고정원가의 금액을 확정한 후 변동원가를 해당기간의 원가동인량으로 나눠 구한 원가동인 단위당 변동원가와, 고정원가로 원가함수를 구성한다.

계정분석법은 회계담당자가 직접 원가를 추정하기 때문에 신속하게 이루어질 수 있으므로 비용이 적게 든다는 장점이 있다. 그러나 한정된 자료에 의존하고, 담당자의 주관이 개입되므로 객관성과 신뢰성이 떨어지는 단점이 있다.

PROBLEM 7-1

20×1년 3월에 S사는 A부품 1,000단위를 생산하고 다음 원가자료를 확보하였으며 이를 통해 제조원가함수를 추정하고자 한다. 원가동인은 생산량으로 보고 있다.

생산과 관련된 자료는 다음과 같다.

1. 제조원가:

직접재료원가	₩25,000	직접노무원가	₩15,000
감가상각비	15,000	동력비	10,000

2. 회계담당자는 직접재료원가, 직접노무원가를 변동원가, 동력비를 혼합원가(변동원가 40%, 고정원가 60%), 감가상각비를 고정원가로 분류하였다.

물음 1 각 제조원가를 원가행태별로 분류하고 계정분석법을 이용하여 원가함수를 도출하시오.

물음 2 위에서 구한 원가함수를 이용하여 1,200단위의 제조원가를 추정하시오.

풀이

1. 계정분석법에 의한 원가함수 추정

변동원가: 직접재료원가+직접노무원가+변동동력비(40%)

=₩25,000+₩15,000+₩4,000=₩44,000

고정원가: 감가상각비+고정동력비(60%)

=₩15,000+₩6,000=₩21,000

1,000단위 생산하는데 변동원가는 ₩44,000이므로 단위당 변동원가는 총변동원가를 총생산량으로 나누어 계산한다.

단위당 변동원가: 변동원가÷생산량

=₩44,000÷1,000단위=₩44/단위

제조원가함수: 고정원가+단위당 변동원가×생산량

=₩21,000+₩44×생산량

2. 1,200단위의 제조원가: ₩21,000+(₩44×1,200단위)=₩73,800

산포도법

과거 실제 자료를 이용하여 원가 함수를 추정하는 경우 기본적인 단계는 다음과 같다.[3]

첫째, 추정대상이 되는 원가종속변수를 선택한다. 예컨대 제조원가, 제조간접원가, 간접노무원가, 동력비, 판매관리비 등이 될 수 있다.

둘째, 원가동인독립변수이 될 수 있는 후보리스트를 만든다. 매출액, 매출량, 생산량, 직접노동시간, 기계작업시간 등이 원가동인의 예가 된다.

셋째, 원가와 원가동인의 과거 자료를 수집한다.

넷째, 원가와 원가동인량 자료를 좌표 상에 표시하여 그래프로 나타낸다. 원가와 원가동인의 관련성을 육안으로 관찰할 수 있으며 원가함수 형태 및 관련범위를 짐작할 수 있다.

다섯째, 원가함수를 구체적으로 추정한다.

여섯째, 원가를 가장 잘 설명하고 예측할 수 있는 원가함수를 선택한다.

위의 네 번째 단계에 활용되는 방법이 **산포도법**scatter diagram method이다. 산포도법은 원가 및 원가동인량의 자료를 그래프에 표시하여 원가의 행태추이를 육안으로 확인하는 방법으로 목측법visual-fit method이라고도 한다. 이 방법은 구체적인 원가추정에 앞서 원가와 원가동인 간

3 추정대상이 되는 변수를 종속변수(dependent variable)라고 하고 추정에 사용하는 설명변수를 독립변수(independent variable)라고 한다.

의 관계를 파악하기 위한 것으로서 엄밀한 분석을 위한 사전준비단계에 활용할 수 있는 방법이다. 좌표 상에 표시된 각 관찰치를 대표할 수 있는 원가함수를 구체적으로 추정하는 방법으로는 후술하는 고저점법이나 회귀분석법이 있다.

고저점법

고저점법high-low method은 원가동인량 및 원가 자료에서 가장 높은 원가동인고점과 가장 낮은 원가동인저점 자료만을 선택하고 이를 잇는 선을 원가함수로 간주하는 방법이다.

이 방법은 최고 원가동인과 최저 원가동인 자료가 나머지 자료를 대표하는 것으로 가정한다. 자료가 많음에도 불구하고 고저점법을 사용하면 나머지 자료를 무시하는 것이므로 모든 자료를 충분히 활용하여 원가함수를 추정하는 방법에 비해 정확성이 떨어진다. 특히 고점이나 저점 자료가 나머지 자료를 대표할 수 없는, 비정상적으로 발생한 기간의 자료라면 더욱 그렇다. 고저점법은 두 기간의 자료를 선택하여 기계적으로 원가함수를 추정하므로 한 기간 원가자료와 주관적인 판단에 따른 계정분석법보다는 객관성이 높은 방법이다.

그림 7-4 고저점법

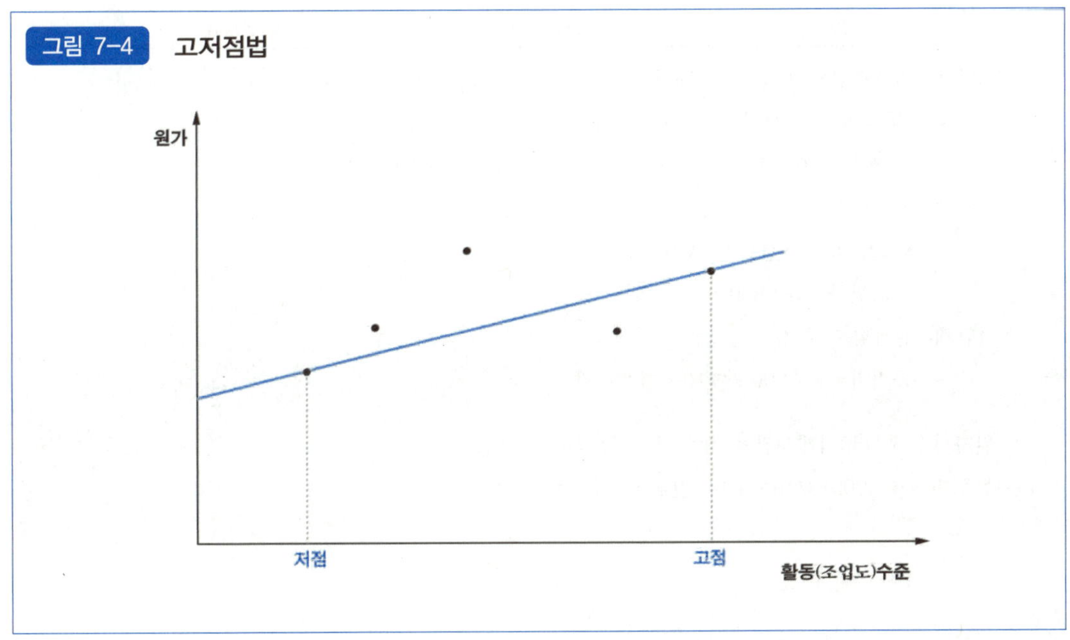

PROBLEM 7-2

다음은 6개월 동안 S사의 기계시간과 동력비에 관한 자료이다.

월	기계시간	동력비
1월	400	₩11,200
2월	460	₩12,400
3월	500	₩12,800
4월	420	₩11,400
5월	380	₩11,600
6월	300	₩10,800

물음 1 고저점법을 이용하여 동력비 원가함수를 추정하시오. 단, 원가동인은 기계시간이다.

물음 2 7월의 예상기계시간이 450시간일 때 동력비 추정액은 얼마인가?

풀이

1. 고저점법에 의한 원가함수 추정

1단계: 최고기계시간과 최저기계시간 및 각 동력비 확인

	최고점(H)	최저점(L)
기계시간	300시간	500시간
동력비	₩10,800	₩12,800

2단계: 기계시간당 변동원가 계산

(동력비$_H$ − 동력비$_L$) ÷ (기계시간$_H$ − 기계시간$_L$)

= (₩12,800 − ₩10,800)/(500시간 − 300시간) = ₩10/기계시간

3단계: 고정원가 계산

₩12,800 = 고정원가 + ₩10 × 500시간

고정원가 = ₩7,800

4단계: 원가함수 확정

동력비 = ₩7,800 + ₩10 × 기계시간

2. 원가함수에 450기계시간을 대입하여 동력비를 구한다.

동력비 = ₩7,800 + ₩10 × 450시간 = ₩12,300

회귀분석법

회귀분석법regression analysis은 확보한 원가 및 원가동인량 자료를 모두 이용하여 원가함수

그림 7-5 회귀분석

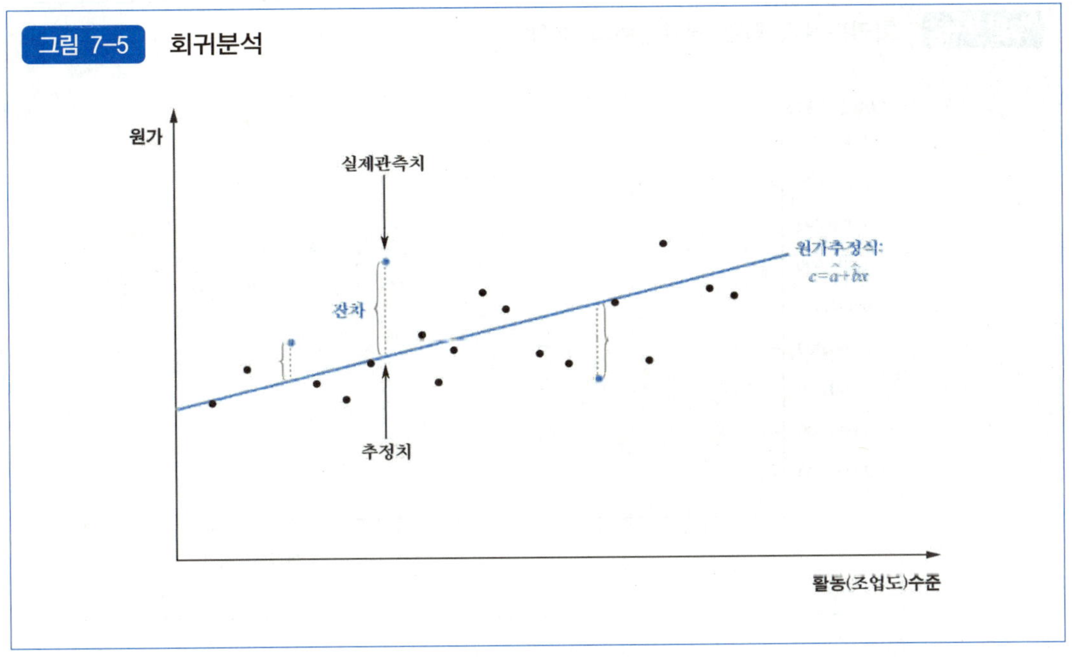

를 추정하는 통계학적 방법으로 앞서서 설명한 계정분석법이나 고저점법보다 객관적이고 과학적인 추정방법이다.[4]

회귀분석은 추정하고자 하는 원가함수의 각 추정값와 관측값실제값 간의 차이잔차, residual를 구하고 이 값을 제곱하여 합한 값이 최소가 되도록 함수를 추정하는데 이를 **최소자승법**least square method이라고 한다. 쉽게 말하면 모든 관측치를 관통하는 추정식을 구하는 한 가지 방법으로 잔차의 제곱합을 최소화하는 방법을 사용한다는 의미이다.

직접노무시간	제조간접원가	직접노무시간	제조간접원가	직접노무시간	제조간접원가	직접노무시간	제조간접원가
4,000	9,101,800	4,300	12,709,100	3,700	11,188,300	3,100	11,933,200
3,200	7,032,000	1,500	7,422,600	5,100	12,299,000	1,900	7,874,600
3,900	12,400,200	4,800	16,274,300	3,500	9,952,100	3,300	10,472,800
4,100	11,071,400	2,200	10,081,800	2,400	7,230,700	4,100	9,699,600
2,500	6,527,100	3,150	8,665,200	2,000	6,787,500	2,500	10,285,400

4 독립변수가 한 개일 때 단순회귀분석(simple regression analysis)이라고 하고 독립변수가 두 개 이상일 때는 다중회귀분석(multiple regression analysis)이라고 한다. 따라서 원가에 영향을 주는 원가동인이 여러 개일 때는 다중회귀분석을 이용해야 한다. 독립변수가 한 개인 경우에는 공식을 이용하여 수작업으로도 원가함수를 추정할 수 있지만 두 개 이상인 경우에는 계산이 복잡하여 엑셀이나 통계처리 소프트웨어를 이용하는 것이 바람직하다.

그림 7-6 회귀분석에 의한 원가함수의 추정

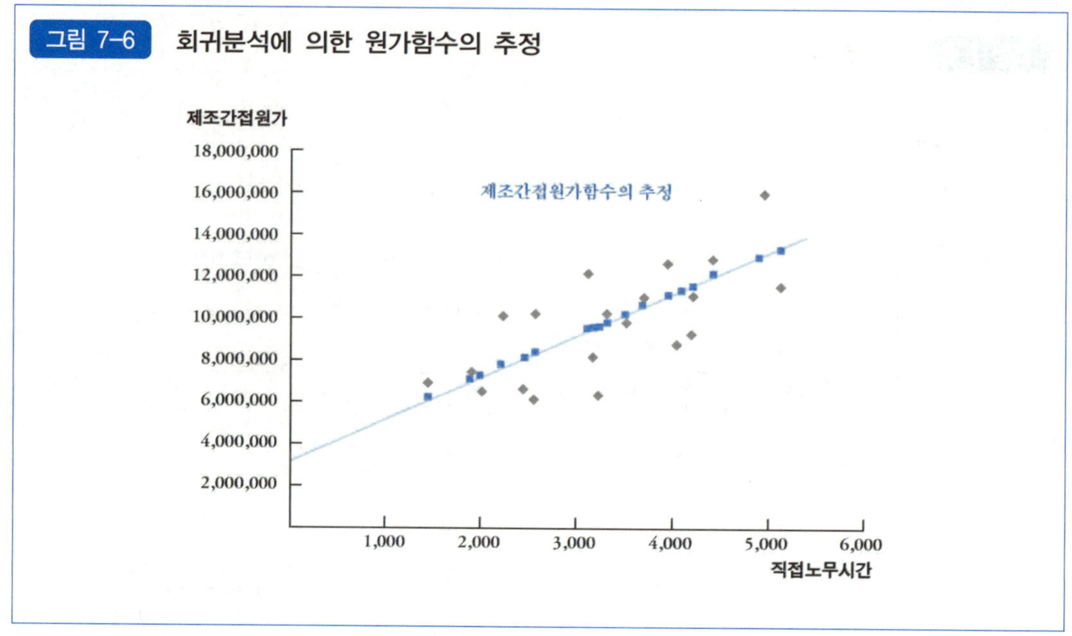

제시한 자료는 5년간의 분기별 제조간접원가와 직접노무시간이며 그림 7-6은 이들 자료를 좌표 상에 표시한 것이다. 제조간접원가를 추정대상의 종속변수Y, 직접노무시간를 원가동인으로 한 독립변수X라고 할 때 회귀분석으로 추정한 제조간접원가의 원가함수는 다음과 같다.

- **제조간접원가**=₩3,962,957+₩1,835×**직접노무시간**
  (t=2.96) (t=4.68)
- **결정계수**(R^2)=0.52

원가함수에서 Y축의 절편값인 ₩3,962,957은 고정제조간접원가의 추정값을 나타내며 기울기인 ₩1,835은 직접노무시간당 변동제조간접원가를 나타낸다.

괄호 안에 표시한 t통계량은 추정된 원가함수의 계수, 즉 고정원가에 해당하는 절편과 직접노무시간당 변동원가인 함수의 기울기가 통계학적으로 0과 다른, 유의미한 값을 나타내는가를 보여주는 수치이다. 또 결정계수 0.52는 추정함수가 실제 관측치를 어느 정도 설명하고 있는가를 보여주는 수치로 추정식의 적합도를 평가할 수 있는 지표이다. 회귀분석으로 원가함수를 추정하는 경우에는 t통계량이나 결정계수를 통해 추정 결과가 유의한가를 확인하여야 한다.[5]

5 회귀분석, t통계량, 결정계수 등과 관련된 자세한 내용은 통계학 교재를 참고하기 바란다.

위에서 구한 원가추정식을 이용하여 직접노무시간이 5,500시간일 때 제조간접원가 추정액을 구하면 다음과 같다.

- **직접노무시간이 5,500시간일 때 제조간접원가**
  =₩3,962,957 + ₩1,835 × 5,500시간
  =₩14,055,457

분석의 정교함이나 객관성에도 불구하고 실무에서 회귀분석법을 사용하기는 쉽지 않다. 여러 기간의 자료를 확보해야 할 뿐만 아니라 분석대상 기간 중에 원가구조가 안정적이어야 한다. 분석대상 기간 중에 큰 시설 투자가 있었거나 새로운 제품 라인이 추가되었다면 자료의 이질성으로 인해 회귀분석를 통한 원가추정에 오류가 있을 가능성이 크기 때문이다.

원가동인의 평가와 선택

원가함수 추정에 가장 중요한 것은 원가에 영향을 주는 활동수준 측정치 즉, 원가와 인과성이 높은 원가동인을 찾아내는 일이다. 활동수준 측정치로 인과성이 없는 원가동인을 사용하여 함수를 추정하고 원가를 예측하면 잘못된 의사결정이나 원가관리를 초래할 수 있다.

제품의 생산량과 직접재료원가처럼 활동수준과 원가 간의 물리적 관계physical relationship가 존재하거나, 전기요금 또는 클라우드서비스와 같이 구입계약에 사용량과 그에 따른 금액 명시되어 있는 경우에는 인과성있는 원가동인을 용이하게 정할 수 있다. 그 밖에도 현업에 대한 이해가 높은 관리자가 경험과 직관으로 원가동인을 정하기도 한다. 예컨대 부품종류가 다양할수록 주문원가가 많이 소요되는 것이 현장의 인식이라면 부품종류수를 주문원가의 원가동인으로 삼을 수 있다.

문제는 원가동인 후보가 여러 개 일 때 하나를 선택해야 되는 상황이다. 이 경우 선택기준으로 원가동인의 경제적 개연성, 원가동인의 통계적 유의성, 추정함수의 적합도 등이 있다.

원가동인의 **경제적 개연성**economic plausibility은 경제적으로나 논리적으로 원가에 영향을 미치는 요인으로 보는 것이 정당한가에 대한 판단이다. 이에 대해서는 앞서 언급한 바와 같이 현업에 대한 이해가 있는 관리자의 경험이나 직관이 중요한 역할을 한다.

원가동인의 **통계적 유의성**statistical significance은 회귀분석의 결과로 원가동인의 계수가 통계적으로 유의하게 0과 다른 값을 가지는가를 판단하는 지표이다. 원가동인의 기울기 계수가 통계적으로 유의한 큰 값을 가질수록 더 나은 원가동인이라고 할 수 있다.

함수의 적합도goodness of fit 역시 회귀분석을 통해 확인할 수 있는데 추정함수가 관측값을 어느 정도 반영하는가를 보여주는 지표이다. 추정값과 관측값 간의 차이잔차가 작을수록 추정함수가 실제를 잘 반영한다고 할 수 있으므로 적합도가 높은 추정함수의 원가동인이 더 나은 원가동인이 된다.

본 절에서 다룬 원가추정방법을 이용하면 제6장에서 다룬 활동기준원가계산 개념을 실제 원가계산 뿐만 아니라 계획이나 예산수립차원에도 적용할 수 있다. 원가추정을 통해 활동별 원가동인과 원가동인당 예산배부율을 구하고 여기에 원가동인 요구량을 적용하여 활동원가 예산액을 구하는 방식이다.[6] 예산액은 기간말 실제원가와 비교하여 활동 및 원가관리나 성과평가 등에 활용할 수 있다.

비선형원가함수

구간별 선형원가함수와 계단형 원가함수

지금까지는 관련범위 전 영역에서 원가함수가 선형인 경우를 다뤘으나 그렇지 않은 예도 실무에서 흔히 볼 수 있다. 관련범위 내의 세부구간에서는 선형이지만 그 구간을 벗어나면 원가동인당 원가나 고정원가가 달라져서 전체적으로 볼 때는 비선형의 모습을 하고 있는 경우이다. 그림 7-7은 그러한 세 가지 예를 보여주고 있다.

첫째, 수량할인이 있는 재료원가함수이다. 일정수량이상 구입할 경우 초과분에 대해서는 할인이 적용되는 경우 (A)와 같은 **구간별 선형원가함수**piecewise linear cost function의 모습을 보인다. 재료구입량 200개까지는 단위당 ₩2,000이지만 이를 초과하여 400개까지 구입할 경우 초과수량에 대해서는 단위당 ₩1,000을 적용하고 다시 400개를 초과하는 수량에 대해서는 ₩500을 적용하는 예이다.

둘째, (B)와 같이 상대적으로 좁은 원가동인량 구간에서는 고정원가이지만 그 구간을 벗어나는 경우 일정 원가동인량 간격마다 고정원가가 증가하는 예이다. 생산묶음별로 활동이 수

6 런던경시청, 미국우정청, 미국특허청 등에서는 산업공학적 방법을 이용하여 추정한 활동원가를 관리적 목적에 활용한 바 있으며 건설설비 제조설비사인 캐터필러는 회귀분석 등을 원가동인 식별에 사용하였다. 한편 은행계좌개설이나 자금이체원가 추정에 스페인의 뱅크인터는 산업공학적인 방법을, 캐나다의 로열뱅크는 회귀분석 등을 이용한 사례도 있다. Bhimani et al. 2023. Management and Cost Accounting. 8th Ed. Pearson.

그림 7-7 비선형 원가함수 예

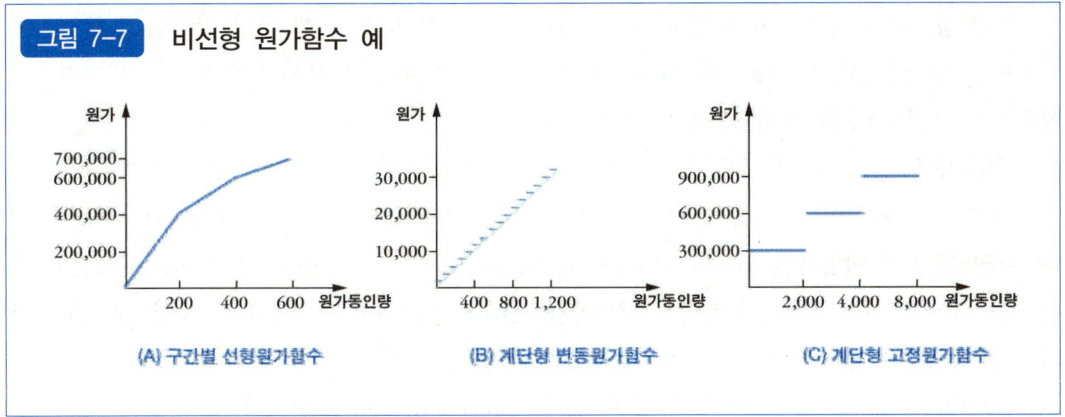

행되는 셋업활동이나 품질검사활동이 이에 해당한다. 한 묶음 내의 생산량이 80개라면 생산량 구간 0~80개에서는 셋업활동이 1회 필요하며 그에 해당하는 원가 ₩2,000가 발생하며, 80개를 초과하여 160개에 이르는 생산량 구간에서는 2회의 셋입활동과 ₩4,000 활동원가가 발생하는 예이다. 이러한 원가함수를 **계단형 변동원가함수**step variable-cost function라고 하는데 필요에 따라 선형근사하여 단위당 ₩250의 변동원가함수로 대체할 수 있다.

셋째, (B)와는 달리 넓은 원가동인량 구간에서 고정원가이지만 그 구간을 벗어나는 원가동인량을 처리하려면 처리능력 확대로 인해 고정원가가 증가하는 경우이다. 품질검사부문에서 발생하는 고정원가가 그러한 예이다. 검사능력범위 내 검사물량에 대해서는 고정원가이지만 이 범위를 초과하는 경우 검사능력의 확대로 고정원가는 증가한다. (C)는 생산량 2,000개까지는 ₩300,000의 고정원가가 발생하지만 2001개~4,000개 구간에서는 고정원가가 ₩600,000으로 증가하는 모습을 보여준다. 이와 같은 원가함수를 **계단형 고정원가함수**step fixed-cost function라고 한다.

학습곡선

항공조립 산업과 같이 다양한 부품의 조립이 필요하지만 이를 자동화하는 것이 어려운 산업에서 흔히 발견되는 현상 중에 하나는 생산초기단계에 발생하는 노무원가가 생산이 성숙된 단계에 비해 상대적으로 높다는 것이다. 이는 주로 조립노무시간과 관련이 있는데 조립근로자의 숙련도가 생산초기단계에는 낮지만 생산을 할수록 향상되어 단위당 조립시간이 현저히 감소하기 때문이다. 이러한 효과가 존재할 때 시제품을 생산하는 데 소요된 노무시간을 이후 생산량에도 그대로 적용하여 예측하면 원가가 과대하게 추정될 가능성이 높다.

누적생산량이 증가하여 작업자들의 능률과 숙련도가 향상될 때 생산 단위당 노무시간이 감소하는 현상을 **학습효과**learning effect라고 한다. 생산 단위당 노무시간의 감소를 체계적으로 분석하기 위한 도구로서 학습곡선을 많이 사용한다.

학습곡선learning curve은 누적생산량이 증가함에 따라 단위당 노무시간이 어떻게 감소하는지를 보여주는 곡선이다. 학습곡선에는 누적평균시간 학습곡선과 증분단위시간 학습곡선이 있다. **누적평균시간 학습곡선**cumulative average time learning curve은 누적생산량과 평균노무시간 간의 관계를 보여주는 곡선이며, **증분단위시간 학습곡선**incremental unit-time learning curve은 누적생산량과 증분노무시간 간의 관계를 보여주는 곡선이다.

학습곡선은 일반적으로 다음과 같은 멱곡선power curve으로 표시한다.

- $Y=aX^b$

  Y: 평균노무시간(또는 증분노무시간)
  X: 누적생산량
  a: 생산량이 1단위일 때 평균노무시간(또는 증분노무시간)
  b: 학습효과를 나타내는 계수

여기서 생산량 X는 그때까지의 누적생산량을 의미하며, Y는 누적생산량에 대응되는 평균노무시간 또는 증분노무시간이 되는데 어떤 시간개념을 사용하는가에 따라 누적평균시간모형 또는 증분단위시간모형이 된다. 평균시간은 총노무시간을 그 때까지의 누적생산량으로 나눈 평균값을 의미하며, 증분시간은 해당 누적생산량에 이르게 되는 마지막 한 단위를 생산하는 데 소요된 시간을 의미한다. 또 b의 값은 학습효과의 정도를 나타내는 값으로서 생산하는 제품이나 기업마다 다르며, 어떤 학습모형을 쓰는가에 따라서도 다달라진다. 학습효과가 존재하는 경우 일반적으로 b값은 음수가 된다. 각 모형의 학습곡선을 예를 들어 설명하면 다음과 같다.

첫째, 누적평균시간모형하에서 첫 번째 단위를 생산하는 데 소요된 시간이 100시간이고 b의 값이 -0.152라면 누적생산량이 4개일 때 평균노무시간과 총노무시간은 각각 구하면 다음과 같다.

- **평균노무시간(누적생산량: 4개):** $100\times4^{-0.152}=81$**시간**
- **총노무시간(누적생산량: 4개):** $4\times81=324$**시간**

둘째, 증분단위시간모형하에서 첫 번째 단위를 생산하는 데 소요된 시간이 100시간이고 b의 값이 -0.152라면 생산량이 4개일 때 마지막 네번째 제품을 생산하는 데 소요된 노무시간

그림 7-8　학습률

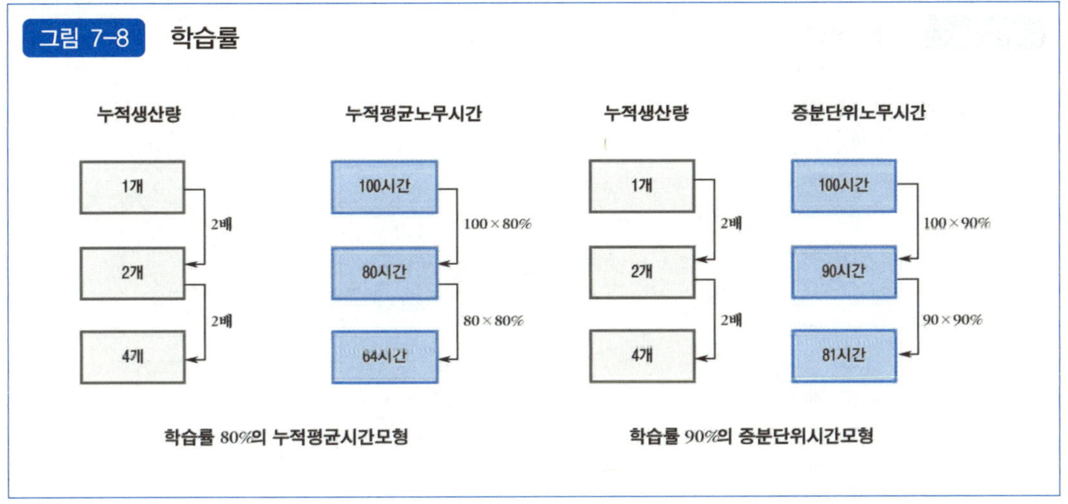

과, 네번째 제품까지 생산하는 데 소요된 총노무시간을 각각 구하면 다음과 같다.

- **네번째 제품에 소요된 증분단위노무시간:** $100 \times 4^{-0.152} = 81$시간
- **총노무시간:** 첫번째 제품에 소요된 증분단위시간 (100시간)
  +두번째 제품에 소요된 증분단위시간 ($100 \times 2^{-0.152} = 90$시간)
  +세번째 제품에 소요된 증분단위시간 ($100 \times 3^{-0.152} = 85$시간)
  +네번째 제품에 소요된 증분단위시간 ($100 \times 4^{-0.152} = 81$시간)=356시간

위의 예에서 알 수 있듯이 학습곡선이 동일하더라도 모형에 따라 소요되는 시간이 다르기 때문에 특정 학습곡선이 어떤 모형하에서 얻어진 것인가를 반드시 확인해야 한다.[7]

학 습 률

학습효과를 쉽게 표현하는 방법의 하나로 **학습률**을 많이 사용하는데 이는 누적생산량이 2배가 될 때 평균노무시간또는 증분노무시간이 감소하는 정도를 의미한다.

예를 들어 학습률 80%의 누적평균시간모형이 적용되며 첫 번째 시제품을 생산할 때 소요된 조립노무시간이 100시간이면 누적생산량에 대응하는 평균노무시간은 그림 7-8의 왼쪽과 같이 구할 수 있다. 즉, 제품을 2개 생산한다면 그때까지의 평균노무시간은 80시간이므로 총노

7 기업마다 적합한 모형은 다를 수 있다. 실제 자료를 이용하여 모형을 추정한 후 적합성테스트를 통해 선택해야 한다.

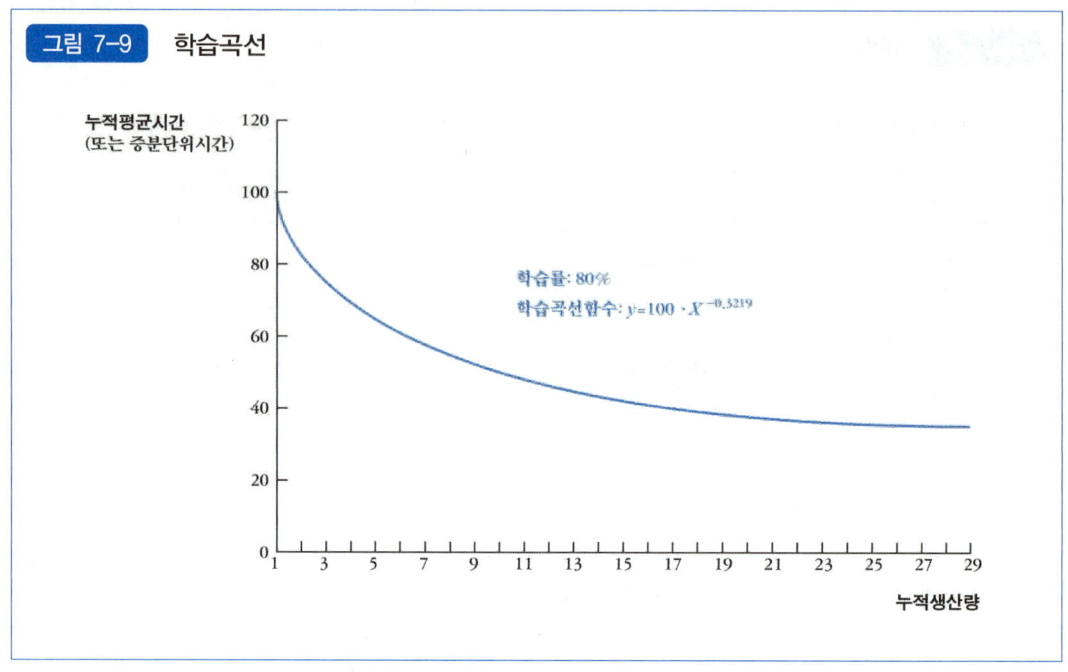

그림 7-9 학습곡선

무시간은 160시간80시간×2개이라고 할 수 있다. 또 모두 4개를 생산한다면 그때까지의 평균노무시간은 64시간이며 총노무시간은 256시간64시간×4개가 된다.

만약 학습률 90%의 증분단위시간모형이 적용되며 첫 번째 시제품을 생산할 때 소요된 조립노무시간이 100시간이면 누적생산량에 대응하는 마지막 생산단위의 증분노무시간은 **그림 7-8**의 오른쪽과 같이 구할 수 있다. 이 경우 제품을 모두 2개 생산한다면 두 번째 제품을 생산하는 데 소요된 노무시간은 90시간이며, 제품을 모두 4개까지 생산한다면 네 번째 제품을 생산하는 데 소요된 노무시간은 81시간이 된다.

학습률은 앞서서 설명한 학습곡선의 계수인 b와 밀접하게 관련되어 있는데 구체적으로 다음과 같은 관계가 있다.

- $b = \dfrac{\log(\text{학습률}/100)}{\log 2}$

학습률을 이용할 경우 누적생산량이 두 배가 되는 경우만 평균노무시간증분단위시간을 구할 수 있지만 학습곡선을 이용할 경우에는 모든 누적생산량에 대해서 구할 수 있다는 장점이 있다. **그림 7-9**는 첫 번째 제품을 생산할 때 소요된 노무시간이 100시간이며 학습률이 80%인 학습곡선을 보여주고 있다.

PROBLEM 7-3

S사는 항공기 부품모듈을 생산하여 납품하는 회사이다. 조립부문에서 최초 15단위(첫 번째 생산묶음)의 부품모듈 X를 조립하는 데 300시간이 소요되었다. 조립부문 작업자의 숙련도는 생산량에 따라 향상되는데 구체적으로는 80%의 누적평균시간 학습곡선이 적용된다.

물음 총 60단위(4묶음)를 생산하는 데 소요되는 단위당 노무시간, 총노무시간, 직접노무원가는 얼마인가? 단, 조립부문의 시간당 직접노무원가는 ₩2,000이다.

풀이 15단위를 한 개의 생산묶음으로 보고 학습률을 적용한다.

누적 생산묶음수	묶음당 평균노무시간 (학습률: 80%)	총노무시간	누적 생산량	단위당 노무시간
1	300시간	300시간	15단위	20시간
2	240	480	30	16
4	192	768	60	12.8

부품모듈 X의 첫 번째 생산묶음(15단위)을 조립하는 데 소요되는 시간은 300시간이며, 80%의 누적평균시간 학습곡선이 적용되므로 두 번째 묶음(30단위)까지 생산할 때 소요되는 묶음당 평균노무시간은 240시간(총노무시간은 300시간)이며, 네 번째 묶음(60단위)까지의 경우 묶음당 평균노무시간은 192시간(총노무시간은 768시간)이 된다.

따라서 생산량이 60단위일 때 총노무시간은 768시간, 직접노무원가는 ₩1,536,000(=768시간×₩2,000)이며 제품단위당 노무시간은 12.8시간, 제품단위당 직접노무원가는 ₩25,600(=12.8시간×₩2,000)이 된다.

Cost & Management Accounting

쉬•어•가•는 원가 · 관리회계

회귀분석을 넘어 인공지능(AI)으로

관리회계에서 널리 사용되어 온 전통적인 원가추정 방법은 회귀분석이다. 회귀분석은 원가를 종속변수로, 원가동인을 독립변수로 두고 두 변수 간에 선형 관계가 존재한다고 가정한다. 즉, 활동량이 증가하면 원가도 직선 함수 형태로 증가한다고 보는 것이다. 예를 들어 Román(2011)은 항공사의 운영원가를 분석하면서 항공기 정비 및 수리비의 원가동인을 보유 항공기 대수와 운항 거리로 설정하였다. 이는 항공기가 많고 더 먼 거리를 운항할수록 정비 · 수리비가 커질 것이라는 가설에 기반한 것이다. 마찬가지로 Hesford et al.(2024)은 호텔 체인의 총원가를 추정하기 위해 대여 객실 수와 냉난방度日을 주요 원가동인으로 사용하였다.

위의 사례에서처럼 회귀분석은 원가와 원가동인 간의 관계에 대한 가설을 통계적으로 검증하는 연역적 분석 방법으로, 관리회계뿐 아니라 회계학 연구 전반에서 가장 널리 사용되는 도구다. 그러나 회귀분석은 적절한 원가동인이 이론적 · 실증적으로 명확히 규정되어 있지 않거나, 변수 간 관계가 복잡하고 비선형적일 때는 적용에 한계가 있다.

이에 비해 머신러닝 알고리듬(machine Learning algorithm)은 어떤 변수를 써야 하고, 그 변수들이 어떻게 서로 얽혀서 결과에 영향을 미치는지 이론적으로 명확하지 않은 문제에 더 효과적이다. 쉽게 말하면, "어떤 모형이 데이터에서 드러나는 패턴을 가장 잘 설명할까?"를 고민하는 연구자의 탐색과정을, 알고리즘이 학습하고 모방할 수 있게 하는 도구라고 할 수 있다.

기술 환경의 변화는 곧 관리회계 전문가에게 요구되는 역량의 변화를 의미한다. 미국 관리회계사협회(IMA)는 '2025년 역량체계(IMA Competency Framework)'에서 관리회계 전문가가 갖춰야 할 기술역량을, 데이터와 디지털을 중심으로 한층 구체화하였다. 혁신기술을 윤리적으로 도입하고 활용하는 능력(emerging technologies in accounting), 원시데이터를 의사결정에 필요한 유의미한 인사이트로 전환하는 능력(data analytics and insights), 기업의 정보 자산과 디지털 인프라를 보호하는 능력(cybersecurity and data privacy), 기술을 활용해 조직의 변화를 추진하는 능력(digital transformation and innovation) 등을 핵심영역으로 제시하고 있다.

이처럼 데이터를 다루고 기술을 활용하여 의사결정에 필요한 정보를 설계하고 제공하는 능력은 관리회계의 핵심 직무와 직접 연결된다. 회귀분석에서 한 걸음 더 나아가 머신러닝과 인공지능 도구를 이해하고 활용할 수 있도록, 변화하는 환경이 요구하는 역량을 체계적으로 파악하여 갖추게 하는 일이 앞으로의 관리회계 실무와 연구에서 중요한 과제가 될 것이다.

Román, F. 2011. A case study on cost estimation and profitability analysis at Continental Airlines. Issues in Accounting Education

Hesford, J., Pizzini, M. & Turner, M. 2024. Incorporating data analytics in management accounting: A teaching case on cost estimation. Issues in Accounting Education

Bertomeu, J., Cheynel, E., Floyd, E. & Pan, W. 2021. Using machine learning to detect misstatements. Review of Accounting Studies

고혜수, 서한결. 2024. 기계학습 알고리즘을 통한 제조원가 추정분석 연구. 관리회계연구

연습문제 | 원가행태와 추정

chapter 7

선택형

01. 원가행태에 대한 설명이다. 다음 중 적절하지 않은 것은 무엇인가?
   ① 원가대상의 활동수준이 달라질 때 관련 원가가 변화하는 양상을 원가행태라고 한다.
   ② 원가행태를 알고 있으면 향후 활동수준에 따른 원가를 파악할 수 있으므로 의사결정, 계획, 통제 등 관리활동에 유용하다.
   ③ 어떤 활동이 원가의 크기나 변화에 영향을 줄 때 활동수준 또는 이를 나타낼 수 있는 측정지표를 원가동인이라고 한다.
   ④ 관련범위와 선형근사의 개념을 도입하여 원가행태를 선형원가함수로 표현하는 것이 일반적이다.
   ⑤ 원가행태를 선형원가함수로 나타낼 때 활동단위당 평균원가와 활동수준이 한단위 변할 때 증분원가는 일치한다.

02. 원가함수 추정방법에 대한 설명이다. 다음 중 적절하지 않은 것은 무엇인가?
   ① 계정분석법은 추정하고자 하는 원가대상의 원가를 계정별로 변동원가와 고정원가로 구분하는 판단이 중요하며 혼합원가가 있을 때는 적용할 수 없다.
   ② 고저점법은 최소 2개 이상의 원가 및 활동수준 자료가 필요하다.
   ③ 산업공학적 방법은 과거 원가자료가 없는 신제품의 원가를 추정할 때 유용한 방법이다.
   ④ 최소자승법은 회귀분석법의 대표적인 추정방법으로 잔차의 제곱 합을 최소화하는 회귀계수를 구하는 방법이다.
   ⑤ 원가추정에 필요한 과거 원가와 활동수준 자료의 양은 산업공학적 방법, 계정분석법, 고저점법, 회귀분석법 순으로 많아진다.

03. K사는 내년도 수도광열비 예산을 편성하려고 한다. 수도광열비에 영향을 주는 원가동인은 직접노무시간이며 지난 6개월 동안 직접노무시간과 수도광열비는 다음과 같다.

	7월	8월	9월	10월	11월	12월
수도광열비	₩15,850	₩13,400	₩16,370	₩19,800	₩17,600	₩18,500
직접노무시간	300	205	290	365	267	265

고저점법을 사용할 경우, 내년도 직접노무시간이 3,400시간으로 예상될 때 수도광열비 예산은 얼마인가?

① ₩141,200 ② ₩132,800 ③ ₩120,800 ④ ₩118,800

04. 다음 자료는 지난 4/4분기 제조간접원가를 구성하는 각 계정의 분기말 금액이다. 제조간접원가의 원가동인은 기계시간인데 4/4분기 중 총기계시간은 240시간이었다.

수도광열비(변동원가)	₩32,000
감독자급여(고정원가)	29,000
유지비용(혼합원가)	52,000
제조간접원가 총액	₩113,000

유지비용에는 분기별로 이루어지는 정기점검 시 외부에 고정적으로 지급하는 ₩24,000이 포함되어 있으며 나머지는 전액 변동원가이다. 다음 1/4분기에 예상되는 총기계시간이 180시간일 때 제조간접원가 추정액은 얼마인가? (단 추정은 계정분석법에 의한다)

① ₩95,250 ② ₩92,000 ③ ₩98,000 ④ ₩105,000

세무사 2017 ···

05. (주)세무의 지난 6개월 간 기계가동시간과 기계수선비에 대한 자료는 다음과 같다. (주)세무가 고저점법을 사용하여 7월의 기계수선비를 ₩2,019,800으로 추정하였다면, 예상 기계가동시간은? (단, 기계수선비의 원가동인은 기계가동시간이다)

월	기계가동시간	기계수선비
1	3,410시간	₩2,241,000
2	2,430	1,741,000
3	3,150	1,827,000
4	3,630	2,149,000
5	2,800	2,192,500
6	2,480	1,870,000

① 2,800시간 ② 3,140시간 ③ 3,250시간
④ 3,500시간 ⑤ 3,720시간

06. (주)감평의 최근 6개월 간 A제품 생산량 및 총원가 자료이다. … 감평사 2017

월	생산량(단위)	총원가
1	110,000	₩10,000,000
2	50,000	7,000,000
3	150,000	11,000,000
4	70,000	7,500,000
5	90,000	8,500,000
6	80,000	8,000,000

원가추정은 고저점법high-low method을 이용한다. 7월에 A제품 100,000단위를 생산하여 75,000단위를 단위당 ₩100에 판매할 경우, 7월의 전부원가계산에 의한 추정 영업이익은? (단, 7월에 A제품의 기말제품 이외에는 재고자산이 없다)

① ₩362,500 ② ₩416,000 ③ ₩560,000
④ ₩652,500 ⑤ ₩750,000

※ **다음 자료를 이용하여 7번과 8번에 답하시오.** … 회계사 2020

(1) 다음은 단일제품 A를 생산하는 (주)대한의 20×1년도 생산 및 제조에 대한 자료이다.

구분	생산량(개)	제조원가(₩)
1월	1,050	840,000
2월	1,520	1,160,000
3월	1,380	983,000
4월	2,130	1,427,600
5월	1,400	1,030,000
6월	1,730	1,208,000
7월	1,020	850,400
8월	1,800	1,282,300
9월	1,640	(중략)
10월	1,970	(중략)
11월	1,650	1,137,400
12월	1,420	1,021,800

(2) (주)대한의 회계담당자는 향후 생산량에 따른 원가를 예측하고, 변동원가계산서 작성에 필요한 자료를 얻기 위해 중략된 자료를 포함한 위 자료를 이용하여 원가모형을 추정하였다. (주)대한의 회계담당자가 회귀분석을 통해 추정한 원가모형은 다음과 같다.

- 원가추정모형: Y = a + b×X
- Y=제조원가(₩)
- a=296,000 (t-value: 3.00, 유의도 0.01 이하)
- b=526 (t-value: 4.00, 유의도 0.01 이하)
- X=생산량(개)
- R^2(결정계수)=0.96

07. 위 자료를 바탕으로 다음 설명 중 가장 옳은 것은?

① R^2는 추정된 회귀분석의 설명력을 나타내는 것으로 1보다 클수록 높은 설명력을 가진다.

② 회귀분석을 통해 추정한 계수값인 a와 b의 유의도와 t-value가 낮아 분석결과 값을 신뢰할 수 없다.

③ 제품 A의 단위당 판매액이 ₩700이고 단위당 변동판매관리비가 ₩10일 때 제품 A에 대한 단위당 공헌이익은 ₩26이다.

④ 제품 A를 2,000개 생산한다면 회귀분석을 통해 추정한 제조원가는 ₩1,348,000이다.

⑤ 9월과 10월의 중략된 제조원가자료를 사용하면 고저점법을 통해 더 정확한 원가를 추정할 수 있다.

08. 위 자료를 바탕으로 (주)대한의 회귀분석으로 추정한 제조원가와 고저점법으로 추정한 제조원가가 같아지는 생산량은 얼마인가?

① 1,000개 ② 1,500개 ③ 2,000개

④ 3,000개 ⑤ 4,000개

감평사 2023 ···

09. (주)감평은 제품 생산에 필요한 부품 400단위를 매년 외부에서 단위당 ₩1,000에 구입하였다. 그러나 최근 외부구입가격 인상이 예상됨에 따라 해당 부품을 자가제조하는 방안을 검토하고 있다. 다음은 (주)감평이 부품 100단위를 자가제조할 경우의 예상제조원가 자료이다.

구분	금액
직접재료원가	₩25,000
직접노무원가	30,000 (₩100/직접노무시간)
변동제조간접원가	20,000 (직접노무원가의 2/3)
고정제조간접원가	100,000 (전액 유휴생산설비 감가상각비)

(주)감평은 현재 보유하고 있는 유휴생산설비를 이용하여 매년 필요로 하는 부품 400단위를 충분히 자가제조할 수 있을 것으로 예상하고 있으며, 부품은 한 묶음의 크기를 100단위로 하는 묶음생산방식으로 생산할 예정이다. 해당 부품을 자가제조하는 경우, 직접노무시간이 학습률 90%의 누적평균시간 학습모형을 따를 것으로 추정된다. (주)감평이 부품 400단위를 자가제조할 경우, 단위당 제조원가는?

① ₩655 ② ₩712 ③ ₩750 ④ ₩905 ⑤ ₩1,000

10. 사업개시 후 2년간인 20×1년과 20×2년의 손익자료는 다음과 같다. … 회계사 2012

(단위: 만원)

	20×1년	20×2년
매출액	₩100	₩300
직접재료원가	40	120
직접노무원가	10	22.4
제조간접원가	20	50
판매관리비	15	15
영업이익	15	92.6

20×1년부터 20×3년까지의 단위당 판매가격, 시간당 임률, 단위당 변동제조간접원가, 총고정제조간접원가, 총판매관리비는 일정하다. 직접노무시간에는 누적평균시간 학습모형이 적용된다. 매년 기초 및 기말재고는 없다. 20×3년의 예상매출액이 400만원이라면 예상영업이익은 얼마인가?

① ₩1,327,700 ② ₩1,340,800 ③ ₩1,350,300

④ ₩1,387,700 ⑤ ₩1,398,900

11. 올해 창업한 (주)세무는 처음으로 A광역시로부터 도로청소 특수차량 4대의 주문을 받았다. 이 차량은 주로 수작업을 통해 제작되며, 소요될 원가자료는 다음과 같다. … 세무사 2021

- 1대당 직접재료원가: ₩85,000
- 첫 번째 차량 생산 직접노무시간: 100시간
- 직접노무원가: 직접노무시간당 ₩1,000
- 제조간접원가: 직접노무시간당 ₩500

위의 자료를 바탕으로 계산된 특수차량 4대에 대한 총제조원가는? (단, 직접노무시간은 80% 누적평균시간학습모형을 고려하여 계산한다.)

① ₩542,000 ② ₩624,000 ③ ₩682,000
④ ₩724,000 ⑤ ₩802,000

회계사 2018 …

12. (주)대한은 A형-학습모형누적평균시간 모형이 적용되는 '제품 X'를 개발하고, 최초 4단위를 생산하여 국내 거래처에 모두 판매하였다. 이후 외국의 신규 거래처로부터 제품X의 성능이 대폭 개선된 '제품 X-plus'를 4단위 공급해 달라는 주문을 받았다. 제품 X-plus를 생산하기 위해서는 설계를 변경하고 새로운 작업자를 고용해야 한다. 또한 제품 X-plus의 생산에는 B형-학습모형증분단위시간 모형이 적용되는 것으로 분석되었다.

누적 생산량	A형-학습모형이 적용될 경우 누적평균 노무시간	B형-학습모형이 적용될 경우 증분단위 노무시간
1	120.00	120.00
2	102.00	108.00
3	92.75	101.52
4	86.70	97.20
5	82.28	93.96
6	78.83	91.39
7	76.03	89.27
8	73.69	87.48

(주)대한이 제품 X-plus 4단위를 생산한다면, 제품 X 4단위를 추가로 생산하는 경우와 비교하여 총노무시간은 얼마나 증가또는 감소하는가?

① 102.00시간 감소 ② 146.08시간 증가 ③ 184.00시간 증가
④ 248.60시간 증가 ⑤ 388.80시간 감소

세무사 2024 …

13. (주)세무는 당기에 신제품을 개발하여 지금까지 2,000단위를 생산 및 판매하였으며, 처음 1,000단위 생산에 소요된 원가는 다음과 같다.

구분	금액
직접재료원가	₩400,000
직접노무원가(1,000시간×₩2,000)	2,000,000
변동제조간접원가(직접노무원가의 50%)	1,000,000
고정제조간접원가	3,200,000

(주)세무는 제품 생산은 80%의 누적평균시간 학습곡선을 따른다고 가정한다. 최근 공공기관으로부터 신제품 2,000단위를 주문받았다. 이 주문에 대해 발생할 것으로 예상되는 변동제조원가

총액은?

① ₩1,920,000　② ₩2,880,000　③ ₩3,280,000
④ ₩3,680,000　⑤ ₩5,600,000

14. 다음은 누적평균노무시간 학습모형에 대한 설명이다. 다음 중 틀린 것은?

① 학습률은 누적생산량이 2배가 될 때 누적평균노무시간이 감소하는 정도를 나타낸 것이다.
② 일반적인 모형은 $Y=aX^b$로 나타낼 수 있는데 여기서 a는 첫단위를 생산할 때 소요되는 노무시간을 나타내며, b는 학습률과 일정한 함수관계로 표시할 수 있다.
③ X번째 제품을 생산하는 데 소요되는 노무시간은 $ax^b-a(x-1)^b$로 나타낼 수 있다.
④ 학습효과가 존재할 때 일반적으로 b는 음의 값을 가진다.
⑤ 첫 단위를 생산하는 데 소요되는 노무시간이 10시간이고 학습률이 90%일 때, 두 번째 단위를 생산하는 데 소요되는 노무시간은 8시간이다.

서술형

01. B사의 상이한 조업도에 따른 제조간접원가 총액은 다음과 같다.

월	기계시간	제조간접원가총액
4월	700	₩118,800
5월	600	104,400
6월	800	133,200
7월	900	147,600

위의 제조간접원가 총액은 수도광열비, 감독자급여, 유지비용으로 구성되어 있다. 특히 5월 600기계시간 이 원가의 내역은 다음과 같다.

수도광열비(변동원가)	₩28,800
감독자급여(고정원가)	12,600
유지비용(혼합원가)	63,000
제조간접원가 총액	₩104,400

물음 (1) 고저점법에 의할 때 회사의 총제조간접원가를 $Y=a+bX$ 형태의 식으로 나타내라.

(2) (1)의 결과와 계정분석법을 이용할 때 유지비용의 원가추정식을 구하라.

(3) 8월의 조업도는 250기계시간일 것으로 추정되고 있다. 8월의 총제조간접원가 발생 예상액은 얼마인가? 또 유지비용의 발생예상액은 얼마인가?

02. A사는 지난 5년간의 지속적인 연구결과 특수레이더장치 개발에 성공하였다. 20×1년 3월 중 본격적인 생산에 착수하여 총 8대의 특수레이저장치를 생산하였으며 이에 따른 원가자료는 아래와 같다.

(1) 제품한단위당 직접재료원가는 ₩1,600,000이다.
(2) 직접노무원가는 작업시간당 ₩20,000이다.
(3) 제품생산결과 처음 두 단위의 총직접노무시간누적노무시간은 180시간이었으며 8단위의 생산에 소요된 총 직접노무시간은 583.2시간이었다학습효과가 적용됨.
(4) 제조간접원가는 직접노무시간당 ₩4,000과 직접재료원가의 20%를 배부한다.

물음 20×1년 4월 중 8대의 제품을 추가로 생산하였다. 4월 생산된 제품의 평균제조원가는 얼마인가?

03. S사는 출장부페를 제공하는 회사이다. 부페에 대한 원가 추정치는 1인 기준으로 다음과 같다.

항목	금액
음식과 음료수	₩15,000
노무원가(0.5시간×시간당 ₩10,000)	5,000
간접원가(0.5시간×시간당 ₩14,000)	7,000
1인당 총원가	₩27,000

S사는 변동원가인 음식, 음료수, 노무원가에 대한 추정치에 대해서는 확신하고 있지만, 간접원가 추정치에 대해서는 그렇지 못하다. 간접원가에 대한 시간당 ₩14,000라는 추정치는 지난 12개월 동안의 총간접원가를 총노무시간으로 나누어 구한 것이다.

S사는 최근 입사한 신입사원으로부터 회귀분석 추정방법에 대해 듣게 되었다. 그는 과거 여러 해의 연간 자료를 이용하여, 간접원가를 종속변수로, 노무시간을 독립변수로 하여 다음의 회귀방정식을 추정하였다.

간접원가＝₩48,000,000＋4,000×노무시간

물음 (1) 회귀분석의 자료를 이용하면, 파티의 1인당 변동원가는 얼마인가?

(2) 다음 달에 있을 200명 규모의 부페연회에 대한 입찰가격을 정해야 한다. 변동원가를 보상받기 위해 S사가 제출할 수 있는 최소한의 입찰가격을 결정하라.

(3) 변동원가뿐만 아니라 고정간접원가도 보상받기 위한 최소한의 입찰가격은 얼마인가? 단, 고정간접원가배부를 위한 기준조업도는 10,000노무시간이다.

04. S사는 탱크를 제조하는 회사로서 사업부를 두 개 가지고 있다. 다음의 자료는 각 사업부에서 탱크를 제작하는 데 관련된 자료이다.

	A사업부	B사업부
첫 탱크 추정조립노무시간	4,000시간	2,000시간
학습효과	85% 누적평균원가모형	80% 증분단위시간모형
직접노무임률	시간당 ₩30	시간당 ₩30

물음 각 사업부에서 처음 5대를 생산하는 데 소요되는 총 조립노무시간은 각각 얼마인가를 알고자 한다. 이를 구하기 위한 구체적인 계산절차를 설명하시오.

05. P회사는 최근 의복투시경 'peep'을 새로이 개발하였다. P사는 지금까지 총 8개의 투시경을 인천공항에 납품하였다. 그 가운데 처음의 2개는 단위당 ₩78,000에 납품하였으나, 나머지 6개는 단

위당 ₩64,320에 납품하였다. P사는 원가의 120%로 납품입찰가격으로 결정하고 있다. 제조원가는 직접재료원가단위당 직접재료원가는 ₩20,000임와 직접노무원가로만 구성되어 있다. 직접노무원가는 학습효과누적평균원가모형의 영향을 받는다.

물음 (1) 주어진 자료에 의하면 P사의 학습률은 얼마인가?

(힌트: 처음 2개 생산 시 평균노무원가와 나중 6개를 생산했을 때 평균노무원가를 구한 후 학습률의 정의를 이용하여 학습률을 계산하라)

추가자료

경쟁사인 S사에서도 동일한 성능을 갖춘 투시경 'see-thru'를 개발하여 지금까지 8개를 생산하여 전량 김포공항에 단위당 ₩62,880으로 납품하였다. S사 역시 원가의 120%로 납품입찰가격으로 결정하고 있다. 제조원가는 직접재료원가단위당 직접재료원가는 ₩20,000임와 직접노무원가로만 구성되어 있다는 점과 직접노무원가는 학습효과의 영향을 받는다는 점 역시 P사와 동일하다. 심지어는 학습률도 P사와 동일하다.

의복투시경이 공항보안에 큰 영향을 미친다고 판단한 제주공항에서도 의복투시경 8개에 대한 구매입찰공고를 하였다. P사는 이번 입찰에서는 낙찰을 받지 못하면 앞으로의 경쟁에서 S사에 비해 불리한 위치에 처하게 될 것이라고 판단하여 가능한 한 이번 계약을 낙찰 받으려 하고 있다. 그러나 생산원가 이하로는 입찰하지 않으려 한다.

(2) S사의 학습률이 90%라고 할 때 S사의 입찰가격은 얼마로 예상되는가?

(3) P사가 낙찰을 받으려면 얼마의 입찰가격을 제시해야 하는가? 범위로 제시하라.

제8장 원가 · 조업도 · 이익 분석

원가 · 조업도 · 이익 분석의 기초

- CVP분석 모형의 가정
- 공헌이익
- 공헌이익률
- 공헌이익과 매출총이익
- 손익분기점 분석
- 그래프를 이용한 손익분기점
- 목표이익을 달성하기 위한 매출량과 매출액
- 민감도 분석과 안전한계

원가구조와 영업레버리지

CVP분석의 확장

- 다수제품하에서의 CVP분석
- 원가함수가 비선형함수인 경우 CVP분석
- 원가동인이 여러 개인 경우 CVP분석
- 원가 · 조업도 · 현금흐름 분석

원가 · 조업도 · 이익 분석

판매량이 늘면 원가와 이익은 어떻게 변하는가, 흑자전환을 위해서는 얼마나 판매하여야 하는가, 판촉활동이 이익에 어떤 영향은 미칠까, 어떤 원가구조가 회사에 더 보탬이 될까 등은 기본적이면서 중요한 질문이다. 본 장에서는 원가행태를 알고 있을 때 이를 관리적 의사결정에 활용하는 대표적인 예로서 원가 · 조업도 · 이익 분석을 다룬다. 원가 · 조업도 · 이익 분석의 기본개념과 이에 기초한 손익분기점 분석, 영업레버리지 등 여러 가지 추가적인 주제를 다룬다.

원가 · 조업도 · 이익 분석의 기초

새로운 제품을 기획할 때 판매가격은 얼마로 할 것인지, 판매했을 때 과연 이익을 달성할 수 있는지, 이익을 달성하기 위해서는 어느 정도의 기간이 소요되는지, 또 이익 목표를 달성하기 위해서는 얼마만큼의 매출을 달성해야 하는지, 제조원가나 판매가격의 변화가 이익에 어떤 영향을 미칠 수 있는지 등 기본적으로 확인해야 할 것이 많다. 이는 비단 새로운 제품에 국한되는 것이 아니라 이미 출시된 제품의 경우에도 마찬가지이다. 이러한 다양한 질문에 답을 줄 수 있는 기법이 원가 · 조업도 · 이익 분석이다.

원가 · 조업도 · 이익 분석cost · volume · profit analysis, 이하에서는 CVP분석은 수익매출액, 원가비용 및 이익 간의 관계를 관리적 의사결정에 활용하는 기법이다.

CVP분석 모형의 가정

CVP분석에서는 분석의 편의를 위해 다음과 같이 가정한다.[1]

① 제품의 단위당 판매가격은 관련범위 내에서 일정하다. 즉, 매출액은 매출량의 일차함수로 나타낼 수 있다.

② 원가는 변동원가와 고정원가로 정확하게 구분할 수 있다.

③ 변동원가를 발생시키는 원가동인은 매출량뿐이며 단위당 변동원가는 관련범위 내에서

1 이들 가정이 완화되는 몇 가지 상황에서의 CVP분석은 본장 후반부에서 별도로 다룬다.

일정하다. 즉, 변동원가는 매출량의 일차함수로 나타낼 수 있다.

④ 고정원가는 관련범위 내에서 일정하다.

⑤ 제품의 생산량과 매출량은 같다.[2] 따라서 재고자산은 존재하지 않는다.

⑥ 한 종류의 제품만 생산·판매한다.

⑦ 작업자와 기계의 생산성은 관련 범위 내에서 변하지 않는다.

여기서 관련범위라 함은 기업에서의 통상적인 조업수준 범위를 의미한다.

위의 가정에 의하면 다음과 같은 간단한 수식으로 CVP분석 모형을 만들 수 있다.

매출액 = 단위당 판매가격 × 매출량
원가 = 변동원가 + 고정원가
변동원가 = 단위당 변동원가 × 매출량
영업이익 = 매출액 − 원가
= 매출액 − 변동원가 − 고정원가

공헌이익

공헌이익contribution margin은 매출액에서 변동원가를 차감한 금액이다. 공헌이익에서 고정원가를 차감하면 그 기간의 영업이익이 된다. 따라서 공헌이익이 고정원가보다 커서 고정원가를 회수하고도 남음이 있으면 이익을 얻지만 공헌이익이 고정원가보다 적으면 손실을 보게 된다. 단위당 공헌이익은 단위당 판매가격에서 단위당 변동원가를 차감한 것이므로 공헌이익은 단위당 공헌이익에 매출량을 곱하여 구할 수도 있다. 단위당 공헌이익은 한 단위 판매할 때마다 손실을 만회하거나 이익에 기여하는 금액이다.

formula

공헌이익 = 매출액 − 변동원가
= (단위당 판매가격 − 단위당 변동원가) × 매출량
= 단위당 공헌이익 × 매출량
영업이익 = 공헌이익 − 고정원가

2 생산량과 매출량이 같으므로 원가는 비용과 일치한다. 따라서 변동원가는 변동비로, 고정원가는 고정비로 불러도 무방하다. 생산량과 매출량이 달라서 재고자산이 존재하는 경우는 제9장에 다룬다.

공헌이익률

공헌이익률contribution margin ratio: CM ratio은 공헌이익을 매출액으로 나눈 비율로 매출액 ₩1당 공헌이익을 의미한다.

formula

$$\begin{aligned}\text{공헌이익률} &= \text{공헌이익} \div \text{매출액}\\ &= \text{단위당 공헌이익} \div \text{단위당 판매가격}\\ &= (\text{단위당 판매가격} - \text{단위당 변동원가}) \div \text{단위당 판매가격}\\ &= 1 - \frac{\text{단위당 변동원가}}{\text{단위당 판매가격}}\\ &= 1 - \text{변동원가율}\end{aligned}$$

공헌이익과 매출총이익

CVP분석에서 사용하는 이익개념인 공헌이익과 재무회계 목적의 손익계산서에서 사용하는 이익개념인 매출총이익gross margin은 구별할 필요가 있다. 매출총이익은 매출액에서 매출원가를 차감한 것이고 공헌이익은 매출액에서 변동원가를 차감한 것이므로 매출원가에 고정원가가 포함되어 있거나 변동원가에 매출원가 이외의 원가가 포함된다면 당연히 두 이익의 수치도 달라진다.

formula

$$\begin{aligned}\text{공헌이익} &= \text{매출액} - \text{변동원가}\\ \text{매출총이익} &= \text{매출액} - \text{매출원가}\end{aligned}$$

상기업의 경우 매출원가는 상품의 취득원가이므로 변동원가라고 할 수 있지만 제조기업의 매출원가는 변동제조원가와 고정제조원가로 구성되어 있다. 또 변동원가에는 변동매출원가뿐만 아니라 변동판매비와 관리비도 포함될 수 있다. 이러한 이유로 재무회계 목적의 손익계산서로는 공헌이익을 구할 수 없으며 CVP분석도 할 수 없다. 그림 8-1에서 공헌이익과 매출총이익의 차이를 확인할 수 있다. 특별히 공헌이익개념을 이용한 손익계산서를 **공헌이익접근법 손익계산서**라고 부른다.

그림 8-1 일반 손익계산서와 공헌이익접근법 손익계산서

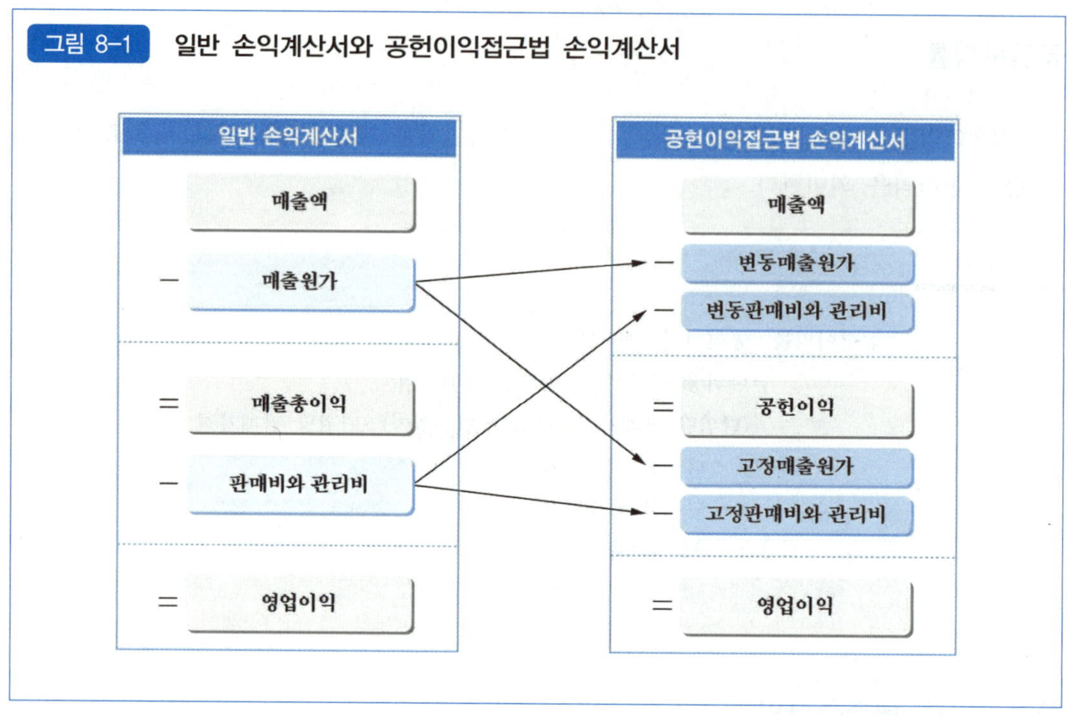

PROBLEM 8-1

단일상품을 판매하는 S사의 1월 영업 자료에 의하면 매출액 ₩500,000(=500단위 @₩1,000), 매출원가 ₩250,000(500단위 @₩500), 판매비와 관리비 ₩200,000(변동원가: ₩50,000, 고정원가: ₩200,000)이다.

물음 1 변동원가와 단위당 변동원가를 구하라.
물음 2 단위당 공헌이익을 계산하라.
물음 3 공헌이익을 계산하라.
물음 4 공헌이익률과 변동원가율을 계산하라.
물음 5 영업이익을 계산하라.
물음 6 일반 손익계산서와 공헌이익접근법 손익계산서를 작성하라.

풀이

1. S사의 변동원가는 매출원가와 변동판매비와관리비로 이루어져 있다.

   총변동원가=매출원가+변동판매비와관리비

   ₩250,000+₩50,000=₩300,000

단위당 변동원가=총변동원가÷총판매량

₩300,000÷500단위=₩600

2. 단위당 공헌이익=단위당 판매가격−단위당 변동원가

₩1,000−₩600=₩400

3. 공헌이익=매출액−총변동원가 또는 공헌이익=단위당 공헌이익×판매량

₩500,000−₩300,000=₩200,000 또는 ₩400×500단위=₩200,000

4. 공헌이익률=공헌이익÷매출액

또는 공헌이익률=단위당 공헌이익÷단위당 판매가격

₩400÷₩1,000=0.4 또는 ₩200,000÷₩500,000=0.4

변동원가율=1−공헌이익률

1−0.4=0.6

5. S사의 고정원가는 고정판매비와관리비 ₩150,000뿐이다.

영업이익=공헌이익−고정원가

₩200,000−₩150,000=₩50,000

6.

일반 손익계산서	
매출액	₩500,000
매출원가	250,000
매출총이익	250,000
판매비와관리비	200,000
영업이익	₩50,000

공헌이익접근법 손익계산서	
매출액	₩500,000
변동원가	300,000
공헌이익	200,000
고정원가	150,000
영업이익	₩50,000

손익분기점 분석

CVP분석을 통해 관련범위 내의 모든 조업수준에서 수익, 원가, 이익의 관계를 살펴볼 수 있지만 이 중에서 손실에서 이익으로 전환되는 조업수준은 특별히 관심을 가질만 하다. 수익과 원가가 같아지는 조업수준, 즉 이익도 손실도 없으며, 공헌이익이 고정원가와 같아지는 매출량매출액을 **손익분기점**BEP: break-even point이라고 한다.

손익분기점: 다음 식을 만족하는 매출량 또는 매출액

수익 = 원가

매출액 = 변동원가 + 고정원가

공헌이익 = 고정원가

손익분기점의 매출량

손익분기점 매출량을 Q^{BEP}, 판매가격을 SP, 단위당 변동원가를 VC, 고정원가를 FC, 단위당 공헌이익을 CM이라 하면 수익과 원가가 일치하는 손익분기점의 정의에 따라 다음과 같이 식을 수립할 수 있다. 손익분기점 매출량 Q^{BEP}는 고정원가를 단위당 공헌이익으로 나눈 값이 된다. 이는 몇 개를 판매하면 공헌이익과 고정원가가 같아지는가를 의미하기도 한다.

- $SP \times Q^{BEP} = VC \times Q^{BEP} + FC$

  $(SP - VC) \times Q^{BEP} = FC$

  $CM \times Q^{BEP} = FC$

  $Q^{BEP} = \dfrac{FC}{CM}$

formula

손익분기점 매출량 = 고정원가 ÷ (판매가격 − 단위당 변동원가)

= 고정원가 ÷ 단위당 공헌이익

예제 8-1의 자료를 이용하면 S사의 손익분기점 매출량은 다음과 같다.

- Q^{BEP} = ₩150,000 ÷ (₩1,000 − ₩600) = 375**단위**

계산결과에 의하면 S사의 손익분기점 매출량은 375단위이다. 이때 매출액은 ₩375,000 = ₩1,000×375, 변동원가는 ₩225,000 = ₩600×375, 고정원가는 ₩150,000으로 매출액과 총원가는 일치하며 공헌이익과 고정원가도 일치하고 있어 손익분기점임을 다시 확인할 수 있다.

손익분기점의 매출액

손익분기점의 매출액은 손익분기점의 매출량에 판매가격을 곱하여 구할 수 있다. 그러나 만약 단위당 판매가격이나 단위당 변동원가를 모르는 경우에는 손익분기점 매출량은 물론 손익분기점 매출액도 구할 수 없다. 만약 판매가격이나 단위당 변동원가를 모르더라도 공헌이익률이나 변동원가율을 안다면 손익분기점 매출액을 계산할 수 있다.

손익분기점 매출액을 S^{BEP}, 공헌이익률을 CMr이라고 하면 손익분기점에서는 공헌이익과 고정원가가 일치한다는 정의에 따라 다음과 같은 결과를 얻을 수 있다. 공헌이익률이 매출액 ₩1당 공헌이익이므로 고정원가를 공헌이익률로 나눈 수치는 매출액이 얼마가 될 때 공헌이익과 고정원가가 같아지는가를 의미한다.

- $CMr \times S^{BEP} = FC$

$$S^{BEP} = \frac{FC}{CMr}$$

formula

손익분기점 매출액 = 고정원가 ÷ 공헌이익률

예제 8–1의 S사의 경우 매출액은 ₩500,000, 변동원가는 ₩300,000, 고정원가는 ₩150,000이므로 변동원가율은 60%이고, 공헌이익률은 40%이다. 따라서 손익분기점 매출액은 다음과 같다.

- **손익분기점 매출액: ₩150,000 ÷ 0.4 = ₩375,000**

그래프를 이용한 손익분기점

위에서 수식으로 제시한 손익분기점은 그래프로도 나타낼 수 있다. 그림 8–2의 첫 번째 그림은 *X*축에 매출량, *Y*축에 수익과 원가를 표시한 그래프이며 수익에서 원가를 차감한 이익만을 표시한 그래프는 두 번째 그림이다. 이들 그래프는 매출량의 증감에 따라 수익과 원가의 변화 또는 이익의 변화를 쉽게 한 눈으로 파악할 수 있는 장점이 있다. 그림 8–2의 두 번째 그래프는 이익과 매출량 간 관계를 보여주고 있는데 이를 **PV그래프**PV chart: Profit-volume graph라고 부른다. PV그래프의 *Y*축은 영업이익 또는 영업손실을 표시하고, *X*축은 매출량을 표시하며 *Y*축 절편은 매출이 없을 때 영업손실을 보여주며, *X*축의 절편은 영업이익손실이 0일 때의 매출량, 즉 손익분기점을 보여준다.

예제 8–1을 다시 살펴보자. 단위당 판매가격은 ₩1,000, 단위당 변동원가는 ₩600, 단위당 공헌이익은 ₩400, 고정원가는 ₩150,000이다. 이 자료를 이용하여 PV그래프를 그리면

그림 8-2 그래프를 이용한 손익분기점과 CVP분석

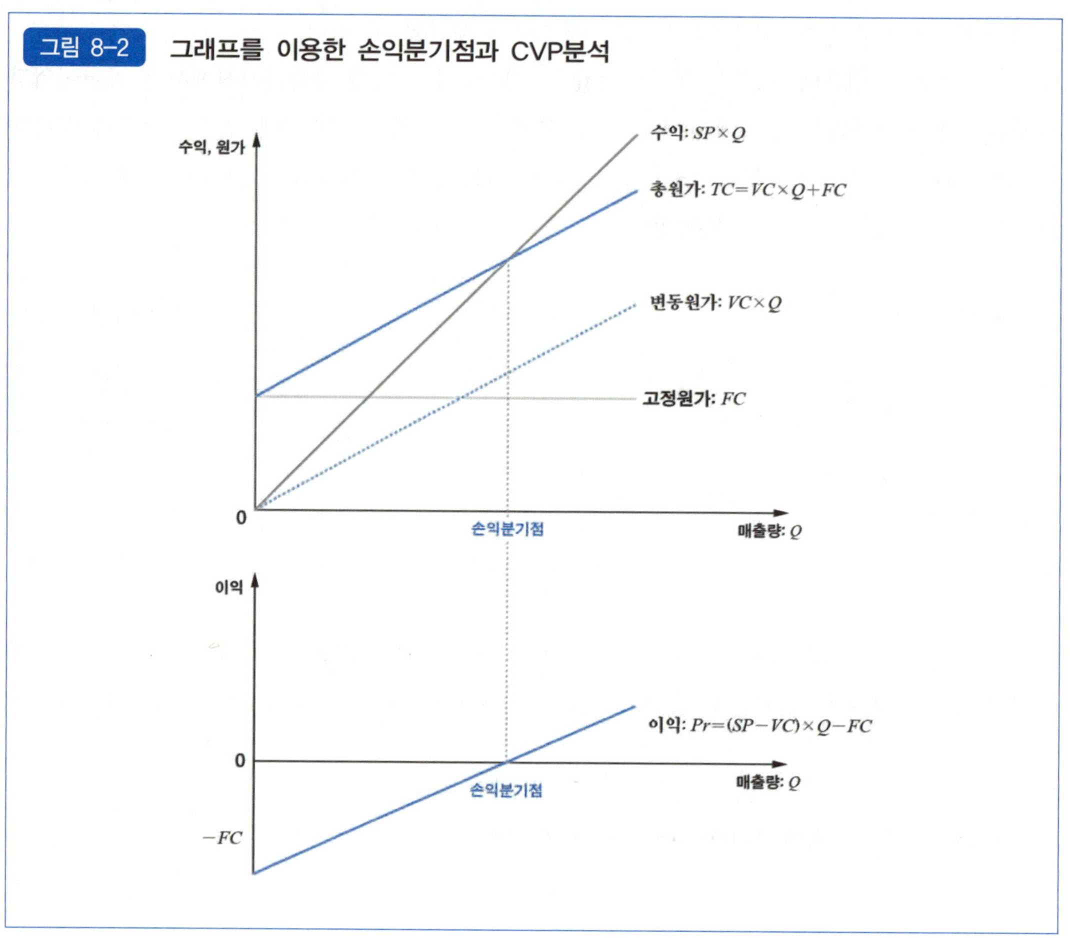

그림 8-3과 같다. 매출이 없으면 영업수익은 발생하지 않지만 매출과 관계없이 고정원가가 발생하므로 고정원가 ₩150,000만큼 영업손실이 발생하며 이로부터 매출량이 한 단위씩 증가할 때마다 단위당 공헌이익 ₩400만큼씩 손실의 규모가 줄어들고 매출량이 375단위가 될 때 영업이익손실이 0이 되는 손익분기점에 이르게 된다. 공헌이익이 고정원가를 완전히 회수하는 손익분기점을 지나면 공헌이익만큼 영업이익이 발생한다.

그림 8-3　PV그래프

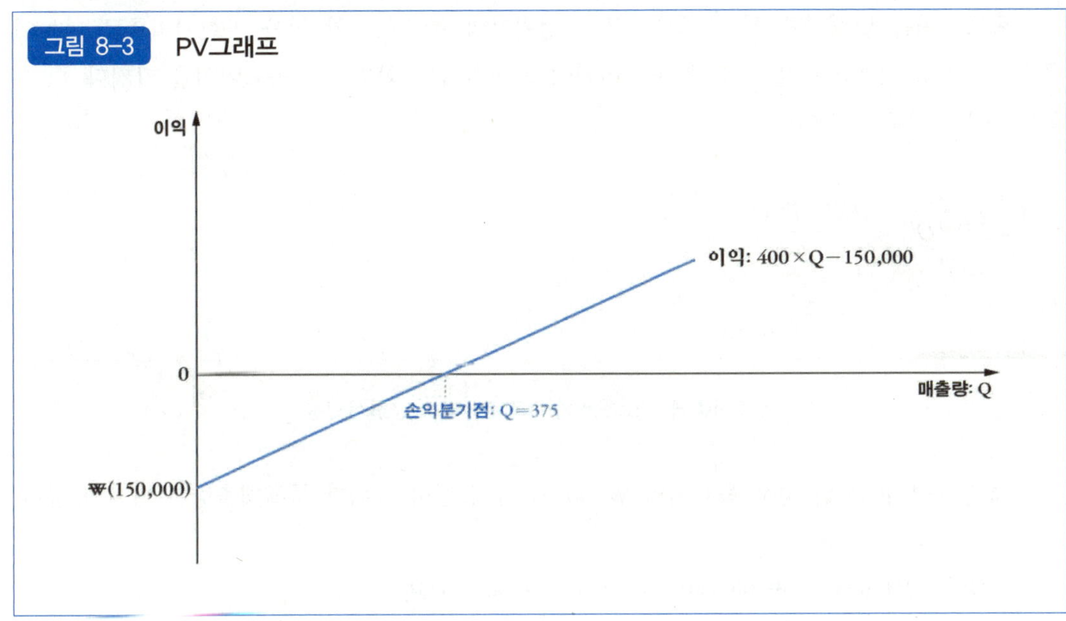

목표이익을 달성하기 위한 매출량과 매출액

세금이 존재하지 않을 경우

특정 목표이익을 달성하기 위한 매출량과 매출액은 다음의 식으로부터 구할 수 있다.

매출액−변동원가−고정원가=목표이익

목표이익을 달성하기 위한 매출량을 Q^{TP}, 판매가격을 SP, 단위당 변동원가를 VC, 고정원가를 FC, 단위당 공헌이익을 CM, 목표이익을 TP라고 하면 다음 수식을 만족하는 매출량에 이를 때 목표이익을 달성할 수 있다. 즉, 공헌이익이 고정원가를 회수하고 더 나아가 목표이익을 낳을 수 있는 매출량이라고 할 수 있다.

- $SP \times Q^{TP} - VC \times Q^{TP} - FC = TP$

$$Q^{TP} = \frac{(FC + TP)}{(SP - VC)} = \frac{(FC + TP)}{CM}$$

formula

목표매출량=(고정원가+목표이익)÷단위당 공헌이익

목표이익을 달성하게 하는 매출액은 고정원가와 목표이익의 합을 공헌이익률로 나누어 구할 수 있다. 매출액이 얼마일 때 공헌이익이 고정원가를 회수하고 목표이익을 가져다 줄 수 있는가를 보여주는 식이다.

- $SP \times Q^{TP} = \dfrac{(FC+TP)}{CMr}$

formula

목표매출액=(고정원가+목표이익)÷공헌이익률

예제 8-1의 S사의 경우 목표이익 ₩100,000을 실현하기 위한 목표매출량은 다음과 같다.

- Q^{TP}=(₩150,000+₩100,000)÷(₩1,000−₩600)=625단위

세금이 존재하는 경우

법인세가 존재할 경우 목표이익을 달성하기 위한 매출량은 법인세가 없을 때보다 높아진다. 법인세 차감후 목표이익을 달성하기 위한 매출량을 계산하기 위해서는 법인세 차감후 목표이익을 법인세 차감전 목표이익으로 전환한 후 이를 달성하기 위한 매출량을 계산하면 된다. 법인세율을 t라고 하면 법인세 차감전 이익 NIBT과 법인세 차감후 이익 NIAT은 다음과 같은 관계가 있다.

- $NIAT = NIBT - NIBT \times t$
  $= NIBT \times (1-t)$

따라서 법인세 차감후 이익은 법인세 차감전 이익으로 쉽게 전환할 수 있다.

- $NIBT = \dfrac{NIAT}{(1-t)}$

formula

법인세 차감전 이익=법인세 차감후 이익÷$(1-t)$

만약 예제 8-1의 S사가 법인세율이 40%일 때 법인세 차감후 순이익 ₩120,000을 달성하

려면 목표매출량과 매출액은 다음과 같이 구할 수 있다.

- **법인세 차감전 순이익:** ₩120,000÷(1－0.4)＝₩200,000
- **목표매출량:** (₩150,000＋₩200,000)÷₩400＝875단위
- **목표매출액:** 875×₩1,000＝₩875,000 또는 (₩150,000＋₩200,000)÷0.4＝₩875,000

즉, 법인세 차감후 순이익 ₩120,000을 실현하기 위한 목표매출액은 ₩875,000이다. 목표매출액 하에서 공헌이익접근법 손익계산서를 작성하면 다음과 같다.

손익계산서	
매출액	₩875,000
변동원가	525,000
공헌이익	350,000
고정원가	150,000
법인세 차감전 이익	200,000
법인세(40%)	80,000
순이익	₩120,000

민감도 분석과 안전한계

앞서 CVP분석에서는 판매가격, 변동원가, 고정원가 등이 일정하다고 가정하였다. 그러나 이들 중 어느 하나라도 달라지면 분석의 결과 역시 달라진다. 불확실한 기업 환경을 감안하면 다양한 가능성을 분석에 반영할 필요가 있다. 경영자가 의도적으로 매출과 원가에 변화를 줄 수 있는 여러 대안을 고려할 때에도 마찬가지이다.

민감도 분석sensitivity analysis은 분석모형의 기본적인 가정이 변화할 때 분석결과가 어떻게 달라지는가를 보여주는 기법what-if technique이다. 예컨대 CVP분석에서 고정원가 중 광고비가 10% 인상되고, 판매가격을 5% 인상하면 영업이익은 어떻게 될 것인가? 자동설비 대체로 고정원가가 15% 증가하고, 인건비 절감을 통해 단위당 변동원가가 10% 감소한다면 영업이익은 어떻게 될 것인가? 경영자는 다양한 상황과 가능한 대안을 민감도 분석을 통해 검토하고 의사결정에 반영할 수 있는데 실무에서는 엑셀이나 구글시트와 같은 스프레드시트를 이용하여 분석하는 것이 일반적이다.

민감도 분석의 간단한 예로 안전한계가 있다. **안전한계**margin of safety는 현재예산 매출량(액)이 감소한다면 손익분기점에 이를 때까지 어느 정도 여유가 있는가를 보여주는 지표로서 손익분기점을 초과하는 매출량(액)을 의미한다. **안전한계율**은 안전한계를 현재예산 매출량(액)으로 나눈 비율이다.

formula

안전한계 = 매출량(액) − 손익분기점의 매출량(액)

$$\text{안전한계율} = \frac{\text{안전한계 매출량(액)}}{\text{매출량(액)}}$$

영업이익 = 안전한계 매출량(액) × 단위당 공헌이익(공헌이익률)

예제 8-1의 S사 자료를 이용하여 안전한계와 안전한계율을 계산하면 다음과 같다.

- **안전한계**: ₩500,000 − ₩375,000 = ₩125,000
- **안전한계율**: ₩125,000 ÷ ₩500,000 = 0.25

안전한계 매출액 ₩125,000, 공헌이익률 40%로부터 현재 영업이익은 ₩50,000임을 알 수 있다.[3] 안전한계를 높이기 위해서는 매출을 늘리거나 손익분기점을 낮춰야 한다. 판매가격의 인상하거나 변동원가 또는 고정원가를 낮추면 안전한계는 커진다.

PROBLEM 8-2

S사는 USB 저장장치를 판매하는 회사이다. 현재 월 판매량은 4,500개이다. 개당 판매가격은 ₩1,000이고, 개당 구입가격은 ₩600이다. 월 고정원가는 ₩1,200,000이다. 물음에 답하라.

물음 1 현재 월 영업이익은 얼마인가?

물음 2 고정원가인 광고비를 ₩150,000 지출하면 판매량의 변화 없이 판매가격을 5% 인상할 수 있다. 이 경우 월 영업이익은 얼마나 증감하는가?

물음 3 판매가격을 5% 낮추면 판매량이 10% 증가할 것으로 예상된다. 이 경우 월 영업이익은 얼마나 증감하는가?

물음 4 안전한계 매출량은 얼마인가?

3 안전한계의 정의에 의하면 안전한계 매출량(액)에 단위당 공헌이익(공헌이익률)을 곱하면 영업이익이 구해진다.

풀이

1. 현재 영업이익

매출액(4,500개 @₩1,000)	₩4,500,000
변동원가(@₩600)	2,700,000
공헌이익	1,800,000
고정원가	1,200,000
영업이익	₩600,000

2. 판매가격이 5% 증가, 고정원가 ₩150,000 증가할 경우 영업이익

매출액(4,500개 @₩1,050)	₩4,725,000
변동원가(@₩600)	2,700,000
공헌이익	2,025,000
고정원가	1,350,000
영업이익	₩675,000

즉, 현재의 영업이익보나 ₩75,000(=675,000−600,000) 증가한다.

3. 판매가격 5% 감소, 판매량이 10% 증가할 경우 영업이익

매출액(4,950개 @₩950)	₩4,702,500
변동원가(@₩600)	2,970,000
공헌이익	1,732,500
고정원가	1,200,000
영업이익	₩532,500

즉, 현재의 영업이익보다 ₩67,500(=532,500−600,000) 감소한다.

4. 손익분기점 매출량이 3,000개이므로 안전한계 매출량은 1,500개가 된다.

원가구조와 영업레버리지

기업에서 발생하는 원가를 변동원가와 고정원가로 나눌 때 이들의 구성과 비중을 **원가구조**cost structure라고 한다. 동일한 제품을 생산하더라도 기업의 전략과 경영자의 의사결정에 따라 제품의 원가구조가 달라질 수 있다. 예컨대 제품에 필요한 부품을 자체 생산하는 경우와 외

부에서 구입하는 경우를 생각해보자. 부품을 직접 생산하면 부품의 제조원가는 변동원가와 고정원가로 구성되지만 외부에서 구입하면 전액 변동원가라고 할 수 있다. 결국 부품의 조달방법에 따라 제품의 원가구조가 달라지게 된다.

변동원가와 고정원가는 일정 수준에서 상호간 대체될 수 있다. 자동화설비를 도입하면 자동화에 따른 고정원가를 부담하는 대신 수작업으로 인한 변동원가를 낮출 수 있는 것도 그러한 예이다. 유사한 제품을 생산하더라도 기업의 전략에 따라 원가구조가 다른 기업이 존재하는 것은 이러한 이유 때문이다.[4]

원가구조가 중요한 이유는 변동원가와 고정원가의 구성에 따라 매출의 변화가 이익에 미치는 영향이 달라지기 때문이다. 예를 들어, 프랜차이즈 커피 전문점이 프랜차이즈 계약 시 다음 대안 중에 하나를 선택할 수 있다고 하자.

대안 A: 월 고정수수료 ₩100,000에 커피 한 잔 판매당 ₩1,500을 지불하는 조건
대안 B: 월 고정수수료 ₩400,000에 커피 한 잔 판매당 ₩750을 지불하는 조건
대안 C: 월 고정수수료 ₩700,000만 지불하는 조건

커피 한 잔의 판매가격은 ₩4,000이며 본사 수수료를 제외한 모든 원가는 변동원가이며 한 잔당 ₩1,000이 발생한다. 만약 매월 400잔의 커피를 판매할 수 있다면 대안별 이익은 얼마인가? 어떤 대안을 선택하더라도 이익은 ₩500,000이다. 그러면 500잔을 판매하는 경우와 300잔을 파는 경우는 어떠한가? **그림 8-4**에서도 확인할 수 있는 것처럼 500잔의 경우 이익 크기는 C, B, A 순이며 300잔은 A, B, C 순이 된다. 400잔을 초과하는 경우에는 고정수수료만 지불하는 대안 C가 가장 좋으며, 400잔 미만인 경우에는 고정수수료가 가장 적고 커피 한 잔당 수수료가 가장 큰 대안 A가 최선이다.

요컨대 대안별 이익이 같은, 월 매출 400잔을 기준으로 커피 매출이 증가하면 이익은 고정원가가 가장 높은 대안 C가 가장 크게 증가하지만 커피 매출이 감소하면 이익도 가장 크게 감소한다. 반면 고정원가가 가장 낮은 대안 A는 매출 증감에 따른 이익의 증감폭이 가장 작다. 이러한 결과는 고정원가 크기가 클수록작을수록 매출변동에 따른 이익변동폭volatility도 크다작다는 것을 의미하는데 고정원가의 이러한 지렛대 효과를 **영업레버리지**operating leverage라고 한다.

영업레버리지의 크기를 보여주는 **영업레버리지도**(度)degree of operating leverage는 매출변화율에 대한 영업이익변화율를 의미하며, 변화율 계산의 기준이 되는 매출 하에서 공헌이익을 영업이익으로 나누어 구할 수 있다.[5] 같은 기업이더라도 매출이 변하면 공헌이익과 영업이익

4 갤럭시 스마트폰은 대부분 자체공장에서 생산하지만, 아이폰은 대만 등의 글로벌 위탁생산업체가 생산하며 애플은 미리 정한 매입단가에 매입하는 형식을 취한다. 대표적인 이들 스마트폰 회사는 각사의 전략에 따라 서로 다른 원가구조를 취하면서도 경쟁관계를 유지하고 있다.

5 이익식이 $\pi = CM \times Q - FC$이며 현재 매출량과 영업이익이 각각 Qc, π^c일 때 매출변화율에 대한 영업이익변화율은

이 달라지므로 영업레버리지도도 달라지는데 매출이 증가감소할수록 영업레버리지도는 낮아높아진다.

formula

영업레버리지도: 영업이익변화율÷매출변화율=공헌이익÷영업이익

일반적으로 고정원가의 비중이 상대적으로 큰 회사는 영업레버리지도가 크며 반대로 고정원가의 비중이 작으면 영업레버리지도도 작다. 영업레버리지가 높은 회사는 매출에 따라 이익이 급격하게 증가할 수 있는 대신 감소도 크게 나타나는 상반효과risk-return tradeoff가 있음에 유의할 필요가 있다.

위에서 제시한 영업레버리지도의 정의와 계산식을 이용하면 다음의 관계를 얻을 수 있다. 특정 매출 하에서 영업레버리지도를 알면 향후 매출 변화에 따른 영업이익의 변화액을 구할 수 있다.

그림 8-4 원가구조와 영업레버리지효과

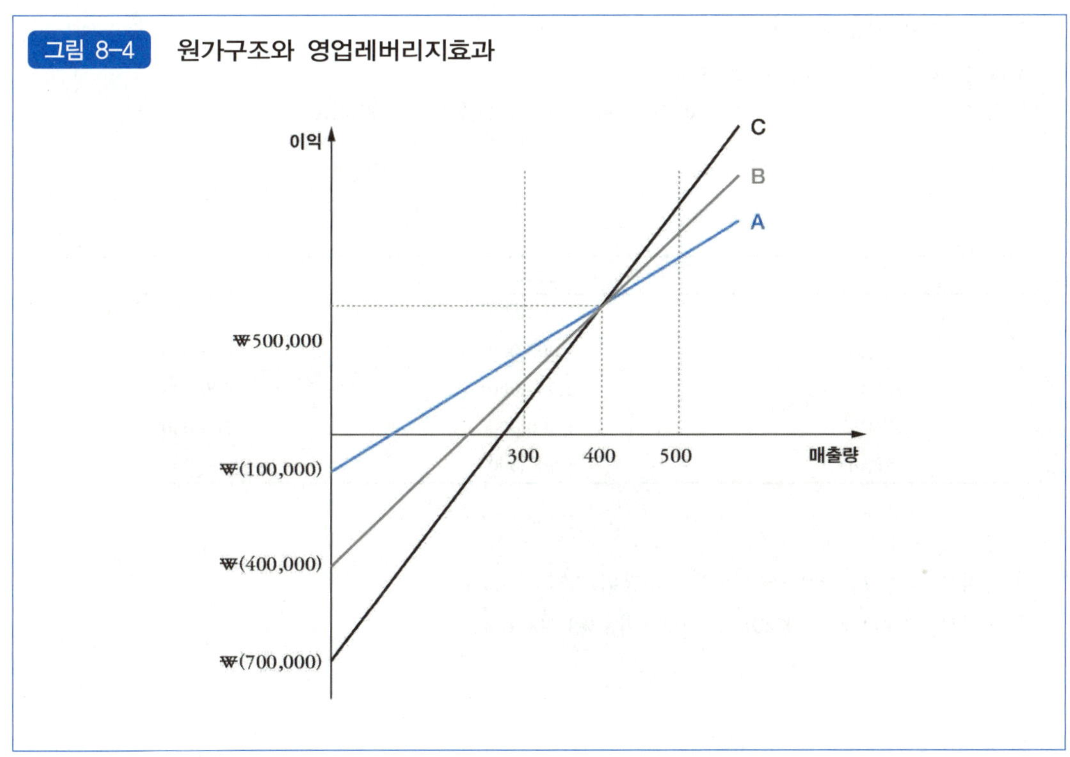

다음과 같이 공헌이익을 영업이익으로 나눈 값이 된다.

$$\text{영업레버리지도}:\frac{\text{영업이익변화율}}{\text{매출변화율}}=\frac{\Delta\pi/\pi^c}{\Delta Q/Q^c}=\frac{\Delta\pi}{\Delta Q}\times\frac{Q^c}{\pi^c}=CM\times\frac{Q^c}{CM\times Q^c-FC}=\frac{CM\times Q^c}{CM\times Q^c-FC}=\frac{\text{공헌이익}}{\text{영업이익}}$$

formula

영업이익변화율 = 영업레버리지도 × 매출변화율

한편 영업레버리지가 높은 회사는 상대적으로 손익분기점이 높으므로 안전한계율이 낮다는 특징이 있다.[6]

PROBLEM 8-3

A사는 고정원가가 ₩1,500,000이고 단위당 변동원가는 ₩20이며, B사는 고정원가가 ₩500,000이고 단위당 변동원가는 ₩40이다. 각 회사의 금년 판매량은 50,000단위이며 판매가격은 ₩60이다. 회사별로 물음에 답하라.

물음 1 공헌이익과 영업이익을 계산하라.

물음 2 손익분기점의 매출량과 매출액을 계산하라.

물음 3 매출액기준 안전한계를 계산하라.

물음 4 영업레버리지도를 계산하라.

물음 5 내년에 매출이 10% 증가할 경우 영업레버리지 효과를 설명하라.

풀이

1. 공헌이익과 영업이익

	A회사	B회사
매출액	₩3,000,000	₩3,000,000
변동원가	1,000,000	2,000,000
공헌이익	2,000,000	1,000,000
고정원가	1,500,000	500,000
영업이익	₩500,000	₩500,000

2. 손익분기점

A회사: ₩1,500,000 ÷ ₩40 = 37,500단위, ₩2,250,000

B회사: ₩500,000 ÷ ₩20 = 25,000단위, ₩1,500,000

6 안전한계율은 영업레버리지도와 역수의 관계에 있다. 이 관계를 도출하면 다음과 같다.

$$\text{안전한계율: } \frac{(Q-Q^{BEP})}{Q}=\frac{CM\times(Q-Q^{BEP})}{CM\times Q}=\frac{\text{영업이익}}{\text{공헌이익}}=\frac{1}{\text{영업레버리지도}}$$

여기서, Q^{BEP}: 손익분기점 매출량

3. 안전한계

A회사: ₩3,000,000－₩2,250,000＝₩750,000

B회사: ₩3,000,000－₩1,500,000＝₩1,500,000

4. 영업레버리지도

A회사: ₩2,000,000÷₩500,000＝4

B회사: ₩1,000,000÷₩500,000＝2

5. 매출 10% 증가에 따른 영업레버리지 효과

	A사(단위당 공헌이익 @₩40)		B사(단위당 공헌이익 @₩20)	
매출량	50,000	55,000	50,000	55,000
공헌이익	₩2,000,000	₩2,200,000	₩1,000,000	₩1,100,000
고정원가	1,500,000	1,500,000	500,000	500,000
영업이익	₩500,000	₩700,000	W500,000	₩600,000

매출량이 50,000단위일 때 영업이익은 ₩500,000으로 동일하지만 영업레버리지도는 A사가 4이고, B사가 2이다. A사는 B사보다 고정원가가 크지만 변동원가는 작기 때문이다. 영업레버리지도가 상대적으로 높은 A사는 매출량이 증가할 때 영업이익에 미치는 영향이 더 크다. A사는 매출이 10% 증가할 때 영업이익은 ₩200,000 증가하여 영업이익의 증가율이 40%(＝10%×4)에 이르지만 B사는 매출이 10% 증가할 때 영업이익은 ₩100,000 증가하여 영업이익의 증가율은 20%(＝10%×2)에 머무르고 있다. 매출량이 10% 감소할 경우 영업이익의 감소 크기는 반대로 나타난다.

CVP분석의 확장

다수제품하에서의 CVP분석

지금까지는 편의상 단일제품을 가정했지만 현실에서는 두 가지 이상 여러 가지 제품을 취급하는 것이 일반적이다. 이 경우 제품마다 판매가격과 원가 그리고 단위당 공헌이익이 다르기 때문에 CVP분석이 쉽지 않다. 다음과 같이 제품이 2개인 경우를 생각해보자.

	A 제품	B 제품
판매량	Q_A	Q_B
단위당 판매가격	SP_A	SP_B
단위당 변동원가	VC_A	VC_B
단위당 공헌이익	CM_A	CM_B
고정원가	FC	

이때 회사의 총공헌이익은 다음과 같다.

- $CM_A \times Q_A + CM_B \times Q_B$

따라서 손익분기점은 다음을 만족하는 Q_A, Q_B이다.

- $CM_A \times Q_A + CM_B \times Q_B = FC$

문제는 이 식을 만족하는 Q_A, Q_B 조합은 한 개만 존재하는 것이 아니라 그림 8–5의 손익분기점식에서 보듯이 여러 개가 될 수 있다. 따라서 유일한 손익분기점을 얻기 위해서는 Q_A, Q_B 사이에 추가적인 제약조건이 필요하다는 것을 알 수 있다.

기업은 이익 극대화를 위해 제품의 수익성과 기업 내 생산능력을 감안하여 최적의 매출배합비율을 찾아내고 이를 이용하여 차별적인 판매촉진활동을 하기도 한다.[7] 만약 기업에서 원하는 매출배합비율이 존재하고 이 비율에 따라 제품을 생산, 판매할 수 있다면 비록 제품이 여러 개라 하더라도 수월하게 CVP분석을 할 수 있다. 그림 8–5에서 보듯이 손익분기점식에 매출배합식을 추가하면 이들 두 식을 모두 만족하는 유일한 손익분기점두 직선이 만나는 점을 찾아낼 수 있다.

여러 개의 제품이 존재할 때의 CVP분석에서는 제품 간에 매출배합율이 존재하며 이 비율을 안다는 전제하에 분석하는 것이 일반적이다. 다음 식은 여러 개의 제품이 존재하며 **매출배합비율**매출량배합비율 또는 매출액배합비율이 일정할 때 손익분기점을 구하는 산식이다.

7 제10장의 제약자원의 효율적 활용에서는 이와 관련된 문제를 다룬다.

그림 8-5 복수제품하에서의 손익분기점

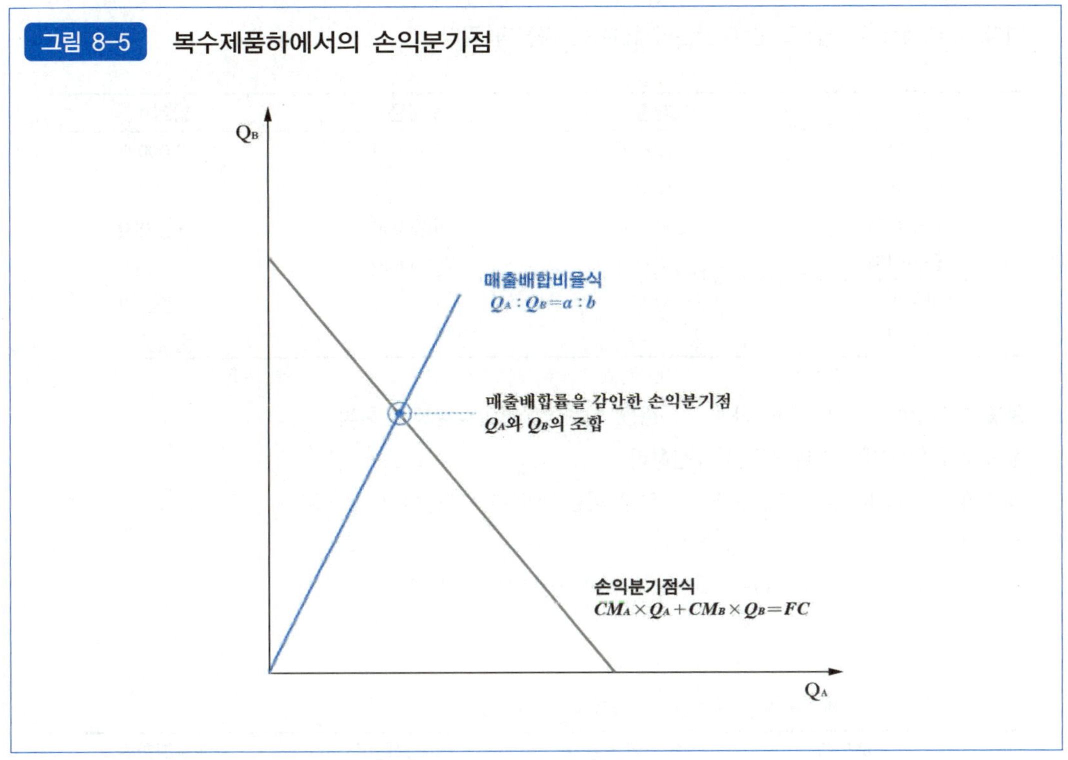

formula

손익분기점의 총매출량＝고정원가÷(매출량 배합비율기준) 가중평균 단위당공헌이익

특정 제품의 손익분기점 매출량＝손익분기점 총매출량×특정 제품의 매출량 비율

손익분기점의 총매출액＝고정원가÷(매출액 배합비율기준) 가중평균 공헌이익률

특정 제품의 손익분기점 매출액＝손익분기점 총매출액×특정 제품의 매출액 비율

목표이익을 달성하기 위한 매출량 및 매출액은 위 식의 고정원가 대신 (고정원가＋목표이익)을 대입하여 구할 수 있다.

PROBLEM 8-4

S사는 제품 X와 Y를 생산, 판매하려 한다. 판매예측에 의하면 올 해 X제품의 판매가격은 ₩400, 판매량은 1,200개이며 Y제품의 판매가격은 ₩800, 판매량은 800개이다. 고정원가는 제품 X와 Y의 생산라인에서 공통적으로 발생하며 X제품과 Y제품 간 매출량 배합비율은 3:2를 유지할 계획

이다. 판매예측을 근거로 한 예산손익계산서는 다음과 같다.

	X제품	Y제품	합계
매출량	1,200개	800개	2,000개
매출액	₩480,000	₩640,000	₩1,120,000
변동원가	390,000	480,000	870,000
공헌이익	₩90,000	₩160,000	250,000
고정원가			96,250
영업이익			₩153,750

물음 1 매출량 배합비율에 의한 가중평균 단위당공헌이익을 계산하라.

물음 2 손익분기점의 매출량을 계산하라.

물음 3 매출액 배합비율에 의한 가중평균 공헌이익률을 계산하라.

물음 4 손익분기점의 매출액을 계산하라.

물음 5 목표이익 ₩200,000을 실현하기 위한 매출량을 계산하라.

풀이

1. 매출량배합비율에 의한 가중평균 단위당공헌이익

제품	판매가격	단위변동원가	단위공헌이익	매출배합율
X	₩400	₩325	₩75	0.6
Y	800	600	200	0.4

가중평균 단위당공헌이익: ₩75×0.6+₩200×0.4=₩125

2. 손익분기점 매출량

손익분기점 총매출량=고정원가÷가중평균 단위당공헌이익

=₩96,250÷₩125=770개

제품별 손익분기점 매출량

X제품: 770×0.6=462개

Y제품: 770×0.4=308개

3. 매출액 배합비율에 의한 가중평균 공헌이익률

제품	공헌이익률	매출배합
X	18.75%	48/112
Y	25%	64/112

가중평균공헌이익률: [(18.75%×48)+(25%×64)] ÷ 112 = 22.32%

4. 손익분기점 매출액

손익분기점 매출액은 손익분기점 매출량에 단위당 판매가격을 곱하여 구할 수 있으나 단위당 판매가격이나 단위당 공헌이익을 알 수 없는 경우에는 매출액기준에 의한 가중평균 공헌이익율 산식을 활용해야 한다.

손익분기점 총매출액=고정원가÷가중평균공헌이익률
=₩96,250÷22.32%=₩431,200

제품별 손익분기점 매출액

X제품: ₩431,200×48/112=₩184,800

Y제품: ₩431,200×64/112=₩246,400

5. 목표이익 ₩200,000을 실현하기 위한 매출량

목표 총매출량=(고정원가+목표이익)÷가중평균단위당공헌이익
=(₩96,250+₩200,000)÷₩125=2,370개

제품별 목표매출량

X제품: 2,370×0.6=1,422개

Y제품: 2,370×0.4= 948개

그림 8-6 준고정원가하에서의 손익분기점

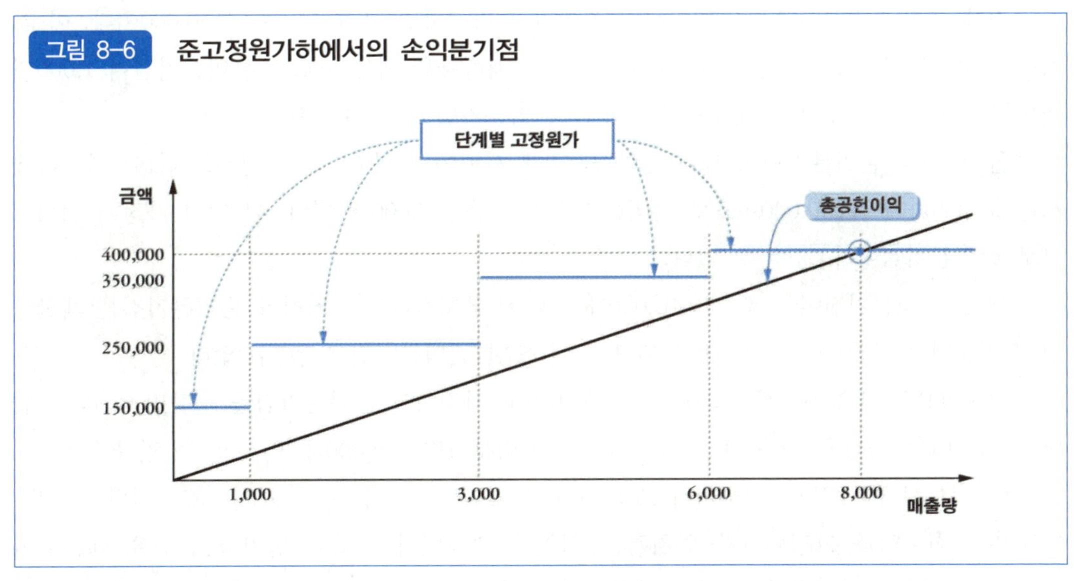

원가함수가 비선형함수인 경우 CVP분석

CVP분석의 기본 가정에서 수익 및 원가함수가 모두 일차함수이며 관련범위 내에서 일정하다고 하였다. 이러한 가정이 깨지면 분석방법도 달라져야 한다. 앞서 제7장에서 다뤘던 비선형원가함수 상황에서의 CVP분석을 예를 통해 살펴보자.

S사는 단일제품 A를 생산 · 판매하고 있다. 단위당 판매가격은 ₩100이고 단위당 변동원가는 ₩50이며, 고정원가는 다음과 같이 생산량 범위별로 달라지는 계단 형태를 취하고 있다. 이 경우 손익분기점 매출량은 얼마인가?

판매량	고정원가
1,000 이하	₩150,000
1,001~3,000	250,000
3,001~6,000	350,000
6,001 이상	400,000

S사의 단위당 공헌이익이 ₩50이지만 고정원가가 생산량 범위에 따라 다르므로 다음과 같이 시행착오법을 이용하여 손익분기점을 구해야 한다.

첫째, 손익분기점이 1,000개 이하일 것이라고 가정하면 고정원가는 ₩150,000이다. 이 가정하에 손익분기점을 구하면 3,000개가 된다. 이 매출량은 처음 가정한 손익분기점이 1,000개 이하일 것이라는 가정에 위배되므로 적절한 손익분기점이 될 수 없다.

둘째, 만약 손익분기점이 1,001개와 3,000개 사이에 존재한다고 가정해보자. 이 가정하에서는 고정원가가 ₩250,000이므로 손익분기점 매출량은 5,000개 된다. 이 역시 가정에 위배되므로 손익분기점이라고 할 수 없다.

셋째, 손익분기점이 3,001개와 6,000개 사이에 존재한다고 가정하고 손익분기점을 계산하면 손익분기점 매출량이 7,000개가 되므로 이 또한 손익분기점이 될 수 없다.

마지막으로 손익분기점이 6,001개 이상이라고 가정하고 손익분기점을 구하면 8,000개 얻어지는데 이는 가정을 충족하므로 이 회사의 손익분기점은 8,000개라고 할 수 있다.

이처럼 시행착오법에 의하거나 그림 8-6과 같이 그래프를 통해 구할 수도 있다. 손익분기점은 공헌이익과 고정원가가 일치하는 점인데 그림에서 보듯이 일치하는 점은 매출량이 8,000개인 경우가 유일하다. 이러한 상황에서는 경우에 따라 손익분기점이 여러 개가 될 수도 있다는 점에 유의해야 한다.

다른 예로 단계별로 단위당 변동원가가 달라지는 경우를 생각해보자.

S사는 단일제품 A를 생산, 판매하고 있다. 단위당 판매가격은 ₩100이고 고정원가는 ₩200,000이며, 단위당 변동원가는 다음과 같이 생산판매량 범위별로 달라진다. 즉, 판매량이 1,000개 이하일 때는 단위당 변동원가가 ₩60이지만 생산판매량이 1,000개 초과, 3,000개 이하이면 1,000개를 초과하는 수량에 대해서는 단위당 변동원가가 ₩50이 된다. 만약 생산판매량이 3,000개 초과, 6,000개 이하인 경우 1,000개까지는 ₩60, 추가 2,000개는 ₩50, 3,000개를 초과하는 수량은 ₩40이 된다는 의미이다. 이때 손익분기점 매출량은 얼마인가?

생산판매량	단위당 변동원가
1,000 이하	₩60
1,001~3,000	50
3,001~6,000	40
6,001 이상	30

이러한 경우에도 앞선 예와 마찬가지로 시행착오법을 이용하여 손익분기점을 구할 수 있다.

그림 8-7 단위당 변동원가가 변하는 경우 손익분기점

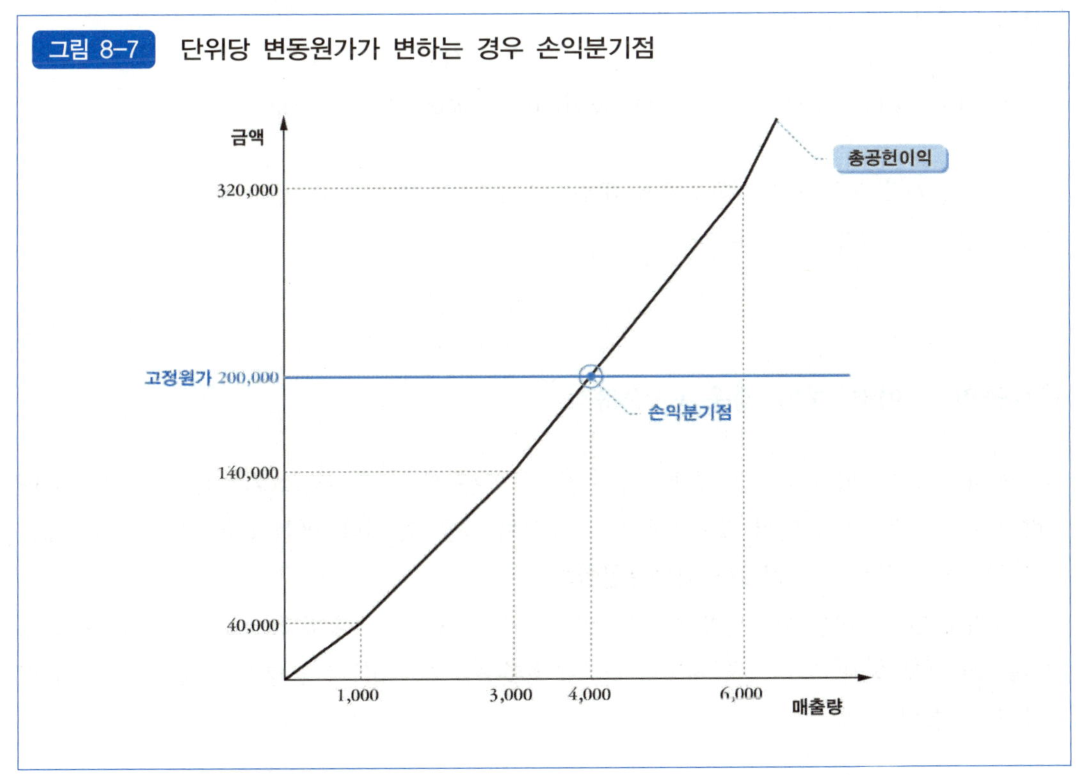

첫째, 손익분기점 매출량이 1,000개 이하라고 가정해보자. 이 경우 단위당 공헌이익은 ₩40이므로 손익분기점에 이르기 위해서는 5,000개를 판매해야 한다. 그러나 이는 가정했던 범위에 속하지 않으므로 손익분기점이라고 할 수 없다.

둘째, 손익분기점 매출량 1,001개와 3,000개 사이인 경우 손익분기점은 다음을 만족하는 Q가 된다.

- 1,000 × ₩40 + (Q − 1,000) × ₩50 = 200,000

계산결과, Q는 4,200개가 되지만 가정했던 범위에 속하지 않으므로 손익분기점이 될 수 없다.

셋째, 손익분기점 매출량 3,001개와 6,000개 사이라고 가정하면 이 경우 손익분기점 Q는 다음 식을 만족하는 4,000개가 되는데 이는 가정했던 범위에 속하므로 손익분기점이 된다.

- 1,000 × ₩40 + 2,000 × ₩50 + (Q − 3,000) × ₩60 = 200,000

넷째, 손익분기점 매출량 6,001개 이상인 경우에는 손익분기점은 다음을 만족하는 Q가 되는데 이를 만족하는 Q는 존재하지 않는다.

- 1,000 × ₩40 + 2,000 × ₩50 + 3,000 × ₩60 + (Q − 6,000) × ₩70 = 200,000

모든 결과를 종합하면 손익분기점 매출량은 4,000개이다. 이와 같은 결과는 그림 8-7에서도 확인할 수 있다.

원가동인이 여러 개인 경우 CVP분석

앞서 CVP분석에서 원가를 발생시키는 원가동인은 매출량뿐이라고 가정하였다. 그러나 매출량과는 직접적으로 관련이 없는 다른 원가동인이 있을 수 있다. 예를 들어 운송원가는 매출량보다는 운송횟수가 더 적절한 원가동인이다.

단위당 판매가격을 SP, 판매 단위당 변동원가를 VC_S, 운송횟수당 변동원가를 VC_T, 고정원가를 FC라고 하자. 그리고 판매량을 Q_S, 운송횟수를 Q_T라고 하면 영업이익은 다음과 같이 나타낼 수 있다.

- 이익 $= SP \times Q_S - VC_S \times Q_S - VC_T \times Q_T - FC$

$$= \underbrace{(SP - VC_S) \times Q_S}_{\text{공헌이익}} - \underbrace{VC_T \times Q_T}_{\text{운송원가}} - FC$$

여기서 운송원가는 매출량과 무관한 운송횟수가 원가동인이므로 매출량의 관점에서는 고정원가라고 할 수 있다.

따라서 매출량의 관점에서 손익분기점은 다음과 같다.

- $Q_S^{BEP} = \dfrac{VC_T \times Q_T + FC}{(SP - VC_S)}$

여기서 손익분기점 매출량을 구하려면 운송횟수 Q_T가 확정되어야 한다.

한편, 운송횟수의 관점에서 손익분기점을 구할 수도 있다.

- $Q_T^{BEP} = \dfrac{(SP - VC_S) \times Q_S - FC}{VC_T}$

앞서와 마찬가지로 이 값을 구하려면 매출량 Q_S가 확정되어야 한다.

이처럼 원가동인이 여러 개인 경우에는 손익분기점을 원가동인마다 구할 수 있으나, 이를 위해서는 분석을 하고자 하는 원가동인 이외의 다른 원가동인량은 특정 값으로 확정되어 있어야 한다.

PROBLEM 8-5

제품당 판매가격이 ₩1,000, 단위당 변동원가 ₩500, 운송횟수당 변동운송원가가 ₩30,000, 고정원가가 ₩1,000,000이다. 물음에 답하라.

물음 1 운송횟수가 10회라고 할 때 손익분기점 매출량은 얼마인가?

물음 2 매출량이 3,640개라고 하자. 손익분기점에 이르기 위해서는 운송횟수당 평균매출량이 얼마가 되어야 하는가?

풀이

1. 손익분기점 매출량

$$\frac{\text{총운송원가}+\text{고정원가}}{\text{단위당 공헌이익}}$$

$$=\frac{₩30,000\times 10\text{회}+₩1,000,000}{₩500}=2,600\text{개}$$

2. 손익분기점 운송횟수

$$\frac{\text{총공헌이익}-\text{고정원가}}{\text{운송횟수당 운송원가}}$$

$$=\frac{(₩1,820,000-₩1,000,000)}{₩30,000}\fallingdotseq 27\text{회}$$

따라서 손익분기점에 이르기 위한 운송횟수당 평균매출량은 약 135개(=3,640개/27회)가 된다.

원가 · 조업도 · 현금흐름 분석

지금까지는 조업도에 따른 이익의 변화를 다뤘지만 현금흐름의 관점에서도 유사한 분석을 할 수 있다. **현금흐름분기점**은 현금유입과 현금유출이 같아지는 매출량매출액으로 기존의 손익분기점 분석에서 현금유출이 없는 원가, 예를 들어 감가상각비 등을 제외하고 계산해야 한다. 일반적으로 변동원가는 현금유출이 있으나 고정원가는 현금유출이 없는 경우가 있으므로 이러한 경우를 가정한 현금흐름분기점은 다음과 같다.

현금흐름분기점: 다음 식을 만족하는 매출량 또는 매출액

현금유입=현금유출

매출액=변동원가+(고정원가−현금유출이 없는 고정원가)

공헌이익=고정원가−현금유출이 없는 고정원가

현금흐름분기점 매출량을 Q^{CBEP}, 판매가격을 SP, 단위당 변동원가를 VC, 단위당 공헌이익을 CM, 총고정원가를 FC, 현금유출이 없는 고정원가를 $NCFC$라 하면 현금흐름 분기점은 정의에 따라 다음과 같다.

- $SP \times Q^{CBEP} = VC \times Q^{CBEP} + (FC - NCFC)$

$$Q^{CBEP} = \frac{FC - NCFC}{CM}$$

formula

현금흐름분기점 매출량=(고정원가−현금유출이 없는 고정원가) ÷ 단위당 공헌이익

PROBLEM 8-6

S사는 제품 A를 생산하여 전량 현금 판매하고 있다. 제품 A의 판매가격은 단위당 ₩100이고 변동제조 및 판매 원가는 ₩50이다. 고정제조 및 판매원가는 ₩100,000이다. 변동원가는 모두 현금유출원가이며 고정원가 중 현금유출이 없는 원가는 ₩40,000이다. 현금흐름분기점에서의 매출량은 얼마인가?

풀이

현금흐름 분기점 매출량=(고정원가−현금유출이 없는 고정원가)÷단위당공헌이익
=(₩100,000−₩40,000)÷₩50
=1,200단위

만약 목표현금흐름*TCF*이 있다면 이를 달성하기 위한 매출량은 다음과 같이 구할 수 있다.

- $SP \times Q^{TCF} - VC \times Q^{TCF} - (FC - NCFC) = TCF$

$$Q^{TCF} = \frac{TCF - NCFC + FC}{CM}$$

formula

목표현금흐름 매출량=(목표현금흐름−현금유출이 없는 고정원가+고정원가)÷단위당공헌이익

이 식에서 $TCF - NCFC$는 목표현금흐름*TCF*을 달성하는 이익이므로 이 목표이익을 얻을 수 있는 매출량을 구하는 것과 동일하다.

법인세가 존재하는 경우에는 다음과 같이 변형된 식을 이용해야 한다. 법인세율을 t라고 할 때 목표현금흐름 매출량은 다음과 같다.[8]

8 다음 식으로부터 도출할 수 있다.

- $Q^{TCF} = \dfrac{\dfrac{TCF - NCFC}{1-t} + FC}{CM}$

여기서 $(TCF - NCFC)/(1-t)$는 목표현금흐름TCF을 달성하는 법인세 차감전 순이익이므로 이 목표이익을 위한 매출량을 구하는 것과 동일하다.

예제 8-6에서 목표 현금흐름이 ₩100,000이며 법인세율이 40%라면 이를 달성하기 위한 매출량은 다음과 같이 계산한다.

- **목표현금흐름 매출량**＝{(**목표현금흐름－현금유출이 없는 고정원가**)/(1－**법인세율**)＋**고정원가**}
  ÷**단위당공헌이익**
  ＝{(₩100,000－₩40,000)/(1－0.4)＋100,000}÷₩50
  ＝4,000**단위**

$[SP \times Q^{TCF} - VC \times Q^{TCF} - (FC - NCFC)] - (SP \times Q^{TCF} - VC \times Q^{TCF} - FC) \times t = TCF$

이 식은 목표현금흐름(TCF)이 현금유출이 없는 고정원가(NCFC)보다 같거나 큰 경우, 즉 이익이 존재하는 경우에만 적용할 수 있다. 만약 목표현금흐름(TCF)이 현금유출이 없는 고정원가(NCFC)보다 작아 손실을 보는 경우에는 법인세가 없을 때와 동일한 식을 이용해야 한다. 그러나 손실에 대해서 소급공제가 가능한 경우에는 그대로 사용할 수 있다. 우리나라의 경우 소급공제는 조세특례제한법에 따른 중소기업에 한하여 인정하고 있다.

쉬•어•가•는 원가 · 관리회계

Cost & Management Accounting

대한항공과 이마트24가 보여주는 영업레버리지의 양면성

코로나19 팬데믹 시기를 지나면서 대한항공의 실적은 영업레버리지의 전형적인 모습을 보여주었다. 2020년에는 여객 수요 급감으로 매출이 크게 줄었지만, 항공기 임차료, 감가상각비, 정비비, 인건비 등 고정원가 비중이 높은 특성 때문에 이익 감소는 매출 감소 폭을 크게 웃돌았다. 이후 여객 수요가 회복되면서 매출이 다시 증가하자, 과거와 유사한 수준의 원가구조 위에서 영업이익은 매출 증가율보다 훨씬 빠른 속도로 개선되었다. 매출이 줄어들 때 이익 낙폭이 확대되고, 매출이 회복될 때 이익이 크게 증가하는 이러한 패턴이 바로 영업레버리지 효과다.

기업의 영업레버리지는 매출 변동에 대해 영업이익이 얼마나 민감하게 반응하는지를 보여준다. 고정원가 비중이 높을수록 매출 변화율 대비 영업이익의 변화율이 커지며, 매출이 증가할 때는 영업이익이 더 큰 폭으로 늘어나지만 매출이 감소할 때는 영업이익 감소가 그보다 더 크게 나타난다. 이 개념은 항공사 같은 거대 기업뿐 아니라, 편의점 가맹계약과 같은 비교적 작은 사업단위의 설계에서도 중요한 역할을 한다.

신세계그룹은 2014년 편의점 사업 진출을 위해 '위드미(현 이마트24)'를 인수하면서, 기존 편의점 업계의 '로열티(정률제)' 대신 '정액 월회비(약 66만~160만 원)' 제도를 도입했다. 가맹점주의 입장에서 보면, 매출에 비례해 본사에 지급하던 변동원가 성격의 로열티 대신, 일정 금액을 매월 납부하는 고정원가 중심의 원가구조를 채택한 셈이다. 예를 들어 일매출을 130만 원으로 가정하면, 기존 편의점 모델에서는 매출총이익의 약 35%를 로열티로 지급하는 반면, 위드미 모델에서는 가장 높은 월회비를 적용해도 실질 로열티율이 매출총이익의 약 15% 수준에 그치는 것으로 추정된다. 일정 수준 이상의 매출을 달성한 가맹점에게는 고정원가를 부담하는 대신, 매출이 늘어날 때 수익이 빠르게 개선되는 영업레버리지 효과를 볼 수 있게 된 것이다.

반대로 저매출 가맹점의 경우에는 정액 월회비가 오히려 부담이 되어, 매출이 기대만큼 오르지 않으면 가맹점주의 이익이 크게 악화될 수 있다. 본사 입장에서도 매출이 증가해도 매출총이익에 비례하는 로열티를 받는 대신 정해진 회비만 받는 구조에서는, 매출 확대가 곧바로 수익 증가로 이어지지 않는다는 한계가 있었다. 실제로 이마트24는 설립 이후 적자가 이어졌고, 결국 2024년부터는 신규 가맹점에 대해 매출총이익을 가맹점과 본사가 71:29로 나누는 로열티(정률제) 모델로 수정하게 된다.

이마트24 사례는 가맹점 계약조건의 설계가 단순히 수수료율을 정하는 문제가 아니라, 원가구조와 영업레버리지 수준을 조정하는 전략적 선택임을 잘 보여준다. 대한항공처럼 대규모 고정원가를 가진 산업에서든 편의점과 같은 소매 가맹사업에서든, 고정원가와 변동원가의 비중을 어떻게 설정하느냐에 따라 매출 변동이 이익에 미치는 영향은 크게 달라진다. 편의점 업계의 경쟁이 심화되는 만큼, 향후 가맹 사업 모델은 매출 규모와 점포 특성, 본사의 전략에 따라 지속해서 변화해 나갈 것으로 보인다.

경향신문. 2021. 대한항공, 코로나19 여파에도 화물 운송으로 선방.
딜사이트. 2024. 이마트24, 결국 가맹모델 '월회비 → 로열티' 전환.
연합뉴스. 2025. 대한항공 작년 매출 16.1조 사상 최대 … 영업익 1.9조로 22.5%↑
이투데이. 2024. 이마트24, 신규 가맹점 '정률제'로 … 적자탈출 시동.
중앙일보. 2014. 신세계의 실험 … 로열티 없는 편의점 등장.

연습문제 | 원가 · 조업도 · 이익 분석

chapter 8

선택형

회계사 2021 …

01. 원가 · 조업도 · 이익CVP 분석에 대한 다음 설명 중 옳지 않은 것은? 단, 아래의 보기에서 변동되는 조건 외의 다른 조건은 일정하다고 가정한다.

① 생산량과 판매량이 다른 경우에도 변동원가계산의 손익분기점은 변화가 없다.
② 영업레버리지도가 3이라는 의미는 매출액이 1% 변화할 때 영업이익이 3% 변화한다는 것이다.
③ 법인세율이 인상되면 손익분기 매출액은 증가한다.
④ 안전한계는 매출액이 손익분기 매출액을 초과하는 금액이다.
⑤ 단위당 공헌이익이 커지면 손익분기점은 낮아진다.

회계사 2024 …

02. 원가 · 조업도 · 이익CVP분석과 영업레버리지도DOL에 대한 다음 설명 중 옳지 않은 것은? 단, 아래의 보기에서 변동되는 조건 외의 다른 조건은 일정하다고 가정한다.

① 단위당 공헌이익이 커지면 손익분기점은 낮아진다.
② 공헌이익이 총고정원가보다 클 경우에는 이익이 발생한다.
③ 생산량과 판매량이 다른 경우에도 변동원가계산의 손익분기점은 변화가 없다.
④ 영업이익이 0보다 클 때, 고정원가가 감소하면 영업레버리지도는 낮아진다.
⑤ 영업이익이 0보다 클 때, 안전한계율이 높아지면 영업레버리지도는 높아진다.

세무사 2016 …

03. 원가-조업도-이익 분석과 관련된 설명으로 옳지 않은 것은? (단, 답지항에서 변동되는 조건 외의 다른 조건은 일정하다고 가정한다)

① 계단원가준고정비가 존재하면 손익분기점은 반드시 계단 수구간 수만큼 존재한다.
② 법인세율이 증가하면 같은 세후 목표이익을 달성하기 위한 판매량이 많아진다.
③ 단위당 변동원가가 작아지면 손익분기점이 낮아진다.
④ 공헌이익률이 증가하면 목표이익을 달성하기 위한 매출액이 작아진다.
⑤ 법인세율이 증가해도 손익분기점은 바뀌지 않는다.

04. 다음 중 원가구조에 관한 설명으로 적절하지 않은 것은? ··· 세무사 2003

① 원가구조란 조직 내 고정비와 변동비의 상대적 비율을 의미한다.

② 원가구조는 영업레버리지에 영향을 미친다.

③ 고정비 비율이 클수록 이익의 안정성이 커진다.

④ 고정비 비율이 클수록 매출 증가 시 유리하다.

⑤ 변동비 비율이 클수록 매출 감소 시 유리하다.

05. 영업레버리지도Degree of Operating Leverage에 대한 다음의 설명 중 옳지 않은 것은? (단, 모든 경우에 영업이익은 0보다 크다고 가정한다) ··· 회계사 2013

① 단위당 변동원가가 증가하면 영업레버리지도는 높아진다.

② 고정원가가 감소하면 영업레버리지도는 낮아진다.

③ 안전한계율margin of safety ratio이 높아지면 영업레버리지도는 낮아진다.

④ 단위당 판매가격이 증가하면 영업레버리지도는 낮아진다.

⑤ 판매량이 증가하면 영업레버리지도는 높아진다.

06. 한국회사와 대한회사는 동일한 제품을 생산 · 판매하고 있다. 전년도의 한국회사와 대한회사의 원가구조와 영업이익을 분석한 결과, 한국회사의 총변동비는 ₩900, 총고정비는 ₩200, 그리고 영업레버리지도는 5인 반면, 대한회사의 총변동비는 ₩800, 총고정비는 ₩280 그리고 영업레버리지도는 8로 파악되었다. 금년 호경기로 인하여 한국회사와 대한회사의 매출수량 및 매출액이 각각 30% 늘어날 것으로 예상된다. 두 회사의 전년도 원가구조가 금년에도 적용된다는 가정 하에 다음의 내용 중 옳지 않은 것은? ··· 세무사 2007

① 한국회사의 금년의 영업이익은 대한회사보다 높게 나타날 것으로 예상된다.

② 한국회사는 고정설비 등에 대한 투자가 대한회사에 비해 상대적으로 낮은 실정이다.

③ 대한회사의 경우 금년의 매출 증가에 따른 영업이익증가율이 한국회사보다 높을 것으로 예상된다.

④ 제품에 대한 시장수요가 증가한 금년의 상황에서 대한회사는 고정설비투자에 따른 효과를 한국회사에 비해 더 높게 향유할 것으로 예상된다.

⑤ 앞으로 제품에 대한 시장수요가 계속 증가할 것으로 예상되면, 한국회사도 고정설비투자를 늘리고 변동비의 비중을 줄이는 것이 유리할 것이다.

07. (주)감평은 단일제품을 생산 · 판매하고 있다. 20×1년 매출액은 ₩1,200,000판매량 1,000단위, 총고정원가는 ₩240,000, 변동원가율은 75%이며, 법인세율은 40%이다. 다음 설명 중 옳지 않 ··· 감평사 2025

은 것은?

① 세후영업이익은 ₩36,000이다.

② 안전한계율margin of safety ratio은 20%이다.

③ 영업레버리지도degree of operating leverage는 4이다.

④ 세후목표이익 ₩54,000을 달성하기 위한 매출액은 ₩1,320,000이다.

⑤ 손익분기점 판매량은 800단위이고, 손익분기점 공헌이익은 ₩240,000이다.

감평사 2021 …

08. (주)감평의 20×1년 매출 및 원가자료는 다음과 같다.

구분	금액
매출액	?
변동원가	₩700,000
공헌이익	500,000
고정원가	300,000
영업이익	₩200,000

20×2년에는 판매량이 20% 증가할 것으로 예상된다. (주)감평의 20×2년 예상영업이익은? (단, 판매량 이외의 다른 조건은 20×1년과 동일하다.)

① ₩260,000 ② ₩280,000 ③ ₩300,000

④ ₩340,000 ⑤ ₩380,000

회계사 2016 …

09. (주)스키리조트는 매년 11월 중순부터 다음 해 3월말까지 총 20주 동안만 객실을 임대하고, 나머지 기간 중에는 임대를 하지 않고 있다. (주)스키리조트는 각 객실의 하루 임대료가 ₩400인 100개의 객실을 구비하고 있다. 이 회사는 회계연도가 매년 4월 1일에 시작하여 다음 해 3월 31일에 종료되며, 회계기간 동안 연간 관리자급여와 감가상각비는 ₩1,370,000이다. 임대가능기간인 총 20주 동안만 채용되는 관리보조원 1명의 주당 급여는 ₩2,500이다. 임대가능기간 중 100개의 객실 각각에 대한 보수유지 및 관리비는 하루에 ₩125씩 발생한다. 총 객실 중 고객에게 임대한 객실은 청소 및 소모품비로 객실당 하루에 ₩30이 추가로 발생한다. (주)스키리조트가 동 회계연도 동안 손익분기점에 도달하기 위해 임대가능기간인 총 20주 동안의 객실임대율은 얼마인가? (단, 임대율%은 가장 근사치를 선택한다)

① 59.8% ② 60.5% ③ 61.2%

④ 63.4% ⑤ 65.3%

10. (주)세무항공은 항공기 1대를 이용하여 김포와 제주 간 노선을 주 5회 왕복운항하고 있으며, 이 항공기의 좌석수는 총 110석이다. 이 노선의 항공권은 1매당 편도요금은 ₩30,000이고, 항공권을 대행 판매하는 여행사에 판매된 요금의 3%가 수수료로 지급되며, 항공권 1매당 예상되는 기내식사비용은 ₩1,100이다. 편도운항당 연료비는 ₩700,000이 소요되며, 비행설비 임차료와 공항사용료는 매주 ₩4,800,000이며 승무원 급여와 복리후생비는 매주 ₩7,800,000이 발생한다. (주)세무항공이 손익분기점에 도달하기 위해 매주 최소 판매해야 할 항공권 수량은? (단, 항공권은 편도기준으로 여행사를 통해서만 판매된다) … 세무사 2014

① 475매 ② 575매 ③ 600매 ④ 700매 ⑤ 775매

11. (주)세무는 20×1년에 제품A를 생산하기로 결정하였다. 제품A의 20×1년 생산량과 판매량은 일치하며, 기초 및 기말재공품은 없다. 제품A는 노동집약적 방법 또는 자본집약적 방법으로 생산 가능하며, 생산방법에 따라 품질과 판매가격의 차이는 없다. 각 생산방법에 의한 예상제조원가는 다음과 같다. … 세무사 2016

	노동집약적 생산방법	자본집약적 생산방법
단위당 변동제조원가	₩300	₩250
연간 고정제조간접원가	₩2,100,000	₩3,100,000

(주)세무는 제품A 판매가격을 단위당 ₩600으로 책정하고, 제조원가 외에 단위당 변동판매관리비 ₩50과 연간 고정판매관리비 ₩1,400,000이 발생될 것으로 예상하였다. (주)세무가 20×1년에 노동집약적 생산방법을 택할 경우 손익분기점 판매량A과 두 생산방법 간에 영업이익의 차이가 발생하지 않는 판매량B은 각각 얼마인가?

	A	B
①	8,400단위	20,000단위
②	10,000단위	15,000단위
③	10,000단위	20,000단위
④	14,000단위	15,000단위
⑤	14,000단위	20,000단위

12. (주)세무는 외부 판매대리점을 통해 건강보조식품을 판매하고 있는데, 20×1년도 손익계산서 자료는 다음과 같다. … 세무사 2020

구분	금액
매출액	₩100,000
변동매출원가	45,000
고정매출원가	15,000
변동판매비와관리비(판매대리점 수수료)	18,000
고정판매비와관리비	4,000
영업이익	₩18,000

(주)세무는 20×1년에 판매대리점에게 매출액의 18%를 판매대리점 수수료로 지급하였는데, 20×2년에는 판매대리점 대신 회사 내부판매원을 통해 판매하려고 한다. 이 경우, 내부판매원에게 매출액의 15%에 해당하는 수수료와 고정급여 ₩8,000이 지출될 것으로 예상된다. (주)세무가 20×2년에 내부판매원을 통해 20×1년과 동일한 영업이익을 얻기 위해 달성해야 할 매출액은 얼마인가?

① ₩75,000 ② ₩81,818 ③ ₩90,000
④ ₩100,000 ⑤ ₩112,500

세무사 2011 …

13. (주)국세는 단일제품을 생산하고 있으며, 주문받은 수량만을 생산하여 해당 연도에 모두 판매한다. (주)국세의 법인세율은 40% 단일세율이며, 관련 자료는 다음과 같다.

구분	20×1년	20×2년
매출액	₩2,000,000	₩2,500,000
제품단위당 변동원가	600	720
총고정원가	400,000	510,000

(주)국세의 20×1년 세후이익은 ₩240,000이며, 20×2년 세후이익은 20×1년보다 10% 증가하였다. (주)국세의 20×2년 공헌이익률은 얼마인가?

① 36% ② 38% ③ 40% ④ 42% ⑤ 44%

감평사 2024 …

14. (주)감평은 제품 A를 생산하여 단위당 ₩1,000에 판매하고 있다. 제품 A의 단위당 변동원가는 ₩600, 총고정원가는 연 ₩30,000이다. (주)감평이 20×1년 법인세 차감후 순이익 ₩12,500을 달성하기 위한 제품 A의 판매수량은? (단, 법인세율은 ₩10,000이하까지는 20%, ₩10,000 초과분에 대해서는 25%이다.)

① 85단위 ② 95단위 ③ 105단위 ④ 115단위 ⑤ 125단위

15. (주)감평의 20×6년도 제품에 관한 자료가 다음과 같을 때 안전한계율은? … 감평사 2016

- 단위당 판매가격 ₩5,000
- 공헌이익률 35%
- 총고정원가 ₩140,000
- 법인세율 30%
- 세후이익 ₩208,250

① 68% ② 70% ③ 72% ④ 74% ⑤ 76%

16. (주)세무는 단일제품을 생산 · 판매하고 있다. 제품 단위당 판매가격은 ₩7,500으로 매년 일정하게 유지되고, 모든 제품은 생산된 연도에 전량 판매된다. 최근 2년간 생산량과 총제조원가에 관한 자료는 다음과 같다. 20×2년 1월 1일에 인력조정 및 설비투자가 있었고, 이로 인해 원가구조가 달라진 것으로 조사되었다. … 세무사 2022

기간		생산량	총제조원가
20×1년	상반기	200단위	₩1,200,000
	하반기	300	1,650,000
20×2년	상반기	350	1,725,000
	하반기	400	1,900,000

다음 중 옳은 것은? (단, 20×2년 초의 인력조정 및 설비투자 이외에 원가행태를 변화시키는 요인은 없으며, 고저점법으로 원가함수를 추정한다.)

① 20×2년의 영업레버리지도는 2.5이다.
② 20×2년의 안전한계율은 약 33%이다.
③ 20×1년에 비해 20×2년의 영업레버리지도는 증가하였다.
④ 20×1년에 비해 20×2년 연간 총고정제조원가는 ₩200,000 증가하였다.
⑤ 20×1년에 비해 20×2년 연간 손익분기점 판매량은 50단위 증가하였다.

17. (주)동진은 단일제품을 생산 및 판매하고 있으며, 매년도 기초와 기말의 재고자산은 없다. 20×1년도의 매출 및 원가자료는 다음과 같다. … 회계사 2011

• 매출액 : ₩4,000,000	• 변동원가: ₩2,000,000
• 공헌이익: ₩2,000,000	• 영업이익: ₩1,000,000
• 고정원가: ₩1,000,000	

20×2년도에도 고정원가와 제품 단위당 판매가격은 20×1년도와 같을 것으로 예상된다. 또한 20×2년도의 제품 판매량은 20×1년도보다 20% 증가하고 20×2년도의 손익분기점 매출액은 20×1년도보다 25% 증가할 것으로 예상된다. 20×2년도 (주)동진의 영업레버리지도degree of operating leverage는 얼마로 예상되는가? (단, 영업레버리지도는 소수점 셋째자리에서 반올림하여 계산하라)

① 1.99 ② 2.09 ③ 2.19 ④ 2.29 ⑤ 2.39

감평사 2019 …

18. (주)감평은 단위당 판매가격이 ₩300이고, 단위당 변동원가가 ₩180인 단일제품을 생산 및 판매하고 있다. (주)감평의 최대조업도는 5,000단위이고, 고정원가는 조업도 수준에 따라 변동하며 이와 관련된 자료는 다음과 같다

연간 조업도	고정원가
0 ~ 2,000단위	₩300,000
2,001 ~ 4,000단위	₩450,000
4,001 ~ 5,000단위	₩540,000

(주)감평이 달성할 수 있는 최대 영업이익은?

① ₩12,000 ② ₩15,000 ③ ₩24,000
④ ₩30,000 ⑤ ₩60,000

회계사 2025 …

19. (주)대한은 단일제품을 생산 및 판매하고 있으며, 판매량이 증가함에 따라 판매량 구간별로 단위당 판매가격을 다르게 적용하고 있다(예: 판매량이 6,000개인 경우 5,000개까지는 단위당 ₩100의 판매가격을 적용하고, 나머지 1,000개에 대해서는 단위당 ₩80의 판매가격을 적용). 판매량 구간에 따른 단위당 판매가격은 다음과 같다.

판매량 구간	단위당 판매가격
5,000개 이내	₩100
5,001개~10,000개	80
10,000개 초과	70

단위당 변동비는 ₩60이며 고정비는 ₩280,000이다. ㈜대한의 관련범위 내 최대생산능력은 20,000개이다. ㈜대한의 손익분기판매량은 몇 개인가?

① 2,000개　② 4,000개　③ 7,000개
④ 9,000개　⑤ 11,500개

20\. (주)세무는 단일 제품을 생산 · 판매한다. 제품 단위당 판매가격은 ₩200, 단위당 변동원가는 ₩150로 일정하나, 고정원가는 제품 생산량이 일정 범위를 넘어가면 계단형으로 증가한다. 제품 생산량이 첫 번째 구간1~1,000단위일 때 손익분기점은 840단위이고, 두 번째 구간1,001~2,500단위일 때 손익분기점은 2,400단위이다. 첫 번째 구간에서 두 번째 구간으로 넘어갈 때 증가하는 고정원가a와 달성가능한 최대이익b은? (단, 첫 번째 구간과 두 번째 구간만 고려할 것) … 세무사 2025

	(a)	(b)
①	₩78,000	₩5,000
②	₩78,000	₩8,000
③	₩82,000	₩5,000
④	₩82,000	₩8,000
⑤	₩92,000	₩5,000

21\. (주)세무는 직접재료를 투입하여 두 개의 공정을 거쳐 제품을 생산하고 있다. 제1공정에서는 직접재료 1톤을 투입하여 제품 A 400kg과 중간제품 M 600kg을 생산하며, 제2공정에서는 중간제품 M을 가공하여 제품 B 600kg을 생산한다. 직접재료는 제1공정 초기에 전량 투입되고, 전환원가는 공정 전반에 걸쳐 균등하게 발생하며, 모든 공정에서 공손 및 감손은 발생하지 않는다. 제1공정에서는 변동전환원가가 ₩200/톤, 고정원가는 ₩70,000이 발생하였으며, 제2공정에서는 변동전환원가가 ₩1,200/톤, 고정원가는 ₩58,000이 발생하였다. 직접재료 구입원가는 ₩2,000/톤이며, 제품 A와 B의 판매가격은 각각 ₩3,000/톤, ₩5,000/톤이다. 생산된 모든 제품이 전량 판매된다고 가정할 경우 각 제품의 손익분기점 판매량은? … 세무사 2018

	제품 A	제품 B
①	40톤	60톤
②	48톤	72톤
③	50톤	75톤
④	60톤	90톤
⑤	80톤	120톤

22\. (주)대한은 제품 A, 제품 B, 제품 C를 생산 및 판매한다. (주)대한은 변동원가계산제도를 채택하고 있으며, 20×1년도 예산을 다음과 같이 편성하였다. … 회계사 2022

구분	제품 A	제품 B	제품 C
판매수량	2,500단위	5,000단위	2,500단위
단위당 판매가격	₩100	₩150	₩100
단위당 변동원가	60	75	30

(주)대한은 20×1년도 영업레버리지도degree of operating leverage를 5로 예상하고 있다. 세 가지 제품의 매출액 기준 매출구성비율이 일정하다고 가정할 때, (주)대한의 20×1년 예상 손익분기점을 달성하기 위한 제품 C의 매출액은 얼마인가?

① ₩160,000 ② ₩180,000 ③ ₩200,000
④ ₩220,000 ⑤ ₩250,000

세무사 2006 …

23. 대한호텔은 총 200개의 객실을 보유하고 있으며 매출배합Sales Mix과 조업도는 매출액기준으로 계산한다. 따라서 매출액이 ₩100,000,000이라고 한다면 ₩30,000,000은 비즈니스룸, ₩50,000,000은 더블룸, 나머지 ₩20,000,000은 스위트룸의 판매로부터 발생한 것으로 가정하며, 조업도는 일정기간 동안의 매출액을 그 기간 동안 객실이 모두 판매되었을 경우 달성될 매출액으로 나누어 계산한다. 매출액의 10%를 세금으로 부담해야 한다면, 세 차감 후 월간 ₩42,000,000의 이익을 달성하기 위한 조업도를 아래 자료를 활용하여 계산하면 얼마인가? (단, 1개월은 30일로 가정한다)

객실 종류	객실수	1일 객실당 요금	객실당 변동비	매출 배합	조업도에 따른 월간 고정비
비지니스	75실	₩160,000	₩64,000	30%	조업도 40%이하: ₩396,000,000
더블	100실	200,000	68,000	50%	
스위트	25실	320,000	80,000	20%	조업도 41%이상: ₩462,000,000
합계	200실	–	–	–	

① 65% ② 70% ③ 75% ④ 80% ⑤ 85%

세무사 2024 …

24. (주)세무는 제품 X와 Y를 생산 및 판매하고 있으며, 제품에 관한 자료는 다음과 같다.

구분	제품 X	제품 Y
판매량 배합비율	20%	80%
단위당 공헌이익	₩300	₩200
손익분기점 판매량	600단위	2,400단위

(주)세무는 신제품 Z를 개발하여 생산 및 판매할 계획을 수립하고 있다. 제품 Z의 단위당 공

헌이익은 ₩220이며, 제품 X, Y, Z의 판매량 배합비율은 각각 30%, 20%, 50%일 것으로 예상된다. 제품 Z를 추가 생산할 경우 제품 Y의 손익분기점 판매량은? (단, 제품 Z를 생산하더라도 제품 X와 제품 Y의 단위당 공헌이익, 고정원가 총액은 변하지 않는다).

① 550단위 ② 825단위 ③ 1,375단위 ④ 2,400단위 ⑤ 2,750단위

25. (주)대한은 20×1년도 예산을 다음과 같이 편성하였다. … 회계사 2018

구분	제품 A	제품 B	회사전체
매출액	₩125,000	₩375,000	₩500,000
변동원가	75,000	150,000	225,000
공헌이익			₩275,000
고정원가			220,000
세전이익			₩55,000
법인세비용			11,000
세후이익			₩44,000

경영자는 예산을 검토하는 과정에서 20×1년에 제품 C의 판매를 추가하기로 하였다. 20×1년도 제품 C의 예상매출액은 ₩125,000이고 변동원가율은 30%이다. (주)대한의 고정원가는 회사전체 매출액 구간별로 다음과 같은 행태를 갖는다.

회사전체 매출액	고정원가
₩0~₩500,000	₩220,000
₩500,001~₩1,000,000	₩300,000

상기 예산손익계산서에 제품 C를 추가함으로써 나타나는 변화에 대한 설명으로 옳은 것은? (단, (주)대한에 적용되는 법인세율은 20%이다)

① 회사전체 평균공헌이익률은 55%에서 60%로 높아진다.
② 제품 C의 매출액이 회사전체 매출액에서 차지하는 비중은 25%이다.
③ 손익분기점에 도달하기 위한 회사전체 매출액은 ₩100,000만큼 증가한다.
④ 회사전체의 영업레버리지도degree of operating leverage는 5에서 5.8로 높아진다.
⑤ 회사전체 세후이익은 ₩8,000만큼 증가한다.

26. (주)세무의 20×1년 매출액은 ₩3,000,000이고 세후이익은 ₩360,000이며, 연간 고정비의 30%는 감가상각비이다. 20×1년 (주)세무의 안전한계율은 40%이고 법인세율이 25%일 경우, 법인세를 고려한 현금흐름분기점 매출액은? (단, 감가상각비를 제외한 수익발생과 현금유입시 … 세무사 2021

점은 동일하고, 원가비용발생과 현금유출시점도 동일하며, 법인세 환급이 가능하다.)

① ₩1,080,000 ② ₩1,200,000 ③ ₩1,260,000
④ ₩1,800,000 ⑤ ₩2,100,000

감평사 2022 ···

27. (주)감평의 20×1년 제품 A의 생산 · 판매와 관련된 자료는 다음과 같다.

항목	금액
단위당 판매가격	₩25
단위당 변동제조원가	10
단위당 변동판매관리비	6
연간 총고정제조간접원가	1,500 (감가상각비 ₩200 포함)
연간 총고정판매관리비	2,500 (감가상각비 ₩300 포함)

(주)감평은 변동원가계산을 채택하고 있으며, 감가상각비를 제외한 모든 수익과 비용은 발생시점에 현금으로 유입되고 지출된다. 법인세율이 20%일 때 (주)감평의 세후현금흐름분기점 판매량은?

① 180단위 ② 195단위 ③ 360단위 ④375단위 ⑤ 390단위

서술형

01. 다음의 그래프를 이용하여 물음에 답하라.

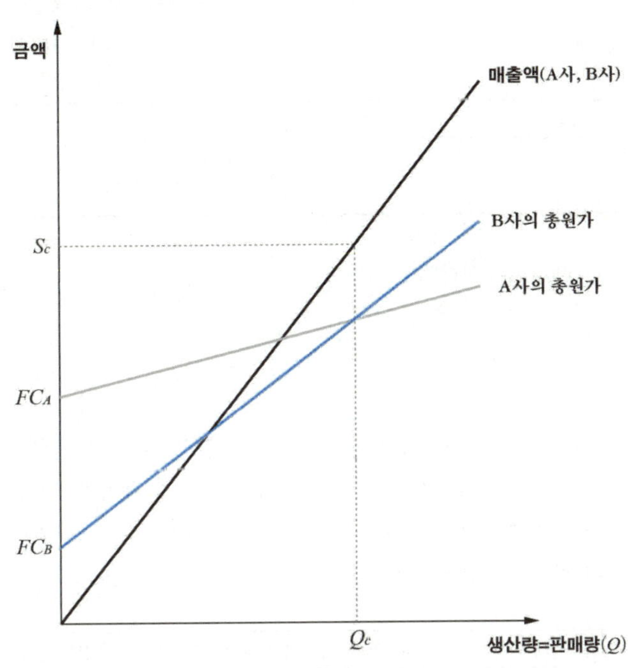

물음 (1) A사 및 B사의 현재 이익π을 그래프에 표시하라. 단, A, B사의 현재판매량은 Q_C이다.

(2) A사의 손익분기점수량Q_A, B사의 손익분기점수량Q_B을 그래프에 각각 표시하라.

(3) A사와 B사의 영업레버리지도를 각각 계산하라. 단, Q_A, Q_B, Q_C를 이용하여 구하라.

(4) 내년에도 각 사의 원가구조가 그대로 유지된다고 가정하라.
내년의 시장규모가 10% 증가하고, A사와 B사 모두매출수량이 10% 증가한다고 할 때, A사와 B사의 이익차이는 얼마인가? 단, Q_A, Q_B, Q_C, π를 이용하여 식으로 나타내라.

02. 국내 여러 지역에 '얼마트'라는 이름으로 할인마트를 운영하고 있는 (주)신석기가 새로운 지역에 점포를 개설하고자 한다. 과거의 데이터에 의하면 다음을 얻을 수 있었다.

점포당 연간 고정비	₩80,000,000
매출액 대비 변동비율	80%
고객 1회 방문당 평균 매출액	₩15,000
고객 1명당 주당 방문횟수	1.5회
지역인구 대비 고객비율	4%

물음 (주)신석기가 ₩40,000,000의 연간 이익을 얻기 위한 지역인구는 얼마인가?

03. 단일제품을 생산 · 판매하는 C사의 작년과 올해 손익자료로부터 다음을 구할 수 있었다. C사는 영업개시 이후 원가구조의 변화가 전혀 없었으며 JIT시스템을 갖추고 있다.

	20×1	20×2
매출액	₩25,000,000	₩32,500,000
영업이익	9,800,000	15,680,000

물음 이 회사의 손익분기점 매출액은 얼마인가?

··· 회계사 2016

04. (주)한국컨설팅은 20×1년 8월 초 첫 3주간에 걸쳐 매주 토요일마다 개인투자자를 대상으로 투자설명회를 기획하고 있다. (주)한국컨설팅은 투자전문기관과의 계약을 통해 강사 및 콘텐츠를 제공받을 계획이며, 3주간 매주 토요일의 투자설명회 개최횟수와 투자전문기관에 대한 보수 지급방법과 관련하여 다음의 4가지 대안을 고려중이다.

대안	일별 개최횟수	전체 투자설명회와 관련된 투자전문기관에 대한 보수 지급방법
1	오전 1회	고정보수 ₩4,000,000
2	오전 1회	고정보수 ₩1,200,000+투자설명회 수익총액*의 30%
3	오전 1회와 오후 1회	고정보수 ₩5,600,000
4	오전 1회와 오후 1회	고정보수 ₩2,000,000+투자설명회 수익총액*의 30%

* 투자설명회 수익총액=1인당 참가비×참가인원수

(주)한국컨설팅이 투자전문기관에 지급하는 보수 이외의 기타 예상원가는 다음과 같다.

구분	예상원가
소모성 경비	투자설명회 참가자 1인당 ₩100
지원인력 인건비	투자설명회 1회당 ₩520,000
강연장 임차료	3일간의 투자설명회에 대해 ₩1,200,000
기타 관리비	3일간의 투자설명회에 대해 ₩480,000

(주)한국컨설팅은 현재 기획 중인 3일 간의 투자설명회강연장 확보를 위해 투자설명회 개시 한 달 전에 해지불능조건으로 임차계약을 체결하여야 한다. 위에서 언급한 지원인력의 업무는 매회의 투자설명회가 끝나게 되면 종료된다.

(주)한국컨설팅이 개최하는 투자설명회 1회당 참가가능인원은 총 1,200명이며 1인당 참가비는

₩3,000이다. 투자설명회 참가인원수는 다음과 같이 추정되었다. 만약 3주간 매주 토요일마다 매일 1회 오전 투자설명회만 개최하는 경우 참가인원 수는 회당 1,000명으로 예상되며, 매일 2회 투자설명회를 개최하는 경우 오전에는 회당 700명, 오후에는 회당 900명이 참가할 것으로 예상된다.

물음 (1) (주)한국컨설팅이 8월 초 첫 3주간에 걸쳐 매주 토요일마다 오전 1회 투자설명회를 개최하기로 투자전문기관과 계약을 체결한다고 하자. 이 경우 (주)한국컨설팅이 전체 투자설명회에 대해 고정보수 ₩4,000,000을 지급하는 방법[대안 1]과 고정보수 ₩1,200,000에 투자설명회 수익총액의 30%를 가산하여 지급하는 방법[대안 2] 중 어느 보수 지급방법이 (주)한국컨설팅에 유리한지에 대해 설명하시오.

(2) (주)한국컨설팅이 8월 초 첫 3주간에 걸쳐 매주 토요일마다 오전과 오후 2회 투자설명회를 개최하기로 투자전문기관과 계약을 체결한다고 하자. 이 경우 (주)한국컨설팅이 전체 투자설명회에 대해 고정보수 ₩5,600,000을 지급하는 방법[대안 3]과 고정보수 ₩2,000,000에 투자설명회 수익총액의 30%를 가산하여 지급하는 방법[대안 4] 중 어느 방법을 선택하는지에 관계없이 동일한 수준의 이익을 창출해주는 참가인원수를 계산하고, 이 인원수를 초과하는 경우 두 보수 지급방법 중 어느 방법이 (주)한국컨설팅에 유리한지를 설명하시오.

(3) (주)한국컨설팅이 8월 초 첫 3주간에 걸쳐 매주 토요일마다 개최하는 투자설명회로부터 예상되는 이익을 극대화하기 위해 위에서 언급한 4가지 대안 중 어느 대안을 선택하여야 하는지를 설명하고, 이 경우 예상되는 최대이익을 계산하시오.

※ **(주)한국컨설팅은 위에서 언급한 [대인 4]에 입각하여, 8월 초 첫 3주간에 걸쳐 매주 토요일마다 오전과 오후 2회 투자설명회를 개최하여 전체 투자설명회에 대해 고정보수 ₩2,000,000과 투자설명회 수익총액의 30%를 함께 지급하기로 투자전문기관과 계약을 체결하였다고 가정하고, 아래 (4)와 (5) 각각에 대해 답하시오.**

(4) 투자설명회에 참가할 예상인원수는 앞서 추정한 바와 동일하다고 가정한다. 첫 번째 투자설명회는 8월 초 첫째 주 토요일 오전에 개최된다. 손익분기점에 도달하기 위한 투자설명회 개최횟수는 몇 회인가? 단, 투자설명회의 개최횟수는 투자설명회가 열리는 순서로 1회씩 누적되어 계산하며 개최횟수는 오전 투자설명회 몇 회와 오후 투자설명회 몇 회로 제시하시오.

(5) (주)한국컨설팅이 8월 초 첫 3주간에 걸쳐 매주 토요일마다 오전과 오후 2회의 투자설명회를 개최하기로 사전에 확정한 경우, 손익분기점을 도달하기 위한 총 참가인원수는 몇 명인가?

제9장 생산능력고정원가의 이익효과와 관리

- **고정제조원가와 과다생산유인**
  - 고정제조원가의 특징
  - 고정제조원가와 생산량이 이익에 미치는 영향
  - 재고자산이 있는 상황하에서의 CVP분석
  - 과다생산유인
- **변동원가계산**
  - 변동원가계산의 개요
  - 변동원가계산과 전부원가계산의 차이
  - 변동원가계산의 문제점
- **제약이론**
  - 제약이론과 초변동원가계산
  - 제약이론과 활동기준원가계산
- **생산능력원가와 기준조업도**
  - 기준조업도
  - 실질적 최대조업도의 유용성

생산능력고정원가의 이익효과와 관리

본 장에서는 고정제조원가라고 할 수 있는 생산능력원가의 특징과 시사점을 전부원가계산과 변동원가계산을 통해 살펴본다. 생산능력은 단기적으로 조정하기 어려운 만큼 미래 수요를 잘 예측하여 최적수준의 생산능력을 갖추는 것이 중요하며 생산능력을 확보한 이후에는 이를 잘 관리할 수 있어야 한다. 생산능력과 같은 제약자원의 효과적인 관리를 강조하는 제약이론과, 유휴생산능력 및 원가를 파악하기 위한 기준조업도를 본 장에서 설명하는 것도 이러한 이유 때문이다.

고정제조원가와 과다생산유인

고정제조원가의 특징

여러 장에 걸쳐 설명하고 있지만 강조하는 의미에서 고정제조원가의 흥미로운 특징을 정리하면 다음과 같다.

첫째, 단위당 원가이다. 제품제조원가 중에는 직접재료원가처럼 생산량에 따라 증감하는 변동원가도 있지만 임차료나 감가상각비와 같이 생산량과는 무관하게 일정하게 발생하는 고정원가도 있다. 따라서 생산량으로 나눈 단위당 고정제조원가는 생산량이 늘면 감소하고 생산량이 줄면 증가하는 특성이 있다. 단위당 변동원가가 일정하다고 가정하면 단위당 제품제조원가는 단위당 고정제조원가의 이러한 특성을 그대로 이어받는다. 주의할 것은 단위당 고정제조원가가 특정 생산량을 전제로 구해진 금액이므로 임의의 생산량을 곱해 총원가를 구하려 하는 것은 적절하지 않다는 점이다.

둘째, 의사결정과의 관련성 여부이다.[1] 고정제조원가에는 과거 의사결정의 결과로 불가피하게 발생하는 원가가 상당 부분 존재한다. 이를테면 제조 설비의 감가상각비는 과거의 투자 결정으로 인해 보유하게 된 설비의 취득원가를 사용기간에 걸쳐 배분한 것이다. 설비의 소모품 정기교체나 점검비용 등도 해당 설비를 사용하는 한 피할 수 없는 원가이다. 이들 두 원가가 모두 과거의 설비취득으로 인해 발생하는 고정제조원가이지만, 설비와 관련된 미래의사결정에 고려할 관련원가인가 여부는 다르다. 설비의 감가상각비는 기발생원가로서 대표적인 비

1 이에 대해서는 제10장에서 자세히 다룬다.

관련원가이며 현금지출이 없는 원가이지만, 설비의 소모품 교체나 정기검사비용은 향후 의사결정에 중요한 영향을 주는, 현금지출이 있는 명시적 기회원가이며 관련원가이다. 소모품비나 정기검사비는 설비를 처분하면 회피가능한 원가이지만 감가상각비는 설비를 처분하더라도 일시에 비용화되어 회피불가능한 원가이기 때문이다. 고정원가를 일률적으로 비관련원가로 간주하지 않도록 유의해야 한다.

셋째, 원가관리 차원의 시사점이다.[2] 실제 조업도와는 무관하게 발생하는 고정제조원가의 상당 부분은 생산능력capacity과 관련 있으므로 단기적으로는 원가관리가 쉽지 않지만, 길게 보면 다르다. 미래 수요를 감안하여 생산라인의 크기나 생산에 참여하는 인력 규모 등 생산능력을 미리 정하므로 실제 생산이 이루어지는 기간에 발생하는 생산능력 관련 고정원가는 피할 수 없다. 이러한 원가에 대한 관리는 실제 생산단계보다는 생산능력을 결정하는 계획 단계에 이루어져야 한다. 이러한 의미에서 생산능력과 관련된 고정원가는 일단 생산능력이 확정되고 나면 원가관리의 여지가 별로 없는 **기정원가**committed cost이며 **'잠긴' 원가**locked-in costs라고 할 수 있다.

넷째, 원가계산문제이다. 재무보고뿐만 아니라 관리적인 차원에서도 생산능력 고정원가를 제품원가에 어떻게 포함할 것인가는 중요하다. 제품원가계산을 위해서는 고정원가도 불가피하게 단위당 원가를 구할 필요가 있는데 이때 어떤 조업수준을 분모로 사용할 것인가의 문제이다. 이론상 최대조업도, 실질적 최대조업도, 정상조업도, 예산조업도, 실제조업도 등 몇 가지 대안이 있다. 제5장의 정상원가계산에서 보았듯이 실제조업도를 기준으로 단위당 고정원가를 계산하면 조업도수준에 따라 제조원가가 달라질 뿐만 아니라 실제조업도를 파악할 때까지 원가계산이 지연되므로 적절치 않다. 대체로 실질적 최대조업도가 단위당 원가를 구하기 위한 조업도 기준으로 바람직한데 이에 대해서는 본 장 후반부에서 자세히 다루기로 한다.

고정제조원가와 생산량이 이익에 미치는 영향

2007년 글로벌 금융위기가 오기 전 몇 해 동안 미국의 자동차 3사는 시장수요보다 많은 자동차를 생산했다고 한다. 팔리지도 않을 차를 만든 이유는 무엇일까? 연구에 의하면 원가계산에 포함된 고정제조원가가 문제의 핵심이었다고 한다.[3]

재무보고를 위한 제품원가계산에 포함되는 제조원가는 직접재료원가, 직접노무원가, 제조

---

2 이에 대해서는 제6장과 <웹부록 B>에서도 설명하고 있다.

3 Bruggen et al. 2011. Drivers and Consequences of Short-Term Production Decisions: Evidence from the Auto Industry. Contemporary Accounting Research.

간접원가이다. 이들 중 고정원가가 존재하는 경우, 매출량과 무관하게 생산량이 증가하면 재무회계상 이익이 증가하는 현상이 있다. 매출량은 일정하지만 생산량이 증가하는 경우 이익이 어떻게 변하는지 다음 예제를 살펴보자.

PROBLEM 9-1

다음은 단일제품을 생산하는 A사의 20×1년 1월 생산 및 판매자료이다. 직접재료원가와 직접노무원가는 변동원가이며 제조간접원가는 전액 고정원가이다. 1월 초 제품 및 재공품 재고는 없으며, 생산에 착수한 제품은 모두 완성되어 월말재공품은 존재하지 않는다.

항목	금액
판매가격	₩500
단위당 직접재료원가	100
단위당 직접노무원가	100
월 제조간접원가 총액	60,000

물음 1월 매출량이 400개이며 생산량이 400개, 500개, 600개인 각 상황에서의 매출 총이익을 계산하시오. 단, 제조간접원가는 월별로 실제 배부한다.

풀이

생산량	400	500	600
매출량	400	400	400
매출	₩200,000	₩200,000	₩200,000
매출원가			
월초제품재고액	0	0	0
당월제조원가•	140,000	160,000	180,000
월말제품재고액••	0	32,000	60,000
	140,000	128,000	120,000
매출총이익	₩60,000	₩72,000	₩80,000

• 당월제조원가: (단위당 직접재료원가+단위당 직접노무원가)×생산수량+제조간접원가

•• 월말제품재고액: (당월제조원가÷당월생산량)×월말재고수량

예제 9-1의 계산 결과에서 보듯이 각 상황마다 매출량은 동일하지만 생산량이 다를 경우 매출원가 및 매출총이익이 달라지며 특히 생산량이 증가할수록 이익도 늘어나고 있다. 이는 생산량이 증가하면 단위당 원가가 낮아지기 때문이다.

변동제조원가인 직접재료원가와 직접노무원가는 생산량과 무관하게 단위당 원가가 일정

하지만, 고정제조원가인 제조간접원가는 생산량이 증가하면 단위당 원가가 낮아지므로 세 원가를 합한 단위당 제조원가도 낮아진다. 결과적으로 매출량이 동일하더라도 단위당 제조원가를 곱한 매출원가는 생산량이 증가하면 낮아지므로 매출총이익은 높아지는 것이다.

생산량	400개	500개	600개
매출량	400	400	400
단위당 변동제조원가	₩200	₩200	₩200
단위당 고정제조원가	150	120	100
단위당 제조원가	₩350	₩320	₩300
변동매출원가	₩80,000	₩80,000	₩80,000
고정매출원가	60,000	48,000	40,000
매출원가	₩140,000	₩128,000	₩120,000

이러한 현상은 매출원가의 구성요소를 변동원가와 고정원가로 나누어 살펴보면 명확해진다. 매출원가를 변동매출원가와 고정매출원가로 분해하면, 생산량에 상관없이 변동매출원가는 일정하지만 고정매출원가는 생산량이 증가함에 따라 감소하는 것을 확인할 수 있다. 고정제조간접원가는 생산량과 상관없이 일정하게 발생하는데 생산량 증가에 따라 월말재고량이 늘어나면 제품재고에 포함되어 자산화되는 고정제조간접원가는 커지고 상대적으로 매출원가에 포함되어 비용화되는 고정제조간접원가는 감소하기 때문이다. 생산량이 400개일 때는 고정제조간접원가 전액이 매출원가에 포함되는 반면, 생산량이 500개일 때는 고정제조간접원가의 80%, 생산량이 600개일 때는 67%만 매출원가에 포함되고 나머지는 제품재고에 포함된다. 즉, 생산량이 증가할수록 기말제품재고에 포함되는 고정제조간접원가 비율이 커진다. 다음 예제는 좀 더 복잡한 경우이다.

PROBLEM 9-2

다음은 단일제품을 생산하는 B사의 20×1년 1월부터 3월까지 생산 및 판매자료이다. 직접재료원가와 직접노무원가는 변동원가이며 제조간접원가는 전액 고정원가이다. 1월 초 제품 및 재공품 재고는 없으며, 매월 생산에 착수한 제품은 모두 완성되어 재공품은 존재하지 않는다. 제조간접원가는 월별로 실제 배부하며 재고자산평가는 선입선출법에 의한다.

판매가격	₩500
단위당 직접재료원가	100
단위당 직접노무원가	100
월 제조간접원가	60,000

	1월	2월	3월
생산량	500	400	300
매출량	400	400	400

물음 전부원가계산에 의할 때 1월, 2월, 3월의 매출총이익을 각각 계산하라.

풀이

	1월	2월	3월
매출	₩200,000	₩200,000	₩200,000
매출원가			
월초제품	0	32,000	35,000
당월제조원가*	160,000	140,000	120,000
월말제품**	32,000	35,000	0
	128,000	137,000	155,000
매출총이익	₩72,000	₩63,000	₩45,000

* 당월제조원가: (단위당 직접재료원가+단위당 직접노무원가)×생산수량+제조간접원가

** 월말제품: (당월제조원가÷당월생산량)×월말재고수량

예제 9-2의 결과에서 주의할 것은 재고량이 동일하더라도 월별 단위당 고정제조원가가 다르므로 재고자산평가액이 다르다는 점이다. 이를테면 1월말 제품재고 100개의 원가는 ₩32,000이지만 2월말 제품재고 100개는 ₩35,000이다. 이는 1월 생산량과 2월 생산량이 달라서 단위당 고정제조원가가 ₩30만큼 차이가 있기 때문이다. 매출원가를 원가 행태에 따라 구분하되 고정매출원가에 대해서는 월말 및 월초 제품재고액, 당월제조원가를 함께 표시한 결과는 다음과 같다.

	1월	2월	3월
월초재고	0	100	100
생산량	500	400	300
월말재고	(100)	(100)	0
매출량	400	400	400
단위당 변동제조원가	₩200	₩200	₩200
단위당 고정제조원가	120	150	200
단위당 제조원가	₩320	₩350	₩400
변동매출원가	80,000	80,000	80,000
고정매출원가			
월초제품재고액 포함분	0	12,000	15,000
당월제조원가	60,000	60,000	60,000
월말제품재고액 포함분	(12,000)	(15,000)	0
	48,000	57,000	75,000
매출원가	128,000	137,000	155,000

변동매출원가는 생산량에 상관없이 매출량 400개에 대응하여 매월 동일한 금액을 보이지만 고정매출원가는 생산량 및 월말제품재고에 따라 변화하는 양상을 보인다. 1월의 고정제조원가 발생액 ₩60,000 중 매출원가로 비용화된 금액은 ₩48,000이고 ₩12,000은 1월 중에 판매되지 않은 제품재고액에 포함되어 자산화된다.

2월의 고정제조원가 발생액 역시 1월과 마찬가지로 ₩60,000이지만 매출원가로 비용화된 금액은 선입선출법에 따라 월초재고자산에 포함된 고정제조원가 ₩12,000과 당기에 발생한 고정제조원가 중 ₩45,000을 합한 ₩57,000이며, 재고자산화된 금액은 ₩15,000이다. 1월보다 2월의 고정매출원가가 큰 이유는, 월말재고량은 동일하지만 2월의 생산량이 1월보다 작아 상대적으로 더 많은 고정제조원가가 매출원가로 비용화되기 때문이다. 3월의 경우에는 월초제품재고에 포함되어 있는 ₩15,000과 당기에 발생한 고정제조원가 ₩60,000 전액이 매출원가로 비용화되어 가장 낮은 매출총이익을 보인다.

재고자산이 있는 상황하에서의 CVP분석

제8장 CVP분석에서는 재고자산이 없다고 가정하여 모든 원가는 비용으로 처리한 바 있다. 그러나 이미 살펴본 것처럼 제품재고가 존재하면 고정제조원가는 팔린 제품에 해당하는 부분만 비용이 되므로 CVP분석도 달라져야 한다. 특히 매출원가와 기말재고에 배분할 고정제조원가는, 고정제조원가를 생산량으로 나누어 구한 단위당 원가에 각 수량을 곱하여 정하므로 마치 변동원가처럼 처리한다.

단위당 판매가격, 단위당 변동제조원가, 단위당 변동판매비와관리비, 고정제조원가, 고정판매비와관리비를 각각 SP, VC_M, VC_S, FC_M, FC_S라 하자. 그리고 기초재고는 없으며 당기에 생산할 제품수량이 Q_M이라고 할 때, 당기 손익분기점 매출량 Q_S^{BEP}를 구해보자.

만약 매출량과 생산량이 같다면 모든 고정제조원가는 비용이 되므로 이익은 $(SP-VC_S-VC_M)Q_S-(FC_M+FC_S)$이며 손익분기점은 이 값이 0이 되는 Q_S가 된다. 그러나 생산량보다 매출량이 작다면 고정제조원가 FC_M중에 판매가 되지 않은 기말재고에 포함되는 금액만큼 자산으로 처리되므로 이익도 그만큼 커지게 된다. 이 경우 이익식은 다음과 같다. 여기서 FC_M/Q_M은 제품원가계산 목적상 단위당 고정제조원가를 의미한다.

- **이익 = 매출액 − 매출원가 − 변동판매비와관리비 − 고정판매비와관리비**

$$= SP\times Q_S-(VC_M+\frac{FC_M}{Q_M})\times Q_S-VC_S\times Q_S-FC_S$$

따라서 재고자산이 존재하는 경우, 위 식이 0이 되는 손익분기점은 다음과 같다.

- $$Q_S^{BEP}=\frac{FC_S}{SP-VC_M-\dfrac{FC_M}{Q_M}-VC_S}$$

formula

손익분기점 = 고정판매비와 관리비 ÷ (단위당 판매가격 − 단위당 변동제조원가 − 단위당 고정제조원가 − 단위당 변동판매비와 관리비)

손익분기점 Q_S^{BEP}산식에서 단위당 고정제조원가 FC_M/Q_M은 생산량 Q_M에 따라 달라지므로 결국 손익분기점도 이에 영향을 받는데, 생산량 Q_M이 증가감소하면 손익분기점 Q_S^{BEP}이 낮아높아진다. 이는 이익이 매출량뿐만 아니라 생산량에도 좌우된다는 앞서의 설명과도 일관된 결과이다.

손익분기점뿐만 아니라 목표이익이 있으며 이를 달성하기 위한 매출량 역시 생산량이 증가하면 낮아지게 된다. 극단적으로 매출량이 정해진 상태에서 목표이익을 달성하기 위한 생산량도 구할 수 있다.

PROBLEM 9-3

20×1년에 개업한 C사는 제품 K를 생산할 예정이다. 제품의 단위당 판매가격, 단위당 변동제조원가, 단위당 변동판매비와 관리비는 각각 ₩100, ₩40, ₩10이며 20×1년 총 고정제조원가와 고정판매비와 관리비는 각각 ₩100,000, ₩50,000으로 추정하고 있다.

물음 1 모든 생산량은 판매될 것으로 기대하고 있다. 손익분기점 매출량은 얼마인가?

물음 2 총생산량은 4,000개가 될 것으로 기대하고 있다. 손익분기점 매출량은 얼마인가? 또 총생산량이 5,000개라면 손익분기점 매출량은 얼마인가?

물음 3 총생산량이 4,000개일 때 목표이익이 ₩100,000을 달성하기 위한 매출량은 얼마인가?

물음 4 매출량이 2,000개일 때 목표이익 ₩30,000을 달성하기 위한 생산량은 얼마인가?

풀이

1. 모든 생산량이 판매될 경우 손익분기점은 다음과 같다.

   손익분기점 매출량=₩150,000/(₩100－₩50)
   =3,000개

2. 생산량이 4,000개인 경우, 단위당 고정제조원가는 ₩25이다. 따라서 손익분기점은 다음과 같다.

   손익분기점 매출량=₩50,000/(₩100－₩40－₩25－₩10)=2,000개

   생산량이 5,000개인 경우 단위당 고정제조원가는 ₩20이 되므로 손익분기점은 다음과 같이 낮아진다.

   손익분기점 매출량=₩50,000/(₩100－₩40－₩20－₩10)=1,667개

3. 생산량이 4,000개일 때 단위당 고정제조원가는 ₩25이므로 목표이익 ₩100,000을 달성하기 위한 매출량은 다음과 같다.

   (₩50,000+₩100,000)/(₩100－₩40－₩25－₩10)=6,000개

4. 매출량이 2,000개일 때 목표이익 ₩30,000을 달성하기 위해서는 단위당 고정제조원가가 ₩10이 되어야 한다. 따라서 생산량은 10,000개가 된다.

과다생산유인

일반적으로 인정된 외부보고용 재무제표를 위한 제품제조원가는 원가행태와 무관하게 직접재료원가, 직접노무원가, 제조간접원가로 구성된다. 제조과정에서 소비된 모든 경제적 자원을 제품원가에 포함한다는 취지에서 이러한 방식을 **전부원가계산**full absorption costing이라 부른다.

전부원가계산 하에서는 앞서 설명한 것처럼 고정제조원가로 인해 회계이익이 매출량뿐만 아니라 생산량에 따라 달라진다. 따라서 재무회계이익으로 평가를 받는 기업 경영자나 사업부 관리자는 필요량 이상으로 생산을 늘려 이익을 증가시킬 유인incentive이 있다.4 결과적으로 회계상 이익이 증가하더라도 과잉재고에 따른 재고보관비용과 진부화 손실 등으로 기업가치는 오히려 낮아질 수 있다. 원가계산방식이 경영자의 행위를 잘못된 방향으로 유도하고 결과적으로 기업가치를 훼손한다면 심각한 문제가 될 수 있다.

이와 같은 과다생산유인을 줄이기 위해서 과다재고보유에 따른 손실을 성과지표에 반영하거나 재고수준을 별도의 성과지표로 사용할 수 있다. 전사적으로 재고수준을 최소화하는 **즉시생산시스템**JIT: just-in-time production을 도입하는 방법도 생각할 수 있다.5 이들 방법은 전부원가계산방식을 그대로 사용하면서 과다생산유인을 줄이려는 시도라고 할 수 있는데 변동원가계산은 문제의 본질인 고정제조원가의 회계처리방식을 달리하는 접근법이다.

변동원가계산

변동원가계산의 개요

전부원가계산하에서 생산량에 따라 이익이 달라지는 현상은 직관적으로 이해하기 어려울 뿐만 아니라 기업의 매출 및 이익계획을 어렵게 하는 요인이 된다. 이를테면 이익을 10% 개선하기 위한 매출량 목표를 정하려면 생산량도 같이 고려해야 한다. 이러한 문제를 해소하는 간

4 재무성과평가에 대해서는 제12장에서 설명한다.

5 즉시생산시스템은 일본 토요타 자동차에서 개발된 생산관리 방식으로 제품을 원하는 시점에, 필요한 양만큼 생산하여 재고를 최소화하는 것을 목표로 한다.

단한 대안은 고정제조원가를 제품원가에서 제외하는 것이다.

변동원가계산variable costing은 변동제조원가만을 제품제조원가로 하고, 고정제조원가는 발생하는 기간에 전액 비용화하여 제품원가에 포함하지 않는 원가계산방법이다.[6] 변동원가계산에 의하면 CVP분석 등 이익계획이 용이하고 과잉생산유인을 없앨 수 있는 장점이 있다. 한편 매출원가 역시 변동원가만으로 구성되어 있으므로 전부원가계산 하에서의 일반 손익계산서와 달리, 공헌이익이 표시되는 다음과 같은 손익계산서 형태를 사용할 수 있다.

전부원가계산하에서의 손익계산서	
매출액	×××
매출원가	×××
매출총이익	×××
판매비와 관리비	×××
영업이익	×××

변동원가계산하에서의 손익계산서	
매출액	×××
변동매출원가	×××
매출공헌이익	×××
고정제조원가	×××
판매비와 관리비	×××
영업이익	×××

PROBLEM 9-4

예제 9-2의 주어진 자료와 동일한, S사의 20×1년 1월부터 3월까지 생산 및 판매자료이다. 직접재료원가와 직접노무원가는 변동원가이며 제조간접원가는 전액 고정원가이다. 1월 초 제품재고는 없으며, 매월 생산에 착수한 제품은 모두 완성되어 월말재공품은 존재하지 않는다.

판매가격	₩500
단위당 직접재료원가	100
단위당 직접노무원가	100
월 제조간접원가	60,000

	1월	2월	3월
생산량	500	400	300
매출량	400	400	400

물음 1 변동원가계산에 의할 때 1월, 2월, 3월의 공헌이익접근법 손익계산서를 작성하라.

물음 2 월별 목표영업이익 ₩120,000을 달성하기 위한 매출액은 얼마인가?

6 변동원가계산에서 변동원가와 고정원가를 분류하는 번거로움을 피하기 위해 편의상 직접재료원가와 직접노무원가는 변동원가로, 제조간접원가는 고정원가로 간주하기도 하는데 이러한 점을 감안하여 과거에는 직접원가계산(direct costing)이라 부르기도 하였다.

풀이

1. 월별 손익계산서

	1월	2월	3월
매출	₩200,000	₩200,000	₩200,000
변동매출원가•	80,000	80,000	80,000
공헌이익	120,000	120,000	120,000
고정제조간접원가	60,000	60,000	60,000
영업이익	₩60,000	₩60,000	₩60,000

• 변동매출원가: 매출량×(단위당 직접재료원가+단위당 직접노무원가)

2. 목표이익 ₩120,000를 달성하기 위한 매출액

목표매출액=(고정 제조원가+목표이익)/공헌이익률

=(60,000+120,000)/60%=₩300,000

변동원가계산과 전부원가계산의 차이

변동원가계산은 내부관리 목적으로 유용하지만, 외부보고 목적으로는 사용할 수 없다. 그럼에도 이들 두 방식을 모두 유지하는 것은 원가－효익 차원에서 바람직하지 않다. 전부원가계산과 변동원가계산의 이익 차이는 고정제조원가의 처리에 따른 결과이므로, 이를 잘 분석하면 한 이익에서 다른 이익으로 쉽게 전환할 수 있다.

앞선 예제 9-2와 예제 9-4의 결과를 이용하여 상호간 전환방법을 생각해보자.

	1월	2월	3월
전부원가계산	₩72,000	₩63,000	₩45,000
변동원가계산	60,000	60,000	60,000
영업이익차이	₩12,000	₩3,000	₩(15,000)
차이의 원인:			
전부원가계산 하에서 재고자산에 포함되어 있는 고정제조원가			
월말재고자산	₩12,000	₩15,000	₩0
월초재고자산	0	12,000	15,000
영업이익차이	₩12,000	₩3,000	₩(15,000)

변동제조원가는 전부원가계산과 변동원가계산에서 동일하게 처리되므로 두 방법 간에 이익차이를 초래하지 않지만 고정제조원가는 다르다. 변동원가계산에서는 전액 비용이지만 전부원가계산에서는 매출원가에 포함된 고정제조원가만 비용이 된다. 결국 양 방법 간의 이익차이는 전부원가계산 하에서 재고자산에 포함된 고정제조원가로 설명할 수 있다.

1월의 경우 전부원가계산 이익이 변동원가계산 이익보다 ₩12,000만큼 더 크다. 그 이유는 변동원가계산에서 고정제조원가가 전액 비용인 것에 비해 전부원가계산 하에서는 고정제조원가 ₩60,000 중 ₩12,000이 월말재고자산에 포함되었기 때문이다. 결국, 이익의 차이는 월말재고자산에 포함된 고정제조원가 ₩12,000으로 설명할 수 있다.

2월의 경우 전부원가계산 하에서는 월초재고자산에 포함되어 있던 고정제조원가 ₩12,000이 비용으로 처리되지만 당기 중에 발생한 고정제조원가 중 ₩15,000만큼 자산에 포함되었다. 따라서 변동원가계산보다 전부원가계산 이익이 ₩3,000만큼 크다. 한편 3월에는 월말재고자산이 없으므로 당월 중 발생한 고정제조원가 중 자산으로 처리된 금액은 없으며 월초재고자산에 포함되어 있던 고정제조원가 ₩15,000은 전액이 비용이 되어 전부원가계산이 변동원가계산에 비해 ₩15,000만큼 낮은 이익을 보인다.

이러한 내용을 정리하면 전부원가계산과 변동원가계산의 이익차이는 일반적으로 다음과 같다.

formula

변동원가계산하에서의 이익=전부원가계산의 이익+기초제품에 포함되어 있는 고정제조원가
−기말제품에 포함되어 있는 고정제조원가

또한 매 기간마다 생산량과 고정제조원가가 일정하다면 다음과 같은 결과를 얻을 수 있다.

표 9-1 전부원가계산과 변동원가계산

기말제품재고량	>	기초제품재고량	↔	전부원가계산 이익	>	변동원가계산 이익
기말제품재고량	=	기초제품재고량	↔	전부원가계산 이익	=	변동원가계산 이익
기말제품재고량	<	기초제품재고량	↔	전부원가계산 이익	<	변동원가계산 이익

변동원가계산의 문제점

1950~60년대 큰 관심을 불러 일으켰던 변동원가계산은 1970년대 무렵 전부원가계산을 대체하기보다는 보완하는 관리도구로 보는 것이 적절하다는 결론에 이르렀다. 변동원가계산은 전부원가계산의 문제점을 이해하는 데 도움을 줄 수 있고 관리적인 차원에서도 유용하지만, 기업들의 활용도가 그리 높은 편은 아니다. 몇 가지 이유를 들면 다음과 같다.

첫째, 일반적으로 인정된 회계원칙이나 세법에서 전부원가계산의 사용을 요구하므로 기업들은 전부원가를 기반으로 회계시스템을 구축하는 것이 필요하다. 이런 상황에서 관리목적을 위해 변동원가계산을 별도로 유지하거나 변동원가계산으로 쉽게 전환할 수 있는 모듈을 설치하는 것이 번거로울 수 있다. 그러나 요즘의 정보처리기술을 고려하면 설득력 있는 이유라고 보기는 어렵다.

둘째, 변동원가계산을 적용하기 위해서는 모든 원가를 변동원가 또는 고정원가로 구분해야 하는데, 이것이 명확하지 않은 경우 구분의 자의성으로 또 다른 부작용을 초래할 수 있다. 예컨대 변동원가계산 결과로 성과평가를 하는 경우 원가구분의 적절성 문제로 피평가자의 반발을 살 수 있다.

셋째, 변동원가계산에서는 제품의 단위당 원가가 왜곡될 가능성이 크다. 제품에 대한 단기적인 의사결정에서는 변동원가만을 고려하는 것이 적절할 수 있으나, 장기적인 관점에서 제품관련 의사결정을 하는 경우에는 신규 투자나 충원 등에 따른 원가를 무시할 수 없다.[7] 전부원가계산에서 얻어지는 제품의 단위당 원가가 경제적 의사결정에 필요한 기회원가까지 정확히 측정한다고 할 수는 없지만, 변동원가계산의 경우보다 더 나은 측정치가 될 수 있다.

제약이론

제약이론과 초변동원가계산

생산 설비 및 활동 중에는 이익에 결정적인 역할을 하는 것들이 있는가 하면 그렇지 않은

7 이에 대해서는 <웹부록 B>에서 다룬다.

것도 있다. **제약이론**TOC: theory of constraints에서는 생산이나 업무흐름에 걸림돌이 되는 **병목**bottleneck설비 및 활동을 잘 관리하여 이들이 가능한 많은 물량을 처리할 수 있도록 하는 것이 기업의 이익에 관건이 된다는 점을 강조한다.

테슬라 모델 3은 저렴한 가격과 좋은 성능으로 지금까지 가장 큰 인기를 끌고 있는 전기자동차이다. 2017년부터 차량 인도가 가능할 것으로 예상하여 2016년 초부터 예약을 받기 시작하였는데 예약 첫날 전세계적으로 20만 대의 예약, 2017년 중반까지 45만 대의 예약이 있었다고 한다. 생산만 순조롭게 이루어진다면 바로 판매할 수 있어 높은 매출과 이익을 얻을 수 있는 상황이었지만 2021년 상반기까지 차량 생산 및 인도는 20만 대에 머무르고 있었다. 당초 계획에 못 미치는 생산량은 전체적인 공장 규모에도 원인이 있었지만, 공장 일부 생산과정이나 활동에 생산 흐름을 방해하는 병목이 존재하기 때문이기도 했다.[8]

어떤 기업이 제품을 생산 및 판매하기 위해서는 A, B, C 등의 순차적인 활동이 필요한데 A, B활동 능력에는 여유가 있으나 C활동을 수행할 수 있는 능력은 항상 부족한 상황이라고 하자. 그러면 바로 C활동이 이 기업의 매출 증대에 걸림돌이 되는 병목활동이라고 할 수 있다. C활동이 좀 더 많은 물량을 처리할 수 있는 방향으로 전체적인 활동을 조정할 수 있다면 이 기업은 더 많은 매출이나 이익을 달성할 수 있게 된다.

이러한 기업에 있어서는 병목활동의 물량처리능력 자체가 매출과 직결되므로 기업 각 부문이나 구성원들이 병목활동에 관심을 가지고 노력을 집중할 수 있도록 하는 성과지표가 필요하다.[9] 제약이론에서는 직접노무원가, 제조간접원가, 기타 영업비용 등은 대부분 고정원가로서 단기적으로는 변할 수 없는 부분이므로 기업 성과에 영향을 주지 않으며 기업 외부와의 거래에서 발생하는 매출과 순수한 변동원가인 직접재료원가만이 기업 성과의 핵심이 된다고 본다.

따라서 매출에서 직접재료원가만으로 구성된 매출원가를 차감한 이익을 주요 성과지표로 강조하는데 이를 **쓰루풋 또는 쓰루풋공헌이익**throughput contribution이라고 한다.[10] 한편 직접노무원가도 상당 부분이 고정원가의 성격이 강하다는 점을 감안하여 진정한 변동원가라고 할 수 있는 직접재료원가만을 제품원가에 포함하는 원가계산방식을 제안하는데 이를 **초변동원가계산**

8 2018년 5월에는 그동안 문제였던 배터리와 샤시의 연결작업이 해결되어 처음으로 하루에 500대를 생산할 수 있게 되었다거나(Electrek. 2018.5.24.) 같은 해 8월 도색작업이 생산흐름에 걸림돌이 되고 있다는 엘런 머스크의 언급(Twitter. 2018.8.31.)은 병목생산활동이 테슬라의 심각한 문제였음을 보여주는 구체적인 예이다.

9 성과평가의 의미와 재무성과지표에 대해서는 제12장에서 자세히 설명한다.

10 쓰루풋(throughput)은 컴퓨터공학에서 사용하는 용어로 단위시간 내에 처리할 수 있는 작업량을 의미한다. 제약이론에서는 정해진 기간 내에 재료 가공 및 제품 판매를 통한 창출할 수 있는 현금액을 의미한다. 인풋(input), 아웃풋(output), 쓰루풋을 각각 구별되는 의미로 사용하는데 인풋은 시스템에 투입된 자원으로 재료, 시간, 인력 등을 말하며 아웃풋은 모든 과정을 거쳐 완성된 제품이나 서비스 등의 산출물을 의미하는데 판매가 되지 않는다면 쓰루풋이 될 수 없다. 단순히 투입과 산출의 양이나 속도가 중요한 게 아니라, 기업 내 제약(병목)을 통과하여 창출되는 실제 현금흐름인 쓰루풋이 시스템의 성과를 결정한다고 본다.

super-variable costing이라고 한다.[11] 이에 의하면 직접노무원가나 제조간접원가는 재고자산화 하지 않고 발생하는 기간에 전액 비용으로 처리한다.

변동원가계산하에서의 손익계산서	
매출액	×××
변동매출원가	×××
매출공헌이익	×××
고정제조원가	×××
판매비와관리비	×××
영업이익	×××

초변동원가계산하에서의 손익계산서	
매출액	×××
직접재료매출원가	×××
쓰루풋공헌이익	×××
직접노무원가	×××
제조간접원가	×××
판매비와관리비	×××
영업이익	×××

쓰루풋공헌이익을 향상시키기 위해서는 공장전체의 물량처리능력을 개선할 필요가 있으므로 구성원들은 자연스럽게 병목활동에 관심을 가질 수 있다. 게다가 직접노무원가나 제조간접원가가 비용이 되므로 병목활동이 아닌 부문에서 재고가 누적되는 것이 성과에 아무런 보탬이 되지 않는다. 앞선 예에서 A 또는 B활동 능력에 여유가 있어서 물량을 아무리 많이 처리하더라도 C활동에서 이를 바로 처리할 수 없는 한 쓰루풋공헌이익을 개선할 수 없기 때문이다. 제약이론에서는 쓰루풋공헌이익을 향상시키는 것 이외에도 재고inventory와 운영비operating expense를 낮추도록 이들도 성과지표로 사용한다.[12]

초변동원가계산은 기업의 이익 증대에 걸림돌이 되는 병목활동에 관심을 가지도록 성과지표를 제시하고 종전의 변동원가계산보다 과잉생산유인을 보다 강력하게 통제할 수 있는 관리기법이라고 할 수 있다. 변동원가계산과 전부원가계산의 차이가 제조간접원가의 처리에 있는 것처럼, 초변동원가계산과 변동원가계산의 차이는 직접노무원가를 기간비용으로 처리하는가 아니면 제품원가에 포함하는가에 있다. 따라서 원가계산방법 간의 이익차이는 다음과 같이 나타낼 수 있다.

formula

초변동원가계산하에서의 이익＝변동원가계산의 이익＋기초제품에 포함되어 있는 직접노무원가
－기말제품에 포함되어 있는 직접노무원가

11 초변동원가계산을 쓰루풋회계(throughput accounting)라고도 한다.
12 제약이론의 재고나 운영비는 회계의 재고자산이나 영업비용과는 차이가 있다. 재고는 쓰루풋을 창출하기 위해 투자했지만 아직 현금으로 돌아오지 않은 돈으로 원자재, 반제품, 완제품뿐만 아니라 미수금 등 기업에 묶인 자본 전체를 의미하며, 운영비는 재고를 쓰루풋으로 전환하기 위해 쓰이는 모든 돈을 의미한다.

PROBLEM 9-5

다음은 단일제품을 생산하는 S사의 20×1년 1월부터 3월까지 생산 및 판매자료이다. 1월초 제품 재고는 없으며, 1월부터 3월에 생산에 착수한 제품은 모두 완성되어 재공품은 존재하지 않는다. 직접재료원가는 전액 변동원가, 제조간접원가는 전액 고정원가, 직접노무원가는 혼합원가이다. 재고자산평가는 선입선출법에 의한다.

판매가격	₩500
단위당 직접재료원가(변동원가)	100
단위당 직접노무원가(변동원가)	50
월 직접노무원가(고정원가)	20,000
월 제조간접원가(고정원가)	60,000

	1월	2월	3월
생산량	500	400	300
매출량	400	400	400

물음 1 직접재료원가만을 제품원가로 보는 초변동원가계산에 의할 때 1월, 2월, 3월의 손익계산서를 작성하라.

물음 2 변동제조원가만을 제품원가로 보는 변동원가계산에 의할 때 1월, 2월, 3월의 손익계산서를 작성하고 물음 1의 이익과의 차이를 설명하라.

물음 3 기본원가를 전액 변동원가로 간주하는 변형된 변동원가계산(직접원가계산)에 의할 때 1월, 2월, 3월의 손익계산서를 작성하고 물음 1의 이익과의 차이를 설명하라.

풀이

1. 초변동원가계산

	1월	2월	3월
매출	₩200,000	₩200,000	₩200,000
직접재료매출원가			
월초제품	0	10,000	10,000
당월제조원가•	50,000	40,000	30,000
월말제품••	10,000	10,000	0
	40,000	40,000	40,000
쓰루풋공헌이익	160,000	160,000	160,000
직접노무원가	45,000	40,000	35,000
제조간접원가	60,000	60,000	60,000
영업이익	₩55,000	₩60,000	₩65,000

• 당월제조원가: 생산수량×단위당 직접재료원가
•• 월말제품: 월말재고수량×단위당 직접재료원가

2. 변동원가계산

	1월	2월	3월
매출	₩200,000	₩200,000	₩200,000
변동매출원가			
월초제품	0	15,000	15,000
당월제조원가•	75,000	60,000	45,000
월말제품••	15,000	15,000	0
	60,000	60,000	60,000
공헌이익	140,000	140,000	140,000
고정직접노무원가	20,000	20,000	20,000
고정제조간접원가	60,000	60,000	60,000
영업이익	₩60,000	₩60,000	₩60,000

• 당월제조원가: 생산수량×(단위당 직접재료원가+단위당 변동직접노무원가)
•• 월말제품: 월말재고수량×(단위당 직접재료원가+단위당 변동직접노무원가)

초변동원가계산하의 이익과 차이 설명

1월: 변동원가계산하에서 이익 ₩60,000에서 기말제품에 포함되어 있는 직접노무원가 ₩5,000를 차감하면 초변동원가계산하의 이익 ₩55,000을 구할 수 있다.

2월: 변동원가계산하에서 이익 ₩60,000에서 기초제품에 포함되어 있는 직접노무원가 ₩5,000를 가산하고 기말제품에 포함되어 있는 직접노무원가 ₩5,000을 차감하면 초변동원가계산하의 이익 ₩60,000을 구할 수 있다.

3월: 변동원가계산하에서 이익 ₩60,000에서 기초제품에 포함되어 있는 직접노무원가 ₩5,000를 가산하면 초변동원가계산하의 이익 ₩65,000을 구할 수 있다.

3. 변형된 변동원가계산(직접원가계산)

	1월	2월	3월
매출	₩200,000	₩200,000	₩200,000
직접매출원가			
월초제품	0	19,000	20,000
당월제조원가•	95,000	80,000	65,000
월말제품••	19,000	20,000	0
	76,000	79,000	85,000
공헌이익	124,000	121,000	115,000
제조간접원가	60,000	60,000	60,000
영업이익	₩64,000	₩61,000	₩55,000

- 당월제조원가: 생산수량×단위당 직접재료원가+직접노무원가
- •• 월말제품: 월말재고수량×(당월제조원가÷생산량)

초변동원가계산하의 이익과 차이 설명

1월: 직접원가계산하의 이익 ₩64,000에서 기말제품에 포함되어 있는 직접노무원가 ₩9,000를 차감하면 초변동원가계산하의 이익 ₩55,000을 구할 수 있다.

2월: 직접원가계산하의 이익 ₩61,000에서 기초제품에 포함되어 있는 직접노무원가 ₩9,000를 가산하고 기말제품에 포함되어 있는 직접노무원가 ₩10,000을 차감하면 초변동원가계산하의 이익 ₩60,000을 구할 수 있다.

3월: 직접원가계산하의 이익 ₩55,000에서 기초제품에 포함되어 있는 직접노무원가 ₩10,000을 가산하면 초변동원가계산하의 이익 ₩65,000을 구할 수 있다.

초변동원가계산과 변동원가계산은 제품제조원가에 변동원가만을 포함하는 것이 적절하다는 기본 취지는 동일하지만 구체적인 적용방법에서 차이를 보인다. 현실적으로 직접노무원가는 고정원가와 변동원가가 동시에 포함되어 있는 혼합원가성격이 크지만 변동원가계산에서는 직접노무원가를 변동원가로, 초변동원가계산에서는 고정원가로 간주하는 것이 일반적이다.

제약이론과 활동기준원가계산

제약이론에서는 직접재료원가를 제외한 모든 원가는 단기적으로 고정되어 있으므로 이들 원가를 절감하려는 노력보다 병목시설이나 활동에 노력을 집중하여 쓰루풋을 늘리는 것이 기업 이익에 도움이 된다고 본다. 이에 반해 활동기준원가계산에서 직접재료원가 이외의 기타 원가도 활동의 차원에서 분석하고 관리하면 기업의 수익성에 도움이 될 수 있다는 상반된 입장을 보인다.

이들 간의 입장 차이는 원가를 바라보는 기간time horizon이 서로 다르기 때문이다. 상대적으로 단기간을 분석대상으로 삼는 제약이론에서 직접재료원가를 제외한 기타 원가는 고정적이므로 물리적 프로세스를 최적화하는 것이 중요하다고 보지만, 활동기준원가계산에서는 이보다 장기간을 분석대상으로 삼기 때문에 모든 원가는 변할 수 있으며 활동원가분석을 통해 원가를 효율적으로 관리할 수 있다고 본다.

각자의 견해를 주장하는 논쟁이 있었지만 분석 대상 및 기간에 따라 상호 보완적으로 활용하자는 것이 대체적인 결론이다. 예컨대 설비집약적인 환경이나 단기적인 관리방안을 제시

할 때는 제약이론의 관점이 적절하고 노동집약적인 환경이나 중장기적인 관리방안을 제시할 때 활동기준원가계산의 관점이 더 적절하다고 할 수 있다.

생산능력원가와 기준조업도

생산능력원가capacity cost는 최대 생산규모에 따라 결정되는 원가로 실제 생산수준과는 무관하게 일정하게 발생하는 고정제조원가이다. 만약 어떤 생수제조회사가 제품다각화 차원에서 탄산수도 생산하기로 결정하고 일 최대 10,000병의 생산능력을 계획한다고 하자. 새로운 공장과 생산설비의 확보, 직원의 고용 등 생산을 위한 모든 준비가 끝나면 그때부터는 공장 건물과 설비의 감가상각비, 리스료, 급여 등의 고정제조원가가 발생한다. 생산능력을 갖추면 실제 생산과는 무관하게 생산능력원가가 고정적으로 발생하므로 원가의 발생원인에 초점을 둔다면 생산능력원가로, 원가의 행태에 초점을 두는 경우라면 고정제조원가로 부를 수 있을 것이다.

생산능력을 얼마만큼 확보해서 어떻게 활용할 것인가는 기업의 장기수익성에 중대한 영향을 미치므로 경영자가 신중하게 결정해야 하는 대표적인 경영사안이다. 생산능력은 쉽게 조절할 수 없으므로 미래 수요와 외부 시장환경 등 다양한 요소를 고려하여 정해야 한다. 일단 생산능력을 갖추면 실제 생산과는 무관하게 관련 고정원가가 발생하는데 생산능력이 너무 크면 **미사용**유휴**생산능력**과 원가가 발생하며 너무 작으면 잠재적 매출기회를 놓칠 수 있다. 가장 좋은 것은 수시로 필요한 만큼의 생산능력을 갖추는 것이지만 생산능력을 탄력적으로 조절할 수 없는 한 불가능한 일이다.

기업이 신제품을 생산하려 할 때 필요한 생산능력을 가장 저렴하게 확보하는 방법은 기존 공장의 유휴생산능력을 활용하는 것이다. 생산능력을 위한 추가 투자와 고정제조원가의 부담 없이 신제품을 생산할 수 있기 때문이다. 문제는 유휴생산능력의 존재 유무와 크기를 가늠할 수 있어야 한다는 점이다. 고정제조원가를 제품에 배부할 때 사용하는 기준조업도를 잘 선택하면 원가계산결과에서 이에 대한 정보를 얻을 수 있다.

기준조업도

생산능력은 특정 기간에 생산할 수 있는 상한을 의미한다. 생산능력을 측정하는 단위로 쉽게 사용할 수 있는 것은 생산량이지만 여러 제품을 생산한다면 산출개념인 생산량보다는 공통적으로 사용할 수 있는 투입개념의 직접노무시간이나 기계시간 등을 사용하는 것이 적절하다. 원가계산에서는 생산능력이나 실제 또는 예측 생산규모 등을 나타내는 표현으로 조업도라는 용어를 사용한다.

재무보고나 관리목적을 위해 원가계산을 해야 하는 경우 고정원가라 하더라도 불가피하게 단위당 원가를 구해야 한다. 조업도 단위당 고정제조원가를 구하려면 고정제조원가 예산액을 적절한 조업도로 나눠야 하는데 이를 **기준조업도**denominator라고 한다.[13]

기준조업도에는 이론적 최대조업도, 실질적 최대조업도, 정상조업도, 예산조업도, 실제조업도 등이 있다.[14] 이상적인 생산환경에서 달성할 수 있는 조업수준을 **이론적 최대조업도**theoretical capacity라고 하고, 생산을 저해하는 다양한 현실적 환경을 감안했을 때 달성 가능한 최대조업도를 **실질적 최대조업도**practical capacity라고 한다. 이들 두 조업도 개념이 공급차원에서 생산능력을 정의한 조업도라고 한다면 정상조업도와 예산조업도는 수요관점에서 생산능력을 정의한 조업도이다.

예산조업도master-budget capacity utilization는 연초 사업계획상 예상판매량 또는 목표판매량에 대응하는 조업도를 의미하는 데 반해 **정상조업도**normal capacity utilization는 이보다 좀 더 긴 기간 2~5년의 연평균 예측판매량에 따른 조업도를 의미한다. 정상조업도는 기간 간 수요의 변동성을 감안한 평균개념 조업도라고 할 수 있다. 앞서 4개 조업도 개념이 사전적인 조업도인데 반해 실제조업도는 기간 말 집계되는 사후적인 조업도 개념이므로 원가계산이나 관리목적상 적절한 조업도 개념은 아니다.

어떤 조업도 개념을 이용하여 조업도 단위당 고정제조원가를 계산하느냐에 따라 원가정보의 유용성도 달라진다. 일반적으로 실질적 최대조업도가 바람직한 특성을 가지고 있다고 한다.

---

13 조업도 단위당 고정제조원가는, 정상원가계산에서 기간 초에 제조간접원가 예산을 배부기준 예상량으로 나눠 구하는 제조간접원가 예정배부율과 유사하다.

14 앞서 전부원가계산 하에서 생산량이 이익에 영향을 줄 수 있음을, 편의상 실제조업도를 기준으로 구한 단위당 고정제조원가를 사용하여 살펴보았는데 실제조업도 이외에 다른 조업도 개념을 사용하더라도 기본적인 결과는 동일하다.

실질적 최대조업도의 유용성

생산능력은 일단 확보하고 나면 쉽게 변경할 수 없으므로 향후 수요까지도 감안하여 여유 있게 정하지만 이를 갖추고 유지하는데 많은 자원이 소요되므로 근거 없이 지나치게 높은 수준은 피하는 것이 일반적이다. 미사용생산능력원가가 의도한 것보다 높고 지속적으로 발생한다면 생산능력 규모를 정할 낭시 잘못된 판단의 결과일 수 있다. 미사용생산능력 및 원가를 별도로 파악하는 것은 사전적으로는 생산능력을 신중하게 결정하도록 하는 역할을 하는 것 이외에도 사후적인 관리목적에 유용한 정보를 준다. 이를테면 새로운 제품 생산이나 임대 등에 활용할 수 있다거나, 여의치 않을 때 생산능력을 축소하는 근거가 된다.

이러한 관점에서 조업도 단위당 고정제조원가 계산에 적합한 기준조업도는 공급개념에 기초한 실질적 최대조업도이다. 이론적 최대조업도는 현실적으로 공급할 수 있는 생산능력이 아니므로 관리목적에 사용하기에는 적절하지 않다. 수요개념인 예산조업도나 정상조업도에 의하면 미사용생산능력원가가 제품원가에 묻혀 숨겨지므로 별도로 파악할 수 없다. 다음의 예를 살펴보자.

EXAMPLE 9-1

20×1년초 S사는 새로이 개발한 제품 생산을 위해 생산라인 및 설비를 구축하고 담당인력도 신규충원 및 재배치하였다. 설계상으로는 연간 최대 1,000단위까지 생산할 수 있지만 과거 경험상 현실적으로 생산할 수 있는 최대생산량은 800단위이다. 생산능력 규모를 결정할 때 시장상황, 경쟁기업, 소비자의 기호 등을 기초로 향후 3년차까지의 판매 예측치를 고려하였다. 20×1년에는 600단위, 20×2년에는 700단위, 마지막 해인 20×3년에는 800단위까지 증가할 것으로 보고 있다. 신설한 생산라인 등에 매년 소요되는 고정제조원가 예산액은 ₩1,680,000이며 단위당 변동제조원가는 ₩3,000이다. 조업도 단위는 생산량이다. S사는 과거 경험상 단위당 판매가격은 제조원가의 150%로 정하는 것이 적절하다고 본다.

S사의 이론적 최대조업도와 실질적 최대조업도는 각각 1,000단위와 800단위이다. 20×1년 예측 판매량 600단위를 그 해 사업계획의 목표판매량으로 사용한다면 이 조업도는 예산조업도가 되며 3년간 평균 판매예측량 700단위는 정상조업도로 사용할 수 있다.

첫 해에 500단위를 실제로 생산 판매했다면 미사용생산능력과 원가는 얼마인가? 생산능력은 실질적 최대생산능력 800단위를 기준으로 삼는 것이 타당하므로 사용한 생산능력 500단위를 차감한 300단위가 미사용생산능력이 된다. 그러면 이에 해당하는 원가는 어떻게 계산할 것인가?

실질적 생산능력 800단위를 갖추고 유지하는 데 소요되는 원가가 ₩1,680,000이지만, 생산능력이 한 단위 증가할 때마다 생산능력원가가 ₩2,100만큼 발생하는 관계는 아니다. 생산능력은 단위수준에서 변화시킬 수 없으므로 단위당 원가 역시 정의할 수 없다. 그러나 미사용생산능력원가를 계산해야 한다면 이러한 가정은 불가피하다. 즉, 생산능력은 한 단위씩 변화할 수 있으며 생산능력원가도 단위당 원가만큼 변화한다고 가정하고 조업도 단위당 고정제조원가를 구해야 한다. 이는 제품원가계산에서 흔히 목격할 수 있는 것처럼 고정원가를 변동원가처럼 간주하고 단위당 원가를 구하는 것과 같은 취지이다.

이에 의하면 미사용생산능력원가는 300단위에 조업도 단위당 생산능력원가 ₩2,100을 곱한 ₩630,000이 된다. 생산에 소비된 생산능력원가는 ₩1,050,000이며 이 금액만을 제조원가에 포함하면 단위당 제품원가는 ₩5,100이 된다. 실질적 최대조업도를 기준으로 단위당 고정제조원가를 계산하면 미사용생산능력원가를 별도로 파악할 수 있을 뿐만 아니라 이 원가가 제품원가에 포함되지 않도록 할 수 있다.

이렇게 계산된 제품원가는 장기적 관점에서 외부 판매가격의 기초자료로 사용할 수 있으며 대외적인 가격 경쟁력을 판단하는 근거가 될 수 있다. 시장이 완전 경쟁적인 경우 판매가격은 제조원가와 무관하게 시장에서 수요와 공급에 따라 결정되므로 이 가격보다 저렴하게 생산할 수 있다면 수익성 있는 제품이 되며 시장가격을 맞출 수 없다면 원가절감노력이 필요하고 여의치 않다면 제품 생산을 포기하는 것이 타당하다.

만약 S사가 20×1년 예산 판매량 600단위를 전제로 발생한 제조원가를 모두 회수하고 이익을 얻을 수 있도록 제조원가의 150%로 판매가격을 책정한다면 그 금액은 얼마인가? 단위당 변동제조원가 ₩3,000와 600단위를 기준으로 한 단위당 고정제조원가 ₩2,800을 합한 금액 ₩5,800에 150%를 곱한 금액 ₩8,700이 판매가격이 된다.

문제는 이렇게 판매가격을 정했을 때 의도한 판매량 600단위를 모두 판매할 수 있는가이다. 만약 소비자가 동종의 다른 회사 제품보다 가격이 비싸다고 생각한다면 판매량이 600단위에 못 미칠 수 있다. 만약 판매량이 500단위라면 이후 판매가격은 얼마로 정할 것인가? 마찬가지 방식으로 계산하면 ₩9,540이 되는데 판매량 600단위를 전제로 한 판매가격보다 오히려 높아졌으므로 이후 판매량은 더 낮아질 것이다. 이러한 과정이 반복되면 판매가 전혀 이루어지지 않는 극단적인 상황에 이를 수 있다.

예산조업도에 기초한 제품원가에 따라 책정한 판매가격이 가격경쟁력이 없는 수준이면 판매수요는 계속 낮아지고 그 결과 제품원가와 판매가격이 더 올라가는 악순환downward demand spiral이 발생한다. 출시 초기나 판매 수요가 안정적이지 않은 상황에서 예산조업도나 정상조업도를 기준으로 제품원가를 계산하고 판매가격을 결정하는 것이 적절하지 않은 이유이다. 해결책은 실질적 최대조업도와 같이 장기적인 관점에서 기대할 수 있는 판매량을 기준으로 제품원가를 계산하고 판매가격을 정하는 것이다. 이렇게 판매가격을 정했음에도 판매량이 제조원가를 회수하기 어려운 상황이 지속된다면, 앞서 언급한 바와 같이 제조원가를 낮출 방안을 찾는 것이 순서이며 이 또한 여의치 않은 경우 제품 생산을 중단하는 것이 바람직하다.

실질적 최대조업도는 제품을 생산 판매하는 조직의 성과평가에도 유용하다. 실제 성과와 예산상 목표를 비교하되, 실질적 최대조업도를 기준으로 한 조업도 단위당 고정제조원가에 예산상 조업도를 적용한 생산능력원가를 성과평가기준으로 삼는 것이다. 이 경우 예산상 조업도와 실질적 최대조업도 간의 고정제조원가 차이는 **'계획된' 미사용생산능력원가**planned unused capacity cost로 이므로 성과평가에서 배제한다. 만약 실제조업도가 예산조업도보다 낮다면 그 차이에 해당하는 고정제조원가는 해당 사업부에게 책임 지울 수 있는 미사용생산능력원가가 된다.

위 예에서 20×1년 실제조업도가 500단위라고 하면 미사용생산능력은 300단위인데 이 중 200단위는 계획된 미사용생산능력이므로 성과평가에서 제외한다. 그러나 100단위는 계획되지 않은 미사용생산능력이므로 성과평가에 포함한다. 각 미사용생산능력 200단위와 100단위에, 실질적 최대조업도를 기준으로 한 단위당 고정제조원가 ₩2,100을 적용하면 원가는 ₩420,000과 ₩210,000이 된다.

Cost & Management Accounting

쉬•어•가•는 원가 · 관리회계

좋아 보이는 숫자, 나빠지는 현실 – 전부원가계산과 과잉생산유인

미국 자동차 3사가 금융위기 직전 몇 년 동안 보여준 과잉생산 문제는, 교과서에서 배우는 "전부원가계산은 과잉생산 유인을 낳는다"는 명제를 현실에서 극명하게 확인해 준 사례였다.

2005~2006년 당시 미국의 빅3 자동차 회사(포드, GM, 크라이슬러)는 이미 구조적인 과잉설비와 높은 고정원가에 시달리고 있었다. 공장 설비 감가상각과 리스료, 장기 고용계약으로 쉽게 줄일 수 없는 인건비 등은 판매부진과 상관없이 계속 발생했지만, 단기적으로 이 비용을 줄일 뚜렷한 방법은 없었다. 이런 상황에서 전부원가계산과 단기 회계이익 중심의 성과평가 시스템은, 경영자와 관리자에게 "설비를 놀리느니 차라리 더 많이 만들어 단위당 원가를 낮추라"는 시그날이었다. 고정제조간접원가를 생산량으로 나누어 제품원가에 배부하는 전부원가계산에서는, 생산을 늘리면 단위당 고정원가가 낮아지고, 팔리지 않고 재고로 남은 부분의 고정원가는 재고자산으로 계상되어 당기손익에서 빠지기 때문이다.

Brüggen 등(2011)은 2005~2006년 자동차 모델별로 월별 · 연도별 자료를 분석해, 미사용생산능력과 과잉생산 사이에 강한 정(+)의 관계가 있음을 보였다. 이들의 추정에 따르면 미사용생산능력이 1% 포인트 증가할 때 과잉생산은 약 0.49% 포인트 증가하며, 과잉생산이 늘어나면 재고를 처분하기 위해 고객에게 제공하는 인센티브(할인, 리베이트)도 함께 증가하는 것으로 나타났다. 현장 인터뷰에서 한 전략 담당 관리자는 "수요예측치는 이미 부풀려져 있는데, 설비를 '놀리지 말자'는 이유로 과잉생산을 스스로 합리화하게 된다."고 말했을 정도였다.

과잉생산의 결과는 단순히 재고가 조금 늘어난 수준에 그치지 않았다. 연구에 따르면, 재고 누적에 따라 재고금융비용과 보관비용 같은 직접 비용이 증가했을 뿐만 아니라, 재고를 털어내기 위한 공격적인 할인 · 프로모션으로 광고비와 판매비도 증가했다. 할인과 재고처리 판매가 반복되면서 브랜드의 가격 프리미엄과 이미지도 훼손되었고, 장기적으로는 마진 구조와 고객 충성도에도 부정적인 영향을 남겼다. 즉 전부원가계산과 성과평가시스템이 만들어 낸 단기적인 회계이익 개선은, 장기적인 경제적 손실과 교환된 셈이었다.

이러한 문제를 줄이기 위한 처방으로 Brüggen 등(2011)은 두 가지를 제안한다. 첫째, 미사용생산능력과 관련된 고정원가를 제품원가에 배부하지 않고 기간비용으로 인식하여, 과잉설비의 부담을 손익계산서에 투명하게 드러내야 한다는 점이다. 실제로 Cooper와 Kaplan을 비롯한 여러 연구는 미사용생산능력원가를 분리하여 보고하면 관리자들이 설비축소, 외주, 수요조정 등 구조적인 대응을 더 진지하게 검토하게 된다고 지적한다. 둘째, 생산량과 단위당 원가에만 초점을 맞춘 단기 회계지표 중심의 성과평가에서 벗어나, 재고 회전율, 고객 인센티브 수준, 장기 수익성과 같은 지표를 함께 반영하는 균형 잡힌 평가체계가 필요하다는 점이다. Krishnan은 CFO.com 인터뷰에서 "미사용생산능력원가를 제대로 회계처리하고 보고하지 않는 한, 전부원가계산과 단기 인센티브는 계속해서 과잉생산을 부추길 것"이라고 경고하기도 했다.

결국, 팔 수 있는 것 이상으로 생산하면 단기적으로는 단위당 원가가 낮아지고 회계이익이 좋아 보일 수 있다. 그러나 그 이면에는 재고누적, 할인경쟁, 브랜드 가치 훼손, 설비조정 지연과 같은 유 · 무형의 손실이 켜켜이 쌓인다. "전부원가계산은 과잉생산 유인을 만든다"는 교과서의 설명이 자동차 산업의 실제 데이터와 경영자 인터뷰 속에서 다시 확인된 셈이다.

Brüggen, A., Krishnan, R. & Sedatole, K. 2011. Drivers and consequences of short-term production decisions: Evidence from the auto industry. Contemporary Accounting Research.
Cooper, R., & Kaplan, R. 1988. Measure costs right: Make the right decisions. Harvard Business Review.
Sedatole, K., Krishnan, R. & Brüggen, A. 2012. How the Big Three forgot Accounting 101. MSUToday / CFO.com

연습문제 | 생산능력고정원가의 이익효과와 관리

chapter 9

선택형

01. 전부원가계산과 변동원가계산에 관한 설명으로 옳지 않은 것은? … 세무사 2014

① 변동원가계산은 전부원가계산보다 손익분기점분석에 더 적합하다.

② 당기매출액이 손익분기점 매출액보다 작더라도 변동원가계산에서는 이익이 보고될 수 있다.

③ 전부원가계산의 영업이익은 일반적으로 생산량과 판매량에 의해 영향을 받는다.

④ 변동원가계산에서는 변동제조원가만이 제품원가에 포함된다.

⑤ 변동원가계산은 고정제조간접원가를 기간비용으로 처리한다.

02. 변동원가계산의 유용성에 대한 다음의 설명 중 옳지 않은 것은? … 회계사 2013

① 변동원가계산 손익계산서에는 이익계획 및 의사결정 목적에 유용하도록 변동비와 고정비가 분리되고 공헌이익이 보고된다.

② 변동원가계산에서는 일반적으로 고정제조간접원가를 기간비용으로 처리한다.

③ 변동원가계산에서는 판매량과 생산량의 관계에 신경을 쓸 필요 없이 판매량에 기초해서 공헌이익을 계산한다.

④ 변동원가계산에 의해 가격을 결정하더라도 장기적으로 고정비를 회수하지 못할 위험은 없다.

⑤ 제품의 재고수준을 높이거나 낮춤으로써 이익을 조작할 수 있는 가능성은 없다.

03. 전부원가계산, 변동원가계산 및 초변동원가계산에 관한 설명으로 옳지 않은 것은? … 감평사 2025

① 초변동원가계산은 직접재료원가만을 제품원가에 포함하고 나머지 제조원가는 모두 기간비용으로 처리한다.

② 변동원가계산은 이익계획 및 의사결정 목적에 유용하도록 원가를 변동원가와 고정원가로 분류하고 공헌이익을 보고한다.

③ 전부원가계산하의 영업이익은 판매량뿐만 아니라 생산량의 변화에도 영향을 받지만, 변동원가계산하의 영업이익은 판매량에 의해서만 영향을 받는다.

④ 전부원가계산과 변동원가계산은 수익과 비용의 대응원칙에 부합되는 원가계산방법으로 외

부보고 및 조세목적을 위해서 일반적으로 인정되는 방법이다.

⑤ 초변동원가계산은 판매량이 일정한 경우에 생산량이 증가할수록 기간비용화되는 변동가공원가가 증가하여 영업이익이 감소되므로 불필요한 재고의 누적을 방지하는 효과가 변동원가계산보다 크다.

회계사 2010 ···

04. 다음은 생산량 및 판매량과 관련된 전부원가계산과 변동원가계산 및 초변동원가계산의 특징을 설명한 글이다. 타당하지 않은 것은?

① 전부원가계산에서는 기초재고가 없을 때 판매량이 일정하다면 생산량이 증가할수록 매출총이익이 항상 커진다.

② 생산량이 판매량보다 많으면 전부원가계산의 영업이익이 변동원가계산의 영업이익보다 항상 크다.

③ 변동원가계산하의 영업이익은 판매량에 비례하지만, 전부원가계산하의 영업이익은 생산량과 판매량의 함수관계로 결정된다.

④ 전부원가계산에서는 원가를 제조원가와 판매관리비로 분류하므로 판매량 변화에 따른 원가와 이익의 변화를 파악하기 어려운 반면, 변동원가계산에서는 원가를 변동원가와 고정원가로 분류하여 공헌이익을 계산하므로 판매량 변화에 의한 이익의 변화를 알 수 있다.

⑤ 초변동원가계산에서는 기초재고가 없고 판매량이 일정할 때 생산량이 증가하더라도 재료처리량 공헌이익throughput contribution은 변하지 않는다.

회계사 2009 ···

05. 제약이론theory of constraints에 대한 다음의 설명 중 가장 타당하지 않은 것은?

① 제약이론에서는 기업의 생산활동과 관련된 내부적 제약요인을 집중적으로 관리하고 개선하여 생산활동을 최적화하고자 한다.

② 제약이론의 생산최적화 과정은 제약요인을 찾아 개선한 후에 또 다른 제약요인을 찾아 지속적으로 개선하는 과정을 밟는다.

③ 제약이론을 원가관리에 적용한 재료처리량공헌이익throughput contribution은 매출액에서 직접재료비와 직접노무비를 차감하여 계산한다.

④ 제약이론은 재료처리량공헌이익을 증가시키고, 투자 및 운영원가를 감소시키는 것을 목적으로 한다.

⑤ 제약이론에서는 운영원가를 단기적으로 변화시킬 수 없는 고정비로 본다.

06. 다음은 TOC제약이론과 ABC를 비교한 설명이다. 다음 중 적절하지 않은 것은?

① 제약이론에서는 재료원가를 제외한 기타 원가에 대한 통제는 큰 의미가 없으며 더 높은 이익

을 달성하기 위해서는 오히려 병목설비에서 물량흐름throughput을 원활하게 하는 것이 더 중요하다고 본다.

② 제약이론에서는 원가배분이나 원가동인은 오히려 경제적 의사결정에 장애물이 될 수 있다고 본다.

③ 활동기준원가계산에서는 간접원가에 대해 이를 발생시키는 활동을 분석함으로써 원가를 상당부분을 절감할 수 있으며 이를 통해 수익성을 향상시킬 수 있다고 본다

④ 활동기준원가계산은 제약이론에 비해 상대적으로 단기적인 관점에서 접근하고 있다고 할 수 있다.

⑤ 활동기준원가계산은 노동 중심적인 생산환경에 보다 적합하고 제약이론은 설비중심적인 연속적인 생산환경에 보다 적합한 관리도구라고 할 수 있다.

07. 생산능력원가와 기준조업도에 대한 설명이다. 다음 중 적절하지 않은 것은 무엇인가?

① 생산능력은 단기간에 조정이 어렵기 때문에 이와 관련된 원가는 생산량과는 무관한 고정원가이다.

② 생산능력원가도 제품원가계산을 위해서는 기준조업도를 정하고 변동원가처럼 조업도 단위당 원가로 환산할 필요가 있다.

③ 미사용 생산능력원가를 계산할 수 있는 기준조업도는 실질적 최대조업도이다.

④ 기준조업도로 예산조업도를 사용하여 제품원가를 구하고 이를 기초로 판매가격을 정할 경우 실제판매량이 예산조업도를 초과하면 제품원가와 판매가격이 계속 올라가는 악순환 현상이 발생할 수 있다.

⑤ 예산조업도는 연초 사업계획상 판매량에 대응하는 조업도이며 정상조업도는 이보다 더 긴 기간의 연평균 예측판매량에 따른 조업도이다.

08. (주)대한은 단일제품을 생산 및 판매하고 있다. (주)대한은 20×1년 초에 영업을 개시하였으며, 한 해 동안 총 4,000단위를 생산하여 3,000단위를 판매하였고, 기초 및 기말재공품은 없다. 단위당 판매가격은 ₩3,600이다. 그 외 20×1년에 발생한 원가정보는 다음과 같다. … 회계사 2024

구분	고정원가	변동원가
직접재료원가	–	단위당 ₩600
직접노무원가	–	단위당 ₩500
제조간접원가	₩?	단위당 ₩300
판매비와관리비	₩400,000	단위당 ₩400

(주)대한의 20×1년도 변동원가계산하의 순이익이 ₩4,400,000이라면, 20×1년도 전부원가계

산하의 순이익은 얼마인가?

① ₩4,550,000 ② ₩4,600,000 ③ ₩4,650,000
④ ₩4,700,000 ⑤ ₩4,750,000

세무사 2024 ···

09. 20×1년 초 설립된 (주)세무의 20×1년부터 20×3년까지의 영업활동 결과는 다음과 같다.

구분	20×1년	20×2년	20×3년
생산량	2,000단위	2,400단위	2,200단위
판매량	?	?	?
변동원가계산에 의한 영업이익	₩44,000	₩50,000	₩46,000
전부원가계산에 의한 영업이익	₩80,000	₩42,000	₩54,000
고정제조간접원가	240,000	336,000	264,000

20×2년과 20×3년의 판매량은 각각 몇 단위인가? (단, (주)세무는 기초 및 기말 재공품이 없고, 재고자산은 선입선출법에 의해 평가되며, 세 기간의 단위당 판매가격, 단위당 변동제조원가, 단위당 변동판매관리비, 고정판매관리비는 동일하다.)

	20×2년	20×3년
①	1,700단위	2,100단위
②	1,700단위	2,500단위
③	2,100단위	2,500단위
④	2,500단위	2,100단위
⑤	2,500단위	2,400단위

감평사 2024 ···

10. (주)감평은 20×1년 초에 영업을 개시하였으며, 제품 X를 생산 · 판매하고 있다. 재고자산 평가방법은 선입선출법을 적용하고 있으며, 20×1년 1분기와 2분기의 영업활동 결과는 다음과 같다.

구분	1분기	2분기
생산량	500단위	800단위
전부원가계산에 의한 영업이익	₩7,000	₩8,500
변동원가계산에 의한 영업이익	5,000	6,000

1분기와 2분기의 판매량이 각각 400단위와 750단위일 때, 2분기에 발생한 고정제조간접원가는? (단, 각 분기별 단위당 판매가격, 단위당 변동원가는 동일하며, 재공품 재고는 없다.)

① ₩20,000 ② ₩22,000 ③ ₩24000

④ ₩26,000 ⑤ ₩30,000

11. 20×1년 초 설립된 (주)대한은 단일제품을 생산 및 판매하고 있으며, 1월과 2월의 단위당 판매가격은 동일하다. (주)대한의 20×1년 1월과 2월의 생산 및 판매와 관련된 자료는 다음과 같다. … 회계사 2025

구분	1월	2월
생산량	9,000단위	9,000단위
판매량	6,000단위	12,000단위
고정제조간접원가	₩1,800,000	₩1,920,000
고정판매관리비	₩800,000	₩1,000,000

(주)대한은 선입선출법에 의해 실제원가계산제도를 적용하고 있으며, 재공품 재고를 보유하지 않는다. 20×1년 2월의 전부원가계산방법에 의한 영업이익이 ₩1,200,000이라면 변동원가계산방법에 의한 영업이익은 얼마인가? 단, 공손 및 감손은 발생하지 않는다.

① ₩640,020 ② ₩980,000 ③ ₩1,420,000
④ ₩1,800,000 ⑤ ₩1,840,020

12. 정상원가계산을 사용하는 (주)감평은 단일제품을 제조·판매하는 기업이다. 20×1년도의 고정제조간접원가 총예산액 및 실제 발생액은 ₩720,000이었다. 20×1년 제품의 생산 및 판매량은 다음과 같고, 기초 및 기말 재공품은 없다. … 감평사 2018

기초재고	40,000단위
생산량	140,000단위
판매량	160,000단위

고정제조간접원가배부율은 120,000단위를 기준으로 산정하며, 이 배부율은 매년 동일하게 적용된다. 한편, 제조원가의 원가차이는 전액 매출원가에서 조정한다. 변동원가계산에 의한 영업이익이 ₩800,000인 경우, 전부원가계산에 의한 영업이익은?

① ₩680,000 ② ₩700,000 ③ ₩750,000
④ ₩830,000 ⑤ ₩920,000

감평사 2022 …

13. 다음은 제품 A를 생산·판매하는 (주)감평의 당기 전부원가 손익계산서와 공헌이익 손익계산서이다.

전부원가 손익계산서		공헌이익 손익계산서	
매출액	₩1,000,000	매출액	₩1,000,000
매출원가	650,000	변동원가	520,000
매출총이익	350,000	공헌이익	480,000
판매관리비	200,000	고정원가	400,000
영업이익	₩150,000	영업이익	₩80,000

제품의 단위당 판매가격 ₩1,000, 총고정판매관리비가 ₩50,000일 때, 전부원가계산에 의한 기말제품재고는? (단, 기초 및 기말 재공품, 기초 제품은 없다.)

① ₩85,000　② ₩106,250　③ ₩162,500
④ ₩170,000　⑤ ₩212,500

세무사 2018 …

14. (주)세무는 20×1년 초에 영업을 개시하였다. (주)세무는 전부원가계산을 적용하고 있으며, 재고자산의 원가흐름가정은 선입선출법이다. 20×1년과 20×2년의 생산 및 원가자료는 다음과 같다.

항목	20x1년	20x2년
제품 생산량	1,500단위	1,750단위
제품 판매량	1,200단위	(　)단위
기말제품 수량	(　)단위	150단위
제품단위당 변동제조원가	₩38	₩40
고정제조간접원가	₩48,000	₩70,000

(주)세무의 20×2년도 매출원가는? (단, 기초 및 기말 재공품은 없다)

① ₩147,000　② ₩148,000　③ ₩148,600
④ ₩149,000　⑤ ₩149,400

회계사 2022 …

15. (주)대한은 20×1년 1월 1일에 처음으로 생산을 시작하였고, 20×1년과 20×2년의 영업활동 결과는 다음과 같다.

구분	20×1년	20×2년
생산량	2,000단위	2,800단위
판매량	1,600단위	3,000단위
변동원가계산에 의한 영업이익	₩16,000	₩40,000

(주)대한은 재공품 재고를 보유하지 않으며, 재고자산 평가방법은 선입선출법이다. 20×1년 전부원가계산에 의한 영업이익은 ₩24,000이며, 20×2년에 발생한 고정제조간접원가는 ₩84,000이다. 20×2년 (주)대한의 전부원가계산에 의한 영업이익은 얼마인가? 단, 두 기간의 단위당 판매가격, 단위당 변동제조원가와 판매관리비는 동일하다.

① ₩26,000 ② ₩30,000 ③ ₩34,000
④ ₩36,000 ⑤ ₩38,000

16. (주)대한은 정상원가계산을 사용하고 있으며, 20x3년 2월의 생산 및 판매와 관련된 자료는 다음과 같다. … 회계사 2023

기초재고수량	600단위
기말재고수량	400단위
실제판매량	4,200단위
단위당 판매가격	₩10,000
고정제조간접원가	₩2,000,000
고정판매관리비	₩3,000,000
단위당 직접재료원가	₩3,000
단위당 직접노무원가	₩2,500
단위당 변동제조간접원가	₩2,000

기초 및 기말재고는 모두 완성품이며, 재공품 재고는 없다. 전부원가계산하에서 2월의 손익분기점을 구하면 얼마인가? 단, 단위당 판매가격과 단위당 변동원가는 일정하고 제품 단위 원가는 외부보고용 원가를 의미한다.

① 1,500단위 ② 1,600단위 ③ 1,700단위
④ 1,800단위 ⑤ 2,000단위

17. 20×1년 초에 영업을 개시한 (주)한국은 단일 제품 X를 생산하여 지역 A와 지역 B에 판매하고 있다. 회사는 20×1년 중 제품 X를 40,000단위 생산하여 그 중 35,000단위를 판매하였으며, 20×1년 말 현재 직접재료 및 재공품 재고는 없다. 20×1년 중 제품 X의 단위당 판매가격과 생산·판매 관련 단위당 변동원가와 연간 고정원가는 다음과 같다. … 회계사 2016

단위당 판매가격	₩80
단위당 직접재료원가	₩24
단위당 직접노무원가	₩14
단위당 변동제조간접원가	₩2

단위당 변동판매관리비	₩4
연간 고정제조간접원가	₩800,000
연간 고정판매관리비	₩496,000

회사는 20×1년 판매량 35,000단위 중 지역 A와 지역 B에 각각 25,000단위와 10,000단위를 판매하였다. 20×1년 고정제조간접원가 ₩800,000은 각 지역별로 추적이 불가능한 공통원가이며, 20×1년 고정판매관리비 ₩496,000 중 지역 A와 지역 B에 추적가능한 금액은 각각 ₩150,000과 ₩250,000이며 나머지 ₩96,000은 각 지역별로 추적이 불가능한 공통원가이다. 다음 설명 중 옳은 것은?

① 변동원가계산에 의한 (주)한국의 20×1년 단위당 제품원가는 ₩60이다.
② 변동원가계산에 의한 (주)한국의 20×1년 영업손실은 ₩30,000이다.
③ 전부원가계산에 의한 (주)한국의 20×1년 기말제품재고 금액은 ₩200,000이다.
④ 전부원가계산에 의한 (주)한국의 20×1년 영업이익은 ₩60,000이다.
⑤ (주)한국의 20×1년 지역별 부문손익계산서에 의하면, 지역 A의 부문이익segment margin은 ₩750,000이다.

세무사 2015 …

18. 당기에 설립된 (주)국세는 1,300단위를 생산하여 그 중 일부를 판매하였으며, 관련 자료는 다음과 같다.

직접재료 매입액:	₩500,000
직접노무원가:	기본원가(prime cost)의 30%
제조간접원가:	전환원가(가공원가)의 40%
매출액:	₩900,000
판매관리비:	₩200,000
직접재료 기말재고액:	₩45,000
재공품 기말재고액:	없음
제품 기말재고액 중 직접재료원가:	₩100,000

초변동원가계산throughput costing에 의한 당기 영업이익은?

① ₩20,000 ② ₩40,000 ③ ₩80,000
④ ₩150,000 ⑤ ₩220,000

회계사 2013 …

19. 다음은 (주)한국의 원가계산을 위한 자료이다. 고정제조간접원가 및 고정판매관리비는 각각 ₩2,400,000 및 ₩1,000,000으로 매년 동일하며, 단위당 판매가격과 변동원가도 각 연도와 상관없이 일정하다.

	20×1년	20×2년	20×3년
기초재고수량(개)	–	4,000	4,000
생산량(개)	20,000	16,000	12,000
판매량(개)	16,000	16,000	16,000
기말재고수량(개)	4,000	4,000	–

단위당 판매가격		₩1,000
단위당 변동원가:		
직접재료원가	₩40	
직접노무원가	₩60	
변동제조간접원가	₩80	
변동판매관리비	₩20	

다음의 원가계산 결과에 관한 설명 중 옳은 것을 모두 열거한 것은? 단, 기초 및 기말재고는 모두 완성품이며, 재공품 재고는 존재하지 않는다.

(가) 20×1년 전부원가계산의 영업이익은 변동원가계산의 영업이익보다 ₩480,000 더 크다.
(나) 20×2년 변동원가계산의 영업이익과 초변동원가계산throughput costing 또는 super-variable costing의 영업이익은 같다.
(다) 변동원가계산의 영업이익은 상기 3개년 모두 동일하다.
(라) 초변동원가계산의 영업이익은 상기 3개년 동안 매년 증가한다.
(마) 변동원가계산 영업이익과 초변동원가계산 영업이익 차이의 절대값은 20×1년보다 20×3년의 경우가 더 크다.

① (가), (나), (마)　② (나), (다), (라)　③ (다), (라), (마)
④ (가), (나), (다), (라)　⑤ (가), (나), (다), (라), (마)

20. 20×0년 초 설립된 (주)한국의 20×0년과 20×1년의 생산 및 판매와 관련된 자료는 다음과 같다. (주)한국의 20×1년도 전부원가계산에 의한 영업이익이 ₩3,000,000이라면, 초변동원가계산에 의한 영업이익은 얼마인가? (단, (주)한국은 선입선출법FIFO을 적용하고 있으며, 재공품은 존재하지 않음) … 감평사 2010

	20×0년	20×1년
기초제품수량	0개	3,000개
당기생산량	10,000개	11,000개

판매량	7,000개	9,000개
기말제품수량	3,000개	5,000개
직접노무원가	₩300,000	₩330,000
변동제조간접원가	240,000	264,000
고정제조간접원가	500,000	506,000
변동판매비	35,000	45,000
고정판매비	20,000	20,000

① ₩2,730,000　② ₩2,792,000　③ ₩2,812,000
④ ₩2,870,000　⑤ ₩2,920,000

회계사 2023 …

21. ㈜대한은 20×3년 초에 설립되었으며, 단일제품을 생산 및 판매하고 있다. ㈜대한의 20×3년 1월의 생산 및 판매와 관련된 자료는 다음과 같다.

- 생산량은 500개이며, 판매량은 300개이다.
- 제품의 단위당 판매가격은 ₩10,000이다.
- 판매관리비는 ₩200,000이다.
- 변동원가계산에 의한 영업이익은 ₩760,000이다.
- 초변동원가계산에 의한 영업이익은 ₩400,000이다.
- 제조원가는 변동원가인 직접재료원가와 직접노무원가, 고정원가인 제조간접원가로 구성되어 있으며, 1월에 발생한 총제조원가는 ₩3,000,000이다.
- 월말재공품은 없다.

20×3년 1월에 발생한 직접재료원가는 얼마인가?

① ₩600,000　② ₩900,000　③ ₩1,200,000
④ ₩1,500,000　⑤ ₩1,800,000

세무사 2018 …

22. (주)세무는 20×1년 초에 영업을 개시하였다. 20×2년도 기초제품 수량은 100단위, 생산량은 2,000단위, 판매량은 1,800단위이다. 20×2년의 제품 판매가격 및 원가자료는 다음과 같다.

단위당 판매가격	₩250
단위당 직접재료원가	30
단위당 직접노무원가	50

단위당 변동제조간접원가	60
단위당 변동판매관리비	15
고정제조간접원가(총액)	₩50,000
고정판매관리비(총액)	10,000

20×2년도 변동원가계산에 의한 영업이익과 초변동원가계산throughput costing에 의한 영업이익의 차이금액은? (단, 20×1년과 20×2년의 제품 단위당 판매가격과 원가구조는 동일하고, 기초 및 기말 재공품은 없다)

① ₩10,000 ② ₩11,000 ③ ₩20,000
④ ₩22,000 ⑤ ₩33,000

서술형

01. K사는 5월 중 총 50,000단위를 생산하였다. 5월 판매량은 45,000단위이고, 단위당 판매가격은 2,000원이다. 기초재고 수량은 없다. 5월 중 원가정보는 다음과 같다.

	고정원가	단위당 변동원가
직접재료원가	–	₩400
직접노무원가	–	350
제조간접원가	₩5,000,000	60
판매와 일반관리비	7,500,000	50

물음 (1) 전부원가계산과 변동원가계산하의 월말 재고자산은 각각 얼마인가?
(2) 전부원가계산과 변동원가계산하의 영업이익은 각각 얼마인가?
(3) 두 방법 간의 영업이익 차이를 설명하라.

02. 다음은 20×1년도에 설립한 A사의 20×1년 예상자료이다.

단위당 판매가격	₩500
단위당 변동원가:	
직접재료원가(생산량에 비례하는 변동원가)	100
직접노무원가(생산량에 비례하는 변동원가)	200
변동제조간접원가(생산량에 비례하는 변동원가)	50
변동판매비와 관리비(판매량에 비례하는 변동원가)	50
고정원가(총액):	
고정제조간접원가	480,000
고정판매비와 관리비	420,000
20×1년 예상생산량	12,000개

물음 (1) 변동원가계산에 의할 때 손익분기점은 얼마인가?
(2) 전부원가계산에 의할 때 손익분기점은 얼마인가?
(3) 20×1년도 실제생산량과 실제 판매량은 각각 12,000개와 10,000개였다. 변동원가계산에 의한 이익과 전부원가계간에 의한 이익을 각각 계산하라. 또 각 방법 간 이익 차이를 조정하고 차이 이유를 설명하라.

03. S사는 2개의 사업부에서 무선인터넷공유기 회로기판을 만들고 있다. 각 사업부는 자체 생산 공장을 가지고 있는데 파주에 있는 A사업부의 공장은 최신의 완전 자동화 공장이며 용인에 있는

B사업부의 공장은 오래된 공장으로서 일부만 자동화가 되어있는 공장이다. 회로기판은 금년 1년 동안 총 300,000단위를 생산 및 판매할 예정이다. 다음 자료는 연간 정상 조업일수250일 및 A와 B 각 사업부의 1일 생산능력을 반영하여 작성된 것이다.

	A사업부		B사업부	
단위당 판매가격		₩210		₩210
단위당 변동제조원가	90		110	
단위당 고정제조간접원가	40		20	
단위당 변동판매관리비	20		20	
단위당 고정판매관리비	30		20	
단위당 원가 합계		180		170
단위당 영업이익		30		40
1일 생산 능력		600단위		500단위

작업일이 250일을 초과할 경우, 초과 작업일에 생산한 물량에 대해서는 변동제조원가가 A사업부에서는 단위당 ₩5이 증가하고 B사업부에서는 단위당 ₩10이 증가한다. 각 사업부의 최대 조업가능일은 연간 300일이다. 생산책임자는 B사업부의 단위당 영업이익이 더 높기 때문에 우선 B사업부의 생산능력을 최대한500단위/1일 × 300일 = 150,000단위 활용하고 나머지는 A사업부의 정상조업수준600단위/1일 × 250일 = 150,000단위에서 생산하는 것이 바람직하다는 주장을 하고 있다. 이에 대해 회계책임자는 단위당 영업이익을 기준으로 생산 공장을 결정하는 방식에 문제가 있다는 점을 지적하고 있다.

물음 (1) A사업부와 B사업부에 대해서 손익분기점수량을 각각 얼마인가?

(2) 생산책임자의 계획에 따라 A사업부와 B사업부 각각 150,000단위를 생산한다고 했을 때 사업부 전체의 영업이익은 얼마인가?

(3) 총 300,000단위를 생산하려고 할 때 사업부 전체의 영업이익을 극대화시키려면 A사업부와 B사업부에서 각각 몇 단위를 생산해야 하는가? 그리고 이때 사업부 전체의 영업이익은 얼마인가?

(4) A와 B사업부가 각각 150,000단위를 생산하였으나 모두 절반씩75,000단위밖에 판매되지 않았다고 가정하자. A와 B각 사업부에 대해서 변동원가계산방식과 전부원가계산방식에 의한 영업이익의 차이를 계산하라. 단, 고정제조간접원가 배부차이를 매출원가와 재고자산에 비례 배부한다고 가정한다영업이익을 산출하기 위한 전체 과정을 전개할 필요는 없으며 영업이익의 차이만 간단히 계산하면 된다.

(5) 위의 사례로 볼 때 전부원가계산제도는 변동원가계산제도에 비해 부문 경영자에게 생산에 관해서 어떤 잘못된 인센티브를 줄 수 있는가를 설명하라.

04. S사는 단일제품 A를 생산 판매하고 있으며 개당 ₩2,000에 판매하고 있다. 20×1년초 고정제조간접원가 예산액과 조업도 관련자료는 다음과 같다.

고정제조간접원가 예산액	기준조업도	작업일수	일 작업시간	단위당 작업시간
₩3,225,600	실질적 최대조업도	320	12	0.5시간
	정상조업도	300	12	
	예산조업도	280	12	

한편 20×1년 생산량과 제조원가 발생액은 다음과 같다.

수량:	
기초제품	0
당기생산량	6,500
기말제품	500
원가:	
변동제조원가	₩5,850,000
고정제조간접원가	3,400,000

물음 (1) 각 기준조업도에 의할 때 단위당 고정제조간접원가 예정배부액은 얼마인가?

(2) S사 경영자의 성과평가를 영업이익에 기초한다면 경영자는 어떤 조업도를 선호할 것으로 예상되는가? 단, 제조간접원가 배부차이는 전액 매출원가에서 조정한다.

(3) 세 가지 기준조업도가 세법상 모두 인정된다면 S사 입장에서 법인세를 최소화할 수 있는 기준조업도는 무엇인가?

(4) 미사용 생산능력원가를 구하고 이를 '계획된' 미사용 생산능력원가와 '계획되지 않은' 미사용 생산능력원가로 구분하려고 한다. 어떤 기준조업도를 쓰는 것이 바람직한가? 그 기준조업도 하에서 미사용 생산능력원가, 계획된 미사용생산능력원가, 계획되지 않은 미사용생산능력원가를 각각 구하시오.

제10장 의사결정: 관련원가와 효익

의사결정: 관련원가와 효익

본 장에서는 의사결정에 유용한 세 가지 주제를 설명한다. 첫째, 재무적인 의사결정에서 활용할 수 있는 중요한 원가 개념을 제시하고 몇 가지 전형적인 사례를 통해 이 개념을 어떻게 적용할 수 있는지 살펴본다. 둘째, 기업의 한정된 자원을 효과적으로 사용하기 위한 분석방법을 다룬다. 마지막으로 미래의 불확실성을 어떻게 의사결정에 반영할 수 있는지 살펴본다. 본 장에서 다루는 의사결정상황은 기업의 전형적인 예에 불과하지만 이를 통해 배우게 되는 분석접근법은 여기서 다루지 않은 다양한 상황에 활용할 수 있다.

의사결정의 기초

의사결정과정

기업경영은 의사결정의 연속이라 할 수 있다. 반복적인 운영업무로부터 비경상적인 전략적 업무에 이르기까지 수많은 의사결정의 문제에 직면한다. 자재의 구매일정계획이나 생산일정계획 등 주기적으로 이루어지는 것이 있는가 하면, 신제품의 개발이나 출시, 새로운 판매촉진 정책의 도입, 생산라인의 신설이나 폐쇄 등과 같은 특별한 결정도 있다.

의사결정은 당면 문제의 핵심을 정확히 파악한 후 이를 해결할 수 있는 대안을 탐색하고 **원가-효익분석**cost-benefit analysis을 통해 최적의 대안을 선택하는 과정이라고 할 수 있다. 의사결정 과정은 다음의 몇 단계로 구분할 수 있다.

첫째, 해결해야 할 당면 문제를 파악한다. 시장에서 살아남고 더 나아가 성공적인 기업이 되기 위해서는 지속적인 개선이 필요하다. 경영자의 판단이나 영업결과, 내부들의 의견을 통해 문제가 제기되면 그 배경이나 원인 그리고 해결가능성 등에 대한 정보를 수집하고 분석하여 해결해야 할 문제를 구체화한다.

둘째, 문제 해결을 위한 대안을 탐색하고 실행가능성을 검토한다. 실행가능성이 없는 대안은 제거하고, 본격적인 분석을 위한 대안리스트를 확정한다.

셋째, 각 대안별로 필요한 정보를 수집하고 예측하는 단계이다. 역사적 원가로 이루어진 회계자료는 물론 그 밖의 다양한 관련 정보를 수집하여 미래에 발생할 것으로 예상되는 수익

그림 10-1 의사결정 과정

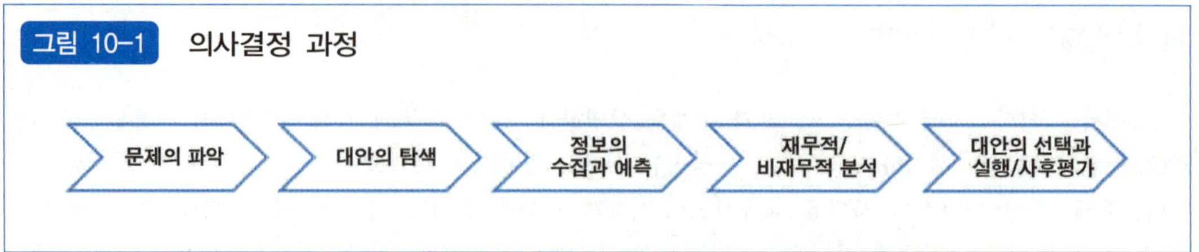

과 원가 등의 재무적 수치와 비재무적인 영향요소를 예측한다.

넷째, 각 대안별로 재무적인 관점에서 원가와 효익을 예측하고 분석한다. 회사가 보유하고 있는 자원과 제약조건 등을 함께 고려하여 평가한다. 아울러 각 대안을 비재무적, 비계량적인 차원에서도 검토한다. 경우에 따라서는 재무적으로 더 나은 대안이 비재무적인 요인 때문에 기각되기도 한다. 기업의 전반적인 환경이나 전략 또는 목표, 기업의 구성원, 협력 업체와의 관계 등 여러 질적 요소에 대한 검토가 이루어지는 단계이다.

다섯째, 앞서 분석결과를 토대로 대안을 선택하고 실행한다. 마지막으로 실행 결과를 토대로 의사결정의 적절성과 실행과정을 평가한다.

문제의 파악에서부터 사후적인 평가에 이르는 의사결정 과정의 모든 단계에서 정보의 역할은 매우 중요하다. 한번 내린 의사결정은 번복하기 쉽지 않을 뿐 아니라 기업의 성패를 좌우할 수 있기 때문에 의사결정에 도움을 주는, 정확하고 시의적절한 분석과 정보제공 역할이 관리회계 담당자에게 강조된다.

의사결정에 사용하는 정보는 계량적 정보, 질적 정보, 재무정보, 비재무정보 등 매우 다양하다. **계량적 정보**quantitative information의 대부분은 화폐가치로 표시된 수익, 원가, 이익 등과 같은 재무적 정보이지만 화폐액으로 표시되지 않는 시장점유율, 불량률과 같은 비재무적인 정보도 있다. **질적 정보**qualitative information는 주로 비재무적인 정보로서 종업원의 사기, 종업원 간의 갈등, 거래처에 대한 신뢰도, 기업의 대외적인 이미지 등 화폐가치로 측정할 수 없는 것들이다. 경우에 따라서는 재무적 정보보다 비재무적 정보가 의사결정에 더 큰 영향을 주기도 한다.

원가-효익 분석

경제적 자원을 소비희생하는 결정은 소비한 것 이상으로 경제적 혜택이나 자원이 다시 기업 내로 유입될 것을 기대하고 내리는 것이 일반적이다. 기업의 경제적 가치가 지속적으로 증대되는 것을 목표로 하는 기업이라면 당연한 바램이다.

특정 대안을 선택하고 실행할 때 소비하는 경제적 자원 또는 비재무적인 희생을 원가cost

그림 10-2 회계원가와 경제학적 원가

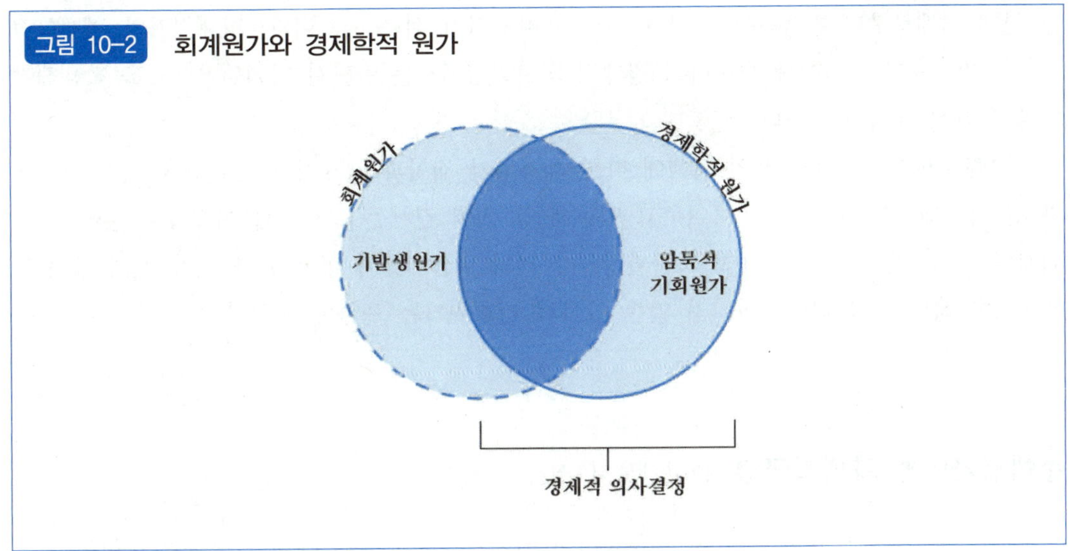

라 하고 그로부터 얻게 되는 경제적 또는 비재무적 혜택을 효익benefit이라고 하는데 기업의 의사결정에서 이들 원가와 효익을 비교 분석하는 절차는 필수적이다. 이를 **원가-효익분석**CBA: cost-benefit analysis이라고 하는데 기업에 국한된 것은 아니며 공공시설 투자의사결정을 해야 하는 정부나, 자신의 미래를 위해 시간이나 돈 써야 하는 개인의 의사결정에서도 마찬가지이다.[1]

재무적 관점에서 원가와 효익을 분석한다면 기본적으로는 현금흐름의 유출과 유입에 초점을 두는 것이 맞지만 일반 손익계산서와 유사하게 만든, 특정 대안에 따른 예상손익계산서를 활용할 수도 있다. 기존의 회계자료로부터 항목별 금액을 예측하기가 용이하기 때문인데 주의할 것은 발생주의에 기초한 손익계산서에는 현금흐름과는 무관한 항목이 포함될 수 있으므로 분석에서 이를 제외해야 한다는 점이다.

여러 대안 중 하나를 선택하는 의사결정에서는 특별히 기회원가개념이 중요하다. **기회원가**는 경제학에서의 원가개념으로 특정 대안의 선택으로 포기해야 하는 차선 대안의 순효익을 의미한다. 현금지출이 필요한 선택의 기회원가는 포기하는 현금가치 즉, 현금지출액out of pocket cost 그 자체가 되는데 이를 **명시적 기회원가**라고 한다. 중요한 것은 현금 지출 없이도 기회원가가 발생할 수 있는데 이를 **암묵적 기회원가**라고 한다. 자신 소유의 건물 1층 공간을 임대하지 않고 개인 사무실로 사용한다면 임차료를 지출하지 않는 대신 임대수익을 포기해야 하는데 이 임대수익이 공간의 개인 사용에 따른 암묵적 기회원가이다.

현금 지출이 있는 명시적 기회원가는 회계에서도 인식하는 원가이지만 암묵적 기회원가

1 1844년 프랑스 학자 Jules Dupuit가 도로나 교량 등 공공시설 투자의사결정에 대해 발표한 논문을 원가-효익분석의 효시로 보고 있다.

는 실제 거래로부터 발생하는 것이 아니므로 빠뜨리기 쉬운 원가이다. 회계원가와 경제학적 원가인 기회원가의 차이를 이해하고 경제적 의사결정에서는 반드시 기회원가개념을 적용해야 한다는 점에 유의해야 한다.

그림 10-2는 특정 대안의 실행에 따른 회계원가 집합과 경제적 의사결정을 위한 기회원가 집합을 벤다이어그램으로 보여주고 있는데 양 집합 간에는 교집합과 여집합이 존재한다.[2] 회계원가 집합을 기초로 경제적 의사결정을 하려면 현금지출이 없는 원가나 기발생원가 등은 제외해야 하며 회계에는 나타나지 않는 암묵적 기회원가는 포함해야 한다.

총액접근법과 차액접근법 관련정보의 식별과 분석

각 대안 간 재무적 효과를 비교하는 방법에는 대안별로 효익과 원가 항목을 망라하여 순효익을 구한 후 대안을 비교하는 총액접근법과, 대안 간 차이가 존재하는 효익 및 원가 항목에 대해서만 분석하는 차액접근법이 있다. 다음의 예에 적용한 각 접근법에서 경제적 의사결정에 중요한 여러 원가개념을 확인할 수 있다.

EXAMPLE 10-1

건축용 목재 도매업체인 S사는 제재소를 운영하고 있는 A사로부터 목재를 구입하여 건축업자에게 판매하고 있다. A사는 S사와 같은 공단 내에 있으므로 고객의 요구사양과 수량에 맞춰 바로 주문하고 판매할 수 있는 장점이 있다. 그러나 최근 건축업자들의 의견에 따르면 A사 목재의 품질이 떨어지며 상대적으로 품질이 더 나은 B사를 선호한다고 한다. B사로부터 목재를 조달할 경우 판매량이 증가할 것이라는 자체 조사결과도 이를 뒷받침하고 있다.

B사는 S사로부터 3시간 거리에 있는데 구입가격이 약간 저렴한 대신 일정 수량 이상을 구입해야 하며 현지에서 직접 인수해야 한다. 게다가 고객의 요구사양을 정확히 맞추려면 S사가 직접 추가 가공작업을 해야 한다. 따라서 B사로 거래처를 변경하면 목재 대량구입에 따른 이자비용이 발생하고 운송비가 증가하며 보관창고와 목재가공 작업자가 필요하다. 현재 S사가 보유하고 있는 여유공간은 외부에 임대하고 있으므로 이를 회수하여 보관창고로 사용할 수 있다. 목재작업자는 새롭게 고용해야 하지만 목재가공설비는 보유하고 있던 것을 그대로 사용할 수 있다. 운송기사와 차량은 추가 지출 없이 계속 사용할 수 있다. B사 목재를 판매하면 판매비는 감소할 것으로 예상된다.

다음은 각 사와 거래할 경우 추정 회계자료(연간 기준)인데 감가상각비를 제외한 모든 수익과

2 엄밀히 말하자면 재무회계시스템에 기록된 회계원가는 역사적 원가이므로 미래원가인 경제학적 원가와 비교할 수 없다. 여기서는 의사결정을 위해 예상손익계산서를 만들었을 때의 회계원가를 의미한다.

비용 항목은 각각 해당 금액만큼 현금유입과 유출이 발생한다.

	A사(기존)	B사(신규)
매출량	1,000단위	1,500단위
판매가격	₩10,000	₩10,000
매입단가	4,000	3,800
매출액	10,000,000	15,000,000
매출원가	4,000,000	5,700,000
목재가공비:		
작업자 급여	-	300,000
목재가공설비 감가상각비	100,000	100,000
운송관련원가:		
운송기사 급여	150,000	150,000
운송유류비	300,000	1,000,000
차량감가상각비	500,000	500,000
판매비	1,000,000	600,000
이자비용	–	800,000
보관창고 임대수익	1,000,000	–

S사가 선택할 수 있는 대안은 기존 업체인 A사와 계속 거래하는 것과, B사로 거래처를 변경하는 것 두 가지이다. 각 대안 하에서 연간 예상 이익과 순현금흐름은 각각 다음과 같다.

B사와 거래할 경우 이익 또는 순현금흐름이 모두 ₩900,000 만큼 증가하므로 거래업체를 B사로 변경하는 것이 S사의 입장에서는 바람직하다고 할 수 있다. 여기서 주목할 것은 대안별 예상이익 계산에 포함된, 목재가공설비와 차량에 대한 감가상각비는 현금유출이 없는 비용으로 의사결정에 영향이 없기 때문에 굳이 분석에 포함할 필요가 없다는 점이다. 이처럼 대안별로 모든 항목을 망라하여 구한 금액을 비교하는 방법을 **총액접근법**total approach이라고 한다.

이와는 달리 특정 대안을 선택했을 때 차이가 있는 항목에 대해서만 분석하여 해당 대안이 바람직한가 여부를 판단할 수 있는데 이를 **차액접근법**differential approach 또는 증분접근법 incremental approach라고 한다.[3] 다음 표에서는 손익항목별 대안 간 차이금액을 마지막 열에 제시하고 있다. 분석결과에 의하면 총액접근법과 동일하게 B사를 선택할 경우 순효익이 ₩900,000 만큼 증가함을 알 수 있다.

3 차액(differential) 대신 증분(incremental)이라는 표현을 쓰기도 하는데 차액이 대안 간 단순한 차이라고 한다면, 증분은 특정 의사결정으로 인한 변화(variation)에 초점을 둔 개념이라고 할 수 있다. 본 서에서는 상황에 따라 혼용한다.

손익기준 총액접근법		
손익항목	A사(기존)	B사(신규)
수익:		
매출액	₩10,000,000	₩15,000,000
임대수익	1,000,000	0
	11,000,000	15,000,000
비용:		
매출원가	4,000,000	5,700,000
목재가공비	100,000	400,000
운송관련비용	950,000	1,650,000
판매비	1,000,000	600,000
이자비용	0	800,000
	6,050,000	9,150,000
이익	₩4,950,000	₩5,850,000

현금흐름기준 총액접근법		
현금유출입항목	A사(기존)	B사(신규)
현금유입(효익):		
매출액	₩10,000,000	₩15,000,000
임대수익	1,000,000	0
	11,000,000	15,000,000
현금유출(원가):		
매출원가	4,000,000	5,700,000
목재가공비	0	300,000
운송관련비용	450,000	1,150,000
판매비	1,000,000	600,000
이자비용	0	800,000
	5,450,000	9,150,000
순현금흐름(순효익)	₩5,550,000	₩6,450,000

차액접근법에 의하면 대안 간 차이가 없어 의사결정에 영향을 주지 않는 항목에는 앞서 언급한 바 있는 현금유출이 없는 비용인 감가상각비와, 현금유출이 있지만 금액이 동일한 운송기사급여가 있다. 이로부터 유추할 수 있는 사항은 경제적 의사결정에 영향을 주는, 의사결정과 관련이 있는 원가와 효익은 다음의 특징을 가지고 있다.

첫째, 미래현금흐름에 영향을 줄 수 있어야 한다.

둘째, 대안 간 미래현금흐름에 차이가 존재하여 의사결정에 따라 변화가 초래되어야 한다.

결과는 동일하지만 차액접근법이 총액접근법에 비해 수집하고 분석할 정보가 상대적으로 적기 때문에 더 효율적이고 수월한 방법이라고 할 수 있다. 총액접근법과는 달리 차액접근법에서는 대안별로 차이가 없는 것이 분명하고 의사결정에 영향을 주지 않는 항목은 정보를 수집하거나 분석할 필요가 없는 장점이 있지만, 중요한 항목을 누락할 위험이 있으므로 세심한 주의가 요구되기도 한다. 현실적으로는 일단 모든 항목을 나열하고 대안 간 차이가 없는 것이 확실한 항목에 대해서는 금액을 구할 필요 없이 하나씩 제거하는 것이 실수를 줄일 수 있는 방법이다.

차액접근법에 따라 기존 A사 대신 B사로 거래처를 변경했을 때 효익 및 원가의 변화분을 각각 **증분효익**incremental benefit과 **증분원가**incremental cost로 나눠 요약하면 다음과 같다.

	손익기준 총액접근법		차액접근법	
	A사(기존)	B사(대안)	B사 선택 시 증분효과	
매출액	₩10,000,000	₩15,000,000	+	₩5,000,000
보관창고 임대수익	1,000,000	0	−	1,000,000
매출원가	4,000,000	5,700,000	−	1,700,000
목재가공비:				
목재작업자 급여	0	300,000	−	300,000
목재가공기계 감가상각비	100,000	100,000		0
운송관련원가:				
운송기사 급여	150,000	150,000		0
운송유류비	300,000	1,000,000	−	700,000
차량감가상각비	500,000	500,000		0
판매비	1,000,000	600,000	+	400,000
이자비용	0	800,000	−	800,000
			+	₩900,000

B사 선택에 따른 증분원가 및 효익		
증분효익:		
매출액	₩5,000,000	
판매비 절감액	400,000	₩5,400,000
증분원가:		
매출원가	1,700,000	
목재작업자급여	300,000	
운송유류비	700,000	
재고구입에 따른 이자비용	800,000	
보관창고 임대수익 상실분	1,000,000	4,500,000
순효익		₩900,000

의사결정에 중요한 원가개념

차액접근법의 분석결과에 의하면 손익계산서상 수익과 비용항목에는 의사결정에 영향을 주는 항목도 있고 그렇지 않은 항목도 있다. 영향을 주는 항목의 특징은 미래 현금흐름이 수반되며 대안 간에 차이가 있는 경우로서 증분효익과 증분원가의 세부 항목은 모두 이에 해당한다.[4] 특정 항목이 의사결정에 영향을 줄 때 이러한 정보를 의사결정에 **관련성**relevance이 있는 정보라고 한다.

의사결정에 영향을 주는 **관련정보**relevant information는 관련수익과 관련원가로 구분할 수 있다. B사를 선택할 경우 증가하는 매출액은 증분수익으로 관련수익이며, 매출원가, 목재 작업자 급여, 운송유류비, 판매비, 이자비용, B사 선택 시 포기해야 하는 보관창고 임대수익 상실분 등 증감이 있는 원가는 모두 관련원가가 된다.

손익항목		B사 선택 시 순효익에 미치는 영향	의사결정 관련성 여부	원가 개념
매출액	+	5,000,000	○	
매출원가	−	1,700,000	○	증분원가
목재가공비:				
목재작업자 급여	−	300,000	○	증분원가
목재가공기계 감가상각비		0	×	기발생원가
운송관련원가:				
운송기사 급여		0	×	회피불능원가
운송유류비	−	800,000	○	증분원가
차량감가상각비		0	×	기발생원가
판매비	+	400,000	○	회피가능원가
재고대량구입에 따른 이자비용	−	800,000	○	증분원가
보관창고 임대수익 상실분	−	1,000,000	○	암묵적 기회원가
B사 선택 시 순효익	+	900,000		

일반적으로 관련원가에 해당하는 것으로는 특정 대안을 선택했을 때, 추가로 발생하는 증분원가, 원가가 절감되는 회피가능원가, 포기한 차선 대안의 순효익인 기회원가가 있다. 대안 간에 차이가 없는 비관련원가로는 운송기사 급여처럼 특정 대안을 선택하더라도 회피가 불가

4 관련 기간 전체를 대상으로 한 수익과 비용 총액은 각각 현금유입액 및 유출액과 일치하므로 수익과 비용을 분석하더라도 현금흐름을 분석한 것과 같은 결과를 기대할 수 있다. 특히 의사결정의 영향 기간이 짧은 단기의사결정 상황에서는 수익과 비용(감가상각비나 간접원가배분액과 같은 현금유출이 없는 일부 원가 제외)은 현금유입 및 유출액과 동일한 것으로 봐도 무방하다. 그러나 의사결정의 영향이 한 회계기간을 넘어 장기간에 걸쳐 나타나는 의사결정에서는 특정 회계기간의 수익 및 비용이 현금유입 및 유출액과 다를 수 있다. 회계상 수익 및 비용의 인식시점과 현금흐름의 발생시점이 다를 수 있기 때문이다. 이러한 경우에는 명시적으로 현금흐름에 초점을 두고 분석하여야 한다. 아울러 현금유출입에 따른 암묵적 기회원가인 자본비용도 분석에 포함해야 하므로 현금흐름의 발생시점도 고려해야 한다. 이와 관련된 주제로 '자본예산'은 <웹부록 C>에서 다룬다.

능한 원가회피불능원가나 품질검사기계, 차량의 감가상각비와 같이 과거 의사결정의 결과로 발생하는 원가인 기발생원가매몰원가가 있다.

의사결정에서 중요한 원가개념을 다시 정리하면 다음과 같다.

증분원가, 회피가능원가

특정 대안을 선택하면 그렇지 않은 경우보다 증가하는 원가를 **증분원가**incremental cost라 하고 줄어들거나 발생하지 않는 원가를 **회피가능원가**avoidable cost라고 한다. B사와 거래할 경우 발생하는 목재가공 직원의 급여는 증분원가이며 줄어드는 판매비는 회피가능원가가 된다. 증분원가와 회피가능원가는 대안 간 차이가 있는 원가로 모두 관련원가이지만, 현금유출이 있지만 대안 간 차이가 없는 원가는 회피불능원가로 비관련원가이다.

기회원가

여러 대안 중에서 포기한 차선 대안으로부터 얻을 수 있는 순효익은 선택한 대안의 **기회원가**opportunity cost이다. A사와 거래할 때에는 유휴공간을 이용하여 임대수익을 얻을 수 있었으나 B사를 거래처로 선정하면 보관창고가 필요하므로 유휴공간의 임대수익을 포기해야 한다. 이때 포기하는 임대수익이 바로 기회원가이며 B사 선택에 따른 관련원가가 된다.

기발생원가

매몰원가sunk cost라고도 불리는 기발생원가는 과거에 발생한 원가로서 현재 또는 미래의 현금흐름과 의사결정에 영향을 주지 않는 원가이다. 어떤 대안을 선택하더라도 발생하는 목재가공기계나 운송차량에 대한 감가상각비는 과거의 취득한 자산의 취득원가를 내용연수동안 기간 배분하는 회계상 원가일 뿐이며 경제적 의사결정과는 무관한 대표적인 비관련원가이다.

PROBLEM 10-1

다음의 각 상황에서 물음에 답하라.

물음 1 제품 판매망으로 백화점, TV홈쇼핑, 인터넷쇼핑몰이 있다. 어떤 판매망을 통하더라도 1/4분기 중에 판매가격 ₩1,000과 판매량 100개는 동일할 것으로 예상하고 있다. 각 유통망에 지불해야 될 금액은 백화점은 고정 입점비 ₩10,000과 매출액의 10%, TV홈쇼핑은 매출액의 15%, 인터넷 쇼핑몰은 매출총이익의 20%이다. 제품제조원가는 판매망과 무관하게 단위당 ₩500이다. 판매망을 선택하는 위 의사결정에서 관련원가와 비관련원가는 각각 무엇인가?

물음 2 S사가 생산 및 판매할 수 있는 제품은 A, B, C가 있으나 생산능력의 한계로 한 제품만 선택해야 한다. 각 제품의 생산 · 판매로 얻을 수 있는 공헌이익은 각각 ₩100,000, ₩200,000, ₩300,000이다. 제품 B를 선택할 경우 암묵적 기회원가는 얼마인가?

물음 3 제품 생산방법을 변경하여 생산묶음당 첨가물 100g을 투입하면 기계작업시간이 1시간 단축된다. 첨가물 100g의 원가는 ₩100,000이며 기계작업시간 단축으로 절감되는 수도광열비는 ₩120,000이다. 생산방법 변경하더라도 그 밖의 제조원가 ₩1,000,000은 그대로이다. 생산방법 변경에 따른 생산묶음당 증분원가와 회피가능원가는 얼마인가?

물음 4 잔존내용연수가 1년뿐인 선반기계를 보유하고 있다. 이 기계의 5년 전 취득가액은 ₩1,000,000이었으나 현재 매각가액은 ₩150,000이며 장부가액은 ₩200,000이다. 제시된 세 금액 중 이 기계의 매각 의사결정에 영향을 줄 수 있는 금액은 무엇인가? 이 경우 기발생원가는 무엇인가?

풀이

1. 제품제조원가는 유통망에 따라 차이가 없으므로 비관련원가이며 각 판매망에 지불해야 하는 판매비는 관련원가이다. 백화점, TV홈쇼핑, 인터넷 쇼핑몰의 판매비는 각각 ₩20,000, ₩15,000, ₩10,000이다.
2. 제품 B를 선택하면 제품 A와 C의 생산 및 판매를 포기해야 하므로 이 두 제품 중 최대 공헌이익을 가져다주는 제품 C의 이익 ₩300,000이 바로 기회원가가 된다.
3. 생산방법 변경에 따른 증분원가는 첨가물 A의 원가 ₩100,000이며 수도광열비 절감액 ₩120,000는 회피가능원가이다.
4. 매각의사결정에 영향을 줄 수 있는 금액은 매각가액 ₩150,000뿐이다. 기발생원가인 취득원가 ₩1,000,000이나 이를 기초로 산정된 장부가액 ₩800,000 또는 매각 시 발생하는 처분손실 ₩50,000은 기계처분 의사결정에 아무런 영향을 주지 않는 비관련원가이다. 이에 대해서는 다음 절에서 다시 설명한다.

전형적인 의사결정의 예

본 절에서는 앞서 다룬 의사결정에 중요한 원가개념을 활용하여 몇 가지 전형적인 의사결정 문제를 살펴본다.[5]

일회성 특별주문

대량 구매를 조건으로 할인을 요구하거나 정상 가격보다 낮은 가격으로 구입하겠다는 예상치 못한 주문을 받는 경우가 있다. 이렇게 특별한 주문이 있는 상황에서는 기업의 대외적인 이미지, 일반고객의 신뢰도, 정상적인 판매활동 등을 해치지 않는 수준에서 기업이 보유하고 있는 자원을 최대로 활용하는 방향으로 특별 주문에 대한 판매 결정을 하는 것이 바람직하다.

특별주문의 수락 여부는 기업 내에 미사용생산능력이 있는가 여부에 따라 나눠 생각해야 한다. 특별주문을 충분히 소화할 수 있는 미사용생산능력이 있고 기존 판매시장에 아무런 영향을 주지 않는다면 특별주문에 따른 증분수익과 증분원가만을 비교하여 수락 여부를 결정하면 된다. 미사용생산능력이 없는 경우에는 특별주문의 수락이 정규판매에 미치는 영향, 즉 정규매출의 감소에 따른 기회원가를 추가적으로 고려해야 한다.[6]

PROBLEM 10-2

S사는 중저가 의류제조업체로 중간 유통단계 없이 소비자에게 직접 판매하고 있다. 의류 종류별로 별도 사업부를 두고 있는데 티셔츠사업부는 그 중 하나이다. 티셔츠사업부의 월 생산능력은 1,000개이며 1/4분기 중 월별 매출량은 850개, 개당 판매가격은 ₩9,000이 될 것으로 예상하고 있다. 이에 따른 월별 수익과 원가 예측자료는 다음과 같다. 직접재료원가, 변동제조간접원가, 변동판매비는 변동원가이며 나머지는 전액 고정원가이다. 항목별 개당 고정원가는 월 매출량 850개를 기준으로 계산한 금액이다. 1/4 분기초 티셔츠 재고는 없다.

	총액	단가
판매가격	₩7,650,000	₩9,000
직접재료원가	850,000	1,000
직접노무원가	1,275,000	1,500
변동제조간접원가	255,000	300
고정제조간접원가	510,000	600
변동판매비	340,000	400
고정판매비	170,000	200
월 영업이익	₩4,250,000	

5 예에 따라서는 장기적인 재무효과를 분석하는 것이 보다 적절할 수 있으나 본 장의 취지에 따라 단기적인 재무효과만 존재한다고 가정한다.

6 일회성 특별주문과 일반적인 상황에서의 판매가격결정에서 고려해야 할 원가범위가 서로 다르다는 점에 유의해야 한다. 일회성 특별주문의 가격하한은 해당주문과 관련된 증분원가이지만, 일반적인 판매가격은 가치사슬상에서 발생하는 모든 직접·간접원가를 고려해야 한다. 이와 관련된 가격결정문제는 <웹부록 B>에서 다룬다.

최근 해외 A사와 B사에서는 1월 중에 인도해 줄 티셔츠 구매 의향을 타진해 왔는데 주문량은 각각 100개와 200개이며 개당 희망가격은 모두 ₩5,000이다. 주문 티셔츠는 국내에 판매하는 것과 동일하나 두 회사 모두 개당 ₩200이 소요되는 로고작업이 필요하며 변동판매비는 발생하지 않을 것으로 예상하고 있다. 일시적인 해외 특별주문이므로 이 주문을 수락하더라도 국내시장 판매가격에는 영향이 없을 것이다. S사는 이들 회사 중 이익효과가 더 높은 회사의 주문 하나만 수락할 계획이다.

물음 해외 주문이 1월 이익에 미치는 영향은 얼마인가? 회사별로 주문 거절과 주문 수락의 경우로 구분하여 이익을 구하고 항목별 차액도 제시하시오.

풀이

S사의 월 생산능력은 1,000개이며 1월 국내 매출량은 850개로 예상되므로 A사의 주문량 100개는 국내 매출에 영향없이 처리 가능하나, B사 주문 200개를 수락하면 국내 매출은 50개만큼 줄여야 한다는 점에 유의해야 한다.

A사 주문 수락여부에 따른 1월 이익(수락시 국내 매출 850개, A사 매출 100개)

	A사 주문 거절	A사 주문 수락	수락 시 증분효과
매출액	₩7,650,000	8,150,000	+ 500,000
직접재료원가	850,000	950,000	− 100,000
직접노무원가	1,275,000	1,275,000	−
변동제조간접원가	255,000	285,000	− 30,000
고정제조간접원가	510,000	510,000	−
로고작업원가	−	20,000	− 20,000
변동판매비	340,000	340,000	−
고정판매비	170,000	170,000	−
월 영업이익	₩4,250,000	₩4,600,000	+ ₩350,000

B사 주문 수락여부에 따른 1월 이익(수락시 국내 매출 800개, B사 매출 200개)

	B사 주문 거절	B사 주문 수락	수락 시 증분효과
매출액	₩7,650,000	8,200,000	+ 550,000
직접재료원가	850,000	1,000,000	− 150,000
직접노무원가	1,275,000	1,275,000	−
변동제조간접원가	255,000	300,000	− 45,000
고정제조간접원가	510,000	510,000	−
로고작업원가	−	40,000	− 40,000
변동판매비	340,000	320,000	+ 20,000
고정판매비	170,000	170,000	−
월 영업이익	₩4,250,000	₩4,775,000	+ ₩335,000

예제 10-2에서와 같이 대안별 총액을 구하고 비교하는 대신 주문 수락에 따른 증분효과만을 직접 구할 수 있다. 분석에 필요한 국내 또는 해외 판매분에 대한 단위당 공헌이익은 다음과 같다.

	국내 매출	A사 또는 B사 주문
판매가격	₩9,000	₩5,000
직접재료원가	1,000	1,000
변동제조간접원가	300	300
로고원가		200
변동판매비	400	−
공헌이익	₩7,300	₩3,500

이에 의하면 A사 주문 100개에 따른 공헌이익은 ₩350,000이며 국내 매출에 영향이 없으므로 이 금액만큼 S사 이익이 증가한다. 그러나 B사 주문 200개의 경우에는 공헌이익 ₩700,000뿐만 아니라 국내 매출 50개 포기에 따른 공헌이익 상실분 ₩365,000(₩7,300×50개)을 기회원가로 고려해야 하므로 증분이익은 ₩335,000이 된다. 어떤 경우이든 직접노무원가를 포함한 고정원가는 비관련원가이므로 고려할 필요가 없다.

한편 장기적으로 미사용생산능력이 지속될 것으로 예상되는 경우 생산능력을 그대로 유지하면서 일시적인 특별주문 처리에 활용하기보다는 생산능력을 축소하여 고정원가를 줄이는 편이 더 나은 대안이 될 수 있다. 생산능력 축소의 가능성을 함께 고려하는 경우 고정원가는 중요한 관련원가가 된다. 단기의사결정에서는 고정원가이지만 장기의사결정에서는 변할 수 있기 때문이다. 의사결정과 관련된 시간범위time horizon 장단에 따라 정보의 관련성 여부가 결정될 수 있다는 점에 유의해야 한다.[7]

자체생산 또는 외부구입

하나의 제품에는 다양한 원재료와 부품이 필요하므로 일부는 외부협력업체로부터 조달하기도 한다. 따라서 부품을 회사 내에서 자체적으로 생산할 것인지 아니면 외부에서 구입할 것인가를 결정해야 할 상황이 종종 발생한다. 이와 같이 기업의 제조에 필요한 부품이나 서비스

7 본 절에서 다루는 모든 예는 단기의사결정을 전제로 하고 있으므로 생산능력 고정원가는 의사결정과는 무관한 원가이지만 시간범위가 충분히 길어지면 의사결정에서 고려해야 한다. 이에 대해서는 제9장에서도 언급하고 있다.

를 외부업체로부터 제공받는 것을 **아웃소싱**outsourcing이라고 한다.

자체생산인소싱, insourcing 또는 **외부구입 결정**은 재무적 측면뿐만 아니라 질적인 측면을 고려하여 결정해야 한다. 특히 단기적인 원가절감이나 부품수급 차원보다는 기업의 장기적인 전략과 맞물려 있다면 더욱 그러하다. 원가우위전략의 차원에서 아웃소싱을 선택할 수도 있으며 제품품질우위나 차별화전략의 차원에서 자체생산을 선택할 수 있다. 질적인 측면에서 고려해야 할 것은 외부공급업자의 신뢰성, 품질관리 능력, 안정적인 공급 여부, 부품 생산에 대한 회사의 정책 등이 있다.

재무적 측면에서 고려해야 할 기본적인 사항은 외부구입가격과 자체생산원가를 비교하는 것이다. 이때 외부구입가격과 비교하는 자체생산원가는 재무보고상 제품제조원가나 일반적인 관리회계 목적으로 사용하는 제조원가와는 다를 수 있다. 목적이 다르면 원가가 다르듯이 이 경우에도 의사결정 목적에 적합한 원가를 식별하는 과정이 우선되어야 한다.

자체생산에서 외부구입으로 전환하는 경우, 자체생산에 따른 원가는 생산을 중단했을 때 회피 가능한 원가인가 여부로 판단할 수 있다. 직접재료원가는 대표적인 회피가능원가라고 할 수 있으며 직접노무원가는 외부구입 시 해고가 가능하거나, 신규인력을 필요로 하는 사내 다른 부서에 재배치할 예정이라면 회피가능원가가 될 수 있다. 제조간접원가의 경우에도 생산과 관련된 변동성 원가라면 회피 가능할 수 있지만 공장전체에서 발생한 원가 배분액이나 유휴상태로 보유할 생산설비에 대한 감가상각비 등은 회피 불가능한 원가이다. 만약 기존 생산시설을 다른 용도로 활용할 수 있으며 이로부터 얻을 수 있는 이익이나 원가절감액이 있다면 이들은 감안하여야 한다.

외부구입에서 자체생산으로 전환하는 경우, 자체생산에 소요되는 원가에는 직접재료원가는 물론, 필요 근로자의 고용이나 기계설비 취득에 따른 원가도 고려해야 한다. 때로는 기존 근로자나 설비를 그대로 이용할 수 있는 경우도 있으므로 기업 상황에 따라 자체생산에 따른 원가는 달라질 수 있다. 외부구입에서 자체생산으로 전환하는 경우에 많은 투자가 뒤따르는 것이 일반적이므로 장기적인 투자의사결정문제가 될 수 있다.

PROBLEM 10-3

K사는 A부품은 자체 제조하고 기타 부품은 외부에서 조달하여 Q제품을 생산하고 있으나 Q제품의 1년 후 단종을 앞두고 A부품도 외부에서 조달할 것을 검토하고 있다. 특히 외부공급업자인 S사로부터 향후 1년간 A부품 필요량 10,000단위를 단위당 ₩1,300에 공급할 수 있다는 제의를 받았다.

10,000단위를 제조하는 데 소요되는 연간 제조원가는 다음과 같다.

	총원가	단위당 원가
직접재료원가	₩3,000,000	₩300
직접노무원가	5,000,000	500
변동제조간접원가	2,000,000	200
고정제조간접원가	6,000,000	600
합계	₩16,000,000	₩1,600

S사의 제의를 검토하기 위해 원가 및 기타 자료를 분석한 결과는 다음과 같다.

- A부품의 직접재료원가는 생산을 중단할 경우 발생하지 않는다.
- A부품의 직접노무원가는 전액 고정원가이며 A부품 생산을 담당하는 공장 직원 급여이다. A부품 생산을 중단할 경우, 해당 직원 전원은 신규 인력을 필요로 하는 다른 신제품 생산라인에 투입할 예정이다. 신제품 생산라인은 내부 인력 지원이 없으면 외부에서 채용하고 동일한 급여를 지급해야 한다.
- 변동제조간접원가는 A부품 생산을 중단할 경우 전액 회피가능하다.
- 고정제조간접원가 ₩6,000,000의 내역은 다음과 같다.
  - ₩3,000,000는 공장 보험료와 감독자 급여 중 배분 받은 금액인데 A부품의 생산을 중단하더라도 S사의 공장 보험료와 감독자 급여 총액은 변하지 않는다.
  - ₩1,800,000는 A부품 생산 기계설비의 연간 감가상각비이다. A부품의 생산을 중단할 경우, 이 기계설비(잔존내용연수: 1년, 현재 및 1년 후 처분가치: ₩0)를 다른 제품 생산라인에 투입하면 1년간 원가절감효과는 ₩2,000,000이다.
  - ₩1,200,000는 A부품 생산 기계설비에 대한 수선유지비로 설비를 유휴상태로 둘 경우 발생하지 않지만 다른 생산라인에 투입하면 발생한다.

물음 향후 1년을 대상으로 재무적 측면에서 바람직한 의사결정은 무엇인가?

풀이

대안별 총액과 외부구입에 따른 증분효과

	자체생산	외부구입	외부구입 시 증분효과
직접재료원가	₩3,000,000	–	+ ₩3,000,000
직접노무원가	5,000,000	₩5,000,000	–
변동제조간접원가	2,000,000	–	+ 2,000,000
고정제조간접원가			–
공장보험료/감독자급여	3,000,000	3,000,000	–
기계설비 감가상각비	1,800,000	1,800,000	–
기계설비 수선유지비	1,200,000	1,200,000	–
원가절감액		(2,000,000)	+ 2,000,000
신규인력 대체효과		(5,000,000)	+ 5,000,000

부품 외부구입원가	________	13,000,000	− 13,000,000
총원가	₩16,000,000	₩17,000,000	− ₩1,000,000

외부구입의 경우는 기존 기계설비는 다른 제품라인에 투입하는 것을 전제로 분석해야 한다. 원가절감액 ₩2,000,000이 수선유지비 ₩1,200,000을 초과하기 때문이다. 이러한 점을 감안하더라도 자체생산이 외부구입에 비해 원가가 ₩1,000,000만큼 적게 소요되므로 자체생산이 바람직하다.

예제 10-3에서 외부구입에 따른 증분효과 분석에 나타난 몇 가지 주목할 사항은 다음과 같다. 첫째, 직접재료원가와 변동제조간접원가는 회피가능원가로 생산중단 및 외부구입에 따른 증분효익이 된다. 둘째, 직접노무원가는 고정원가로 대안간 차이가 없지만 생산중단시 다른 제품라인의 신규인력 채용에 따른 급여 지출을 피할 수 있게 하므로 결국 회피가능원가와 동일한 효과신규인력 대체효과를 가진다. 셋째, 감가상각비는 현금유출이 없으며 대안 간에 차이가 없는 대표적인 비관련원가이다. 넷째, 기계설비의 수선유지비는 생산을 중단할 경우 회피가능하지만 다른 제품라인에 투입하여 원가절감혜택을 얻는 것이 바람직하므로 대안과 무관하게 발생한다. 그 대신 원가절감혜택은 별도 효익으로 고려해야 한다. 넷째, 공장보험료 및 감독자급여는 A부품 생산 중단하더라도 계속 발생하여 다른 원가대상에 배분되는 회피불가능원가이다.

예에서 알 수 있듯이 대안별 총액분석보다 의사결정에 따른 증분원가와 효익만을 식별하여 분석하는 것이 의사결정이 회사에 미치는 영향을 명확히 이해하는데 도움이 된다.

기존설비의 교체

기술혁신으로 성능이 향상된 설비가 새롭게 출시되면 기업은 생산원가를 절감하고 품질을 개선하기 위해 내용연수가 남아있더라도 기존설비를 새로운 설비로 교체하기도 한다. 설비의 교체의사결정에서 관련원가는 각 설비를 사용하는 기간 중 현금지출이 수반된 원가이다. 기존설비를 계속 사용할 경우 발생하는 현금지출원가와, 새로운 설비를 구입하고 생산에 투입할 경우 발생하는 현금지출원가를 비교하여야 한다. 예컨대 설비와 상관없이 생산량이 동일하더라도 각 설비에서 발생하는 보험료나 수선유지비, 투입하는 직접재료원가나 직접노무원가에 차이가 있다면 분석에 포함하여야 한다.

여기서 주의해야 할 사항은 기존설비의 취득원가나 장부가액은 기발생원가로 설비교체 의사결정에 무관한 비관련원가라는 점이다. 아울러 기존설비를 처분할 때 발생하는 처분손익도 비관련원가인 장부가액에 따라 결정되므로 의사결정에 영향을 주어서는 안 된다. 처분손익은 기간별 당기순이익에 반영되므로 설비교체 여부 의사결정을 내리는 경영자가 영향을 받을 수 있으나 기업 전체적인 입장에서는 고려하지 않는 것이 타당하다. 그러나 현금유출입이 있는 기존설비의 처분액이나 새로운 설비를 구입할 때의 취득원가는 반드시 고려해야 하는 관련 정보이다.

설비의 교체의사결정은 재무효과가 여러 해에 걸쳐 나타나므로 자본비용과 화폐의 시간가치를 고려해야 하는 장기 투자의사결정문제인 것이 일반적이다.[8] 그러나 여기서는 관련원가의 이해에 초점을 두고 있으므로 장기 투자의사결정에 수반된 문제는 없는 것으로 가정한다.

PROBLEM 10-4

S사는 구입한 지 1년밖에 안 된 기계를 다시 교체하는 것을 검토하고 있다. 최근 출시된 고성능의 기계를 사용할 경우 유지비나 제조원가를 절감할 수 있을 것으로 기대되기 때문이다. 기계를 교체하더라도 생산량 및 판매량은 종전과 동일하다. 관련 자료는 다음과 같다.

	구기계	신기계
취득원가	₩2,000,000	₩4,000,000
장부가치	1,600,000	해당사항 없음
현재매각가치	500,000	해당사항 없음
내용연수종료 잔존가치	–	–
연간 수선유지비	300,000	200,000
연간 변동제조원가	10,000,000	9,000,000
잔여 내용연수	4년	4년

물음 1 각 대안별로 내용연수(4년) 전체 기간을 대상으로 부분손익계산서를 비교 작성하시오.

물음 2 물음 1의 결과를 이용하여 구기계의 장부가치, 구기계 매각가치, 신기계 취득원가가 4년간 이익차이에 어떤 영향을 주는지를 설명하시오.

물음 3 차액접근법을 이용하여 재무적인 관점에서 교체 여부 의사결정을 하라. 단, 화폐의 시간가치와 법인세효과는 무시하시오.

풀이

1.

8 이와 관련된 주제로 '자본예산'은 <웹부록 C>에서 다룬다.

		신기계	구기계	신기계 선택 시 증분효과
변동제조원가		₩36,000,000	₩40,000,000	+ ₩4,000,000
수선유지비		800,000	1,200,000	+ 400,000
감가상각비		4,000,000	~~1,600,000~~	− 4,000,000
구기계 처분손실				
매각가치	500,000			+ 500,000
장부가액	~~1,600,000~~	~~1,100,000~~		
합계		₩41,900,000	₩42,800,000	+ ₩900,000

2. 구기계의 장부가치 ₩1,600,000은 구기계를 계속 사용할 경우에는 4년 동안 나누어 기록되는 감가상각비이며, 신기계로 대체할 경우 처분에 따라 일시에 전액 비용화되는 금액이다. 결국 구기계의 장부가치는 구기계를 계속 사용하든 신기계로 교체가 되든 전액 비용으로 기록되어 대안 간 이익차이에 영향을 주지 않는다. 그러나 신기계의 감가상각비로 표시된 신기계의 취득원가 ₩4,000,000은 신기계를 사용할 때 이익에 음의 영향을 주며 구기계의 처분손실을 계산할 때 고려하는 구기계의 매각가치 ₩500,000은 양의 영향을 준다.

3. 신기계를 선택할 경우 다음과 같이 4년간 총 ₩900,000의 이익 증가를 기대할 수 있으므로 신기계를 선택하는 것이 바람직하다. 여기서 알 수 있듯이 신기계의 취득원가와 구기계의 매각가치가 의사결정에 영향을 미치는 관련정보이다.

항목	신기계 선택 시 이익에 미치는 영향
변동제조원가	+ ₩4,000,000
수선유지비	+ 400,000
신기계 취득원가	− 4,000,000
구기계 매각가치	+ 500,000
합계	+ ₩900,000

제품 또는 부문의 제거 또는 추가

기업이 성장하여 규모가 커지면 취급 제품이 다양해지고 고객층이나 영업지역도 확대되므로 제품별, 고객별, 지역별로 조직화하여 관리하는 것이 일반적이다. 그 과정에서 성과가 저조한 기존 제품, 고객층, 지역을 제외하거나 신규로 추가하기도 한다.

기존 제품라인을 없애거나 새로운 제품라인을 추가하는 결정은 해당 제품라인이 창출하는 공헌이익과 그 제품라인으로 인한 원가를 비교하여 결정한다. 즉, 제품라인의 제거는 그 제품라인을 없앨 때 잃게 되는 공헌이익과 회피가능원가를 비교하고, 제품라인의 추가는 그 제품라인이 창출할 수 있는 공헌이익과 그 제품라인으로 인한 증분원가를 비교하여 결정한다.

한편 제품라인의 공헌이익이 해당 제품라인으로 인해 발생하는 원가보다 큰 경우에도 제품라인별 손익계산서에서는 손실을 보이는 경우가 있다. 이는 특정 제품라인과는 무관하게 발생하는 회사 전체의 공통원가를 제품라인에 배분하는 경우에 흔히 발생한다. 이 경우에는 회사 전체의 공통원가의 회수에 도움을 주기 때문에 그대로 유지하는 것이 바람직하다. 또 제품라인 자체로는 손실을 보여 제거하는 것이 바람직한 경우라도 그 손실 이상으로 다른 제품라인들의 이익 증대에 도움을 준다면 유지하는 것이 적절한 결정이 된다. 이 경우에는 특정제품라인을 유지함으로써 부수적으로 얻을 수 있는 이익을 의사결정에 반영하여 분석하여야 한다.

PROBLEM 10-5

K사는 세 종류의 제품 A, B, C를 판매하고 있다. 전년도 이들 제품에 대한 손익자료는 아래와 같다. 회사는 C 제품라인이 ₩280,000의 손실을 보이고 있으므로 이 제품라인을 없앨 것을 검토하고 있다.

	회사 전체	제품 A	제품 B	제품 C
매출액	₩23,550,000	₩10,000,000	₩5,250,000	₩8,300,000
변동제조원가	9,850,000	3,650,000	2,000,000	4,200,000
변동판매비	5,000,000	2,000,000	500,000	2,500,000
공헌이익	8,700,000	4,350,000	2,750,000	1,600,000
고정제조간접원가	3,350,000	1,500,000	1,050,000	800,000
고정판매비	1,620,000	800,000	570,000	250,000
본사공통원가배분액	2,355,000	1,000,000	525,000	830,000
영업이익	₩1,375,000	₩1,050,000	₩605,000	₩(280,000)

고정제조간접원가와 고정판매비는 모두 해당 제품라인에서 발생하는 원가로 제품라인을 없앨 경우 모두 회피가능하다. 그러나 본사공통원가 배분액은 제품라인과는 무관하게 본사에서 발생하는 원가로 제품라인을 제거하더라도 그대로 발생한다.

물음 1 손실을 보이는 제품라인 C를 제거한다면 회사 전체의 이익은 얼마인가? 제거 여부에 대한 의사결정을 하시오.

물음 2 제품라인 C를 제거하면 제품 A의 생산능력이 향상되어 매출이 20% 증가할 것으로 예상되나 보완관계에 있는 제품 B는 매출이 10% 감소할 것으로 예상된다. 제품라인 C 제거 여부에 대한 의사결정을 하라.

풀이

1. 제품라인 C를 없앨 경우 제품라인 C의 공헌이익과 제품라인 C의 회피가능원가가 모두 발생하지 않으나 본사공통원가는 그대로 발생한다.

제품라인 C 폐지 전 회사이익	₩1,375,000
− 제품라인 C의 공헌이익	1,600,000
+ 제품라인 C의 회피가능원가	1,050,000
제품라인 C 폐지 후 회사이익	₩825,000

제품라인 C의 공헌이익은 ₩1,600,000이며 제품라인 C를 제거할 경우 회피가능원가는 ₩1,050,000이므로 회사 전체 이익 및 공통원가 회수에 ₩550,000에 기여하고 있다. 따라서 제거하지 않는 것이 바람직하다.

2. 각 효과를 요약하면 다음과 같다.

제품라인 C 폐지에 따른 손실	₩(550,000)
제품라인 A의 매출증가에 따른 이익	870,000
제품라인 B의 매출감소에 따른 손실	(275,000)
회사 이익에 미치는 영향	₩45,000

제품라인 A의 매출이 20% 증가하면 제품라인 A의 공헌이익 역시 20%, 즉 ₩870,000만큼 증가한다. 그러나 제품라인 B의 매출 10% 감소에 따른 공헌이익 감소분은 ₩275,000이다. 이들 효과를 모두 고려하면 회사 이익은 ₩45,000만큼 증가한다.

제약자원의 효율적 활용과 제품배합 결정

기업의 생산능력은 생산 가능한 최대규모를 의미하는 것으로 공장규모, 생산설비의 처리능력이나 작업인력의 크기 등에 영향을 받는다. 경우에 따라서는 수급에 제한이 있는 원재료도 생산능력에 영향을 줄 수 있다. 기업의 생산능력은 시장의 장기적인 수요나 경쟁정도, 회사 내의 자금사정이나 투자여력 등을 감안하여 신중하게 결정한다. 따라서 일시적으로 시장 수요가 늘어나더라도 이에 대응하여 즉각적으로 생산설비를 늘리거나 추가인력을 고용하지는 않는다. 만약 생산능력을 늘리는 의사결정을 했더라도 인적 · 물적 생산자원을 확보하고 구축하는데 상당한 시간이 소요되기 때문에 기업의 생산능력은 단기적으로 고정되어 있다고 할 수 있다. 그러한 의미에서 생산능력은 생산 제약자원constraining resource이라고 할 수 있다.

만약 설비 용량이나 노동력 등을 단기적으로 변화시킬 수 없다면 경영자가 해야 할 일은 주어진 제약자원 하에서 최대 이익을 달성할 수 있도록 이들 자원을 적절히 배분하는 것이다. 제약자원을 배분하는 기본 원칙은 자원 단위당 공헌이익이 큰 제품 순서로 배분하는 것이다. 이는 제약자원을 특정 제품에 할당하여 얻을 수 있는 이익과 다른 제품에 할당하지 못해 잃게 되는 기회원가를 비교하는 의사결정과 동일하다. 제약자원과 관련하여 발생하는 고정원가는 의사결정에서 고려할 필요가 없는 비관련원가이다.

제약자원이 한 개일 경우

가동시간에 제한이 있는 기계설비로 제품 X와 제품 Y를 생산하고 있다고 하자. 제품의 단위당 공헌이익이 각각 ₩100와 ₩120이며 이들을 한 단위 생산하기 위해서는 기계작업시간이 각각 2시산과 3시간씩 필요하지만 주당 기계시간은 최대 90시간이다. 한 주당 판매 가능한 각 제품의 수량이 각각 30개라고 할 때 각 제품 생산에 기계를 어떻게 사용하는 것이 기업의 이익이 최대가 될 것인가? 제품 Y의 단위당 공헌이익이 제품 X보다 크므로 기계를 제품 Y의 생산에 우선적으로 사용하는 것이 적절한가?

구분	판매 가능량	단위당 공헌이익	단위당 기계작업시간	기계시간당 공헌이익	우선 순위	최적 생산량
제품 X	30	100	2	50	①	30
제품 Y	30	120	3	40	②	10

각 제품 생산에 투입하는 기계시간이 동일하다면 제품별 단위당 공헌이익을 비교하여 높은 순서로 우선순위를 정할 수 있다. 그러나 생산에 소요되는 기계시간이 다르다면 기계시간당 공헌이익을 비교하여 우선순위를 정하는 것이 희소한 기계시간을 효율적으로 배분하여 더 높은 이익을 달성할 수 있는 방법이다. 위 예에서 제품 X와 제품 Y의 기계시간당 공헌이익이 각각 ₩50, ₩40이므로 제품 X 생산에 우선적으로 기계를 사용해야 한다. 각 제품의 판매 가능량이 30개이므로 일단 제품 X를 30개 생산한 후 남는 시간이 있으면 제품 Y 생산에 투입할 수 있다. 제품 X 30개에 소요되는 기계시간이 60시간이므로 남은 시간 30시간은 제품 Y 10개를 생산할 수 있다. 제약자원이 한 개일 때는 제약자원 한 단위당 각 제품의 공헌이익을 비교하여 더 높은 제품에 해당 자원을 우선적으로 배분하는 것이 최적이다.

PROBLEM 10-6

P사는 기계 한 대를 이용하여 두 가지 제품을 생산하고 있다. 회사의 이용 가능한 월 기계작업시간은 550시간이며 기계의 월 감가상각비는 ₩2,000,000이다. 제품 A와 제품 B를 각각 한 단위 생산하는 데 소요되는 기계작업시간은 3시간, 2시간이다. 두 제품의 관련 자료는 다음과 같다.

	제품 A	제품 B
단위당 판매가격	₩50,000	₩60,000
단위당 변동원가	20,000	36,000
단위당 공헌이익	₩30,000	₩24,000
월간 판매가능량	200개	200개

물음 어느 제품을 얼마나 생산 · 판매하는 것이 재무적 차원에서 바람직한가?

풀이

	제품 A	제품 B
단위당 공헌이익	₩30,000	₩24,000
단위당 기계시간	3시간	2시간
기계시간당 공헌이익	₩10,000	₩12,000

제품 A의 단위당 공헌이익은 제품 B의 단위당 공헌이익보다 높으나 기계작업시간당 공헌이익은 제품 B가 높다. 따라서 제품 B 생산에 기계시간을 우선적으로 투입하고 남는 시간이 있는 경우 제품 A 생산에 투입하는 것이 바람직하다. 즉, 제품 B 생산에 400기계시간을 투입하여 판매 가능량 200개를 생산하고, 남은 150 기계시간으로 50개의 제품 A 생산하는 것이 최적이다. 이 경우 달성 가능한 공헌이익은 ₩6,300,000이 된다. 여기서 주의할 것은 기계의 감가상각비 ₩2,000,000는 의사결정에 영향을 주지 않는 비관련원가라는 점이다.

제약자원이 여러 개인 경우

제약자원이 한 개인 경우에는 제약자원의 단위당 공헌이익이 높은 순서로 자원을 배분하면 된다. 그러나 제약자원이 두 개 이상인 경우에는 선형계획법을 이용해야 한다. **선형계획법** LP: Linear Programming은 여러 개의 선형제약조건하에서 선형목적함수의 최적해를 구하는 방법으로 본 절의 경우처럼 제약자원이 존재하는 상황에서 공헌이익의 최대화문제를 푸는 데 사용할 수 있다.

선형계획법의 일반적인 해법으로 심플렉스법simplex method이 있지만 결정변수가 두 개일 때는 예외적으로 그래프를 이용하여 구할 수 있다. 결정변수가 3개 이상인 경우에는 3차원 이상의 그래프를 이용해야 하는데 이는 현실적인 방법이 아니므로 일반적 해법인 심플렉스법이 바람직하다.[9] 여기서는 그래프 해법이 가능한 예를 설명한다. 절차는 다음과 같다.

첫째, 구하고자 하는 값을 결정변수로 정의한다.

둘째, 결정변수를 이용하여 목적함수와 제약조건을 수식으로 정의한다.

셋째, 제약조건을 만족하는 영역을 그래프에 표시한다.

넷째, 제약조건 영역을 만족하면서 최대의 목적함수값을 달성하는 해를 찾는다.

만약 목적함수값을 최대화하는 문제인 경우에는 제약조건 영역을 만족하면서 목적함수가 가장 큰 절편값을 가질 때의 조합이 최적해가 된다. 일반적으로 최적해의 후보는 제약조건의 경계영역에 존재하는 꼭지점이 되므로 각 꼭지점에 대응하는 목적함수값을 구하고 이들을 비교하여 제일 큰 값을 가져다주는 꼭지점을 선택하여 구할 수도 있다.

PROBLEM 10-7

K사는 두 개의 연속 생산공정을 거쳐 제품 X와 Y를 생산하고 있는데 월 최대 판매 가능량은 제품 X는 1,000단위, 제품 Y는 2,500단위이다. 각 공정마다 작업기계가 설치되어 있는데 제1공정에서 가용한 기계작업시간은 4,500시간이고, 제2공정은 7,500시간이다. 제품별 공헌이익과 제품단위당 생산에 필요한 각 공정의 기계작업시간은 다음과 같다.

구분	단위당 공헌이익	단위당 기계작업시간	
		제1공정	제2공정
제품 X	₩10	4시간	2시간
제품 Y	₩6	1시간	3시간

물음 1 선형계획모형을 수립하라.

물음 2 그래프를 이용하여 총공헌이익이 최대가 되는 최적제품생산량을 구하고 그때의 공헌이익을 구하라.

풀이

1. 결정변수의 정의: 각 제품의 최적생산량을 각각 x, y로 정의한다.

목적함수의 수립: K사의 목표는 각 제품의 생산·판매를 통해 공헌이익을 최대화하는 것이

9 심플렉스법은 본 교재의 범위를 넘어서는 내용이므로 다루지 않는다. 경영과학 교재를 참고하기 바란다.

므로 결정변수 x, y와 각 제품의 단위당 공헌이익을 이용하여 목적함수를 다음과 같이 수립한다.

$$\text{최대화: } \pi = 10x + 6y$$

제약조건의 수립: 결정변수 x, y를 이용하여 공정별 가용시간과 제품별 판매가능량을 부등식으로 표시한다.

제1공정 가용 기계작업시간: $4x + y \leq 4,500$

제2공정 가용 기계작업시간: $2x + 3y \leq 7,500$

제품 X의 판매가능량: $0 \leq x \leq 1,000$

제품 Y의 판매가능량: $0 \leq y \leq 2,500$

2. 제약조건의 영역(생산판매 가능 영역)을 그래프에 표시한다.

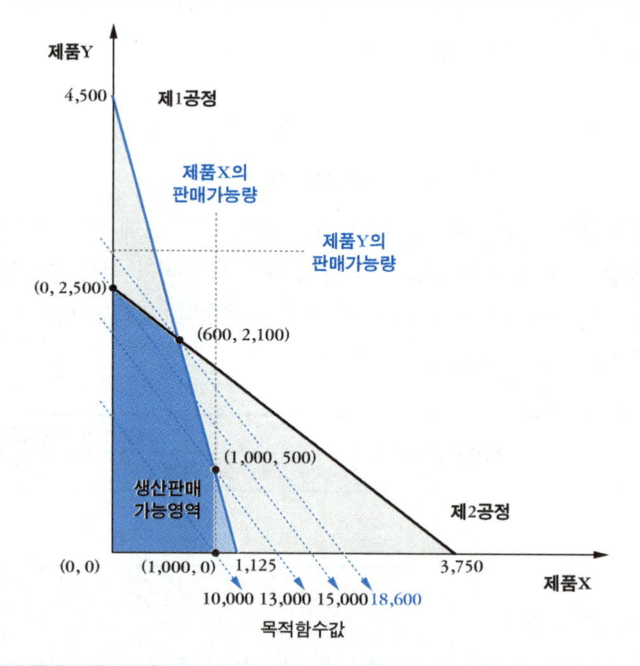

이 그래프 상의 생산판매 가능 영역에서 목적함수를 이동시켜 가장 높은 절편값을 갖는 제품 조합을 찾는다. 따라서 제품 X는 600개, 제품 Y는 2,100개를 생산 및 판매할 때 가장 높은 공헌이익 ₩18,600을 얻을 수 있다.

제약이론과 제약자원의 완화

제9장에서 다룬 제약이론은 본 절의 제약자원의 효율적 활용과 밀접하게 관련되어 있다. 여기에서 다룬 것이 기존의 제약자원을 가능한 효율적으로 활용하는 것이라면 **제약이론**은 한 걸음 더 나아가 병목설비나 활동을 잘 관리하여 생산자원의 제약을 완화하면 더 많은 물량처리와 이익을 달성할 수 있다는 점을 강조한다.

제약이론 및 초변동원가계산에서는 직접재료원가만을 제품원가에 포함하고 직접노무원가와 제조간접원가는 기간비용으로 처리한다. 그리고 쓰루풋공헌이익과 영업이익을 성과지표로 사용하여 공장전체의 물량처리능력을 개선하고 병목활동이 아닌 부문에서 재고가 누적되는 것을 방지한다. 예제 10-8는 병목공정의 제약완화를 통해 이익을 개선할 수 있음을 보여주고 있다.

PROBLEM 10-8

K사의 S사업부는 제품 X와 제품 Y를 생산 · 판매하고 있다. 당월 초 제품 생산 및 판매와 관련된 자료는 다음과 같다.

- 각 제품의 단위당 판매가격 및 재료원가는 다음과 같다.

구분	제품 X	제품 Y
판매가격	₩720	₩560
재료원가	₩420	₩320

- 원재료는 제1공정 초기에 투입되며 제1공정과 제2공정의 순차적인 노무작업이 필요하다. 제1공정과 제2공정에서 발생하는 당월 노무원가는 각각 ₩31,500과 ₩33,000으로 예상되며 각 제품 단위당 소요되는 공정별 노무시간과 월 최대 총노무시간은 다음과 같다.

구분	제품 X	제품 Y	월 최대 총노무시간
제1공정	1시간	2시간	700시간
제2공정	1시간	1시간	440시간

- 재료원가는 전액 변동원가이며 노무원가는 전액 고정원가이다. 제조경비와 판매관리비 등 기타원가는 없다.
- 제품 X와 제품 Y의 당월 최대 판매가능수량은 각각 300단위이다.
- 원재료, 재공품, 제품 등 재고는 보유하지 않는다.
- 사업부의 성과평가와 보상은 초변동원가계산하에서의 영업이익에 기초하여 이루어진다.

물음 1 당월 영업이익을 극대화하는 제품별 최적생산량과 그때 영업이익은 얼마인가? 이 경우 병목공정과 여유공정이 존재하는가?

물음 2 여유공정의 노무인력은 병목공정으로 재배치할 수 있으나 이들이 타공정에서 작업하기 위해서는 추가적인 교육훈련비 ₩5,400이 발생할 것으로 예상된다. S사업부가 당월 영업이익을 극대화하기 위한 제품별 최적생산량과 그때 영업이익은 얼마인가?

풀이

1. 제품 X, Y의 단위당 공헌이익은 각각 ₩300, ₩240이므로 이를 목적함수에 반영한다.

$$\begin{aligned}&\text{목적함수: 최대화 } 300x+240y\\&\text{제약조건: } x+2y\leq 700\\&\qquad x+y\leq 440\\&\qquad 0\leq x\leq 300,\ 0\leq y\leq 300\end{aligned}$$

이를 그래프에 표시하면 다음과 같으며 최적생산량은 X, Y 각각 300개와 140개가 된다. 이때 공헌이익은 ₩123,600이며 영업이익은 노무원가 ₩64,500을 차감한 ₩59,100이 된다.

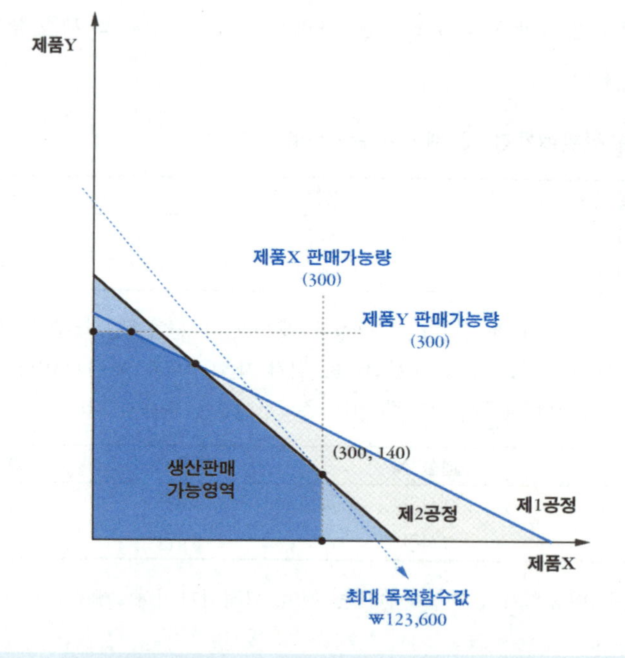

1공정에서 사용한 노무시간은 총 580시간이고 2공정에서 사용한 노무시간은 총 440시간이므로 1공정은 여유공정, 2공정은 병목공정이라고 할 수 있으며 1공정의 여유시간은 120시간이다.

2. 1공정 여유시간 120시간 중 일부를 2공정에 이전하여 제품 Y의 생산 및 판매량을 늘릴 수 있다.

제품 한단위당 1공정, 2공정에서 각각 필요한 노무시간이 2시간, 1시간이므로 120시간을 2:1의 비율로 배분하여 1공정에 80시간, 2공정에 40시간을 할당하면 제품 Y를 40개를 더 생산·판매할 수 있다. 추가로 생산하는 제품 Y 40개의 공헌이익은 ₩9,600이므로 교육훈련비 ₩5,400을 차감하면 ₩4,200만큼 영업이익을 증가시킬 수 있다. 즉, 제품 X, Y의 최적생산량은 각각 300, 180이며 이 때 영업이익은 ₩63,300이 된다.

참고 공정 간 이전배치가 가능하면 2개의 제약조건식 대신 $2x+3y \leq 1,140$의 제약조건식으로 변경하여 해를 구할 수도 있다. 이 경우 최적해는 제약조건이 1개일 경우 해법을 이용하여 구할 수 있다. 다만 교육훈련비를 차감한 영업이익이 기존보다 개선되는지 확인해야 한다.

불확실성하의 의사결정

지금까지 다뤘던 의사결정 문제는 의사결정에 필요한 모든 정보가 확실하다는 전제하에서 다룬 것이었으나 현실적인 가정은 아니다. 미래의사결정에 기초가 되는 정보는 대부분 미래에 발생할 상황에 대한 것으로 어느 누구도 이를 정확히 알 수 없다. 그렇다고 해서 예측이 전혀 불가능한 것은 아니다. 현실적인 가정은 미래에 발생할 상황에 대해 정확히 알 수는 없지만 발생할 상황에 대한 가능성은 짐작할 수 있다는 것이다.

간단한 의사결정의 예로 7월 어느 날 선글라스와 우산 중에 하나의 상품을 선택하여 노상판매하는 경우를 생각해보자. 날씨가 좋다면 선글라스가, 비가 온다면 우산이 좋을 것이다. 또 날씨가 흐리기만 한다면 어느 하나도 팔리지 않을 것이기에 아예 거리로 나가지 않는 것이 좋을 것이다. 이러한 상황에서 어떻게 하는 것이 좋을까? 다음 날 날씨에 대한 정보 없이는 선뜻 어떤 상품을 준비할 것인지 가늠하기가 쉽지 않다. 현실적인 대안은 내일의 날씨에 대한 정보를 찾아보는 것이며 기상청의 예보는 그 중 하나가 될 수 있다. 기상청은 비가 올 것인지 아니면 날씨가 좋을지에 대한 가능성을 확률이라는 정보의 형태로 제시하고 있다.

만약 날씨의 가능성이 확률로 제시된다면 어떤 방법으로 의사결정을 할 수 있을까? 본 절에서는 확률로 제시되는 미래상황정보를 의사결정에 활용하는 기초적인 방법을 다룬다.[10] 일반적으로 이러한 의사결정을 **불확실성하의 의사결정**decision-making under uncertainty이라고 한다.

10 불확실성하의 의사결정에 대한 추가 주제로 '불확실성하에서 정보의 역할과 가치'는 <웹부록 D>에서 다룬다.

불확실성하의 의사결정 구성요소

불확실성하에서의 의사결정은 대안, 미래상황 및 발생확률, 특정상황하에서 특정 대안을 선택했을 때의 결과, 결과를 평가하는 기준 등 크게 5가지 요소로 구성된다.

우산 또는 선글라스를 팔고자 하는 상인의 입장에서 의사결정의 구성요소를 예로 들면 다음과 같다.

- **대안: 선글라스 또는 우산**
- **미래상황: 맑음, 비옴, 흐림**
- **미래상황 발생확률: 맑음 1/3, 비옴 1/3, 흐림 1/3**
- **대안 및 상황별 결과:**

구분	맑음		흐림		비옴	
	수익	비용	수익	비용	수익	비용
선글라스	₩130	₩30	₩20	₩30	₩0	₩30
우산	0	40	30	40	120	40

- **결과를 평가하는 기준: 수익최대화, 비용최소화, 이익최대화**

위에서 결과를 평가하는 기준으로 세 가지 예를 제시하였는데 상인의 입장에 따라 이익이 가장 큰 대안을 선호할 수도 있고 비용이 가장 작은 대안을 선택할 수도 있다. 그러나 각 상황이 확률로 제시되는 경우에는 확률값을 감안한 기준, 예를 들어 기대이익최대화, 기대비용최소화 등 기대가치를 기초로 평가하는 것이 바람직하다.

최적대안의 선택 의사결정기준

기대가치기준

각 상황이 확률로 제시되는 불확실성하의 의사결정에서는 기대가치를 주로 사용한다. **기대가치**expected value는 특정 대안을 선택할 경우 각 상황하에서 얻게 되는 결과치에 상황별 발생확률을 곱하여 구한다.

- $EV_j = \sum_{i=1}^{n} P^i \cdot Q_j^i$

  EV_j: **대안 j의 기대가치**

그림 10-3 기대가치와 불확실성

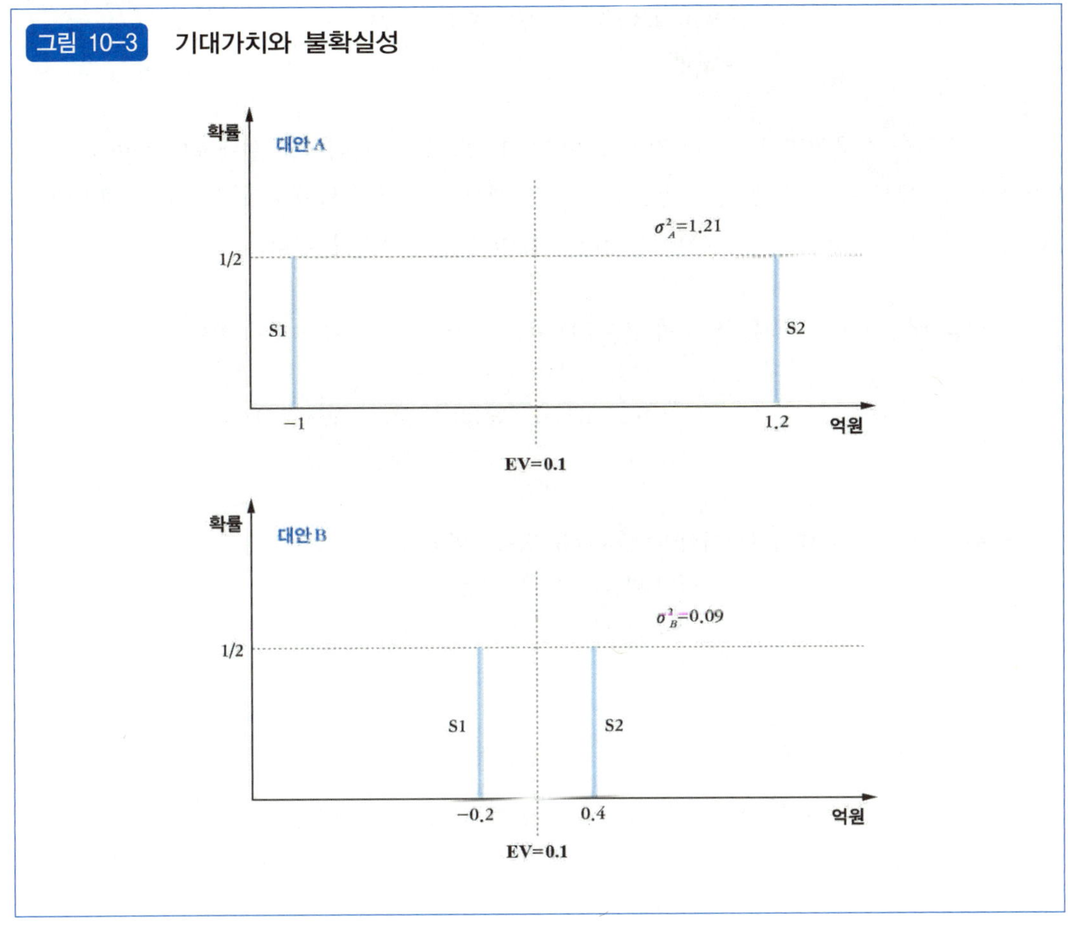

P^i : 상황 i의 발생확률($i=1\cdots n$)

Q_j^i: 상황 i에서 대안 j를 선택했을 때 결과치

위의 예에서 각 대안을 선택할 경우 기대수익은 다음과 같이 계산한다.

- 선글라스 선택 시 기대수익＝수익(맑음)×맑을 확률＋수익(흐림)×흐릴 확률
  ＋수익(비옴)×비 올 확률
  ＝₩130×1/3＋₩20×1/3＋₩0×1/3
  ＝₩50

- 우산 선택 시 기대수익＝수익(맑음)×맑을 확률＋수익(흐림)×흐릴 확률
  ＋수익(비옴)×비 올 확률

=₩0×1/3+₩30×1/3+₩120×1/3
=₩50

기대수익을 사용하면 두 대안 간에 차이가 없으므로 어떤 대안을 선택해도 무방하다. 기대이익기준하에서는 각 대안 및 상황별로 이익을 계산하고 이에 확률값을 적용하여 대안별 기대이익을 구하여 비교한다. 이 경우 선택되는 대안은 선글라스가 된다.

- **선글라스 선택 시 기대이익=이익(맑음)×맑을 확률+이익(흐림)×흐릴 확률**
  +이익(비옴)×비 올 확률
  =₩100×1/3+(−₩10)×1/3+(−₩30)×1/3
  =₩20

- **우산 선택 시 기대이익=이익(맑음)×맑을 확률+이익(흐림)×흐릴 확률**
  +이익(비옴)×비 올 확률
  =(−₩40)×1/3+(−₩10)×1/3+₩80×1/3
  =₩10

위험요소에 대한 평가

미래상황이 불확실한 경우 기대가치를 이용하여 대안을 평가할 수 있지만 기대가치만으로 대안을 평가하는 것은 불완전하다. 예를 들어 다음과 같은 경우를 생각해보자.

구분	불경기(S_1)	호경기(S_2)
확률	1/2	1/2
대안 A	1억 원 손실	1.2억 원 이익
대안 B	2천만 원 손실	4천만 원 이익

A, B대안 모두 기대이익은 1천만 원으로 같지만 불경기 때 A대안이 B대안에 비해 손실의 규모가 크고, 호경기 때에는 A대안이 B대안에 비해 이익규모도 크다. 같은 기대이익이라 하더라도 상황에 따라 손실규모가 너무 큰 대안이라면 이를 기피할 수도 있다. 또 같은 기대이익이라 하더라도 상황에 따라 이익규모가 매우 크면 이를 선호할 수도 있다.

이처럼 특정 대안을 고려할 때, 상황별로 발생하는 결과의 범위가 크면 이 대안을 기피하거나 선호하는 원인이 될 수 있다. 이는 기대가치뿐만 아니라 결과에 대한 불확실성의 크기가 의사결정에 영향을 줄 수 있음을 의미한다. 일반적으로 불확실성의 크기는 의사결정자가 고려해야 하는 위험요소가 된다.

불확실성의 크기, 즉 위험을 나타내는 방법으로 많이 사용하는 측정치로는 **분산**(σ^2)이나 **표준편차**(σ) 또는 **변동계수**(σ/EV)가 있다.[11] 분산이나 표준편차는 특정 대안을 선택했을 때 상황에 따른 결과치가 기대값을 기준으로 분산된 정도를 보여준다. 이에 반해 변동계수는 기대가치 한 단위당 표준편차값을 측정함으로써 기대가치와 표준편차를 동시에 고려하는 측정치가 된다. 위의 예에서 A, B대안의 분산을 구하면 다음과 같다.

- **A대안의 분산**: $\sigma_A^2 = \frac{1}{2} \times (-1-0.1)^2 + \frac{1}{2} \times (1.2-0.1)^2 = 1.21$
- **B대안의 분산**: $\sigma_B^2 = \frac{1}{2} \times (-0.2-0.1)^2 + \frac{1}{2} \times (0.4-0.1)^2 = 0.09$

A, B대안의 표준편차(σ)는 각각 1.1과 0.3이 되며 변동계수는 각각 11과 3이 된다. 짐작하듯이 A, B의 대안이 기대가치는 동일하지만 위험요소를 나타내는 분산, 표준편차, 변동계수 모두 A대안이 B대안보다 그다는 사실을 확인할 수 있다.

일반적으로 기대가치가 동일하다면 위험이 적은 대안을 선호할 수 있다. 그러나 기대가치와 위험이 모두 적은 대안과 기대가치와 위험이 동시에 큰 대안을 비교하는 것은 쉽지 않다. 기대가치와 위험을 동시에 고려할 수 있는 보다 일반적인 방법으로 효용, 효용함수, 기대효용 등의 개념이 있다.

기대효용

불확실성하에서 의사결정을 하는 경우 대안의 기대가치와 위험이 모두 중요한 요인이지만 두 요소의 성격이 다르므로 단순히 이들의 개별 측정치만으로는 종합적인 판단을 내리기 어렵다. 또한 의사결정자마다 위험에 대한 선호도기피도가 다르기 때문에 이에 대해서도 추가적으로 고려해야 한다.

대안의 상황별 결과, 위험, 위험에 대한 태도를 의사결정에 반영하기 위해서는 효용과 효

11 대안 j의 분산: $\sigma_j^2 = \sum_{i=1}^{n} P^i (O_j^i - EV_j)^2$

대안 j의 표준편차: $\sigma_j = \sqrt{\sum_{i=1}^{n} P^i (O_j^i - EV_j)^2}$

대안 j의 변동계수: $CV_j = \frac{\sigma_j}{EV_j}$

용함수에 대한 개념이 필요하다. **효용**utility은 의사결정자가 대안의 결과로부터 얻는 주관적인 만족의 정도를 말하며, **효용함수**utility function는 대안의 결과가 효용에 미치는 정도를 함수로 나타낸 것이다. 이러한 효용함수를 이용하면 대안의 상황별 결과, 위험, 위험에 대한 태도를 종합적으로 고려한 기대효용을 구할 수 있고 이를 기준으로 의사결정을 할 수 있다.

효용함수

일반적으로 효용함수 $U(\cdot)$는 다음의 두 가지 특성을 가지고 있다.

첫째, A에 대한 효용함수 값이 B에 대한 효용함수 값보다 크면 의사결정자는 B보다 A를 더 선호한다. 즉, $U(A) > U(B)$이면 $A > B$이다. 여기서 $A > B$는 B보다 A를 선호한다는 의미이다.

둘째, X라는 대안을 선택했을 때 상황에 따라 결과 A가 나올 수도 있고 결과 B가 나올 수도 있다고 하자. 각 상황의 발생확률이 각각 α, $(1-\alpha)$라면 이 대안을 선택했을 때 효용의 기대가치는 $U(A)$와 $U(B)$에 각각의 확률을 적용하여 다음과 같이 나타낼 수 있다. 이를 **기대효용**expected utility이라고 한다.

- $U_X = \alpha \cdot U(A) + (1-\alpha) \cdot U(B)$

위험에 대한 태도와 효용함수

위험에 대한 태도는 위험회피형, 위험중립형, 위험선호형으로 나눌 수 있는데 종류에 따라 효용함수의 형태도 다르다. 이들을 비교, 설명하기 위해 다음과 같은 두 가지 대안을 생각해보자.

대안 A: ₩4,000을 받을 확률이 0.5이고 ₩2,000을 받을 확률이 0.5인 대안
대안 B: 대안 A의 기대가치인 ₩3,000을 받을 수 있는 대안

위험회피형 효용함수 위험회피형의 의사결정자는 대안 A와, 대안 A의 기대가치를 확정적으로 받을 수 있는 대안 B가 있을 때 대안 B를 선호한다. 대안 A의 기대가치와 대안 B의 기대가치는 동일하지만 위험회피형의 의사결정자는 위험이 없는 확실한 대안을 선호한다.

이를 식으로 표현하면 다음과 같다.

- $U(3{,}000) > 0.5 \cdot U(2{,}000) + 0.5 \cdot U(4{,}000)$

그림 10-4 위험회피형 효용함수의 예

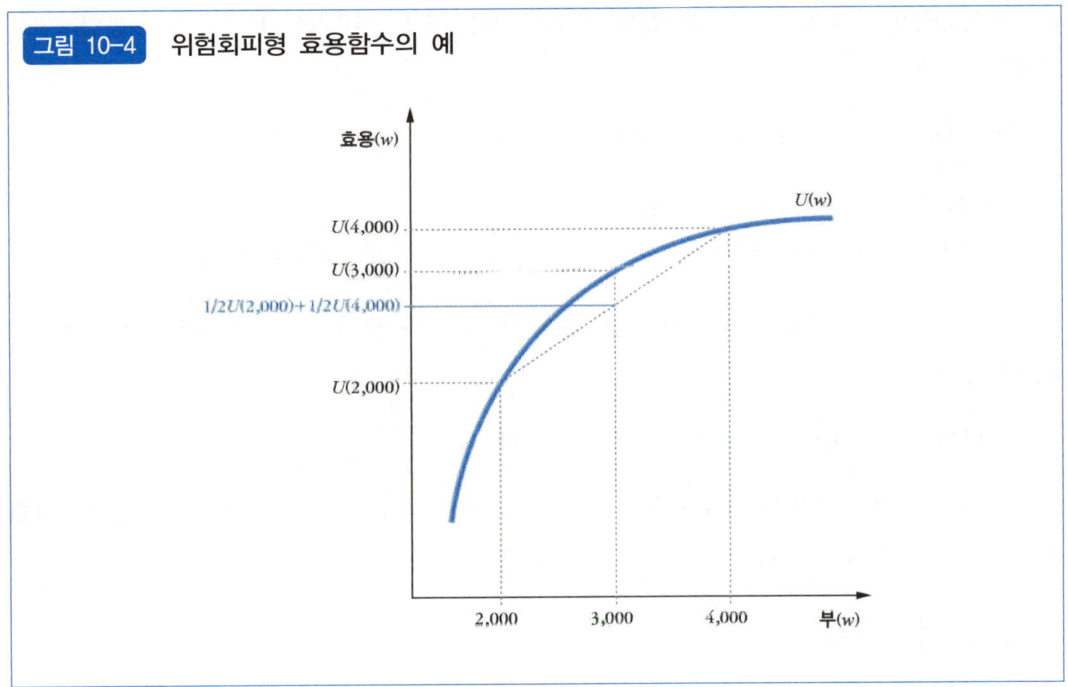

여기서 좌변은 대안 B의 3,000원에 대한 효용값을 표시하고 우변은 대안 A의 기대효용값을 나타낸다. 대안 A의 경우에는 상황에 따라 결과가 다르므로 확률을 이용하여 기대효용을 계산한 것이다. 그림 10-4에서 확인할 수 있듯이 이러한 특성을 보이는 위험회피형 의사결정자의 효용함수 $U(\cdot)$는 일반적으로 아래에서 볼 때 오목한 형태를 취한다.[12]

그림 10-5 효용함수

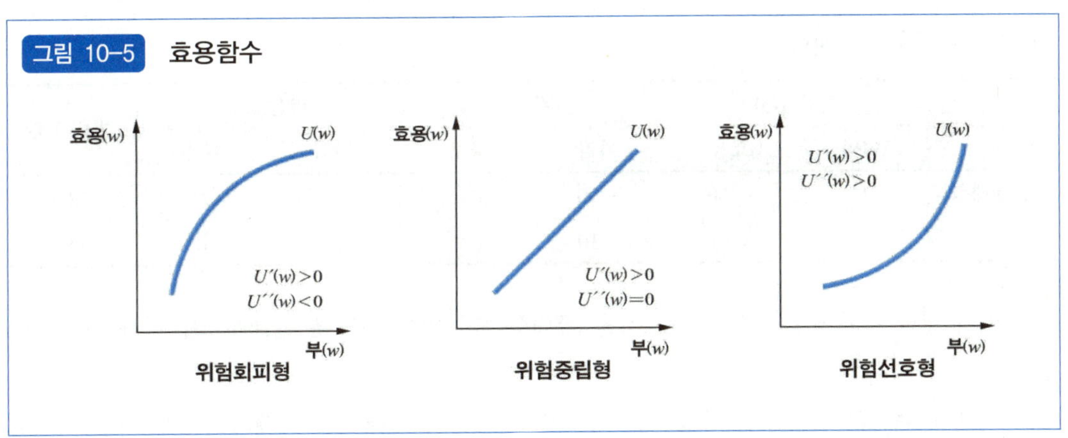

12 수학적으로 위험회피형 효용함수의 특성을 표시하면 $U'(w)>0$, $U''(w)<0$이다. 이하에서 언급하는 위험중립형 또는 위험선호형 효용함수 특성은 2계 도함수에서 차이를 보여 각각 $U''(w)=0$, $U''(w)>0$가 된다.

위험중립형 효용함수 위험중립형 의사결정자는 대안 A와 대안 B의 효용이 동일하다고 판단한다. 즉,

- $U(3{,}000) = 0.5 \cdot U(2{,}000) + 0.5 \cdot U(4{,}000)$

위험중립형 의사결정자는 위험의 존재나 크기에 신경을 쓰지 않으며 기대가치가 큰 대안을 선호한다. 이러한 특성을 가진 효용함수는 일차선형함수로 나타낼 수 있다.

위험선호형 효용함수 위험선호형 의사결정자는 확실한 대안 B보다 불확실한 대안 A를 선호한다. 즉,

- $U(3{,}000) < 0.5 \cdot U(2{,}000) + 0.5 \cdot U(4{,}000)$

이러한 특성을 가지는 효용함수는 아래에서 볼 때 볼록한 함수의 형태를 지닌다. 그림 10-5는 위험태도별 효용함수를 비교하여 보여준다.

기대효용 극대화 기준

일반적인 의사결정에서는 대안에 내재된 불확실성위험과 의사결정자의 위험에 대한 태도를 동시에 고려해야 하는데 의사결정자의 효용함수를 이용하는 것이 수월한 해결방법이다. 즉, 효용함수와 확률값을 이용하여 각 대안별로 기대효용을 계산하고 가장 높은 기대효용을 주는 대안을 선택기대효용 극대화하는 것이다.

다시 선글래스와 우산의 예를 살펴보자. 의사결정기준이 기대효용 극대화이고 효용함수가 다음과 같다고 하자.

$U(w) = \sqrt{w+50}$, w: 이익

구분	맑음(1/3)		흐림(1/3)		비옴(1/3)		기대효용
	이익	효용	이익	효용	이익	효용	
선글래스	100	$\sqrt{150}$	−10	$\sqrt{40}$	−30	$\sqrt{20}$	7.68
우산	−40	$\sqrt{10}$	−10	$\sqrt{40}$	80	$\sqrt{130}$	6.96

위의 계산 결과에 따르면 기대효용을 극대화하기 위한 대안은 선글래스를 판매하는 것이 된다.

여기서 주의할 것은 위험중립적인 경우를 제외하면 기대효용 극대화기준에 의한 의사결정과 기대가치에 기초한 의사결정 결과가 서로 달라질 수 있다는 점이다. 예제 10-9에서 확인할 수 있다.

PROBLEM 10-9

의사결정자가 대안 X와 대안 Y 중에 하나를 선택하고자 한다. 미래 상황은 상황 1이 발생할 확률이 2/3이며 상황 2가 발생할 확률이 1/3이다.

구분	상황 1	상황 2
확률	2/3	1/3
대안 X	300	600
대안 Y	100	1,300

물음 1 만약 의사결정자가 위험중립적이라고 한다면 어떤 대안을 선택할 것인가?

물음 2 의사결정자가 위험회피적이고 다음과 같은 효용함수를 가지고 있다면 어떤 대안을 선택할 것인가?

$$U(w) = \sqrt{w}$$

풀이 의사결정자가 위험중립적이면 기대가치기준을 그대로 적용하고 위험회피적인 경우에는 기대효용기준을 적용한다.

구분	대안 X	대안 Y	결정
(1) 위험중립적 의사결정자: 기대가치기준	$2/3 \times 300 + 1/3 \times 600$ $= 400$	$2/3 \times 100 + 1/3 \times 1{,}300$ $= 500$	대안 Y 선택
(2) 위험회피적 의사결정자: 기대효용기준	$2/3 \times \sqrt{300} + 1/3 \times \sqrt{600}$ $= 19.71$	$2/3 \times \sqrt{100} + 1/3 \times \sqrt{1{,}300}$ $= 18.69$	대안 X 선택

결과에 의하면 위험중립적인 경우에는 기대가치가 높은 대안 Y를 선택하지만 위험회피적인 경우에는 기대효용값이 높은 대안 X를 선택하여 서로 다른 결과를 보인다.

Cost & Management Accounting

쉬•어•가•는 **원가 · 관리회계**

콩코드 오류: 이미 쓴 돈에 발목이 잡힌 의사결정

영국과 프랑스는 1950년대에 각각 초음속 여객기 개발에 대한 연구를 시작했으며 1960년대 초에는 우여곡절 끝에 공동 개발을 추진하며 국제조약까지 체결했다. 논의 초기부터 경제성에 대한 논란이 있었지만, 양국 정부는 기술적 위신과 정치 · 외교적 이해관계를 이유로 사업을 강행했다. 예측대로 개발 과정에서 눈덩이처럼 불어난 비용으로 인해, 시장에 내놓기도 전에 이미 사업의 경제성이 떨어진다는 분석이 반복되었다. 그럼에도 이미 막대한 자금이 투입된 상황에서 프로젝트를 중단하는 것은 정치적 부담과 조약 위반 문제 때문에 쉽지 않았다.

콩코드는 1969년 첫 시험 비행에 성공했고, 1976년 정기 상용 운항을 시작했다. 1967년 홍보 당시에는 1980년대까지 약 350대를 판매할 수 있을 것으로 낙관했으며, 실제로 100대가 넘는 주문이 접수되기도 했다. 그러나 소음, 충격파, 오존층 파괴 우려 등 환경 논란이 이어졌고, 마하 2의 초음속 비행을 위해 설계된 기체 특성상 좌석 수가 100석 안팎에 불과해 항공사 수익성에 심각한 제약이 있었다. 결국 대부분의 주문은 취소되었고, 2003년 운항이 완전히 중단될 때까지 실제로 생산된 기체는 20대 남짓에 그쳤다.

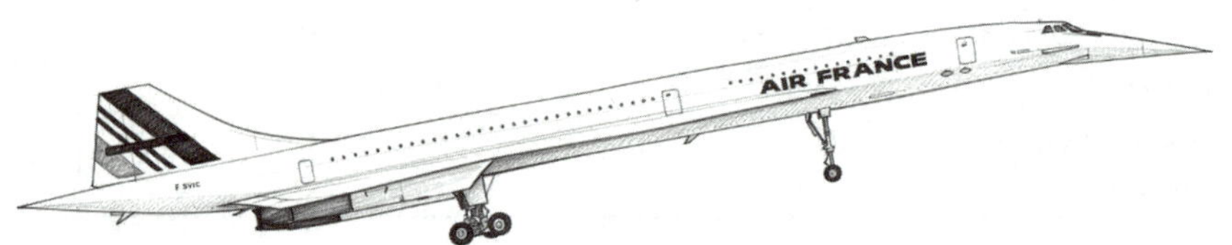

이 초음속 여객기의 공식 명칭이 바로 콩코드(Concorde)이다. 콩코드 개발과 운영 과정에서 양국 정부와 관련 이해관계자들은 "이미 여기에 이렇게 많이 썼는데 지금 포기할 수는 없다"는 이유로 경제성이 없다는 분석에도 불구하고 사업을 계속 끌고 갔다. 이러한 이유로 매몰원가가 미래 의사결정에 부당하게 영향을 미치는 현상을 가리켜 콩코드 오류(Concorde fallacy)라고 부른다.*

경제학자와 심리학자는 물론, 동물행동을 연구하는 학자들까지 이 콩코드 오류를 다룬 연구를 발표해 왔다. 일부 실험연구에 따르면, 성인이 어린아이보다, 인간이 일부 동물보다 오히려 매몰원가에 더 쉽게 빠져드는 것으로 나타난다. 과거의 선택을 실패로 인정하고 싶지 않은 심리, 이미 쓴 돈을 '낭비'로 만들지 않으려는 심리, 손실을 확정하는 결정을 회피하려는 손실회피성향 등이 그 배경으로 제시된다. 이기적 유전자(selfish gene)로 잘 알려진 Dawkins와 Brockmann (1980)은 나나니벌(digger wasp)과 같은 동물이 비슷한 형태의 행동을 보인다는 사례를 보고하면서, 이런 '비합리적' 행동이 오히려 특정환경에서는 생존전략이 되었을 가능성을 제기하기도 한다.

행동경제학은 콩코드 오류를 단순히 '무지의 결과'로만 보지 않는다. 사람들은 의사결정을 할 때 과거에 투입한 돈뿐 아니라, 그 결정에 얽힌 관계, 체면, 약속, 조직 내 평판까지 함께 떠올린다. 프로젝트를 중단하는 것이 숫자상의 손실을 인정하는 일일 뿐 아니라, 과거 자신의 판단과 리더십에 '실패'라는 도장을 찍는 일처럼 느껴진다면, 경제적으로는 중단이 옳다는 것을 알고도 정작 회의실 문 밖에서는 계속 사업을 유지하는 결정을 내릴 가능성이 크다.

본 장에서 다룬 주제는 이런 인간적인 망설임을 줄이기 위한 장치로 볼 수 있다. "앞으로의 추가 현금흐름만을 테이블 위에 올려놓고 논의한다"는 원칙을 미리 정해 두면, 회의에서 "그래도 지금까지 쓴 돈이…"라는 주장을 상당 부분 차단할 수 있다. 프로젝트 재평가 시 초기 투자액과 과거 집행액을 뺀 자료만 가지고 검토하는 것도 콩코드 오류를 줄이는 실무적 방법이다.

콩코드의 역사는 “매몰원가는 재무제표에만 남기고, 의사결정 표에서는 지워야 한다”는 점을 명확하게 보여준다.

* Concorde Fallacy라는 표현은 Curio(1979)가 Dawkins & Carlisle(1976)을 인용하면서 처음 사용하였다.

Arkes, H. & Blumer, C. 1985. The psychology of sunk cost. Organizational Behavior and Human Decision Processes.
Blasingame, J. 2011. Beware of the Concorde Fallacy. Forbes.
Dawkins, R. & Brockmann, H. 1980. Do digger wasps commit the Concorde fallacy? Animal Behaviour.

연습문제 | 의사결정: 관련원가와 효익

chapter 10

선택형

01. 의사결정과 관련된 원가개념에 대한 설명이다. 다음 중 적절하지 않은 것은 무엇인가?
① 고정원가는 비관련원가이지만 변동원가는 관련원가이다.
② 기회원가는 의사결정 대안 집합이 정해진 상태에서 특정 대안의 선택을 전제로 정의할 수 있다.
③ 회피불능원가는 기존대안과 비교할 새로운 대안을 선택하더라도 발생을 피할 수 없는 원가를 말한다.
④ 기발생원가는 의사결정과는 무관하게 과거에 발생한 원가이므로 의사결정에 영향을 주지 않는 비관련원가이다.
⑤ 회계원가는 과거원가이지만 의사결정에 사용할 수 있다.

02. 기존 대안의 유지 또는 새로운 대안으로의 전환을 재무적 관점에서 결정하려 한다. 다음 중 고려할 필요가 없는 것은 무엇인가?
① 새로운 대안 선택시 회피가능원가
② 기존에 사용하고 있는 설비의 감가상각비
③ 새로운 대안 선택시 증분원가
④ 새로운 대안 선택시 차액수익
⑤ 기존 대안하에서 얻을 수 있는 이익

03. 다음 중 기회원가가 발생하는 상황이 아닌 것은?
① 일회성 특별주문 수락시 기존 판매분 일부를 포기해야 할 때
② 대규모 물류창고를 신축할 때
③ 제약자원을 특정 제품라인에만 할당할 때
④ 부품을 자가제조할 때 부품 외부구입시 얻을 수 있는 유휴공간 임대수익
⑤ 특정 제품라인 폐지시 다른 제품라인의 판매가 증가할 때

04. (주)세무는 20×1년 연간 최대생산량이 8,000단위인 생산설비를 보유하고 있다. (주)세무는 당기에 제품 7,000단위를 단위당 ₩1,000에 판매할 것으로 예상하며, 단위당 변동제조원가는 ₩500, 단위당 변동판매관리비는 ₩100이다. (주)세무는 거래처로부터 제품 2,000단위를 판매할 수 있는 특별주문을 받았으며 단위당 변동제조원가와 단위당 변동판매관리비는 변화가 없다. 이 특별주문을 수락한다면, 예상판매량 중 1,000단위를 포기해야 한다. 이 때, 특별주문 제품의 단위당 최저판매가격은? … 세무사 2020

① ₩500 ② ₩600 ③ ₩800 ④ ₩900 ⑤ ₩1,000

05. (주)대한은 단일제품 A를 생산 및 판매하고 있으며, 관련범위 내 연간 최대생산능력은 10,000개이다. (주)대한은 현재 제품 A를 7,500개 생산하여 단위당 판매가격 ₩600으로 국내 정규시장에 모두 판매하고 있다. 제품 A의 원가 관련 정보는 다음과 같다. … 회계사 2025

- 기초원가(prime cost): 단위당 ₩400
- 제조간접원가 원가함수: Y=1,185,000 + 100X
  (Y=총제조간접원가(₩), X=제품 생산수량(개))
- 변동판매관리비: 단위당 ₩30
- 고정판매관리비: ₩700,000

최근 해외 거래처 ABC Inc.은 (주)대한에게 제품 A 3,000개를 단위당 ₩550에 특별주문할 수 있는지 문의하였다. 특별주문 수락 시 (주)대한은 특별주문 수량에 대해서는 단위당 50%의 변동판매관리비를 절감할 수 있으나, 고정판매관리비 ₩20,000과 단위당 ₩10의 특수 원재료 원가가 추가 발생할 것으로 예상된다. (주)대한이 ABC Inc.의 특별주문을 수락한다면 영업이익에 미치는 영향은 얼마인가? 단, (주)대한은 ABC Inc.의 특별주문을 전량 수락하거나 거절하여야 하며, 특별주문 수락 시 국내시장 판매를 일부 포기하여야 한다.

① ₩20,000 증가 ② ₩35,000 증가 ③ ₩40,000 증가
④ ₩55,000 증가 ⑤ ₩170,000 증가

06. (주)세무는 계산기를 생산하여 판매하고 있으며, 최대생산능력은 10,000대이다. (주)세무는 정규시장에 계산기 1대당 ₩200에 8,000대를 판매하고 있다. 한 번에 50대씩 묶음(batch) 생산하며, 8,000대 생산에 대한 원가는 다음과 같다. … 세무사 2024

생산량에 따라 변하는 변동원가	₩480,000
묶음수에 따라 변하는 변동원가	160,000
고정원가	800,000
	₩1,440,000

(주)세무는 특별주문에 대해 전량을 수락하거나 거절해야 하며, 특별주문 수락 시 정규시장 판매를 일부 포기해야 한다. (주)세무는 (주)대한으로부터 계산기 3,000대를 구매하겠다는 특별주문을 받았으며, 이 특별주문에 대해서는 100대씩 묶음 생산한다. (주)세무가 이 특별주문과 관련하여 손실을 발생시키지 않기 위해 요구해야 하는 계산기 1대당 최소금액은?

① ₩110 ② ₩115 ③ ₩120 ④ ₩125 ⑤ ₩130

회계사 2023 ···

07. (주)대한은 보조부문 S1과 S2, 제조부문 P1과 P2를 사용하여 제품을 생산하고 있다. 20×3년도에 각 보조부문이 생산하여 타부문에 제공할 용역의 양과 보조부문의 원가에 관한 예산자료는 다음과 같다.

- 보조부문의 용역생산량과 타부문에 제공할 용역량

보조부문	보조부문의 용역생산량	각 보조부문이 타부문에 제공할 용역량			
		S1	S2	P1	P2
S1	400단위	–	80단위	200단위	120단위
S2	400단위	160단위	40단위	40단위	160단위

- S1과 S2의 변동원가는 각각 ₩260,000과 ₩40,000이다.
- S1과 S2의 고정원가는 각각 ₩40,000과 ₩40,000이다.

20×2년 말 (주)대한은 (주)민국으로부터 현재 부문 S2에서 제공하고 있는 용역을 단위당 ₩400에 공급해 주겠다는 제안을 받았다. 이 제안을 20×3년 초에 수락할 경우, (주)대한은 부문 S2의 고정원가를 50%만큼 절감할 수 있다. 그리고 부문 S2의 설비는 타사에 임대하여 연간 ₩20,000의 수익을 얻을 수 있다. 20×3년 초에 (주)대한이 (주)민국의 제안을 수락하여 부문 S2를 폐쇄하고 (주)민국으로부터 용역을 구입하기로 결정하는 경우, 이러한 결정이 (주)대한의 20×3년도 이익에 미치는 영향은 얼마인가?

① ₩800 증가 ② ₩1,000 증가 ③ ₩1,200 증가
④ ₩1,400 증가 ⑤ ₩1,600 증가

08. 레저용 요트를 전문적으로 생산 · 판매하고 있는 (주)감평은 매년 해당 요트의 주요 부품인 자동제어센서 2,000단위를 자가제조하고 있으며, 관련 원가자료는 다음과 같다. … 감평사 2020

구분	총원가	단위당 원가
직접재료원가	₩700,000	₩350
직접노무원가	500,000	250
변동제조간접원가	300,000	150
고정제조간접원가	800,000	400
합계	₩2,300,000	₩1,150

(주)감평은 최근 외부업체로부터 자동제어센서 2,000단위 전량을 단위당 ₩900에 공급하겠다는 제안을 받았다. (주)감평이 동 제안을 수락할 경우, 기존설비를 임대하여 연간 ₩200,000의 수익을 창출할 수 있으며, 고정제조간접원가의 20%를 회피할 수 있다. (주)감평이 외부업체로부터 해당 부품을 공급받을 경우, 연간 영업이익에 미치는 영향은?

① ₩0 ② ₩60,000 감소 ③ ₩60,000 증가
④ ₩140,000 감소 ⑤ ₩140,000 증가

09. (주)세무는 A부품을 매년 1,000단위씩 자가제조하여 제품생산에 사용하고 있다. … 세무사 2022
A부품을 연간 1,000단위 생산할 경우 단위당 원가는 다음과 같다.

구분	단위당 원가
변동제조원가	₩33
고정제조간접원가	5
합계	₩38

최근에 외부의 공급업자로부터 A부품 1,000단위를 단위당 ₩35에 납품하겠다는 제안을 받았다. A부품을 전량 외부에서 구입하면 연간 총고정제조간접원가 중 ₩400이 절감되며, A부품 생산에 사용하던 설비를 다른 부품생산에 활용함으로써 연간 ₩200의 공헌이익을 추가로 얻을 수 있다. (주)세무가 외부 공급업자의 제안을 수락하면, A부품을 자가제조할 때보다 연간 영업이익은 얼마나 증가혹은 감소하는가?

① ₩1,400 감소 ② ₩1,400 증가 ③ ₩3,600 감소
④ ₩3,600 증가 ⑤ ₩4,800 감소

10. ㈜대한은 제품에 사용되는 부품 A를 자가제조하고 있으나, 외부 공급업체로부터 부품 A와 동일한 제품을 구입하는 방안을 검토 중이다. ㈜대한의 회계팀은 아래의 자료를 경영진에게 제출하였다. … 회계사 2021

구 분	부품 A 1단위당 금액
직접재료원가	₩38
직접노무원가	35
변동제조간접원가	20
감독관 급여	40
부품 A 전용제조장비 감가상각비	39
공통관리비의 배분	41

- 매년 10,000개의 부품 A를 생산하여 모두 사용하고 있다.
- 만일 외부에서 부품 A를 구입한다면 감독관 급여는 회피가능하다.
- 부품 A 전용제조장비는 다른 용도로 사용하거나 외부 매각이 불가능하다.
- 공통관리비는 회사 전체의 비용이므로 외부 구입 여부와 관계없이 회피가 불가능하다.
- 만일 부품 A를 외부에서 구입한다면, 제조에 사용되던 공장부지는 다른 제품의 생산을 위해서 사용될 예정이며, 연간 ₩240,000의 공헌이익을 추가로 발생시킨다.

㈜대한의 경영진은 부품 A를 자가제조하는 것이 외부에서 구입하는 것과 영업이익에 미치는 영향이 무차별하다는 결론에 도달하였다. 이 경우 외부 공급업체가 제시한 부품 A의 1단위당 금액은 얼마인가?

① ₩93　② ₩117　③ ₩133　④ ₩157　⑤ ₩196

세무사 2013 …

11. (주)세무는 부품A를 매년 1,000단위씩 자가생산하여 제품 생산에 사용하고 있는데, 부품 A 생산과 관련된 원가자료는 다음과 같다.

	단위당 원가
직접재료원가	₩150
직접노무원가	30
변동제조간접원가	20
고정제조간접원가	40
계	₩240

(주)하청이 부품A를 단위당 ₩215에 전량 공급해 주겠다는 제안을 하였다. (주)하청의 제안을 수락하면 부품 A의 생산공간을 부품 B 생산에 이용할 수 있어 부품 B의 총제조원가를 매년 ₩7,000 절감할 수 있고, 부품 A의 고정 기술사용료가 매년 ₩9,000 절감된다.

한편, (주)간청은 (주)세무에게 다른 제안을 하였다. (주)간청의 제안을 수락하면 부품 A의 총고정제조간접원가가 매년 10% 절감되나, 부품 A의 생산 공간을 부품 B 생산에 이용할 수 없어 부품 B의 총제조원가는 절감되지 않는다. (주)간청의 기술지도로 인하여 부품 A의 고정 기술사용료는 매년

₩7,000 절감된다. 각 제안별 수락에 따른 영업이익 증감액이 동일하게 되는 (주)간청의 제안가격은?

① ₩180 ② ₩198 ③ ₩202 ④ ₩210 ⑤ ₩212

12. (주)민성은 자신들이 가지고 있는 구형기계를 새로운 기계로 대체하고자 한다. 새로운 기계의 가격은 ₩90,000이며 내용연수는 5년, 잔존가치는 없는 것으로 추정된다. 신기계와 관련된 변동운선원가는 매년 ₩100,000씩 발생할 것으로 예상된다. 구형기계의 장부가치는 ₩50,000이며 잔여내용연수는 5년이다. 구형기계의 현시점에서의 처분가치는 ₩5,000이며 내용연수가 끝나는 시점에서는 ₩0일 것이다. 구형기계와 관련하여 발생하는 변동운전원가는 ₩125,000이다. 법인세와 현재가치 등을 무시했을 경우, 전체적으로 5년간 구형기계를 계속해서 보유하는 것과 비교했을 때 신기계를 구입하는 경우 기업의 이익은 어떻게 변하는가? … 감평사 1999

① ₩10,000 증가 ② ₩15,000 감소 ③ ₩35,000 증가

④ ₩40,000 증가 ⑤ ₩30,000 감소

13. (주)감평은 제품라인 A, B, C부문을 유지하고 있다. 20×1년 각 부문별 손익계산서는 다음과 같다. … 감평사 2021

	A부문	B부문	C부문	합계
매출액	₩200,000	₩300,000	₩500,000	₩1,000,000
변동원가	100,000	200,000	220,000	520,000
공헌이익	100,000	100,000	280,000	480,000
고정원가				
급여	30,000	50,000	80,000	160,000
광고선전비	10,000	60,000	70,000	140,000
기타 배부액	20,000	30,000	50,000	100,000
영업손익	₩40,000	(₩40,000)	₩80,000	₩80,000

(주)감평의 경영자는 B부문의 폐쇄를 결정하기 위하여 각 부문에 관한 자료를 수집한 결과 다음과 같이 나타났다.

- 급여는 회피불능원가이다.
- 광고선전은 각 부문별로 이루어지기 때문에 B부문을 폐쇄할 경우 B부문의 광고선전비는 더 이상 발생하지 않는다.
- 기타 배부액 총 ₩100,000은 각 부문의 매출액에 비례하여 배부한 원가이다.
- B부문을 폐쇄할 경우 C부문의 매출액이 20% 감소한다.

(주)감평이 B부문을 폐쇄할 경우 (주)감평 전체 이익의 감소액은? (단, 재고자산은 없다.)

① ₩36,000 ② ₩46,000 ③ ₩66,000
④ ₩86,000 ⑤ ₩96,000

회계사 2014 …

14. (주)한국은 제품라인별로 부문 X, 부문 Y 및 부문 Z를 유지하고 있다. (주)한국의 지난달 부문별 및 회사전체의 매출액, 비용, 이익에 관한 정보는 다음과 같다.

	부문 X	부문 Y	부문 Z	회사 전체
매출액	₩1,250	₩750	₩500	₩2,500
변동비	500	250	300	1,050
공헌이익	750	500	200	1,450
고정비:				
급여	325	205	150	680
감가상각비	10	20	20	50
기타 일반관리비	260	156	104	520
총고정비	595	381	274	1,250
영업이익(손실)	₩155	₩119	₩(74)	₩200

(주)한국의 재무담당이사CFO가 부문 Z의 폐지 여부 결정을 하기 위해 세 부문에 부과되는 비용들에 대해 분석한 결과는 다음과 같다.

(1) 급여는 각 부문에 속한 종업원들에게 직접 지급되며, 부문 Z가 폐지될 경우 회사는 부문 Z에 근무하는 종업원들을 추가 비용의 발생 없이 즉시 해고시킬 수 있다.
(2) 감가상각비는 각 부문의 설비에 대한 것이다. 각 부문의 설비는 부문의 특성에 맞게 주문제작된 것이기 때문에, 부문 Z가 폐지될 경우 부문 Z의 설비는 시장가치가 없다.
(3) 기타 일반관리비는 회계·구매·관리비용을 나타내며, 각 부문의 매출액을 기준으로 각 부문에 배부된다. 부문 Z가 폐지되더라도 매월 발생하는 기타 일반관리비 총액은 변동하지 않을 것으로 예상된다.

(주)한국이 부문 Z를 폐지하기로 결정한 경우, 부문 Z가 사용하던 유휴 공간 및 설비에 대한 대체적 용도가 없다. 다음 설명 중 옳지 않은 것은?

① 지난달 회사전체 공통고정비는 ₩520이다.
② 지난달 부문 X에 대해 추적가능한 고정비는 ₩325이다.
③ 지난달 부문 Y에 대한 공통고정비 배부전 부문이익segment margin은 ₩275이다.
④ 부문 Z를 폐지하기로 결정한 경우, 회피가능한 고정비는 월 ₩150이다.

⑤ 부문 Z를 폐지하기로 결정한 경우, 회사전체의 영업이익은 월 ₩50만큼 감소할 것이다.

15. (주)갑은 제품 A와 제품 B를 생산 · 판매하고 있으며, 20×1년 제품별 손익계산서는 다음과 같다. … 회계사 2012

	제품 A	제품 B	합계
매출액	₩100,000	₩50,000	₩150,000
매출원가:			
직접재료원가	25,000	15,000	40,000
직접노무원가	20,000	13,000	33,000
제조간접원가	11,000	10,000	21,000
합계	56,000	38,000	94,000
매출총이익	₩44,000	₩12,000	₩56,000
판매관리비	30,000	15,000	45,000
영업이익	₩14,000	(₩3,000)	₩11,000

(주)갑의 20×1년 제조간접원가 ₩21,000 중 ₩9,000은 작업준비원가이며, 나머지 ₩12,000은 공장설비의 감가상각비이다. 작업준비원가는 배치생산횟수에 비례하여 발생하며, 공장설비의 감가상각비는 회피불가능한 원가로서 매출액을 기준으로 각 제품에 배부된다. 각 제품의 판매관리비 중 40%는 변동원가이고 나머지는 회피불가능한 고정원가이다. 만약 제품 B의 생산라인을 폐지하면, 제품 A의 판매량은 30% 증가하게 되며 제품 A의 배치생산횟수는 20% 증가할 것으로 기대된다. 20×2년에도 제품별 수익 및 비용 구조는 전년도와 동일하게 유지될 것으로 예상된다.

(주)갑이 20×2년 초에 제품 B의 생산라인을 폐지할 경우 연간 증분이익은 얼마인가?

① ₩2,000　② ₩2,300　③ ₩2,900　④ ₩3,200　⑤ ₩3,600

16. (주)한국은 제품 A와 제품 B를 생산 · 판매하고 있다. 제품 A와 제품 B 각각에 대한 연간최대 조업도 100,000단위의 활동수준에서 예상되는 20×1년도 생산 및 판매와 관련된 자료는 다음과 같다. … 회계사 2017

구분	제품 A	제품 B
단위당 판매가격	₩120	₩80
단위당 변동원가:		
직접재료원가	₩30	₩12
직접노무원가	₩20	₩15
변동제조간접원가	₩ 7	₩ 5
변동판매관리비	₩12	₩ 8
단위당 고정원가:		

추적가능 고정제조간접원가	₩16	₩18
공통고정비	₩15	₩10
단위당 총원가	₩100	₩68
연간최대생산능력	100,000단위	100,000단위

제품별 추적가능 고정제조간접원가는 해당 제품의 생산을 중단하면 회피가능하나, 공통고정비는 제품 A 혹은 제품 B의 생산을 중단해도 계속해서 발생한다. (주)한국은 20×1년 초에 향후 1년 동안 제품 A 80,000단위와 제품 B 60,000단위를 생산 · 판매하기로 계획하였다. 그런데 (주)한국이 기존의 계획을 변경하여 20×1년에 제품 B를 생산하지 않기로 한다면, 제품 A의 20×1년도 연간 판매량은 원래 계획한 수량보다 15,000단위 증가할 것으로 예측된다.
(주)한국이 20×1년에 제품 B의 생산을 전면 중단할 경우, 이익에 미치는 영향은?

① ₩165,000 감소 ② ₩165,000 증가 ③ ₩240,000 증가
④ ₩265,000 감소 ⑤ ₩265,000 증가

회계사 2024 ···

17. (주)대한은 동일한 직접재료 X를 사용하여 두 가지 제품 A와 B를 생산 및 판매한다. 다음은 (주)대한이 생산 및 판매하고 있는 각 제품의 단위당 판매가격, 변동원가 및 공헌이익에 관한 자료이다.

구분	제품 A	제품 B
단위당 판매가격	₩1,800	₩2,400
단위당 변동원가		
직접재료원가	₩320	₩400
기타변동원가	₩960	₩1,400
계	₩1,280	₩1,800
단위당 공헌이익	₩520	₩600

(주)대한은 공급업체로부터 직접재료 X를 매월 최대 4,000kg까지 구입가능하며, 직접재료 X의 구입가격은 kg당 ₩80이다. (주)대한의 각 제품에 대한 매월 최대 시장수요량이 800단위제품 A와 400단위제품 B일 경우, (주)대한이 달성할 수 있는 최대공헌이익은 얼마인가?

① ₩240,000 ② ₩416,000 ③ ₩448,000
④ ₩512,000 ⑤ ₩656,000

세무사 2017 ···

18. (주)세무는 제품 A, 제품 B 및 제품 C를 생산하여 판매한다. 이 세 제품에 공통으로 필요한 재료 K를 품귀현상으로 더 이상 구입할 수 없게 되었다. (주)세무의 재료 K 보유량은 3,000kg이며, 재료 K가 소진되면 제품 A, 제품 B 및 제품 C는 더 이상 생산할 수 없다. (주)세무는 각

제품의 사전계약 물량을 의무적으로 생산하여야 하며, 사전계약 물량과 별도로 추가 최대 수요량까지 각 제품을 판매할 수 있다. (주)세무의 관련 자료가 다음과 같을 때, 최대의 공헌이익 총액사전계약 물량 포함은?

구분	제품 A	제품 B	제품 C
사전계약 물량	100단위	100단위	300단위
추가 최대수요량	400단위	100단위	1,500단위
단위당 판매가격	₩100	₩80	₩20
공헌이익률	24%	25%	60%
단위당 재료 K 사용량	3kg	5kg	2kg

① ₩19,000　② ₩19,500　③ ₩20,000
④ ₩20,500　⑤ ₩21,000

19. (주)세무는 특수기계를 이용하여 A, B, C 세 가지 제품을 생산·판매할 수 있다. 이 특수기계의 최대이용가능시간은 10,000시간으로 제한되어 있으며, 관련 자료는 다음과 같다. … 세무사 2025

구분	제품 A	제품 B	제품 C
단위당 판매가격	₩400	₩500	₩700
단위당 변동원가	₩160	₩200	₩380
단위당 특수기계 이용시간	2시간	3시간	4시간
제품별 정규 시장수요	3,000단위	1,000단위	500단위

(주)세무가 최대 달성가능한 이익을 기준으로 생산·판매 계획을 수립한 직후에 그동안 거래가 전혀 없던 (주)한국으로부터 제품 A를 단위당 ₩360에 800단위 구입하겠다는 특별주문을 받았다. 이 특별주문을 수락하는 경우, (주)세무의 이익증가액은? (단, 특별주문은 정규 시장수요에 영향을 미치지 않는다.)

① ₩50,000　② ₩42,000　③ ₩38,000
④ ₩25,000　⑤ ₩20,000

20. (주)세무는 두 공정을 거쳐 제품을 생산·판매하며, 각 공정별 자료는 다음과 같다. … 세무사 2023

	제1공정	제2공정
최대생산능력	8,000단위	10,000단위
총 고정원가	₩400,000	₩200,000
단위당 변동원가	₩20	₩10

제1공정 완성품은 외부 판매시장이 존재하지 않지만, 제2공정에서 추가가공하여 완제품(양품)을 생산한 후 단위당 ₩120에 모두 판매할 수 있다. 제1공정에서는 공손이 발생하지 않지만 제2공정 투입량의 5%는 제2공정 종점에서 공손이 되며, 공손품의 처분가치는 없다. ₩80,000을 추가 투입하여 제1공정의 최대생산능력을 1,000단위 증가시킬 수 있다면 회사 이익은 얼마나 증가하는가?

① ₩4,000 ② ₩4,500 ③ ₩10,000
④ ₩10,500 ⑤ ₩14,500

세무사 2022 ···

21. (주)세무는 제품 A와 B를 생산하고 있으며, 제품 생산에 관한 자료는 다음과 같다.

구분	제품 A	제품 B
제품 단위당 공헌이익	₩30	₩50
제품 단위당 기계시간	0.5시간	1시간
제품 단위당 노무시간	1.5시간	2시간

월간 이용가능한 기계시간은 1,000시간, 노무시간은 2,400시간으로 제한되어 있다. 월간 고정원가는 ₩20,000으로 매월 동일하고, 제품 A와 B의 시장수요는 무한하다. (주)세무가 이익을 극대화하기 위해서는 제품 A와 B를 각각 몇 단위 생산해야 하는가?

	제품 A	제품 B
①	0단위	1,000단위
②	800단위	500단위
③	800단위	600단위
④	900단위	500단위
⑤	1,600단위	0단위

세무사 2002 ···

22. 다사랑 회사는 기념품을 생산하여 판매하는 유망 중소업체이다. 기념품의 판매가격은 단위당 ₩100이며 회사의 현재 설비의 최대생산능력은 150,000단위이다. 100,000개를 생산하는 경우 기념품의 단위당 원가구조는 다음과 같다.

직접재료원가	₩20
직접노무원가	₩30
변동제조간접원가	₩10
고정제조간접원가	₩15

다사랑 회사는 위의 원가구조가 미래에도 동일할 것으로 보며 올해의 판매량도 100,000개일 것으로 예측하고 있다. 최근에 미국의 한 기업이 기념품을 개당 ₩70에 구입할 수 있는지를 문의해왔다. 다사랑 회사의 예측에 따르면 미국회사가 50,000개를 구입할 확률은 20%이고 40,000개를 구입할 확률이 40%이고 30,000개를 구입할 확률은 40%이다. 미국에 대한 수출은 신규판매로서 기존의 국내시장에는 영향이 없을 것으로 기대된다. 만일 다사랑 회사가 미국회사의 제의를 거절하면 유휴설비를 이용하여 ₩350,000의 이익을 올릴 수 있다. 다사랑 회사가 미국회사의 제의를 받아들이는 경우 기대이익의 증감은?

① ₩30,000 증가 ② ₩50,000 감소 ③ ₩300,000 증가
④ ₩500,000 감소 ⑤ 증감 없음

23. (주)싸이언은 게임용 소프트웨어를 개발하여 판매하고 있다. 제품의 단위당 변동원가는 ₩30,000이며 단위당 판매가격은 ₩40,000이다. 이 회사는 곧 개최되는 컴퓨터박람회에 참가하려고 하는데 박람회 주관기관에서 부스booth임차료와 관련하여 다음의 두 가지 지급방안을 제안하였다. … 회계사 2006

- 방안 1: 고정임차료 ₩8,000,000 지급
- 방안 2: 고정임차료 ₩2,000,000과 매출액의 10% 지급

이 회사는 과거 경험사료에 기초하여 소프트웨어 1,000단위와 2,000단위를 판매할 확률을 각각 40%와 60%로 평가하였다. 기대영업이익을 극대화하려면 어느 방안을 선택해야 하며 그 기대영업이익은 얼마인가?

① 방안 1, ₩14,000,000 ② 방안 2, ₩14,000,000 ③ 방안 1, ₩8,000,000
④ 방안 2, ₩7,600,000 ⑤ 방안 1, ₩7,600,000

서술형

회계사 2006 …

01. (주)스피드는 사무용복합기 A모델과 B모델을 생산하여 판매하고 있으며 두 모델의 단위당 자료는 다음과 같다.

	A모델	B모델
직접재료원가	₩240,000	₩320,000
직접노무원가	100,000	160,000
변동제조간접원가 (기계시간당 ₩10,000)	40,000	80,000
고정제조간접원가	40,000	40,000
단위당제조원가	₩420,000	₩600,000
판매가격	₩520,000	₩800,000

(주)스피드의 최대 조업도는 월 6,000기계시간이며, 현재 시장의 월간수요량은 A모델 800개, B모델 500개이다.

물음 (1) 위 자료에 의할 때 (주)스피드가 영업이익을 극대화할 수 있는 제품배합은 무엇인가?

(2) 새로운 거래처로부터 A모델 200개를 단위당 ₩480,000에 구매하겠다는 일회성 특별주문special order을 받았다. (주)스피드가 물음 (1)에서의 극대화된 영업이익 수준을 유지하면서 특별주문을 수락할 수 있는 최저 판매가격은 얼마인가? (단, 특별주문과 관련하여 생산설비의 증설은 없다)

02. S사는 제품 X와 Y를 생산하고 있다.

X제품의 단위당 공헌이익은 ₩1,000이며 Y제품의 단위당 공헌이익은 ₩1,500이다. X와 Y를 생산하기 위해서는 A와 B기계를 사용해야 하는데 각 기계의 월간 사용가능시간은 각각 100시간, 150시간이다. X를 생산하는 데 필요한 A기계 사용시간은 2시간이며, B기계 사용시간은 1시간이다. 그리고 Y를 생산하는 데 필요한 A기계 사용시간은 1시간이며 B기계 사용시간은 3시간이다.

한편 X제품을 생산하기 위해서는 이 제품을 관리하는 직원 1명이 필요한데 월급은 ₩20,000이며, Y제품을 생산하기 위해서는 또 다른 관리직원 1명이 필요하며 월급은 ₩30,000이다. 직원은 계약직으로 각 제품을 생산하지 않을 경우 각각 해고가 가능하다. A기계와 B기계의 월 감가상각비는 제품생산과 무관하게 발생하는 회피불가능원가로서 각각 ₩10,000이다.

물음 월 기준 X와 Y의 최적생산량은 얼마인가? 단, 수요는 충분하여 생산하기만 하면 전량 판매가능하다.

03. (주)민국의 대한사업부는 제품 X와 제품 Y를 생산 · 판매하고 있다. 20×1년 7월의 제품 생산 및 판매와 관련된 예상 자료는 다음과 같다.

(1) 제품별 단위당 판매가격 및 재료원가는 다음과 같다.

구분	제품X	제품Y
판매가격	₩720	₩560
재료원가	₩420	₩320

(2) 원재료는 제1공정 초기에 투입되며, 제1공정과 제2공정의 순차적인 노무작업이 필요하다. 제1공정과 제2공정에서 발생하는 당월 노무원가는 각각 ₩31,500과 ₩33,000으로 예상되며, 각 제품 단위당 소요되는 공정별 노무시간은 다음과 같다.

구분	제품X	제품Y	월 최대 총노무시간
제1공정	1시간	2시간	700시간
제2공정	1시간	1시간	440시간

(3) 재료원가는 전액 변동원가이며, 노무원가는 전액 고정원가이다. 제조경비와 판매관리비 등 기타원가는 없다.

(4) 월초 재고자산은 없다.

(5) 제품X와 제품Y의 당월 최대 판매가능수량은 각각 300단위이다.

※ 물음 1, 2 **(주)민국은 전부원가계산에 따라 산출한 사업부의 월별 영업이익에 기초하여 사업부의 성과를 평가하고 있다. 노무원가는 공정별로 각 제품에 배부하는데 공정별 월 최대 총노무시간을 기준조업도로 배부율을 정한다.**

물음 (1) 당월 대한사업부의 최적생산계획을 수립하기 위한, 목적함수와 제약조건식으로 구성된 선형모형을 제시하시오.

(2) 조업도로 인한 배부차이는 월별로 집계하며 전액 당월 비용으로 처리한다. 당월 영업이익을 극대화하는 최적생산계획은 무엇이며, 이에 따라 예상되는 영업이익은 얼마인가?

※ 물음 3, 4 **(주)민국은 초변동원가계산에 따라 산출한 사업부의 월별 영업이익에 기초하여 사업부의 성과를 평가하고 있다.**

물음 (3) 당월 대한사업부의 최적생산계획을 수립하기 위한, 목적함수와 제약조건식으로 구성된 선형모형을 제시하시오.

(4) 병목공정과 여유공정이 존재할 때 여유공정의 노무인력은 병목공정으로 재배치할 수 있으나, 이들이 타공정에서 작업하기 위해서는 추가적인 교육훈련비 ₩5,400이 발생할 것으로 예상된다. 당월 영업이익을 극대화하는 최적생산계획은 무엇이며, 이에 따라 예상되는 영업이익은 얼마인가?

제11장 차이분석과 표준원가계산

- **차이분석의 기초**
  - 예　　산
  - 표준원가
  - 고정예산과 변동예산
  - 예산과 실제결과간 차이분석
- **제조원가의 차이분석**
  - 직접재료원가의 차이분석
  - 직접노무원가의 차이분석
  - 변동제조간접원가의 차이분석
  - 고정제조간접원가의 차이분석
- **표준원가계산**
  - 고정제조간접원가의 배부와 조업도차이
  - 표준원가계산의 절차와 회계처리
  - 재무보고를 위한 차이액의 처리
  - 표준원가계산의 유용성
- **표준종합원가계산**
- **차이분석의 확장: 배합차이와 수율차이**
- **매출차이분석**
  - 매출조업도차이와 매출가격차이
  - 시장점유율차이와 시장규모차이
  - 다수 제품이 존재할 때 매출조업도 차이분석

차이분석과 표준원가계산

지금까지 설명한 원가계산은 실제로 발생한 역사적 원가에 기초한 것이었으나 역사적 원가는 바람직한 상황에서 발생할 것으로 기대하는 표준원가와는 다르다. 표준원가는 예산수립과정뿐만 아니라 사후적으로 실제결과와 비교하는 성과평가과정에서도 중요한 벤치마크benchmark 역할을 한다. 본 장에서는 예산표준과 실제결과를 비교하고 차이가 있다면 그 구체적인 원인이 무엇인가를 파악할 수 있는 차이분석의 틀과 방법을 설명한다. 아울러 제조원가의 차이분석과 제품원가계산이 결합된 표준원가계산에 대해서도 다룬다. 말미에는 매출수익의 차이분석을 설명한다.

차이분석의 기초

예　산

기업예산corporate budget은 특정 기간에 달성하고자 하는 목표와 이를 위해 수행해야 하는 활동 계획을 제시한 것으로 목표를 효율적으로 달성할 수 있도록 희소한 자원을 적재적소에 배분하는 과정이다. 예컨대 기업의 시장 환경을 고려한 내년의 이익 목표가 정해지면 이를 달성하기 위한 매출규모, 영업계획, 설비투자계획, 생산계획, 인력충원계획, 자금계획 등 기업의 전 활동영역을 동시에 고려한 총체적인 계획을 수립할 수 있는데 이를 화폐액으로 나타내면 예산이 된다.

예산은 기업의 대표적인 계획 도구인 동시에 실적을 평가하는 기준으로 통제과정에서도 중요한 역할을 한다. 실제 결과와 예산 간에 차이가 있다면 그 구체적인 원인을 파악하고 차이의 원인이 업무 수행상의 문제점에 의한 것이라면 이를 바로 잡는 조치가 필요하며, 만약 기존에 수립된 기업 목표나 전략에 문제가 있다면 목표나 전략을 재검토하고 수정하는 계기를 제공할 수도 있다. 예산에 기초한 성과평가와 보상은 예산이 통제장치로서 중요한 역할을 하고 있는 대표적인 예라고 할 수 있다. 예산은 계획–실행–통제라는 경영순환과정에서 계획과 통제를 공식적으로 담당하는 중요한 관리도구라고 할 수 있다.

예산은 기업 내 모든 활동과 업무를 대상으로 하거나 개별 조직이나 부서 또는 특정 프로젝트 별로 수립할 수 있다. 예산의 대표적인 형태라고 할 수 있는 **종합예산**master budget은 기업 전체를 대상으로 편성한 예산이다. 이 예산에는 기업 내의 여러 조직이 달성해야 하는 목표와 수행해야 하는 활동을 제시하며 최종적인 산출물로 **예산재무제표**pro forma statements도 작성한다. 종합예산은 기업의 목표와 전략 그리고 중 · 장기 사업계획을 기초로 하고 있으므로 이들과 일관성을 유지하는 범위 내에서 경영자가 의도하고 있는 당해 연도의 재무 및 영업목표를 달성할 수 있도록 기업의 전체적인 활동계획을 수립하게 된다.

종합예산을 수립하기 위해서는 판매 예측이 선행되어야 하며 기업에서 발생할 원가도 예측하여야 한다. 종합예산은 크게 운영예산과 재무예산으로 나눌 수 있는데 **운영예산**operating budget은 당해연도 목표이익을 실현하기 위한 매출, 구매, 생산 등 기업의 구체적인 활동에 대한 예산과 예산손익계산서로 구성되어 있다. **재무예산**financial budget은 운영예산상의 여러 활동이 기업의 재무에 미치는 영향을 보여주는 예산재무상태표, 예산현금흐름표현금예산 등으로 이루어져 있다.[1]

표준원가

판매예측량에 기초하여 생산량이 결정되면 각 원가요소별 예산을 수립할 수 있다. 이때 제품 한 단위에 소요되는 원가요소별의 소요수량과 가격은 적절한 관리노력을 들였을 때 달성할 것으로 기대하는 표준수량 및 표준가격을 사용한다.

각 원가요소별 표준원가는 해당 원가요소의 표준수량과 표준가격을 곱하여 구하며 제품 한 단위를 생산하기 위한 표준원가는 원가요소별 표준원가를 모두 합한 금액이 된다. 일반적으로 표준원가는 단위당으로 나타낸 개념이라고 할 수 있으며 예산은 표준원가에 생산량이나 매출량 등의 조업도를 고려한 총액 개념이라고 할 수 있다. 표준원가는 예산편성뿐만 아니라 원가통제, 성과평가, 가격결정 등에도 유용하다.

첫째, 표준원가는 **원가관리**를 위한 정보를 제공한다. 표준원가와 실제원가를 비교하고 차이를 분석하면 비효율성의 원인을 발견할 수 있다. 특히 차이의 허용범위를 정하고 그 범위를 초과한 비효율성이 발생할 경우 그 원인을 파악하여 신속히 조치를 취하는 **예외에 의한 관리** management by exception를 할 수 있다.

둘째, 표준원가는 **성과평가**를 위한 정보를 제공한다. 원가를 책임지고 있는 부문 관리자나 구성원들의 성과를 표준원가 달성도로 평가하여 원가관리노력을 유도할 수 있다.

셋째, 표준원가는 **의사결정**을 위한 정보를 제공한다. 제품의 가격결정, 특별주문의 수락 여부, 수익성이 없는 제품의 중단 등의 의사결정에 표준원가가 유용한 기초 정보가 될 수

1 종합예산의 수립에 관한 자세한 내용은 <웹부록 E>에서 다룬다.

있다.

직접재료원가의 표준

직접재료원가는 제품 생산량에 비례하여 발생하는 변동제조원가이다. 제품 단위당 표준직접재료원가는 제품 한 단위 생산하는 데 투입되는 표준수량에 재료단위당 표준가격을 곱하여 계산한다. 직접재료의 표준가격은 재료의 등급, 품질, 규격, 운송방법, 검수와 하역, 구입에 따른 할인 등을 고려하여 정상적으로 관리 가능한 가격을 표준으로 정한다. 표준수량은 효율적인 작업환경하에서 제품 한 단위를 완성하는 데 투입하는 재료의 수량에 정상감손이나 공손과 같이 정상적인 작업하에서 불가피한 비능률을 고려하여 설정한다.

직접노무원가의 표준

직접노무원가가 직접재료원가와 마찬가지로 생산량에 비례하여 발생하는 변동원가인 경우 제품 단위당 표준직접노무원가는 제품 한 단위 생산하는 데 투입되는 표준노무시간에 시간당 표준임률을 곱하여 계산한다.[2] 표준임률은 기업의 임금형태나 체계를 적절히 고려하여 결정하며 표준노무시간은 과거의 작업시간, 산업공학적 시간 및 동작 연구 결과, 정상적인 작업손실 등을 감안하여 결정한다.

변동제조간접원가의 표준

변동제조간접원가는 직접재료원가나 직접노무원가처럼 생산량에 비례하는 변동원가이지만 이들과는 달리 제품에 직접 추적하기 어려운 다양한 원가로 구성되어 있다. 예를 들어 소모품이나 수도광열비 등이 여기에 포함된다. 제품원가계산에서 뿐만 아니라 예산수립 또는 차이분석에서도 제품에 추적하기 어려운 모든 변동제조원가는 한데 묶어 마치 '변동제조간접원가'라는 이름을 가진 하나의 원가처럼 간주한다. 이와 같이 처리하는 이유는 변동제조간접원가를 구성하는 원가가 매우 다양할 뿐만 아니라 금액도 크지 않기 때문에 일일이 다루기보다는 하나의 원가인양 그룹화하여 처리하는 것이 원가-효익차원에서 바람직하기 때문이다.

이러한 이유로 변동제조간접원가 그 자체에 대해서는 수량이나 가격이 존재하지 않지만 변동제조간접원가를 추정하거나 배부하는 데 사용하는 원가동인을 마치 이 원가를 발생시키는 수량으로, 원가동인당 변동제조간접원가를 지불해야 하는 가격처럼 간주한다.

예산수립의 경우에도 표준수량이나 표준가격과 유사하게 표준배부량, 표준배부율이라는 개념을 사용한다. 예를 들어 제조간접원가를 추정하거나 배부할 때 사용하는 원가동인이 직접

2 직접노무원가 중에는 고정원가가 있을 수 있으나 본 장에서는 전액 변동원가로 구성되어 있다고 가정한다.

노무시간이고 사전에 결정된 제조간접원가 추정식이 다음과 같다고 하자.

- **제조간접원가 = ₩60,000 + ₩300 × 직접노무시간**

여기서 '₩300 × 표준직접노무시간'이 변동제조간접원가 예산액이라고 할 수 있다. 만약 제품 한 단위를 생산하는 데 표준직접노무시간이 3시간 소요된다면 이 시간수량이 바로 변동제조간접원가의 표준수량이 되며 기울기에 해당하는 '₩300'이 변동제조간접원가의 표준가격이라고 할 수 있다. 다만, 변동제조간접원가의 경우에는 표준수량이나 표준가격 자체가 존재하지 않기 때문에 표준수량 대신 표준배부량, 표준가격 대신 표준배부율이라는 용어를 사용한다.

이와 같이 효율적인 생산환경에서 발생할 것으로 예상되는 제조간접원가의 추정식이 확정되면 이로부터 변동제조간접원가의 표준은 쉽게 얻을 수 있다. 따라서 제조간접원가를 구성하는 각 세부 항목과 발생 원인을 충분히 검토하여 효율적인 환경하에서 발생할 것으로 예상되는 제조간접원가 추정식을 구하는 것이 중요하다.

고정제조간접원가 예산액

고정제조간접원가는 조업도와 비례관계가 없다는 점에서 변동제조원가와 구별되지만 제품에 직접 추적할 수 없는 다양한 제조원가로 구성되어 있다는 점에서 변동제조간접원가와 유사하다.

고정제조간접원가는 조업도와 무관하게 발생하는 원가이므로 표준 개념을 사용하지 않고 총액으로 표시하는 것이 적절하다. 고정제조간접원가 예산액은 이를 구성하는 모든 세부항목의 예산액을 합하여 구하거나 제조간접원가의 추정식으로부터 얻을 수 있다. 위에서 언급한 제조간접원가 추정식의 경우 절편에 해당하는 '₩60,000'이 고정제조간접원가 예산액이 된다.

고정예산과 변동예산

예산 수립 후 기간이 경과하고 실제결과가 확정되어 예산과 결과를 비교한다고 하자. 예산상 변동제조원가는 ₩1,000,000인 데 반해 변동제조원가 발생액이 ₩1,100,000이라면 예산보다 많이 발생하였으므로 원가관리에 문제가 있었다고 판단할 수 있는가? 예산원가와 실제원가를 비교하기에 앞서 우선 실제조업도와 예산조업도 간에 차이가 없는지 확인해야 한다. 예산은 생산판매량 1,000개를 기준으로 수립하였는데 실제결과는 1,200개가 생산, 판매되어 얻은 수치라면 변동제조원가가 많이 발생했더라도 이상할 것이 없다. 예산과 실제금액를 단순

비교하는 것은 무의미하며 비교 가능하도록 예산을 수정할 필요가 있다. 1,000개 기준의 예산이 아니라 1,200개 기준의 예산과 실제결과를 비교하는 것이 적절하다.

종합예산처럼 예산수립 초기에 예측하고 계획한 조업도를 기초로 수립한 예산을 **고정예산** static budget이라고 하며, 사후적으로 실제조업도가 확정되었을 때 이 조업도를 기준으로 수립한 비교목적의 예산을 **변동예산**flexible budget이라고 한다. 예산과 실제결과를 비교할 때, 조업도 차이로 인한 금액과 조업도를 실제와 일치시킨 상태에서 나타나는 차이를 구분하여 분석할 필요가 있다.

예산과 실제결과간 차이분석

다음 예를 통해 예산과 실제결과의 차이를 분석하는 구체적인 방법을 생각해보자.[3]

EXAMPLE 11-1

다음 자료는 S사의 20×1년 예산과 실제결과이다.

예산자료

1. **예산매출량과 판매가격**

매출량: 250개(시장규모: 2,500개, 시장점유율: 10%)

판매가격: ₩8,000

2. **표준제조원가**

표준변동제조원가

	단위당 수량	단가	단위당 원가
직접재료원가	120kg	₩20/kg	₩2,400
직접노무원가	3시간	₩400/직접노무시간	1,200
변동제조간접원가	3시간	₩300/직접노무시간	900
			₩4,500

고정제조간접원가 예산액: ₩60,000

3. **예산손익계산서**

매출	₩2,000,000

3 본 예는 제11장 전체 걸쳐 각 주제를 설명할 때 반복적으로 사용된다.

변동매출원가			
	직접재료원가	₩600,000	
	직접노무원가	300,000	
	변동제조간접원가	225,000	1,125,000
공헌이익			875,000
고정제조간접원가			60,000
영업이익			₩815,000

실제결과

1. 실제매출량과 판매가격

매출량: 210개(시장규모: 3,000개, 시장점유율: 7%)

판매가격: ₩8,500

2. 실제제조원가

변동제조원가

	단위당 수량	단가	단위당 원가
직접재료원가	130kg	₩22/kg	₩2,860
직접노무원가	3.5시간	₩380/직접노무시간	1,330

변동제조간접원가 발생액: ₩242,550

고정제조간접원가 발생액: ₩62,000

3. 실제손익계산서

매출			₩1,785,000
변동매출원가			
	직접재료원가	₩600,600	
	직접노무원가	279,300	
	변동제조간접원가	242,550	1,122,450
공헌이익			662,550
고정제조간접원가			62,000
영업이익			₩600,550

기타사항

- 판매가능량만큼만 생산하므로 재공품과 제품의 기초 및 기말 재고자산은 없다.
- 예산수립 시 사용한 제조간접원가 추정식은 다음과 같다.

제조간접원가 = ₩60,000 + ₩300 × 직접노무시간

즉, 고정제조간접원가 예산총액은 ₩60,000이며 표준변동제조간접원가는 직접노무시간당 ₩300이다.

유리한 차이와 불리한 차이

위의 S사 자료에서 예산과 실제 손익계산서를 비교하고 그 차이액을 표시하면 표 11-1과 같다. 차이액 옆에 표시되어 있는 F와 U는 각각 **유리한 차이**favorable variance와 **불리한 차이**unfavorable variance를 나타내는데 유리와 불리는 예산영업이익보다 실제영업이익을 높이거나 낮추는 차이라는 의미한다. 예를 들어 예산매출액과 실제매출액의 차이는 ₩215,000만큼 불리한 차이인데 예산영업이익에 비하여 실제영업이익을 ₩215,000만큼 낮추는 차이라는 뜻이다.

전체적으로 볼 때 예산과 실제의 이익차이는 ₩214,450로서 예산에 못 미치는 결과를 보여주고 있는데 이익차이 못지않게 차이의 원인이 어디에 있는가를 파악하는 것이 중요하다.

매출조업도차이와 변동예산차이

원인 중 가장 쉽게 확인할 수 있는 것은 실제매출량이 예산보다 낮았다는 점이다. 그렇다면 이익차이 ₩214,450이 모두 매출량의 차이에 의한 것인가? 이를 알기 위해 다른 수치는 예산과 동일하고 매출량만 다르다고 가정할 때 이익차이를 구해보자.

원가-조업도-이익 관계로부터 실제매출량에 기초한 예산이익과, 예산매출량에 기초한 예산이익의 차이를 구하면 다음과 같다. 고정제조원가는 매출량과 무관하므로 결국 매출량 차이로 인한 총공헌이익의 차이 ₩140,000가 바로 이익의 차이가 됨을 알 수 있다.

표 11-1 예산과 실제의 비교

	실제결과	차이	예산
매출량	210개	40개	250개
매출	₩1,785,000	₩215,000(U)	₩2,000,000
변동제조원가			
직접재료원가	600,600	600(U)	600,000
직접노무원가	279,300	20,700(F)	300,000
변동제조간접원가	242,550	17,550(U)	225,000
공헌이익	662,550	212,450(U)	875,000
고정제조간접원가	62,000	2,000(U)	60,000
영업이익	₩600,550	₩214,450(U)	₩815,000

- **매출량에 따른 이익 차이=(예산매출량－실제매출량)×단위당 공헌이익**
  =(250개－210개)×(₩8,000－₩4,500)
  =₩140,000

실제와 예산 간의 이익차이 ₩214,450 중에서 매출량으로 인한 차이는 그 일부인 ₩140,000이므로 나머지 ₩74,450은 다른 이유에 의한 것임을 짐작할 수 있다. 여기에서 다시 한 번 실제결과를 예산과 비교할 때는 매출량에 의한 차이와 다른 원인에 의한 차이를 구분하는 것이 필요하며 이를 위해서는 변동예산수치를 비교목적으로 활용해야 함을 알 수 있다.

표 11-2는 표 11-1에 변동예산을 추가한 것이다. 표 11-2의 오른쪽에 제시한 차이분석은 최초 예산인 고정예산과 실제매출량에 기초한 변동예산 간의 차이를 보여주고 있는데 이를 **매출조업도차이**sales-volume variance라고 한다. 고정예산과 변동예산과의 이익차이 ₩140,000은 앞서서 설명한 바와 동일하다.

한편 표 11-2의 왼쪽에 제시한 차이분석결과에서는 고정예산과 실제결과의 차이 중 매출조업도차이를 제외한 나머지 이익차이 ₩74,450의 원인을 항목별로 보여주고 있다. 이는 변동예산과 실제결과를 비교한 수치로서 **변동예산차이**flexible budget variance라고 부른다.

변동예산차이를 구성하는 항목은 크게 매출액과 제조원가로 구분할 수 있다. 변동예산매출액과 실제매출액의 차이에는 매출량에 의한 차이는 없으므로 유리한 차이 ₩105,000는 전액 판매가격으로 인한 차이임을 알 수 있는데 이를 매출가격차이sales-price variance라고 한다. 단위당 판매가격 차이 ₩500에 매출량 210개를 곱한 결과이다.

표 11-2 매출조업도차이와 변동예산차이

	실제결과	변동예산차이	변동예산	매출조업도차이	고정예산
매출량	210개		210개		250개
매출	₩1,785,000	₩105,000(F)	₩1,680,000	₩320,000(U)	₩2,000,000
변동제조원가					
직접재료원가	600,600	96,600(U)	504,000	96,000(F)	600,000
직접노무원가	279,300	27,300(U)	252,000	48,000(F)	300,000
변동제조간접원가	242,550	53,550(U)	189,000	36,000(F)	225,000
공헌이익	662,550	72,450(U)	735,000	140,000(U)	875,000
고정제조간접원가	62,000	2,000(U)	60,000	–	60,000
영업이익	₩600,550	₩74,450(U)	₩675,000	₩140,000(U)	₩815,000

제조원가는 모든 원가 항목에서 불리한 차이를 보여 주고 있지만 차이의 원인이 무엇인지는 알 수 없다. 예를 들어 직접재료원가는 ₩96,600만큼 불리한 차이를 보이는데 이 차이의 원인이 재료 사용량이나 재료구입단가가 예산과 다르기 때문이 아닐까 짐작할 뿐이다. 이제 각 제조원가에서 발생한 차이의 원인을 좀 더 자세히 분석할 단계가 되었다.

제조원가의 차이분석

제조원가의 변동예산차이, 즉 실제발생액과 변동예산액의 차이를 좀 더 자세히 분석하기 위해서 그림 11-1의 분석 틀을 살펴보자. 분석 틀에서 왼쪽에는 실제가격에 실제 사용한 수량 실제투입량을 곱한 실제발생액을, 오른쪽에는 표준가격에 실제조업도 실제산출량에 허용된 표준수량 변동예산 표준수량을 곱한 변동예산액을 각각 표시하고 있다. 그리고 중앙에는 표준가격에 실제수량을 곱한 가상의 금액을 추가하였다.

그림 11-1 차이분석의 틀

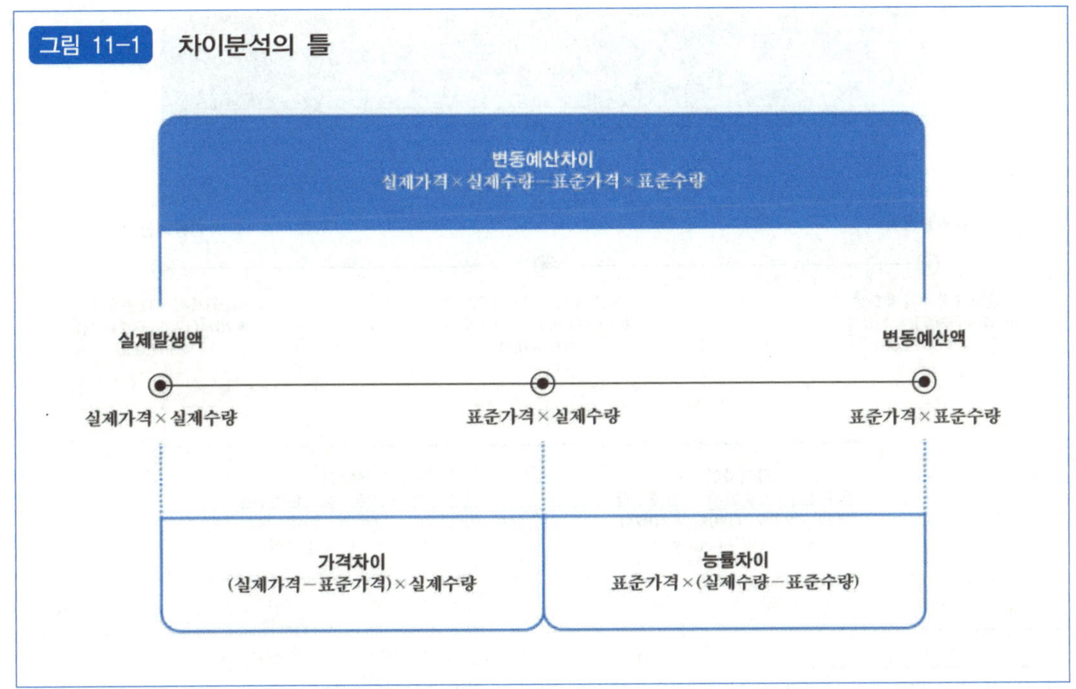

왼쪽의 실제발생액과 (표준가격×실제수량)의 차이는 표준가격과 실제가격의 차이로 인해 발생한 변동예산차이를 보여주고 있으며, (표준가격×실제수량)과 오른쪽의 변동예산액의 차이는 표준수량과 실제수량의 차이로 인해 발생한 변동예산차이를 보여준다.[4] 여기서 첫 번째 차이를 **가격차이**price variance라고 부르고 두 번째 차이를 **능률차이**efficiency variance라고 한다. 물론 두 차이를 합한 금액은 변동예산차이 전체금액이 된다.

이 분석의 틀은 변동제조원가, 즉 직접재료원가, 직접노무원가, 변동제조간접원가의 차이분석에 공통적으로 사용된다.

직접재료원가의 차이분석

직접재료원가의 변동예산 차이는 가격차이와 능률차이수량차이로 구분할 수 있다. 앞서 언급한 사례에서 직접재료원가의 변동예산 차이는 불리한 차이 ₩96,600이었는데 이를 차이분석

그림 11-2 직접재료원가의 차이분석

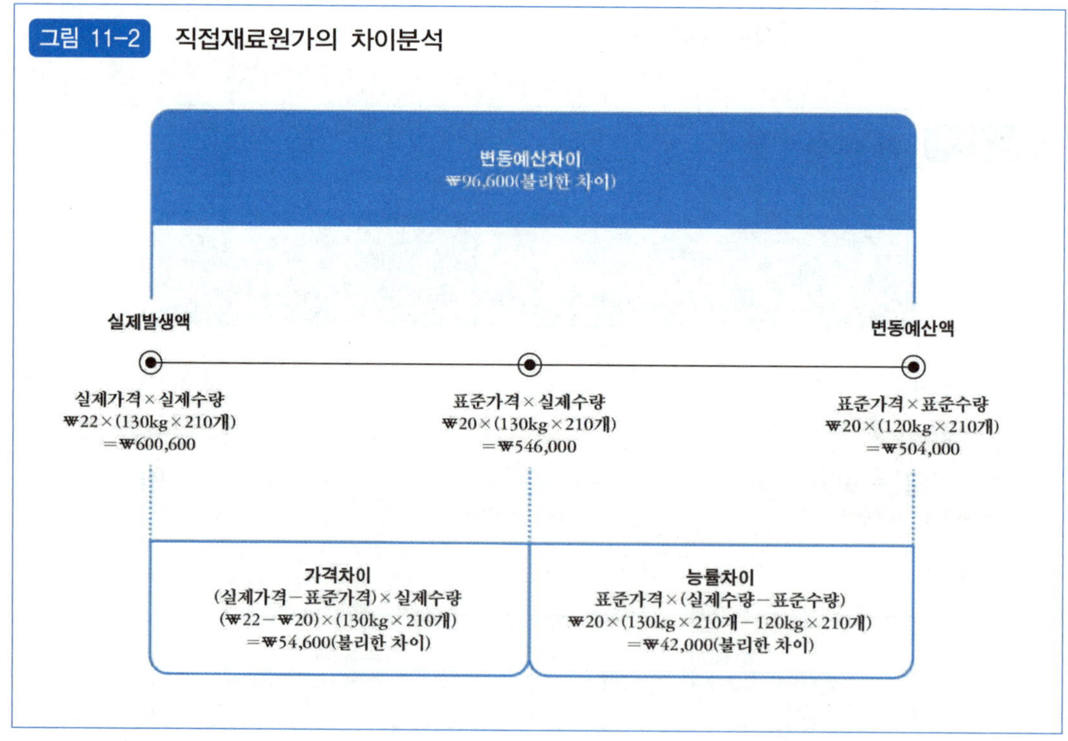

4 직접노무원가의 경우 가격에 해당하는 것은 임률(wage rate)이며, 수량에 해당하는 것은 노무시간이다. 또 변동제조간접원가의 경우에는 각각 배부율과 배부기준량을 의미한다.

틀을 이용하면 불리한 가격차이 ₩54,600과 불리한 능률차이 ₩42,000으로 나눌 수 있다. 그림 11-2는 각 차이의 계산과정을 보여주고 있다.

불리한 직접재료원가 가격차이가 발생하는 원인으로는 예산을 수립할 당시와는 달리 원자재의 시장상황이 변하여 원자재의 가격이 오르거나, 원래 의도했던 것보다 고품질의 재료를 구입하게 되어 더 높은 가격을 지불해서 발생할 수도 있다. 한편 불리한 가격차이와 반대되는 상황이 발생하면 유리한 차이가 나타날 수 있다.

불리한 직접재료원가 능률차이가 발생하는 이유로는 제품설계나 공정설계에 문제가 있어 구조적으로 재료소비량이 과도하게 발생하거나 저급의 재료를 구입하는 경우에도 발생할 수 있으며 작업자의 숙련도에 떨어지는 경우에도 가능하다. 한편 유리한 능률차이는 고품질의 재료를 사용하거나 효율적인 작업으로 인해 생길 수 있다.

경우에 따라 재료의 가격차이와 능률차이는 상반관계trade-off에 놓일 수 있는데 앞서 설명한 재료의 품질은 가격차이와 능률차이가 서로 반대되는 차이를 보이는 원인이 될 수 있으므로 차이분석 결과를 해석할 때 주의가 필요하다. 예를 들어 고저품질의 원재료는 불리유리한 가격차이를 낳을 수 있지만 다른 한편으로는 유리불리한 능률차이를 낳는 원인이 될 수 있기 때문이다.

PROBLEM 11-1

다음 자료를 이용하여 물음에 답하라.

- 제품 단위당 표준 직접재료원가: 10kg(표준수량)×₩20(표준가격)=₩200
- 제품생산량: 1,000단위
- 실제 직접재료사용량: 10,500kg
- 실제 직접재료원가: ₩220,500

물음 1 직접재료원가의 변동예산차이는 얼마인가?

물음 2 직접재료원가의 변동예산차이를 가격차이와 능률차이로 분리하고 설명하라.

풀이

1. 직접재료원가의 변동예산차이

실제 직접재료원가－직접재료원가 변동예산액

₩220,500－₩200×10,000kg=**₩20,500(불리한 차이)**

(생산량 1,000단위의 표준재료투입량: 1,000×10kg)

2. 직접재료원가 가격차이

(실제가격 − 표준가격) × 실제재료사용량

= (₩21 − ₩20) × 10,500kg = **₩10,500(불리한 차이)**

직접재료원가 가격차이는 표준가격(₩20)보다 높은 가격(₩21)으로 재료를 구입했기 때문에 발생했다.

직접재료원가 능률차이:

표준가격 × (실제재료사용량 − 표준재료사용량)

= ₩20 × (10,500 − 10,000kg) = **₩10,000(불리한 차이)**

직접재료원가 능률차이는 제품 1,000단위 생산하는 데 필요한 표준재료사용량 10,000kg보다 500kg 초과하여 사용하여 발생했다.

앞에서 직접재료원가의 가격차이는 재료의 사용시점을 기준으로 계산했지만 구입시점에 파악할 수도 있다. 재료를 필요할 때마다 구입하는 즉시시스템을 사용하는 기업은 구입시점이 바로 재료의 투입시점이 되므로 이를 구별할 필요가 없지만 재료의 구입시점과 사용시점이 다르고 그 수량도 다른 경우에는 가격차이를 어느 시점에 파악할 것인가를 결정해야 한다. 일반적으로 차이는 가능한 한 빨리 발견하는 것이 바람직하므로 가격차이는 구입시점에 파악하는 것이 적절하다. 재료의 구입시점과 사용시점이 다르고 그 수량도 다른 경우 차이분석의 틀은 그림 11-3과 같이 변형할 수 있다.

그림 11-3 직접재료원가의 가격차이를 구입시점에 분리하는 경우

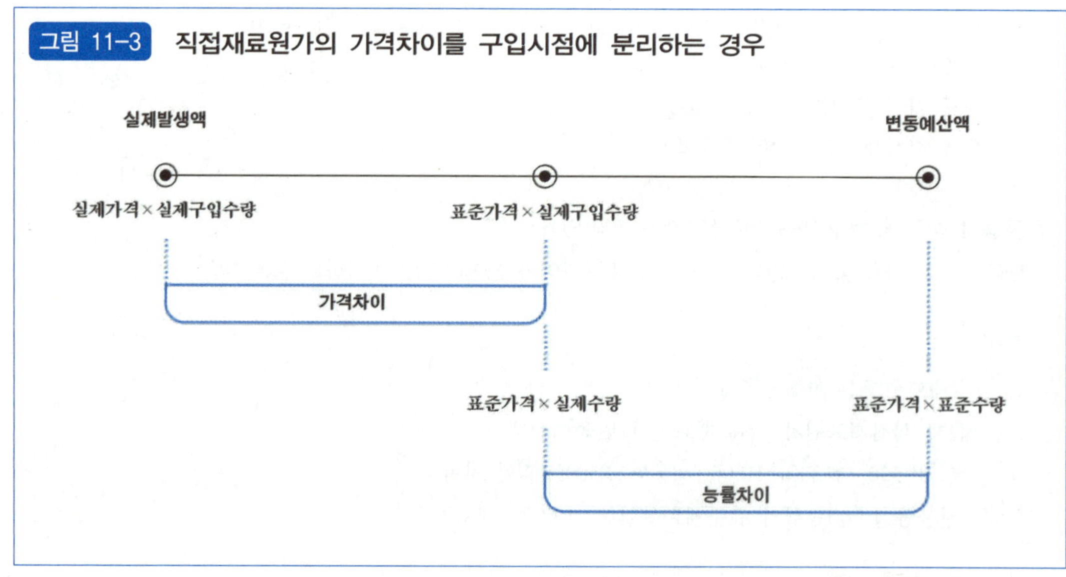

직접노무원가의 차이분석

직접노무원가의 변동예산 차이 역시 가격차이임률차이와 능률차이로 구분할 수 있다. 앞서 언급한 사례에서 직접노무원가의 변동예산 차이는 불리한 차이 ₩27,300이었는데 이를 차이분석 틀을 이용하여 분석하면 유리한 가격차이 ₩14,700과 불리한 능률차이 ₩42,000으로 나눌 수 있다. 그림 11-4는 각 차이의 계산과정을 보여주고 있나.

직접노무원가 가격차이는 표준을 수립할 때 계획했던 것보다 숙련된 작업자나 미숙련자를 투입하는 경우 숙련도에 따른 임률의 차이로 발생할 수 있다. 경우에 따라서는 작업 외적인 요인에 의해 직접노무원가 가격차이가 발생할 수도 있다.

예를 들어 노동조합과의 임금교섭결과 임금을 인상하거나, 전반적인 경제상황에 따라 임금이 변하게 되는 경우 발생할 수 있다. 작업 외적인 이유로 가격차이가 발생하는 경우에는 생산담당 부서에서 통제가 불가능하지만, 작업자의 숙련도에 따른 가격차이는 작업자를 숙련도에 따라 적재적소에 배치한다면 해결될 수도 있다. 숙련 작업자를 작업에 투입할 경우 가격차이에서는 불리한 차이가 발생하지만 노동생산성의 증가로 능률차이는 유리한 결과를 보일 수 있다.

그림 11-4 직접노무원가의 차이분석

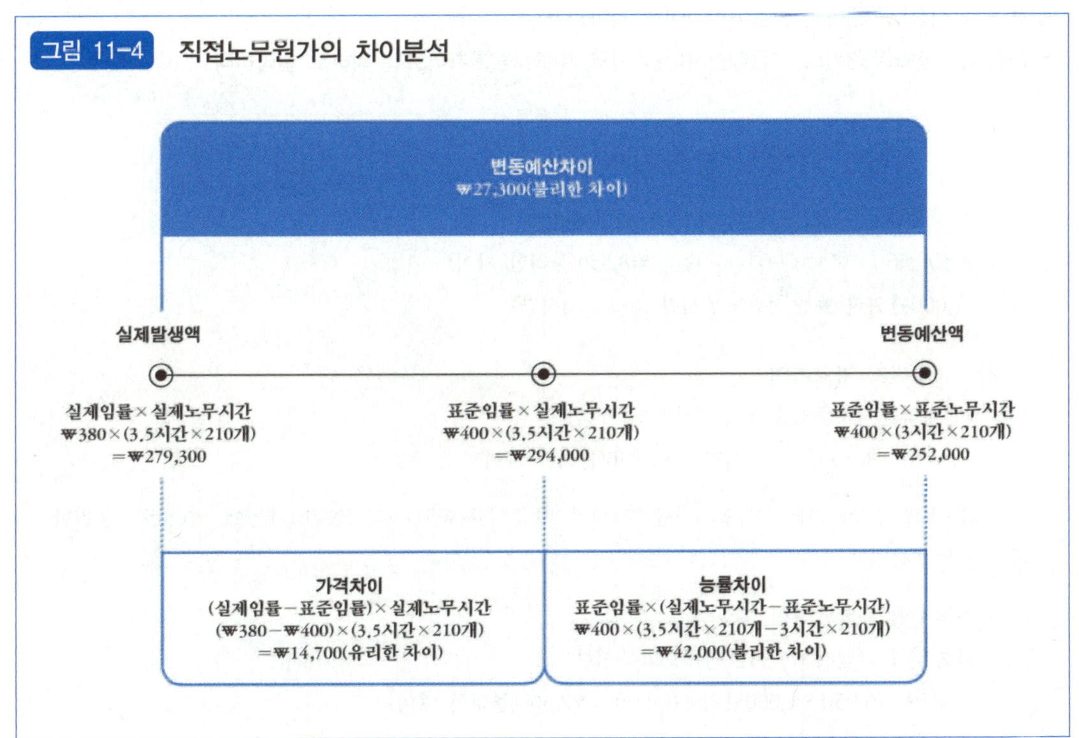

직접노무원가의 능률차이는 노동생산성을 나타내는 것으로 발생 원인은 작업자의 동기부여 결여, 교육훈련의 부족, 낮은 품질의 원재료 사용으로 인한 작업손실, 숙련도가 낮은 작업자 투입, 기계 정비의 미비, 제품 품질의 통제강화, 생산계획의 차질 등을 들 수 있다. 이와 같은 작업의 비능률은 생산을 주관하는 담당부서에서 해결가능한 것도 있지만 생산부서 자체에서 해결할 수 없는 요인도 있다. 예를 들면 수준 이하의 재료를 사용할 경우 직접재료원가 가격차이에서는 유리한 결과를 보일 수 있지만 직접노무원가에서는 작업손실이 발생하여 불리한 차이가 발생할 수 있다. 차이분석에서 단순히 유불리 그 자체로만 평가하기에 앞서 차이의 원인과 상반관계를 면밀히 검토할 필요가 있다.

PROBLEM 11-2

다음 자료를 이용하여 물음에 답하라.

- 제품 단위당 표준직접노무원가: 6시간(표준노무시간) × ₩50(표준임률) = ₩300
- 제품생산량: 1,000단위
- 실제 직접노무시간: 6,050시간, 실제 직접노무원가: ₩308,550

물음 1 직접노무원가의 변동예산차이는 얼마인가?

물음 2 직접노무원가의 변동예산차이를 가격차이와 능률차이로 분리하고 설명하라.

풀이

1. 직접노무원가의 변동예산차이

실제직접노무원가 − 직접노무원가 변동예산액

₩308,550 − ₩300 × 6,000시간 = **₩8,550(불리한 차이)**

(1,000단위의 표준직접노무시간:1,000 × 6시간)

2. 직접노무원가 가격차이

(실제임률 − 표준임률) × 실제직접노무시간

= (₩51 − ₩50) × 6,050시간 = **₩6,050(불리한 차이)**

직접노무원가 가격차이는 실제임률(₩50)이 표준임률(₩51)보다 높기 때문에 ₩6,050 불리한 차이가 발생하였다.

직접노무원가 능률차이:

표준임률 × (실제노무시간 − 표준노무시간)

= ₩50 × (6,050 − 1,000단위 × 6시간) = **₩2,500(불리한 차이)**

직접노무원가 능률차이는 표준노무시간보다 실제노무시간이 50시간 초과하여 ₩2,500 불리한 차이가 발생하였다.

변동제조간접원가의 차이분석

변동제조간접원가는 앞선 직접재료원가 및 직접노무원가에 적용했던 차이분석 방법을 그대로 사용하지만 차이의 의미가 매우 다르다는 점에 유의하여야 한다. 특히 변동제조간접원가의 차이는 가격차이 대신 **소비차이**spending variance라는 용어를 사용하며 능률차이도 변동제조간접원가 자체의 능률성과는 무관하다.

변동제조간접원가의 표준 설정에서 이미 언급한 것처럼 변동제조간접원가는 표준배부율과 표준배부기준량이라는 개념을 사용한다. **표준배부율**은 변동제조간접원가를 구성하는 다양한 원가의 발생을 공통적으로 실명할 수 있는 원가동인이 정해진 상태에서 그 원가동인량이 한 단위 증가할 때마다 변동제조간접원가가 증가하는 정도를 의미한다. **표준배부기준량**은 제품 한 단위 생산할 때 앞서 정한 원가동인의 표준소요량을 의미한다.

예를 들어 어느 기업의 변동제조간접원가가 소모품비, 간접노무원가, 수도광열비로 구성되어 있다고 하자. 과거 사료를 분석한 결과 이들 원가의 발생을 가장 잘 설명할 수 있는 원가동인이 직접노무시간이며 효율적인 작업환경하에서 직접노무시간이 한 시간 늘어날 때마다 소모품비, 간접노무원가, 수도광열비 등을 합한 변동제조간접원가가 ₩1,000씩 증가한다면 이를 변동제조간접원가의 표준배부율이라고 할 수 있다. 이 경우 단위당 표준배부기준량은 제품 한 단위 생산하는 데 소요되는 표준직접노무시간이 된다. 만약 표준배부율이 ₩1,000/직접노무시간, 단위당 표준배부기준량이 직접노무시간 2시간이라면 제품생산판매량이 1,000개일 때 변동예산상 변동제조간접원가는 표준배부기준량 2,000시간에 표준배부율 ₩1,000을 적용한 ₩2,000,000이 된다.

변동제조간접원가의 **소비차이**는 다음과 같이 계산한다.[5]

5 실제발생액을 식에서와 같이 실제배부율과 실제배부기준량으로 분해할 수 있지만 이는 예제 11-3에서와 같이 소비차이의 의미를 설명하기 위함일 뿐이므로 계산시에는 이와 같이 할 필요가 없다.

formula

변동제조간접원가 소비차이 = 실제변동제조간접원가 발생액 − 표준배부율 × 실제배부기준량
= 실제배부율 × 실제배부기준량 − 표준배부율 × 실제배부기준량
= (실제배부율 − 표준배부율) × 실제배부기준량

직접재료원가나 직접노무원가의 경우에는 이 차이를 가격차이라고 했지만 변동제조간접원가는 이 차이를 소비차이라고 부른다. 이 차이에는 변동제조간접원가를 구성하는 각 세부 항목의 가격차이 뿐만 아니라 능률차이 금액도 포함될 수 있기 때문이다.

변동제조간접원가의 **능률차이**는 다음과 같이 계산한다.

formula

변동제조간접원가 능률차이 = 표준배부율 × 실제배부기준량 − 표준배부율 × 표준배부기준량
= 표준배부율 × (실제배부기준량 − 표준배부기준량)

위의 식에서도 알 수 있듯이 변동제조간접원가의 능률차이는 실제배부기준량이 변동예산 표준배부기준량과 다르기 때문에 나타나는 것으로 변동제조간접원가 자체의 능률성과는 무관하며 선택한 배부기준의 능률성과 관련있다는 것을 알 수 있다. 예제 11-3은 변동제조간접원가의 소비차이와 능률차이의 의미를 이해하는 데 도움이 된다.

PROBLEM 11-3

다음은 S사의 변동제조간접원가를 구성하는 각 원가에 대한 직접노무시간당 표준소비량과 표준단가이다.

항목	직접노무시간당 표준소비량	표준단가	직접노무시간당 금액
소모품	1kg	₩10	₩10
간접노무원가	1시간	₩20	20
전력비	1kWh	₩30	30
변동제조간접원가 표준배부율:			₩60

위 자료에 의할 때 변동제조간접원가 각 항목의 소비량이 직접노무시간과 관련이 있으므로 변동제조간접원가 전체에 대해 적절한 배부기준은 직접노무시간임을 알 수 있다. 따라서 회사에서는

변동제조간접원가 표준배부율을 직접노무시간당 ₩60으로 정했다. 한편 제품 한 단위당 표준직접노무시간은 1시간이다.

예산기간이 경과한 후 실제 제품생산량은 100개이고 이때 투입한 직접노무시간은 108시간이었으며 변동제조간접원가의 각 항목별 실제소비량과 실제단가는 다음과 같았다.

항목	실제소비량	실제단가	실제발생액
소모품	109kg	₩10	₩1,090
간접노무원가	95시간	₩22	2,090
전력비	120kWh	₩32	3,840
변동제조간접원가 실제발생액:			₩7,020

물음 1 변동제조간접원가 실제배부율은 얼마인가?

물음 2 소비차이는 얼마인가? 소비차이가 발생한 이유는 무엇인가?

물음 3 능률차이는 얼마인가? 능률차이가 발생한 이유는 무엇인가?

풀이

1. 실제배부율＝₩7,020÷108시간＝₩65/시간
2. 실제변동제조간접원가 발생액－표준배부율×실제배부기준량

＝실제배부율×실제직접노무시간－표준배부율×실제직접노무시간

＝(₩65－₩60)×108시간

＝₩540(**불리한 차이**)

소비차이가 발생한 이유는 실제배부율이 표준배부율보다 크기 때문이다. 또 실제배부율이 표준배부율보다 큰 이유는 변동제조간접원가를 구성하는 세부항목의 실제소비량 및 실제단가가 표준소비량 및 표준단가와 다르기 때문이다. 비교목적으로 표준수치를 괄호 안에 표시한 아래 표에서는 실제배부율이 표준배부율과 다른 이유를 잘 보여준다.

항목	실제소비량 (표준소비량)	실제단가 (표준단가)	실제발생액 (표준발생액)
소모품	109(100)kg	₩10(10)	₩1,090(1,000)
간접노무원가	95(100)시간	22(20)	2,090(2,000)
전력비	120(100)kWh	32(30)	3,840(3,000)
변동제조간접원가 실제발생 총액(표준발생 총액)			₩7,020(6,000)
실제직접노무시간(표준직접노무시간)			108(100)시간
실제배부율(표준배부율)			₩65(60)/시간

3. 표준배부율×실제직접노무시간－표준배부율×표준직접노무시간
   =₩60×(108시간－100시간)
   =₩480(**불리한 차이**)

변동제조간접원가의 능률차이가 발생한 이유는 배부기준으로 선택한 직접노무시간의 실제시간이 변동예산 표준시간보다 많이 발생했기 때문이다.

변동제조간접원가의 소비차이가 발생하는 이유는 예제 11-3에서 확인할 수 있는 것처럼 변동제조간접원가를 구성하는 세부항목의 실제소비량이나 단가가 다르기 때문이다. 한편 변동제조간접원가의 능률차이는 선택한 배부기준의 실제발생량과 변동예산 표준발생량의 차이로 발생한다.

앞서 제시한 예 11-1을 이용하여 변동제조간접원가의 소비차이와 능률차이를 구하면 그림 11-5와 같다.

그림 11-5 변동제조간접원가의 차이분석

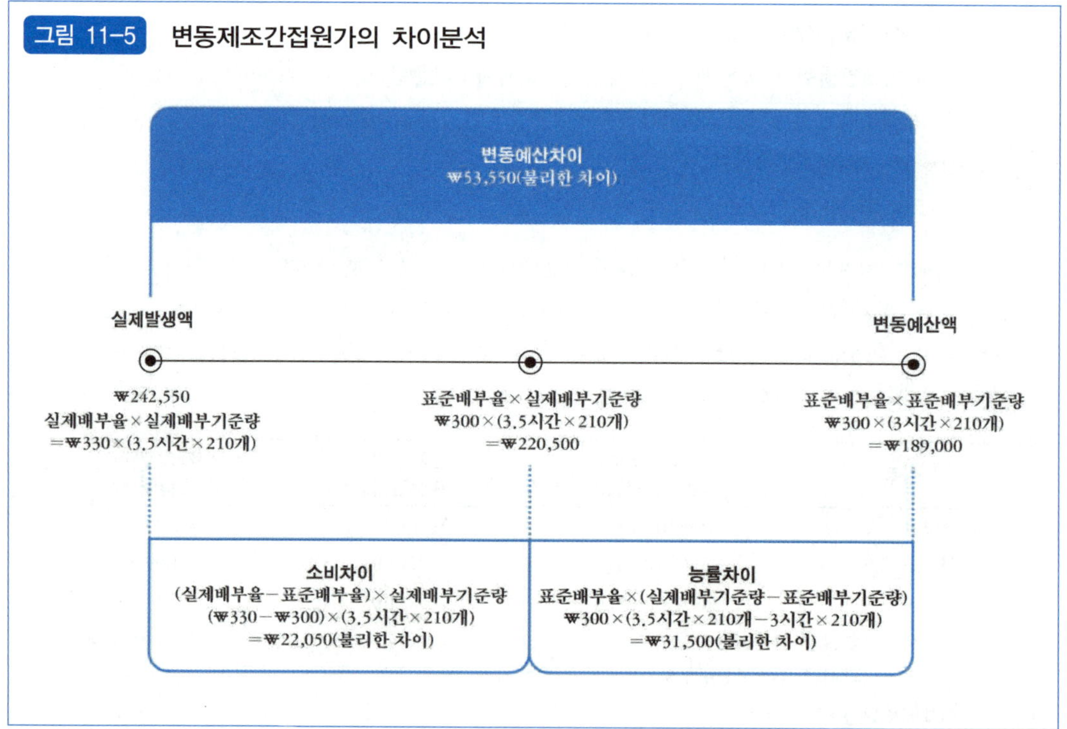

고정제조간접원가의 차이분석

고정제조간접원가는 변동제조원가와는 달리 조업도와 무관하게 일정한 금액이 발생하는 원가이다. 따라서 고정예산상의 금액과 실제조업도에 기초한 변동예산상의 금액이 동일하다. 또 변동원가처럼 생산량에 따라 원가요소 투입량이 달라지는 원가가 아니므로 능률차이가 발생하지 않는다. 고정제조간접원가는 실제발생액과 예산액의 차이, 즉 예산차이만을 식별할 수 있으며 이를 소비차이 또는 예산차이라고 부른다. 고정제조간접원가의 소비차이가 발생하는 주된 원인은 고정제조간접원가를 구성하고 있는 세부 항목이 외부 가격 변동에 의한 것이므로 변동제조원가의 능률차이와는 달리 경영자가 적극적으로 개입하여 관리를 할 수 있는 차이는 아니다. 예 11-1를 이용한 고정제조간접원가 차이분석은 그림 11-6과 같다.

고정제조간접원가는 소비차이 이외에도 **조업도차이**volume variance가 있다. 조업도차이는 제품원가계산을 위해 고정제조간접원가를 제품에 배부하는 과정에서 나타나는 것으로 배부액과 예산액 간의 차이를 말하며 예산조업도와 실제조업도 간의 차이로 발생한다. 조업도차이에 대해서는 후술하는 표준원가계산에서 자세히 다룬다. 지금까지 수행한 모든 제조원가 차이분석 결과를 요약하면 표 11-3과 같다.

그림 11-6 고정제조간접원가의 차이분석

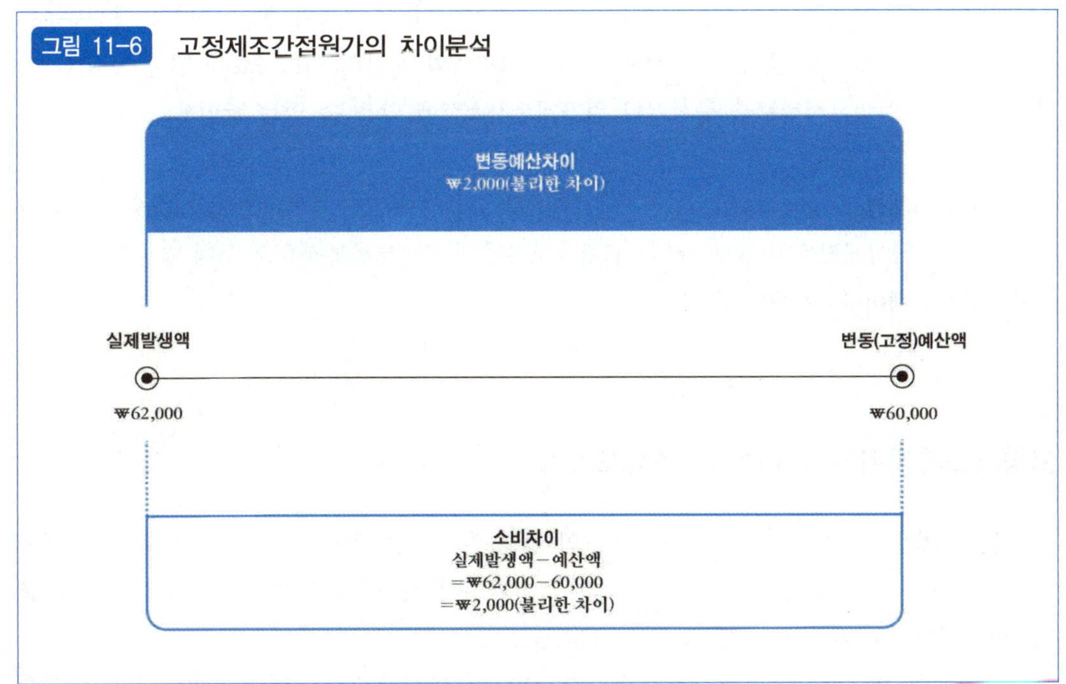

표 11-3 제조원가 차이분석의 요약

원가	변동예산	변동예산차이			실제결과
		가격차이	능률차이	총차이	
직접재료원가	₩504,000	₩54,600(U)	₩42,000(U)	₩96,600(U)	₩600,600
직접노무원가	252,000	14,700(F)	42,000(U)	27,300(U)	279,300
변동제조간접원가	189,000	22,050(U)•	31,500(U)	53,550(U)	242,550
고정제조간접원가	60,000	2,000(U)•	–	2,000(U)	62,000

• 소비차이

표준원가계산

차이분석은 경영자가 원가를 통제하는 데 필요한 중요한 정보일 뿐만 아니라 제조부문이 자발적으로 원가를 절감할 유인을 갖게 하는 성과평가와 보상의 기초자료가 된다. 이러한 원가통제목적의 차이분석정보를 공식적인 원가계산시스템에 담을 수 있는 방법으로 표준원가계산이 있다.

표준원가계산standard costing은 모든 제조원가를 표준금액으로 기록하고 실제발생액과의 차이는 별도의 차이계정에 반영함으로써 원가계산목적과 차이분석목적을 동시에 달성할 수 있는 원가계산시스템이다.

고정제조간접원가의 배부와 조업도차이

앞서 살펴본 것처럼 고정제조간접원가의 경우 원가통제목적을 위해 예산과 실제발생액을 비교할 때 나타나는 차이는 소비차이뿐이다. 그러나 표준원가계산을 위해 고정제조간접원가를 제품에 배부하는 경우 또 다른 차이가 발생한다.

원가행태 특성상 고정제조간접원가는 조업도와 비례관계로 표시할 수 없으나 원가계산을 위해서는 마치 비례관계가 있는 것처럼 단위당 금액을 산정해야 한다. 표준원가계산상 고정제조간접원가 배부액은 미리 산정한 표준배부율에 실제산출량에 허용된 표준배부기준량을 곱하여 구한다. 이러한 배부방법은 제3장에서 다룬 정상원가계산에서 제조간접원가를 예정배부한 것과 유사한데 다음의 산식에서 알 수 있는 것처럼 이들 간에는 차이가 있다.

formula

정상원가계산하에서의 제조간접원가 배부액
＝예정배부율×실제배부기준량

formula

표준원가계산하에서의 제조간접원가 배부액
＝변동제조간접원가배부액＋고정제조간접원가배부액
＝변동제조간접원가 표준배부율×변동예산 표준배부기준량
＋고정제조간접원가 표준배부율×실제산출량에 허용된 표준배부기준량

첫째, 정상원가계산에서는 변동제조간접원가와 고정제조간접원가를 구별하지 않으나 표준원가계산에서는 이를 구분한다.

둘째, 정상원가계산에서는 예정배부율을 사용하지만 표준원가계산에서는 표준배부율을 사용한다. 표준배부율이 예정배부율과 다른 점은 배부율을 구할 때 분자에 놓이는 예산액은 명시적으로 표준가격을 감안한 원가수치를 사용하며 분모에는 기준조업도 표준배부기준량을 사용하는 것이다. 이에 반해 예정배부율에서는 원가의 효율성을 감안하지 않은 단순히 발생할 것으로 예상되는 원가와 표준배부기준량이 아닌 실제 발생할 것으로 예상되는 배부기준량을 사용한다.

셋째, 정상원가계산에서는 예정배부율에 실제 발생한 배부기준량을 곱해 배부액을 구하지만 표준원가계산에서는 표준배부율에 실제산출량에 허용된 표준배부기준량을 곱한다.

앞선 사례에서 고정제조간접원가의 배부기준이 직접노무시간이며 표준배부율 산정을 위한 기준조업도는 고정예산 생산판매량 250개에 허용된 표준직접노무시간 750시간이라고 가정하자. 그러면 고정제조간접원가 표준배부율과, 실제 생산된 제품에 배부할 고정제조간접원가 표준배부액은 다음과 같이 계산할 수 있다.

- **표준배부율＝₩60,000÷750시간＝₩80/직접노무시간 또는 ₩240/개**
- **표준배부액＝₩80×(210개×3시간)＝₩50,400**

그림 11-7 고정제조간접원가의 조업도차이

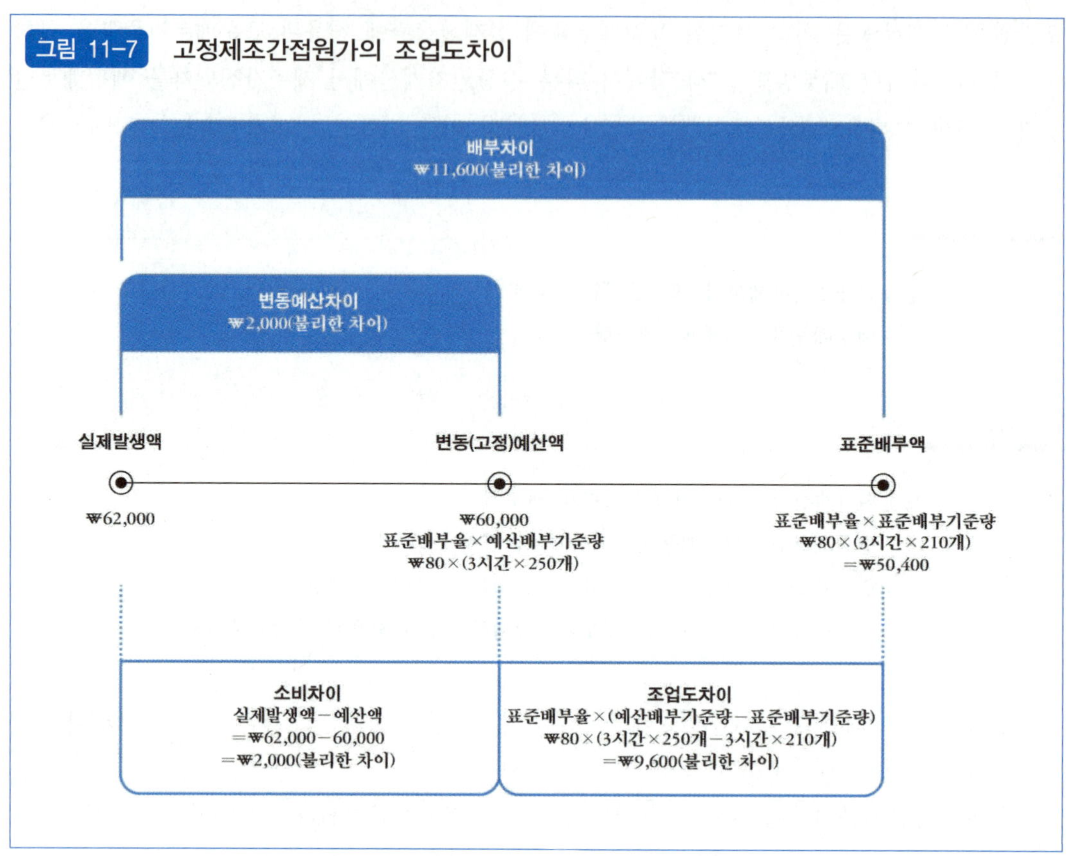

여기서 표준배부액을 구할 때 표준배부율에 곱한 시간은 실제노무시간이 아니라 실제생산량인 210개를 생산하는 데 허용된 표준노무시간 630시간이라는 점에 주목해야 한다. 결과적으로 고정제조간접원가의 차이분석에서 실제발생액 ₩62,000과 예산액 ₩60,000 이외에도 실제산출량에 허용된 표준배부액 ₩50,400이 새롭게 등장함을 알 수 있다. 그림 11-7에서는 그림 11-6에 표준배부액을 추가한 것이다.

그림에서 보듯이 예산액과 표준배부액 간에도 ₩9,600만큼 차이가 있음을 알 수 있는데 이 차이를 고정제조간접원가 **조업도차이**volume variance라고 한다.[6] 이 차이가 발생하는 이유는 표준배부율을 수립할 당시 기준조업도인 고정예산 조업도 250개보다 실제조업도가 40개 만큼 낮았기 때문이다. 조업도차이는 고정예산 조업도보다 실제조업도가 낮은높은 경우 불리한유리한 차이라고 한다. 그림 11-8은 이러한 관계를 그래프로 보여주고 있다.

기준조업도가 기업의 생산능력 또는 예산상 목표조업도를 고려하여 정한다고 할 때, 실제조업도가 이에 미치지 못하여 불리한 조업도차이가 나타났다면 이는 생산능력을 충분히 활용

6 변동제조간접원가의 경우에는 변동예산액과 표준배부액이 일치하므로 조업도차이가 발생하지 않는다.

그림 11-8 고정제조간접원가의 소비차이와 조업도차이

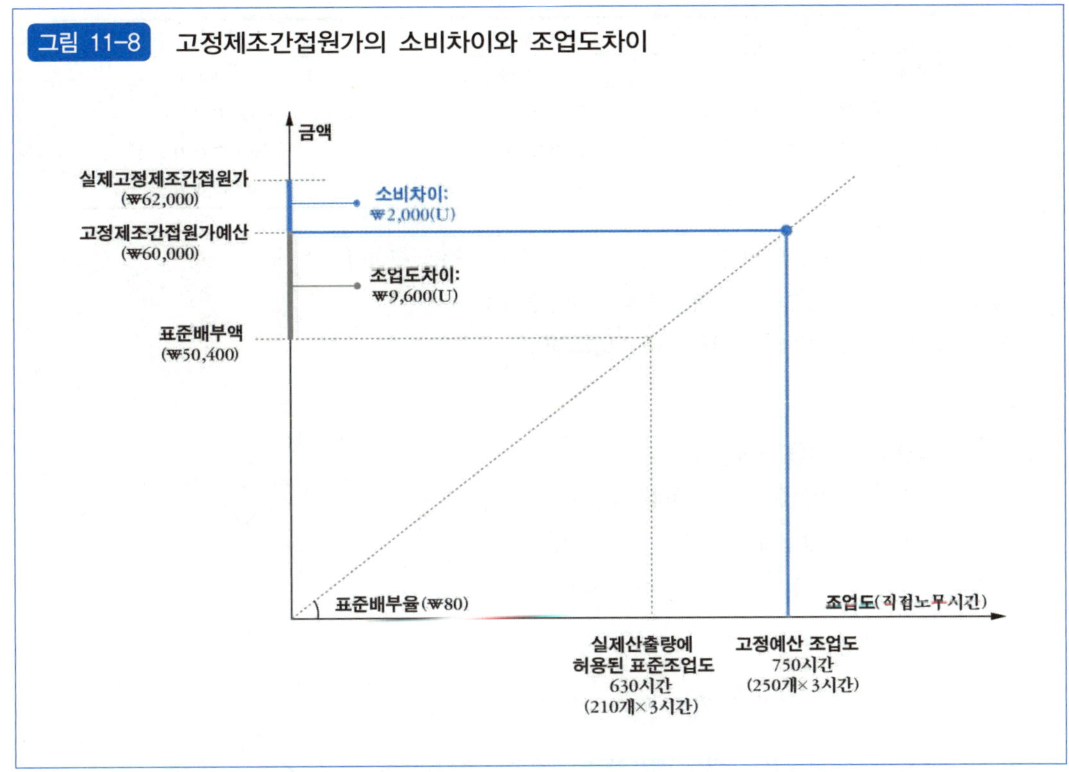

하지 못하여 미사용유휴생산능력이 발생하거나 목표조업도에 미달하였음을 의미한다. 또 유리한 조업도차이는 생산능력을 충분히 활용하거나 목표조업도를 상회하는 것으로 이해할 수 있다.[7] 조업도차이는 표준원가계산을 적용하는 과정에서 나타나는 차이로 기타 차이와는 달리 원가통제목적상 의미 있는 수치는 아니라는 점에 유의하여야 한다.

PROBLEM 11-4

다음은 S사의 제조간접원가에 관한 자료이다. 제조간접원가의 표준배부율을 정하기 위한 기준조업도는 예산조업도 900단위(5,400직접노무시간)이며 배부기준은 직접노무시간이다.

7 기준조업도가 실질적 최대생산능력을 반영한다면 불리한 조업도차이는 미사용생산능력원가로 해석할 수 있다. 이에 대해서는 제9장에서 설명한 바 있다. 그러나 예산상 목표조업도를 반영하는 것이면 조업도차이 금액 자체는 경제적으로 의미 있는 수치는 아니라는 점에 유의해야 한다.

구분	고정 예산	실제
생산량	900개	1,000개
직접노무시간	5,400시간	6,050시간
변동제조간접원가	₩108,000	₩127,050
고정제조간접원가	₩270,000	₩287,050

물음 1 변동제조간접원가와 고정제조간접원가의 표준배부율을 구하라.

물음 2 변동제조간접원가의 소비차이와 능률차이를 구하라.

물음 3 고정제조간접원가의 소비차이와 조업도차이를 구하라.

풀이

1. 변동제조간접원가 표준배부율:

   ₩108,000/5,400시간＝₩20/직접노무시간

   고정제조간접원가 표준배부율:

   ₩270,000/5,400시간＝₩50/직접노무시간

2. 변동제조간접원가 소비차이: **₩6,050(불리한 차이)**

   변동제조간접원가 능률차이: **₩1,000(불리한 차이)**

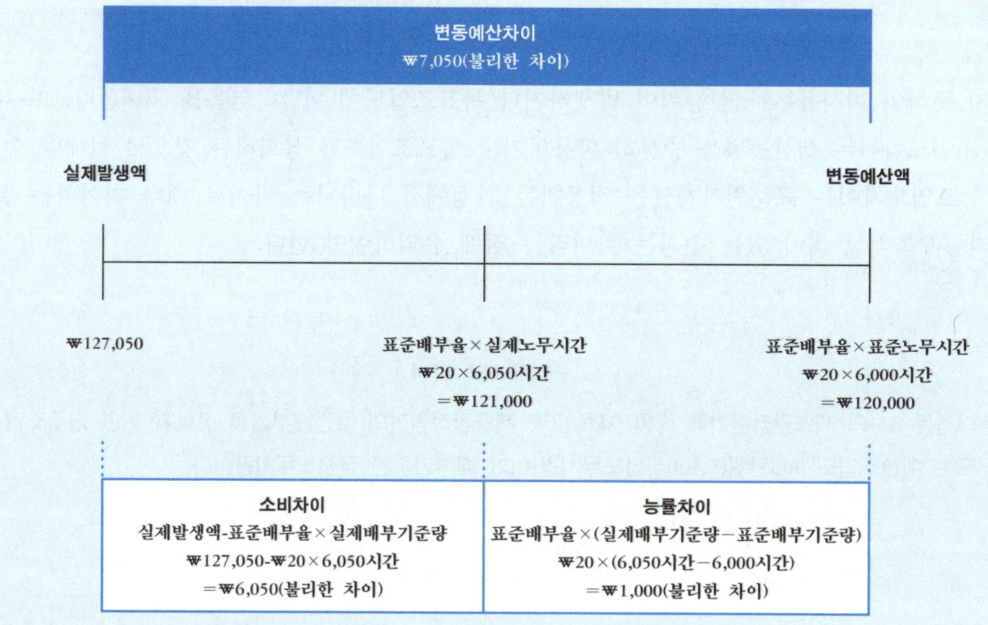

3. 고정제조간접원가 소비차이: ₩17,050(불리한 차이)

   고정제조간접원가 조업도차이: ₩30,000(유리한 차이)

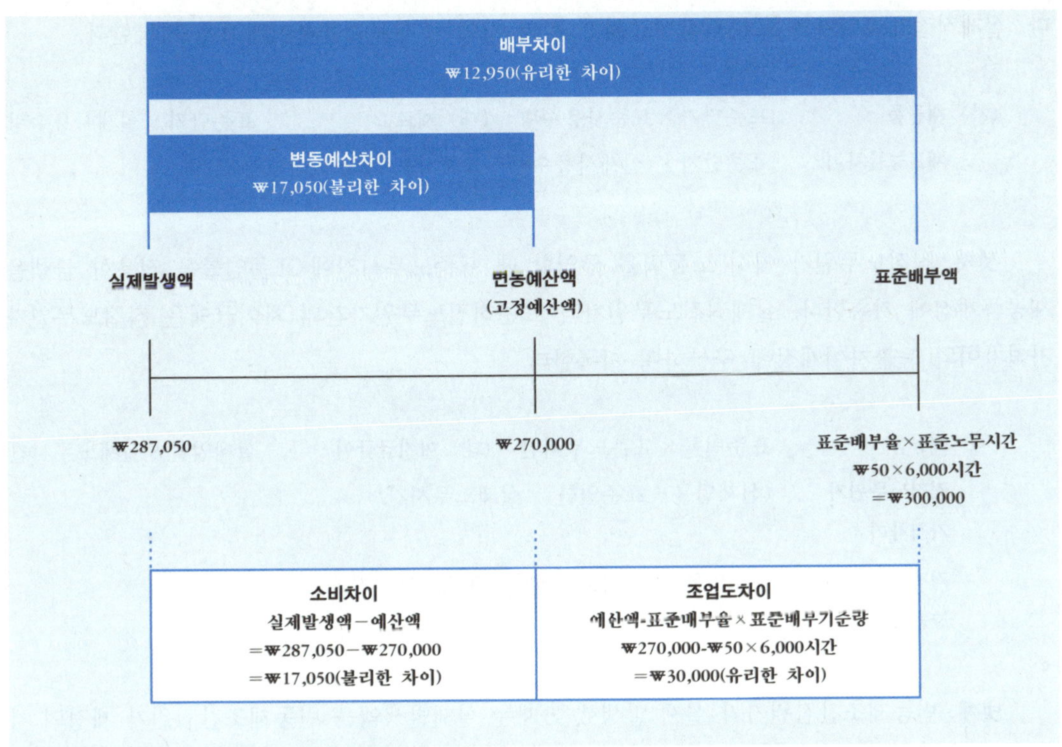

표준원가계산의 절차와 회계처리

표준원가계산에서는 제조원가의 흐름상에 있는, 재료, 재공품, 제품, 매출원가계정에 실제원가가 아닌 표준원가로 기록하고 관련된 모든 제조원가차이를 별도로 인식한다. 그 구체적인 절차와 회계처리는 다음과 같다.

첫째, 재료를 구입할 때는 구입량에 표준단가를 적용하여 재료계정에 기록한다. 실제구입금액과 표준금액과의 차이는 재료가격차이계정에 기록한다. 편의상 아래의 모든 분개에서는 불리한 차이가 나타난 것으로 가정하는데 불리한 차이는 차변에, 유리한 차이는 대변에 기록한다.

(차)	**재료**	표준단가×구입량	(대) **매입채무**	실제단가×구입수량
	재료가격차이	(실제단가−표준단가)×구입량		

둘째, 재료를 사용할 때는 표준사용량에 표준단가를 적용한 금액을 재공품계정에 기록한

다. 실제직접재료원가과 표준직접재료원가 간의 차이는 재료능률차이계정에 기록한다.

(차)	**재공품**	표준단가×표준사용수량	(대) **재료**	표준단가×실제사용수량
	재료능률차이	표준단가×(실제사용수량－표준사용수량)		

셋째, 직접노무원가 역시 노동력을 투입할 때 표준노무시간에 표준임률을 적용한 금액을 재공품계정에 기록한다. 실제직접노무원가와 표준직접노무원가간의 차이금액은 직접노무원가 가격차이와 능률차이계정에 구분하여 기록한다.

(차)	**재공품**	표준임률×표준노무시간	(대) **미지급급여**	실제임률×실제노무시간
	직접노무원가 가격차이	(실제임률－표준임률)×실제노무시간		
	직접노무원가 능률차이	표준임률×(실제노무시간－표준노무시간)		

넷째, 변동제조간접원가가 실제 발생했을 때는 실제발생액을 변동제조간접원가 계정의 차변에 기록한다. 그리고 재공품에 변동제조간접원가를 배부할 때는 실제산출량에 허용된 표준배부기준량에 표준배부율을 적용한 표준배부액을 변동제조간접원가 대변과 재공품 차변에 기록하여 처리한다. 마지막으로 변동제조간접원가의 차이, 즉 변동제조간접원가계정 차변에 있는 실제발생액과 대변에 있는 표준배부액과의 차이는 반대 분개를 통해 소비차이와 능률차이로 구분하여 기록한다. 여기서 변동제조간접원가의 발생, 배부 그리고 차이의 기록시점은 서로 다르므로 별개의 분개로 처리하여야 한다.

변동제조간접원가의 발생

(차)	**변동제조간접원가**	실제발생액	(대) **제좌**[8]	실제발생액

변동제조간접원가의 배부

(차)	**제공품**	표준배부율×표준배부기준량	(대) **변동제조간접원가**	표준배부율×표준배부기준량

8 제좌는 여러 계정이라는 의미로 실제는 변동제조간접원가를 구성하는 각 계정이 기록된다.

반대분개를 통한 차이인식 분개

(차) **변동제조간접원가** 표준배부율×표준배부기준량 (대) **변동제조간접원가** 실제발생액

(차) **변동제조간접원가 소비차이** 실제발생액－표준배부율×실제배부기준량

(차) **변동제조간접원가 능률차이** 표준배부율×(실제배부기준율－표준배부기준량)

다섯째, 고정제조간접원가 실제발생액은 고정제조간접원가 계정의 차변에 기록한다. 그리고 표준배부기준량에 표준배부율을 적용한 표준배부액을 고정제조간접원가 대변과 재공품 차변에 기록한다. 고정제조간접원가의 차변과 대변금액의 차이는 반대 분개를 통해 소비차이와 능률차이로 구분하여 기록한다. 기본적인 회계처리절차는 변동제조간접원가와 동일하다.

고정제조간접원가의 발생

(차) **고정제조간접원가** 실제발생액 (대) **제좌** 실제발생액

고정제조간접원가의 배부

(차) **제공품** 표준배부율×표준배부기준량 (대) **고정제조간접원가** 표준배부율×표준배부기준량

반대분개를 통한 차이인식 분개

(차) **고정제조간접원가** 표준배부율×표준배부기준량 (대) **고정제조간접원가** 실제발생액

고정제조간접원가 소비차이 실제발생액－예산액

고정제조간접원가 조업도차이 예산액－표준배부율×표준배부기준량

이와 같이 회계처리하면 재공품 계정에 기록된 모든 제조원가는 표준원가로 표시되며 이후 제품이나 매출원가 역시 표준원가로 표시된다. 또 모든 제조원가차이는 해당 계정에 나타난다.

예 11-1을 표준원가계산에 의해 회계 처리하면 다음과 같다.

재료의 구입

(차) 재료	546,000	(대) 매입채무	600,600
재료가격차이	54,600		

재료의 사용

(차) 재공품	504,000	(대) 재료	546,000
재료능률차이	42,000		

노동력의 투입

(차) 재공품	252,000	(대) 미지급급여	279,300
직접노무원가능률차이	42,000	직접노무원가가격차이	14,700

변동제조간접원가의 발생

(차) 변동제조간접원가	242,550	(대) 제좌	242,550

변동제조간접원가의 배부

(차) 재공품	189,000	(대) 변동제조간접원가	189,000

반대분개를 통한 차이인식 분개

(차) 변동제조간접원가	189,000	(대) 변동제조간접원가	242,550
변동제조간접원가 소비차이	22,050		
변동제조간접원가 능률차이	31,500		

고정제조간접원가의 발생

(차) 고정제조간접원가	62,000	(대) 제좌	62,000

고정제조간접원가의 배부

(차) 재공품	50,400	(대)고정제조간접원가	50,400

반대분개를 통한 차이인식 분개

(차) 고정제조간접원가	50,400	(대) 고정제조간접원가	62,000
고정제조간접원가 소비차이	2,000		
고정제조간접원가 조업도차이	9,600		

제품의 완성

(차) 제품	995,400	(대) 재공품	995,400

제품의 판매

(차) 매출채권	1,785,000	(대) 매출	1,785,000
매출원가	995,400	제품	995,400

재무보고를 위한 차이액의 처리

표준원가계산에 의하면 재료, 재공품, 제품, 매출원가가 모두 표준원가로 표시되고 실제 발생액과의 차이는 각 차이계정에 나타나므로 원가의 통제에는 유용한 정보를 제공할 수 있다. 그러나 이 방법은 재료, 재공품, 제품, 매출원가 등 재무제표에 나타나는 계정금액을 실제 발생액으로 표시해야 하는 재무회계기준에는 맞지 않는다.

이를 해결하기 위한 한 가지 방법은 원가통제목적을 위해서는 표준원가계산을 사용하고 재무회계목적을 위해서는 실제원가계산을 사용하는 것인데 두 가지 원가계산시스템을 동시에 유지하는 것은 원가-효익 차원에서 바람직하지 않다. 기중에 표준원가계산시스템을 유지하고, 재무제표를 작성해야 하는 기말에는 표준원가로 표시되어 있는 잔액을 간단한 수정절차를 통해 실제금액으로 변환하는 것이 더 나은 방법이다. 이는 정상원가계산을 사용할 때 제조간접원가의 배부차이를 기말에 가서 관련 계정에 반영하는 것과 마찬가지 방법인 셈이다.

표준원가로 표시된 것을 실제원가로 수정하는 방법에는 차이금액 전액을 매출원가에 가감하거나 영업외손익으로 처리하는 방법이 있다. 차이가 유리한 경우 매출원가에서 차감하거나 영업외수익으로 처리하고, 불리한 경우 매출원가에 가산하거나 영업외비용으로 처리한다. 차이의 성격을 구분하여 경상적인 경우에는 매출원가에서 가감하고 비경상적인 경우에는 영업외손익으로 처리할 수도 있다.

차이를 처리하는 또 다른 방법은 실제발생금액을 기초로 원가계산을 했다면 금액이 달라질 계정에 차이금액을 골고루 반영하는 방법이다. 예컨대 직접재료원가의 가격차이는 재료, 재공품, 제품, 매출원가에 모두 영향을 줄 수 있고, 직접재료원가의 가격차이를 제외한 모든 제조원가차이는 재공품, 제품, 매출원가에 영향을 줄 수 있으므로 차이금액을 해당되는 계정 간에 적절히 배분한다. 일반적으로 각 계정의 수정전 잔액을 기초로 차이액을 배분하는 방법을 많이 사용한다. 유리한 차이를 배분하면 각 계정금액은 배분액만큼 줄어들며 불리한 차이는 배분액만큼 늘어나게 된다.

예 11-1에서는 기초 및 기말의 재고자산이 전혀 없으므로 차이를 반영할 수 있는 계정은 매출원가뿐이다. 차이를 반영하기 전 매출원가의 금액과 각 차이계정 잔액을 정리하면 다음과 같다.

	차변	대변
매출원가	995,400	
차이계정:		
직접재료원가 가격차이	54,600	
직접재료원가 능률차이	42,000	
직접노무원가 가격차이		14,700
직접노무원가 능률차이	42,000	
변동제조간접원가 소비차이	22,050	
변동제조간접원가 능률차이	31,500	
고정제조간접원가 소비차이	2,000	
고정제조간접원가 조업도차이	9,600	

이 차이를 전액 매출원가에서 조정한다면 다음과 같이 회계처리 할 수 있다.

(차)		(대)	
매출원가	189,050	직접재료원가 가격차이	54,600
직접노무원가 가격차이	14,700	직접재료원가 능률차이	42,000
		직접노무원가 능률차이	42,000
		변동제조간접원가 소비차이	22,050
		변동제조간접원가 능률차이	31,500
		고정제조간접원가 소비차이	2,000
		고정제조간접원가 조업도차이	9,600

표준원가계산의 유용성

표준원가계산은 **원가계산목적, 원가통제목적, 성과평가목적**을 동시에 달성할 수 있는 원가계산방법이라고 할 수 있다.

첫째, 실제원가 대신 표준원가를 사용하기 때문에 매출원가나 기말재고자산금액의 평가가 수월하다. 선입선출이나 후입선출과 같은 원가흐름의 가정이 필요 없으며 실제원가를 계속해서 기록할 필요도 없다. 제품 수량에 단위당 표준원가를 곱하면 쉽게 구할 수 있기 때문이다.

둘째, 원가시스템 내에 원가통제를 위한 차이분석 정보가 기록되므로 원가관리에 유용하다.

셋째, 차이정보를 종업원의 성과평가에 활용함으로써 생산을 담당하는 조직과 구성원들에게 원가의식을 고취할 수 있다.

이와 같은 장점이 있는 반면 재무보고를 위해 사후적으로 금액을 수정해야 하며 표준원가를 지속적으로 관리해야 하는 번거로움도 있다. 특히 생산되는 제품이 다양하거나 제품수명주기가 짧은 경우 표준원가계산제도 자체가 유지되기 어렵다는 단점도 있다. 표준원가계산제도는 생산하는 제품 특성에 따라 효익과 원가가 다를 수 있음에 유의하여야 한다.

표준종합원가계산

제4장에서 다룬 종합원가계산은 실제원가를 대상으로 했으나 표준원가를 적용할 수도 있는데 이를 표준종합원가계산이라고 한다. 표준화된 제품을 연속적으로 대량 생산하는 환경에서는 표준원가를 수립하는 것이 상대적으로 쉽고 생산이 안정적인 단계에 이르면 실제원가와의 차이도 크지 않으므로 표준종합원가계산을 사용하면 수량 파악만으로 원가계산 및 재고자산 평가가 가능하다. 물론 실제제조원가와 표준제조원가 간의 차이 정보를 원가통제목적에 활용할 수 있는 것은 표준종합원가계산에서도 마찬가지이다.

원가계산 못지않게 원가차이를 파악하는 것이 중요하므로 표준종합원가계산에서는 당기에 발생한 원가와, 당기에 수행한 작업량에 허용된 표준원가를 비교할 수 있는 원가계산방식을 취한다. 이를 위해 선입선출법과 동일하게, 당기발생원가를 기초재공품원가와 구별할 뿐만 아니라 기초재공품 완성과 당기착수 완성을 나누어 물량흐름을 파악하고 당기 작업기초재공품 완성작업, 당기착수 완성작업, 기말재공품에 대한 작업에 허용된 환산량을 계산한다.

이와 같이 파악한 환산량에 미리 정한 완성품 환산량 단위당 표준원가를 적용하면 당기에 수행한 작업량에 허용된 표준원가가 되며 이를 당기에 발생한 원가와 비교할 수 있다. 표준종합원가계산이 선입선출법을 적용한 일반적인 종합원가계산과 결정적으로 다른 점은 환산량 단위당 원가를 계산하는 것이 아니라 사전에 정한 표준원가를 그대로 사용한다는 점이다. 공손이 있는 경우도 공손에 대한 환산량에 표준원가를 적용하는 것 이외에는 선입선출법에 의한 일반적인 종합원가계산과 동일하다

표준종합원가계산의 회계처리는 일반적인 표준원가계산과 마찬가지로 원가흐름상 재고자산원재료, 재공품, 제품과 매출원가 계정에 표준원가로 기록하며 실제발생액과 차이는 원가차이계정을 이용하여 별도로 표시한다. 다음 예제 11-5에서 표준종합원가계산의 기본적인 내용을 재확인할 수 있다.

PROBLEM 11-5

다음은 표준종합원가계산을 사용하고 있는 S사의 3월 원가 및 생산 자료이다. 물음에 답하라.

	수량	완성도	직접재료원가	가공원가
월초재공품	500	60%	300,000	390,000
생산 착수량 및 투입원가	700		448,000	960,000
완성품	800	100%	?	?
월말재공품	400	50%	?	?

직접재료원가는 공정초기에 투입되며, 가공원가는 전 공정을 통해 균등하게 발생한다. 직접재료원가와 가공원가의 환산량 단위당 표준원가는 각각 ₩600, ₩1,300이다. 원가차이는 전액 영업외손익으로 처리한다.

물음 1 완성품, 월말재공품 원가는 얼마인가?
물음 2 직접재료원가 및 가공원가의 발생, 제품의 완성에 대한 분개를 행하라.

풀이

1. 원가계산

		원가의 요약(2단계)		
	물량흐름(1단계)	직접재료원가	가공원가	합계
월초재공품	500	₩300,000	₩390,000	₩690,000
당월착수	700	448,000	960,000	1,408,000
합계	1,200	₩748,000	₩1,215,000	₩2,098,000

		완성품 환산량(3단계)		
월초재공품완성	500	0	200	
당월착수완성	300	300	300	
월말재공품	400	400	200	
합계	1,200	700	700	
		완성품 환산량 단위당 표준원가(4단계)		
		₩600	₩1,300	
		원가의 최종집계(5단계)		
월초재공품완성원가	월초재공품원가	300,000	390,000	
	당월투입원가	0	260,000 (=200×₩1,300)	950,000
당월착수완성원가		180,000 (=300×₩600)	390,000 (=300×₩1,300)	570,000
완성품원가				1,520,000
기말재공품원가		240,000 (=400×₩600)	260,000 (=200×₩1,300)	500,000
원가차이		28,000	50,000	78,000
				₩2,098,000

직접재료원가차이: ₩448,000(발생액) - ₩420,000(표준원가) = ₩28,000(불리)
가공원가차이: ₩960,000(발생액) - ₩910,000(표준원가) = ₩50,000(불리)

2. 분개

직접재료원가의 발생

(차) 재공품	420,000	(대) 재료	448,000
직접재료원가차이	28,000		

가공원가의 발생

(차) 재공품	910,000	(대) 제좌	960,000
가공원가차이	50,000		

제품의 완성

(차) 제품	1,520,000	(대) 재공품	1,520,000

차이분석의 확장 배합차이와 수율차이

앞서 다룬 직접재료원가나 직접노무원가의 차이분석은 투입하는 재료나 노동력이 한 종류만 존재하는 경우였다. 그러나 제품을 생산하는 데 투입하는 재료노동력가 여러 종류이고 재료노동력 간에 어느 정도의 대체가능성이 존재할 때에는 능률차이를 추가적으로 배합차이와 수율차이로 분리 식별하는 것이 가능하다.

배합차이mix variance는 원래 표준에서 정해진 투입비율과 다른 비율로 재료량노무시간이 투입된 경우에 발생하며, **수율차이**yield variance는 변동예산 표준재료량노무시간보다 많거나 적게 투입된 경우에 발생한다.

다음 예제 11-6을 통해 배합차이와 수율차이의 의미를 이해하여 보자.

PROBLEM 11-6

S사는 화학제품 X를 생산하고 있다. X제품을 생산하기 위해서는 화학 원료 A와 B를 투입하여야 하며 A와 B 원료 사이는 적정 배합비율이 존재하지만 배합 비율이 다소 달라지더라도 제품의 성능에는 영향을 주지는 않는다.

다음은 X제품 1개를 생산하는 데 소요되는 표준자료이다.

구분	표준수량	표준단가	금액
A원료	5리터	₩200	₩1,000
B원료	5리터	300	1,500

X제품의 실제생산량은 2개이며 이 때 소요된 직접재료원가는 다음과 같다.

구분	실제수량	실제단가	금액
A원료	12리터	₩210	₩2,520
B원료	16리터	280	4,480

물음 1 A원료의 직접재료가격차이와 능률차이를 구하라.

물음 2 B원료의 직접재료가격차이와 능률차이를 구하라.

물음 3 실제 투입한 A원료와 B원료의 합계량은 28리터이다. 이 수량에 표준배합비율이 그대로 적용되었다면 각 원료는 얼마씩 투입되어야 하는가?

물음 4 실제로 투입된 각 원료량과 물음 3에 계산한 원료량과의 차이는 얼마이며 차이의 원인을 무엇인가?

물음 5 실제생산량에 허용된 각 원료의 표준투입량과 물음 3에서 계산한 원료량과의 차이는 얼마이며 차이의 원인은 무엇인가?

풀이

1. A원료의 직접재료원가 가격차이:

   (₩210－₩200)×12리터＝₩120(**불리한 차이**)

   A원료의 직접재료원가 능률차이

   ₩200×(12리터－10리터)＝₩400(**불리한 차이**)

2. B원료의 직접재료원가 가격차이:

   (₩280－₩300)×16리터＝₩320(**유리한 차이**)

   B원료의 직접재료원가 능률차이

   ₩300×(16리터－10리터)＝₩1,800(**불리한 차이**)

3. 각 투입비율은 1:1이므로 실제 투입한 원료 총량이 28리터이면 14리터씩 투입되어야 한다.

4. 각 원료의 실제투입량은 각각 12리터와 16리터로 A원료는 표준배합비율에 비해 2리터가 적게 투입되었으며 B원료는 표준배합비율에 비해 2리터가 더 투입되었다. 원료량의 차이가 발생한 이유는 표준배합비율과 실제배합비율이 서로 다르기 때문이다.

5. 실제생산량에 허용된 각 원료 표준투입량은 각각 10리터씩으로 총 20리터이다. 그러나 실제로는 총 28리터가 투입되어 표준배합비율 1:1을 그대로 유지하더라도 14리터씩이므로 A원료와 B원료는 각각 4리터씩 더 투입된 셈이다. 여기서 원료량의 차이가 발생한 이유는 산출량에 허용된 표준투입총량 20리터에 비해 실제투입총량이 28리터로 많았기 때문이다.

예제 11-5의 **물음 3~물음 5**에서 언급한 각 원료의 실제투입량, 변동예산 표준투입량 그리고 실제투입총량에 표준배합비율을 적용한 가상의 원료투입량을 다시 그림으로 표시하면 그림 11-9와 같다.

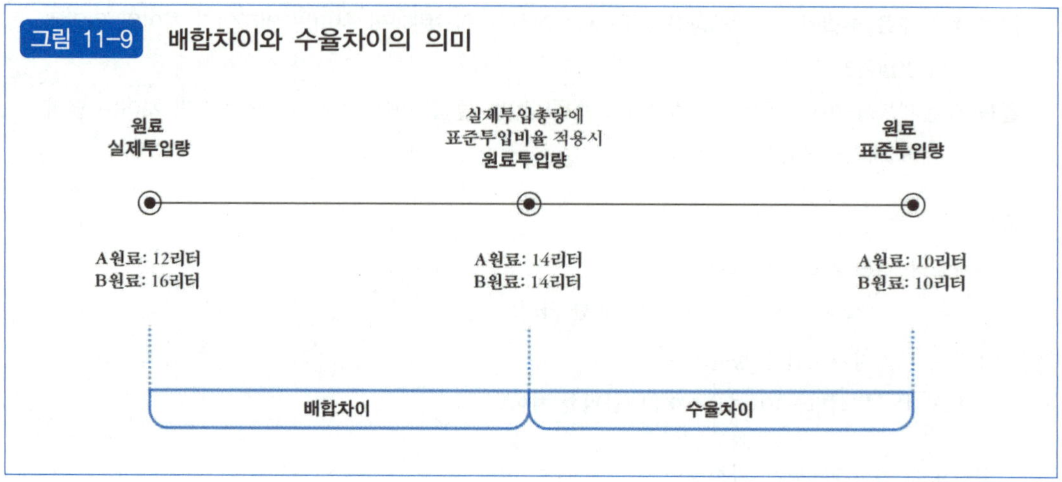

그림 11-9 배합차이와 수율차이의 의미

원료
실제투입량
실제투입총량에
표준투입비율 적용시
원료투입량
원료
표준투입량
A원료: 12리터
B원료: 16리터
A원료: 14리터
B원료: 14리터
A원료: 10리터
B원료: 10리터
배합차이
수율차이

그림 11-10 직접재료원가의 배합차이와 수율차이

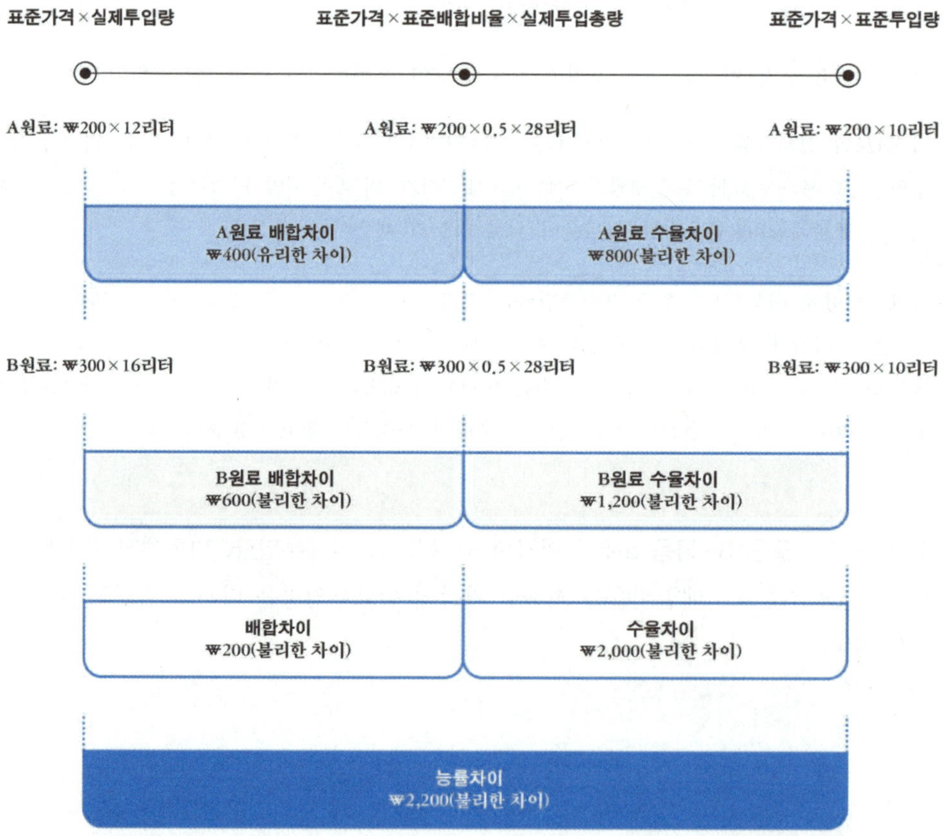

표준가격×실제투입량
표준가격×표준배합비율×실제투입총량
표준가격×표준투입량
A원료: ₩200×12리터
A원료: ₩200×0.5×28리터
A원료: ₩200×10리터
A원료 배합차이
₩400(유리한 차이)
A원료 수율차이
₩800(불리한 차이)
B원료: ₩300×16리터
B원료: ₩300×0.5×28리터
B원료: ₩300×10리터
B원료 배합차이
₩600(불리한 차이)
B원료 수율차이
₩1,200(불리한 차이)
배합차이
₩200(불리한 차이)
수율차이
₩2,000(불리한 차이)
능률차이
₩2,200(불리한 차이)

왼쪽에 표시한 각 원료의 투입량 차이는 각 원료의 실제배합비율이 표준배합비율과 다르기 때문에 발생한 차이로서 이는 원료 간 배합mix과 관련된 차이라고 할 수 있다. 또 오른쪽에 표시한 각 원료의 투입량 차이는 표준배합비율은 그대로 둔 상태에서 실제 원료투입총량과 표준하에서의 원료투입총량이 다르기 때문에 나타난 것으로 이는 원료의 수율yield과 관련된 차이이다. 이렇게 구한 원료투입량 차이에 해당 표준단가를 적용하면 배합차이와 수율차이가 계산된다.

이와 같이 다수의 원료가 투입되는 상태에서 원료 간에 적정배합비율이 존재하지만 원료 간에 대체 투입이 가능할 때 능률차이는 배합차이와 수율차이로 분리하여 식별할 수 있다. 그림 11-10은 예제 11-5에서 각 원료의 배합차이와 수율차이를 계산한 결과를 보여주고 있다.

재료뿐만 아니라 노동력의 경우에도 동일한 방법으로 배합차이와 수율차이를 구할 수 있다. 예제 11-7에서는 직접노무원가의 배합차이와 수율차이의 예를 보여주고 있다.

PROBLEM 11-7

S사는 컴퓨터 조립을 전문으로 하는 회사이다. 담당조립업무는 부품에 따라 숙련작업자와 일반작업자가 각각 수행한다. 따라서 컴퓨터를 한 대 조립하는 데 투입하는 각 작업자의 조립노무시간에는 적정비율이 존재한다. 그러나 경우에 따라서는 숙련(일반)작업자가 일반(숙련)작업자의 업무를 대신 수행하기도 한다.

다음은 컴퓨터 1대를 조립하는 데 소요되는 표준자료이다.

구분	표준시간	표준임률	금액
숙련작업자	0.4시간	₩20,000	₩8,000
일반작업자	1.2시간	8,000	9,600

컴퓨터의 실제조립량은 3개이며 이 때 소요된 직접노무원가는 다음과 같다.

구분	실제시간	실제임률	금액
숙련작업자	1시간	₩22,000	₩22,000
일반작업자	4시간	7,500	30,000

물음 1 숙련작업자의 직접노무원가 가격차이와 능률차이(배합차이와 수율차이)를 구하라.
물음 2 일반작업자의 직접노무원가 가격차이와 능률차이(배합차이와 수율차이)를 구하라.

풀이

1. 숙련작업자의 직접노무원가 차이분석

직접노무원가 가격차이＝(실제임률－표준임률)×실제직접노무시간

=(₩22,000－₩20,000)×1시간=**₩2,000(불리한 차이)**

직접노무원가 배합차이=표준임률×(실제직접노무시간－표준배합비율×실제직접노무총시간)

=₩20,000×(1시간－0.25×5시간)=**₩5,000(유리한 차이)**

직접노무원가 수율차이=표준임률×(표준배합비율×실제직접노무총시간－변동예산 표준노무시간)

=₩20,000×(0.25×5시간－1.2시간)=**₩1,000(불리한 차이)**

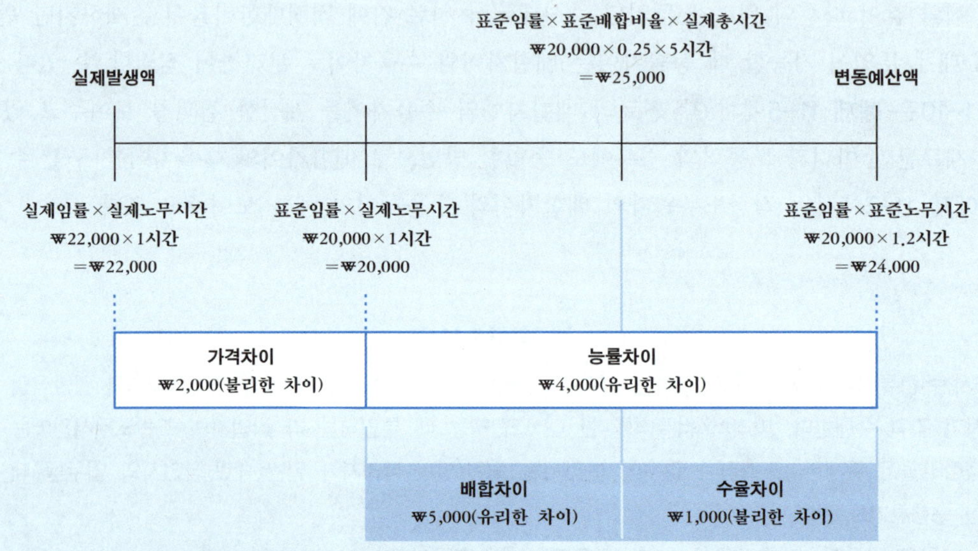

2. 일반작업자의 직접노무원가 차이분석

직접노무원가 가격차이=(실제임률－표준임률)×실제직접노무시간

=(₩7,500－₩8,000)×4시간=**₩2,000(유리한 차이)**

직접노무원가 배합차이=표준임률×(실제직접노무시간－표준배합비율×실제직접노무총시간)

=₩8,000×(4시간－0.75×5시간)=**₩2,000(불리한 차이)**

직접노무원가 수율차이=표준임률×(표준배합비율×실제직접노무총시간－변동예산 표준노무시간)

=₩8,000×(0.75×5시간－3.6시간)=**₩1,200(불리한 차이)**

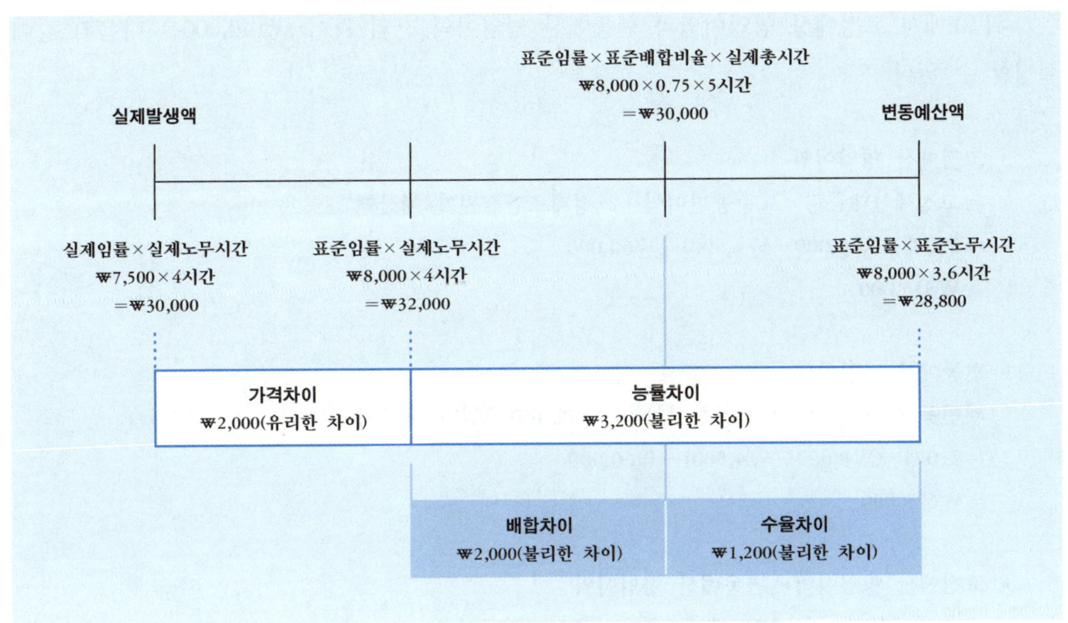

매출차이분석

지금까지는 변동예산 영업이익과 실제영업이익 간에 차이 원인으로 제조원가차이를 다뤘으나 또 다른 중요한 원인은 매출 관련 차이이다. 예 11–1에서 이미 간단히 살펴본 바 있는데 중요한 내용을 요약하여 표로 제시하면 다음과 같다.

	실제결과	변동예산차이	변동예산	매출조업도차이	고정예산
매출량	210개		210개		250개
매출	₩1,785,000	₩105,000(F)	₩1,680,000	₩320,000(U)	₩2,000,000
변동제조원가	1,122,450	177,450(U)	945,000	180,000(F)	1,125,000
공헌이익	662,550	72,450(U)	735,000	140,000(U)	875,000
고정제조간접원가	62,000	2,000(U)	60,000	–	60,000
영업이익	₩600,550	₩74,450(U)	₩675,000	₩140,000(U)	₩815,000

위 표에서 고정예산 영업이익과 변동예산 영업이익 간의 차이 ₩140,000은 다음과 같이 설명할 수 있다.

- **고정예산 영업이익**
  =고정예산매출량×표준공헌이익−고정제조간접원가 예산액
  =250개×(₩8,000−₩4,500)−₩60,000
  =₩815,000

- **변동예산 영업이익**
  =변동예산매출량×표준공헌이익−고정제조간접원가 예산액
  =210개×(₩8,000−₩4,500)−₩60,000
  =₩675,000

- **고정예산 영업이익−변동예산 영업이익**
  =(고정예산매출량−변동예산매출량)×표준공헌이익
  =매출조업도차이
  =₩140,000

위의 두 식을 비교하면 매출량 40개의 표준공헌이익40개×₩3,500만큼 차이가 있음을 알 수 있다.

이제 실제영업이익과 변동예산 영업이익 간의 차이를 살펴보자.

- **변동예산 영업이익**
  =변동예산매출액−변동예산원가
  =변동예산매출량×표준판매가격−변동예산원가
  =210개×₩8,000−₩1,005,000
  =₩675,000

- **실제영업이익**
  =실제매출액−실제발생원가
  =실제매출량×실제판매가격−(변동예산원가+제조원가차이)
  =210개×₩8,500−(₩1,005,000+₩179,450)
  =₩600,550

- **변동예산 영업이익－실제영업이익**
  ＝변동예산매출량×표준판매가격-실제매출량×실제판매가격＋제조원가차이
  ＝매출가격차이＋제조원가차이
  ＝₩74,450

위의 두 식을 비교해보면 실제매출량과 변동예산매출량은 동일하므로 결국 불리한 차이 ₩74,450은 판매가격으로 인한 차이와 제조원가차이에서 발생하는 것을 알 수 있다. 특히 불리한 제조원가차이 ₩179,450에 대해서는 이미 분석하고 확인을 하였으므로 이를 제외한 나머지 유리한 차이 ₩105,000는 표준판매가격과 실제핀매가격에 의한 차이임을 알 수 있다.

요약하면 제조원가차이를 제외하면 고정예산 영업이익과 실제영업이익의 차이 원인은 매출 관련 차이이며 구체적으로 매출량으로 인한 차이와 판매가격에 의한 차이로 구분할 수 있다. 이를 각각 매출조업도차이와 매출가격차이라고 한다.

매출조업도차이와 매출가격차이

고정예산 영업이익과 실제영업이익의 차이는 매출차이와 제조원가차이로 설명할 수 있으며 **매출차이**는 다시 매출조업도차이와 매출가격차이로 나눌 수 있다. **매출조업도차이**sales-volume variance는 고정예산 공헌이익과 변동예산 공헌이익 간의 차이이며 **매출가격차이**sales-price variance는 실제판매가격과 표준변동제조원가에 실제매출량변동예산매출량을 적용한 공헌이익과 변동예산 공헌이익 간의 차이를 말한다.

formula

매출가격차이
＝실제공헌이익*－변동예산공헌이익
＝(실제가격공헌이익－표준공헌이익)×실제매출량(변동예산매출량)
＝(실제판매가격－표준판매가격)×실제매출량(변동예산매출량)
*실제공헌이익＝(실제판매가격-표준변동제조원가)×실제매출량(변동예산매출량)

매출조업도차이
＝표준공헌이익×(변동예산매출량－고정예산매출량)

예 11-1에 이들 산식을 적용하면 다음과 같다.

그림 11-11 매출가격차이와 매출조업도차이

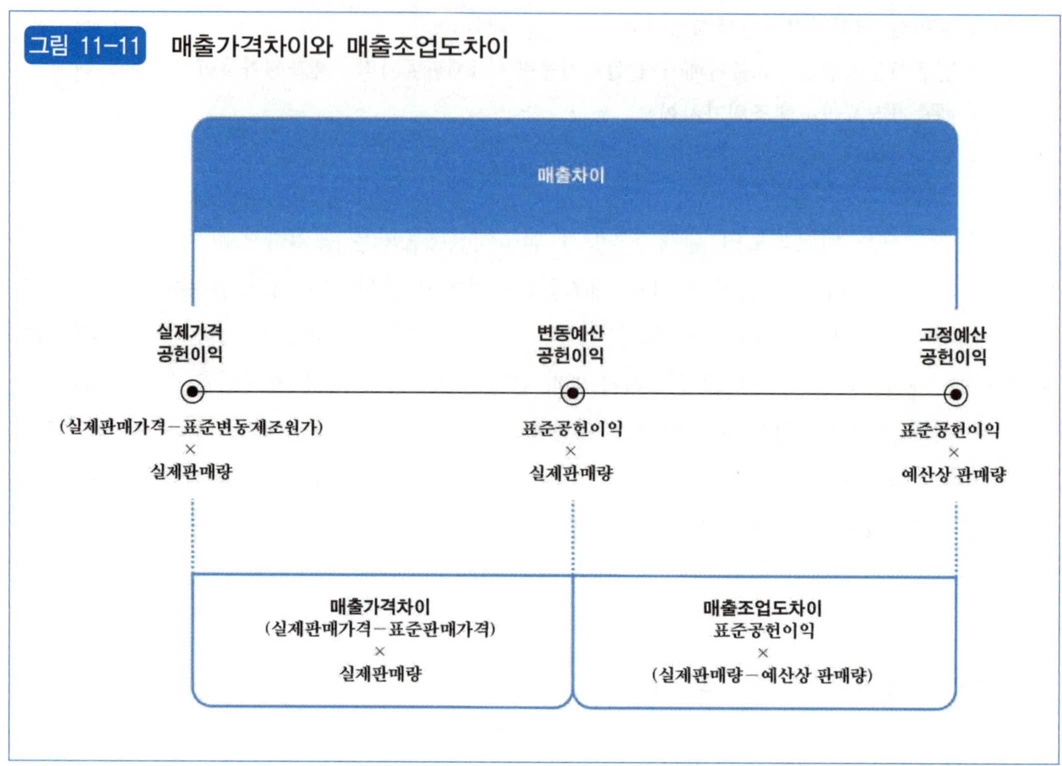

- 매출가격차이
  =(실제가격공헌이익－표준공헌이익)×실제매출량
  =[(₩8,500－₩4,500)－(₩8,000－₩4,500)]×210개
  =₩105,000(유리한 차이)

- 매출조업도차이
  =표준공헌이익×(고정예산매출량－변동예산매출량)
  =(₩8,000－₩4,500)×(250개－210개)
  =₩140,000(불리한 차이)

시장점유율차이와 시장규모차이

회사의 매출량은 시장 지배정도와 제품시장 규모에 영향을 받는다. 따라서 예산매출량과 실제매출량 간의 차이는 시장점유율에 의한 차이와 시장규모에 의한 차이로 구분할 수 있다. 따라서 매출조업도차이는 시장점유율차이와 시장규모차이로 추가분석이 가능하다.

그림 11-12 시장점유율차이와 시장규모차이

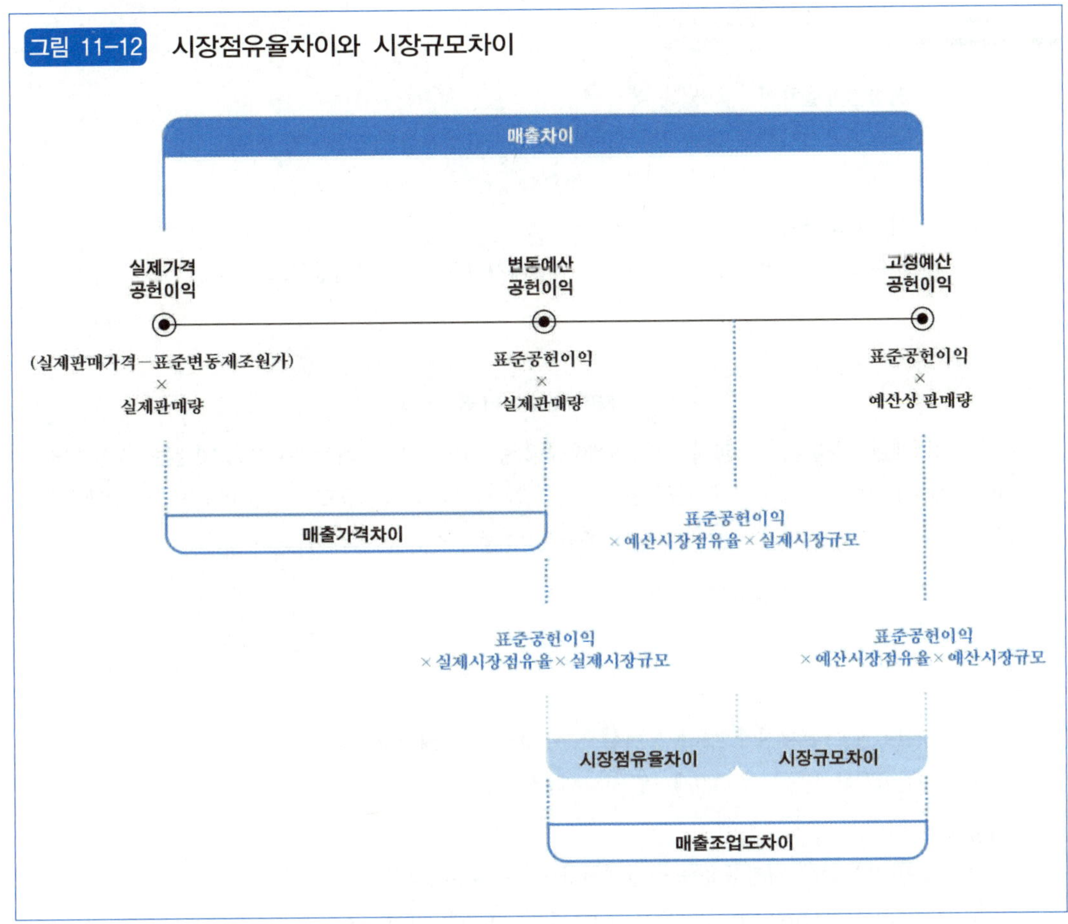

제품 총수요를 나타내는 시장규모는 개별기업이 통제하기 어렵지만 시장점유율은 광고, 판매촉진, 제품의 품질, 고객서비스 등 기업이 통제할 수 있는 요소에 영향을 받는다. 따라서 시장규모차이는 통제 불가능한 차이라고 할 수 있으며 시장점유율차이는 통제 가능한 차이라고 할 수 있다.

시장점유율차이market-share variance는 실제시장규모하에서 실제시장점유율과 예산시장점유율 간의 차이로 인해 발생하는 공헌이익의 차이를 말한다. **시장규모차이**market size variance는 예산시장점유율이 그대로 유지된다고 할 때 실제시장규모와 예산시장규모 간의 차이로 인해 발생하는 공헌이익 차이를 말한다. 이들을 계산식으로 표시하면 다음과 같다.

formula

시장점유율차이
=표준공헌이익×(실제시장점유율－예산시장점유율)×실제시장규모

시장규모차이
=표준공헌이익×예산시장점유율×(실제시장규모－예산시장규모)

PROBLEM 11-8

S사의 고정예산 매출량은 250개이며 실제매출량은 210개이다. 예산매출량 250개는 시장규모 2,500개에 시장점유율 10%을 적용한 결과이다. 그러나 실제 시장규모는 3,000개였으며 실제 시장점유율은 7%였다. S사의 제품 단위당 표준공헌이익은 ₩4,500이다.

물음 시장점유율차이와 시장규모차이를 계산하라.

풀이

시장점유율 차이:
=표준공헌이익×(실제시장점유율－예산시장점유율)×실제시장규모
=₩4,500×(7%－10%)×3,000개=₩405,000(**불리한 차이**)

시장규모 차이:
=표준공헌이익×예산시장점유율×(실제시장규모－예산시장규모)
=₩4,500×10%×(3,000개－2,500개)=₩225,000(**유리한 차이**)

다수 제품이 존재할 때 매출조업도 차이분석

지금까지 매출차이 분석은 한 종류의 제품만 판매하는 경우를 가정하였다. 그러나 판매하는 제품이 여러 개일 경우에는 매출조업도차이를 매출배합차이와 매출수량차이로 분리할 수 있다. 이는 제품 생산에 다양한 원료가 투입될 때 능률차이를 배합차이와 수율차이로 분리할 수 있는 것과 유사하다.

그림 11-13 매출배합차이와 매출수량차이

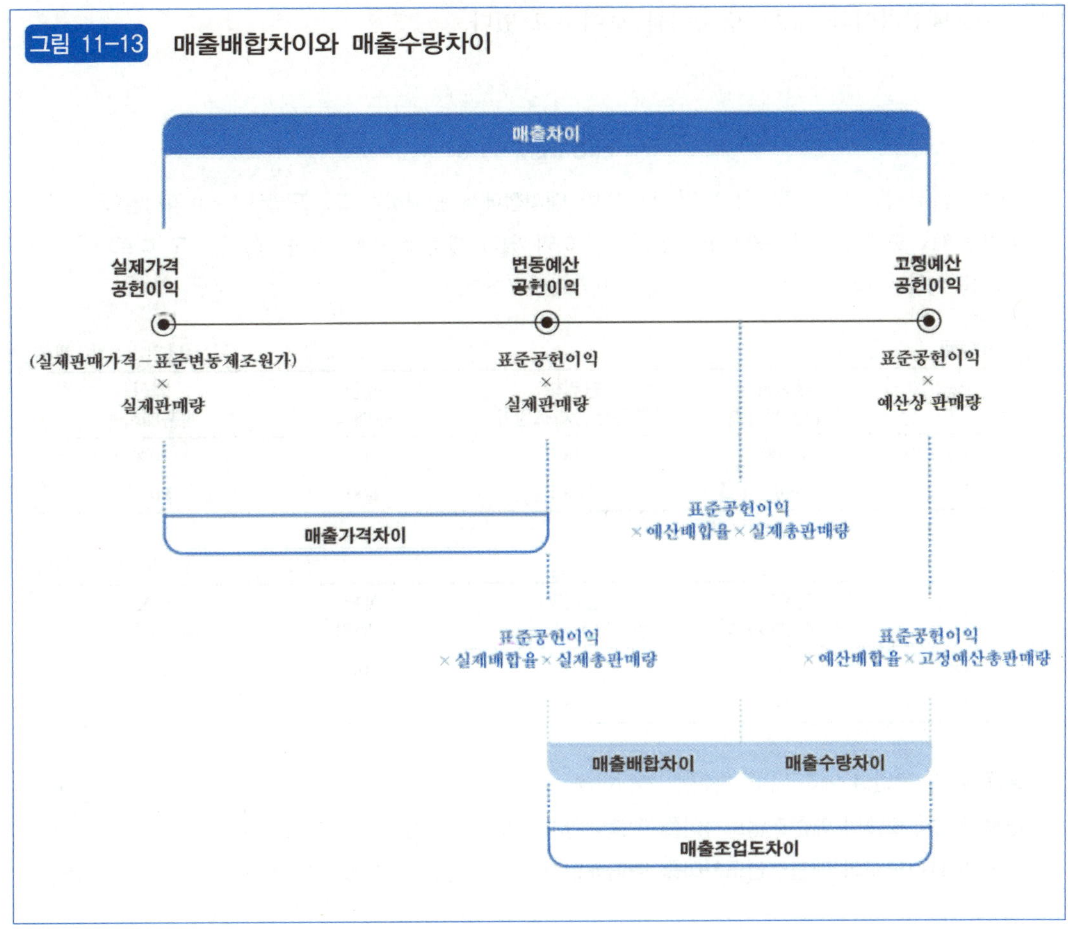

매출배합차이와 매출수량차이를 구하는 산식은 다음과 같다.

formula

매출배합차이
＝표준공헌이익×(실제매출배합율－예산매출배합율)×실제총판매량

매출수량차이
＝표준공헌이익×예산매출배합율×(실제총매출량－고정예산총매출량)

한편 매출배합차이와 매출수량차이는 제품별로 얻어지므로 전체 매출배합차이 및 매출수량차이를 구하려면 제품 전체에 대해 합산하여야 한다. 그림 11-13은 다수의 제품을 판매하는

경우 매출배합차이와 매출수량차이를 보여주고 있다.

PROBLEM 11-9

S사는 컴퓨터를 생산·판매하고 있는데 일반 대리점에서 판매하는 Dx 모델과 홈쇼핑채널에서 판매하는 Hx 모델이 있다. 모델마다 옵션에 차이가 있기 때문에 판매가격과 제조원가도 다르다.

다음 자료는 각 모델의 예산자료 및 실제결과자료이다.

예산자료 (단위: 천원, 개)

모델	단위당 표준판매가격	단위당 표준변동제조원가	예산 판매량	예산 매출배합율
Dx	1,000	700	200	20%
Hx	900	500	800	80%

실제결과 (단위: 천원, 개)

모델	단위당 실제판매가격	단위당 실제변동제조원가	실제 판매량	실제 매출배합율
Dx	1,100	800	300	25%
Hx	850	500	900	75%

물음 1 각 모델별 매출조업도차이를 계산하라.

물음 2 Dx 모델의 매출조업도차이를 매출배합차이와 매출수량차이로 분리하라.

물음 3 Hx 모델의 매출조업도차이를 매출배합차이와 매출수량차이로 분리하라.

풀이

1. Dx 모델의 매출조업도차이:

=표준공헌이익×(고정예산매출량－변동예산매출량)

=₩300×(200개－300개)

=**₩30,000(유리한 차이)**

Hx 모델의 매출조업도차이:

=표준공헌이익×(고정예산매출량－변동예산매출량)

=₩400×(800개－900개)

=**₩40,000(유리한 차이)**

2. Dx 모델의 매출배합차이:

=표준공헌이익×(실제매출배합율－예산매출배합율)×실제총판매량

=₩300×(25%－20%)×1,200개

=**₩18,000(유리한 차이)**

Dx 모델의 매출수량차이:

=표준공헌이익×예산매출배합율×(실제총판매량−예산총판매량)

=₩300×20%×(1,200개−1,000개)

=₩12,000(유리한 차이)

3. Hx 모델의 매출배합차이:

=표준공헌이익×(실제매출배합율−예산매출배합율)×실제총판매량

=₩400×(75%−80%)×1,200개

=₩24,000(불리한 차이)

Dx 모델의 매출수량차이:

=표준공헌이익×예산매출배합율×(실제총판매량−예산총판매량)

=₩400×80%×(1,200개−1,000개)

=₩64,000(유리한 차이)

한편 단일제품을 판매할 때 매출조업도차이를 시장점유율 및 시장규모차이로 나눌 수 있었던 것처럼 이 경우에도 매출수량차이를 시장점유율차이와 시장규모차이로 분리할 수 있다. 다만, 시장규모나 시장점유율은 일반적으로 제품군 전체에 대해서 정의하므로 제품별 단위당 공헌이익을 하나의 수치로 통합할 필요가 있다. 이를테면 라면을 생산·판매하는 회사 입장에서 시장규모나 시장점유율은 개별 라면제품이 아니라 라면시장 전체에 대한 것이므로 계산상 필요한 단위당 공헌이익도 그 기업에서 생산·판매하는 라면 전체를 대표할 수 있는 단일의 수치가 되어야 한다.

이를 위해 다음과 같이 **가중평균 표준공헌이익**을 구하여 시장규모차이 및 시장점유율 차이 분석에 사용한다. 가중평균 표준공헌이익은 각 제품의 단위당 표준공헌이익을 예산상의 매출배합율로 가중평균한 수치이다.

formula

가중평균 표준공헌이익 $=\sum_i$ i 제품 단위당 표준 공헌이익 $\times$ i 제품의 매출배합율

그림 11-14 다수제품하에서 매출조업도차이의 분해

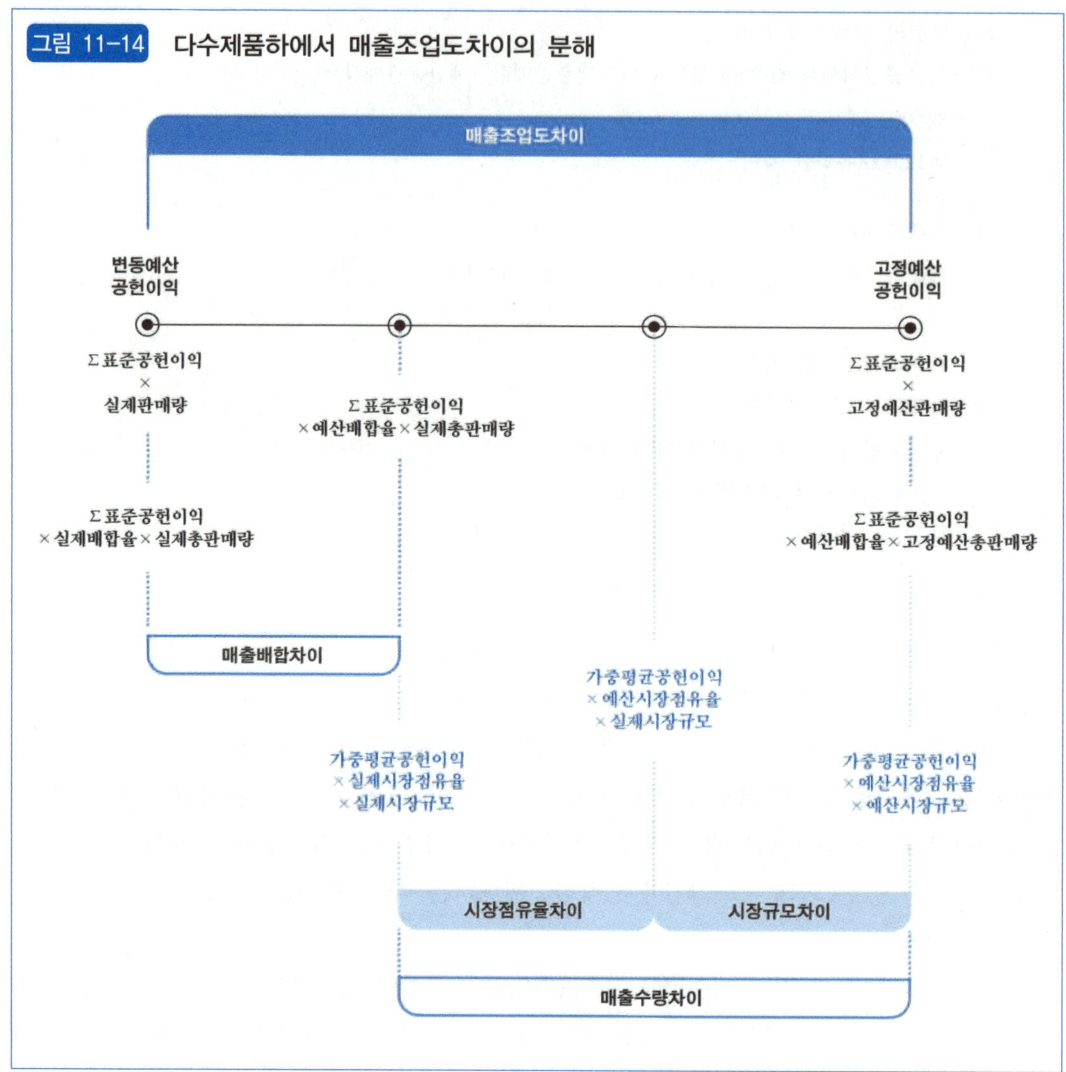

시장규모차이와 시장점유율차이의 산식은 다음과 같다.

formula

시장규모차이
=가중평균 표준공헌이익×예산시장점유율×(실제시장규모－예산시장규모)

시장점유율차이
=가중평균 표준공헌이익×(실제시장점유율－예산시장점유율)×실제시장규모

그림 11-14는 제품의 종류가 여럿인 경우, 매출조업도차이를 매출배합차이, 시장점유율차이, 시장규모차이로 분해한 것이다.

PROBLEM 11-10

예제 11-9에서 제시한 자료와 다음을 이용하라.

	시장규모	시장점유율
예산	10,000개	10%
실제	8,000개	15%

물음 1 S사에서 생산, 판매하는 컴퓨터의 시장점유율차이와 시장규모차이는 얼마인가?

물음 2 물음 1에서 구한 시장점유율차이와 시장규모차이의 합이 예제 11-9에서 구한 총매출수량차이와 일치하는가 확인하라.

풀이

1. 가중평균 표준공헌이익=₩300×20%+₩400×80%=₩380

시장점유율 차이:

=가중평균 표준공헌이익×(실제시장점유율-예산시장점유율)×실제시장규모

=₩380×(15%-10%)×8,000개

=₩152,000(유리한 차이)

시장규모 차이:

=가중평균 표준공헌이익×예산시장점유율×(실제시장규모-예산시장규모)

=₩380×10%×(8,000개-10,000개)

=₩76,000(불리한 차이)

2. 예제 11-9에서 Dx 모델과 Hx 모델의 매출수량차이를 합하면 ₩76,000(유리한 차이)이므로 물음 1에서 구한 시장규모차이와 시장점유율차이를 합한 금액과 일치한다.

Cost & Management Accounting

쉬•어•가•는 원가 · 관리회계

낡은 도구인가, 기본 언어인가: 표준원가계산의 현재 위치

표준원가계산을 검색하면 outdated, obsolete, still used?, irrelevant 같은 단어를 쉽게 볼 수 있다. 왜 이런 말들이 나올까? 1920년대 테일러의 과학적 관리를 신봉하던 포드에게 표준원가는 당시로서는 혁신적인 통제 시스템이었다. 표준화된 제품을 거대한 라인에서 대량으로 찍어내던 시기에는 생산 효율성이 거의 유일한 목표였고, 표준원가계산은 그 목표에 잘 맞는 도구였다.

그로부터 한 세기가 지난 지금, 기업들은 글로벌 경쟁 속에서 취향이 빠르게 변하는 고객을 상대해야 한다. 한두 가지 표준 제품만 잘 만들어서는 버티기 어렵고, 다품종 · 소량생산과 짧은 제품수명주기가 일상이 되었다. 이런 환경에서 "대량생산 시대에 설계된 통제기법"인 표준원가계산을 구시대의 유물처럼 여기는 것도 당연하다.

그러나 실제 사용 실태는 다르다. 여러 나라에서 수행된 조사에 따르면, 응답 기업의 70~80% 안팎이 여전히 표준원가계산을 사용하고 있다고 한다. ABC, JIT, 균형성과표, 목표원가계산 같은 현대적 기법이 등장했지만, 표준원가계산 사용에는 큰 변화를 주지 못했다는 연구 결과도 있다.

흥미로운 점은 린(lean) 생산시스템을 도입한 기업들조차 표준원가계산을 완전히 버리지 못하고 있다는 사실이다. 린 생산은 토요타 방식에 뿌리를 두고, 셀(cell) 단위의 소규모 생산조직이 제품 생산에 필요한 대부분의 기능을 수행하는, 다품종 · 소량생산에 적합한 방식이다. 현장의 생산흐름과 문제를 실시간으로 보면서 원가와 품질을 통제하는 것이 핵심이기 때문에, 기간별로 묶어서 처리하는 전통적 표준원가 · 차이분석은 "느리고, 덜 유용하다"는 비판을 받는다. Bargerstock과 Shi(2016)는 린 생산을 도입하고도 표준원가를 계속 쓰는 이유로, 린 시스템에 맞는 새로운 지표에 대한 이해 부족, 전통적 표준원가 중심의 교육, 표준원가 구조에 맞춰 설계된 정보 시스템 등을 들고 있다. 일견 그럴듯한 설명이지만, "사람들이 몰라서, 귀찮아서"라는 이유만으로 수십 년간 높은 사용률을 유지하고 있다는 해석은 왠지 궁색하다.

Zimmerman(2019)은 겉으로 보기에는 구식처럼 보여도 어떤 제도가 오랫동안 살아남아 있다면, 우리가 아직 파악하지 못한 경제적 합리성이 숨어 있을 수 있다고 보는 '경제적 다위니즘(economic Darwinism)' 관점에서 여러 회계제도를 설명한다. 성공적으로 생존한 기업들에서 특정 관행이 널리, 오랫동안 사용되어 왔다면, 그 관행이 제공하는 효익이 원가를 상회할 가능성이 크다는 생각이다.

표준원가계산도 마찬가지다. 예산 수립과 단위당 표준원가 설정, 재고평가와 원가흐름의 단순화, 실제 원가와의 차이를 '경영자가 보기 좋은 형태'로 요약해 주는 기능 등은 여전히 많은 기업에게 무시하기 힘든 장점이다. 특히 반복생산 비중이 일정 부분 남아 있는 제조업에서는 표준원가와 차이분석이 여전히 원가관리와 성과평가에 유용한 도구가 된다.

따라서 "표준원가계산은 시대에 맞지 않는 유물이니 버려야 한다"와 "옛날 방식이지만 여전히 쓸 만하니 그대로 두면 된다" 사이의 어느 한쪽만이 정답은 아닐 것이다. 중요한 것은 왜 많은 기업이 여전히 이를 사용하며, 어떤 상황에서 유용하고 또는 그렇지 않은지를 이해하는 일이다. 우리가 표준원가계산 및 차이분석을 공부하는 이유도 여기에 있다.

Badem, A., Ergin, E., & Drury, C. 2013. Is Standard Costing Still Used? Evidence from Turkish Automotive Industry. International Business Research.
Bargerstock, A., & Shi, Y. 2016. Leaning Away from Standard Costing. Strategic Finance.
Zimmerman, J. 2019. Accounting for Decision Making and Control. 10th ed. McGraw-Hill Education.

연습문제 | 차이분석과 표준원가계산

chapter 11

선택형

01. 다음 설명 중 적절하지 않은 것은 무엇인가?

① 고정예산은 회계기간 초에 수립한 것으로 계획과 통제 등 관리목적에 사용하는 예산이다.

② 변동예산은 차이분석을 위해 실제조업도에 맞춰 사후적으로 수립한 예산이다.

③ 변동예산과 고정예산상 이익간 차이는 매출가격차이와 매출조업도차이로 나눌 수 있다.

④ 판매가격이 실제와 예산이 동일하다면 실제이익과 변동예산상 이익간 차이는 원가차이로 나타낼 수 있다.

⑤ 표준원가계산은 관리회계목적의 원가차이분석과 재무회계 목적의 원가계산을 동시에 달성할 수 있는 기법이다.

02. 차이분석과 표준원가계산에 대한 설명이다. 다음 중 적절하지 않은 것은 무엇인가?

① 직접재료원가 가격차이를 재료 구입이 아닌 투입시점에 기록하면 신속하게 가격차이 정보를 확인할 수 있다.

② 직접재료원가 가격차이와 직접노무원가 능률차이는 상반관계에 놓일 수 있다.

③ 변동제조간접원가의 배부기준으로 직접노무시간을 사용하면 직접노무원가 능률차이와 변동제조간접원가 능률차이는 일정한 비율 관계에 놓인다.

④ 고정제조간접원가 조업도차이는 예산액과 실제조업도에 따른 표준배부액 간의 차이를 의미한다.

⑤ 변동제조간접원가의 소비차이는 변동제조간접원가를 구성하는 각 항목의 가격차이와 능률차이을 포괄하는 차이이다.

03. 표준원가계산에 관한 설명으로 옳은 것을 모두 고른 것은? ··· 감평사 2019

ㄱ 표준원가계산제도는 전부원가계산에서 적용할 수 있으나 변동원가계산에서는 적용할 수 없다.

ㄴ. 표준원가계산제도는 종합원가계산제도에 적용이 가능하다.
ㄷ. 직접재료원가 가격차이를 구입시점에서 분리하든 사용시점에서 분리하든 직접재료원가 능률차이는 동일하다.
ㄹ. 고정제조간접원가의 예산차이는 실제투입량 변동예산과 실제산출량 변동예산의 차이를 의미한다.

① ㄱ, ㄴ ② ㄱ, ㄷ ③ ㄴ, ㄷ
④ ㄴ, ㄹ ⑤ ㄷ, ㄹ

04. 다음은 제조원가의 차이에 대한 설명이다. 적절하지 않은 것은?
① 재료원가의 가격차이는 구입시점 또는 사용시점에서 계산할 수 있다.
② 제조간접원가의 소비차이에는 제조간접원가 세부항목의 가격차이도 포함되어 있다.
③ 재료원가의 수량차이는 노무원가의 능률차이와 상반관계trade-off에 있을 수 있다.
④ 제조간접원가 조업도차이는 예산차이가 아니며 원가계산과정에서 나타나는 차이일 뿐이다.
⑤ 제조간접원가의 능률차이는 제조간접원가의 효율적 사용과 관련이 있다.

회계사 2012 …

05. (주)갑은 단일제품을 생산·판매한다. (주)갑은 표준원가를 이용하여 종합예산을 편성한다. 다음은 (주)갑의 20×1년 2월 중 생산과 관련된 자료이다.

표준 및 예상조업도에 관한 자료:
- 직접재료원가: 제품 단위당 10kg, kg당 ₩50
- 직접노무원가: 제품 단위당 3시간, 시간당 ₩250
- 변동제조간접원가: 직접노무시간을 기준으로 배부하며, 배부율은 직접노무시간당 ₩120
- 고정제조간접원가 월 예산액: ₩132,600
- 예상조업도: 780직접노무시간

실제원가 및 실제조업도에 관한 자료:
- 직접재료원가: 2,300kg 구입 및 전량 사용, kg당 ₩55
- 직접노무원가: 740시간, 시간당 ₩260
- 변동제조간접원가 발생액: ₩90,000
- 고정제조간접원가 발생액: ₩130,000
- 실제생산수량: 240단위

(주)갑이 20×1년 2월 초 작성한 종합예산의 총제조원가 금액과 20×1년 2월 말 작성한 변동예산의 총제조원가 금액은 각각 얼마인가?

	2월 초 종합예산 총제조원가	2월 말 변동예산 총제조원가
①	₩551,200	₩519,000
②	₩551,200	₩508,800
③	₩519,000	₩551,200
④	₩508,800	₩519,000
⑤	₩508,800	₩551,200

06. 고은희는 한 제품의 생산과 판매 업무를 함께 수행하는 사업부의 책임자다. 20×1년 사업부의 연간 이익예산은 다음과 같은 예상매출액, 예상제조원가 및 예상 판매비에 기초해 수립되었다. … 회계사 2007

> 예상 매출액 $= 50 \times Q_S$
> 예상 제조원가 $= 300{,}000 + 14 \times Q_M$
> 예상 판매비 $= 200{,}000 + 6 \times Q_S$
> Q_M은 생산량을 Q_S는 판매량을 나타낸다.

예산 생산량과 판매량은 모두 25,000개로 동일하게 수립되었다. 그런데 20×1년 한 해 동안의 실제 생산량은 27,000개였고 그중 24,000개를 판매하였다. 제조원가는 ₩695,000, 판매비는 ₩339,000이 소요되었으며, 제품 단위당 판매가격은 평균 ₩52이었다. 본사 관리부는 고은희의 성과를 평가하기 위해 사업부의 실제이익과 예산이익의 차이를 그 원인에 따라 가능한 한 많은 요소로 분해하고자 한다. 다음 중 앞에서 주어진 자료를 가지고 파악할 수 없는 이익차이 요소는?

① 실제이익과 예산이익의 차이 중 제조간접원가 차이로 인한 금액
② 실제이익과 예산이익의 차이 중 판매가격 차이로 인한 금액
③ 실제이익과 예산이익의 차이 중 판매수량 차이로 인한 금액
④ 실제이익과 예산이익의 차이 중 판매비 차이로 인한 금액
⑤ 실제이익과 예산이익의 차이 중 제조원가 차이로 인한 금액

07. (주)국세는 표준원가계산제도를 채택하고 있다. 20×1년 직접재료의 표준원가와 실제원가는 다음과 같을 때, 직접재료원가 수량차이는? … 세무사 2015

표준원가	제품 단위당 직접재료 표준투입량	20 kg
	직접재료 표준가격	₩30/kg
실제원가	실제 생산량	50개
	직접재료원가	₩35,000
	직접재료 구입가격	₩28/kg

① ₩5,500 유리 ② ₩5,500 불리 ③ ₩7,500 유리
④ ₩7,500 불리 ⑤ ₩0 차이 없음

감평사 2024 …

08. (주)감평은 20×1년 초 영업을 개시하였으며, 표준원가계산제도를 채택하고 있다. 직접 재료 kg당 실제 구입가격은 ₩5, 제품 단위당 직접재료 표준원가는 ₩62kg×₩3/kg이다. 직접재료원가에 대한 차이 분석결과 구입가격차이가 ₩3,000불리, 능률차이가 ₩900유리이다. 20×1년 실제 제품 생산량이 800단위일 때, 기말 직접재료 재고수량은? (단, 기말재공품은 없다.)

① 50kg ② 100kg ③ 130kg ④ 200kg ⑤ 230kg

회계사 2015 …

09. (주)한국은 표준원가계산제도를 사용하고 있으며 제품 단위당 표준원가는 다음과 같다.

구 분	수량표준	가격표준	표준원가
직접재료원가	2kg	₩10	₩20
직접노무원가	3시간	₩10	₩30
변동제조간접원가	3시간	₩5	₩15
고정제조간접원가	3시간	₩10	₩30
합계			₩95

(주)한국은 20×1년 2월에 제품 1,100단위를 생산하였다. 이와 관련하여 당월 중 직접재료 2,420kg을 kg당 ₩9.5에 외상으로 구입하여 이 중 2,300kg을 생산에 투입하였다. 회사가 직접재료원가 가격차이를 사용시점에서 분리할 경우, 20×1년 2월 중 직접재료의 생산투입에 대한 분개로서 옳은 것은? 단, 20×1년 2월 직접재료의 월초재고는 없었으며, 월초재공품과 월말재공품 또한 없었다.

	차 변		대 변	
①	재공품	22,000	직접재료	21,850
	직접재료수량차이	1,000	직접재료가격차이	1,150
②	재공품	22,000	직접재료	22,150
	직접재료수량차이	1,150	직접재료가격차이	1,000
③	재공품	21,850	직접재료	22,000
	직접재료수량차이	1,150	직접재료가격차이	1,000

④	재공품	22,150	직접재료	22,000
	직접재료수량차이	1,000	직접재료가격차이	1,150
⑤	재공품	22,000	직접재료	24,200
	직접재료수량차이	2,200		

10. (주)한산은 표준원가계산을 적용하고 있다. 전기와 당기의 표준원가는 동일하며 직접재료의 표준원가는 다음과 같다. … 회계사 2010

	수량표준	가격표준	제품단위당 표준원가
직접재료원가	2kg	₩10/kg	₩20

당기에 직접재료를 10,000kgkg당 구입가격 ₩12 구입하였으며 9,000kg을 공정에 투입하였다. 기초재공품은 1,000단위직접재료원가 완성도 80%이었고 기말재공품은 1,300단위직접재료원가 완성도 60%이었다. 당기 중에 완성된 합격품은 3,500단위이었으며 공손품 200단위가 발생하였다. 품질검사는 공정의 종료단계에서 실시한다. 공손품은 모두 비정상공손으로 간주하며 처분가치는 없다. 회사는 비정상공손원가를 계산하여 별도의 계정으로 파악하고 있다. 직접재료원가 수량차이 능률차이는 얼마만큼 유리혹은 불리한가?

① ₩16,400 불리 ② ₩20,400 불리 ③ ₩26,400 불리
④ ₩17,000 유리 ⑤ ₩17,400 유리

11. (주)세무는 표준원가계산제도를 채택하고 있으며, 당기 직접노무원가와 관련된 자료는 다음과 같다. … 세무사 2021

제품 실제 생산량	1,000단위
직접노무원가 실제 발생액	₩1,378,000
단위당 표준직접노무시간	5.5시간
직접노무원가 능률차이	₩50,000(유리)
직접노무원가 임률차이	₩53,000(불리)

(주)세무의 당기 직접노무시간당 실제임률은?

① ₩230 ② ₩240 ③ ₩250 ④ ₩260 ⑤ ₩270

12. (주)한국은 20×1년 초에 영업활동을 개시하였고 표준원가계산제도를 채택하고 있다. 20×1년 말 현재 표준원가로 기록된 원가계정 잔액과 실제 발생 원가는 직접노무원가를 제외하고 모두 동일하다. 실제발생 직접노무원가는 ₩250이다. 한편 표준직접노무원가는 기말 재공품에 ₩40, … 회계사 2013

기말 제품에 ₩80, 매출원가에 ₩80이 포함되어 있다. 직접노무원가의 차이는 전액 임률차이 때문에 발생한 것이다. 다음의 설명 중 옳지 않은 것은?

① 표준원가와 실제원가의 차이를 원가요소별로 안분proration하여 수정분개하면 처음부터 실제원가로 계산한 것과 동일한 결과가 재무제표에 반영된다.
② 표준원가와 실제원가의 차이를 매출원가에서 전액 조정하면 영업이익은 실제원가계산에 의한 것보다 ₩20 더 작다.
③ 실제매출원가에 포함된 직접노무원가는 ₩100이다.
④ 실제원가와 표준원가의 차이를 매출원가에 전액 반영하는 방법이 원가요소별로 안분하는 방법보다 더 보수적인 회계처리이다.
⑤ 직접노무원가 임률차이는 ₩50만큼 불리한 차이가 발생한다.

감평사 2011 ···

13. (주)서울은 단일제품을 생산하고 있으며 20×1년 재공품에 관한 자료는 다음과 같다.

기초재공품 수량	–	완성량	80개
당기착수량	130개	기말재공품 수량	50개
합계	130개	합계	130개

기말재공품의 가공원가 완성도는 40%이다. (주)서울은 당기에 직접노무시간 660시간을 투입하였다. 회사의 제품 단위당 표준직접노무시간은 6시간이고, 표준임률은 ₩3,000이다. 당기에 실제로 발생된 직접노무원가가 ₩2,100,000이었다면, 직접노무원가의 능률차이는?

① ₩120,000 불리 ② ₩180,000 불리 ③ ₩120,000 유리
④ ₩180,000 유리 ⑤ ₩540,000 불리

세무사 2018 ···

14. (주)세무는 표준원가계산제도를 도입하고 있다. 20×1년의 변동제조간접원가 예산은 ₩300,000이고, 고정제조간접원가 예산은 ₩800,000이다. (주)세무는 제조간접원가 배부기준으로 직접노무시간을 사용하고 있다. 기준조업도는 직접노무시간 1,000시간이고, 20×1년에 실제로 투입된 직접노무시간은 850시간 이다. 20×1년의 고정제조간접원가 조업도차이가 ₩80,000불리할 경우 변동제조간접원가 능률차이는?

① ₩15,000 유리 ② ₩45,000 유리 ③ ₩10,000 불리
④ ₩15,000 불리 ⑤ ₩45,000 불리

15. (주)대한은 표준원가계산제도를 사용하여 제품의 원가를 계산하며, 관련 자료는 다음과 같다. … 회계사 2025

- 실제직접노무원가 총발생액: ₩260,400
- 실제제조간접원가 총발생액: 192,000
- 고정제조간접원가 예산액: 60,000

실제 총직접노무시간	14,000시간
실제생산량에 허용된 표준노무시간	15,000시간
실제최대조업도(practical capacity)	12,000시간

직접노무원가 임률차이는 ₩8,400 불리한 차이이며, 직접노무시간당 총제조간접원가 표준배부율이 시간당 ₩13.5일 때, (주)대한의 고정제조간접원가 조업도차이는 얼마인가? 단, UUnfavorable는 불리한 차이, FFavorable는 유리한 차이를 의미하며 기준조업도는 실제최대조업도를 적용한다.

① ₩13,500 F ② ₩15,000 F ③ ₩19,200 F
④ ₩13,500 U ⑤ ₩15,000 U

16. (주)대한은 단일제품을 생산 및 판매하고 있다. (주)대한은 20×3년 초에 영업을 개시하였으며, 표준원가계산제도를 채택하고 있다. 표준은 연초에 수립되어 향후 1년 동안 그대로 유지된다. (주)대한은 활동기준원가계산을 이용하여 변동제조간접원가예산을 설정한다. 변동제조간접원가는 전부 기계작업준비활동으로 인해 발생하는 원가이며, 원가동인은 기계작업준비시간이다. 기계작업준비활동과 관련하여 20×3년 초 설정한 연간 예산자료와 20×3년 말 수집한 실제결과는 다음과 같다. … 회계사 2023

구분	예산자료	실제결과
생산량(단위수)	600,000단위	500,000단위
뱃치규모(뱃치당 단위수)	250단위	400단위
뱃치당 기계작업준비시간	4시간	6시간
기계작업준비시간당 변동제조간접원가	₩?	₩55

(주)대한의 20×3년도 변동제조간접원가 소비차이가 ₩37,500불리일 경우, 변동제조간접원가 능률차이는 얼마인가?

① ₩12,500(불리) ② ₩12,500(유리) ③ ₩25,000(불리)
④ ₩25,000(유리) ⑤ ₩0(차이 없음)

회계사 2012 ···

17. 아래 자료에 근거한 다음 설명 중 옳지 않은 것은?

	실제	표준
기본기초원가	₩170,000	₩150,000
변동제조간접원가	₩471,500	₩400,000
변동제조간접원가 배부율	₩23/기계시간	₩20/기계시간
제품단위당 기계시간	41시간	40시간

① 변동제조간접원가 표준배부율과 예정배부율이 같다면, 정상평준화원가계산에 의한 총변동제조원가는 ₩580,000이다.
② 예상생산량 600개에 대한 예산 총변동제조원가는 ₩660,000이다.
③ 변동제조간접원가 총차이는 ₩71,500불리이다.
④ 변동제조간접원가 능률차이는 ₩11,500불리이다.
⑤ 기본기초원가의 변동예산차이는 ₩20,000불리이다.

세무사 2015 ···

18. 표준원가계산제도를 사용하는 (주)국세는 직접노무시간을 기준으로 제조간접원가를 배부한다. 20×1년도 기준조업도는 20,000 직접노무시간이나, 실제 직접노무시간은 22,500시간이다. 변동제조간접원가의 표준배부율은 직접노무시간당 ₩6이다. 다음은 20×1년도의 제조간접원가와 관련된 자료이다. 20×1년도의 고정제조간접원가 실제발생액은?

변동제조간접원가:
실제발생액: ₩110,000
배부액 : ₩138,000
고정제조간접원가:
소비차이 : ₩30,000(불리)
조업도차이: ₩27,000(유리)

① ₩150,000 ② ₩170,000 ③ ₩190,000
④ ₩210,000 ⑤ ₩246,000

회계사 2021 ···

19. (주)대한은 표준원가계산을 적용하고 있다. 20×1년 1월과 2월에 실제로 생산된 제품 수량과 차이분석 자료는 다음과 같다.

월	실제 생산된 제품 수량	고정제조간접원가 소비차이(예산차이)	고정제조간접원가 조업도차이
1월	1,500단위	₩500 불리	₩1,000 불리
2월	2,000단위	₩500 유리	₩500 유리

(주)대한이 20×1년 1월과 2월에 동일한 표준배부율을 적용하고 있다면, 제품 1단위당 고정제조간접원가 표준배부율은 얼마인가? 단, 고정제조간접원가의 배부기준은 제품 생산량이다.

① ₩3 ② ₩4 ③ ₩5 ④ ₩6 ⑤ ₩7

20. 표준원가계산제도를 사용하고 있는 (주)대한은 직접노무시간을 기준으로 제조간접원가를 배부하며, 20×1년도 표준 및 예산수립에 관한 자료는 다음과 같다. … 회계사 2024

- 제품 단위당 표준직접노무시간은 2시간이며, 표준임률은 시간당 ₩2,000이다.
- 제조간접원가예산액 = ₩60,000 + ₩1,200 × 표준직접노무시간
- 고정제조간접원가 배부를 위한 연간 기준조업도는 제품생산량 300단위이다.

한편, 20×1년 말에 원가차이를 분석한 결과는 다음과 같다.

- 변동제조간접원가 능률차이: ₩12,000 불리
- 고정제조간접원가 조업도차이: ₩4,000 유리

직접노무원가 능률차이는 얼마인가?

① ₩20,000 유리 ② ₩20,000 불리 ③ 차이 없음
④ ₩30,000 유리 ⑤ ₩30,000 불리

21. (주)세무는 표준원가계산제도를 채택하고 있으며, 상품 대체가능한 원재료 A와 B를 이용하여 제품을 생산한다. 원재료 투입량과 표준가격은 다음과 같다. … 세무사 2022

원재료	실제투입량	표준투입량	kg당 표준가격
A	150kg	120kg	₩30
B	150kg	180kg	₩20

재료원가 차이분석에 관한 설명으로 옳은 것은? (단, 표준투입량은 실제생산량에 허용된 원재

료 투입량을 의미하며, 원가차이의 유리혹은 불리 여부도 함께 판단할 것)

① 원재료 A와 B에서 발생한 수량차이능률차이는 총 ₩300 유리하다.
② 배합차이로 인해 재료원가가 예상보다 ₩600 더 발생했다.
③ 배합차이로 인해 원재료 A의 원가는 예상보다 ₩900 적게 발생했다.
④ 수율차이순수수량차이는 발생하지 않았다.
⑤ 원재료 A와 B의 실제투입량 합계가 300kg에서 400kg으로 증가하면 유리한 수율차이가 발생한다.

세무사 2022 ···

22. (주)세무는 20×1년에 영업을 시작하였으며, 표준원가계산제도를 적용하고 있다. 20×2년의 제품단위당 표준원가는 20×1년과 동일하게 다음과 같이 설정하였다. 직접재료는 공정의 초기에 전량 투입되며, 전환원가conversion costs는 공정 전반에 걸쳐 균등하게 발생한다.

직접재료원가	4kg × ₩6 =	₩24
직접노무원가	2시간 × ₩4 =	8
변동제조간접원가	2시간 × ₩4 =	8
고정제조간접원가	2시간 × ₩5 =	10
		₩50

(주)세무의 20×2년 기초재공품은 1,000단위완성도 40%, 당기 완성량은 5,500단위이며, 기말재공품은 700단위완성도 60%이다. 표준종합원가계산 하에서 완성품원가와 기말재공품원가는? (단, 원가흐름은 선입선출법을 가정하고, 공손 및 감손은 없다.)

	완성품원가	기말재공품원가
①	₩225,000	₩21,000
②	₩240,600	₩27,720
③	₩240,600	₩28,420
④	₩275,000	₩21,000
⑤	₩275,000	₩27,720

세무사 2025 ···

23. (주)세무는 표준원가계산제도를 채택하고 있으며, 전기와 당기의 표준원가는 동일하다. 관련 자료는 다음과 같다.

〈직접재료 표준원가〉

	표준수량	kg당 표준가격	제품 단위당 표준원가
직접재료 A	2.0kg	₩10	₩10
직접재료 B	1.2	20	24

〈직접재료 구입 및 투입〉

	구입량	투입량	kg당 구입가격
직접재료 A	10,000kg	9,000kg	₩12
직접재료 B	5,000kg	3,000kg	18

당기의 직접재료 A는 공정초기에 전량 투입되고, 직접재료 B는 공정의 60% 시점에 전량 투입된다. 기초재공품은 1,000단위공정의 완성도 40%이었고, 당기완성품은 3,500단위이며, 기말재공품은 1,500단위공정의 완성도 50%이었다. (주)세무가 선입선출법을 적용할 경우, 직접재료원가 능률차이는? (단, 공손 및 감손은 없다.)

① ₩10,000 유리 ② ₩10,000 불리 ③ ₩14,000 유리
④ ₩14,000 불리 ⑤ ₩24,000 불리

24. (주)대한은 20×1년 실제결과와 고정예산을 비교하기 위해 다음과 같은 자료를 작성하였다. … 회계사 2022

구분	실제결과	고정예산
판매량	30,000단위	25,000단위
매출액	₩1,560,000	₩1,250,000
변동원가		
제조원가	900,000	625,000
판매관리비	210,000	125,000
공헌이익	₩450,000	₩500,000
고정원가		
제조원가	47,500	37,500
판매관리비	62,500	62,500
영업이익	₩340,000	₩400,000

(주)대한은 20×1년 시장규모를 250,000단위로 예측했으나, 실제 시장규모는 400,000단위로 집계되었다. (주)대한은 20×1년도 실제 판매량이 고정예산 판매량보다 증가하였으나, 영업이익은 오히려 감소한 원인을 파악하고자 한다. 이를 위해 매출가격차이sales price variance, 시장점유율차이, 시장규모차이를 계산하면 각각 얼마인가? 단, U는 불리한 차이, F는 유리한 차이를 의미한다.

	매출가격차이	시장점유율차이	시장규모차이
①	₩60,000 F	₩200,000 U	₩300,000 F
②	₩60,000 U	₩200,000 F	₩300,000 U
③	₩60,000 F	₩300,000 U	₩400,000 F
④	₩80,000 F	₩200,000 U	₩300,000 F

⑤	₩80,000 U	₩300,000 F	₩400,000 U

회계사 2015 …

25. 상호 대체가능한 제품 P와 제품 Q 두 가지 종류만을 판매하는 (주)한국에 대한 20×1 회계연도 자료는 다음과 같다.

구 분	제품 P	제품 Q
예산판매수량	800단위	1,200단위
실제판매수량	500단위	2,000단위
단위당 예산판매가격	₩50	₩20
단위당 실제판매가격	₩55	₩18
단위당 표준변동원가	₩30	₩16
단위당 실제변동원가	₩32	₩15

(주)한국의 20×1 회계연도 매출배합차이와 매출수량차이를 계산하면 각각 얼마인가?

	매출배합차이	매출수량차이
①	₩8,000 유리	₩5,200 불리
②	₩8,000 유리	₩5,200 유리
③	₩5,200 불리	₩8,000 불리
④	₩5,200 유리	₩8,000 불리
⑤	₩8,000 불리	₩5,200 유리

세무사 2020 …

26. (주)세무는 사무실용과 가정용 공기청정기를 판매한다. 다음은 (주)세무의 20×1년 예산과 실제결과에 대한 자료이다.

20×1년도 예산

제품	단위당 판매가격	단위당 변동원가	판매수량
사무실용 공기청정기	₩180	₩120	30,000대
가정용 공기청정기	₩135	₩90	90,000대

20×1년도 실제 결과

제품	단위당 판매가격	단위당 변동원가	판매수량
사무실용 공기청정기	₩165	₩112.5	37,800대
가정용 공기청정기	₩120	₩82.5	88,200대

20×1년도 공기청정기의 전체 실제시장규모는 1,050,000대이며, (주)세무의 시장점유율차이는

₩1,023,750유리이다. (주)세무가 예상한 20×1년도 전체 공기청정기의 시장규모는?

① 857,143대 ② 923,077대 ③ 1,100,000대

④ 1,150,000대 ⑤ 1,200,000대

서술형

01. 표준원가계산을 사용하고 있는 S사의 20×1년 차이를 반영하기 전 영업이익은 ₩198,000이었다. 다음 차이분석 자료를 이용하여 물음이 답하라.

직접재료원가 가격차이	19,800	U	변동제조간접원가 소비차이	23,100	F	고정제조간접원가 조업도차이	8,000	F
직접재료원가 배합차이	21,000	F	매출가격차이	55,000	U	직접재료원가 수율차이	23,000	F
시장규모차이	40,000	F	직접노무원가 능률차이	16,500	U	직접노무원가 임률차이	23,100	U
변동제조간접원가 능률차이	13,200	U	직접재료원가 수량차이	44,000	F	시장점유율차이	14,000	U

(U는 불리한 차이, F는 유리한 차이) 예산과 실제 모두 20×1년 기초 및 기말 재고자산은 없다.

물음 (1) 연초 고정예산상 영업이익은 얼마인가?

(2) 실제원가계산에 의한 영업이익은 얼마인가?

02. A사는 개별표준원가계산제도를 채택하고 있다. 원가 및 기타자료가 다음과 같을 때 각 물음에 답하라.

① 기초 및 기말 재공품과 기초제품은 없다.
② 직접재료의 기초재고는 없다.
③ 당기 중 직접재료 사용량은 5,700㎏이며 직접재료 구입량과 구입액은 각각 8,000㎏, ₩32,800이다.
④ 당기 중 직접노무시간은 4,400시간이었고, 발생한 임금은 ₩16,720이다.
⑤ 변동제조간접원가는 직접노무시간에 비례하여 배부한다.
⑥ 고정제조간접원가 배부율을 계산하는 데 사용하는 평준화 조업도는 4,800 직접노무시간이다.
⑦ 직접노무시간당 고정제조간접원가 배부액은 ₩1이며 실제발생한 고정제조간접원가는 ₩5,000이었다.
⑧ 변동제조간접원가는 기초에 ₩7,200으로 예상되었으나 실제 발생액은 ₩7,800이다.
⑨ 당기생산량은 2,000개이다당초 예산생산량은 2,400개이었다.
⑩ 제품 한단위당 표준자료는 다음과 같다.

	수량	가격
직접재료	3kg	₩4/kg
직접노무	2시간	₩4/시간

⑪ 생산된 제품 중 1,500개가 개당 ₩50에 판매되었다.

물음 (1) 각 원가차이를 분석하라(단, 재료의 가격차이는 구입시점에 분리한다).

(2) 표준원가계산시스템에 의할 경우, 다음의 각 경우에 필요한 분개를 모두 행하라.

가. 직접재료의 구입 및 사용

나. 직접노무원가의 발생

다. 변동제조간접원가의 발생과 배부, 그리고 차이를 기록하는 분개

라. 고정제조간접원가의 발생과 배부, 그리고 차이를 기록하는 분개

마. 제품의 완성

사. 제품의 판매

(3) 모든 차이를 매출원가에서 조정된다고 할 때 매출총이익은 얼마인가?

03. D사는 1차 연도 1월에 영업을 개시하였고, 기초에 재고자산은 없었으며, 1차 연도에 투입된 원가는 모두 제품으로 완성되었다. 1차 연도의 영업 및 회계에 관한 자료는 다음과 같다. 기초에 추정한 1차 연도 예산생산량은 5,100개였으며, 향후 3년간의 평균 생산량은 5,610개로 추정되었으며, 1차 연도 실제생산량은 5,000개이다. 1차 연도 중에 생산량 5,000개가 모두 개당 ₩1,000에 판매되었다. 편의상 직접재료원가와 직접노무원가는 없다고 가정한다. 변동제조간접원가의 배부기준은 기계시간이며, 변동제조간접원가의 실제발생액은 ₩630,000이다. 고정제조간접원가의 실제발생액은 ₩560,000이다. … 회계사 2009

물음 (1) 변동제조간접원가 차이분석 결과, 변동제조간접원가의 소비차이는 ₩90,000불리, 능률차이는 ₩120,000유리로 분석되었다. 그러나 회계자료에 대한 감사 결과, 실제 기계시간은 차이분석 시에 이용되었던 실제 기계시간보다 1,000시간 더 많은 것으로 판명되었다. 새로 알려진 기계시간을 토대로 계산해보니, 소비차이는 ₩30,000불리, 능률차이는 ₩60,000유리인 것으로 밝혀졌다.

가. 감사 결과 밝혀진 정확한 실제 기계시간은 몇 시간인가?

나. 제품 한 단위당 표준 기계시간은 몇 시간인가?

(2) 고정제조간접원가 차이분석 시 1차 연도 예산 생산량 5,100개를 기준조업도로 사용하였다. 그러나 3개년 평균생산량 추정치인 5,610개가 기준조업도로 더 적합하다는 의견이 있어서, 이를 이용하여 재계산한 결과 고정제조간접원가 예정배부율은 제품 한 단위당 ₩100이었다. 1차 연도 예산생산량을 기준조업도로 사용하여 계산한 조업도차이는 얼마인가?

04. S사는 A와 B를 생산 및 판매하고 있다. 관련 자료는 다음과 같다.

	A	B
예산:		
단위당 판매가격	₩40	₩50
매출수량	480개	320개
단위당 변동원가	₩20	₩35
매출배합	60%	40%
고정원가	₩3,000	
실제:		
단위당 판매가격	₩45	₩48
매출수량	450개	450개
단위당 변동원가	₩20	₩35
매출배합	50%	50%
고정원가	₩3,250	

물음 (1) S사의 판매가격차이와 매출조업도차이를 계산하라.

(2) S사의 매출조업도차이를 매출수량차이와 매출배합차이로 구분하라.

(3) 위와 자료와 함께 다음 자료를 이용하여 매출수량차이를 시장규모차이와 시장점유율차이로 구분하라. 단, A와 B는 동일산업 내에서 판매되는 제품이다.

구분	A와 B
예산시장규모	10,000개
예산시장점유율	8%
실제시장규모	12,000개
실제시장점유율	7.5%

05. K사는 a, b, c 세 종류의 원재료를 투입하여 甲제품을 생산하고 있다. 甲제품 8개를 생산하는데 소요되는 각 원재료의 사용량과 표준원가는 다음과 같다.

	제품단위당 수량	원재료단위당 단가	금액
원재료 a	5kg	₩8	₩40
원재료 b	3kg	₩12	36
원재료 c	2kg	₩10	20
합계	10kg	–	₩96
甲제품 개당 원가		₩96/8개=₩12	

甲제품의 지난달 실제생산량은 8,000개였으며 실제 사용된 원재료에 대한 자료는 다음과 같다.

	사용량	단가	금액
원재료 a	4,300kg	₩8.5	₩36,550
원재료 b	3,500kg	₩11	38,500
원재료 c	2,300kg	₩9	20,700
합계	10,100kg	–	₩95,750

실제생산량에 허용된 표준원가는 총 ₩96,000이므로 실제금액 ₩95,750과 차이는 ₩250불리이다.

물음 (1) 원재료 a에 대하여 직접재료원가 가격차이와 수량차이를 계산하라.

(2) 원재료 a에 대하여 직접재료원가 수량능률차이를 배합차이와 수율차이로 분리하라.

제12장 재무성과평가와 대체가격

- **성과평가의 필요성**
  - 목표불일치성과 결과에 의한 통제
  - 분권화 조직과 성과평가
- **책임회계**
  - 책임단위와 책임회계
  - 통제가능성원칙과 문제점
  - 책임단위의 종류
- **이익책임단위의 성과평가**
- **투자책임단위의 성과평가**
  - 투자수익률
  - 잔여이익
  - 경제적부가가치
- **대체가격**
  - 대체가격의 의의
  - 목표일치성을 달성하는 대체가격
  - 대체가격 결정방법
  - 국제이전가격

재무성과평가와 대체가격

대규모 기업에서는 여러 계층의 하위조직과 구성원에게 업무를 분담하고 의사결정권한도 위임하는 분권화된 조직형태를 갖추는 것이 일반적이다. 따라서 기업 내 조직 및 구성원이 기업목표에 정진할 수 있는 동기부여 및 유인제공장치가 필요하다. 본 장에서는 동기부여와 유인을 위한 선행절차로 하위조직의 재무성과측정 및 평가문제를 다룬다. 성과평가의 필요성을 설명하고, 전통적으로 많이 사용되어 온 성과평가제도인 책임회계와 관련 성과지표를 다룬다. 아울러 책임단위인 하위조직 간 사내 거래에 성과평가목적으로 사용하는 대체가격 문제도 살펴본다.

성과평가의 필요성

목표불일치성과 결과에 의한 통제

공통의 목표를 가진 여러 사람들이 모여 기업을 만든 것은 개인이 투입할 수 있는 시간과 노력의 한계를 극복하고 더 높은 생산성을 달성하기 위함이었다. 아담 스미스가 국부론에서 언급한 분업을 통한 노동생산성의 향상도 여러 사람의 노동력을 조직화하는 것이 전제되어야 가능하다.

소수의 인원으로 구성된 작은 기업을 생각해보자. 개별적으로 생산할 때와는 다르게 시너지 효과를 얻어 이전보다 높은 생산성을 달성할 수 있지만 다른 한편으로는 개인이 독립적으로 작업할 때 없었던 새로운 문제가 발생하기도 한다. 혼자서 모든 작업을 행할 때에는 모든 산출물이 자신에게 귀속되지만 여럿이 함께 작업하는 경우에는 산출물을 배분해야 한다. 만약 산출물을 똑같이 배분하기로 하였다면 어떤 상황이 발생할 수 있는가? 열심히 일하지 않더라도 이를 쉽게 확인할 수 없는 경우에는 혼자 작업할 때보다 열심히 일하지 않을 가능성이 있다. 이를 **무임승차문제**free rider problem라고 한다.

기업의 규모가 커지고 구성원이 많아지면 효과적이고 효율적인 기업활동을 위해 다양한 형태로 조직화와 계층화가 이루어진다. 주주를 대신하여 기업을 경영하는 전문경영자가 등장하고, 경영자의 지시와 감독에 따라 업무를 수행하는 다양한 직급의 직원이 기능별, 제품별, 지역별 조직 등에 속하게 된다. 주주가 바라는 바는 경영자를 포함한 모든 구성원이 업무를 성실히 수행하여 기업의 이익과 가치를 제고하는 것이다. 다행히 주주와 같은 마음으로 기업을 위해 일을 한다면 걱정할 필요가 없지만 현실은 그렇지 않을 가능성이 크다. 기업의 구성원이 자신의 이익을 위해 기업주주목표에 반하는 행동을 할 수 있는데 이를 대리인문제agency problem라고 한다.

무임승차나 대리인문제는 구성원의 개인목표와 기업목표가 서로 다른, 목표불일치성goal incongruence으로 인한 결과로 이 문제를 방치할 경우 기업은 적잖은 비용을 부담해야 한다. 따라서 구성원의 행동이 기업목표에 맞게 이루어지도록 하는 조치가 필요한데 그 일환이 관리통제시스템management control system이다. 목표일치성을 확보하는 통제방식에는 행동 통제, 인적/문화적 통제, 결과에 의한 통제 등이 있다.[1]

첫째, 행동 통제action control는 구체적인 행동이나 업무 절차를 명확하게 규정하여 재량권의 여지를 없애고 정해진 행동이 실제로 이루어지도록 감독하는 방식이다. 예컨대 작업매뉴얼이나 표준업무지침 등을 준수하도록 하는 것이다. 이 방법은 미리 정해진 규칙을 반드시 준수해야 하는 업무나, 주관적 판단이 필요 없는 업무에 적절하다. 특성상 반복적이고 기계적인 업무에는 적용할 수 있지만 다양하고 복잡한 업무에는 적용하기 쉽지 않은 방식이다.

둘째, 인적, 문화적 통제personnel, cultural control는 기업목표 달성에 바람직한 구성원의 태도나 가치관 확립, 조직문화 형성에 중점을 두는 방식이다. 적합한 직원의 채용, 교육과 훈련, 미션 및 비전 공유, 사내 가치관 강조와 동료의식 고취, 윤리강령 등을 예로 들 수 있다. 인적, 문화적 통제는 공식적인 감독이나 평가 없이 기업이 원하는 행동과 성과를 유인할 수 있는 장점이 있다.

셋째, 결과에 의한 통제result control는 기업목표에 부합하는 성과평가지표와 달성목표를 정하고 이에 따라 평가하고 보상하는 방식이다. 예를 들어 영업사원을 목표매출 달성도에 의한다거나, 생산과 판매를 담당하는 사업부를 목표이익 달성도로 평가하고 보너스를 지급하는 것이다.

결과에 의한 통제는 직원이 기업목표를 잘 이해하고 그 목표를 달성하기 위해 자신이 어떻게 해야 하는지를 판단할 수 있는 경우, 변화하는 환경에서 직원이 능동적으로 대처하거나 의사결정을 할 수 있는 지식이나 기술을 가지고 있는 경우, 각 직원의 기여 정도를 측정할 수 있는 성과평가지표를 포함한 성과평가 및 보상시스템이 잘 설계되어 직원이 자발적으로 기업을 위해 의사결정하고 행동할 수 있는 경우에 효과적이다. 본 장에서 주로 다루는 관리회계통제시스템management accounting control system은 결과에 의한 통제의 대표적인 예이다.

1 Merchant and Van der Stede. 2023. Management Control Systems. 5th ed. Pearson.

분권화 조직과 성과평가

현대적인 기업조직의 특징 중에 하나는 상부에 집중되어 있었던 의사결정권이 점차 하위 조직에 있는 관리자에게 위양되고 있다는 점이다. 기업의 규모가 크지 않거나 기업이 처한 경영환경이 복잡하지 않고 불확실성이 낮은 경우에는 최고경영자의 의사결정이 일관성이나 기업 목표와의 일치성 관점에서 효과적이라고 할 수 있다. 그러나 기업의 경영환경이 불확실하고 급격하게 변하는 경우에는 중앙에서 모든 의사결정을 하는 것이 현실적으로 가능하지 않을 뿐만 아니라 바람직하지도 않다. 중앙 상층부에 있는 의사결정자가 의사결정에 필요한 모든 지식이나 정보를 충분히 갖추기 어렵기 때문이다. 오히려 현업 가까이에 있는 관리자가 보다 현명한 의사결정을 할 수 있는 지식과 정보를 많이 가지고 있으므로 이들에게 의사결정을 맡기는 것이 더 나을 수 있다.

의사결정이 상부에 집중되어 있는 조직을 **중앙집권화 조직**centralized organization이라고 하고 의사결정권이 아래로 위양되어 분산되어 있는 조직을 **분권화 조직**decentralized organization이라고 한다. 일반적으로 완전 중앙집권화나 완전 분권화의 극단적인 조직구조를 선택하는 기업은 별로 없으며 양극단 사이에서 분권화 수준을 결정한다.

분권화 조직이 의사결정과 이에 필요한 지식과 정보가 결합된다는 측면에서 좋은 의사결정을 할 수 있는 환경이라고 할 수 있지만, 의사결정권이 분산될 경우 의사결정권을 가진 각 구성원이 항상 기업목표에 부합하는 의사결정을 하는가는 별개의 문제이다. 기업 입장에서는 A가 더 나은 의사결정이라는 사실을 알면서도 의사결정자 개인에게 B가 더 유리하다면 B를 선택할 가능성이 있다. 여기서 다시 한 번 목표일치성의 확보를 위한 성과평가와 보상의 필요성이 등장한다. 조직 내에서 의사결정의 위양이 불가피하다면 이로 인해 발생할 수 있는 대리인문제를 해소할 수 있는 방법으로 성과평가는 필수적이다.

일반적으로 **의사결정권**의 **할당시스템**, **성과평가체계**, **유인보상체계**는 조직구조organizational architecture의 중요한 세 가지 요체라고 한다.[2] 이들은 서로 균형을 이뤄야 하는 삼각대의 다리라고 할 수 있다. 어느 하나의 시스템이라도 다른 시스템과 보조를 맞추지 못하면 균형은 깨지게 된다. 의사결정권 할당의 수준에 맞춰 성과를 평가하고 이에 따라 유인보상이 이루어져야 함을 의미한다.

2 Jensen and Meckling. 1995. Specific and General knowledge and Organizational Structure. Journal of Applied Corporate Finance. 이들은 일찍이 1980년대 중반 무렵 이들 시스템을 조직의 게임규칙(organizational rules of the game)이라고 언급한 바 있다.

책임회계

책임단위와 책임회계

부문관리자가 부문 활동에 대해 더 나은 의사결정을 할 수 있는 정보와 지식을 가지고 있다면 상위경영자는 부문 활동에 대한 의사결정권을 해당 관리자에게 넘겨줄 수 있다. 그 대신 상위경영자는 부문관리자가 올바른 의사결정을 하도록 부문의 성과를 평가하고 평가결과와 관리자의 보상을 연계하여 결과에 대해 책임을 지우는 통제방식을 택할 수 있다.

제조부문의 관리자가 제품 생산에 필요한 재료나 노동력의 투입비율을 가장 잘 알고 있다면 상위경영자는 이와 관련된 의사결정권을 그 관리자에게 위양하는 대신 재료원가나 노무원가를 기초로 성과를 평가하고 보상하여 최선의 의사결정을 이끌어낼 수 있다. 또 고객과 경쟁기업에 효과적으로 대응할 수 있도록 일정범위 내에서는 판매가격을 마음대로 정할 수 있는 재량권을 영업부문의 관리자에게 부여하고 있다면 매출액을 기초로 평가하는 것이 효과적이다.

의사결정권이 위양될 때 의사결정권을 넘겨받은 하위 부문은 의사결정의 대상이 되는 재료 투입비율이나 판매가격과 같은 중요 변수를 결정할 수 있는 재량권을 가지는 대신 그 결과에 대해 책임을 지는 단위가 되는데 이를 **책임단위**responsibility center 또는 책임중심점라고 한다. 책임단위는 의사결정권의 범위 및 성과평가요소의 속성에 따라 원가책임단위, 수익책임단위, 이익책임단위, 투자책임단위로 나눌 수 있다.

원가책임단위는 해당 부문에서 발생하는 원가, 수익책임단위는 수익, 이익책임단위는 이익수익과 원가, 투자책임단위는 이익과 투자규모가 위양된 의사결정권 실행에 따른 결과값이 되며 성과평가의 기초 정보가 되는 조직단위를 말한다. 각 책임단위 별로 의사결정을 할 수 있는 대상 그리고 책임의 범위가 다르므로 책임단위마다 적절한 성과평가지표 및 방법 역시 상이하다. **책임회계**responsibility accounting는 이러한 책임단위의 존재를 명확히 인식하고 책임단위별 성과평가를 위한 회계 및 재무정보를 집계, 요약, 보고하는 성과측정시스템을 말한다. 따라서 책임회계시스템은 기업 내의 재무회계시스템, 원가회계시스템, 예산시스템과 밀접하게 연결되어 있다.[3]

3 본 장에서는 재무성과에 초점을 두고 있지만 비재무성과 관리도 중요하다. 비재무성과와의 균형을 강조하는 '균형성과표'와 '고객 및 프로세스 성과관리'에 대해서는 <웹부록 F>에서 다룬다.

통제가능성원칙과 문제점

책임단위의 성과평가지표를 선택할 때 우선적으로 고려할 것은 책임단위에 위양된 의사결정권의 대상과 범위이다. 이에 대해 전통적으로나 실무적으로 많이 사용하고 있는 개념은 통제가능성이다.

통제가능성controllability원치에 의하면 책임단위의 관리자에게 책임을 지울 때는 그가 통제할 수 있는 항목에 한정해야 한다. 만약 책임단위 밖에 있는 관리자가 어떤 원가나 수익, 이익 또는 투자항목을 통제한다면 이들 항목은 그 책임단위의 평가에서 제외하여야 한다. 생산라인을 담당하는 원가책임단위 관리자가 재료의 구입가격이나 시간당 임률을 통제할 수 없다면 재료원가나 노무원가로 평가하는 것은 부적절하다. 통제 가능한 요소인 재료투입량이나 노무시간으로 평가하거나 표준단가를 적용한 재료원가나 노무원가로 평가하는 것이 타당하다.

통제가능성원칙은 직관적으로는 명확하고 타당한 것 같지만 실무에서 적용하기 애매한 경우가 많을 뿐만 아니라 통제 불가능한 요소라 하더라도 성과평가에 유용한 경우가 있기 때문에 이 원칙에 따라 성과지표를 일률적으로 정하는 것은 문제가 있다.

첫째, 수익과 원가가 다수의 책임단위와 관련하여 발생하는 경우 이들을 책임단위 간에 구분하기가 어려운 경우가 종종 있다. 여러 책임단위를 거쳐 생산이 이루어지고 최종 책임단위가 판매를 담당하는 경우, 모든 책임단위가 최종 수익을 창출하는 데 기여한 것은 분명하지만 수익을 이들 간에 어떻게 배분할 것인가는 명확하지 않다.

둘째, 성과평가지표는 의사결정의 결과를 평가하는 것뿐만 아니라 미래의 의사결정 행태에 바람직한 영향을 줄 수 있다. 따라서 통제 불가능하더라도 미래 의사결정 행태에 좋은 영향을 줄 수 있는 지표는 성과평가에 포함할 수 있다. 예를 들어 생산을 담당하는 원가책임단위에 매출액이라는 성과지표는 통제 불가능하지만 품질개선노력을 유도할 수 있다는 점에서 원가책임단위의 성과지표에 포함할 수도 있다. 품질이 매출액 향상에 도움을 줄 수 있기 때문이다.

셋째, 통제가 가능하지 않은 지표라 하더라도 기존 성과지표의 효율성을 향상시킬 수 있다. 상대평가는 통제가능한 자신의 성과뿐만 아니라 통제 불가능한 타인의 성과도 평가에 포함하고 있는데 이를 통해 성과평가를 왜곡하는 외부환경의 불확실성을 제거할 수 있다. 예컨대 호황이나 불황으로 성과가 매우 좋거나 나빠서 피평가자의 성과만으로는 제대로 된 평가가 어려울 때 유사한 환경에 놓인 다른 평가자의 성과와 비교하는 방법을 사용할 수 있다.

통제가능성은 엄밀히 적용하는 것이 쉽지 않고 경우에 따라서는 통제가능성을 기준으로 성과지표를 선정하는 것이 적절하지 않은 경우도 있다는 점에 유의하여야 한다.

책임단위의 종류

대표적인 책임단위로 원가책임단위, 수익책임단위, 이익책임단위, 투자책임단위 등이 있다.

원가책임단위

원가책임단위 cost center는 부문 관리자 및 구성원이 소속 부문의 원가 발생액에 영향을 주는 의사결정변수를 위임받은 책임단위로서 원가 발생액에 대해 책임을 지는 단위이다. 투입재료나 노동력에 재량권이 있는 생산부문이나 생산에 직접 참여하지 않는 생산지원부문이나 인사부 또는 회계부서가 원가책임단위가 된다.[4] 이들 부문은 원가를 얼마나 절감하고 효율적으로 통제하였는지가 중요한 평가대상이 된다. 원가책임단위의 관리자는 원가에 대해서만 통제활동을 수행하며 원가절감 및 원가의 최소화를 목표로 삼는다.

원가책임단위에 대한 평가는 미리 정해진 예산목표 또는 표준과 실제 발생액을 비교하는 방식을 많이 사용한다. 제11장에서 살펴본 원가차이분석은 원가책임단위의 성과평가에 중요한 정보가 된다. 다만 차이분석의 결과가 평가부문이 통제할 수 없는 타 부문의 의사결정 결과일 수 있고 거시적인 경제 환경으로 인한 것일 수도 있기 때문에 적용할 때 주의가 필요하다.

표준과 비교하는 방법 이외에 기간 간 비교도 원가책임단위의 성과를 평가하는 방법이 된다. 특히 생산환경에 큰 변화가 없어서 기간 간 비교가능성에 문제가 없는 경우 지속적인 원가절감에 효과적인 평가 방법이 될 수 있다.

책임회계시스템하에서 원가책임단위 평가에 주요항목은 원가 발생액이지만 품질, 대응시간, 생산일정, 직원의 동기부여나 안전문제 등도 원가 못지않게 중요한 요소이므로 추가적인 평가지표로 보완할 필요가 있다.[5]

수익책임단위

수익책임단위 revenue center는 부문 관리자 및 구성원이 수익만을 통제할 수 있는 책임책임단위로 제품제조원가나 기타 비용 또는 투자규모에 대해서는 영향을 미칠 수 없는 경우이다. 예를 들어 백화점의 가전제품 판매부나 보험회사의 영업부는 영업활동이나 고객관리활동을 통해 매출량 또는 매출액에만 영향을 줄 수 있다. 수익책임단위에 대한 성과평가방법으로는 목

---

4 원가책임단위와 구별하여 비용책임단위(expense center)를 들기도 한다. 생산량을 측정할 수 있는 경우를 원가책임단위로, 생산량이나 소비량을 측정하기 어려운 서비스를 제공하는, 이를테면 인사부나 회계부서 등을 비용책임단위로 구분할 수 있지만 본서에서는 이들 둘을 합쳐 원가책임단위로 통칭한다.

5 균형성과표는 품질이나 시간 등의 비재무지표도 같이 고려하여 재무지표가 갖는 문제점을 보완할 필요가 있다는 점을 강조한다. 균형성과표에 대해서는 <웹부록 F>에서 다룬다.

표매출액과 실제매출액을 비교하는 차이분석, 전년도의 성과와 비교 또는 동종의 타 수익책임단위와 비교하는 방식을 사용할 수도 있다.

수익책임단위가 매출량이나 매출액이외에도 재고의 종류와 보유량 또는 판매촉진 및 마케팅 활동에도 영향을 줄 수 있는 경우, 수익으로만 성과를 평가하면 수익 향상을 위해 재고의 종류나 보유량을 필요 이상으로 확대하거나 지나친 고객서비스 제공 및 판매촉진활동으로 원가를 과도하게 발생시킬 수 있다는 문제점이 있다. 이를 위해서는 수이뿐만 이니라 일부 원가노 성과평가에 반영하기도 한다. 예를 들어 매출수익에서 판촉 및 마케팅 활동으로 인한 원가를 차감한 순수익으로 평가하는 경우이다.

이익책임단위

이익책임단위profit center는 부문 관리자 및 구성원이 제품의 판매나 서비스의 제공에 따른 수익과 원가를 모두 통제할 수 있으나 투자의 수준이나 대상에 대해서는 결정할 수 없는 책임단위이다. 예를 들어 중국지사 설립 및 운영에 필요한 투자는 본사가 직접 결정하되, 지사는 현지에서 수이을 증대시기기 위한 판매 및 마케팅활동을 독자적으로 수행하고 생산에 필요한 자재 구매, 노동력 확보, 생산계획을 통제할 수 있다면 중국지사는 이익책임단위라고 할 수 있다. 책임회계시스템하에서 이익책임단위의 대표적인 성과평가지표로는 부문의 이익 수치를 들 수 있다.

현실적으로 특정 조직이 모든 수익과 원가를 완전히 통제할 수 있는 경우보다는 부분적으로 통제할 수 있는 경우가 많기 때문에 하위 부문이나 지사에서 판매와 생산활동의 일부분만 통제할 수 있더라도 이들 조직을 이익책임단위로 간주한다. 이 경우 성과지표인 이익수치를 해석할 때 주의가 필요하다. 이익이 예산목표에 못 미치거나 전년도에 비해 낮아진 것이 본사나 상위 부문의 의사결정에 따른 결과일 수 있기 때문이다. 부분적인 통제권한을 가진 이익책임단위의 성과를 평가할 때는 이익수치에 전적으로 의존하는 것보다 기타 성과지표를 함께 사용하여 판단하는 것이 필요하다.

투자책임단위

투자책임단위investment center는 조직의 관리자가 투자, 생산, 판매활동을 모두 통제할 수 있는 책임단위이다. 일반적으로 하나의 독립적인 기업은 투자책임단위라고 할 수 있으므로 기업내 투자책임단위를 '회사 내의 회사'라고 할 수 있다. 책임회계시스템 하에서 투자책임단위의 성과평가지표로는 수익과 원가 그리고 투자를 모두 포괄하는 **투자수익률**ROI: return on investment이 대표적이다.

이익책임단위의 성과평가

생산부문과 판매부문을 별도의 조직으로 나누고 각각 원가책임단위와 수익책임단위로 성과평가하는 것보다 하나의 이익책임단위로 통합하여 운영하면 생산활동과 판매활동을 담당하는 각 구성원 간의 협력과 조정을 이끌어낼 수 있어 상대적으로 높은 기업 성과를 기대할 수 있다. 실제로 기업 내 각 부문을 개별적으로 이익을 창출할 수 있는 단위로 재편하고 이익수치를 이용하여 평가하는 기업이 많다.

그럼에도 특정 이익책임단위가 달성한 이익을 계산하는 것은 생각처럼 간단하지 않다. 이익책임단위가 달성한 이익을 계산하려면 책임단위별로 수익과 원가가 명확히 구분되어야 하지만 실제로 그렇지 않은 경우가 종종 있기 때문이다. 예를 들어 A사업부에서 생산하는 제품이 한 개 팔릴 때마다 B사업부가 생산하는 액세서리가 같이 판매된다고 하자. B사업부가 달성하는 수익은 A사업부가 상당부분 기여한 것이라고 할 수 있다. 회계상으로는 명확히 수익이 구분되지만 이러한 상황을 수치에 반영하기가 쉽지 않다. 여러 사업부가 공동으로 사용하고 있는 설비원가의 배분 문제도 발생한다. 이익책임단위 간에 상호작용이 클수록 수익과 원가가 여러 단위에 걸쳐 결합된 형태로 발생한다.

표 12-1은 이익책임단위의 이익보고서 예이다. 여기에서는 공헌이익 개념, 책임회계의 기초가 되는 통제가능성 여부, 추적가능 및 회피가능 여부에 따라 원가를 분류하고 있다.[6] 예에서는 매출수익과 변동원가는 모두 통제가능한 것으로 보고 있다. 추적가능원가는 특정 이익책임단위와 관련하여 발생한 것이긴 하지만 그 책임단위에서 통제할 수 없는 원가로 상위의 조직이나 관리자가 통제하는 경우이다. 회피가능원가는 특정 이익책임단위가 없어지고 장기적으로 조정과정을 거치면 발생하지 않을 것으로 예상되는 원가로 주로 고정원가이며 책임단위 간에 배분되어야 할 성격의 원가이다. 회사공통원가는 특정 이익책임단위에 추적가능하지 않고 이익책임단위가 없어진다고 하더라도 회피가능하지 않는, 이익책임단위 간에 배분하는 것이 무의미한 원가로 본사공통원가가 대표적인 예이다.

책임회계의 통제가능성 개념을 엄밀한 적용한 이익수치는 **통제가능이익**이라고 할 수 있지만 다른 이익개념을 평가에 사용할 수도 있다. 추적가능이익이나 사업부이익은 이익책임단위가 회사에 기여하고 있는 정도를 나타내는 것으로 단기적으로 기여하고 있는 정도를 나타내는 이익수치는 추적가능이익이며 보다 장기적인 관점에서 기여하는 이익개념은 사업부이익이라

6 여기서 제시되고 있는 이익보고서는 한 예이며 필요에 따라 적절하게 변형된 보고서를 사용할 수 있다.

고 할 수 있다.

표 12-1 이익책임단위의 이익보고서

(단위: 백만 원)

	TV사업부	냉장고사업부	세탁기사업부	합계
매출	₩2,100	₩1,540	₩840	₩4,480
변동원가	840	462	210	1,512
통제가능공헌이익	1,260	1,078	630	2,968
통제가능고정원가	550	380	180	1,110
통제가능이익	710	698	450	1,858
추적가능원가	323	312	245	880
추적가능이익	387	386	205	978
회피가능배분원가	120	135	95	350
사업부이익	₩267	₩251	₩110	628
회사공통원가				530
이익				₩98

이익책임단위의 이익성과는 예산목표와 비교하거나 회사 내의 비슷한 다른 조직 또는 동일 업종의 타기업과 비교하여 평가한다. 이익책임단위의 성과평가에 있어 몇 가지 주의할 사항이 있다.

첫째, 이익책임단위의 이익수치는 원가나 수익책임단위와 마찬가지로 재무성과만을 보여주고 있으므로 재무수치로 표현될 수 없는 것은 반영되지 않는다. 따라서 비재무성과지표를 동시에 고려해야 한다.

둘째, 여러 이익책임단위의 노력이 복합적으로 작용하여 발생한 수익이 있으나 이에 대한 배분은 자의적이거나 인위적인 경우가 많으므로 해석에 주의해야 한다. 원가의 경우도 마찬가지이다.

셋째, 특정 이익책임단위의 이익이 회사의 대체가격결정방식에 의해 좌우될 수 있다. 대체가격은 이익책임단위 간의 이익배분을 결정하는 중요한 요소인데 회사의 대체가격방법이 이익책임단위의 의사결정이나 성과를 왜곡할 수 있다. 대체가격에 대해서는 후술한다.

투자책임단위의 성과평가

투자규모를 결정할 수 있는 투자책임단위는 이익뿐만 아니라 투자규모나 투자에 따른 기회원가까지도 감안하여 성과를 평가한다. 투자 자금은 기업의 희소한 경제적인 자원이므로 같은 이익이라면 투자액이 작을수록, 투자액이 같다면 높은 이익을 얻는 것이 바람직하기 때문이다. 이익을 측정하는 것 이외에도 투자액의 정의나 측정방법을 미리 정하고 일관성 있게 적용하는 것이 중요하다.

투자액은 사용가능총자산total assets available, 사용총자산total assets employed, 사용총자산에서 유동부채를 차감한 금액 등으로 정의한다. 자산을 측정하는 기준으로는 역사적 원가historical cost나 현행원가current cost가 있으며 역사적 원가를 사용하는 경우에는 총액 또는 장부가액을 사용할 수 있다. 한편 이익과 마찬가지로 투자액도 성과를 측정하는 회계기간에 대응하여야 하므로 어느 시점의 금액을 사용할 것인가를 정해야 한다. 기초금액, 기말금액, 기초와 기말의 평균액 등이 가능한데 실무에서는 평균액을 가장 많이 사용하고 있다.[7]

투자수익률

투자수익률의 정의

투자책임단위의 대표적인 성과지표로 **투자수익률**ROI: return on investment이 있다.[8] 20세기 초 듀폰Dupont사가 기업규모가 커지고 사업영역이 다양해지면서 여러 사업부를 효과적으로 관리하기 위해 개발한 지표이다. 투자액 1원당 투자책임단위가 달성한 영업이익으로 다음과 같이 정의하며 매출이익률과 자산회전율로 나눌 수 있다.

formula

$$\text{투자수익률} = \frac{\text{영업이익}}{\text{투자액}}$$

7 본서에서는 특별한 언급이 없는 한 사용가능총자산에서 유동부채를 차감한 금액을 사용하되 역사적 원가, 장부가액, 기초/기말 평균액을 적용한다.

8 자산수익률(ROA: return on assets)이라고도 한다.

$$= \frac{\text{영업이익}}{\text{매출액}} \times \frac{\text{매출액}}{\text{투자액}}$$

$$= \text{매출이익률} \times \text{자산회전율}$$

매출이익률return on sales은 주어진 매출액 하에서 원가를 어느 정도 잘 통제하였는가를 나타내는 효율성지표이며 **자산회전율**asset turnover은 주어진 투자수준하에서 수익을 창출하는 능력을 나타내는 생산성지표이다. 각 지표에 영향을 주는 항목을 세분화하여 나타낼 수 있는데, 다음 영업이익과 평균총자산 자료를 이용하여 투자수익률을 계산하고 세부항목으로 나누면 그림 12-1과 같다.

손익계산서	
매출	₩30,000,000
매출원가	16,000,000
매출총이익	14,000,000
판매비	8,500,000
관리비	3,000,000
영업이익	₩2,500,000

자산(평균가액)	
현금	₩2,500,000
매출채권	4,000,000
재고자산	7,000,000
유형자산	10,000,000
총액	₩23,500,000

그림 12-1 투자수익률의 분해

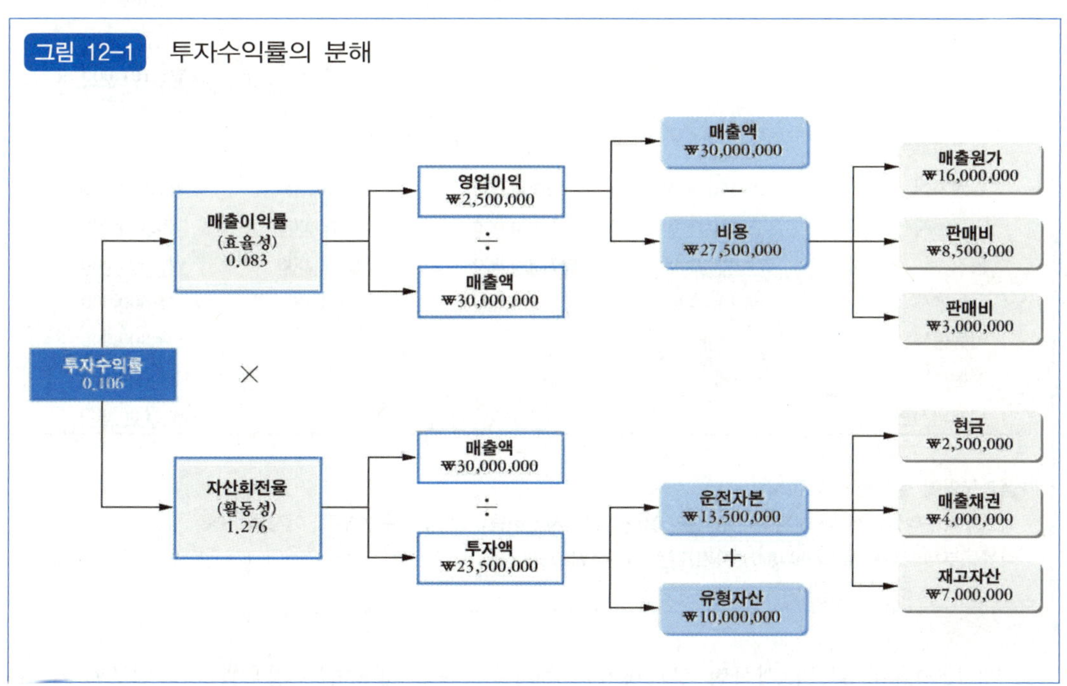

투자수익률은 0.106으로 매출이익률 0.083과 자산회전율 1.276으로 분해할 수 있으며 영업이익에 영향을 주는 비용항목, 투자액에 영향을 주는 운전자본과 유형자산의 구성요소도 종합적으로 살펴볼 수 있다.

투자수익률은 목표투자수익률의 달성정도나 기업 내 다른 조직이나 동종업종의 타 기업과 비교하는 방식으로 성과평가에 사용한다.

EXAMPLE 12-1

S사는 소매유통기업으로 서울, 부산, 인천에 각각 백화점을 두고 있으며 투자책임단위로 운영되고 있다. 20x1년 영업결과와 재무상태는 다음과 같다. 서울백화점이 가장 높은 영업이익을 달성했으나 투자규모가 역시 가장 크므로 백화점간 성과를 비교하기 위해서는 투자규모를 고려한 이익지표가 필요하다.

	서울	부산	인천	합계
매출수익	₩2,000,000	₩1,200,000	₩1,024,000	₩4,224,000
변동영업비용	600,000	360,000	300,000	1,260,000
공헌이익	1,400,000	840,000	724,000	2,964,000
고정영업비용	600,000	300,000	212,000	1,012,000
영업이익	₩800,000	₩540,000	₩512,000	1,852,000
이자비용				384,000
세전이익				1,468,000
법인세(25%)				367,000
당기순이익				₩1,101,000
평균장부가액				
유동자산	₩550,000	₩300,000	₩200,000	₩1,050,000
비유동자산	3,450,000	1,700,000	1,400,000	6,550,000
총자산	₩4,000,000	₩2,000,000	₩1,600,000	₩7,600,000
유동부채	₩400,000	240,000	160,000	₩800,000
비유동부채				4,800,000
자본				2,000,000
부채와자본				₩7,600,000

성과평가에 필요한 기타정보:
목표투자수익률: 25%, 최저요구수익률: 10%, 자기자본비용: 12%, 비유동부채 이자율: 8%,
비유동부채 시가: ₩4,800,000, 자기자본 시가: ₩8,000,000, 법인세율: 25%

예 12-1에서 S사가 백화점 성과평가에 투자수익률을 사용하는 경우를 생각해보자. 각 백화점별 영업이익과 총자산을 이용하여 투자수익률을 구하고 이를 다시 매출이익률과 자산회전율로 분해한 결과는 다음과 같다. 앞서 살펴본 것처럼 매출이익률과 자산회전율을 곱한 값은 투자수익률이 된다.

	서울	부산	인천
영업이익	₩800,000	₩540,000	₩512,000
총자산	4,000,000	2,000,000	1,600,000
투자수익률	20%	27%	32%
매출이익률	40%	45%	50%
자산회전율	50%	60%	64%

영업이익은 서울백화점이 가장 높지만 총자산 ₩1당 벌어들인 이익, 즉 투자수익률은 인천백화점이 가장 높다. 매출대비 이익률과 총자산대비 매출액도 가장 높은 결과를 보이고 있다. S사의 목표투자수익률 25%에 미달하는 서울백화점은 고정영업비용을 줄이거나 현금이나 매출채권 등의 유동자산이나 사용하지 않는 비유동자산을 줄이는 노력이 필요하다.

투자수익률의 문제점

투자수익률은 이해나 계산이 쉽고 지표를 개선할 수 있는 항목을 찾아낼 수 있는 장점이 있어 한 세기 가깝게 널리 사용되고 있다. 그러나 재무지표가 가지는 일반적인 한계 외에도 심각한 문제점이 있다.

일반적으로 기업의 가치를 극대화하기 위한 투자 우선순위는 투자액의 기회원가를 초과하는 투자안 중에서 수익률이 높은 순서가 된다. 그러나 투자수익률로 성과평가를 하면 투자의 기회원가를 초과하는 투자 기회가 존재하고 자금의 여력이 있어도 기존 투자수익률보다 낮으면 그 투자안을 포기하는 문제가 발생한다. 다음의 예를 살펴보자.

PROBLEM 12-1

A사는 투자책임단위를 투자수익률로 평가하고 있다. 사내 S사업부는 투자책임단위로 올해 예상영업이익과 투자액은 각각 ₩120,000, ₩1,000,000이어서 12%의 투자수익률이 예상된다.

물음 기업의 목표투자수익률(8%)를 초과하는 새로운 투자안(예상영업이익:₩100,000, 투자액: ₩1,000,000)이 있다. S사업부는 투자안을 선택할 것인가?

풀이 새로운 투자안의 투자수익률은 10%로 S사업부가 투자를 하면 기존투자와 새로운 투자로부터 얻게 되는 투자수익률은 11%가 된다. 따라서 새로운 투자안을 거부하는 의사결정을 할 가능성이 크다. 원래 12%의 투자수익률을 달성할 수 있는 상황에서 새로운 투자안을 받아들이면 투자수익률이 11%로 하락하기 때문이다.

	기존투자	신규투자	기존투자+신규투자
영업이익	₩120,000	₩100,000	₩220,000
투자금액	1,000,000	1,000,000	2,000,000
투자수익률	12%	10%	11%

위의 예제처럼 투자수익률을 성과지표로 사용할 경우 기업가치에 도움이 되더라도 당초의 투자수익률을 떨어뜨릴 가능성이 있는 신규 투자안은 기각하는 준최적화suboptimal 의사결정을 할 수 있다.[9]

예 12-1에서 20×1년초 인천백화점이 낡은 시설을 리모델링하는 계획을 검토하였으나 포기하였다고 하자. 이 계획에 의하면 투자액 ₩300,000은 전액 자본적 지출이며 20×1년도 매출과 영업이익이 각각 ₩140,000과 ₩78,000만큼 증가하고 향후 수년간 영업에 도움이 될 것으로 보았다. 투자안 자체로 보면 S사의 목표투자수익률 25%를 크게 초과하고 있지만 인천백화점 대표가 이 계획을 포기하였다면 무슨 이유일까? 투자수익률로 평가를 받는 인천백화점이 이 계획을 진행시키지 않을 경우 32%의 투자수익률을 유지할 수 있지만 리모델링을 거치면 투자수익률이 오히려 31%로 낮아지기 때문이다. 게다가 대표 임기가 얼마 남지 않았다면 재임명을 위해 20×1년 투자수익률을 가능한 한 높힐 필요가 있을 것으로 추측할 수 있다. 기업 전체로는 바람직한 투자안을 책임단위 수준에서 기각하는 상황이다.

	리모델링전	리모델링	리모델링후
영업이익	₩512,000	₩78,000	₩590,000
투자액	1,600,000	300,000	1,900,000
투자수익률	32%	26%	31%

투자수익률은 투자액 ₩1당 이익으로 나타낸 비율지표이므로 투자규모가 다른 책임단위와 성과를 비교할 수 있다는 장점이 있지만 기업가치에 도움을 주는 정도를 측정하는 데에는 적절

9 준최적화 의사결정은 의사결정을 내린 하위조직에는 유리하지만 조직 전체로 봤을 때는 바람직하지 않은 의사결정을 의미하는 것으로 목표불일치 의사결정이라고 할 수 있다.

하지 않다. 비율이 아닌 총액으로 나타낼 수 있는 지표가 이러한 문제를 해결해 줄 수 있다.

잔여이익

잔여이익의 정의

잔여이익은 투자수익률의 준최적화 현상을 해결할 수 있는 투자책임단위에 대한 성과지표이다. **잔여이익**residual income은 영업이익에서 투자액의 기회원가를 차감한 금액으로 다음과 같이 정의한다.

formula

잔여이익 = 영업이익 − 투자액 × 최저요구수익률(자본비용)

여기서 투자에 따른 기회원가를 계산하기 위한 최저요구수익률은 기업의 자금조달비용과 투자안의 위험을 모두 감안한 수익률로서 자본비용cost of capital이라고도 한다. 일반적으로 최저요구수익률 이상을 달성할 수 있는 투자안은 기업가치 향상에 보탬이 되는 투자안이라고 할 수 있다. 잔여이익은 투자수익률과 마찬가지로 영업이익이 클수록, 투자액이 작을수록 성과가 높아지는 지표이지만 기업의 가치에 도움을 주는 정도를 절대금액으로 보여주므로 투자수익률과는 달리 준최적화 문제가 발생하지 않는다.

PROBLEM 12-2

예제 12−1의 자료를 이용하라.

물음 기업에서 사용하는 성과지표가 잔여이익이다. 투자책임단위는 새로운 투자안을 수용할 것인가?

풀이

	기존투자	신규투자	기존투자+신규투자
영업이익(1)	₩120,000	₩100,000	₩220,000
투자금액	1,000,000	1,000,000	2,000,000
최저요구수익률	8%	8%	8%
투자의 기회원가(2)	80,000	80,000	160,000
잔여이익(1−2)	₩40,000	₩20,000	₩60,000

계산 결과에서 알 수 있듯이 기존투자에서 달성할 수 있는 잔여이익은 ₩40,000이지만 새로운 투자안의 잔여이익이 ₩20,000이다. 따라서 새로운 투자안을 받아들이면 이 투자책임단위의 잔여이익은 ₩60,000로서 기존의 ₩40,000보다 향상된 성과를 달성할 수 있다. 잔여이익을 성과지표로 사용하면 투자수익률과는 달리 기업의 목표에 부합하는 의사결정(목표일치성 달성)을 하게 됨을 알 수 있다.

예 12-1에서 잔여이익으로 성과평가를 하는 경우를 생각해보자. 투자액으로 총자산을 이용하고 최저요구수익률 10%를 적용하면 백화점별 잔여이익은 다음과 같다.

	서울	부산	인천
영업이익(1)	₩800,000	₩540,000	₩512,000
총자산	4,000,000	2,000,000	1,600,000
최저요구수익률	10%	10%	10%
투자의 기회원가(2)	400,000	200,000	160,000
잔여이익(1－2)	₩400,000	₩340,000	₩352,000

투자수익률과는 달리 서울백화점이 가장 높은 성과를 보이고 있다. 잔여이익은 절대금액으로 평가하기 때문에 수익성이 비슷한 상황이면 투자액이 큰 책임단위가 높은 성과를 보일 가능성이 크다. 부산백화점은 인천백화점보다 영업이익은 높지만 이에 비해 총자산이 더 크므로 잔여이익은 낮은 결과를 보이고 있다.

앞서 인천백화점의 리모델링 계획 역시 투자수익률과는 달리, 실행할 때 더 높은 평가를 받을 수 있다. 성과지표에 따라 책임단위 관리자의 의사결정이 달라질 수 있으며 그 의사결정이 기업목표에 부합하는 결과를 낳는, 목표일치성을 갖춘 성과평가지표를 선택하는 것이 중요하다.

	리모델링전	리모델링	리모델링후
영업이익익	₩512,000	₩78,000	₩590,000
투자액액	1,600,000	300,000	1,900,000
최저요구수익률	10%	10%	10%
투자의 기회원가	160,000	30,000	190,000
잔여이익	₩352,000	₩48,000	₩400,000

투자안의 순현금흐름 현재가치와의 관련성

잔여이익은 투자안에서 얻을 수 있는 잔여이익의 현재가치가 순현금흐름의 현재가치와 일치하는 특징이 있다.

formula

잔여이익의 현재가치＝순현금흐름의 현재가치

기업의 투자의사결정에서 투자안에 대한 순현금흐름의 현재가치가 양이면 그 투자안은 받아들이는 것이 기업가치 극대화 측면에서 바람직하다는 것은 널리 알려진 사실이다.[10] 그러나 잔여이익은 영업이익을 기초로 계산하기 때문에 현금흐름에 의한 투자의사결정과는 무관한 것처럼 보이지만 의외로 잔여이익의 현재가치는 순현금흐름의 현재가치와 일치한다. 이는 성과지표가 가져야 하는 중요한 특성인 **목표일치성**을 잔여이익이 갖추고 있음을 의미한다. 다음 예제 12-3에 의하면 발생주의 회계처리의 대표적인 예로 비현금항목인 감가상각비의 계산방법과 무관하게 잔여이익의 현재가치는 항상 일정하며 투자안의 순현금흐름 현재가치와 동일하다는 것을 보여주고 있다.

PROBLEM 12-3

S사의 K투자책임단위는 새로운 설비를 구입하는 투자안을 검토하고 있다. 이 설비는 취득원가 ₩30,000, 내용연수 3년이며 내용연수말 잔존가치는 없다. 이 설비를 이용하여 제품을 생산·판매하면 다음과 같은 수익과 비용이 발생할 것으로 예상하고 있다. 감가상각비를 제외한 모든 비용과 수익은 현금흐름이 발생한다. 그리고 최저요구수익률은 10%이다.

투자기간 중에 수익 및 비용은 다음과 같다.

구분	1차 연도	2차 연도	3차 연도
수익	₩25,000	₩38,000	₩40,000
비용•	10,000	20,000	20,000

• 감가상각비는 포함되어 있지 않다.

물음 1 이 투자안의 순현금흐름의 현재가치는 얼마인가? 기업의 입장에서 이 투자안은 바람직한가?

물음 2 감가상각방법으로 정액법을 사용할 때 연도별 영업이익과 잔여이익은 얼마인가?

물음 3 잔여이익의 현재가치는 얼마인가? 투자안의 순현금흐름 현재가치와 일치하는가?

10 투자의사결정 문제를 다룬 자본예산의 자세한 내용은 <웹부록 C>에서 다룬다.

물음 4 감가상각방법이 연수합계법일 때, 잔여이익의 현재가치는 순현금흐름의 현재가치와 일치하는가?

풀이

1. 순현금흐름의 현재가치

구분	1차 연도	2차 연도	3차 연도
현금유입액	₩25,000	₩38,000	₩40,000
현금유출액	10,000	20,000	20,000
순현금흐름	₩15,000	₩18,000	₩20,000

$$\frac{15,000}{1.1}+\frac{18,000}{1.1^2}+\frac{20,000}{1.1^3}-30,000=₩13,539$$

순현금흐름의 현재가치는 ₩13,539로서 양의 값을 가지므로 이 투자안은 기업가치에 바람직한 투자안이라고 할 수 있다.

2. 정액법하에서 영업이익과 잔여이익

구분	1차년도	2차년도	3차년도
수익	₩25,000	₩38,000	₩40,000
비용	10,000	20,000	20,000
감가상각비	10,000	10,000	10,000
영업이익(1)	5,000	8,000	10,000
기초투자액	30,000	20,000	10,000
최저요구수익률	10%	10%	10%
투자에 대한 기회원가(2)	3,000	2,000	1,000
잔여이익(1−2)	₩2,000	₩6,000	₩9,000

3. 정액법하에서 잔여이익의 현재가치

$$\frac{2,000}{1.1}+\frac{6,000}{1.1^2}+\frac{9,000}{1.1^3}=₩13,539$$

잔여이익의 현재가치는 ₩13,539로서 순현금흐름의 현재가치와 일치한다.

4. 연수합계법하에서 잔여이익의 현재가치

구분	1차년도	2차년도	3차년도
수익	₩25,000	₩38,000	₩40,000
비용	10,000	20,000	20,000
감가상각비	15000	10,000	5,000
영업이익(1)	0	8,000	15,000
기초투자액	30,000	15,000	5,000

최저요구수익률	10%	10%	10%
투자에 대한 기회원가(2)	3,000	1,500	500
잔여이익(1−2)	(₩3,000)	₩6,500	₩14,500

$$\frac{-3,000}{1.1}+\frac{6,500}{1.1^2}+\frac{14,500}{1.1^3}=₩13,539$$

잔여이익의 현재가치는 ₩13,539로서 정액법을 사용한 경우와 동일하며 순현금흐름의 현재가치와 일치한다.

일각에서는 회계처리의 자의성이 반영된 회계이익으로 투자책임단위의 성과를 평가하면 기업가치 극대화 목표에 반하는 왜곡된 의사결정을 할 수 있으므로 보다 객관적인 현금흐름으로 성과를 평가하는 것이 적절하다는 주장을 한다. 그러나 회계처리방법에 상관없이 잔여이익의 현재가치는 순현금흐름의 현재가치와 동일하므로 해당기간 전체의 잔여이익으로 성과평가하고 이에 따라 보상을 결정한다면 투자의사결정에 있어 목표불일치성은 더 이상 문제가 되지 않는다. 게다가 잔여이익은 현금흐름보다 투자기간 중에 기간성과 측정에 탁월하다는 장점이 있다. 회계에서 현금주의가 아닌 발생주의를 사용하는 것도 같은 이유 때문이다.

PROBLEM 12-4

(주)한국은 기업가치를 극대화하는 투자의사결정을 유인하기 위해 사내 사업부의 성과를 잔여이익으로 평가하고 잔여이익의 10%를 보너스로 지급하는 성과평가 및 보상시스템을 실행하고 있다.

20×1년 초 (주)한국의 K사업부는 설비자산(취득원가 ₩5,400,000, 내용연수 3년, 잔존가치 ₩0)을 구입하여 가동하는 투자안을 검토하고 있다. 이 투자안의 실행을 통해 달성할 것으로 예상되는 연도별 잔여이익은 다음과 같다.

구분	20×1	20×2	20×3
잔여이익	₩464,000	₩446,000	₩388,000

기타자료

- 잔여이익은 연도별 영업이익에서 투자대상 설비자산의 기초장부금액에 요구수익률을 곱한 금액을 차감하여 계산한다.
- 20×1년 초 설비자산 구입 이외의 모든 현금 흐름은 전액 연도 말에 발생한다고 가정하고 모든 세금효과는 무시한다.

- 연도 말에 발생하는 순현금흐름과 영업이익의 차이는 투자 대상 설비자산에 대한 감가상각비 외에는 없다. 감가상각방법은 정액법에 의한다.
- 요구수익률은 9%이다.

물음 1 설비자산에 투자할 때 K사업부가 받을 수 있는 보상의 현재가치는 얼마로 예상되는가?

물음 2 주어진 자료에 의할 때 연도별 순현금흐름을 구하시오. 단, 20×1년초 설비자산 취득에 따른 현금유출액은 해당연도에 포함한다.

물음 3 성과평가를 투자안의 순현재가치로 평가하고 보상은 순현재가치의 10%로 하는 경우 K사업부의 보상액은 얼마로 예상되는가? 물음 1의 결과와 비교하고 그 시사점을 설명하라.

물음 4 물음 2의 결과와 기간별 잔여이익 수치을 비교하여 기간성과를 측정할 때 잔여이익이 현금흐름보다 적절한 이유를 설명하라.

풀이

1. 보상액의 현재가치를 구하기 위해서는 향후 3년간 달성할 수 있는 잔여이익의 현재가치를 먼저 구해야 한다. 잔여이익의 현재가치는 다음과 같다.

$$\frac{464,000}{1.09}+\frac{446,000}{1.09^2}+\frac{388,000}{1.09^3}=₩1,100,680$$

따라서 보상액의 현재가치는 잔여이익 현재가치의 10%인 ₩110,068이 된다.

2. 연도별 순현금흐름

구분	20×1	20×2	20×3
잔여이익	₩464,000	₩446,000	₩388,000
요구수익(+)	486,000	324,000	162,000
영업이익	950,000	770,000	550,000
감가상각비(+)	1,800,000	1,800,000	1,800,000
영업 순현금흐름	2,750,000	2,570,000	2,350,000
투자 현금유출	(5,400,000)	–	–
순현금흐름	₩(2,650,000)	₩2,570,000	₩2,350,000

3. 순현금흐름의 현재가치

$$\frac{2,750,000}{1.09}+\frac{2,570,000}{1.09^2}+\frac{2,350,000}{1.09^3}-5,400,000=₩1,100,680$$

순현금흐름의 현재가치에 의한 보상액은 ₩110,068이 되며, 잔여이익에 기초한 보상액의 현재가치와 일치한다. 이는 잔여이익에 따라 보상하는 경우, 순현금흐름의 현재가치를 기준으로 투자 의사결정한 것과 동일한 의사결정을 유인할 수 있음을 의미하므로 잔여이익이 기업가치 극대화라는 목표에 일치성을 갖는 성과지표임을 보여준다.

4. 현금흐름에 의할 경우 거액이 지출이 있는 투자 첫 해에는 음의 현금흐름을 보여 마치 성과가 나쁜 것으로 판단할 수 있으며 상대적으로 투자 이후 연도에는 성과가 과대하게 평가된다. 이는 초기 투자액의 기간배분이 제대로 이루어지지 않았기 때문이다. 현금흐름으로 성과평가할 경우 경영자는 양의 순현재가치를 갖는 투자안이라도 투자초기의 나쁜 성과를 피하기 위해 해당 투자안을 꺼려할 수 있다. 그러나 잔여이익은 회계이익의 특성상 초기투자액은 감가상각이라는 방법으로 기간 배분할 뿐만 아니라 투자에 따른 기회원가도 투자액 및 감가상각된 금액을 고려하여 적절히 기간 계상하므로 기간성과를 현금흐름보다 효과적으로 보여주는 장점이 있다.

경제적부가가치

미국의 한 경영컨설팅사Stern Stewart가 1993년 잔여이익을 개선한 성과지표를 발표하였는데 이를 **경제적부가가치**EVA®; economic value added라고 한다. 경제적부가가치는 다음의 몇 가지 사항에서 잔여이익과 차이가 있다.

첫째, 재무회계상 영업이익과 자산금액을 일부 수정한다. 대표적인 예로서 재무회계목적상 일부 인정되고 있는 보수주의에 의한 왜곡을 수정한다. 우리나라의 경우 연구비는 전액 비용화하는 것이 재무회계상 처리방법이지만 연구비도 주주의 가치를 향상하는데 기여하는 자산으로 인정하여 개발비와 마찬가지로 상각을 통해 비용화하는 방식으로 수정할 수 있다. 광고비에 대해서도 마찬가지 적용이 가능하다.[11]

둘째, 세금비용을 명시적으로 고려하여 이익에서 차감하고 타인자본비용을 계산할 때도 이자비용에 따른 세금효과를 고려한다.

셋째, 투자액에 대한 기회원가를 보다 엄격히 계산한다. 자기자본비용과 타인자본비용을 구분하고 이들을 시가비율로 가중평균한 자본비용가중평균자본비용, WACC: weighted average of cost of capital을 사용한다. 자기자본비용은 CAPM을 통해 기업이나 조직의 위험을 감안하여 구하며, 타인자본비용은 세금효과를 고려한 이자율로 한다.

넷째, 투자액은 자기자본과, 이자비용이 발생하는 타인자본을 합한 금액으로 하는데 이 금액은 해당 책임단위의 자산총액에서 이자비용이 없는 부채를 차감하여 구할 수도 있다.

다섯째, 실무에서는 경제적부가가치를 경영자의 보너스를 산정하는 기초로 많이 사용한

11 기업이나 조직의 장기 수익창출능력을 보다 더 잘 반영할 수 있는 160여 개의 수정 예를 제시하고 있는데 기업이나 조직의 상황에 적절하게 취사선택할 것을 권하고 있다. 실무에서는 대체로 10~15개정도의 핵심적인 조정사항만 선택적으로 적용하고 있다.

다. 투자책임단위에 대한 성과평가에서 투자수익률보다 우월하다고 알려진 잔여이익이 실무에서는 별 호응을 얻지 못한 것에 비하면 새롭게 포장한 경제적부가가치의 활용도는 상당히 높은 편이다.

여섯째, 실무에서는 경제적부가가치를 기업 내의 투자책임단위인 사업부뿐만 아니라 생산라인에 대한 투자수익성을 평가하거나 기업 자체를 평가할 때에도 많이 사용한다.

이상에서 언급한 내용을 반영한 경제적부가가치의 기본적인 계산식은 다음과 같다.

formula

경제적부가가치 = 세후수정영업이익 − 세후가중평균자본비용 × 수정투자액

- **세후수정영업이익: 재무회계상 영업이익의 일부 수정, 법인세의 차감**
- **세후가중평균자본비용: 자기자본비율 × CAPM에 의한 자기자본비용**
  + 이자발생 타인자본비율 × (1 − 법인세율) × 타인자본비용
- **수정투자액: 수정총자산 − 이자미발생부채**

예 12-1에서 회계이익 및 자산 수정사항이 없으며 유동부채는 이자비용이 없다고 할 때 백화점별 경제적부가가치를 단계별로 구하면 다음과 같다.

첫째, 각 백화점 영업이익에 법인세율25%을 적용하여 세후 영업이익을 계산한다.

둘째, 총자산에서 유동부채를 차감하여 투자액을 계산한다.

셋째, 세후타인자본비용(1-0.25)×8% = 6 %과 자기자본비용12%을 타인자본과 자기자본의 시가비중0.375: 0.625으로 가중평균하여 세후가중평균자본비용9.75%을 구한다.

넷째, 투자액에 가중평균자본비용을 적용하여 투자에 따른 기회원가를 구하고 세후영업이익에서 차감한다.

	서울	부산	인천
세전영업이익	₩800,000	₩540,000	₩512,000
법인세(25%)	200,000	135,000	128,000
세후영업이익	₩600,000	₩405,000	₩384,000
총자산-유동부채	₩3,600,000	₩1,760,000	₩1,440,000
가중평균자본비용	9.75%	9.75%	9.75%
투자기회원가	351,000	176,000	140,400
경제적부가가치	₩449,000	₩368,000	₩371,600

PROBLEM 12-5

다음은 S사의 A사업부와 관련된 회계자료이다.

- A사업부의 20×1년 수정전 재무회계상 영업이익은 ₩3,200,000이며 법인세는 ₩500,000이다.
- A사업부의 수정전 평균자산총액은 ₩25,400,000이고, 이자가 발생하지 않는 평균부채는 ₩3,500,000이다.
- CAPM을 이용한 A사업부와 동일한 업종의 자기자본비용은 12%이다.
- S사의 타인자본비용은 10%, 법인세율은 20%이며 A사업부도 이와 동일하다고 가정한다.
- S사의 시가기준 자기자본과 타인자본의 비율은 5:5이며 A사업부도 이와 동일하다고 가정한다.
- 경제적부가가치를 계산하기 위해 A사업부의 회계자료를 일부 수정한 결과 영업이익은 재무회계상 영업이익에 비해 ₩120,000만큼 증가하며, 평균자산총액도 ₩200,000만큼 증가한다.

물음 A사업부의 경제적부가가치를 구하시오.

풀이

첫째, 세후수정영업이익은 재무회계상 영업이익 ₩3,200,000에 이익수정액 ₩120,000을 가산하고 법인세 ₩500,000을 차감한 ₩2,820,000이 된다.

둘째, 자기자본비용은 12%이며 세후타인자본비용은 8%(0.8×10%)이므로 5:5로 가중평균하면 세후가중평균자본비용은 10%가 된다.

셋째, 수정전 평균자산총액 ₩25,400,000에 수정액 ₩200,000을 가산하고 이자미발생 평균부채 ₩3,500,000을 차감한 투자액은 ₩22,100,000가 된다.

이들 수치를 계산식에 대입하여 구한 A사업부의 경제적부가가치는 다음과 같다.

경제적부가가치 = 수정영업이익 − 세후가중평균자본비용 × 수정투자액

= ₩2,820,000 − 10% × ₩22,100,000

= ₩610,000

예제 12-5에서 짐작할 수 있듯이 특정 사업부의 경제적부가가치를 계산하는 것은 기업 전체의 경제적부가가치를 구하는 것보다 어렵다. 기업 전체와는 달리 사업부의 자산, 자본의 구성자기자본과 타인자본 금액 및 그 비율, 자기자본비용 등을 파악하기가 쉽지 않기 때문이다. 편의상 영업이익이나 자기자본에 대한 조정내용을 구체적으로 언급하지 않고 수정금액만을 제시하였지만 실제로 수정하기 위해서는 항목의 선정과 계산에 많은 노력이 필요하다는 점도 유의하여야 한다.

대체가격

대체가격의 의의

같은 기업 내의 이익책임단위인 사업부가 재화나 서비스를 서로 주고 받는 경우가 있다.[12] 예컨대 S사업부와 B사업부가 있으며 이들은 이익책임단위로서 사업부이익으로 성과평가와 보상액이 결정된다고 하자. S사업부는 부품을 생산 · 판매하고 B사업부에서는 완제품을 생산, 판매하고 있다. S사업부에서 생산하는 부품은 외부시장에 판매하지만 B사업부의 완제품 생산에 투입할 수도 있다. B사업부 역시 이 부품을 외부시장에서 구입할 수 있지만 S사업부로부터 조달할 수도 있다.

만약 B사업부가 이 부품을 S사업부에서 조달한다면 S사업부는 이 부품을 B사업부에 얼마에 제공할 것인가? S사업부는 이익책임단위이기 때문에 생산한 부품을 B사업부에 제공할 때 마치 외부시장에 판매하는 경우처럼 적절한 이익을 창출할 수 있는 가격을 원한다. 또 B사업부의 입장에서는 이 부품구입가격이 제조원가를 구성하기 때문에 되도록이면 낮은 가격으로 정해지는 것이 성과평가에 유리하다.

사업부이익으로 성과평가하는 경우에는 비록 같은 기업 내 사업부 간 거래라 하더라도 마치 외부시장에서 구입하고 판매하는 것처럼 사업부 간 거래가격을 결정하여야 한다. 물론 이 거래가격은 외부거래처럼 현금이 오고 가는 것은 아니지만 사업부의 의사결정과 성과평가에 중요한 역할을 한다. 기업 내 사업부가 재화나 서비스를 주고받을 때 사업부이익 결정을 위한 장부상의 거래가격을 **대체가격** 또는 **이전가격**transfer price이라고 한다.

기업 내 사업부 간 거래는 기업전체로 보면 서로 상계되는 금액이지만, 한 사업부 입장에서는 수익이며 다른 사업부의 입장에서는 비용이 된다. 따라서 각 사업부의 입장에서는 각각의 수익과 비용 금액에 영향을 주는 대체가격 결정방식에 민감할 수밖에 없다. 만약 대체가격이 낮으면 재화를 제공하는 사업부의 이익이 줄어들고 대체가격이 높으면 이 재화를 사용하는 사업부의 이익이 줄어든다. 대체가격이 지나치게 낮거나 높으면 사업부간 거래가 성사되지 않을 수도 있다.

대체가격은 기업 전체의 이익을 사업부 간에 배분하는 역할을 할 뿐만 아니라 기업 전체의 이익 크기에도 영향을 줄 수 있다. 다음의 예제 12-6는 이러한 현상을 잘 보여준다.

---

12 대체가격문제는 투자책임단위인 사업부에도 그대로 적용되나 본 절에서는 편의상 이익책임단위 사업부를 중심으로 설명한다.

PROBLEM 12-6

A사의 S사업부는 부품을 생산하며 B사업부는 S사업부의 부품을 이용하여 완제품을 생산하고 판매한다. S사업부에서 생산하는 부품의 제조원가는 단위당 ₩10이며 전액 변동원가로 구성된다. B사업부에서는 S사업부의 부품에 단위당 ₩20의 변동제조원가를 추가적으로 투입하여 완제품을 생산한다. S사업부의 부품은 외부에 판매할 수 없으며 B사업부 역시 이 부품을 외부에서 구입할 수 없다. 각 사업부는 자율적으로 생산 및 판매의사결정을 한다. 완제품의 외부주문량은 10개이다.

	S사업부	B사업부
단위당 판매가격	–	₩40
단위당 변동제조원가	₩10	20

물 음 대체가격이 단위당 ₩15, ₩12, ₩25, ₩8일 때 A사의 이익은 각각 얼마인가? 또 S사업부와 B사업부의 이익은 얼마인가?

풀이

1. 내체가격이 단위당 ₩15이면 S사업부와 B사업부 모두 제조 및 판매하고자 할 것이다. 이때 각 사업부 및 A사의 이익은 다음과 같다.

	S사업부	B사업부	기업 전체
외부판매로 인한 매출		₩400	₩400
내부핀매로 인한 배출	₩150		
자체제조원가	₩100	200	300
내부구입원가		150	
이익	₩50	₩50	₩100

여기서 내부 대체금액은 ₩150으로 S사업부 입장에서는 수익이며 B사업부 입장에서는 비용이 된다. 기업 전체적인 관점에서는 서로 상계되는 금액이며 기업 전체 이익 ₩100을 각 사업부에 배분하는 역할을 한다. 대체가격이 ₩15인 경우, 결국 회사의 이익 ₩100을 각각 ₩50씩 배분한 셈이 된다.

2. 대체가격이 단위당 ₩12일 때에도 S사업부와 B사업부 모두 제조 및 판매하고자 할 것이다. 이때 각 사업부 및 A사의 이익은 다음과 같다.

	S사업부	B사업부	기업 전체
외부판매로 인한 매출		₩400	₩400
내부판매로 인한 매출	₩120		
자체제조원가	₩100	200	300
내부구입원가		120	
이익	₩20	₩80	₩100

대체가격이 ₩12인 경우, 기업전체 이익 ₩100은 각 사업부에 각각 ₩20, ₩80으로 배분된다.

3. 대체가격이 단위당 ₩25이면 S사업부는 부품을 생산하여 B사업부에 이전하고자 하지만 B사업부는 이 대체가격에 의하면 손실이 발생하므로 완제품 생산 및 판매를 포기한다. 따라서 기업전체 및 각 사업부의 이익은 0이다.

4. 대체가격이 단위당 ₩8이면 S사업부는 제조원가에 못 미치므로 제조하지 않을 것이다. 따라서 B사업부 역시 완제품을 생산·판매할 수 없다. 따라서 기업전체 및 각 사업부의 이익은 0이다.

예제 12-6 **물음** 1과 **물음** 2의 결과를 보면 대체가격이 기업의 전체 이익을 각 사업부에 배분하는 역할을 하고 있음을 알 수 있다. 대체가격이 높으면 상대적으로 S사업부의 이익이 증가하고 B사업부의 이익이 낮아지며, 대체가격이 낮으면 그 반대의 현상이 나타난다. 한편 **물음** 3과 **물음** 4와 같이 대체가격이 지나치게 높거나 낮으면 아예 생산·판매가 이루어지지 않아 대체가 이루어진 경우에 비해 이익이 준다. 대체가격은 기업의 이익을 각 사업부에 배분하는 역할뿐만 아니라 기업 이익 자체에도 영향을 줄 수 있다.

목표일치성을 달성하는 대체가격

기업 전체적으로 볼 때 사업부 간 거래가 이루어지는 것이 바람직한 경우도 있고 그렇지 않은 경우도 있다. 바람직한 대체가격은 각 사업부가 자발적으로 내린 의사결정이 기업 전체적인 이익의 관점에서도 최적의 의사결정이 되도록 하는 것이다. 다시 말해 각 사업부가 자신들의 이익을 추구하는 의사결정만 하면 자연스럽게 기업의 이익을 추구하는 것과 같은 결과가 나올 수 있도록 하는 **목표일치성**goal congruence을 보장하는 대체가격이다.

대체가격이 잘못 설정되면 사업부의 의사결정이 기업의 이익에 반하는 결과를 낳을 수 있는데 이러한 현상을 없애고 목표일치성을 달성하려면 대체가격이 어떻게 설정되어야 하는가? 일반적으로 사업부 간 대체와 관련된 모든 정보를 회사 및 거래사업부가 알고 있다면 판매사업부가 구매사업부에게 해당 재화를 제공하는 과정에서 발생하는 모든 **기회원가** 즉, 명시적으로 발생하는 증분원가명시적 기회원가와 대체로 잃게 되는 이익암묵적 기회원가을 합한 금액이 최적대체가격이 된다.

formula

최적대체가격
=생산 및 대체에 따른 기회원가
=생산 및 대체로 인한 증분원가(명시적 기회원가)
+대체로 인해 잃게 되는 이익(암묵적 기회원가)

다음의 두 가지 예를 살펴보자.

예 1

부품을 생산하는 A사업부와 이와 동일한 부품을 사용하여 완제품을 생산하고 외부에 판매하는 B사업부가 있다. A사업부는 부품을 생산하는 데 단위당 ₩50의 변동원가만 발생한다. A사업부에서 생산하는 부품은 외부시장에는 판매할 수 없으며 B사업부 역시 이 부품을 외부에서 구입할 수 없다.

예 2

부품을 생산하는 A사업부와 이와 동일한 부품을 사용하여 완제품을 생산하고 외부에 판매하는 B사업부가 있다. A사업부는 부품을 생산하는 데 단위당 ₩50의 변동원가만 발생한다. A사입부에서 생산하는 부품은 전량 외부시장에는 판매할 수 있으며 이때 단위당 판매가격은 ₩60이다. B사업부 역시 이 부품을 외부에서 ₩60에 구입할 수 있다.

예 1에서는 A사업부가 이 부품을 B사업부에 제공할 때 발생하는 기회원가는 부품을 생산하는 데 따른 변동원가 ₩50뿐이므로 최적대체가격은 ₩50이다. 그러나 예 2에서는 A사업부가 이 부품을 B사업부에 제공하면 외부시장에 판매할 수 있는 기회를 상실하므로 기회원가는 부품을 생산하는 데 따른 변동원가명시적 기회원가 ₩50뿐만 아니라 외부에 판매하여 얻을 수 있는 이익을 포기하는 데 따른 암묵적 기회원가 ₩10을 합한 금액 ₩60이 된다. 따라서 최적대체가격은 ₩60이 되는데 이 가격은 외부시장에 판매할 수 있는 가격과 일치한다.

이와 같이 대체가격을 설정하면 구매사업부는 이 대체가격을 기초로 부품의 내부조달여부 및 조달량을 결정하게 되는데 이 결정은 바로 기업 전체의 최적의사결정과 일치한다. 경우에 따라서는 구매사업부가 생산 및 판매를 포기할 수도 있다. 구매사업부가 이 대체가격으로 부품을 조달할 경우 손실을 보게 된다면 이때에는 생산 · 판매를 하지 않는 것이 최적의사결정이기 때문이다. 주목할 사항은 이러한 구매사업부의 의사결정조차도 기업 전체의 최적의사결정과 일치한다는 점이다. 최적대체가격은 기업 전체 이익의 입장에서 도움이 되는 사업부 간 거래는 장려하지만, 도움이 되지 않는 거래는 성사되지 않게 하는 역할도 할 수 있어야 한다. 예제 12-7은 최적대체가격이 사업부 간 거래가 이루어지지 않게 하는 예이다.

PROBLEM 12-7

S사에는 부품을 생산 · 판매하는 A사업부와 완제품을 생산 · 판매하는 B사업부가 있다. A사업부는 부품을 한 개 생산하는 데 ₩50의 변동원가가 발생한다. 또 B사업부는 A사업부에서 생산하는 부품과 외부에서 단위당 ₩10에 구입할 수 있는 부품을 가공 및 조립하여 완제품을 생산할 수 있는데 이 제품은 단위당 ₩90에 판매할 수 있다. B사업부는 A사업부에서 생산하는 부품을 외부에서는 구입할 수 없다. 한편 A사업부는 생산한 부품을 전량 외부에 판매할 수 있는데 이때의 단위당 판매가격은 ₩80이다. A사업부의 부품의 최대생산량은 1,000개이다.

	A사업부	B사업부
단위당 직접재료원가	₩30	₩10
단위당 직접노무원가	20	10
합계	₩50	₩20

물음 1 S사 전체의 입장에서 A사업부에서 생산하는 부품을 전량 외부에 판매하는 것이 바람직한가 아니면 B사업부에 대체하여 완제품을 생산하는 데 사용하는 것이 바람직한가?

물음 2 목표일치성을 달성하는 최적대체가격은 얼마인가?

물음 3 물음 2에서 구한 대체가격에 의하면 A사업부와 B사업부는 어떤 의사결정을 하는가? 이 의사결정에 의하면 S사의 이익은 얼마인가?

물음 4 위의 세 물음의 결과를 종합하여 설명하라.

풀이

1. A사업부에서 생산한 부품을 전량 외부에 판매하는 경우

   회사의 이익=(₩80－₩50)×1,000개=₩30,000

   A사업부에서 생산한 부품을 전량 B사업부에 대체하는 경우

   회사의 이익=(₩90－₩50－₩20)×1,000개=₩20,000

   따라서 S사의 입장에서는 A사업부에서 생산한 부품을 전량 외부에 판매하는 것이 더 낫다.

2. 최적의 대체가격은 A사업부의 기회원가, 즉 명시적 기회원가인 변동원가 ₩50과 암묵적 기회원가인 외부판매 시 얻을 수 있는 이익 ₩30을 합한 ₩80이 된다.

3. A사업부 입장: 대체가격은 ₩80으로 정하면 외부판매나 내부대체 모두 동일한 이익을 가져다

주기 때문에 무차별하다.

B사업부 입장 : B사업부는 A사업부에서 부품을 받고 생산하면 다음과 같이 손실이 발생하므로 생산 및 판매를 포기한다.

대체 시 B사업부 이익＝(₩90－₩80－₩20)×1,000개＝₩(10,000)

결국 A사업부는 생산한 부품을 전량에 외부에 판매한다. 이때의 이익은 다음과 같다.

회사의 이익＝A사업부의 이익＋B사업부의 이익
＝(₩80－₩50)×1,000개＋₩0
＝₩30,000

4. 물음 2에서 결정한 대체가격을 적용할 경우 회사 전체 이익의 입장에서 내린 의사결정(물음 1)과 사업부들이 자율적으로 내린 의사결정(물음 3)이 동일하므로 목표일치성이 달성된다.

대체가격 결정방법

목표일치성을 달성하는 최적대체가격은 대체에 따른 기회원가이지만 이를 측정하는 것은 매우 어려운 일이다. 판매사업부는 이 금액을 가장 잘 알 수 있는 위치에 있지만 자신의 사업부 이익을 위해 이 정보를 왜곡할 가능성이 있다. 또 독립적인 위원회를 구성하여 측정할 수도 있지만 비용이 많이 소요될 뿐만 아니라 일단 측정된 금액도 수시로 변하는 생산 및 시장환경에서는 무용지물이 될 가능성이 크다.

이러한 점을 고려하여 실무에서는 기회원가를 근사적으로나마 측정할 수 있는 좀 더 수월한 방법을 사용한다. 외부시장가격에 기초한 방법, 변동원가나 전부원가에 기초한 방법, 협상이나 이중대체가격에 의한 방법 등이 있는데 방법마다 장단점이 있고 상황에 따라 적절한 방법도 다르다. 실무에서는 외부시장가격에 기초한 방법이나 전부원가에 기초한 방법을 가장 많이 사용한다.

시장가격에 기초한 대체가격

외부시장이 존재할 때 최적대체가격에 근사한 것은 **외부시장가격**이다. 중간재를 제공하는 판매사업부가 외부시장가격을 대체가격으로 했을 때 이익을 볼 수 없다면 기업의 입장에서는 회사 내에서 중간재를 생산하지 않고 외부시장에서 구입하는 것이 적절하다. 또 구매사업부가 중간재에 대한 대체가격을 외부시장가격으로 했을 때 이익을 볼 수 없다면 기업은 완제품의 생산을 중단하고 중간재는 외부시장에 판매하는 것이 더 낫다. 이러한 의미에서 외부시장가격은 목표일치성을 달성하는 대체가격이 된다. 특히 외부시장가격은 후술하는 원가에 기초한 대체가격 설정 방법에 비해 측정이 객관적이고 신뢰성이 있다는 장점이 있다.

이러한 일반적인 장점에도 불구하고 외부시장가격이 대체가격으로 적절하지 않은 경우가 종종 있다. 사업부 간 시너지효과로 제조원가를 더 낮출 수 있거나 외부거래비용을 절약할 수 있다면 외부시장가격이 더 이상 대체에 따른 원가를 적절히 반영한다고 할 수 없다.

부품의 변동제조원가가 단위당 ₩20이고 외부시장에 판매 시 발생하는 판매비가 단위당 ₩10이라고 하자. 외부판매가격이 ₩50이라면 이 시장가격이 내부대체 시 발생하는 원가라고 할 수 있는가? 기업 내의 다른 사업부로 이 부품을 대체하면 판매비용이 발생하지 않으므로 이 금액은 제외하는 것이 적절하다. 또 동일한 부품이 외부시장에서 거래된다고 하더라도 성능이나 품질수준이 똑같다는 보장이 없다면 외부시장가격은 기업내부에서 생산하는 중간재의 원가를 정확히 반영할 수 없다. 외부시장에서 거래되는 것보다 내부에서 생산하는 부품의 품질이나 성능이 더 우수하므로 내부 대체를 원할 때 상대적으로 더 저렴한 외부시장가격은 적절한 대체가격이라고 할 수 없다.

외부시장가격이 대체원가를 정확히 반영할 수 없는 경우 외부시장가격을 기초로 일부 금액을 조정하는 방법을 택할 수 있지만 조정과정에 참여한 관련 사업부 사이에 마찰이나 분쟁이 발생할 수 있다. 만약 이를 줄이기 위해 경영자가 개입하면 분권화의 전제가 되는 사업부의 자율성을 침해할 수 있다는 또 다른 문제가 발생할 수 있다.

원가에 기초한 대체가격

외부시장이 존재하지 않으면 외부시장가격에 기초한 대체가격이 불가능하다. 이러한 경우 다른 대안에는 회계시스템에서 산출되는 원가에 기초한 방법으로 **변동원가법**과 **전부원가법**이 있다.

변동원가에 기초한 대체가격은 판매사업부의 생산능력이 여유가 있어서 외부시장의 수요뿐만 아니라 내부수요도 충족시킬 수 있는 경우에 적절한 방법이다. 생산능력에 여유가 있는 경우에는 내부의 수요에 응하더라도 외부시장 판매포기로 인해 잃게 되는 이익이 없기 때문에 대체로 인해 발생하는 증분원가만이 대체원가가 된다. 특히 생산능력에 여유가 있는 경우에 대체로 인한 증분원가는 일반적으로 변동원가가 된다. 변동원가에 기초한 대체가격은 경제학에서 최적생산량은 한계비용과 한계수익이 일치하는 점에서 결정된다는 것과도 일맥상통한다.[13] 그러나 변동원가에 기초한 방식에도 문제점이 있다.

13 한계비용은 미분의 개념이지만 현실적으로는 증분원가와 동일한 의미이기 때문이다.

첫째, 생산능력에 여유가 있더라도 생산이 증가하면 변동원가뿐만 아니라 추가적인 기타 원가가 발생할 수 있는 여지가 있다. 생산능력이 최대조업수준에 가까워지면 생산설비의 성능에 영향을 주어 추가적인 유지보수비용이 발생할 수 있다. 이러한 경우 변동원가가 기회원가를 제대로 반영하지 못한다.

둘째, 변동원가와 고정원가를 구분하기 쉽지 않다. 게다가 판매사업부에서 대체가격을 높이기 위해 자의적으로 고정원가를 변동원가로 분류하는 유인이 있을 수 있다.

셋째, 장기적으로 제조원가의 원가구조를 고정원가의 비중을 줄이고 변동원가를 늘리는 방향으로 변경할 수 있다. 예를 들어 자체 생산하는 일부 부품을 외부에서 구입하는 방식으로 변경하면 생산설비로 인한 고정원가를 줄이는 대신 외부구입금액인 변동원가는 늘어나게 된다.

넷째, 판매사업부의 입장에서는 발생한 변동원가만을 대체가격으로 정하면 이익이 발생하지 않기 때문에 성과평가의 공정성에 이의를 제기할 수 있다. 부품을 제공한 판매사업부는 이익이 없는 대신 이 부품으로 최종제품을 생산하고 판매한 사업부가 모든 이익을 차지할 수 있다.

다섯째, 실제 발생하는 변동원가를 대체가격으로 정하면 판매사업부는 원가절감 유인이 없으므로 판매사업부에서 발생할 수 있는 모든 비효율성이 구매사업부에 전가될 수 있다.

원가에 기초한 또 다른 방법으로 변동원가뿐만 아니라 고정원가도 모두 고려하는 전부원가방식이 있다. 단기적으로는 변동원가만이 증분원가가 될 수 있지만, 보다 장기적인 관점에서 고정원가도 대체에 따른 증분원가가 될 수 있다는 점을 강조한 방법이다. 특히 전부원가방식의 경우 변동원가에 의한 방식과는 달리 원가 분류문제가 발생하지 않기 때문에 보다 객관적인 방법이라고 할 수 있다. 그러나 고정원가가 증분원가가 아님에도 불구하고 이를 대체가격에 포함할 경우 대체가격이 상승하여 구매사업부의 의사결정이 최적에서 벗어날 수 있다는 문제가 있다. 아울러 변동원가방식과 마찬가지로 성과평가의 공정성문제나 비효율성의 전가문제는 여전히 존재한다. 변동원가나 전부원가에 기초하여 대체가격을 설정할 때 발생하는 판매사업부의 성과평가문제와 비효율성 전가문제를 해결하기 위해 일부 변형된 원가기초방식으로 원가가산방식과 표준원가방식을 사용하기도 한다.

원가가산법cost plus pricing은 정해진 원가에 일정 마진을 붙인 금액을 대체가격으로 정하는 방법으로 판매사업부가 회사내 대체거래에서 이익을 얻을 수 있게 한다. 이 방법을 적용할 경우 판매사업부의 성과평가나 유인제공이라는 관점에서는 효과적이라고 할 수 있다. 그러나 이렇게 결정된 대체가격이 증분원가보다 클 경우 구매사업부의 생산량은 최적인 경우보다 낮아질 수 있으므로 구매사업부의 최적의사결정을 보장하지 못하는 또 다른 문제를 낳을 수 있다.[14]

14 대체가격은 대체여부뿐만 아니라 대체량에도 영향을 줄 수 있다. 예를 들어 부품공급사업부와 완성품사업부간 대체거래에서 완성품시장이 독점인 경우 대체가격에 따라 대체부품량 및 완성품생산량이 달라질 수 있다.

표준원가법은 사전에 정한 표준원가를 대체가격으로 사용하는 방법으로 실제발생원가를 기초로 할 때 판매사업부의 비효율성이 구매사업부로 전가되는 문제를 줄여주며 판매사업부가 원가를 절감할 유인을 제공한다.

협상에 의한 대체가격

재화나 서비스를 주고받는 관련 사업부가 자율적으로 협상하여 대체가격을 설정할 수 있는데 사업부의 협상력에 큰 차이가 없다면 **협상대체가격**negotiated transfer pricing은 자연스럽게 기회원가에 근사하게 결정될 수 있는 장점이 있다. 판매사업부는 적어도 기회원가 이하로는 거래하지 않을 것이고, 구매사업부 역시 다른 구매처로부터 구입할 때 지불해야 하는 가격 이상으로는 거래하지 않을 것이기 때문이다. 그러나 협상에 의해 대체가격을 결정하는 데 많은 시간이 소요되고 사업부 간에 협상력 차이가 존재하는 경우에는 협력 대신 오히려 갈등을 낳는 문제점도 있다.

이중대체가격

원가에 기초한 방식의 문제점 중 하나는 판매사업부는 대체거래로부터 이익을 얻을 수 없기 때문에 효과적인 성과평가와 유인 제공이 어렵다는 점이다. 또 이를 해결하기 위한 원가가산방식은 이익을 보장하기는 하지만 구매사업부의 최적의사결정을 유도하지 못한다는 문제가 있다.

이 문제를 동시에 해결하기 위해 판매사업부에 적용하는 대체가격과 구매사업부에 적용하는 대체가격을 달리 정하는 **이중대체가격**dual pricing이 있다. 이에 의하면 판매사업부에는 원가에 일정 마진을 가산한 금액을 대체가격으로 하여 성과평가의 공정성을 확보하고, 구매사업부에는 원가를 대체가격으로 하여 목표일치성을 달성하는 최적의사결정을 유도할 수 있다. 이 방법을 적용할 경우 대체가격의 차이로 인해 내부 거래의 수익과 비용은 상계되지 않으며 본부 차원에서 차이액을 별도로 관리해야 하는 번거로움이 있다. 이론적 측면에서는 바람직한 특성을 가지고 있지만 관리의 번거로움 때문에 실무에서 거의 사용하지 않는다.

표 12-2는 여러 가지 대체가격 설정방법을 목표일치성, 성과평가의 공정성, 대체가격결정의 자율성, 원가절감유인의 관점에서 비교한 것이다.

표 12-2 대체가격결정방법의 비교

대체가격설정방법	목표일치성	성과평가	자율성	원가절감유인
외부시장가격법	○	○	○	○
원가기초방식:			원가기초방식은 경영자가 정하는 것이므로 자율성은 없음	실제원가에 기초할 경우 원가절감유인은 없음
변동원가법	△	×		
전부원가법	△	×		
표준원가법	△	×		
원가가산법	△	○		
이중대체가격법	○	○	×	△
협상대체가격법	○	○	○	○

○: 있음, △: 경우에 따라 다름, ×: 없음

PROBLEM 12-8

S사는 분권화된 수원사업부와 부산사업부를 이익책임단위로 설정하고 있다. 수원사업부는 반제품 A를 생산하여 외부시장에 판매하고 있다. 최근 부산사업부는 신제품 B을 개발하였는데 반제품 A를 추가가공하여 생산 및 판매할 수 있다. 수업사업부는 반제품 A를 부산사업부에 제공할 수 있는데 외부시장 판매에서 발생하는 단위당 변동판매비 ₩4은 발생하지 않지만 단위당 운송비 ₩2를 부담해야 한다. 부산사업부는 제품 B는 생산하기만 하면 외부에 전량 판매 가능하다.

반제품 A와 제품 B에 관한 단위당 자료는 다음과 같다.

수업사업부: 반제품 A의 생산 및 판매	부산사업부: 완제품 B의 생산 및 판매
외부판매가격: ₩25	외부판매가격: ₩80
변동제조원가: ₩9	반제품 A 원가: ?
변동판매비: ₩4	변동가공원가: ₩30
고정원가: ₩8	변동판매관리비: ₩5
	고정원가: ₩10

상황 1 수원사업부는 반제품 A을 외부시장에 판매하고 있으나 생산능력에 여유가 있어 부산사업부가 원하는 수량만큼 제공할 수 있다. 부산사업부는 제품B를 생산하기 위해서는 반제품 A를 수원사업부로부터 제공받아야 하며 외부시장에서 구입할 수는 없다.

상황 2 수업사업부는 생산하는 반제품 A 전량을 외부시장에 판매할 수 있다. 부산사업부는 제품 B를 생산하기 위해서는 반제품 A를 수원사업부로부터 제공받아야 하며 외부시장에서 구입할 수는 없다.

상황 3 수업사업부는 생산하는 반제품 A 전량을 외부시장에 판매할 수 있다. 부산사업부는 제품 B를 생산하기 위해서는 반제품 A를 사업부 1로부터 제공받거나 외부에서 단위당 ₩30에 구입할 수 있다.

상황 4 수업사업부는 생산하는 반제품 A 전량을 외부시장에 판매할 수 있다. 부산사업부는 제품 B를 생산하기 위해서는 반제품 A를 사업부 1로부터 제공받거나 외부에서 단위당 ₩20에 구입할 수 있다.

물음 1 각 상황하에서 이론상 최적 대체가격은 얼마인가? 이 대체가격 하에서 각 사업부의 내부대체 여부에 대한 의사결정은 무엇인가? 이 의사결정이 회사 전체적으로 바람직한가?

물음 2 각 상황의 이론상 최적 대체가격과 유사한 일반적 대체가격결정방법은 무엇인가?

풀이

1-1. (상황 1)에서 이론상 최적대체가격 즉, 내부대체에 따른 기회원가는 명시적 기회원가인 반제품 A의 생산과 대체에 따른 증분원가로서 반제품 A의 변동제조원가 ₩9과 변동운송비 ₩2를 합한 ₩11이 된다. 생산능력에 여유가 있어 암묵적 기회원가는 발생하지 않는다. 수원사업부는 이 대체가격이 대체에 따른 원가를 보상받는 수준이므로 대체에 응할 수 있으며, 부산사업부는 이 대체가격으로 부품을 제공받는 경우 제품 B로 부터 단위당 ₩34의 공헌이익을 얻을 수 있으므로 내부대체에 응하는 것이 이익이다. 회사 전체적으로도 내부대체가 바람직하다.

1-2. (상황 2)에서 이론상 최적대체가격은 명시적 기회원가인 반제품 A의 생산 및 대체에 따른 증분원가 ₩11과 외부판매이익 포기에 따른 암묵적 기회원가 ₩12를 합한 금액으로 ₩23이 된다. 수원사업부는 이 대체가격이 대체에 따른 기회원가 전액을 보상받는 수준이므로 대체에 응하며, 부산사업부는 이 대체가격으로 부품을 제공받는 경우 제품 B로 부터 단위당 ₩22의 공헌이익을 얻을 수 있으므로 내부대체에 응하는 것이 이익이다. 회사 전체적으로도 내부대체가 바람직하다.

1-3. (상황 3)에서 이론상 최적대체가격은 (상황 2)와 동일하게 ₩23이며 수원사업부는 이 대체가격이 대체에 따른 기회원가 전액을 보상받는 수준이므로 대체에 응하며, 부산사업부는 반제품 A를 외부에서 구입할 수 있는 가격 ₩30보다 저렴하므로 내부대체시 더 큰 이익을 얻을 수 있다. 회사 전체적으로도 내부대체가 바람직하다.

1-4. (상황 4)에서 이론상 최적대체가격은 (상황 2)와 동일하게 ₩23이며 수원사업부는 이 대체가격이 대체에 따른 기회원가 전액을 보상받는 수준이므로 대체에 응하나 부산사업부는 반제품 A를 외부에서 구입할 수 있는 가격 ₩20보다 비싸므로 내부대체를 하지 않고 외부에서 구입하는 것이 더 큰 이익을 얻을 수 있다. 회사 전체적으로도 내부대체를 하지 않는 것이 바람직하다.

2. (상황 1)의 최적대체가격은 변동원가에 기초한 대체가격이며, (상황 2)~(상황 4)의 최적대체가격은 외부시장가격(₩25)에 기초하되 일부금액을 조정한(외부판매비 ₩4을 차감, 내부운송비 ₩2 가산) 대체가격이라고 할 수 있다.

국제이전가격

이제까지 다룬 사업부 간 거래는 각 사업부가 같은 국가에 소재하고 있는 경우였다. 만약 사업부가 서로 다른 국가에 위치할 때 이와 같은 사업부 간 거래가 발생하면 이는 국제 거래라고 할 수 있는데 이에 수반되는 대체가격을 특별히 **국제이전가격**international transfer price이라고 한다. 각 사업부가 법인세율이 서로 다른 국가에 소재한 경우에는 법인세가 사업부 간 대체가격 결정에 중요한 요소가 된다.[15] 이러한 문제를 다음 예 12-2를 통해 알아보자.

EXAMPLE 12-2

제품 K를 생산, 판매하는 A사는 생산은 중국법인, 판매는 한국법인에서 담당하고 있으며 각각 이익책임단위로 운영되고 있다. 중국법인이 제품 K를 생산하는 데 소요되는 원가는 단위당 ₩300이며, 한국법인은 이 제품에 단위당 ₩100의 포장원가를 들여 ₩700에 판매하고 있다. 각 법인은 이익책임단위이므로 손실이 발생하지 않는 이전가격 범위에서만 내부대체거래를 수락한다. 중국과 한국의 법인세율은 각각 30%, 20%이다.

A사 입장에서 보면 내부대체거래가 바람직하므로 두 법인이 모두 동일 국가에 있다면 대체가격은 각 법인이 손실을 보지 않는 범위300 ≤ 대체가격 ≤ 600에서 정해지기만 하면 된다. 그러나 각 법인이 법인세율이 서로 다른 국가에 소재하고 있다면 상황은 달라진다. 예에서 단위당 국제이전가격을 TP라고 할 때 각 법인과 A사 전체의 법인세 및 세후이익은 다음과 같다.

15 국제조세법상 고정사업장으로 볼 수 있는 사업부를 다른 나라에 두는 경우 조직형태와 상관없이 소재 국가의 세법에 따라 세금을 납부해야 한다. 다른 국가에 있더라도 법인세율이 같다면 이러한 문제는 발생하지 않는다.

구분	중국법인	한국법인	A사
수익:			
외부매출	–	700	700
내부매출	TP	–	
비용:			
제조원가(포장원가)	300	100	400
내부매입	–	TP	
이익	TP−300	600−TP	300
법인세	0.3(TP−300)	0.2(600−TP)	30+0.1TP
세후이익	0.7(TP−300)	0.8(600−TP)	270−0.1TP

국내 대체거래와는 달리, 법인세율이 다른 국가 간 이전거래에서는 위의 표에서 알 수 있듯이 국제이전가격 TP에 따라서 법인세와 세후이익이 달라지는데 A사 전체로 볼 때 TP가 낮을수록 법인세30+0.1TP는 작아지며 세후이익270-0.1TP은 커짐을 알 수 있다. 각 법인이 손실을 보지 않는 범위에서 대체가격을 정한다면 범위 하한인 ₩300일 때 가장 낮은 법인세와 가장 높은 세후이익을 달성할 수 있다.

국제이전가격(TP)	₩300	₩400	₩500	₩600
A사 세전이익	₩300	₩300	₩300	₩300
중국법인 법인세	–	30	60	90
한국법인 법인세	60	40	20	–
A사 법인세	60	70	80	90
A사 세후이익	₩240	₩230	₩220	₩210

이러한 결과를 직관적으로 해석하면 법인세율이 상대적으로 높은 국가에서 이익과세소득이 발생하지 않도록 국제이전가격을 정하면 전사적으로 법인세로 인한 현금유출액을 최소화할 수 있음을 의미한다. 다국적 기업multinational corporation들이 법인세를 줄이기 위해 국제이전가격을 자의적으로 선택할 수 있음을 의미하기도 한다. 각 국가의 조세당국이 세법의 규정을 통해 이전가격 결정방법을 철저히 규제하는 것도 이 때문이다.[16]

국내 대체가격과 마찬가지로 목표일치성이나 성과평가의 공정성 문제가 국제이전가격을

16 국제조세조정에관한법률 제7조(정상가격에 의한 결정 및 경정) ① 과세당국은 거주자와 국외특수관계인 간의 국제거래에서 그 거래가격이 정상가격보다 낮거나 높은 경우에는 정상가격을 기준으로 거주자의 과세표준 및 세액을 결정하거나 경정할 수 있다.

결정할 때도 고려 요소가 될 수 있지만, 많은 경우 법인세를 줄이는 것이 국제이전가격의 일차적인 목표가 된다. 기업들이 세법이 허용하는 범위 내에서 법인세를 최소화할 수 있는 국제이전가격 결정방법이 무엇인가를 고민하는 이유이다.

PROBLEM 12-9

K사의 완성품사업부(이하 '중국사업부')는 중국에 소재하며, 반제품사업부(이하 '한국사업부')는 한국에 있다. 중국사업부가 제품 S 1단위를 생산하기 위해서는 한국사업부가 생산하는 반제품 A 1단위를 수입해야 한다.

한국사업부는 반제품 A를 단위당 변동원가 ₩12,000에 생산할 수 있으며 기타 원가는 발생하지 않는다. 아울러, 반제품 A의 생산이 다른 제품 생산에는 아무런 영향을 주지 않는다. 중국사업부 이외에 반제품 A의 수요처는 없다. 중국사업부가 한국사업부로부터 반제품 A를 수입할 때 발생하는 단위당 운송비 ₩2,000은 중국사업부가 부담하며, 반제품 A를 가공하여 완성하는 데 소요되는 원가는 단위당 ₩16,000이다. 제품 X의 중국 내 연간 수요는 1,000단위이며 판매가격은 단위당 ₩48,000이다.

한편, K사는 한국사업부와 중국사업부의 성과평가 및 보상을 각 사업부의 영업이익에 따라 결정하며, 이전가격에 있어서는 양 사업부가 모두 수용할 수 있는 가격 범위에서 K사 전체의 세후 영업이익을 최대화하는 수준으로 정하고 있다.

한국과 중국의 법인세율은 각각 22%와 25%이나. 각 사업부에는 이전거래 여부와 관계없이 납부할 법인세가 존재하며, 양국 세무당국은 국제이전가격과 관련하여 특별한 제한을 두지 않고 있다.

물음 1 양 사업부가 모두 수용할 수 있는 국제이전가격의 범위를 구하시오.

물음 2 물음 1에서 구한 이전가격 범위에서 K사 전체의 세후 영업이익을 최대화하는 국제이전가격은 얼마인가

풀이 1.

구분	중국사업부	한국사업부
판매가격	48,000	
이전가격	TP	TP
제조원가	—	12,000
운송비	2,000	—
추가가공원가	16,000	—
단위당 이익	30,000−TP	TP−12,000
법인세율	25%	22%

양 사업부가 모두 동의하려면 각 사업부가 이전거래를 통해 적어도 손실은 보지 않아야 한다. 중국사업부의 입장에서 국제이전가격이 ₩30,000보다 작거나 같아야 하고, 한국사업부의 입장에

서 국제이전가격이 ₩12,000보다 크거나 같아야 한다. 따라서 이들을 모두 만족하는 이전가격 범위는 다음과 같다.

12,000≤이전가격≤30,000

2. 한국이 법인세율을 낮으므로 가능한 많은 이익을 한국으로 이전하고자 한다. 따라서 최적이전가격은 ₩30,000이 된다.

쉬•어•가•는 **원가 · 관리회계**

Cost & Management Accounting

국세청과 다국적기업: 정상가격을 둘러싼 줄다리기

다국적기업의 이전가격 문제에는 두 당사자가 등장한다. 한쪽에는 세무당국 조사관들, 다른 쪽에는 다국적기업 재무·세무팀이다. 최종적으로 신고해야 할 가격과 이익은 하나지만, 어떤 기준과 방법으로 그 숫자를 정할지 양측의 의견은 좀처럼 좁혀지지 않는다.

필립스코리아와 국세청 사이의 약 90억 원 규모 법인세 소송은 이 줄다리기를 잘 보여주는 사례다. 필립스코리아는 글로벌 필립스 그룹의 한국 자회사로, 해외 특수관계회사들로부터 의료장비, 소형가전, 자동차조명 제품을 사와 국내에 판매하는 도매업을 하고 있다. 국세청은 이 회사가 국외 특수관계회사들로부터 제품을 "너무 비싸게" 사 왔다고 보았다. 독립된 도매업체라면 그 정도 가격에는 사오지 않았을 것이라는 논리다. 그 결과, 2012~2015 사업연도에 대해 총 90억 원이 넘는 법인세를 추가로 고지했고, 필립스코리아는 이에 맞서 "우리가 쓴 가격이 정상가격에 가깝다"며 소송을 제기했다.

쟁점은 겉으로 보면 난순하다. "얼마가 정상가격이냐?"라는 질문 하나다. 하지만 이 질문을 풀기 위해 양쪽은 먼저 "누구를 비교 대상으로 삼을 것인가?"라는 훨씬 어려운 질문에 부딪힌다. 국세청은 필립스코리아와 비슷한 기능을 수행하는 국내외 도매업체들을 골라 비교대상업체 집단을 만들고, 그들의 수익률을 기준으로 필립스코리아의 정상 이익 수준을 추정하려 했다. 반면, 필립스코리아는 "우리는 단순 도매상이 아니라 그룹 내에서 특정 기능과 위험을 떠안는 구조이며, 국세청이 고른 비교대상업체들은 기능·위험·자산이 우리와 다르다"라고 주장했다. 같은 숫자를 두고도, 어떤 회사를 비교 대상으로 보느냐에 따라 '정상적인' 이익률은 전혀 다른 모습이 된다.

2심 법원은 회사의 손을 들어주었다. 국세청이 고른 비교대상업체들이 필립스코리아와 충분히 유사한지에 대한 의문을 제기하며, 그 전제를 바탕으로 계산된 정상가격에도 신뢰를 두기 어렵다고 본 것이다. 그러나 대법원의 판단은 달랐다. 대법원은 정상가격을 산출하는 과정에서 기능분석, 비교가능성 평가에 관한 법리를 더 엄격하게 적용해야 한다며, "정상가격을 이렇게 계산한 것이 과연 잘못이라고 단정할 수 있는지 다시 따져보라"고 사건을 파기·환송했다. 계산식 자체보다, 그 계산식에 어떤 비교대상과 어떤 가정을 넣었는지가 쟁점의 중심이 된 셈이다.

이 사례가 주는 교훈은 단순하다. 이전가격은 엑셀로 몇 줄 돌려서 나오는 숫자의 문제가 아니라, "어떤 기능을 누가 수행하고, 어떤 위험을 누가 부담하며, 어떤 자산을 누가 쓰는지"에 대한 해석의 문제라는 점이다. 그리고 그 해석에는 다국적기업의 전략, 각국 세무당국의 시각, 국제조세 규범이 모두 얽혀 있다. 관리회계에서 배우는 대체가격이 사업부 간 성과와 보너스 배분을 좌우하듯, 국제이전가격은 국가 간 세수와 다국적기업의 이익배분을 좌우한다. 같은 거래를 두고 세무당국과 다국적기업이 다른 답을 내놓을 때, 정상가격 원칙은 그 차이를 어디까지 허용할 것인지, 그리고 누구의 숫자에 손을 들어줄 것인지 판단하는 최소한의 공통 언어가 된다.

기획재정부. 『국제조세조정에 관한 법률』 및 동 시행령. 국가법령정보센터.
법률신문. 2025. 『필립스코리아 90억 법인세 소송 파기환송』
OECD. 2022. OECD Transfer Pricing Guidelines for Multinational Enterprises and Tax Administrations, OECD Publishing.

연습문제 | 재무성과평가와 대체가격

chapter 12

선택형

회계사 2007 ···

01. 책임중심점responsibility center의 설계 및 성과평가 방법에 대한 다음 내용 중 가장 옳은 것은?

① 서비스 지원부서와 같은 비용중심점expense center에서는 서비스를 소비하는 부서로부터 그 사용 대가를 징수하지 않는 것이 서비스의 과소비를 줄이는 데 효과적이다.

② 어떤 부서의 원가함수에 관한 지식을 본부가 알 수 없을 때에는 그 부서를 원가중심점으로 설정하는 것이 그 부서를 통제하는 데 효과적이다.

③ 투자수익률과 같은 비율척도로 투자중심점의 성과를 평가할 경우 회사 전체의 이익극대화와 상충될 수 있다.

④ 책임중심점의 성과를 평가할 때 원칙적으로 통제가능 여부에 관계없이 관련된 모든 업무에 대해 책임을 물어야 한다.

⑤ 투자중심점의 성과평가 척도의 하나로 사용되는 경제적 부가가치는 세후영업이익에서 부채에 대한 이자비용을 차감한 금액이다.

02. 다음은 통제가능성에 대한 설명이다. 다음 중 적절하지 않은 것은?

① 원가보다 수익에 통제가능성을 적용하기가 더 어렵다.

② 통제가능성의 원칙은 책임회계제도의 기초가 되고 있다.

③ 성과평가지표가 통제가능성의 원칙에 위배되는 경우라 하더라도 성과평가에 포함되는 것이 경제적으로 타당한 경우가 있다.

④ 상대평가제도는 통제가능성원칙이 적용되는 대표적인 경우라고 할 수 있다.

⑤ 현실에서는 완전한 통제가능성이 존재하지 않으므로 통제가능성의 원칙을 적용하기 위해서는 가급적 통제불가능한 요소를 제거하여 성과평가에 활용해야 한다.

세무사 2007 ···

03. 투자수익률ROI, 잔여이익RI 및 경제적 부가가치EVA에 대한 설명으로 옳지 않은 것은?

① ROI를 전문경영자의 보상평가기준으로 사용한다면 대리인비용이 절감되고 투자안의 경제성 평가기준으로 사용될 수 있다.

② EVA는 타인자본비용뿐만 아니라 자기자본비용도 고려하여 산출한다.

③ EVA는 주주의 입장에서 바라보는 이익개념으로 기업고유의 영업활동에서 창출된 순가치의 증가분을 의미한다.

④ ROI는 회사 전체적으로 채택하는 것이 유리한 투자안을 부당하게 기각할 가능성이 있지만, RI와 EVA는 그럴 가능성이 없다.

⑤ RI는 ROI의 단점인 준최적화현상을 보완하기 위하여 개발되었다.

04. 성과평가 및 보상에 관한 설명으로 옳은 것은? … 세무사 2015

① 투자이익률return on investment, ROI은 사업부 또는 하위 사업단위의 성과평가에 적용될 수 있으나, 개별 투자안의 성과평가에는 적용되지 않는다.

② 잔여이익residual income, RI은 영업이익으로부터 산출되며, 평가대상의 위험을 반영하지 못한다.

③ 투자이익률ROI에 비해 잔여이익RI은 투자규모가 서로 다른 사업부의 성과를 비교 · 평가하기가 용이하다.

④ 상대평가에 비해 절대평가는 인구, 경제상황, 규제정책 등 공통의 통제 불가능한 요소가 성과평가에 미치는 영향을 제거하기 쉽다.

⑤ 경영자가 장기적 성과에 관심을 갖도록 동기부여하기 위해 회사의 주가를 기준으로 보상을 결정하는 방법이 있다.

05. 성과평가와 관련된 다음 설명 중 옳지 않은 것은?

① 경제적 부가가치EVA를 계산할 때 연구개발비 자산화는 경제적 부가가치를 증가시킨다.

② 책임회계제도 등 재무적 지표 위주의 성과평가방법의 문제점을 해결하기 위해 등장한 것이 균형성과표BSC이다.

③ 원가중심점의 원가를 타 중심점에 배분하는 것은 대체가격의 한 형태라고 할 수 있다.

④ 총자산회전율이 커져도 매출이익률이 작아지면 총자산이익률은 작아질 수 있다.

⑤ 원가중심점원가책임단위, 수익중심점수익책임단위 등의 분류는 통제가능성의 원칙이 적용된 것이다.

06. 다음은 대체가격 결정방법에 대한 설명이다. 다음 중 적절하지 않은 것은?

① 외부시장에 경쟁적이어서 외부시장가격이 경제적 의미가 있을 때 시장가격에 기초한 대체가격결정방법은 목표일치성, 동기부여, 자율성, 성과평가유용성을 모두 달성하다.

② 원가기준에 기초한 대체가격결정방법에 의할 때 목표일치성이 달성되지 않는 경우가 있으며, 표준원가에 기초할 경우 경영노력에 대한 동기부여를 달성할 수 있다.

③ 기업 내의 부서 간 이루어지는 원가배분도 일종의 대체가격이라고 할 수 있다.
④ 대체가격은 기업전체이익을 부서 간에 배분하는 역할을 할 뿐 기업전체이익에는 영향을 주지 않는다.
⑤ 현실적으로 다국적 기업에서의 대체가격문제는 사업부 간 성과평가보다는 기업전체의 현금흐름극대화에 초점을 두는 경향이 있다.

회계사 2011 …

07. 다음 중 내부대체가격의 결정방법에 관한 설명으로 가장 타당하지 않은 것은 어느 것인가?
① 내부대체가격은 공급부문과 구매부문의 성과평가에 영향을 미치며, 각 부문의 자율적인 내부대체가격의 결정은 기업전체의 이익을 최대화하지 못하는 결과를 초래할 수 있다.
② 전부원가를 기준으로 하는 경우에 공급부문의 이익을 보고할 수 있도록 하기 위해서는 전부원가에 제품의 단위당 공헌이익을 가산하여 내부대체가격을 결정하여야 한다.
③ 제품의 원가를 기준으로 내부대체가격을 결정하는 경우에는 제품원가의 계산방법과 공급부문의 유휴생산능력 등을 고려할 필요가 있다.
④ 공급부문에 유휴생산능력이 없고 외부시장이 완전경쟁적일 경우에는 제품의 시장가격이 기업 전체의 이익을 최대화할 수 있는 내부대체가격이 될 수 있다.
⑤ 공급부문에 충분한 유휴생산능력이 있는 경우에는 기업 전체의 이익을 최대화하기 위하여 제품의 표준변동원가를 내부대체가격으로 사용할 수 있다.

세무사 2002 …

08. 분권화와 책임회계, 성과평가와 관련하여 다음의 설명 중에서 가장 적절한 것은?
① 분권화decentralization로부터 얻을 수 있는 효익으로 내부이전가격의 신속한 결정을 들 수 있다.
② 원가책임단위는 특정원가의 발생에만 통제책임을 지는 책임책임단위로 판매부문이 한 예가 될 수 있다.
③ 하부경영자가 자신의 성과측정치를 극대화할 때 기업의 목표도 동시에 극대화될 수 있도록 하부경영자의 성과측정치를 설정해야 하는데, 이를 목표일치성goal congruence이라고 한다.
④ 잔여이익residual income이 갖고 있는 준최적화sub-optimization의 문제점을 극복하기 위하여 투자수익률이라는 개념이 출현하였다.
⑤ 투자수익률법은 투자규모가 다른 투자책임단위를 상호 비교하기가 어렵다는 문제점이 있는 반면에 잔여이익법에는 이런 문제점이 없다.

세무사 2012 …

09. (주)국세는 분권화된 세 개의 사업부 X, Y, Z를 운영하고 있다. 이들은 모두 투자중심점으로 설계되어 있으며, (주)국세의 최저필수수익률은 20%이다. 각 사업부와 관련된 정보는 다음과 같다.

	X	Y	Z
자산회전율	4회	6회	5회
영업이익	₩400,000	₩200,000	₩210,000
매출액	₩4,000,000	₩2,000,000	₩3,000,000

투자수익률ROI이 높은 사업부 순서대로 옳게 배열한 것은?

① X > Y > Z ② X > Z > Y ③ Y > X > Z
④ Y > Z > X ⑤ Z > Y > X

10\. (주)감평은 두 개의 사업부 X와 Y를 운영하고 있으며, 최저필수수익률은 10%이다. 20×1년 사업부 X와 Y의 평균영업자산은 각각 ₩70,000과 ₩50,000이다. 사업부 X의 투자수익률은 15%이고, 사업부 X의 잔여이익이 사업부 Y보다 ₩2,500 더 클 때 사업부 Y의 투자수익률은? … 감평사 2024

① 11% ② 12% ③ 13% ④ 14% ⑤ 15%

11\. (주)대한의 A사업부는 단일제품을 생산 및 판매하는 투자중심점이다. A사업부에 대해 요구되는 최저필수수익률은 15%, 가중평균자본비용은 10%, 그리고 법인세율은 40%이다. 다음은 20×3년도 (주)대한의 A사업부에 관한 예산자료이다. … 회계사 2023

- A사업부의 연간 총고정원가는 ₩400,000이다.
- 제품 단위당 판매가격은 ₩550이다.
- 제품 단위당 변동원가는 ₩200이다.
- 제품의 연간 생산 및 판매량은 각각 2,000단위이다.
- A사업부에 투자된 평균영업자산과 투하자본은 각각 ₩1,000,000이다.

A사업부의 잔여이익RI과 경제적 부가가치EVA는 각각 얼마인가?

	잔여이익	경제적 부가가치
①	₩150,000	₩80,000
②	₩150,000	₩90,000
③	₩150,000	₩100,000
④	₩140,000	₩80,000
⑤	₩140,000	₩90,000

세무사 2014 …

12. (주)세무는 전자제품을 생산 · 판매하는 회사로서, 세 개의 사업부 A, B, C는 모두 투자중심점으로 설계 · 운영되고 있다. 회사 및 각 사업부의 최저필수수익률은 20%이며, 각 사업부의 20×1년도 매출액, 영업이익 및 영업자산에 관한 자료는 다음과 같다.

	사업부 A	사업부 B	사업부 C
매출액	₩400,000	₩500,000	₩300,000
영업이익	32,000	30,000	21,000
평균영업자산	100,000	50,000	50,000

현재 사업부 A는 ₩40,000을 투자하면 연간 ₩10,000의 영업이익을 추가로 얻을 수 있는 새로운 투자안을 고려하고 있다. 이 새로운 투자에 소요되는 예산은 현재의 자본비용 수준으로 조달할 수 있다. (주)세무가 투자수익률 혹은 잔여이익으로 사업부를 평가하는 경우, 다음 설명 중 옳지 않은 것은?

① 투자수익률로 사업부를 평가하는 경우, 20×1년에는 사업부 B가 가장 우수하다.
② 잔여이익으로 사업부를 평가하는 경우, 20×1년에는 사업부 B가 가장 우수하다.
③ 잔여이익으로 사업부를 평가하는 경우, 사업부 A의 경영자는 동 사업부가 현재 고려중인 투자안을 채택할 것이다.
④ 투자수익률로 사업부를 평가하는 경우, 사업부 A의 경영자는 동 사업부가 현재 고려중인 투자안을 채택할 것이다.
⑤ 투자수익률 혹은 잔여이익 중 어느 것으로 사업부를 평가하는 경우라도, 회사전체 관점에서는 사업부 A가 고려중인 투자안을 채택하는 것이 유리하다.

회계사 2015 …

13. (주)한국의 엔진사업부는 단일의 제품을 생산 · 판매하는 투자중심점이다. (주)한국의 최근 몇 해 동안의 투자수익률ROI은 평균 20%이며, 자본비용즉, 최저필수수익률은 15%이다. 다음은 20×1 회계연도 (주)한국의 엔진사업부에 관한 예산자료이다.

• 엔진사업부의 연간 총고정원가	₩200,000
• 제품 단위당 변동원가	₩100
• 제품의 연간 생산 · 판매량	1,000단위
• 엔진사업부에 투자된 평균영업자산	₩500,000

(주)한국의 CEO는 엔진사업부 경영자의 성과평가측정치로 투자수익률 혹은 잔여이익residual income을 고려중이다. 만약 투자수익률이 채택되는 경우, 엔진사업부 경영자가 불리한 평가를 받지 않기 위해서는 20×1 회계연도에 20%이상의 투자수익률을 달성하여야 한다. 만약 잔여이익이 채택되는

경우, 20×1 회계연도에 엔진사업부가 음(-)의 잔여이익을 창출하게 되면 유리한 성과평가를 받을 수 없게 된다. (주)한국이 엔진사업부의 성과평가측정치로 투자수익률 혹은 잔여이익을 사용하게 되는 각각의 경우에 대해, 엔진사업부 경영자가 20×1 회계연도에 불리한 평가를 받지 않기 위해 책정하여야 하는 제품 단위당 최소평균판매가격은 얼마인가?

	투자수익률을 사용하는 경우	잔여이익을 사용하는 경우
①	₩375	₩380
②	₩375	₩390
③	₩375	₩400
④	₩400	₩375
⑤	₩400	₩390

14. (주)한해는 당기 초부터 고객에 대한 신용매출 기간을 3개월에서 6개월로 연장하는 판매촉진정책을 실시하였다. 그 결과 당기에는 전기에 비해 매출액과 세후이익이 모두 증가하였고, 재고자산과 매출채권은 각각 ₩4,000과 ₩3,500만큼 증가하였다. 회사가 제시한 비교손익계산서와 법인세율 및 자본비용cost of capital은 다음과 같다. … 회계사 2010

항목	당기	전기	증감
매출액	₩275,000	₩250,000	10% 증가
차감:			
매출원가	₩192,500	₩175,000	
판매관리비	55,000	50,000	
이자비용	1,400	1,400	
세전이익	₩26,100	₩23,600	
법인세비용	9,135	8,260	
세후이익	₩16,965	₩15,340	10.6% 증가
법인세율	35%	35%	
자본비용	15%	15%	

새로운 판매촉진정책의 실시로 인하여 당기의 경제적 부가가치economic value added, EVA는 전기에 비해 얼마만큼 증가혹은 감소하였는가(단, 세후영업이익에 대한 추가적인 조정은 없으며 재고자산과 매출채권 이외에 투하자본invested capital의 변동은 없다고 가정한다)?

① ₩825 감소 ② ₩1,400 감소 ③ ₩500 증가
④ ₩1,125 증가 ⑤ ₩1,625 증가

세무사 2024 ···

15. (주)세무는 사업부의 성과를 평가하기 위해 각 사업부의 경제적 부가가치EVA를 계산하고자 한다. 사업부 중 한 곳인 중부사업부와 관련된 자료는 다음과 같다.

- 총자산: ₩400,000
- 투자수익률ROI: 30%
- 유동부채: ₩100,000

(주)세무의 두 가지 자금원천 중 하나인 타인자본의 시장가치는 ₩400,000이고, 그에 대한 이자율은 10%이다. 나머지 원천인 자기자본의 시장가치는 ₩600,000이고, 그에 대한 자본비용은 15%이다. 투자수익률 계산시 총자산과 세전영업이익을 사용하였다. 각 사업부의 경제적 부가가치 계산은 기업전체의 가중평균자본비용을 적용하며, 경제적 부가가치를 계산하기 위한 세전영업이익은 투자수익률 계산시의 영업이익과 동일하였다. (주)세무에 적용되는 법인세율이 20%일 때, 중부사업부의 경제적 부가가치는?

① ₩57,400 ② ₩58,000 ③ ₩58,400
④ ₩59,000 ⑤ ₩59,400

회계사 2007 ···

16. (주)트랜스퍼는 서로 독립적으로 운영되는 중간사업부와 최종사업부로 이루어져 있다. 중간사업부는 중간제품을 생산해 이를 최종사업부에 공급하거나 경쟁적인 외부시장에 판매한다. 최종사업부는 중간제품을 가공하여 이를 외부시장에 판매한다. 회사의 최고경영자는 사업부의 자율경영을 촉진하기 위해 중간제품에 대한 내부 이전가격transfer pricing 제도의 도입을 검토 중이다. 이와 관련된 다음 설명 중 적절하지 않은 것은?

① 회사가 중간사업부를 이익중심점 또는 투자중심점으로 설정하기 위해서는 내부 이전가격제도의 도입이 필요하다.
② 중간제품에 대한 경쟁적인 외부 시장이 있을 경우에는 원칙적으로 외부 시장가격을 이전가격으로 채택하는 것이 장기적으로 회사의 이익 증대에 유리하다.
③ 이익중심점인 중간사업부로 하여금 공정개선 및 기술혁신을 통한 원가절감을 이루도록 하기 위해서는 시장가격보다 고정원가를 포함한 단위당 제품원가를 이전가격으로 채택하는 것이 효과적이다.
④ 회사 전체에 이익이 되도록 이전가격제도를 운영하기 위해서는 최종사업부가 중간제품을 외부로부터 구입하는 것을 허용해야 한다.
⑤ 이전가격제도를 도입하게 되면 각 사업부의 경영자는 회사 전체의 성과보다는 자신의 사업부의 성과를 극대화하고자 할 수 있다.

17. (주)대한의 분권화된 사업부 A와 사업부 B는 이익중심점으로 설정되어 있다. 사업부 A에서 생산되는 제품 X는 사업부 B에 대체하거나 외부시장에 판매할 수 있다. 사업부 B는 제품 X를 주요부품으로 사용하여 완제품을 생산하고 있으며, 공급처는 자유롭게 선택할 수 있다. … 회계사 2024

현재 사업부 A는 10,000단위의 제품 X를 전부 외부시장에 판매하고 있으며, 사업부 B는 현재 연간 5,000단위의 제품 X를 단위당 ₩84의 가격으로 외부공급업자로부터 구입하고 있다. 사업부 A에서 생산되는 제품 X와 관련된 자료는 다음과 같다.

- 단위당 외부판매가격 ₩90
- 단위당 변동원가(변동판매비와관리비 포함) ₩60
- 연간 고정원가 ₩2,000,000
- 연간 최대생산능력 10,000단위

최근 (주)대한은 사업부 B의 생산에 필요한 5,000단위의 제품 X의 사내대체를 검토하였다. 사내대체를 할 경우, 사업부 A가 단위당 ₩20의 변동판매비와관리비를 절감할 수 있다면 사업부 A가 사내대체를 수락할 수 있는 최소 대체가격은 얼마인가?

① ₩40 ② ₩60 ③ ₩70 ④ ₩84 ⑤ ₩90

※ **다음 자료를 이용하여 18번과 19번에 답하시오.** … 회계사 2008

(주)한구의 분권화된 사업부 A와 사업부 B는 이익중심점으로 설정되어 있다. 사업부 A는 중간제품 P를 생산하고 있다. 사업부 B는 (주)한구의 전략적 고려에 따라 지역적으로 접근이 어려운 고립지에서 중간제품 P를 이용하여 완제품 Q를 생산하며, 생산한 모든 완제품 Q를 고립지의 도매상에 납품하고 있다. 사업부 A와 사업부 B의 생산 관련 자료는 다음과 같다.

구분	사업부 A	사업부 B
단위당 변동제조원가	₩20	₩70
총고정제조원가	₩36,000	₩50,000
연간 시장판매량	12,000개	2,000개
연간 생산가능량	12,000개	3,000개

사업부 A가 생산 · 판매하는 중간제품 P의 시장가격은 ₩30이다. 그러나 사업부 B는 지역적으로 고립된 곳에 위치하여 중간제품 P를 지역 내 생산업자로부터 1개당 ₩50에 구매하고 있으며, 이 구매가격은 사업부 B의 단위당 변동제조원가 ₩70에 포함되어 있다. 완제품 Q를 1개

생산하기 위하여 중간제품 P는 1개가 사용되며, 두 사업부의 연간 시장판매량은 항상 달성가능한 것으로 가정한다.

18. 최근 (주)한구는 사업부 B가 위치한 고립지로의 교통이 개선됨에 따라서 중간제품 P의 사내대체를 검토하기 시작하였다. 사업부 A가 사내대체를 위하여 사업부 B로 중간제품 P를 배송할 경우, 중간제품 1개당 ₩8의 변동배송원가를 사업부 A가 추가로 부담하게 된다. 사업부 B가 생산에 필요한 2,000개의 중간제품 P 전량을 사업부 A에서 구매한다고 할 때, 사내대체와 관련된 사업부 A의 기회원가와 사업부 A가 사내대체를 수락할 수 있는 최소 대체가격은 얼마인가?

	기회원가	최소대체가격
①	₩0	₩28
②	₩4,000	₩28
③	₩4,000	₩38
④	₩20,000	₩30
⑤	₩20,000	₩38

19. 사업부 B는 사업부 간의 협의 끝에 개당 ₩39의 가격으로 최대 3,000개까지 중간제품 P를 사업부A에서 공급받게 되었다. 이에 따라 지역 내 생산업자로부터의 구매는 중단되었다. 사업부 B가 생산하여 판매하는 완제품 Q의 시장가격은 현재 ₩120이다. 최근 사업부 B는 인근지역의 지방정부로부터 완제품 Q를 ₩100의 가격에 1,000개 구매하고 싶다는 제안을 받았다. 이 특별주문을 수락할 경우, 사업부 B의 영업이익에 미치는 영향과 사업부 B의 기회원가는 각각 얼마인가?

	영업이익의 증감	기회원가
①	₩20,000 감소	₩61,000
②	₩41,000 감소	₩61,000
③	₩20,000 감소	₩41,000
④	₩30,000 증가	₩0
⑤	₩41,000 증가	₩0

세무사 2025 ···

20. (주)세무는 이익중심점인 A, B 두 개의 사업부로 구성되어 있다. A사업부는 부품을 생산하여 외부시장에 판매할 수도 있고, B사업부에 내부대체할 수도 있다. A사업부의 부품 최대생산능

력은 4,000단위이고, 단위당 변동원가는 ₩600이며, 외부시장에 단위당 ₩1,000에 3,000대를 판매할 것으로 예상된다. 이 같은 상황에서 A사업부는 B사업부로부터 1,600단위를 내부대체해 줄 것을 요청받았다. 다만, 내부대체 수량에 대해서는 A사업부의 변동원가가 단위당 ₩50 감소한다. A사업부가 1,600단위를 전량 대체하는 경우, 단위당 최소대체가격은?

① ₩600　② ₩650　③ ₩700
④ ₩750　⑤ ₩800

21. (주)감평은 분권화된 사업부 A와 B를 이익중심점으로 운영한다. 사업부 A는 매년 부품 X를 8,000단위 생산하여 전량 외부시장에 단위당 ₩150에 판매하여 왔다. 최근 사업부 B는 제품 단위당 부품 X가 1단위 소요되는 신제품 Y를 개발하고, 단위당 판매가격 ₩350에 4,000단위를 생산 · 판매하는 방안을 검토하고 있다. 다음은 부품 X에 대한 제조원가와 신제품 Y에 대한 예상제조원가관련 자료이다. … 감평사 2023

구분	부품 X	신제품 Y
단위당 직접재료원가	₩40	₩80
단위당 직접노무원가	35	70
단위당 변동제조간접원가	25	30
연간 고정제조간접원가	200,000	100,000
연간 최대생산능력	10,000단위	5,000단위

사업부 B는 신제품 Y의 생산에 필요한 부품 X를 사내대체하거나 외부로부터 단위당 ₩135에 공급받을 수 있다. 사업부 A는 사내대체를 전량 수락하든지 기각해야 하며, 사내대체 시 외부시장 판매를 일부 포기해야 한다. 사업부 A가 사내대체를 수락할 수 있는 부품 X의 단위당 최소대체가격은?

① ₩100　② ₩125　③ ₩135
④ ₩170　⑤ ₩180

22. (주)세무는 사업부 A와 B를 이익중심점으로 두고 있다. 사업부 A는 부품 S를 생산하여 사업부 B에 대체하거나 외부에 판매할 수 있으며, 사업부 B는 원제품 생산을 위해 필요한 부품 S를 사업부 A에서 구입하거나 외부에서 구입할 수 있다. 부품 S 1,000단위를 대체하는 경우, 사업부 A의 단위당 최소대체가격은 ₩160이다. 부품 S 1,000단위를 내부대체하면 대체하지 않는 것에 비해 회사 전체 이익이 ₩50,000 증가한다. 이 경우 부품 S 1,000단위에 대한 사업부 B의 단위당 최대대체가격M과 대체로 인하여 증가하는 이익을 두 사업부가 균등하게 나눌 수 있는 대체가격E의 합M+E은? … 세무사 2023

① ₩370 ② ₩380 ③ ₩385
④ ₩390 ⑤ ₩395

세무사 2019 …

23. (주)세무는 이익중심점으로 지정된 A, B 두 개의 사업부로 구성되어 있다. A사업부는 부품을 생산하고, B사업부는 부품을 추가가공하여 완제품을 생산하여 판매한다. A사업부의 부품 최대 생산능력은 5,000단위이고, 단위당 변동원가는 ₩100 이다. A사업부는 부품의 단위당 판매가격을 ₩200으로 책정하여 외부에 3,000단위 판매하거나 단위당 판매가격을 ₩180으로 책정하여 외부에 4,000단위 판매할 수 있을 것으로 기대한다. 다만, A사업부가 외부시장에서 2가지 판매가격을 동시에 사용할 수는 없다. 이 같은 상황에서 B사업부가 A사업부에게 부품 2,000단위를 내부대체해 줄 것을 요청하였다. 2,000단위를 전량 대체하는 경우 A사업부의 단위당 최소대체가격은?

① ₩80 ② ₩100 ③ ₩110
④ ₩120 ⑤ ₩180

회계사 2025 …

24. (주)대한의 분권화된 사업부 A와 B는 이익중심점으로 설정되어 있다. 사업부 A는 부품 X만을 생산하고, 사업부 B는 부품 X를 이용하여 완제품 Y만을 생산하고 있다. 부품 X와 완제품 Y는 모두 외부시장이 존재한다. 현재 사업부 A에서는 10,000개관련범위 내 연간 최대생산능력의 부품 X를 단위당 ₩165에 우수고객사인 (주)민국에 판매하고 있으며, 사업부 B는 부품 X를 외부에서 구입하고 있다.

〈사업부 A〉

• 부품 X의 단위당 판매가격:	₩165
• 부품 X의 단위당 변동원가:	110
• 고정원가:	100,000

〈사업부 B〉

• 완제품 Y의 단위당 추정판매가격:	₩290
• 완제품 Y의 생산을 위한 단위당 추가가공원가:	90
• 고정원가:	200,000

신규고객사인 (주)만세는 사업부 A에게 부품 X를 단위당 ₩170에 8,500개 주문할 수 있는지 문의하였다. 사업부 A가 (주)만세에 8,500개를 판매하는 경우, 사업부 A는 1,500개를 사업

부 B에 내부대체할 수 있다. (주)만세의 주문을 수락한다고 가정하였을 때, 사업부 A가 현재와 동일한 영업이익을 얻을 수 있는 단위당 최소대체가격은 얼마인가? 단, 내부대체 시에도 단위당 변동원가는 외부판매할 경우와 동일하며, 단수차이로 인해 오차가 있다면 가장 근사치를 선택한다.

① ₩112 ② ₩126 ③ ₩137
④ ₩148 ⑤ ₩150

25. (주)무역은 칠레에서 와인을 생산하여 한국에서 판매한다. 칠레에는 와인의 생산사업부가, 한국에는 와인의 판매사업부가 존재한다. 한국과 칠레의 법인세율은 각각 20%와 10%이며, 한국은 칠레산 와인 수입에 대해 15%의 관세를 부과해왔다고 가정한다. 관세는 판매사업부가 부담하며, 당해 연도에 수입된 와인은 당해 연도에 모두 판매된다. … 회계사 2013

와인 생산과 관련된 단위당 변동원가와 단위당 전부원가는 각각 ₩1,000과 ₩4,000이다. 생산된 와인은 원화가격 ₩5,000에 상당하는 가격으로 칠레에서 판매가능하며 수요는 무한하다. 판매사업부는 한국에서 이 와인을 ₩10,000에 판매하고 있으며, 국내에서 다른 도매 업체로부터 동일한 와인을 ₩7,000에 필요한 양만큼 공급받을 수 있다.

한편 한국과 칠레는 FTA를 체결하고 양국 간 관세를 철폐하기로 했다. (주)무역의 세후이익을 극대화시키는 대체가격transfer price은 FTA 발효 이후에 발효 이전보다 얼마나 증가또는 감소하는가? 단, 두 나라의 세무당국은 세금을 고려하지 않았을 때 각 사업부가 이익을 극대화하기 위해 주장하는 범위 내의 가격만을 적정한 대체가격으로 인정한다. 또한 대체거래 여부에 관계없이 각 사업부는 납부할 법인세가 존재한다.

① ₩6,000 증가 ② ₩6,000 감소 ③ ₩2,000 증가
④ ₩2,000 감소 ⑤ 증감 없음

서술형

01. 20×1년 2월 S사의 A사업부는 반도체 메모리 공장증축을 검토하고 있다. 이 투자안의 소요자금은 300억 원이다. 증축 공장에 따른 올해의 추가적인 기대 수익과 원가는 다음과 같다.

(단위: 억원)

매출	₩320
변동원가	100
고정원가	166
영업이익	₩54

과거 A사업부 기존 공장에서의 연평균투자수익률은 20%이고 연평균매출대비 영업이익률은 15%이다. 투자수익률은 영업이익을 자산총액으로 나눈 비율로 정의한다. 투자책임단위investment center인 A사업부 부장인 김씨 상여금은 사업부 투자수익률을 기준으로 한다(단, 회사의 최저 요구투자이수익률은 12%이다).

물음 (1) 김씨 공장증축에 반대할 가능성이 있는지 설명하라. 계산과정을 보여라.

(2) 회사에서는 잔여이익을 이용하여 김씨의 상여금을 결정한다고 할 때 김씨는 공장신축에 더 적극적일 것인가? 잔여이익을 계산하고 설명하라.

(3) 회사에서는 매출대비 영업이익률을 이용하여 김씨의 상여금을 결정한다고 가정하자. 김씨는 공장증축에 더 적극적일 것인가? 김씨의 상여금을 결정할 때 매출대비 영업이익률을 사용하는 경우, 문제점은 무엇인가?

(4) S사의 최고경영자는 A사업부 부장인 김씨에 대해 다음의 여러 가지 보상방안을 검토하고 있다. S사의 최고경영자가 검토하고 있는 네 가지 방안을 각각 평가하라. 단, 김씨는 위험회피적이다.

- 김씨에게 고정급료만 지급하며 상여금은 지급하지 않는다.
- 김씨에게 사업부의 잔여이익을 기준으로 보상액을 지급한다.
- A사업부의 잔여이익을 투자액이 비슷한 다른 회사의 관리자가 획득한 잔여이익과 비교하여 김씨의 성과를 평가한다.
- 김씨에게 S사 전체의 잔여이익을 기준으로 보상액을 지급한다.

02. SS사업부는 현재 A설비자산내용연수 3년, 잔존가치 ₩0에 투자하여 제품을 생산하고 판매하면 향후 3년 동안 다음과 같은 연도별 순현금흐름을 얻을 것으로 기대하고 있다. 아울러 SS사업부의 연도별 잔여이익은 다음과 같을 것으로 추정하고 있다. 잔여이익은 연도별 영업이익에서 설비자산의 기초장부가액에 필수수익률을 곱한 금액을 차감하여 구한 것이다. 연도별 순현금흐름과 영

업이익의 차이는 설비자산에 대한 감가상각비 이외에는 없다.

구분	1차 연도	2차 연도	3차 연도
순현금흐름	₩3,000,000	₩2,500,000	₩2,000,000
잔여이익	1,440,000	1,284,000	1,104,000

- 순현금흐름액에는 1차 연도 초에 A설비자산 투자에 따른 현금유출액은 포함되어 있지 않다.
- 순현금흐름은 전액 연도 말에 유입된다고 가정한다.
- 필수수익률은 12%이다.

물음 A설비자산에 대한 투자액취득원가은 얼마인가?

03. S사에는 부품사업부인 A사업부와 완제품사업부인 B사업부가 있다. A사업부의 부품 생산능력은 최대 40개이며 생산한 부품은 전량 외부에 개당 ₩60에 판매할 수 있다. B사업부는 A사업부에서 생산한 부품으로 완제품을 만들어 판매한다. 완제품 생산에 필요한 부품은 외부에서 구입할 수 없다. 완제품 1단위당 1개의 부품이 필요하다.

A사업부의 제조 원가함수는 다음과 같다.

$$TC = 50 \cdot Q_A$$

여기서 Q_A는 부품 생산량이므로 A사업부의 제조원가는 전액 변동원가라 할 수 있다.

B사업부가 생산 · 판매하는 완제품의 수요함수는 다음과 같다.

$$Q_B = -P + 100$$

여기서 Q_B는 완제품 생산량이며 P는 판매가격이다.

B사업부에서는 다른 원가는 발생하지 않는다고 가정한다.

물음 (1) S사 전체의 입장에서 부품의 최적생산량, 부품의 최적외부판매량, 완제품의 최적생산판매량은 각각 얼마인가? 또 그때의 S사 이익은 얼마인가?

(2) A사업부와 B사업부가 각각 자율적으로 생산량을 결정한다고 하자. 대체가격이 얼마일 때 (1)과 동일한 결과를 낳는가? 대체가격이 각각 ₩50, ₩60, ₩70일 때 결과를 비교하라.

04. K사의 완성품사업부이하 '중국사업부'는 중국에 소재하며, 반제품사업부이하 '한국사업부'는 한국에 있다. 중국사업부가 제품 X 1단위를 생산하기 위해서는 한국사업부가 생산하는 반제품 A 1단위를 수입하거나, 중국 내에서 반제품 A의 대체품 1단위를 구입해야 한다. … 회계사 2016

한국사업부는 반제품 A를 단위당 변동원가 ₩12,000에 생산할 수 있으며 기타 원가는 발생하지 않는다. 아울러, 반제품 A의 생산이 다른 제품 생산에는 아무런 영향을 주지 않는다. 중국사업부 이외에 반제품 A의 수요처는 없다. 중국사업부가 한국사업부로부터 반제품 A를 수입할 때 발생하는 단위당 운송비 ₩2,000은 중국사업부가 부담하며, 반제품 A를 가공하여 완성하는 데 소요되는 원가는 단위당 ₩16,000이다. 제품 X의 중국내 연간 수요는 1,000단위이며 판매가격은 단위당 ₩48,000이다.

20×1년까지 중국사업부는 중국내에 반제품 A를 대신할 수 있는 대체품 공급처가 없어 한국사업부로부터 반제품 A 전량을 이전받은 바 있다. 그러나 20×2년 초 중국사업부는 중국 내의 다른 기업으로부터 반제품 A를 대신할 수 있는 대체품 600단위를 단위당 ₩17,000에 공급할 수 있다는 제안을 받았다. 이 대체품을 사용할 경우 운송비는 발생하지 않으나 이를 가공하여 완성하는 데 소요되는 원가는 기존의 단위당 ₩16,000외에 추가로 ₩1,000이 더 발생한다. 중국사업부가 이 공급제안을 수락하면 한국사업부로부터는 잔여물량만 공급받으면 된다.

한편, K사는 한국사업부와 중국사업부의 성과평가 및 보상을 각 사업부의 영업이익에 따라 결정하며, 이전가격에 있어서는 양 사업부가 모두 수용할 수 있는 가격 범위에서 K사 전체의 세후 영업이익을 최대화하는 수준으로 정하고 있다.

한국과 중국의 법인세율은 각각 22%와 25%이다. 각 사업부에는 이전거래 여부와 관계없이 납부할 법인세가 존재하며, 양국 세무당국은 동일 회계년도에는 단일의 이전가격만 허용하며 그 외에 다른 제한 두지 않고 있다.

물음 (1) 20×2년 K사의 전체적인 이익관점에서 중국사업부가 중국 내에서 반제품 A의 대체품을 구입하는 것이 합리적인지 여부를 결정하고 그 근거를 제시하시오.

(2) (1)에서의 의사결정을 따를 경우, 양 사업부가 모두 수용할 수 있는 이전가격의 범위를 구하시오.

(3) (2)의 범위에서 K사 전체의 세후 영업이익을 최대화하는 이전가격은 얼마인가?

정 답

chapter 2. 원가의 이해

문제번호	1	2	3	4	5	6	7	8	9	10	11	12	13	14	15	16	17	18	19	20
정 답	④	⑤	②	②	②	②	①	②	⑤	④	①	⑤	②	③	②	⑤	③	①	⑤	③

문제번호	정 답
1	(1) ₩541,000 (2) ₩846,000 (3) ₩1,023,000 (4) ₩940,000 (5) ₩160,000 (6) ₩122,000 (7) ₩282,000
2	A. ₩980,000 B. ₩120,000 C. ₩930,000 D. ₩2,860,000 E. ₩230,000 F. ₩2,860,000 G. ₩3,150,000
3	(1) 당기제품제조원가: ₩680,000 (2) (차) 제품 680,000 (대) 재공품 680,000 (3) ₩235,000

chapter 3. 개별원가계산

문제번호	1	2	3	4	5	6	7	8	9	10	11	12	13	14	15	16
정 답	①	②	④	④	①	①	④	⑤	③	①	①	②	②	②	⑤	①

문제번호	정 답
1	(3) ₩16,800 과소배부
2	(1) 매출원가: 직접재료원가(₩1,120,000), 직접노무원가(₩510,000), 제조간접원가(₩204,000) (2) ₩92,000 과소배부 (3) (차) 매출원가 92,000 (대) 제조간접원가 92,000
3	(1) 기계부문: ₩50, 완성부문: ₩2 (2) ₩4,500 (3) ₩278.5 (4) ₩1,100,000 과대배부

chapter 4. 종합원가계산

문제번호	1	2	3	4	5	6	7	8	9	10	11	12	13	14	15	16	17	18	19	20
정 답	④	④	①	③	①	①	④	③	②	⑤	④	①	③	⑤	②	②	①	②	②	①
문제번호	21	22	23	24	25	26	27													
정 답	④	②	②	③	⑤	⑤	④													

문제번호	정 답
1	완성품: ₩168,600, 기말재공품: ₩11,400
2	완성품: ₩91,000, 기말재공품: ₩39,600
3	완성품: ₩826,000, 기말재공품: ₩146,400, 정상공손: ₩123,900, 비정상공손: ₩112,100
4	완성품: ₩3,521,800, 기말재공품: ₩1,382,800, 정상공손: ₩317,660, 비정상공손: ₩136,140
5	완성품: ₩5,592,092, 기말재공품: ₩1,144,950, 정상공손: ₩177,715, 비정상공손: ₩266,573
6	(1) ₩107 (2) ₩254,000

chapter 5. 원가배분: 지원부문원가와 결합원가

문제번호	1	2	3	4	5	6	7	8	9	10	11	12	13	14	15	16	17	18	19	20
정 답	②	①	②	④	④	⑤	②	①	②	③	②	④	③	③	②	②	③	②	②	③
문제번호	21	22	23	24																
정 답	④	②	④	⑤																

문제번호	정 답
1	(1) ₩20.55 (2) 주형: ₩37.44, 부품: ₩11.88, 조립: ₩17.12
2	(1) X부문: ₩265, Y부문: ₩197 (2) ₩371.25 (3) 알파: ₩159,180, 베타: ₩235,340 (4) 알파: ₩163,078, 베타: ₩230,453
3	외부구입단가가 ₩27.66보다 낮으면 외부구입이 유리
4	(2) C만 추가가공하는 것이 바람직함. ₩5,000만큼 이익임. (3) A: ₩8,000, B: ₩12,000, C: ₩24,667, D: ₩19,333
5	(1) ₩37,286 (2) ₩51,429

chapter 6. 활동기준원가계산

문제번호	1	2	3	4	5	6	7	8	9	10	11	12	13	14
정 답	②	③	④	③	④	⑤	③	①	②	④	②	②	④	③

문제번호	정 답
1	A: ₩10,450, B: ₩10,850, C: ₩11,600
2	(1) 가: ₩5, 나: 하와이(₩6, ₩7.8), 브라질(₩5, ₩6.5) (2) 하와이: ₩4.82, 브라질: ₩7.54
3	(1) 병원: 2.9%, 체인점약국: 4.8%, 일반약국: 9.1% (2) 주문처리(₩20), 제품품목처리(₩2), 배달(₩25), 상점으로 운송되는 상자(₩1), 선반 진열(₩8) (3) 병원: ₩132,300, 체인점약국: ₩194,700, 일반약국: ₩15,300

chapter 7. 원가행태와 추정

문제번호	1	2	3	4	5	6	7	8	9	10	11	12	13	14
정 답	①	③	①	③	③	⑤	④	⑤	④	②	④	③	④	③

문제번호	정　답
1	(1) Y= ₩18,000+₩144X (2) Y= ₩5,400+₩96X (3) 총제조간접원가 예상액: ₩54,000 유지비용 예상액: ₩29,400
2	₩3,319,680
3	(1) ₩22,000 (2) ₩4,400,000 (3) ₩4,880,000
4	A사업부: 13,713시간, B사업부: 7,475시간
5	(1) 90% (2) ₩55,104 (3) ₩49,160≦ P ≦₩55,104

chapter 8. 원가 · 조업도 · 이익 분석

문제번호	1	2	3	4	5	6	7	8	9	10	11	12	13	14	15	16	17	18	19	20
정　답	③	⑤	①	③	⑤	①	③	③	③	④	⑤	⑤	②	④	①	⑤	②	⑤	④	②
문제번호	21	22	23	24	25	26	27													
정　답	①	③	③	①	④	①	④													

문제번호	정　답
1	(3) A: $\frac{Q_C}{Q_C - Q_A}$, B: $\frac{Q_C}{Q_C - Q_B}$ (4) $0.1 \times \pi \times Q_C \times (\frac{1}{Q_C - Q_A} - \frac{1}{Q_C - Q_B})$
2	128,205명
3	₩12,500,000
4	(1) [대안2]가 더 유리함 (2) [대안3]이 더 유리함 (3) [대안3]을 선택할 때 예상이익이 ₩3,520,000로 최대가 됨 (4) 오전 투자설명회 2회와 오후 투자설명회 2회 (또는 오전 투자설명회 2회와 오후 투자설명회 1.5회) (5) 3,400명

chapter 9. 생산능력고정원가의 이익효과와 관리

문제번호	1	2	3	4	5	6	7	8	9	10	11	12	13	14	15	16	17	18	19	20
정 답	②	④	④	②	③	④	④	①	④	③	④	①	③	④	⑤	①	⑤	①	④	③
문제번호	21	22																		
정 답	④	④																		

문제번호	정 답
1	(1) ₩4,550,000, ₩4,050,000 (2) ₩39,300,000, ₩38,800,000
2	(1) 9,000개 (2) 7,000개
3	(1) A: 105,000개, B: 62,500개 (2) ₩11,250,000 (3) ₩11,950,000(A: 180,000개, B: 120,000개)

chapter 10. 의사결정: 관련원가와 효익

문제번호	1	2	3	4	5	6	7	8	9	10	11	12	13	14	15	16	17	18	19	20
정 답	②	②	⑤	③	①	①	①	③	①	④	④	④	⑤	②	②	②	④	③	⑤	①
문제번호	21	22	23																	
정 답	③	①	③																	

문제번호	정 답
1	(1) A: 800개, B: 350개 (2) ₩500,000
2	Y제품만 50개
3	(2) x: 300단위, y: 140단위, ₩64,500 (4) x: 300단위, y: 180단위, ₩63,300

chapter 11. 차이분석과 표준원가계산

문제번호	1	2	3	4	5	6	7	8	9	10	11	12	13	14	15	16	17	18	19	20
정 답	④	③	③	⑤	①	①	④	④	①	①	④	②	②	①	②	④	④	④	①	②
문제번호	21	22	23	24	25	26														
정 답	④	⑤	③	①	⑤	⑤														

문제번호	정 답
1	(1) ₩235,000 (2) ₩200,500
2	(1) 직접재료원가 구입가격차이: ₩800(불리), 수량차이: ₩1,200(유리) 직접노무원가 임률차이: ₩880(유리), 능률차이: ₩1,600(불리) 변동제조간접원가 소비차이: ₩1,200(불리), 능률차이: ₩600(불리) 고정제조간접원가 소비차이: ₩200(불리), 조업도차이: ₩800(불리) (3) ₩34,380
3	(1) 10,000시간, 2.2시간 (2) ₩11,000(불리)
4	(1) A 매출가격차이: ₩2,250(유리), B 매출가격차이: ₩900(불리) A 매출조업도차이: ₩600(불리), B 매출조업도차이: ₩1,950(유리) (2) A 매출배합차이: ₩1,800(불리), B 매출배합차이: ₩1,350(유리) A 매출수량차이: ₩1,200(유리), B 매출수량차이: ₩600(유리) (3) 시장규모차이: ₩2,880(유리), 시장점유율차이: ₩1,080(불리)
5	(1) 가격차이: ₩2,150(불리), 수량차이: ₩5,600(유리) (2) 배합차이: ₩6,000(유리), 수율차이: ₩400(불리)

chapter 12. 재무성과평가와 대체가격

문제번호	1	2	3	4	5	6	7	8	9	10	11	12	13	14	15	16	17	18	19	20
정 답	③	④	③	⑤	①	④	②	③	③	②	①	④	④	③	⑤	③	③	⑤	⑤	③
문제번호	21	22	23	24	25															
정 답	②	⑤	③	③	③															

문제번호	정 답
1	(1) 투자수익률: 18% (2) 잔여이익: ₩18 (3) 영업이익률: 16.9%
2	₩3,000,000
3	(1) 각 20개, 이익: ₩800 (2) 목표일치성을 달성하는 대체가격: ₩60
4	(1) 내부 이전 거래가 유리(외부 구입시 단위당 원가: ₩18,000, 내부 이전시 단위당 원가: ₩14,000) (2) ₩12,000 ≦ 이전가격 ≦ ₩21,600 (3) ₩21,600

찾아보기

찾아보기

[ㅈ]

찾아보기

[A–Z]

저자 약력

이용규
서울대학교 경영대학 졸업
서울대학교 대학원 경영학과 경영학 석사
서울대학교 대학원 경영학과 경영학 박사
단국대학교 경영학부 교수
한국관리회계학회 회장(2023년)
현, 숭실대학교 경영대학 회계학과 교수

원가 · 관리회계

2026년 2월 20일 제 1 판 인쇄
2026년 2월 27일 제 1 판 발행

저 자 이 용 규
발행인 임 권 규
발행처 弘 文 社

05855 서울시 송파구 송파대로 167 테라타워 B동 802호
등록 1993. 6. 24. 제1-1543호
TEL 712-5311(대) FAX 716-5311

값 35,000원

ISBN 978-89-7770-784-9 93320